당신은 **편견**에서 자유로운가

# 편견사회

Rupert Brown 저 | **박희태 · 류승아** 공역

**학지사**

# 역자 서문

당신은 편견에 대해서 얼마나 알고 있는가? 갑자기 이러한 질문을 받는다면 선뜻 답변하기가 쉽지 않을 것이다. 편견이 만연한 세상에서 살아가면서도 우리는 정작 편견에 대해서 잘 모르고 있을 뿐만 아니라, 편견이 어떻게 형성되고 우리 삶에 어떤 영향을 주고 있는지에 대해서도 잘 모르는 경우가 많다. 하지만 편견은 우리 생활 속에 다양한 모습으로 존재하고 있다. 우리는 알게 모르게 장애인, 다문화 가정, 외국인 노동자, 새터민, 성소수자 등과 같은 사회 구성원들에 대하여 자신이 가지고 있는 편견에 따라 판단하고 행동하는 경향이 있다. 인종차별이나 왕따, 외모 · 학벌 지상주의, 편 가르기 등과 같은 현상은 우리 사회가 안고 있는 대표적인 편견의 사례일 것이다. 따라서 우리 사회가 조금 더 성숙되고 발전하기 위해서는 이러한 편견들을 이해하고 해결하는 노력이 필요하다. 이 책은 우리 사회의 편견에 대하여 조금이라도 고민해 본 사람에게 그 고민을 돕는 데 도움이 되리라 생각한다.

최근 시중에 출판된 편견과 관련된 책들은 손에 꼽힌다. 그나마 그 책들도 번역서로서 2015년 이후에 출판되었고, 그 이전은 찾아보기 힘들다. 또한 최근 출판된 책들은 대부분 철학적 관점에서 편견을 다루고 있다. 이러한 접근법이 편견의 본질에 대한 논의에는 도움이 될 수 있겠지만, 편견이 우리의 실생활에 어떤 영향을 주는지에 대한 실용적인 관점의 논의를 다루기에는 미흡하다. 이 책은 사회심리학적 관점에서 편견을 다룸으로써 실생활에서의 편견을 보다 잘 이해하도록 도와 준다. 이 책의 전반부에서는 편견의 속성과 사람들의 편견, 사회적 범주화와 고정 관념, 그리고 성장 과정에서 갖게 된 편견을 다루고, 후반부에서는 편견과 집단 간 관계, 예전과 달라진 오늘날의 편견 형태, 편견을 당하는 사람들의 관점, 그리고 편견 감소를 위한 방법 등에 대하여 이야기하고 있다. 이 책에서는 편견의 과거와 현재, 그리고 미래의 모습까지 보여 줌으로써 독자에게 편견에 대해 구체적이지만 광범위하게 전하고자 하는 저자의 고민을 엿볼 수 있다.

이 책에는 많은 실험연구와 현장연구가 소개되고 있다. 그로 인해 다소 학술적 인 느낌을 받을 수도 있겠지만, 저자는 실험 결과를 바탕으로 우리의 일상에서 편 견에 대한 지식을 최대한 활용할 수 있도록 쉽게 서술하고 있다. 특히 편견을 가 진 사람뿐만 아니라 편견으로 인해 어려움을 겪는 사람의 입장도 함께 제시함으 로써 상호작용이 요구되는 조직이나 공동체에서 필요한 양방향의 시각을 제공해 준다. 또한 지금까지 많은 학자가 연구한 편견 감소의 방법들을 구체적으로 제시 하여 우리 사회의 편견 문제를 해결하는 실마리를 제공해 줄 것이다.

마지막으로 번역 과정에서 물심양면으로 도움을 주신 분들께 진심으로 감사드 린다. 많은 분이 이 책을 좀 더 쉽게 읽을 수 있다면, 그것만으로도 번역에 참여한 보람은 충분할 것이다.

2017. 5.

역자 일동

# 저자 서문

이 책은 편견에 관한 책이다. 편견은 사람들이 어떤 집단에 속해 있기 때문에 외집단의 사람들을 비방하게 되는 마음의 상태, 감정 또는 행동을 말한다. 이 책은 15년 전 초판이 나온 이후 첫 번째 개정판이다. 그동안 편견 연구는 사회심리학 분야에서 많은 진보가 있었다. 새로운 이론들이 소개되었고, 편견을 측정할 수 있는 좋은 기법들이 만들어졌으며, 편견을 결정할 때 무의식적인 과정이 역할을 수행한다는 사실을 알게 되었다. 편견의 가해자뿐만 아니라 피해자에게도 초점을 맞추게 되었고, 편견을 줄이기 위한 효과적인 수단들에 대해서도 과거보다 더 많은 사실을 알게 되었다. 이 개정판은 이러한 내용을 담고자 하였다.

먼저 제1장에서는 우리가 편견을 어떻게 정의해야 하는지에 대한 최근 논쟁을 다루었다. 제2장에서는 최근 다시 관심의 대상이 되고 있는 편견의 성격이론들을 폭넓게 논의하였다. 제3장과 제4장에서는 여전히 중요한 편견의 사회인지적인 관점을 보다 폭넓게 설명하였다. 제3장에서는 모든 편견 형태의 인지적 기초가 되는 범주화에 대해 논의하였고, 제4장에서는 범주화 과정이 어떻게 고정관념을 만들어 내는지를 살펴보았다. 고정관념은 사람이 자신의 대인관계를 이해하고 정당화하는 방법의 하나로 인식된다. 제5장에서는 지난 20여 년 동안 수많은 연구자들에게 관심의 대상이었던 어린 시절의 편견 발달 내용을 살펴보았으며, 일부 내용을 수정하고 확장하였다. 제6장은 이 책의 이론적인 핵심 부분으로, 편견을 집단 현상으로 보므로 편견이 집단의 물질적인 이익과 자격 획득 또는 박탈, 그리고 위협의 인식에서부터 나온다는 사실을 다룬다. 모든 집단 간 관계가 함축하고 있는 주된 내용은 사람들이 인종, 종교 집단, 성별 집단, 그리고 그 밖의 많은 집단의 구성원으로서 정체성을 가진다는 것이다. 제7장은 편견을 평가하고 측정하는 최신 기법들에 초점을 맞추었다. 전통적으로 종이와 펜을 이용한 설문지 측정과 더 함축적인 다른 지표들 간의 관계에 대한 주제까지 폭넓게 다루었다. 제8장은 초판에 없었던 새로운 주제로서 대상자에 대한 편견의 효과를 다루었다. 이것은 최근 사회심리학자들 사이에서 중요하게 다루어지고 있는 부분이다. 편견을 보다 더 넓은 관점, 더 역동적인 관점에서 살펴볼 필요가 있기 때문에 이 책에서는 편견의 가해자와 피해자를 명확하게 구분하여 설명했다. 마지막으로, 제9장에서는 우리가 어떻게 편견을 상대로 싸울 수 있을지에 대한 가장 최근의 주장을 제시하였다. 이 책에 제시된 새로운 자료들은 최근 10년 내에 출간된 자료이며, 편견을 줄이기 위한 실제 적용 사례들을 상세히 다루고 있다.

이번 개정판에서는 초판과 달리 이론의 설명과 연구 자료들을 좀 더 제시하려고 노력하였다. 신문, 소설, 그림과 함께 간간이 저자의 삶의 일화로부터 얻은 실제 사례들을 자연스럽게 내용에 포함시켰다. 일반적·학술적 기술보다는 좀 더 개인적인 유형으로 작성하였는데, 이것은 학생들이 전통적인 교과서 기술 방법보다는 더 가까이 하기 쉬운 방법이라고 피드백을 해 주었기 때문이며, 가능하면 읽기 편하게 쓰려고 노력하였다. 그럼에도 책의 형식적인 면에서는 전통적인 부분도 있다. 각 장마다 중요한 연구들을 강조하였고, 실제 연구 결과들을 명확하게 보여 주기 위해 표와 그림을 사용하였다. 각 장 마지막에는 핵심 내용을 간략하게 요약하였고, 해당 주제를 좀 더 깊이 다루고 있는 책들을 읽을거리로 제시하였다. 마지막 부분에는 참고가 될 수 있는 참고문헌(약 1,000여 개)을 포함하였다.

한나(Hannah)와 로사(Rosa)에게

내가 아는 사람들 중 가장 최근에 알게 된
아주 사랑스러운 두 사람에게
이 책을 드립니다.

# 차례

Chapter **01**

# 편견의 본질

'편견의 본질(The Nature of Prejudice)'이라는 이 장의 제목은 하버드대학교 사회심리학자 고든 올포트(Gordon Allport)의 1954년 책에서 인용하였다(Allport, 1954). 올포트의 책은 내용이 훌륭할 뿐 아니라 편견과 관련한 내용의 범위가 백과사전 규모로 넓다. 편견의 본질과 그것을 줄이는 방법을 찾으려는 현대 연구자들은 대부분 올포트의 책을 기초로 시작한다. 이 올포트의 책은 최근 논의되고 있는 사회인지적인 측면과 집단행동 내에서 발생하는 집단내 차별의 근원에 대하여 예리한 분석 결과를 제공할 뿐만 아니라(제3~6장 참조), 차별을 제거하기 위한 영향력 있는 다양한 정책안을 제시하고 있다(제9장 참조). 실제로, 지난 50년 동안 집단 간 관계를 향상시키려는 대부분의 실용적인 노력이 올포트의 이론에 기초하고 있다고 해도 과언은 아니다.

그러므로 이 책의 첫 장에서는 올포트 학파가 제시한 편견의 정의와 가정들을 또 다른 관점에서 다시 살펴보고자 한다. 편견에 대한 그 당시 실제 예화들을 살펴본 후 편견이라는 용어가 어떻게 전통적으로 정의되어 왔는지를 알아볼 것이다. 또한 전통적인 설명이 많은 연구에 의해 지지를 받고 있긴 하지만, 이 책에서는 더 단순하고 더 포괄적인 정의를 제안하고자 한다. 여기서 편견에 치우친 생각, 말 또는 행동으로 추정되는 '허위'에 대해서는 어떠한 언급도 하지 않을 것이다.

이러한 용어상의 논의를 한 다음, 이 책의 나머지 부분에 적용될 수 있는 관점을 폭넓게 제시하고자 한다. 나머지 부분에서는 그 관점을 폭넓게 적용하여 개괄하고자 한다. 이 관점은 편견을 집단 현상의 수준으로 다루면서 동시에 개인 수준(개인의 관점, 정서, 행동)에서도 그 현상을 분석할 것이다. 마지막으로, 이러한 사회심리학적 접근을 다른 학문 분야(역사학, 정치학, 경제학, 사회학 등)의 분석방법과 연계하여 설명하였다. 다양한 분석방법은 각각 독립적으로 편견의 속성에 가치 있는 식견을 제공한다. 특정 기초적인 분석방법에 단순히 다른 방법을 맞추거나 축소하려고 하지 않았다. 물론 미래 과학이 발달한 이상적인 사회에서는 각 분석방법이 다른 것들과 일관성을 가질 필요성이 있긴 하지만, 이와 동시에 각 분석방법이 다른 방법들을 이론화하는 데 개념적이고 실증적인 제한 요소로도 작용할 수 있다.

## 📷 편견이란 무엇인가

1980년대 영국 서부 브리스톨의 한 지방, 오후 5시에 20대의 제프 스몰(Geoff Small)이라는 흑인 남성이 집을 구하러 와서 백인 집주인의 안내로 집을 둘러보고 있었다.

스몰: 혹시 제가 이 집을 둘러보는 첫 번째 사람인가요?
집주인: 예, 그렇습니다만, 앞으로 당신 외에도 많은 사람이 둘러보러 올 것입니다. 10분 후에 한 명이 올 예정이고, 6시에도 몇 명이 더 올 예정입니다.

스몰: 그렇군요. 그렇다면 입주 자격 기준이라도 있나요?

집주인: 글쎄요, 앞으로 올 사람들을 더 봐서 나중에 입주 여부를 별도로 알려 드리겠습니다.

10분 후 두 번째 사람이 들어왔다. 그 역시 20대 중반이었고 같은 방을 둘러보았다. 그의 이름은 팀 마셜(Tim Marshall)이었고 백인이었다. 집을 둘러본 후, 집주인에게 세입자를 어떻게 결정하는지를 물었다.

마셜: 제가 첫 번째 방문인가요? 처음이라면, 그러니까 만약 제가 원한다면?

집주인: (잠시 주저한다) 음…… 제가 생각할 때 가장 적합한 분에게 세를 드립니다. 그렇지 않으면 '나중에 알려드리겠습니다.'라고 대답하죠. (당황하며 웃는다)

마셜: 좋아요. 저는 정말 좋긴 한데…….

집주인: …… 여기 말고도 염두에 둔 다른 집들이 있군요, 그렇죠?

마셜: 예, 두 군데 정도. 하지만 음…… 어떤 경쟁자가 있나요? 그러니까 이 집을 원하는 다른 사람이 있습니까?

집주인: 음, 제가 4시에 여기에 도착했어요. 6시 무렵, 그러니까 6~7시에 한 남자가 둘러보러 오긴 할 건데…… 음…… 이런 말이 인종차별적인 말이 될 순 있습니다만, 바로 전에 왔던 사람이 흑인이었거든요……. 물론 꽤 괜찮은 사람이라고 생각합니다만, 제가 보기에 문제를 일으킬지도 모른다는 생각에 나중에 알려 준다고 말하고 돌려보냈습니다.

마셜: 흑인에게는 세를 놓지 않나요?

집주인: 아니요. 꼭 그런 것은 아닙니다. 그는 좋은 사람이긴 하지만, 덩치가 너무 크고 약간 다루기 힘든 사람이라 문제를 일으킬 것 같기도 합니다.

마셜: 무슨 말씀을 하시는지 모르겠군요. 이 집에 꼭 들어오고 싶은데 확실하게 대답하지 않으시니 저도 결정을 못 하겠습니다.

집주인: 그렇다면 다른 방도 있는데 보여 드릴까요?

마셜: 당신이 그 흑인에게 세를 놓지 않는다면 제가 들어오겠습니다.

집주인: 네, 알겠습니다.

집주인은 마셜을 배웅하면서, 앞서 집을 보러 온 흑인이 '약간 건방지다'고 표현하며 그에게 세놓는 것을 원치 않는다고 하였다. 이 장면은 그대로 촬영되어 실제 텔레비전 다큐멘터리로 방영되었다(*Black and White*, BBC Television, 1987). 이 프로그램의 제작진은 몰래 카메라를 장착하고 거주지, 직장, 그리고 취미활동을 하는 곳들을 찾아다녔던 것이다.

사실, 이 다큐멘터리는 1965년에 영국 정부가 임명한 한 위원회가 주도하여 진행한 연구의 아주 잘 알려진 일부분을 재연한 것이었다(Daniels, 1968). 1965년에 TV로 방영된 다큐멘터리 프로그램을 보면, 3명의 인터뷰 진행자(지원자)들이 현장에 파견되었다. 그들은 진짜 지원자인 것처럼 가장하여 집과 직장과 다양한 서비스 업체를 방문하였다. 지원자들은 거의 모든 면(나이, 생김새, 자질 등)에서 유사한 사람들로 선발되었다. 하지만 결정적으로 몇 가지 다른 점이 있었다. 예를 들어, 집을 찾아 나선 지원자들 중 한 명은 서인도 또는 아시아인이었기 때문에 다른 두 명보다 약간 어두운 피부를 가지고 있었고, 두 번째 지원자는 흰 피부였으나 헝가리 출신이었으며, 세 번째 지원자는 영어를 사용하는 백인이었다.

인터뷰 결과는 아주 흥미로웠다. 60명 이상의 집주인들에게 접근하였는데, 15명의 집주인은 서인도인들을 다른 지원자들과 동일하게 대하였다(Daniels, 1968). 45명 중 38명의 집주인은 다른 두 지원자에게는 집이 비어 있다고 했지만 서인도 또는 아시아 출신 지원자에게만은 이미 집이 나갔다고 말했다. 직장에서도 동일한 차별이 발생하였다. 지원자들이 40개 회사에 구직하였는데, 그중 자그마치 37개 회사가 서인도 또는 아시아 지원자에게 일자리가 없다고 하였다. 영어를 사용하는 백인 지원자는 단지 10개 회사에서만 지원을 거절당했고, 헝가리인은 23개 회사에서 거절당했다. 그리고 입사를 직접적으로 요청하거나 지원을 독려하는 점에서도 유사한 편향이 나타났다.

이 연구가 다소 오래전에 진행되었기 때문에 이 결과가 무시될 수도 있다. 어떤 사람은 지난 40년 동안 인종 간 접촉이 계속되었고 기회 균형 법률로 인해 오늘날에는 그러한 명백한 차별을 볼 수 없다고 말한다. 그러나 나는 이러한 의견을 그다지 수긍하지 않는다. TV 다큐멘터리에서 흑인과 백인 지원자들에 대한 차별 대우가 반복적으로 나타났다는 사실은 주목할 만하다. 이러한 차별 대우는 최근 연구에서도 확인된다. 버트랜드와 멀레이너선(Bertrand & Mullainathan, 2004)의 연구는 5,000명의 지원자를 미국 신문에 실린 다양한 직업광고에 참가하도록 하였다. 지원자들 중 절반은 앨리슨(Allison) 또는 그레그(Greg)와 같이 전형적인 백인 이름처럼 들리도록 하였고, 다른 사람들은 에보니(Ebony) 또는 리로이(Leroy)와 같이 전형적인 아프리카계 미국인 이름을 사용하도록 하였다. 이력서의 맨 위 이름과 상관없이, 몇몇 지원자는 직업과 관련된 전문지식과 경험을 좀 더 가지고 있었고, 다른 사람들은 능력이 다소 부족한 것처럼 보였다. 물론 이러한 수많은 지원자들 가운데 일부만이 고용인들의 반응을 이끌어 낼 수 있었다. 그러나 백인 이름을 가진 사람들은 9.6%의 반응을 이끌어 낸 반면, 아프리카계 이름을 가진 사람들은 6.4%의 반응을 이끌어 내었다. 즉, 백인 이름에 대한 반응이 아프리카계 이름보다 50% 더 높았다. 더 최악인 것은 백인 지원자들이 지원서를 내었을 때는 이력서에 적혀 있는 능력에 따라 평가하였지만, 흑인 지원자들의 경우에는 지원자의 능력과 고용인의 반응 사이에 실질적인 상관이 없었다는 것이다. 단순히 지원자의 이름 때문에 생기는 직업 차별에 대한 유사한 증거는 영국에서도 발견되었다. 영국에서 아시아계 이름을 가진 지원자는 백인의 이름을 가진 지원자보다 선발 후보자로 선정될 가능성이 낮았다(BBC, 2004; Department for Work and Pensions, 2009; Esmail & Everington, 1993). 칠레에서도 높은 직위의 카스티유(Castille)라는 스페인 이름을 가진 근로자들이 낮은 직위 또는 원주민의 이름을 가진 동료들보다 약 10% 정도 수입이 좋았다. 이 결과는 대학 졸업 시 학업 성적을 통제한 상태에서도 동일했다(Nunez & Gutierez, 2004). 영국에서는 소수인종이 집을 구입하려 할 때 여전히 차별을 당하고 있다. 영국 인종차별방지위원회(British Commission for Racial Equality)에 따르면, 1980년대 사설 숙박업체들의 20% 정도는 임대를 할 때 여전히 차별을 하고 있었다. 한 벨파스트(Belfast)[1] 신문에 나온 최근 기사에 따르면, 몇몇 곳에서는 여전히 그러한 상황이 지속되고 있다고 하였다(CRE, 1990; Irish News, 2004. 10. 30.).

이러한 통계치 뒤에는 많은 소수집단 구성원들에 대한 지속적인 폭언과 성희롱 그리고 신체적인 공격위협의 암울한 현실이 존재한다. 다음의 최근 사례는 때때로 편견이 과도하게 적대적이고 폭력적인 요소를 담을 수 있다는 것을 보여 주는 예라 할 수 있을 것 같다. 2009년, BBC는 아시아계 영국인 기자 두 명[타만 라흐만(Tamann Rahman)과 아밀 칸(Amil Khan)]을 브리스톨(Bristol)[2]의 노동자들이 거주하는 주택 개발단지에 2개월 동안 살도록 하였다('Panorama', BBC 1 TV, 2009년 10월 19일 방영).[3] 두 사람은 결혼한 부부로 가장하여 이웃과 그 지역주민이 자신들을 어떻게 대하는지를 몰래 촬영하였다. 그 지역주민이 그들을 대우하는 태도는 매우 충격적이었다. 그들은 종종 길거리에서 "Paki"(영국에 사는 파키스탄인을 경멸적으로 가리키는 말 – 역자 주), "야, 너 탈레반이냐?" "누가 폭탄을 가지고 있냐?" "이라크는 저쪽이다." 등 모욕적인 말을 많이 들었다. 때로는 매우 어린 아이들에게 신체적인 폭행을 당하기도 하였다. 한 11세 소년은 총을 들고 있는 것처럼, 그다음에는 칼을 들고 있는 것처럼 하면서 라흐만(Rahman) 양을 대상으로 강도짓을 하려고 했고, 결국 아이들은 그녀를 위협하기 위하여 실제로 돌멩이를 집어 들었으며, 지나가는 행인의 제지로 겨우 멈추었다. 그녀는 돌, 병, 그리고 음료캔에 맞기도 했다. 칸(Khan) 씨도 비슷한 모욕을 당했는데, 한번은 아무런 이유도 없이 머리를 공격당했다. 그것이 21세기 영국의 한 지역에서 살아가는 몇몇 소수인종의 삶이었다. 이는 소수인종 구성원들에 대한 특정 편견의 한 예일 뿐이다.

편견에는 여성에 대한 편견, 동성애자에 대한 편견, 장애인에 대한 편견 등 많은 편견이 있다. 이 책에서는 모든 편견을 명확하게 다루고자 한다. 그렇다면 편견이라는 단어가 정확하게 무슨 뜻일까? 사전을 참고한 전통적인 편견의 정의는 '이전에 형성된 또는 검증 없이 형성된 어떤 판단이나 의견'(Chambers English

---

1) 역자 주 – 영국 북아일랜드의 수도다.
2) 역자 주 – 영국 잉글랜드 남서 지방의 한 도시다.
3) 역자 주 – http://news.bbc.co.uk/panorama/hi/front_page/newsid_8303000/8303229.stm 참조.

Dictionary, 1988)이다.

이 같은 정의는 많은 사회심리학자로 하여금 편견을 정의할 때 '올바르지 않음' 또는 '정확하지 않음'과 같은 특성을 강조하도록 만든다. 예를 들어, 올포트는 '인종 편견은 결점이 많고 강직한 세대에 기반을 두고 있는 일종의 혐오(antipathy)'라고 정의하였다. 우리는 이런 편견의 피해자가 되기도 하지만 가해자가 되기도 한다. 또한, 그것은 전체 집단 또는 개인을 향한 것일 수도 있다. 왜냐하면 각 개인이 집단의 구성원이기 때문이다(Allport, 1954, p. 10). 더 최근에 삼손(Samson)은 '부당함을 포함하고 있는 편견은 대체로 그들의 사회적 범주 또는 집단 소속감 때문에 발생하는 다른 사람에 대한 부정적인 태도'(Samson, 1999, p. 4)라고 정의하였다.

이와 같은 사회심리학적인 정의들은 전통적인 정의에 좀 더 격식을 갖춘 어휘 설명을 권하고 있다. 특히, 사회심리학적인 정의들은 편견의 본질적인 현상을 정확히 담고 있다. 편견은 소속감 때문에 발생하는 것으로 전체 집단 또는 개인을 향한 사회적 경향성이다. 이 정의들 사이의 또 다른 공통점은 집단 편견의 부정적인 면을 강조하고 있다는 점이다. 물론 부분적으로 편견은 긍정적·부정적 형태를 모두 취할 수 있다. 예를 들면, 나는 특별히 이탈리아의 모든 것에 대해서는 호의적이다. 이탈리아 음식을 좋아하고, 영화를 좋아하며, 할 수만 있다면 나의 형편없는 이탈리아어 실력에 상관없이 이탈리아어를 할 수 있는 기회를 놓치지 않는다(그래서 때론 친구나 가족에게 당혹감을 주기도 한다). 그러나 나의 이 같은 행동들이 사회과학자들이 관심이 가질 만큼 가치 있는 중요한 사회적 문제를 야기하지는 않는다. 반면, 오늘날 전 세계에 산재해 있고, 우리가 절실하게 관심을 가져야 할 편견들은 일반적으로 부정적인 것들이다. 즉, 경계심, 두려움, 의구심, 경멸감, 또는 한 집단에 대한 다른 사람들의 적대감이나 극도의 살인적 시선과 같은 것이다. 따라서 이러한 혐오의 다른 형태들의 차이를 파악하는 것이 실질적으로 무엇인지에 대해 관심을 가지는 것이 더 유익하다. '긍정적' 편견에 대해서는 이후에 다시 다룰 것이다.

그러나 편견이 반드시 '거짓' 또는 '비합리적인' 신념, '결함이 있는 것'의 일반화 또는 다른 집단에 대하여 부정적으로 행동하는 '부당한' 기질로서 여겨져야 할 필요는 없다. 이에는 세 가지 이유가 있다. 첫째, 태도 또는 신념이 '결함이 있는 것'이라고 말하는 것은 우리가 편견에 대해 '옳음'을 설정할 수 있어야 한다는 것을 암시한다. 물론 어떤 특별한 상황에서는 예외일 수 있으나, 그러한 신념이라는 것은 객관적이고 측정 가능한 기준을 제시할 때에만 '결함'을 말하는 것이 가능하다(Judd & Park, 1993; Lee et al., 1995; Oakes & Reynolds, 1997). 그러나 신념이라는 것이 그렇게 객관적이고 측정 가능할 경우가 얼마나 자주 발생할까? 편견을 표현할 때, 대체로 매우 애매하고 모호한 용어들을 사용한다. 앞에서 언급했던 집주인의 말을 참고해 보자. 집주인의 '흑인이 문제를 유발한다.'라는 신념이 진실인지 아니면 거짓인지를 우리는 어떻게 알 수 있을까? '평화로움'과 같은 표준과 비교하여 그 집주인의 점수를 측정할 수 있는 방법을 개발한다면 그것이 가능할까? 이러한 질문조차도 그것에 답하려고 애쓰는 과정에서 직면하게 될 어려움을 강조하는 것처럼 보인다. 비록 그러한 비교 분석이 가능하고, 흑인이 문제를 일으키는 비율이 높다고 가정하더라도, 집주인의 말이 편견이 없다고 할 수 있을까? 흑인이 문제를 많이 일으킬 수 있다는 것은 여러 방법으로 설명이 가능하다. 예를 들어, 백인의 도발에 대한 반응, 부당한 사회적 박탈에 대한 반응 등등이다. 그러나 이러한 예를 보면 흑인의 행동은 문제를 유발하기보다는 문제에 대한 반응으로 나타난 것으로, '문제를 유발한다.'라는 표현은 흑인의 경향성을 잘못 설명하고 있음을 쉽게 알 수 있다. 또한 집주인이 표현한 감정은 여전히 현실에서 부정적이고, 우리 사회에 좋지 않은 결과를 초래한다.

편견을 정의 내림에 있어서 '진실 가치'를 포함하는 것에 대한 두 번째 문제는 특히 집단 간 인식의 상대성에서 비롯된다. 집단 간 인식의 상대성은 '아름다움의 기준은 그것을 바라보는 사람에 달려 있다.'는 의미로, 개인보다 집단을 대상으로 오랫동안 연구되었다. 이에 대해서는 이후 장에서 충분히 더 확인하려고 한다. 다시 말해서, 한 집단에서 '즐거운' '고결한' 또는 분명히 '사실인' 것이라고 바라보는 것조차도 다른 집단에서는 매우 다르게 볼 수 있다는 것이다. 그렇다면 만약 한 집단이 자신의 집단을 '검소한' 집단이라고 여기는데 다른 집단은 그 집단을 '인색한' 집단이라고 여긴다면, 과연 현실과 더 일치하는 것은 어느 쪽인가? 물론 대답하기 어려운 질문이다. 두 관점 간의 중요한 차이는 그들의 상대적인 '옳음'에 있는 것이 아니라 암묵적으로 함축된 '가치'에 있기 때문이다.

편견에 대한 전통적인 정의들이 만들어 내는 세 번째 문제점은 기존의 정의들이 종종 편견에 치우친 생각의 기원과 기능 분석을 미연에 차단하는 것처럼 보인다는 것이다. 올포트(1954)가 '융통성 없는 일반화'를 언급하거나, 애커먼과 야호다(Ackerman & Jahoda, 1950)가 '비합리적인 기능'으로서 편견을 정의할 때 이러한 차단을 위해 너무 많은 가정을 상정하였다. 앞으로 살펴보겠지만, 많은 편견은 변하지 않고 역기능적인 부분을 명백히 포함하고 있다. 그러나 편견에 대한 생각이 변화될 수 없는 것이라든가, 편견을 가진 사람은 이성적인 생각을 못 한다고 결론 내어 버린다면, 편견이 취할 수 있는 다양성과 복잡성, 그리고 상황에 따라 놀라울 정도로 많은 변화를 가져올 수 있다는 사실을 공정하게 다루지 못할 것이다. 이것은 곧 이후 장들에서 확인할 수 있을 것이다.

먼저 전통적인 관점에서는 편견을 정의할 때 부정적인 성향을 고려해야 한다고 한정 지어 제한하고 있는데, 이에 대하여 살펴보자. 오랫동안 이러한 제한사항에 대해 논쟁의 여지는 없었다(Aboud, 1988; Jones, 1972; Sherif, 1966). 실제로 이 책의 초판에도 기존의 정의들을 적용하였다(Brown, 1995). 그러나 최근 몇몇 연구에서 편견의 사회심리학적 정의는 어떤 긍정적인 신념, 정서, 그리고 행동을 확실하게 포함한다고 주장하였다. 존스(Jones)는 자신의 책을 다시 쓰면서, 편견은 '한 개인이 속한 집단에 대한 태도나 신념에서 일반화된 긍정적·부정적 태도, 판단 또는 감정'(Jones, 1997, p. 10; 특히 강조)이라고 정의하였다. 그리고 글릭(Glick)과 동료들(2000)은 "여성의 송속을 성낭화하고 유시하고자 여성에 대해 호의석인 태노들 쥐알 때, 그 자체로 편견의 한 형태가 될 수 있다."(Glick et al., 2000, p. 764)고 주장하였다.

이와 같은 보다 포괄적인 정의들의 배경은 무엇일까? 아주 간결하게 설명하면 다음과 같다. 즉, 많은 집단 간 태도가 표면적으로는 긍정적인 양상을 띠지만, 외집단에 대해 특정한 그리고 전형적으로 중요하지 않은 요인에 한정적으로 가치를 부여하기 때문에 외집단을 지속적으로 낮은 지위로 인식한다. 더욱이 이러한 태도는 외집단 구성원들을 사회집단의 규칙에 더 잘 추종하는 집단으로 정의하는 데 도움을 준다. 그러한 태도의 기저에 긍정적 또는 진실한 감정이 조금은 있을지는 모르나, 결국 순수효과(net effect)[4]는 이전에 존재했던 집단 간 불평등을 없애기보다는 오히려 강화시킨다. 이글리와 플라디닉(Eagly & Mladinic, 1994)의 연구는 이 주장이 확장되는 데 중요한 자극제가 되었는데, 이 연구에 따르면 적어도 북아메리카에서는 남성보다 여성에 대해 더 호의적인 고정관념 경향성을 보였다. 이러한 고정관념은 상호적이고 표현적인 특성(예, '도움을 주는' '따뜻한' '이해하는')에서 찾아볼 수 있었다. 이 표현들은 주도적이고 기능적인 표현인 '독립적' '확고한' '자기확신'처럼 덜 호의적인 평가에 정확히 반대되는 의미는 아니지만 어느 정도 반대되는 호의적인 특성으로 간주되었다. 이후 계속해서 글릭과 피스케(Glick & Fiske, 1996)는 남성이 평균적으로 다음과 같은 긍정적인 말을 선호한다고 하였는데, 예를 들면 '남성은 여성 없이는 불완전한 존재다.' '남성과 비교하여 여성은 우수한 도덕성을 가질 수 있다.' 또는 '좋은 여성이라면 자신의 남성에게 존경받아야만 한다.'와 같은 문장들이다. 그러나 글릭과 피스케(1996, 2001)는 이러한 말 때문에 결국 여성이 의존적이고 잘 순종하는 사람으로 묘사되고, '자애로운'과 같은 말이 남성의 특성인 것처럼 인식된다고 하였다(자애로운 성차별주의와 적대적 성차별주의를 보다 폭넓게 다루고 있는 제7장 참조). 그들이 주장하는 논리의 일부분을 들여다보면, 그러한 말들에 동의하는 사람들이 '명확하게' 성차별주의적인 태도를 보일 것이라는 사실에 바탕을 두고 있다. 성차별주의자의 '자애로운' 태도는 일반적으로 '적대감'과 같은 태도와 정적 상관관계가 있는데, 개인 수준에서는 +0.3 정도로 약한 편이나 국가 수준의 표본에서는 +0.9로 아주 강하게 나타났다(Glick et al., 2000).

---

4) 역자 주 — 영향을 주는 다른 요소를 제거하고 실제로 영향을 주는 순효과를 말한다.

잭맨(Jackman, 1994)은 이런 주장을 인종과 계층 관계로 확대하였다. (강철 손을 속에 감춘) 『벨벳 장갑(The Velvet Glove)』의 책머리에서, 그녀는 "주류 집단은 그들이 지배해야 하는 사람들과 친구가 되거나 적어도 감정을 풀어 줌으로써 갈등을 해결하는 방법을 조사한다." (p. 2)라는 문장으로 글을 시작한다. 계속해서 그녀는 "편견의 개념이 만약 편협한 부정주의의 표현이라기보다 집단의 이익을 방어하기 위한 정치적인 동기를 가진 의사소통으로 보는 집단(인종) 간 태도의 개념이라면 호의적인(긍정적인) 부분은 포기해야 한다." (p. 41)라고 주장한다.

많은 연구 결과를 보면 이 주장이 더 타당해 보인다. 소수 또는 하위 집단 구성원들은 아주 예전부터 주류 집난들의 가부장석인 대우에 불평하였다. 마치 하위 집단의 복지에 관심이 없으면서도 배려하는 척하는 태도 또는 그들이 호의적이고 은혜를 베푸는 사람인 척하는 태도 등에 불평을 감추지 않았다. 따라서 나는 전통적인 편견의 정의를 수정하는 것이 더 타당하다고 믿고, 이에 따라 부정적인 성향의 직접적인 부정적 표현뿐만 아니라 더 많은 간접적인 부정적 태도를 포함해야 한다고 생각한다. 이 책에서는 편견(prejudice)을 특정 집단 구성원에 대한 태도, 감정 또는 행동으로서 그 집단에 대한 직접 또는 간접적인 부정적 성향 또는 반감으로 정의한다.

이 정의에 대하여 다음의 세 가지 추가 설명이 필요하다. 첫째, 직접적이고 부정적인 편견의 표현들은 상대적으로 쉽게 확인되는 반면, 간접적인 표현들은 더 많은 문제가 우려되어도 사전에 구체화하기가 불가능할지도 모른다. 앞에서 내가 이탈리아 사람들을 포함한 이탈리아와 관련된 것들에 대하여 대체로 긍정적인 고정관념을 우연찮게 가지게 된 것을 언급하였다. 예를 들어, 이탈리아 사람은 유행에 민감하고 친절하며 개방적이고, 특히 영국인과 비교해서 더욱 그렇다는 식이나. 그렇나면 이것이 70년 션(엉국과 이탈리아 산 선생이 있었을 때)에 우리의 부모 세대가 가지고 있었던 명확히 부정적인 편견에서 조금씩 변화된 것이라고 볼 것인가? 아니면 감정적이고 무책임한 남부 유럽 사람들의 태도(북부 유럽 사람들이 격하시키는 내용)를 싫어하는 북부 유럽 사람들의 대놓고 우월한 태도에 반하는 것일까? 무엇이 더 우선이라고 말하기는 어렵다. 아마도 이것을 이해하기 위해서는 집단 간 관계가 부정적으로 나타나는 명확한 지표들과 표면적으로 드러난 긍정적인 태도를 측정한 값 간의 상관관계를 측정하고, 긍정적인 태도에 대한 상대방의 반응도 관찰해야 한다. 만약, 집단 간 부정적 태도와 긍정적 태도가 관련성이 있고 상대방의 반응은 부정적이라면, 그 태도에는 편견이 존재한다고 할 수 있다.

둘째, 폭넓은 의미에서 편견은 성차별주의(sexism), 인종차별주의(racism), 동성애 혐오(homophobia), 노인 차별(ageism) 등과 대략 비슷한 용어로 간주될 수 있다. 어떤 사람들은 특정 용어를 편견의 개념으로 적용하는 것을 반대한다. 예를 들어, 인종차별주의는 생물학적인 집단의 차이점을 판별하는 관념들 또는 실제 현상들을 의미하는 것으로 편견이라는 개념을 적용하는 것이 제한된다는 것이다 (예, van den Berghe, 1967; Miles, 1989). 그러나 나는 사회심리적 관점에서, 이 용어들이 포함되는 모든 현상을 일반적인 편견 현상의 구체적인 사례로 간주하는 것이 더 유용하다고 믿는다. 이 관점에서 우리는 생물학적인 요소가 없는 계급 편견과 종교적인 편협과 같은 중요한 집단 간 혐오를 논의에서 배제하지 않는다.

셋째, 편견이 단지 인지 또는 사고방식의 현상으로만 간주되는 것이 아니라, 우리의 감정에도 개입할 수 있고, 행동의 표현에서도 발견될 수 있다. 따라서 편향된 태도, 적대적인 감정, 그리고 차별적인 행동 간의 구분을 명확하게 하지 않을 것이다. 구분을 하지 않는다는 것이 동일하다는 것을 의미하거나 아주 높은 상관관계를 가져야 한다는 의미도 아니다. 때로는 복잡한 상관관계 자료도 살펴보겠지만, 태도, 감정 및 행동은 모두 편견을 가진 어떤 일반적 경향성에 포함될 수도 있다. 이러한 복합적 접근은 다소 의도된 것으로 현대 사회심리학 연구 추세와는 상반된다. 현대 사회심리학에서는 인지적인 측면만을 강조하고 정서적·행동적인 요인들을 간과하였다(예, Hamilton, 1981, Mackie & Hamilton, 1993; Mackie & Smith, 2002; Smith, 1993). 인지적인 분석이 중요한 것은 사실이다. 실제로 이 책의 제3장과 제4장에서 구체적으로 다룰 것이다. 그러나 내가 보기엔 매일의 삶에서 꾸준히 경험하고 있는 편견의 감정적인 속성을 무시하는 것은 편견의 본질적인 무엇인가를 간과하는 것과 같다. 따라서 이 책에서 지속적으로 반복되는 주제는 편견과 관련된 인지적 · 정서적 · 행동적인 과정 간의 상호작용이 될 것이다.

## 사회심리학적 접근

지금까지는 편견에 대한 개념을 살펴보았기 때문에 여기서는 보다 구체적인 자료와 함께 이 책 전반에 적용되고 있는 접근법을 개괄적으로 제시하고자 한다.

첫째, 이 책에서는 우선적으로 편견을 집단과정상에서 나타나는 현상으로 바라본다. 그 이유는 대략 다음의 세 가지 정도다.

첫 번째 이유는 앞서 정의된 편견의 개념처럼 편견은 개별 개인에 대한 것이라기보다 사람들의 전체 범주에 대한 성향이기 때문이다. 비록 어떤 구체적인 사례에 나타나는 대상이 한 개인일지라도(앞 절에서 언급했던 사례처럼), 그 사람의 개별 특성보다 이름, 억양, 피부색 등으로 나타나는 집단의 특성이 더 강하다. 편견이 집단과정으로 간주되어야 하는 두 번째 이유는 편견 현상이 사회적으로 공유되어 아주 빈번하게 나타나는 성향을 보이기 때문이다. 다시 말해, 많은 사람은 자신이 속한 사회의 구성원으로서 일반적으로 어떤 외집단에 대하여 부정적인 고정관념을 가지고 있다는 것에 동의할 것이고, 그 집단의 구성원들에 대해서도 고정관념이 있다는 것을 알게 될 것이다. 다음 장에서 확인하겠지만, 가장 고질적이고 극단적인 형태의 편견은 개인의 특정 성격유형과 관련성이 있다는 근거가 있기는 하다. 그러나 편견 현상은 너무나 폭넓고 보편적인 현상이기 때문에 개인 병리학 분야로 한정 지을 수 없다는 결론을 우리는 인정한다. 세 번째 이유는 앞서 언급한 두 가지 이유에서 도출할 수 있다. 편견은 일반적으로 여러 다른 집단들이 특정 집단에 대하여 가지고 있는 것으로 규정되기 때문에, 각 집단 간 관계들이 편견을 결정하는 데 중요한 역할을 한다는 것은 당연한 것이다. 따라서 다음 장에서 구체적으로 살펴보겠지만, 희소자원에 대한 갈등, 다른 집단에 대한 주도권,

또는 집단 간 관계에서 수적인 크기와 지위에서의 거대한 불균형이 모두 편견의 방향, 수준, 강도에 결정적인 함의를 제공한다. 실제로 편견의 집단 간 특성은 이 책 전반의 중심 내용이다.

둘째, 이 책의 분석 초점은 주로 개인 수준이다. 다시 말해, 다른 집단 구성원에 대한 개인의 인식, 평가, 행동적 반응에 영향을 미치는 다양한 원인 요소에 초점을 맞추었다. 이러한 원인 요소들은 여러 형태를 가지는데, 몇 가지 요소는 그 자체로 개인에게만 한정될지도 모른다(제2장과 제4장에 나타나는 어떤 성격 또는 인지과정 사례의 경우). 앞으로 살펴보겠지만, 다른 한편으로 가장 강력한 편견의 원인이 되는 것은 자신이 처한 사회적 상황의 특성에서 비롯된다(예, 동료로부터 받는 사회적 영향 또는 집단 간 목표 관계의 속성—제6장과 제9장 참조). 또한 다른 원인들은 더 폭넓은 사회에서 그 근원을 찾을 수 있을지도 모른다. 제5장에서는 사회화 영향을 살펴보고, 제7장에서는 편견의 새로운 형태도 분석해 볼 것이다.

이 모든 사례에서 사회심리학자로서 내 관심은 여전히 개인의 사회 행동에 대한 인과 요소들의 영향에 있다. 그러나 이러한 접근은 편견이 본질적으로 집단과정이었다고 주장한 내 기존의 주장과 상반되는 것처럼 보이기 때문에 약간의 추가 설명이 필요하다. 실제로 내가 다른 연구에서 주장했던 것처럼 충분히 가능한 반박이다(Brown, 2000a). 사회심리학 내에 집단을 기반으로 한 과정에서 인과관계의 중요성과 차별성을 주장하는 것은 개인과 개인의 행동이 집단 상황에서 변화될 수 있다는 것을 인정하는 것으로, 금속 물질의 움직임이 자기장의 존재에 영향을 받을 수 있는 것과 같다. 우리는 물체 외부에 존재하는 자기장 때문에 물체의 움직임을 예상할 수 있다. 이와 같이 개인의 행동을 집단과정의 일관된 패턴의 일부로서 분석하는 것도 가능하다.[주석 1] 동성애자의 권리를 주장하는 시위나 인종 갈등 사건에서의 시위자들의 행동을 예로 들어 보자. 이 사람들의 행동은 확실하게 그 형태, 방향, 강도 면에서 그들을 둘러싼 규범과 목표 그리고 집단과 연계된 관계에 의해 형성될 개연성이 높다. 하지만 이 행동들 또한 정확하게 말하자면 개인에 의한 사회적 행동이다.

편견을 집단 현상으로 보는 동시에 개인 수준에서의 인지, 정서, 그리고 행동 현상으로도 연구하고자 함으로써 발생하게 되는 모순을 해결할 수 있는 열쇠는 그 두 현상이 실제로 다른 수준의 분석을 요구하기 때문에 동시에 연구할 수 없다는 것을 인정하는 것이다. 오히려 나는 개별적인 개인의 행동과 집단 구성원으로서의 개인의 행동을 구분해야 한다고 생각한다(Sherif, 1966; Tajfel, 1978a). 사람이 '여성' 또는 '남성', '동성애자' 또는 '이성애자', 그리고 '흑인' 또는 '백인'으로서 행동하는 것은 집단 구성원으로서의 행동을 의미하고, 이 책은 이러한 행동을 다루게 될 것이다.

물론 이러한 사회심리학적 접근법이 편견에 대한 설명과 치료책을 제공하는 데 우월한 지위를 차지하는 학문이라는 생각은 전혀 하지 않는다. 현상에 대한 완벽한 이해는 주어진 상황에서 역사적·정치적·경제적·사회적 힘의 복잡성을 설명할 때 가능하다. 역사적인 요소는 매우 중요하다. 왜냐하면 역사는 우리에게 우리의 언어, 문화적 전통, 그리고 규범과 같은 사회적 제도를 유산으로 남기기 때문이다. 역사에 의해 발생되는 이 모든 것은 사회적 범주 측면에서 세상을 추론하는 방식에 중요한 역할을 한다. 서로 다른 사회적 범주는 모든 형태의 편견에 필수 불가결한 선도적인 역할을 수행한다(제3장 참조). 게다가 정치적 과정 또한 무시되어서는 안 된다. 왜냐하면 정치가 결정하는 것을 두 가지만 언급하자면 정치는 기본 시민권과 이민 정책에 대한 법률을 결정하기 때문이다. 소수집단의 생활에 직접적으로 영향을 미치는 것(일반적으로 피해를 피하는 것)과는 별개로, 그러한 정치적인 정책들은 사회 내에서 다양한 인종집단이 다르게 가치 부여되는 것에 대한 이념적인 틀을 제공한다. 예를 들어, 마일즈(Miles, 1989)는 공식적 언어뿐만 아니라 일상 언어에 나타난 다양한 인종 관련 용어들을 통해 호주에서의 유럽인 정책과 1900년 초반에 백호주의(white Australia)[5]의 발전이 역사적으로 어떻게 이

---

5) 역자 주-백인 이외의 인종, 특히 황인종의 이민을 배척하고 정치·경제에서뿐만 아니라 사회적·문화적으로도 백인사회의 동질성을 유지하여야 한다는 주장과 운동을 말한다.

루어졌는지를 설명하였다. 원주민을 억압하고 체계적으로 공격을 자행한 '백호주의'의 '성공'은 호주 대륙의 공식적인 모든 '역사'를 지워 버리는 비극적인 결과를 초래하기도 하였다. 경제적인 요소는 사회 내에서 집단 간 관계를 지배하는 중요한 역할을 할 수 있다. 오히려 가장 중요한 요소라고 주장하는 사람들도 있다. 아프리카, 아시아, 호주 대부분 지역에 대한 영국의 식민지 사례에서처럼 어떤 한 집단이 경제 개발을 목적으로 다른 집단을 사유화하려는 수단과 의지를 가지고 있을 때 인종주의자의 신념은 때로는 정당성이 부여된 가운데 발전된다(Banton, 1983). 심슨과 잉거(Simpson & Yinger, 1972, p. 127)는 편견이 존재하는 건 누군가가 그것을 통해서 이익을 얻기 때문이라고 하였다.

　비록 앞서 논의된 요소들이 서로 쉽게 분리될 수는 없지만, 바로 사회적 구조, 즉 그들의 하부집단과 그 집단들의 사회적 모임인 조직은 각각 편견의 생성과 유지에 역할을 할 수 있다. 예를 들어, 집단들(가족, 종교, 지역 등 수가 계속 증가하면서의 포괄적인 집단) 간 상호 교류가 없는 사회와 상호 교류가 있는 사회(즉, 사회 내에서 자신이 속한 집단 밖의 사람들과 결혼해야 하는 규범에 따라 집단 간 가족과 지역이 혼합되는 사회)의 차이를 비교해 보자. 인류학의 광범위한 자료들을 바탕으로, 레빈과 캠벨(LeVine & Campbell, 1972)은 후자의 사회 유형에서 내적 갈등이 더 낮게 나타난다고 하였다. 왜냐하면 다른 집단들과 거미줄처럼 얽힌 관계에 의해 내부 집단에서는 충성심을 경쟁하는 구조가 형성되기 때문이다(제3장 참조). 또 다른 사회적 분석을 통해 알 수 있는 것은, 사회제도와 관습은 해당 사회의 자원에 대한 타 집단의 접근을 통제하고, 이로 인해 발생한 불균형은 특정 집단에 대한 편견으로 발전하게 된다는 것이다. 그러한 편견은 불가피한 선택이라는 자기 충족을 위한 정당성을 부여한다. 교육 분야를 예를 들어 보면, 영국에서는 학생의 대학 입학 기회는 부모의 사회적 계층과 긴밀하게 관련되어 있다. 최근 자료에 따르면, 2000년 영국 대학 신입생의 약 50%는 전체 인구의 43%를 차지하고 있는 상위 I, II계층의 자녀들이었다. 반대로, 신입생의 20% 미만은 전체 인구의 40%의 상위 III, IV, V계층의 자녀들이었다(Department for Education and Skills, 2003). 대학생

계층 구성의 비대칭은 다른 직업의 신규 채용이나 실업률에서도 유사하게 나타났다. 이 때문에 노동계층 사람들에 대해 '무지한' '어리석은' '게으른'이라는 편견을 가지게 되고, 이런 이미지는 쉽게 변화되지 않는다.

사회심리학적 관점은 편견을 분석할 수 있는 많은 수준(level) 중 하나일 뿐이다. 그러나 올포트(1954)가 "우리가 가르쳐야 할 가장 중요한 것은 다양한 원인분석이다."(p. xii)라고 말했던 것처럼 복수의 서로 다른 원인분석은 어떤 관계일까? 그리고 서로 다른 분석 수준을 하나의 본질적인 관점으로 축소할 수 있을까? 이러한 질문에 대하여 전쟁에 대한 두 사회과학자의 입장의 예를 들어 보자. 전쟁에 대한 관점 차이는 편견에 대한 관점의 차이로도 볼 수 있다.

전쟁을 설명함에 있어 한 개인의 타고난 호전성을 통해 설명하려는 시도는 돌의 물리적 성질을 통해 이집트인, 고트인 그리고 마야인의 건축을 설명하려는 것과 같다(White, 1949, p. 131).

집단 간의 문제는 궁극적으로 개인의 심리와 관련한 문제다. 개인이 전쟁에 참여할지를 결정하고, 전쟁은 결국 개인 간의 싸움이며, 평화의 체결 역시 개인에 의한 것이다(Berkowitz, 1962, p. 167).

이를 통해 볼 때, 두 학자는 각자 자신의 분석 수준에 대한 우선순위를 주장한다. 화이트(White)는 사회분석이 더 본질적인 것으로, 베르코비츠(Berkowitz)는 미시적인 접근이 더 유용한 것으로 주장한다. 그러나 실제로 각각의 분석 수준을 하나의 분석 수준으로 단순화하는 것은 불필요하다. 레빈과 캠벨(1972)이 '선택적 자율성'이라는 표현을 사용하고 설득력 있게 주장했던 것처럼 각 수준은 독립적으로 적용 가능하다. 그리고 어떤 분석 수준도 다른 것보다 우월하거나 우선되진 않는다고 하였다. 단지 우선적으로 적용되는 수준이 있다면 그것은 연구자가 직면한 문제의 속성에 따른 것이다. 실업 문제와 관련하여 서로 다른 인종집단에서의 실업 문제에서 나타나는 차별적인 고용 효과를 분석하기 위해서는 거시적인 분석 수준이 적합하지만, 고용 선발 절차상의 실제적인 사회적 역동성을 분석하기 위해서는 미시 수준인 사회심리학적 접근이 더 적합할 것이다. 각 수준은 다른 수준에 방해가 되지 않도록 실행될 수 있다. 이러한 주장이 지적인 무질서를 조장하는 것은 아니다. 레빈과 캠벨의 주장처럼 서로 다른 분석이지만 결과는 동일하여야 한다. 다시 말해, 경제적 또는 사회적 수준에 맞춰진 고용 차별의 타당한 이론은 고용 면접에서 개인의 사회적 행동 연구로부터 나온 사회심리학적 이론과 일치해야 하고, 그 반대도 역시 일치해야 할 것이다.

나는 사회심리학자로서 이러한 관점을 적용하였다. 물론 사회심리학이 편견의 분석과 해결에 모두 유의미한 기여를 할 수 있는 잠재력을 가지고 있지만, 사회심리학이 전체 현상의 일부분밖에 설명하지 못한다는 사실도 독자가 이해해 주기를 바란다.

**요약**

1. 편견은 종종 한 집단의 구성원에 대한 잘못된 또는 부당한 부정적인 판단으로 정의된다. 그러나 이러한 정의는 사회적 판단이 실제와 상충될 가능성을 확인해야 하는 문제가 있기 때문에 개념적 어려움에 직면하게 된다. 대신, 이 책에서는 잘잘못에 대한 판단을 배제하고 단순하게 직간접적으로 다른 집단에 대해 집단 내 구성원이 갖는 부정적 태도, 감정, 행동으로 편견을 정의한다.

2. 편견이라는 것이 다른 집단 구성원에 대한 판단이고, 집단 간의 객관적인 관계에 의해 영향을 받기 때문에 집단과정에서 나타나는 현상으로 간주된다. 그러나 개인 수준의 인지, 평가, 그리고 행동과 관련된 사회심리학적 분석과 모순되지는 않는다. 단지 개인을 집단 구성원으로서 보고, 집단 역학의 한 부분으로 간주한다.

3. 사회심리학적 분석은 편견을 설명하는 수많은 타당한 과학적 관점 중 하나일 뿐이다. 그리고 각 학문 분야는 궁극적으로는 다른 학문 분야와 함께 서로 양립해야만 한다. 그러나 동시에 편견을 설명함에 있어 독립적으로 자신의 문제들을 다룰 수도 있다.

**주석**

1. 실제로 자기장과의 유사점은 정확하지 않다. 무생물체와 달리 인간은 그들이 있는 집단의 '자기장'을 새롭게 만들고 바꿀 수 있는 능력을 가지고 있기 때문이다. 그러나 그들이 전달하고자 한 것은 여전히 조직화된 시스템의 개별 구성요소들로서 분석될 수 있다는 점이다 (Asch, 1952; Steiner, 1986).

**더 읽을거리**

Allport, G. W. (1954). *The Nature of Prejudice*, chs 1, 14, 15. Reading, MA: Addison-Wesley.

Brown, R. J. (2000). *Group Processes*, ch. 1. Oxford: Basil Blackwell.

Jones, J. M. (1997). *Prejudice and Racism* (2nd ed.). ch. 17. NY: McGraw Hill.

Sherif, M., & Sherif, C. W. (1969). *Interdisciplinary Relationships in the Social Sciences*, ch. 1. Chicago: Aldine.

Chapter **02**

# 편견을 가진 개인들

몇 년 전 내 동료 중 한 사람이 전단지를 받았다. 전단지는 영국 내무부 장관이 미국 흑인 운동가인 샤프턴(Sharpton) 씨의 영국 방문을 허가한 것에 대하여 신랄하게 비판하는 내용이었다. 전단지의 요점은 샤프턴 씨가 영국에 오는 이유는 흑인 폭동을 선동하기 위해서라는 것과, 언론이 그에게 무관심함으로써 함께 음모를 꾸미고 있다는 것이다. 다음은 전단지의 일부이긴 하지만 대표적인 부분을 발췌한 내용이다.

이미 이곳에서는 흑인 폭동으로 인하여 수천 명의 우리 여성이 성폭행당하고 나이 든 사람들이 공격받았다

[맥스웰(Maxwell)과 머독(Murdoch)과 같은] 러시아에서 온 소수의 유대인에 의해 언론이 장악되고, BBC의 전 이사장은 "BBC에 있는 우리 모두는 마르크스

주의자다."라고 언급한 것을 우리는 알고 있다. 또한 내무부 장관은 유대인 국회
의원 이사회의 꼭두각시라는 것을 우리는 잘 알고 있다.

　우리는 이 전단지를 통해 외부에서 들어온 수백만 명의 적대적인 인종주의자
들이 이곳에 있는 것은 우연이 아니라 음모에 의한 것이며, 그 음모가 바로 당신
을 향하고 있다는 것을 알려 주려 한다.


어떤 사람이 노골적이면서 공격적으로 인종차별하는 이러한 전단지를 받게 된
다면, 일반적으로 전단지를 만든 사람이 미친 사람이거나 성격에 문제가 있는 사
람이라고 생각할 것이다. 실제로 평범한 사람들뿐만 아니라 심리학자들조차 편견
현상을 특정한 의사표현 이외에 병리적인 성격유형으로도 보고 있다. 이 장에서
는 이러한 병리적인 성격유형에 대해 살펴보고자 한다.

　편견이라고 하면 통상 개인의 심리적인 기질이나 기능적인 측면에서 다룬다.
그리고 그것들은 어떤 가족 환경에서 자랐는지에 따라 달라질 수 있다고 설명한
다. 즉, 특정한 가정교육을 통해 사람은 권력자에 대한 열렬한 지지의 태도를 학
습하고, 극단적이고 단순하며 경직된 사고유형을 형성할 뿐만 아니라 우익과 인
종차별주의적인 생각을 쉽게 수용하는 경향성을 강하게 가지게 된다는 것이다.
물론 이러한 이론들이 우익에게만 해당되는 것은 아니다. 좌익에 치우친 경향성
에도 적용될 수 있으며, 일반적인 편협증에도 적용된다. 따라서 이 장에서는 편견
과 관련된 성격특성뿐만 아니라 이것을 설명하는 이론들의 접근법을 확인할 것이
다. 그리고 편견의 원인을 사회적 권위의 일반적인 경향으로 보는 최근 이론들도
살펴볼 것이다. 이 이론에서는 위계적(또는 지배적) 관계가 인간의 보편적인 특성
이며, 진화론의 입장을 근거로 하여 사회적 · 집단적 · 개인적 수준에서 나타난다
고 보았다. 편견의 원인을 정확하게 규명하기 위해서는 개인적인 수준의 접근법
만으로는 분명히 한계가 있다.

# 📷 권위주의 성격

아도르노(Adorno)와 동료들(1950)은 편견을 특정 성격유형과 연결하였다. 이들은 마르크스주의 사회철학, 가족역동성에 대한 프로이트식 분석, 그리고 양적 정신심리측정학을 독특하게 혼합하였는데, 이러한 시도는 이후 편견 속성을 연구하는 많은 연구자에게 중요한 시금석이 되었다.

아도르노와 동료들(1950)의 기본적인 가설은 단순 명쾌하다. 즉, 개인의 정치적·사회적 태도는 서로 밀접하게 관련성이 있고, 편견은 개인의 성격에 깊이 내재된 경향성의 표현이라는 것이다(Adorno et al., 1950, p. 1). 그리고 편견을 가진 사람은 당시 그 사회에 만연된 인종차별주의 또는 파시스트에 쉽게 물드는 성격을 가진 사람이라고 하였다. 그들은 편견이 사회학 또는 정치학상의 문제라는 것을 주장하긴 하였으나, 정작 그런 사회적 수준에서는 편견의 기원을 설명하지 않았다. 오히려 개인적인 차이에 더 관심이 많았으며, 특히 아동의 경우 개인적인 성격 차이의 원인이 가족에서 기인한다고 하였다.

프로이트식 사고에서 많은 영향을 받은 아도르노와 동료들은 아동들이 사회화 과정을 거쳐 성장한다고 보았다. 즉, 사회적 존재의 제약 조건에 영향을 받을 수밖에 없다고 믿었다. 그리고 사회화 과정의 가장 강력한 최초의 대리인은 당연히 부모라고 가정하였다. 일반적으로 부모는 자녀를 양육할 때 자기 감정을 마음껏 표현하도록 하는 것과 허용되지 않는 행동들의 한계를 분명히 설정하는 것 사이에서 균형을 맞추려 노력한다. 아도르노와 동료들에 따르면, 편견을 가진 사람은 '좋은 행동'을 과하게 신경 쓰는 가족 속에서 성장했고 전통적인 도덕적 예법만을 순응하도록 양육받았다. 그리고 그러한 가족의 부모(특히 아버지)는 자녀의 잘못에 엄격한 훈육 방법을 과도하게 사용하였다. 그 결과, 좌절감을 느낀 아동은 부모에게 불가피하게 공격적인 행동을 할 수밖에 없는 상황에서도 부모에 대한 두려움 때문에 공격 행동을 하지 못하고, 대신 대체 목표물을 찾아 공격성을 발휘하게 된다. 희생양을 선택하는 가장 좋은 방법은 사회규범에서 이탈된 더 약하거나 열등하게 보이는 사람들을 찾는 것이다. 여기에는 소수인종 집단의 구성원과 동성애자 또는 유죄 선고를 받은 범죄자처럼 사회적으로 폄하된 사람들이 해당된다.

아도르노와 동료들은 이러한 현상을 사회에 대한 사람들의 태도 그 자체보다는 그 태도가 만들어지고 표현되는 사고유형을 반영한 것이라고 제안하였다. 부모가 자녀를 훈육하려는 강렬한 열정과 엄격한 관습적인 도덕성 때문에 아동은 세상과 그 속에서 살고 있는 사람을 융통성 없이 '우익'과 '좌익'으로만 분류하는 아주 단순한 사고방식을 가지게 된다. 이러한 사고방식의 경향성은 단순한 사고유형을 형성하게 되는데, 그 특징은 아주 명백하게 구분된 두 범주(우익과 좌익)만을 일관되게 사용하고 두 범주 간에 '혼돈스러움(fuzziness)'을 용납하지 않는 것이다. 물론 이와 같은 방식의 사고는 우리 사회에 존재하는 집단들에 대한 독특하고 변치 않는 고정관념을 쉽게 받아들이게 한다.

이들은 결국 부모로 상징되는 권위성을 과도하게 존경하거나 두려워하게 되고, 인지적 모호함을 참을 수 없어 세상을 문자 그대로 백인 또는 흑인으로 구분하고, 확실한 내집단 구성원이 아닌 사람에게는 과도하게 적대적이 된다. 아도르노와 동료들은 이런 사람들의 유형을 권위주의 성격(authoritarian personality)이라고 부르고, 앞서 언급한 사례의 전단지를 만든 사람들이 그 대표적인 성격유형이라고 하였다. 성폭력의 의도와 강력한 음모의 두려움을 가미한 노골적인 반흑인주의, 반유대주의, 그리고 반공산주의의 비난들을 혼합시켜 놓은 듯한 태도는 일종의 전형적인 권위주의 성격특성이라는 것이다.

아도르노와 동료들은 이상과 같은 주장을 더욱 구체화하기 위해 대형 연구를 계획하였다. 그 연구는 엄청난 규모의 심리측정 검사와 임상 인터뷰를 포함하였다. 심리측정 검사는 처음에는 좀 더 과하게 표현되는 다양한 형태의 편견[예, 반유대주의(anti-Semitism) 또는 일반적인 자민족중심주의(ethnocentrism)]을 측정하기 위해 설계되었다. 이후 이 측정 검사는 성격검사로 발전되었고, 권위주의 성격에서의 핵심 요인으로 자리를 잡았다. 연구에서 개발된 가장 잘 알려진 측정도구는 'F 척도'다. F 척도라고 이름을 붙인 이유는 '파시스트 이전의 성향(파시스트가 될 가능성이 높은 성향)'을 측정하려는 의도였기 때문이다. 이 척도는 30문항으로 구성되었고, 문항 선정과 사전검사를 철저하게 하였으며, 모든 문항이 권위주의적인 사람의 특성(기질)을 예측할 수 있도록 설계되었다. 예를 들어, 권위주의적 복종과 관련해서는 "권력자에게 복종하고 권력자를 존경하는 것은 아동들이 배워야 할 가장 중요한 가치다."라는 문항이 있고, 이탈 집단들에 대한 공격 행동과 관련해서는 "동성애자는 범죄자보다 더 심하게 처벌받아야만 한다."라는 문항이 있다. 특별히 성적 충동과 관련해서는 "예상할 수 없는 장소에서 무분별하게 행해지는 이 나라의 성생활에 비하면, 과거 그리스와 로마의 난잡한 성생활이 얌전한 편이었다."와 같은 항목이 포함되어 있다. 측정도구의 내적 신뢰도는 양호하였고, 인종집단과 관련된 문항들이 따로 없었음에도 개발자들이 예상했던 것처럼 사전에 측정한 집단 간 편견과도 아주 높은 상관관계를 보였다.

　F 척도의 타당도를 검증하기 위하여 척도 점수가 아주 높은 집단과 아주 낮은 집단의 사람들을 대상으로 심층 임상 인터뷰를 실시하였다. 인터뷰는 표본 대상의 어린 시절 경험, 부모에 대한 인식, 그리고 당시 다양한 사회적·도덕적 쟁점에 대한 관점 등에 대하여 질문하였다. 인터뷰 결과, 권위주의의 원인과 결과에 대한 아도르노와 동료들의 주장의 많은 부분이 사실로 확인되었다. 예를 들어, F 척도에서 높은 점수를 받은 사람은 부모를 완벽한 역할 모델로 이상화하려는 경향을 보였고, 어린 시절에 아주 작은 실수에도 강한 제재를 가한 아버지의 권위에 철저하게 복종했다고 회상하였다. 또한 현재 태도 역시 매우 도덕적이고, '이탈자' 또는 '사회적 열등자'를 공공연하게 비판하며, 경직된 고정관념과 편견을 보였다. 그러나 이와 반대로, F 척도에서 낮은 점수를 받은 사람은 어린 시절 가족과 함께한 삶을 공정하면서도 균형 잡힌 모습으로 묘사했다. 현재 태도에 있어서도 대체로 사회에 대하여 복합적이고 융통성 있는 태도를 보였다.

　1950년대 사회심리학자들은 이론과 목표의 모호성 때문이든 또는 적용된 방법론의 범위 때문이든 간에 권위주의 성격에 많은 관심을 보였다. 권위주의 성격이 소개된 이후 8년 동안 200편이 넘는 논문이 발표되었고, 그 논문들은 리더십, 인상 형성, 문제해결, 사회적 묵인, 정신병리학, 사고유형, 그리고 편견과 같은 심리적 현상과 권위주의 성격 간의 관련성을 연구하였다(Christie & Cook, 1958).

권위주의 성격과 다양한 심리적 현상 관계 연구에서 가장 흥미로운 주제는 편견과 사고유형이었다. 과도하게 엄격한 사고유형으로 특징지어지는 권위주의적인 사람이 모호하거나 애매한 것을 쉽게 수용하지 않고 소수집단에 적대적인 사회적 태도를 보인다는 가설(Adorno et al., 1950)을 지지하는 다른 실증연구들에는 어떤 것이 있을까?

로키치(Rokeach, 1948)의 연구는 권위주의와 정신적 엄격성 간의 관계를 실험한 최초의 연구다. 그는 참가자들에게 간단한 산술 문제들을 제시하였다. 문제를 해결하기 위해서는 적어도 세 단계의 연산과정이 필요하였다. 하지만 실제 본 실험에서는 비록 사전연습 단계와 유사한 문제이긴 하였지만 더 빠르게 한 번에 해결할 수 있는 방법이 있었다. 이 실험에서 중요한 점은 과연 참가자들이 실제 문제를 풀 때 연습과정에서 배웠던 세 단계를 엄격하게 준수하는지 아니면 한 번에 문제를 해결하는지를 확인하는 것이었다. 로키치는 실험에 앞서 참가자들을 대상으로 권위주의와 상관관계가 높게 나타나는 자민족중심주의의 정도를 측정하였다. 실험 결과, 그가 예상했던 대로 자민족중심주의가 높은 사람(평균 이상)이 낮은 사람(평균 이하)보다 일관되게 더 높은 정신적 엄격성, 즉 연습 때의 방법을 고수하였다. 그러나 이후 유사한 많은 실험에서 동일한 결과를 얻지는 못하였다. 브라운(Brown, 1953)은 권위주의와 엄격성의 관련성은 실험 상황이 참가자들에게 중요하게 인식될 경우에만 나타난다고 결론을 내렸다. 브라운의 실험설계 단계에서 계산 문제는 사회, 과학, 그리고 개인 관련 문제로 구성되었다. 실험 결과, 참가자들과 관련성이 있는 문제들에서만 권위주의와 엄격성 간 상관관계가 나타났고, 관련성이 없을 경우에는 나타나지 않았다.

권위주의 또는 우익에 치우친 태도와 사고유형 간의 관계에 대한 이 초기 연구 이후, 많은 연구가 이루어졌다. 조스트(Jost)와 동료들(2003a)은 80개의 유사한 연구를 종합 검토하여 실제로 권위주의적인 태도를 가진 사람은 특정한 사고방식을 보인다고 결론을 내렸다. 아도르노 팀에서 주장했던 **모호성의 불관용**(intolerance of ambiguity)에 추가하여, 조스트와 동료들은 보수적인 성향이 보다 강한 사람들은 **통합적 복합성**(integrative complexity)[1]이 낮고, 불확실성의 회피 정도가 높으며, 인지적 종결(cognitive closure) 욕구가 더 강하고 두려움과 위협의 감정이 높은 것으로 나타났다. 물론 모든 지표의 상관관계가 높게 나타난 것은 아니지만, 9개의 지표를 조사한 결과 평균적으로 0.29의 상관관계를 보였다. 대부분 여러 독립 표본의 평균에서 나온 값임을 감안하면, 이는 통계적으로 꽤 높은 수치다. 요약하면, 권위주의가 강한 사람일수록 고착화된 특정 사고방식에 따라 생각하는 경향성이 있다.

　권위주의와 편견의 관계는 어떨까? 앞서 언급했듯이 아도르노와 동료들(1950)의 연구에서는 노골적인 자민족중심주의와 F 척도 간에 상당히 높은 상관관계(대체로 0.6보다 높게 나타남)가 나타났다. 이를 통해 성격과 편견 간의 상관관계를 추정해 볼 수 있었으며, 이후 많은 연구에서 확인되었다. 예를 들어, 미국 학생들을 대상으로 한 캠벨과 맥캔들리스(Campbell & McCandless, 1951)의 연구에서 학생들의 권위주의 정도와 스스로 측정한 외국인 혐오(xenophobia; 흑인, 유대인, 멕시코인, 일본인, 그리고 영국인에 대한 적대감을 표시하는 것) 간의 관계는 이전 연구와 유사한 상관관계를 보였다. 미국 이외의 지역에서 진행된 연구에서도 역시 권위주의와 편견의 관계는 유의미하게 나타났다. 페티그루(Pettigrew, 1958)의 연구에서도 F 척도와 반흑인 편견 간의 유의미한 상관관계(0.4~0.6)를 발견하였고, 네덜란드에서 진행된 멜론(Meleon)과 동료들(1988)의 연구에서 권위주의와 자민족중심주의 간의 높고 일관된 상관관계가 확인되었고, 권위주의와 성차별주의, 그리고 극우정치 집단에 대한 지지 간에도 유사한 관계가 확인되었다. 인도에서 진행된 신

---

1) 역자 주 — 사안을 다양한 시각에서 보고 이를 하나의 일관된 관점으로 통합시키는 능력을 말한다.

하와 핫산(Sinha & Hassan, 1975)의 연구는 카스트 상위 계층의 힌두교 남성의 권위주의가 반이슬람의 종교적 편견, 하이잔(태양신)에 반대하는 카스트 편견, 그리고 성차별의 편견 모두를 예측하였다. 더욱이 이 세 편견은 서로서로 높은 상관이 나타났는데, 이는 편견에 치우친 성격이 있다는 주장을 지지한다고 볼 수 있다. 권위주의 성격은 편견과 일관된 상관관계를 보였는데, 이 값은 낙인찍히거나 이탈된 집단에 대한 태도와 권위주의 관계를 통해 확인 가능하다. 예를 들어, 코헨과 스트뢰닝(Cohen & Streuning, 1962), 핸슨과 블롬(Hanson & Blohm, 1974)의 연구에서 권위주의적인 사람이 그렇지 않은 사람보다 정신장애를 가진 사람들에게 덜 동정적이었다. 심지어 코헨과 스트뢰닝(1962)의 연구에서는 응답자들이 정신병동의 직원들이었음에도 그러한 결과가 나타났다. AIDS 환자에 대한 태도에서도 권위적인 사람은 덜 긍정적이었다(Witt, 1989). 곧 다시 살펴보겠지만, F 척도의 수정판 역시 다양한 외집단에 대한 편견과 높은 상관이 나타난다(Altemeyer, 1988, 1996).

이러한 많은 증거에도 불구하고, 여전히 권위주의와 편견의 관계는 다음과 같이 몇 가지 명확하지 않은 부분이 있다. 첫째, 일부 연구에서는 두 변수의 상관관계가 강하지 않거나, 편견 점수의 편차에 통계적으로 유의미한 큰 차이가 없다는 것이다. 이는 편견으로 표현되는 성격이 어떤 것이든지 간에 성격이 편견으로 나타나는 과정상에 또 다른 무엇인가가 존재할 가능성을 말한다. 둘째, 권위주의와 외집단을 거부하는 것 간의 상관관계가 전혀 발견되지 않는다는 것이다. 이에 대한 흥미로운 예로서 캐나다에서 권위주의와 집단 간 태도에 대해서 연구한 포브즈(Forbes, 1985)의 연구가 있다. 영어를 말하는 응답자들 사이에서 권위주의가 높을수록 반프랑스 정서는 높게 나타났고(비록 상관관계가 0.2보다 약하였지만 통계적으로 유의미한 값이었다), 민족주의는 낮게 나타났다. 국제주의(internationalism)[2]의

---

2) 역자 주―개별 국가의 이해를 초월하여 민족, 국가 간의 협조나 연대를 지향하는 사상이나 운동을 지칭한다.

경우 모든 값과 아무런 관계가 없는 것으로 확인되었다. 프랑스어를 말하는 응답자들 사이에서는 권위주의가 다른 어떤 변수와도 상관이 나타나지 않았다.[주석 1]

역설적이지만, 권위주의 성격에 의해 촉발된 뜨거운 연구 관심은 방법론과 이론적인 측면에서 많은 결함을 발견하게 되는 계기가 되었다(Brown, 1965; Christie & Jahoda, 1954; Rokeach, 1956). 그중에서도 가장 주목할 만한 몇 가지 문제점을 알아보고자 한다.

먼저, 방법론적인 측면에서는 대부분의 문제가 F 척도의 설계와 타당성에 대한 것이다(Hyman & Sheatsley, 1954; Brown, 1965). 크게 세 가지로 설명할 수 있는데, 첫째, 표본의 대표성 문제로, 아도르노와 동료들이 설문지를 개발하고 수정하는 과정에 참여했던 응답자들이 대표성이 없다는 것이다. 물론 2,000여 명 이상이 참여하긴 하였지만, 그들은 공식적인(주로 중산층) 조직에 속한 사람들로만 구성되었다. 하이만과 쉬츠리(Hyman & Sheatsley, 1954)의 주장처럼 이것은 어떤 특정한 성격유형을 잘 확인할 수 있을지는 몰라도 일반적인 이론을 설명하기에는 한계가 있다. 둘째, F 척도 자체의 구성 개념으로, 보다 심각한 문제라고 볼 수 있다. 아도르노와 동료들이 개발한 다른 척도들과 마찬가지로 권위주의의 설문 문항들의 문구가 각 문항에 동의하는지를 묻고 있는데, 브라운(1965)이 지적하였듯이 단순히 권위주의를 표현하는 문구들에 동의한다는 것과 권위주의의 일반적인 성향을 동일한 것으로 볼 수 없다는 것이다(Bass, 1955 참조). 마지막으로, F 척도의 타당성을 검증함에 있어 심층 임상 인터뷰를 사용하였다. 특히 사전에 인터뷰를 하는 사람들이 응답자들의 F 척도의 점수를 알고 있었고, 그것이 무의식적으로든지 아니면 의식적으로든지 인터뷰 과정에 영향을 줄 수 있었다는 것이다. 심리학에서 밝혀진 사실이지만, 실험용 쥐를 연구할 때조차도 실험 참가 조교가 가설을 알고 있을 경우 실험 결과에 영향을 미칠 수 있다고 알려져 있다(Rosenthal, 1966).

이와 같은 방법론적인 문제뿐만 아니라 더 실질적인 문제도 있다. 문제의 핵심은 아도르노와 동료들이 발견한 권위주의와 지능, 교육 수준, 그리고 사회계층 간의 관계에 대한 것이다. 물론 이후 연구에서도 이러한 관계가 강하게 나타났다 (Christie, 1954). 하지만 아도르노와 동료들은 지능, 교육 수준, 그리고 사회계층과 같은 요소들이 권위주의의 발생 원인이 될 수 있다고 설명하였다. 사실 그러한 요소들은 특정 집단의 사회화된 태도를 단순히 반영한 것이라고 볼 수도 있다. 또한 아도르노와 동료들은 가족의 특정 양육방식으로 형성된 성격 역동성이 권위주의의 원인이라고 하였지만, 이 또한 아닐 수 있다(Brown, 1965). 모서와 스코델 (Mosher & Scodel, 1960)은 아동과 그 어머니의 자민족중심주의를 측정하고, 권위주의적인 양육에 대한 어머니의 태도를 측정한 결과, 두 변수 사이에 높은 관련성이 있음을 발견하였다. 그러나 어머니의 권위주의적인 양육에 대한 태도와 아동의 편견 간에는 그 어떤 관계도 발견할 수 없었다. 따라서 아동의 편견이 양육에 의해 발생된 것이라고 주장하는 것은 문제점이 있으며, 오히려 사회화를 통해 형성된 태도라고 보는 것이 더 타당할지도 모른다. 물론 제5장에서 확인하겠지만, 사회화에 대한 설명 역시 문제점을 갖고 있다.

## 우익 권위주의: 오래된 포도주가 새 부대에?

권위주의 성격이 소개된 이후 20~30년 동안 다양한 비판으로 인해 편견에 치우친 성격에 대한 연구는 소강 상태였다. 아마 알트마이어(Altemeyer, 1988, 1996, 1998)의 노력이 없었다면 그대로 있었을 것이다. 알트마이어도 이전 연구자들(예, Lee & Warr, 1969)이 시도했던 것과 같이 F 척도의 심리측정학적인 결함을 고치려고 노력하였다. 특히 기존 권위주의 문항의 묵인 반응 경향(acquiescence response set)[3]을 제거하여 우익 권위주의(Right-Wing Authoritarianism: RWA)라는 척도를 개

---

3) 역자 주-묵인 반응은 문항의 내용과는 상관없이 특정 문항 형태에 대해 일관성 있게 반응하려는 것으로, 문항의 내용에 상관없이 동의하는 것을 말함. 이러한 반응을 제거하기 위해서는 긍정적인 문항과 부정적인 문항을 거의 동일한 비율로 하는 것이 바람직함.

발하였다. 이 척도는 30개 문항으로 구성되어 있으며, 최근 가장 널리 사용되고 있다. 알트마이어는 이 척도에 세 가지 권위주의 특성, 즉 권위자에 대한 복종, 이탈된 사람이나 외부인에 대한 공격, 전통적인 도덕법을 준수하는 전통주의를 포함하였다. 문항들의 예를 살펴보면 다음과 같다.

> 만약 우리가 선조를 존중하고, 권위자가 우리에게 하라는 대로 행하며, 모든 것을 파괴하는 '썩은 사과들'을 제거한다면, 우리나라는 위대해질 것이다.

> 겸손한 행동과 성적인 행동에 관련된 우리의 많은 규범은 단순한 관습들로서, 반드시 다른 나라 사람들의 규범보다 더 낫거나 신성하지는 않다. (이 문항은 역 문항으로 권위주의의 반대 개념을 측정하고 있다)

> 만약 우리가 우리의 도덕성과 전통적인 신념을 조금씩 갉아먹는 타락을 타파하지 않는다면 언젠가 우리나라는 멸망할 것이다(Altemeyer, 1996, p. 13).

이 문항들은 한 문항에 적어도 2개 이상의 권위주의 요소를 포함하고 있음에 주목할 필요가 있다. 예를 들어, 첫 번째 문항의 경우 인습주의와 권위주의에 대한 복종, 그리고 권위적인 공격성을 모두 포함하고 있다. 이렇듯 대부분의 문항은 긴 문장이며 권위주의 요소를 표현하고 있다. 그리고 RWA 척도 문항 중에는 기존 F 척도와 같이 권위주의를 측정하기 위해, F 척도와 정확하게 동일하지는 않지만 유사한 문항들도 있었다. 알트마이어(1996)의 RWA 척도의 가장 중요한 특성(가치)은 부분적으로 강한 심리분석적인 표현의 문항도 있었지만 F 척도가 가지고 있던 프로이트식 표현 요소들(권위주의의 발생 근원을 부모-자식 간 역동성에 두었음 – 역자 주)을 탈피했다는 것이다

RWA 척도는 심리측정의 방법론적인 측면에서 높은 내적 신뢰도(internal reliability), 즉 각 문항이 척도의 전체 점수와 높은 상관을 보였고, 검사-재검사 신뢰도(test-retest reliability)[4] 역시 높게(통상 0.7~0.9 범위 내) 나타났다(Altemeyer,

1996, p. 319). 신뢰도 측면에서 RWA 척도는 상대적으로 안정된 성격특성을 측정하고 있다고 볼 수 있다. 타당성 측면에서 RWA는 외집단 편견(인종소수자, 동성애자, 노숙자와 범법자에 대한 부정적인 태도를 포괄하는 것)과도 정적인 관련성이 있는 것으로 나타났다. 그 상관관계 값은 0.4~0.6으로 그다지 높게 나타나지 않아 RWA로 설명되지 않는 부분이 절반 정도 있지만, 그래도 어느 정도는 타당도가 있는 것으로 인정된다.

권위주의에 대한 알트마이어(1996)의 다른 주장들 중 일부도 주목할 만하다. 아도르노와 동료들(1950)의 정신역학적인 접근법에 의한 주장을 일부 반박하면서, 권위주의의 발생 근원이 어린 시절의 부모와 자식 간의 역동성에 있는 것이 아니라 개인의 사회적 학습경험에 있다고 주장하였다. 특히 이러한 개인의 사회적 학습 경험들이 청소년기로 이어진다고 보았다. 달리 말해서, 아동은 특정한 사회 환경에 적응함으로써 권위주의를 가진 사람으로 성장한다는 것이다. 따라서 권위주의적인 태도를 단지 고압적인 부모의 양육의 결과로만 보기에는 한계가 있다. 사람들의 RWA 점수가 그 부모들의 RWA 점수와의 상관관계(약 0.4)보다 권위적 상황에 대한 경험과의 상관관계(약 0.7)가 더 높게 나타났다는 사실은 이러한 주장을 뒷받침해 주는 증거가 된다. 사회학습경험이론을 설명하는 또 다른 일관된 증거는 사람들의 RWA 점수가 생애 주기에 따라 변화한다는 것이다. 예를 들어, 공부를 많이 하면 할수록 RWA 점수가 낮아지는 경향성을 보이고, 부모가 되면 RWA 점수가 높아지는 것처럼 보인다는 것이다.

마지막으로, 알트마이어(1996)는 23년 이상의 RWA 연구를 통해 RWA의 코호트(집단) 차이를 발견하였다. 알트마이어는 RWA가 각 학생들의 전형적인 경험 변화까지도 식별해 낼 수 있을 만큼 민감한 척도라고 해석했지만, 역설적이게도 그 변동은 오히려 그가 지지한 전통적인 성격이론에 반하는 증거로 볼 수 있다.

---

4) 역자 주-한 피험자 집단을 대상으로 동일한 검사를 서로 다른 두 시기에 실시하여 얻어진 상관관계를 말한다.

이 부분은 이 장의 결론에서 다시 다룰 것이다.

그렇다면 쉽게 편견을 가지게 되는 성격유형을 찾고자 했던 알트마이어의 원래 시도는 어떻게 평가할 수 있을까? 기술적인 면에서는 의심할 여지없이 RWA가 F 척도보다 우수하다. 긍정적인 문항과 부정적인 문항을 균형적으로 사용하였고, 적절한 내적 일관성과 재검사 신뢰도를 보였다. 그러나 여전히 미흡한 부분이 없지는 않다. 문항의 문장들이 이중, 삼중으로 되어 있어 복잡하고, 응답자가 한 문항 내에서도 어떤 내용에는 동의하고 어떤 내용에는 부동의하기 때문에 응답 자체를 회피할 개연성이 있다(Robinson et al., 1991). 더욱이, 알트마이어는 RWA가 단일 구성 개념(권위주의)이라고 주장하지만, 3개의 하부 구성 개념(공격성, 복종, 전통주의)을 가지고 있기 때문에 세밀하게 분석하면 3개의 개념으로 구분하는 것이 더 타당할 수 있다(Funke, 2005). 즉, 3개의 개념으로 구분하여 다른 변수들과의 차별화된 상관관계를 분석하면 더 적합한 관계를 밝힐 수 있다고 보는 것이다. 푼케(Funke)가 가상적인 공격자의 처벌 수위와 권위주의 3개 하위 개념 각각의 관계를 검증한 결과, 공격성과는 정적인 관계를 보인 반면, 전통주의와 복종과는 부적인 관계를 보인다는 것을 확인하였다. 또한 공격성과 복종은 문화 변용 지향성(acculturation orientation)[5] 중 '통합'과 부적인 관계가 있지만(Berry, 1984), 전통주의와는 아무런 관계가 없다고 하였다(Funke, 2005). 요약하면, 권위주의라는 것은 알트마이어가 추측한 것보다 훨씬 복잡하게 성격요인들이 배열되어 있을지도 모른다.

RWA에 대한 마지막 비판은 원래의 권위주의 성격에 대한 비판과 연결되어 있는데, 두 가지 모두 정치적 우익과 관련된 권위주의의 변형에 불과하다는 것이다.

------------------------

5) 여기 주 — 문화 변용 지향성은 서로 다른 두 문화가 만날 때 사람들이 대응하는 경향성을 나타낸 것으로, 동화, 통합, 분리, 그리고 소외로 구분된다. 동화는 개인이 자신의 문화적 정체성을 버리고 다른 문화적 정체성을 받아들이는 것을 말한다. 통합은 개인이 자신의 문화적 정체성을 유지하는 상태에서 동시에 다른 문화적 정체성을 받아들이는 것을 말한다. 분리는 자신의 문화적 정체성만을 유지하고 다른 문화적 정체성을 거부하는 것을 말하고, 소외는 어떤 문화적 정체성도 가지지 않는 것을 의미한다.

정치적 좌익에 있는 사람도 역시 권위주의적이라면 그 또한 편견을 가진 것이라고 말할 수 있지 않겠는가? 이러한 주장은 쉴즈(Shils, 1954)에 의해서 최초 제기되었고, 로키치(1956, 1960)에 의해 더 체계적인 이론으로 발전되었다.

## 🎞 좌와 우에 대한 편견: 독단주의 심리학

로키치(1956)는 사람들이 믿는 편견의 내용(비관용적 태도의 구체적 신념과 대상 외집단)과 그 믿음들의 근본 조직 또는 구조 사이의 차이를 분석하기 시작하였다.

로키치에 따르면, 아도르노와 동료들은 단지 공산주의자, 유대인, 그리고 '이탈' 소수집단과 같은 전통적인 보수단체에 대한 우익집단의 편견만을 다루고 있다. 로키치는 비록 대상은 다르더라도 좌익집단 내에서도 외집단 거부의 표현과 같은 편견을 발견할 수 있을 것이라고 주장하였다.[주석2] 그 대표적인 예로, 트로츠키주의자(Trotskyists)[6]와 스탈린(Stalin)을 지지하는 이른바 수정주의자(revisionists)에 대한 악독한 거부 반응이 있다(Deutscher, 1959). 로키치는 우익집단의 편견과 좌익집단의 편견 모두 근본적으로 공통된 인식 구조를 가지고 있다고 하였다. 그 공통된 인식 구조 내에서 우익과 좌익의 신념(또는 신념체계)은 서로 잘 격리되어 있고, 서로 반대되는 의견 제시를 개의치 않는다. 또한 새로운 정보 변화에 민감하게 저항하고, 자신이 옳다는 것을 정당화하기 위하여 권위에 호소하기도 한다. 로키치는 이러한 비관용의 특성을 '폐쇄적 마인드(closed mind)' 또는 독단적인 성격(dogmatic personality)이라고 규정하였다. 그 반대의 개념은 '개방적 마인드(open minded)' 또는 편견이 없는 사람(non-prejudiced person)이다(Rokeach, 1960).

----

6) 역자 주 – 레닌(Lenin), 스탈린의 일국사회주의건설이론에 반대하여 트로츠키(Trotsky)가 내세운 사회주의혁명이론을 지지하는 사람들을 말한다. 트로츠키주의는 혁명의 규모를 전 세계 차원으로 확대하지 않으면 사회주의 혁명은 성공할 수 없다고 주장하는 극좌의 전위적인 사상이다.

　　로키치(1956)는 이것을 설명하기 위하여 2개의 척도를 개발하였다. 먼저, '비관용 척도(opinionation scale: O 척도)'는 비관용의 정도를 측정하는 것으로 우익과 좌익 양쪽 모두의 입장에서 과도한 사회적 태도들에 대한 문항들로 구성되었다. 또다른 척도는 '독단주의 척도(dogmatism scale: D 척도)'로 비관용 척도와 매우 관련성이 높지만 일반적으로 권위주의와 관련된 것이다. 비록 D 척도의 일부 문항은 초기 F 척도의 항목들과 유사하고, F 척도의 긍정 응답 편향(positive response set: 'yes'라고 답하는 문항들의 집합－역자 주)도 비슷하게 나타나지만 로키치는 D 척도에서 F 척도에 있는 권위주의에 대한 내용을 좀 더 간소화하면서 차별화하려고 노력하였다. 곧 다시 살펴보겠지만, 이러한 시도가 성공적이었다고는 볼 수 없다.주석 3

　　로키치는 표준화된 심리측정 절차를 이용하여 이 척도들의 내적 신뢰도를 확인하였다. 그런 다음 그는 타당도를 검증하였는데, 다양한 방법을 통한 그 결과는 절반 정도 성공했다고 해야 할 것 같다. 로키치는 학생들의 독단주의와 개방적 마인드를 측정하기 위하여 두 번의 연구를 진행하였고, 학생들의 담당 교수와 친구들로 하여금 평가하도록 하였다. 그리고 독단주의 점수를 상호 비교하였다. 그 결과, 친구들의 평가는 친구들 집단 내에서 차이가 있었고, 반면에 교수들의 평가는 교수들 집단 내 차이가 없었다(Rokeach, 1960). 추가 연구에서도 로키치는 이전의 경험을 바탕으로 독단주의가 평균 집단 이상이라고 여겨지는 집단들(예, 비신앙인, 진보정치인)의 독단주의를 비교하였다. 동시에 아도르노와 동료들(1950)이 개발한 설문들을 사용하여 권위주의와 자민족중심주의를 측정하였다. 이러한 비교를 통해 실제로 D 척도가 F 척도보다 더 일반화된 도구라는 것을 확인하였다. 예를 들어, 공산주의 집단(비록 전체 공산주의를 대변할 만큼 큰 집단은 아님)의 독단주의의 보수주의 점수가 동일하게 나타났고, 권위주의 점수는 상당치 낮게 나타났다. 하지만 자유주의 집단과 비교 시 공산주의 집단의 독단주의는 약간 높게 나타났고, 권위주의는 낮게 나타났다. 이는 F 척도가 아닌 다른 방법으로 우익 정치적인 입장과 비관용의 태도를 구분할 수 있다는 것을 보여 준다. 기존 연구를 통해서도 이 가설을 검증할 수 있는데, 독단주의가 우익과 좌익 집단의 비관용 태도 모두에 관련성 있고, 권위주의와 자민족중심주의와도 관련성이 있지만, 권위주의 와 자민족중심주의는 우익집단의 비관용 태도에서만 관련성이 나타난 것을 확인 할 수 있다. 하지만 종교집단들 사이의 비교를 보면, 독단주의에 있어 이러한 차 이점은 나타나지 않았다(Rokeach, 1956).

독단적인 성격은 어떻게 형성될까? 로키치는 아도르노와 동료들(1950)이 주장 했던 것처럼 어린 시절 가족의 사회화 경험에서 독단주의 성격이 나타나고 특별 히 아동-부모 간의 관계에서 비롯된다고 하였다. 그는 '폐쇄적 마인드'(또는 독단 주의)를 가진 아동의 경우 권위주의 유형의 부모들로부터 양육을 받았으며, 억압 된 두려움(예, 손톱을 깨무는 것, 악몽 등)을 겪고, 자신의 부모를 과도하게 칭송하는 경향을 보였다. 그러나 '개방적 마인드'를 가진 아동의 경우 어린 시절의 두려움 을 덜 회상하였고, 자신의 부모가 어떠했는지를 정확하게 표현하지 못하는 경향 이 있었다. 다소 놀라운 사실은, 개방적인 마인드를 가진 집단과 가장 큰 차이를 보이는 집단은 아주 극단적으로 폐쇄적인 마인드를 가진 집단이 아니라, 중간 정 도의 폐쇄적 마인드를 가진 집단이었다는 것이다.

편견을 예견하는 데 독단주의 개념이 얼마나 유용할까? 불행하게도, 이 주제를 다룬 논문은 아주 적다. 로키치는 독단주의와 자민족중심주의 척도로 측정한 일 반화된 외집단 거부와의 관련성을 검증하였다. 마이코비치(Maykovich, 1975)도 독 단주의가 미국 내 백인의 반흑인 태도와 관련성이 있음을 발견하였는데, 이 관계 는 지역, 교육, 그리고 사회적·경제적 지위와 같은 주요 사회적 변수들의 영향을 모두 통제한 후에도 유의미하게 나타났다. 이스라엘의 근본주의 종교집단의 독단 주의는 비록 강하지는 않지만 반아랍 편견과 관계가 있는 것으로 밝혀졌다 (Kedem et al., 1987; Hoge & Carroll, 1973). 마지막으로 아주 드문 연구 결과이지만, 디온(Dion, 1973)의 연구를 살펴보면 각 팀을 매우 독단적인 2명으로 구성한 경우 에는 팀 내 자신의 경쟁 상대에게 보상을 할당하는 상황에서 전혀 차별하지 않고 공정하게 나누었다. 그리고 덜 독단적인 두 명으로 구성된 팀들보다 집단 간 평가가 더 편향적이지도 않았다. 이 연구를 통해 개인의 태도가 자신의 성격보다는 어떤 집단에 포함되어 있는지에 의해 좌우될 수 있다는 것을 짐작할 수 있다. 이 부분은 제3장에서 자세히 살펴볼 것이다.

그렇다면 로키치가 주장했던 우익과 좌익 극단주의 사람들이 공유하고 있는 유사한 성격과 사고유형이라는 것이 무엇인가? 로키치의 연구 자료에서는 이 내용이 확실치 않다. 정치적 반대 입장에 있는 응답자들을 비교한 그의 중요한 연구는 표본이 너무 작았고(예, 공산당원 13명만을 대상으로 연구), 이와 같은 이유 때문인지 '극단주의'와 '온건주의' 사람들의 독단주의 점수를 비교한 결과가 통계적으로 유의하게 나오지 않았다(Rokeach, 1960). 맥팔랜드(McFarland)와 동료들(1992)은 옛 소련(좌익)과 미국(우익)에 있는 사람들의 권위주의 수준과 그 상관관계를 분석하였다. 비록 표본에 포함되었던 러시아 응답자들이 미국 응답자들보다 낮은 권위주의 점수를 보이기는 했지만, 상관관계 패턴을 볼 때 러시아 응답자들은 권위주의가 높을수록 공산주의 사상을 더 강하게 인정하였고, 미국 응답자들은 그와 반대로 권위주의 점수가 낮을수록 공산주의 사상을 더 인정하였다. 달리 말해서, 문화적인 영향으로 정도의 차이는 있지만, 극우든 극좌든 모두 권위주의와 관련성이 있다는 것을 의미한다. 테틀록(Tetlock, 1983, 1984)은 양극단 사람들의 심리적 유사성에 대한 또 다른 증거를 제시했다. 테틀록은 미국과 영국에 있는 보수주의 정치인들과 사회주의 정치인들의 연설을 분석하여, 그들의 연설이 중도주의 정치인들의 연설보다 단순하다는 것을 발견하였다. 이것은 보수주의와 사회주의 사람들이 중도주의 사람들보다 세상을 바라보는 사고유형이 더 딱딱하고 엄격하다는 것을 암시한다. 적어도 그들 중 일부가 현 정부에 소속되어 있는지 아니면 반대쪽에 있는지에 따라 사고유형이 달라질 수도 있다. 그러나 그 차이가 성격 기능에 따른 차이인지에 대한 논의는 필요하다. 반대쪽에 있는 정치인이라면 그들이 정권을 쥐고 있을 때 했던 연설보다는 덜 검증되고, 덜 신중한 경향을 보인다(Tetlock, 1984). 더욱이 정치집단으로서의 좌익과 우익에 대한 개인의 사고유형을 체계적으로 분석한 결과를 보면 인지적으로 극단적인 우익 성향의 사람이 극단적

인 좌익 성향의 사람보다 더 엄격하였고, 로키치가 예상했던 U 형태의 관계(극단
적으로 갈수록 유사한 사고 유형을 보이는 – 역자 주) 역시 거의 나타나지 않았다(Jost
et al., 2003a).

빌리그(Billig, 1976)는 서로 다른 정치적 극단주의자들을 동일하게 보려는 시도
를 신랄하게 비판하였다. 그는 이런 종류의 연구에 사용된 측정도구들이 정치적
으로 전혀 중립적이지 않기 때문에 순수하게 심리적 특성을 찾을 수 없고, 실제로
상당히 이념적으로 치우친 문항들을 사용한다고 지적하였다. 그리고 많은 연구가
그렇게 구성된 특정 항목들을 사용함으로써 정치적인 태도를 분명히 나타내지 못
하게 되는데, 이러한 애매한 태도들의 점수를 합산한 것을 가지고 관찰되는 집단
간의 차이점 또는 유사점이라고 주장하고 있다고 지적하였다. 이를 검증하기 위
하여 빌리그와 코크레인(Billig & Cochrane, 1979)은 영국의 공산당원과 국민 전선
당원을 대상으로 로키치(1973)의 가치 설문척도를 사용하여 설문한 다음, 개별 설
문 문항들을 세밀히 분석하여 두 집단이 명백하게 구분된다는 것을 확인하였다.
이 결과는 서로 다른 정치적 입장에 있는 사람들이 공통적인 심리적 범주를 가지
고 있을 것이라는 주장과 반대되는 것이다.

## 🎞 사회적 우월로서의 편견

마지막으로 언급하게 될 편견에 대한 접근법은 지금까지 살펴본 것과는 그 형
태와 범위 면에서 다소 차이가 있다. 이 접근법은 단순한 성격이론 차원을 넘어서
서 세계 곳곳의 위계적 사회 시스템을 만들고 유지하는 데 필요한 심리학적 · 사
회학적 · 진화적 과정을 모두 통합하는 특성을 가지고 있다. 이 접근법은 모든 형
태의 편견과 차별은 사회적으로 우월한 집단을 형성하려고 하는 인간의 보편적
경향성이 단순하게 표현된 것이라고 주장한다. 우월한 집단의 구성원들은 다른
집단의 구성원들을 복종시키고자 하는 욕구와 또 그것을 가능하게 하는 수단을

가지게 된다. 또한 사회적으로 하부집단에 속한 구성원들은 자신을 억압하는 것 (지나친 협력에 대한 강요조차도)을 묵인하게 된다. 이것은 모두 사회적 우월관계로 인한 것이다. 그렇다면 과연 누가 그러한 사회적 우월관계를 만들고 그 이유는 무엇일까?

사회우월이론(social dominance theory)이라고 불리는 이 접근법은 사이더니어스와 플라토(Sidanius & Pratto, 1999)에 의해 널리 알려졌다. 그들은 먼저 우리가 아는 모든 인간 사회는 위계적인 조직이고, 어떤 집단은 다른 집단들에 대하여 권력을 행사하고 있다고 주장하였다. 물론 위계적인 조직의 형태는 광범위하고 다양하다. 어떤 곳은 씨족의 형태로 구성되어 있고, 이떤 곳은 종교, 인종 또는 수많은 사회적 범주(사회를 이해하는 데 필요한 범주들)에 의해 구성되어 있다고 하였다(제3장 참조). 사이더니어스와 플라토는 어떤 특정한 문화적 맥락에서만 중요하게 여겨지는 집단들을 '임의적 형태(arbitrary set)'라고 하였다. 그러나 사이더니어스와 플라토는 현재 엄청나게 많은 '임의적 형태'가 있음에도 불구하고, 연령과 성별(특히 성별)은 문화적 맥락과 상관없이 어디에서나 기능적으로 중요하게 작용한다고 하였다. 그들은 나이 든 사람과 남성이 '진화 생존 가치(evolutionary survival value)'[7]로 인해 젊은 사람과 여성보다 더 많은 권력과 특권을 가지게 되는 것이 보편적인 경향이라고 주장하였고, 결론적으로 사회우월이론에서 연령과 성별이 중요한 위치를 차지하고 있다고 강조하였다. 따라서 그들은 우리가 일반적으로 여성보다는 남성이, 좀 덜 일반적이긴 하지만 젊은 사람보다는 나이 든 사람이 더 우월성을 보일 것으로 기대한다고 예상하였다.

그렇다면 임의적 형태이든지 또는 연령과 성별을 기초로 했든지 간에, 집단 중심의 위계가 언제나 나타나는 이유는 무엇일까? 사이더니어스와 플라토(1999)는 진화론과 사회기능주의자들의 두 이론을 사용하여 그들의 주장을 뒷받침하였다.

---

7) 역자 주 — 생존 가치 또는 생존가는 개체가 나타내는 각종 특성이 적응도를 높이려고 애쓰고 있는 기능 또는 효과를 뜻하는 용어다. 따라서 진화 생존 가치는 진화하는 과정에서 나타나는 생존 가치를 의미한다.

성별과 연령은 유아기의 성적 경쟁과 생물학적 취약성 때문에 우월관계를 결정짓는 요소로 나타난다고 설명한다. 또한 또 다른 임의적 형태는 사회가 경제적 잉여를 생산하기 때문에 그 잉여를 통제할 수 있는 경쟁력의 결과로 나타날 수 있다는 것이다. 마지막으로, 위계적으로 조직화된 사회가 평등한 조직보다는 더 안정적으로 여겨지고, 결국에는 '기능적' 이익을 누리게 된다고 본다. 이 논리에는 자신의 지속성을 보장하는 다양한 메커니즘을 개발하면서 저절로 집단 중심의 위계 구조가 생성·지속될 수 있다는 것을 보여 준다. 수평 구조보다는 계층 구조에서 사는 것이 사회적으로 더 기능적이라고 여겨지기 때문에, 낮은 지위집단의 구성원들조차도 대체로 종속관계 속에서 협력하게 된다. 사이더니어스와 플라토(1999, p. 43)는 "집단 압력은 매우 협력적인 게임이다."라고 언급하였다.[주석 4]

비록 사회우월이론의 주요 취지가 위계 시스템의 불가피성과 안정성을 강조하는 것이기는 하지만, 저자들조차도 이러한 시스템 내에 때때로 긴장이 있을 수밖에 없고, 몇몇 집단 또는 집단 내 몇몇 개인은 그러한 불평등을 강화하기보다 감소시키려고 노력할 것이라고 하였다. 사이더니어스와 플라토의 철저한 조사를 통해 개발된 **사회 우월 경향성**(Social Dominance Orientation: SDO) 척도는 집단 간 그리고 개인 간 관계에서 불평등에 대한 선호도의 차이를 정확하게 확인하기 위해 개발되었다.

SDO는 많은 문장으로 구성되어 있는데, 각 문장은 집단 불평등의 바람직성을 받아들이는 것과 거부하는 것에 대한 것들이다. 몇 가지 예를 살펴보면 다음과 같다.

- 출세하기 위해서는 때때로 다른 집단을 밟고 올라갈 필요가 있다.
- 때때로 다른 집단들은 그들에게 주어진 공간 내에서만 있어야 한다.
- 만약 우리가 사람들을 평등하게 대우하면 문제가 더 적을 것이다[역문항].

이 항목들에 대한 사람들의 설문 결과는 매우 일관성이 있었고, 높은 내적 신뢰도를 보였다. 사이더니어스와 플라토는 이 척도를 통해 사람들이 집단 간 관계가 평등하지 않은 것을 어느 정도 가치 있게 여기는지를 알 수 있다고 하였다. 그리고 이 설문 결과에서 점수가 높은 사람은 상황에 따라 나타나는 편견의 형태가 무엇이든지 간에 그 편견(인종차별 또는 민족주의)을 지지하는 것으로 해석할 수 있다고 하였다. 사회우월이론에서는 이 편견들이 불평등한 지위를 정당화하는 데 도움이 될 미신이 된다고 본다. 결국 편견은 차별 행동으로 나타나고, 이런 차별 행동은 이미 존재하고 있는 위계 조직을 더욱 강화할 것이라고 보았다. SDO 척도는 집단 수준에서도 사용 가능하다. 즉, 서로 다른 집단들 간에 상대적인 SDO 성향에 대한 이론적 가설, 예컨대 남성 집단의 점수가 여성 집단의 점수보다 높다는 가설을 검증할 수 있다.

사람들의 SDO 점수를 결정하는 요소들은 무엇일까? 원인론적 이론(aetiological theory)을 근거로 권위주의 성격을 설명했던 연구자들과는 달리, 사이더니어스와 플라토(1999)의 SDO의 원인에 대한 설명은 다소 미흡하다. 그들은 특정 사회 계층에서 사회화 과정의 일부로 SDO 점수가 높은 사람이 나타날 수 있다고 주장하기도 하였다. 예를 들어, 어떤 사람이 백인, 중산층, 그리고 남성으로 사회화되었다면 그들의 이론에 따라 높은 수준의 SDO 점수를 기대할 수 있다. 또한 SDO는 부분적으로 아주 개별적인 삶의 경험, 즉 양육의 특정 형태에서도 나올 수 있고, 상황적 요소, 즉 특정 상황에 심리적으로 두드러지는 특정 집단 간 지위 차이에 따라 달라질 수 있다. 그러나 이런 상황 의존적인 특성은 오히려 그들의 주장을 폄하할 수 있다. 즉, 그들은 사람들의 SDO의 정도는 인종주의, 성차별주의 또는 그 비슷한 무엇인가에 동의(또는 거부)를 나타내는 안정적 특성이라고 하였는데, 상황 의존적인 주장은 이러한 특성을 부정하는 꼴이 된다. 만약 SDO가 그렇게 상황적으로 불안정한 것이라면, 다양한 상황에서 일관되게 나타나는 현상을 제대로 설명할 수 없다. 마지막으로, SDO에 대해 논의해야 할 것은 내가 이 장에서 언급했던 다양한 개인차 변수들과는 달리, SDO에서 높은 점수를 받은 사람은 병적이거나 일탈적이지 않다는 것을 사이더니어스와 플라토가 설명해야 한다는 것이다.

그들은 이에 대해, SDO는 정상적인 사회화 경험과 결합하여 그리고 부분적으로는 유전된 성격특성에서 나온 것으로 정상적인 범위의 인간이 보이는 특성을 반영하는 것이라고 주장하였다(Sidanius & Pratto, 1999, p. 74).

　　그렇다면 사회우월이론이 편견을 얼마나 잘 설명하는지 살펴보자. 대부분의 연구가 SDO와 다른 편견들과의 관계를 예측하는 것에 집중하였다는 것은 예상 가능하다. 그리고 집단 기반의 위계성에 대한 보편성과 불가피성을 보여 준 연구는 검증하기도 어렵고, 그 수도 많지 않다. 플라토와 동료들(1994)은 미국 대학생들을 대상으로 한 연구에서 SDO와 인종차별주의, 성차별주의, 민족주의 간의 관계에 일관된 상관관계(평균적으로 약 0.50)를 확인하였다. 또한 SDO와 권위주의와의 관계에서는 우익 권위주의(RWA)와는 매우 약한 상관관계를 보였고, 우익 권위주의를 통제한 상태에서 앞서 보인 편견의 다양한 지표와는 강한 상관관계를 보였다. 예상했던 대로, 남성은 여성보다 약간 높은 점수를 나타내었다. 이상과 같은 SDO와 다양한 편견 간의 관계는 수많은 다른 연구자에 의해서도 발견되었다(Duckitt, 2001; Duriez et al., 2005; Whitley, 1999). 앞서 RWA를 통제한 상태에서 SDO와 편견 간의 유의미한 관계가 있다는 것은 SDO와 RWA가 편견에 대하여 각각 독립적인 상관관계가 있음을 암시한다. SDO와 RWA의 상관관계가 몇몇 상황에서는 아주 높거나 낮을 수 있지만 대체로 0.20 수준의 낮은 상관관계를 보인다(Duckitt, 2001; Duriez et al., 2005).

　　따라서 SDO와 편견의 두 변수 간의 공분산이 분명 존재하지만 그럼에도 불구하고 RWA를 통제한 상태에서도 SDO가 편견과 관계가 있다는 것은 SDO와 편견 간의 독립적인 인과관계가 있을 수 있다는 것이다. 플라토와 동료들(1994)이 그들의 논문 제목에서도 암시했던 것처럼, 과연 SDO를 사회적·정치적 태도에 영향을 주는 성격변수로도 볼 수 있을까?[주석 5] 알트마이어(1998)는 SDO가 RWA의 개념을 보완하는 권위주의 형태(복종의 측면보다는 우월주의 측면에서)를 보인다고 주장하면서 SDO가 사회적·정치적 태도에 영향을 주는 성격변수로서 작용할 수 있다고 보았다. SDO를 성격의 형태로 보는 것은 SDO 점수가 상황에 상관없이 기질의 일부분으로서 안정된 것이며 편견의 근원적인 원인이라는 것을 의미한다. 그리고 직업집단들 사이에서 전형적으로 관찰되는 SDO(또는 편견)의 차이(예, 경찰 대 사회복지사)는 자기 선택('우월성' 역할을 추구하는 더 우월적인 사람들의 선택)의 결과이거나, 제도적 선택(조직이 그들의 역할과 부합하는 성격을 가진 사람을 고용하는 것)의 결과이거나, 또는 둘 다의 결과일 것이다(Pratto et al., 1997; Sidanius et al., 1994).

그러나 SDO가 고정화된 성격인지에 대한 의문은 여전이 남아 있다. 더킷(Duckitt, 2001)은 SDO가 RWA와 유사하게 성격보다는 실제로 사회적 태도를 나타내는 것이라고 지적하였다. 하지만 RWA의 문항들은 세상을 위험하고 위협석인 곳으로 보고, 강한 내집단 도덕성의 보호와 권위주의 숭배의 필요성을 강조했다면, SDO의 문항들은 세상을 승자와 패자가 불가피하게 나타나는 집단 간 경쟁이 치열한 곳으로 보고 있다. 더킷(2001)이 비록 이 두 세계관을 각각 SDO는 정신력(Eysenck, 1954), RWA는 사회 순응(Saucier, 1994)의 성격특성으로 연결하기는 하였지만, 그러한 관점은 동일하게 어떤 상황이나 사건에서 또는 특정 사회제도(경쟁적이거나 평등한)의 사회화 과정에 의해 발생할 수도 있다. 만약 그렇다면 SDO는 다양한 편견의 원인으로가 아니라 상황에 대한 관념적인 반응으로 보아야 할 것이다. 이 반응은 계속해서 집단 간 특정 태도를 만들어 내지만, 이 반응을 편견의 실제 원인으로 간주할 수는 없다.

SDO의 대안적인 개념은 슈미트(Schmitt)와 동료들(2003)과 귀몬드(Guimond)와 동료들(2003)에 의해 제시되었다. 그들의 연구 중 슈미트와 동료들(2003, Study 2)은 본격적인 연구에 앞서 참가자들의 인종차별주의와 성차별주의를 사전 검사하였다. 그리고 실험단계에서는 인종과 성별 중 한 가지만 두드러지도록 질문하였다. 이 실험단계를 서지면서 참가자들은 인종 또는 성별 한 가지에 좀 더 주목하게 된다. 이후 참가자들은 SDO 척도를 검사하였다. 만약 SDO의 점수가 집단 간 우월성 관계를 선호하는 것과 관련성이 있고, 편견을 보이는 몇몇 일반적인 성향을 반영한다면, 실험에서 인종이 더 두드러지든지, 아니면 성별이 더 두드러지든

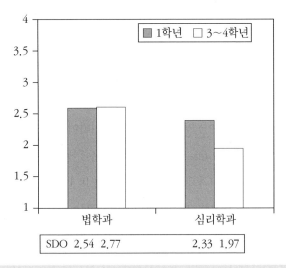

**그림 2-1**

우수 학생 집단(법학과)과 우수하지 않은 학생 집단(심리학과)에서의 SDO와 편견 간의 관계. 표 아래의 SDO 값은 각 그래프의 SDO 값을 나타냄.
출처: Guimond et al. (2003)을 수정함.

지와 상관없이, SDO가 실험 전에 실시한 인종주의와 성차별주의 모두와 동일한 상관관계를 보일 것이라고 예상할 수 있다. 하지만 연구 결과는 인종이 중요한 상황에서는 SDO와 인종차별주의 간 상관관계가 유의미하게 나타났고, 성별이 중요한 상황에서는 성차별주의와 상관관계가 나타났다. 이것은 SDO가 일반적인 편견의 근본적인 원인으로서가 아니라 그때그때 나타나는 두드러지는 정체성과 관련한 상황 의존적 반응이라는 것을 강하게 뒷받침해 준다. 귀몬드와 동료들 (2003)은 SDO가 집단의 사회화 결과라는 것을 확인하였다. 그들은 우수 학생 집 단(법학과)과 우수하지 않은 학생 집단(심리학과)에서 SDO와 편견을 측정하였다. 각 학생들은 1학년과 3~4학년 학생들 중에서 선발되었다. 사회우월이론에 따르면, 우수한 성적을 지향하는 학생들(법학과)은 높은 사회적 우월성과 훨씬 강한 편견을 가지고 있을 것이라고 예측하였다. 물론 연구 결과가 예상한 대로 나오긴 하였지만 그렇게 단순하지는 않았다. 법학과 학생들이 심리학과 학생들보다 전체 SDO 점수는 높게 나왔고, 특히 3~4학년 학생들은 그 차이가 더 크게 나왔다. 두 집단의 1학년 학생들 간에도 SDO 점수 차이는 나타났지만, 놀랍게도 편견 점수의 차이는 없었다. 편견 점수는 높은 학년에서만 나타났다([그림 2-1] 참조).

　귀몬드와 동료들은 집단별, 학년별 SDO 점수 차이를 다음과 같이 해석하였다. 먼저, 법학과 학생들은 매우 경쟁적인 분위기에 동화되어 결과적으로 시간이 흘러 고학년이 되었을 때 SDO 값이 더 증가하는 경향성을 보였고, 심리학과 학생들은 공동 생활을 강조하는 분위기에 동화되어 고학년이 되었을 때는 SDO 값이 오히려 감소하는 경향성을 보인다고 하였다. 이것이 코호트 효과(cohort effects)[8]가 아님을 입증하기 위해, 즉 연구 대상이 특정 집단의 특수한 특성에 의해 발생하는 효과가 아님을 검증하기 위하여 귀몬드와 동료들(2003)은 실험적으로 집단 간 지위 차이를 만들어 내어 유사한 결과를 도출하였다.

　사회우월이론과 관련하여 마지막으로 논의해 볼 만한 내용은 사회적 우월성 관계에 대한 진화론적 관점이다. 앞서 잠시 언급한 것과 같이 이러한 관점은 사이더니어스와 플라토(1999)가 집단 중심의 위계와 그에 따른 편견이 문화적으로 보편적이고 그래서 어느 정도 불가피한 것이라는 주장과 관련된다. 특히, SDO로 표현되는 성차별이 보편적이라는 것이다. 사이더니어스와 동료들(2000)이 실제 6개국 (중국, 이스라엘, 팔레스타인, 뉴질랜드, 미국, 옛 소련)의 남성을 대상으로 한 연구에서, 비록 불공정성과 관련된 지표에서는 나라별로 상당한 차이가 있었지만, 공통적으로 남성이 높은 사회적 우월성을 가지고 있다는 것을 확인하였다. 그러나 다른 연구들은 이러한 소위 '불변 가설(invariance hypothesis)'에 대해서 다소 부정적이었다. 윌슨과 리우(Wilson & Liu, 2003)는 SDO에서 성별 차이는 단지 자신의 성별 범주에 대한 강한 정체성을 가진 남성과 여성에게서만 존재한다는 것을 발견

---

8) 역자 주－5년 또는 10년 단위로 구분한 출생 코호트의 비교에 의해 특정 기간 동안 특정 질환의 발병이나 사망률의 증가 또는 감소가 인정되는 현상을 말한다. 코호트는 사회변동의 연구에서 특히 중요한 개념으로 구성원들은 개인이 경험하는 사회를 나름의 방식으로 각각 다른 관점에서 받아들이고, 이는 사회 변동에 기여한다. 개인의 가치관이나 의견의 차이로 인해 코호트의 차이가 생긴다.

하였다. 정체성이 약한 사람의 경우, 여성이 남성보다 더 강한 SDO 점수를 보였다. 따라서 남성과 여성의 SDO는 사이더니어스와 플라토가 추측했던 것보다 훨씬 더 상황 의존적인 특성이 있는 것처럼 보인다.

집단 중심의 위계가 불가피하다는 주장에 대해서는, 그 기초가 되는 증거들만큼이나 비관적인 정치적 함의로 인해 신랄한 비판의 대상이 된다(Reicher, 2004; Turner & Reynolds, 2003). 레치어(Reicher, 2004)는 "불평등한 지위관계가 불가피하다는 이론들에 대한 나의 관심은 그것이 사실인지 아닌지에 있는 것이 아니라 언젠가 사실이 될 수 있는가에 있다."(p. 42)라고 언급하였다. 진화론적인 가설이 거짓이라고 판명하기는 쉽지 않다. 그렇다고 해서 진화론적인 가설이 사실이라고 할 수도 없고, 무작정 그러한 가설을 적용하려는 것은 생각해 볼 문제다. 여전히 사회우월이론을 주장하는 사람들이 위계적 체계를 설명하고 표현하려고 하긴 하지만, 그렇다고 그들이 결코 위계적 체계를 정당화하려고 하지 않는 것은 긍정적이다. 지질학이 지진을 설명하고, 병리학이 에볼라 바이러스(Ebola virus)의 발병을 설명하고, 정신의학이 정신이상을 설명하듯이, 진화론적인 분석이 인간행동을 설명할 수도 있기 때문이다. 때로는 사회과학이 던져 놓은 불편한 진실에 대해 우리가 취할 태도는 그들의 주장을 단순히 부인하기보다 그들과 논쟁하거나 회피하는 방법을 취하는 것이다.

## 편견에 대한 성격 접근의 한계점

이 절에서는 특정 이론을 논의하기보다는 개인의 성격으로 편견의 발생을 설명할 수 있다는 주장에 대해 논의하고자 한다. 이 주장은 다음과 같은 네 가지 문제점이 있다(이와 유사한 문제점 제기에 대해서는 Billig, 1976 참조).

첫 번째 문제점은 사람의 태도를 형성하는 과정에서 사회 상황의 힘과 중요성을 평가절하하고 있다는 것이다. 사회심리학에서 누구나 다 알고 있는 사실은 개

인의 의견이나 행동이 가까이에 있는 주위 사람들의 태도, 집단 규범, 다른 집단
과의 관계 등과 같은 요소에 의해 강하게 영향을 받는다는 것이다(Brown, 2000a).
편견도 마찬가지다. 사회심리학에서 보기 드문 실제 현장실험연구인 시겔과 시
겔(Siegel & Siegel, 1957)의 연구를 예를 들어 살펴보자. 이 실험은 실제 두 집단의
미국 여학생을 대상으로 권위주의의 변화를 1년 이상 관찰한 것이다. 한 집단은
매우 보수적이고 전통적인 여학생 기숙사에 거주하였고, 다른 집단은 자유로운
분위기의 기숙사에서 생활하였다. 방법론적인 관점에서 이 연구가 가진 중요한
특징은 집단의 구분이 무선(random) 할당되었다는 것이다. 이는 두 집단의 여학
생들의 성격 및 다른 특성들이 무선 배치되었음을 의미한다. 예상했던 대로 자유
로운 분위기에서 생활한 학생들은 권위주의 점수의 감소가 확연하게 나타났고,
보수적인 여학생 기숙사에서 생활한 학생들의 권위주의 점수는 거의 변화가 없
었다(〈표 2-1〉 참조).

이 연구의 모순은 편견의 측정도구에 있다. 편견 점수는 응답자들의 집단 경
험의 결과로서 그들의 태도 변화를 민감하게 측정했다고 알려져 있는데, 사용한
측정도구는 시간과 상황에 안정적인 성격특성의 지표로 간주되는 F 척도였던
것이다.

앞서 언급한 귀몬드와 동료들(2003)의 연구를 다시 살펴보자. 그들은 학생들의
SDO와 편견 수준이 학생들이 공부하고 있는 과목 성적에 따라 상당히 많이 변화
한다고 하였다. 그리고 단기간의 실험 조작을 통해 SDO와 편견을 변화시킬 수 있

| 표 2-1 | 보수적인 여학생 기숙사와 자유로운 여학생 기숙사에서 생활한 여학생들의 권위
주의 점수 변화

|  | Time 1 | Time 2(1년 후) |
|---|---|---|
| 보수적인 여학생 기숙사 | 103.0 | 99.1 |
| 자유로운 여학생 기숙사 | 102.1 | 87.3 |

출처: Siegel & Siegel (1957), 표 2.

다는 것도 보여 주었다. 편견이 상황 의존적이라는 또 다른 증거는 베르쿠이텐과 하겐도른(Verkuyten & Hagendoorn, 1998)의 연구에서도 나타났다. 그들은 권위주의와 같은 성격은 사람들의 집단 소속감이 중요하지 않은 상황에서만 편견을 결정하는 요소로 작용할 수 있다고 하였다. 반대로 집단 정체성이 심리적으로 매우 중요할 경우에는 권위주의 대신 집단 규범 또는 집단에 대한 고정관념이 영향을 미칠 수 있다고 하였다. 그들의 연구에서는 참가자들의 개인적인 특성(외모, 취미 등)이나 국적에 대한 질문들을 통해 개인적 또는 사회적 정체성을 일깨워 주었고, 이러한 간단한 질문만으로도 권위주의와 편견의 관계를 급격하게 변화시킬 수 있었다. 즉, 첫 번째 집단의 개인 정체성 상황에서는 권위주의와 편견의 관계가 정적인 관계로 나타난 반면, 두 번째 집단의 사회정체성 상황에서는 권위주의와 편견의 관계가 나타나지 않았다. 두 번째 집단의 경우 편견과 관계가 나타난 것은 집단 내 고정관념이었고, 첫 번째 집단인 개인 정체성 상황에서 고정관념은 편견과 아무런 관련성이 없었다(Reynolds et al., 2001 참조).

두 번째 문제점은 보다 폭넓은 문화적 또는 사회적 수준에 대한 것이다. 페티그루(1958)는 비교문화연구를 통해 남아프리카와 미국에서의 편견을 조사하였다. 그리 놀랄 만한 결과는 아니지만, 그는 남아프리카의 백인과 미국 남부의 백인이 동일하게 반흑인 편견을 아주 많이 보인다는 것을 확인하였다. 두 곳 모두 개인 수준에서는 권위주의와 편견 간의 상관관계가 있는 것으로 나타났으나, 집단 수준에서는 그 관계가 나타나지 않았다. 달리 말하면, 개인의 성격 측면에서 분석할 때는 분명히 개인의 권위주의에 따라 인종차별적인 태도를 보이지만, 전체 집단 수준에서 볼 때는 권위주의가 있다고 해서 반드시 인종차별적인 태도를 보인다고는 할 수 없다는 것이다. 페티그루의 이러한 결론은 인종차별주의의 원인이 어떤 성격적인 역기능에 있는 것이 아니라 각 개인이 노출되어 있는 사회적 규범에 있다고 보는 것이 더 타당하다는 것을 말해 준다. 그는 편견과 사회 순응주의의 관계에서도 동일하게 이 현상을 발견하였다.

특히 남아프리카는 수년간 인종격리 정책으로 인하여 제도적으로 인종차별주의를 지향하고 있어 편견의 결정요인을 연구하기에 적합한 상황이었다. 인종격리정책은 인종 구분과 백인 우월성을 전제로 하였고, 인종차별주의자의 사고체계가 양성되고 유전되기에 아주 비옥한 환경을 제공하였다. 페티그루(1958)의 연구에 따르면, 다른 많은 연구자들도 남아프리카에서 편견의 원인을 연구하였다. 그리고 비록 강하지는 않았지만, 일반적으로 개인의 권위주의와 편견 간에는 상관관계가 있음을 확인하였다(Colman & Lambley, 1970; Duckitt, 1988; Heaven, 1983). 그러나 더 중요한 것은 아마도 사회인구통계학적 변수들이 권위주의와는 독립적으로 편견에 영향을 주는 요소라는 사실을 발견한 것이다. 예를 들어, 영어를 사용하거나 중산층 집단에 속한 사람에 비해, 아프리칸스어[9]를 사용하는 사람들과 더 낮은 사회경제적 지위를 가진 집단의 사람들은 훨씬 강한 편견을 가지고 있는 것으로 나타났다(Duckitt, 1988; Pettigrew, 1958). 이러한 문화의 차이에 따른 연구 결과는 개인의 성격보다 사회적 규범이 특정 집단에서 편견을 결정하는 중요한 요소라는 주장을 뒷받침해 준다.

세 번째 문제점은 성격을 통해서만 편견을 설명한다면 모든 집단에서 공통적으로 발생하는 편견의 형성을 다 설명할 수 없다. 즉, 개인의 성격 관점에서 본다면 특정 사회에서 대부분의 사람이 동일한 편견을 받아들이는 현상을 설명하지 못한다는 것이다. 전쟁 이전 나치 독일이나 1990년 초까지의 남아프리카에서는 심리학적으로 다양한 특성을 가진 사람에게서 공통된 인종차별적인 태도와 행동이 발견되었다. 데이비(Davey, 1983)의 영국 아동의 인종 간 태도 연구에서는 편견이 극심한 형태는 아니었지만 동시대의 다른 곳보다 체계적으로 만연해 있다는 것을 잘 보여 주었다. 이 연구 중 한 실험에서 연구자들은 아동에게 그들이 잘 모르는 여러 인종의 모습을 담은 사진을 보여 주었다. 그리고 아동이 그 사진들 중 누구

---

9) 역자 주 – 남아프리카 네덜란드어(South African Dutch language)라고도 한다. 1652년에 남아프리카 공화국이 네덜란드의 식민지가 되었을 때 함께 들어온 네덜란드어가 독자적인 발전을 이루어 본국의 네덜란드어와는 다른 특징을 갖게 되었다. 음성 면에서는 별로 차이가 없으나 문법적으로는 동사의 활용이 대폭 간략화되고 명사의 성격이 상실되었다.

| 표 2-2 | 영국 아동의 인종차별: 나눠 주기 전략을 적용한 비율

| 사탕 나눠 주기 유형 | 아동의 인종 | | | |
|---|---|---|---|---|
| | 백인 | 서인도인 | 아시아인 | 계 |
| 동일 인종 중심으로 나눠 주기 | 59.8 | 41.4 | 39.8 | 50.2 |
| 공정하게 나눠 주기 | 24.7 | 36.0 | 25.8 | 27.8 |
| 외집단 중심으로 나눠 주기 | 0.4 | 0.8 | 1.6 | 0.8 |

주: 이 실험에 적용된 사탕 나눠 주기 유형 중 '동일 인종 중심으로' 유형은 자기와 동일한 인종의 사람(사진)에게
4개 중 적어도 3개를 나눠 준 경우이고, '공정하게' 유형은 인종마다 2개씩 공정하게 나눠 준 경우이며, '외집
단 중심으로' 유형은 다른 인종 집단에게 더 많은 사탕을 나눠 준 경우다.
출처: Davey (1983), 표 9.2를 수정함.

에게 사탕을 더 주고 싶어 하는지를 확인하였다. 〈표 2-2〉와 같이 실험에 참여한
500명의 아이 중 50%는 사탕을 나누어 주는 것에 있어 동일 인종 중심성을 보였
다. 즉, 다른 인종 집단 사람보다 자기와 동일한 인종 집단 사람의 사진에 더 많은
사탕을 분배하였다. 백인 아동 중에는 거의 60%가 이러한 차별을 보였다. 거의 대
부분이 평범한 가정 배경을 가진 아동이었으며, 이렇게 많은 아동이 편견을 가진
사람의 특성이라고 말하는 특정 가족 배경이나 어린 시절의 사회화 과정을 거쳤
다고 보기에는 무리가 있다.

네 번째 문제점은 시간에 따른 편견의 변화와 관련된 것이다. 만약 편견의 불변
성, 즉 시간에 따라 편견이 변하지 않는다는 것을 성격의 관점에서 설명하지 못한다
면, 시간에 따라 갑작스럽게 변화하는 편견의 기복도 역시 설명하지 못할 것이다.
예를 들어, 히틀러가 지배할 당시 반유대인 정서는 10년 만에 빠르게 확산되었기 때
문에 모든 독일 가정 세대가 권위주의와 편견을 형성시키는 자녀양육 방법을 사용
했다고 하기에는 무리가 있다. 보다 더 강력한 사례로, 1942년 일본의 진주만 폭격
전과 후의 일본인에 대한 미국인의 태도 변화를 확인해 볼 수 있다(Seago, 1947). 이
변화는 개인적인 차원과 함께 제도적인 차원(예, 아시아에 있는 미국인을 수용할 수 있
는 대규모 캠프를 만드는 것을 포함한)에서 몇 달에 걸쳐 나타났다(Nakanishi, 1988). 더
최근에는 2001년 미국 9·11 사건 이후 많은 나라에서 이슬람에 대한 증오가 증가

하였는데, 이 또한 좋은 예가 될 수 있다(이에 대한 사례는 Kaplan, 2006 참조).

또 다른 2개의 최근 연구에서도 이 점이 강조되고 있다. 앞서 잠시 언급한 알트마이어(1996)의 연구에서는 캐나다 대학생들을 코호트 대상으로 1973년부터 1996년까지 23년 동안 권위주의의 변화를 확인하였다. 앞서 언급한 것처럼 이 연구를 통해 그는 권위주의의 상당한 변화를 발견하였는데, 원인론적 관점에서 이 연구가 중요한 이유는 동일 기간 동안 해당 학생들의 부모의 권위주의가 거의 변화하지 않았다는 점이다. 더 인상적인 연구는 네덜란드 청소년 900명 이상을 대상으로 한 종단연구의 결과다(Vollebergh, 1991). 이 연구에서 볼레베르흐(Vollebergh)는 2년간 권위주의 변화를 추적한 결과 권위주의의 정도가 작지만 유의미하게 감소한 경향을 확인하였다. 더욱이 이러한 감소세는 연구 대상 아이들 중 5세 연령에서 발견되었다. 이 결과들은 편견의 일시적인 변화가 가족의 역동성만으로는 설명될 수 없다는 것을 말해 준다. 그리고 권위주의와 사회 우월성이 실제로는 시간 변화에 따른 사회화 과정에서 나타난다기보다는 사회적 상황의 변화에 따라 영향을 받을 수도 있기 때문에 시간에 따른 편견의 변화를 성격 관점에서 접근하는 것은 여전히 많은 비판의 대상이 된다. 만약 성격과 편견 간의 관계가 여전히 존재한다면, 그것은 인과관계라기보다는 상관관계로 보는 것이 더 타당하고, 그 관계 또한 사회적 요소들에 의해 결정되는 것으로 보아야 할 것이다.

이러한 해석은 다양한 경제적 지표와 권위주의에 대한 사회적 지표들 간의 관계를 종단적으로 연구한 많은 논문과도 일맥상통한다. 이와 관련된 첫 번째 연구는 세일즈(Sales, 1973)에 의한 것으로, 그는 권위주의에 영향을 주는 중요한 원인은 어린 시절뿐만 아니라 성인기에도 사회생활에서 위협적인 요소로 존재한다고 하였다. 이 중요한 원인 중 가장 중요한 요소는 경제적 조건이다. 즉, 사람들은 풍족한 때보다 경제적으로 어려울 때 더 큰 위협 아래 있다고 느낀다. 그러한 위협감으로 인하여 사람들은 더 권위적인 종교 형태에 매력을 느끼게 된다고 설명하였다. 1920년대의 호황과 1930년대의 대공황의 기간을 포함한 1920년부터 1939년 사이에 다양한 성격의 미국 교회로 개종한 비율은 이 가설을 어느 정도 지지하는

증거가 된다. 경제적 수입 수준과 천주교와 제7일 안식일예수재림교와 같은 권위
주의적인 종교로 바꾼 비율 간에는 유의미한 부적 상관관계가 나타났으며, 장로
교와 같은 비권위주의적인 교회로 변경한 비율과는 정적 상관관계를 보인 것이
다. 마르크스(Marx)의 유명한 격언을 빌려 말하자면, 특별한 권위주의적인 종교는
경제 불황기에 '사람들의 아편'이라고 할 수 있다. 그리고 세일즈(1973)는 권위주
의를 측정할 수 있는 지표들을 독창적으로 개발함으로써 분석의 폭을 확대하였
다. 예를 들어, 그는 경제적으로 위협적인 상황에서는 만화의 등장인물과 같은 대
중적인 문화적 우상의 경우 힘과 강인함을 강조해야만 한다고 하였다. 또한 그런
상황에서는 점성학이나 다른 미신적인 신념들의 인기가 높아질 것이고, 애완견의
선택에서도 도베르만 핀셔(Dobermann Pinschers)와 독일 셰퍼드(German Shepherds)
와 같은 공격적인 사냥개를 더 선호하게 될 것이라고 하였다. 이 지표들은 모두 경
제 변수들과 유의미한 관계를 보였고, 전쟁 이전의 독일에 대한 연구와 1970년대와
1980년대 미국에 대한 연구들은 세일즈의 이 같은 주장을 지지하였다(Doty et al.,
1991; Padgett & Jorgenson, 1982). 더 최근의 연구에서 페린(Perrin, 2005)은 9 · 11 테
러 이후 미국 신문에서 권위주의적 뉘앙스가 눈에 띄게 나타나는 것을 발견하였다.
흥미롭게도 같은 기간에 이에 대한 반작용으로 반권위주의 문서도 작게나마 증가
하였다.

    권위주의가 집단과 관련한 위험에 대한 집단적인 반응일지도 모른다는 생각은
더킷과 피셔(Duckitt & Fisher, 2003) 그리고 스텔마허와 펫즐(Stellmacher & Petzel,
2005; Duckitt, 1989 참조)에 의해 제기되었다. 더킷과 피셔(2003)는 뉴질랜드 참가자
들에게 10년 내 발생 가능한 뉴질랜드 미래에 대한 시나리오 3개 중 하나를 읽도록
하였다. 3개의 시나리오 중 하나는 사회적 · 경제적으로 위협을 받는 미래의 모습
이었고(실직과 범죄율, 정치적인 불안이 높아짐), 두 번째 시나리오는 안정되고 번영
하는 미래의 모습(경제성장과 사회적 화합), 그리고 마지막 시나리오는 중립적인 상
태의 미래 모습이었다. 예상한 대로, 이 시나리오를 읽는 것만으로도 참가자들의
세계관과 권위주의 수준이 유의미하게 변화되었고, 그렇게 확실한 변화는 아니지

만 사회 우월성의 수준에서도 약간의 변화가 있었다. 스텔마허와 펫즐(2005)은 위협적인 상황에 대한 집단적인 반응을 측정할 수 있는 집단 권위주의 측정도구를 개발하여 이 주장에 힘을 실어 주었다. 그들의 모델에 따르면, 권위주의에 대한 개인특성은 집단 정체성과 사회적 위협과의 상호작용을 통해 권위주의적인 집단 반응을 유발한다. 즉, 권위주의적인 개인특성이 강한 사람이 집단 정체성이 높으면서 사회적 위협을 강하게 인지하면 집단 규범에 더욱 잘 순응하고 리더에게 복종하며 외부인을 더 강하게 혐오한다는 것이다. 스텔마허와 펫즐은 심리학과 학생들을 대상으로 자신의 향후 경력이 위협받는 실험 상황과 위협받지 않는 실험 상황에서 권위주의의 개인특성과 정체성 그리고 위협의 상호작용을 검증하였다. 그 결과, 개인의 권위주의 정도가 높고, 심리학을 연구하는 사람으로서 정체성이 강하며, 미래 경력에 대한 높은 위협을 받는 학생들의 집단이 높은 수준의 집단 권위주의를 보였다.

이 결과들은 성격을 기반으로 편견을 설명하는 접근법이 막다른 골목에 다다랐다는 것을 보여 준다. 이후로도 아도르노, 로키치, 그리고 그 밖의 연구자들은 여전히 편견이 개인 성격의 구조에 있다고 주장하였다. 즉, 아동의 특정 성장 배경에서의 개인적 경험은 성장하면서 권위에 경의를 표하도록 만들고, 융통성 없는 사고와 소수집단 및 외국인에 대한 적대적 태도를 가지도록 한다는 것이다. 그러나 이러한 성격적인 접근은 몇몇 시간과 장소에서 나타나는 편견의 편재성(pervasiveness)과 다른 사람들에게서 전혀 발견할 수 없는 편견의 특수성을 함께 설명하려고 할 때 문제점에 봉착하게 된다. 끊임없이 관용하는 사람이나 끈질기게 고집불통인 사람과 같이, 편견의 극단적인 모습을 나타내는 사람의 경우에는 성격이 정말 중요한 요소일 것이다. 그러나 대부분의 사람에게 성격은 편견에 영향을 주는 다양한 상황적인 요소보다는 덜 중요할지도 모른다. 오히려 권위주의와 사회 우월성과 같은 요소들이 사회문화적 변수들의 영향과 동일한 효과를 나타내는 것으로 보는 것이 더 적합할 것이다.

요약

1. 일반적으로 편견의 원인을 몇 가지 성격의 특징적인 유형에서 찾는다. 심리학에서 가장 대표적인 성격유형은 권위주의 성격이다. 특정 가족 환경, 즉 과도하게 가혹하고 특별히 도덕적으로 양육받은 경험은 이후 권위자에 대한 과도한 경의를 표하도록 만들고, 그러한 양육 가운데 자란 이들은 극단적인 사회적 보수주의자가 될 수 있으며, 소수집단이나 '이탈' 집단에 대하여 적대적이고 단순한 사고유형을 가지게 된다고 하였다. 그러나 이러한 접근법은 방법론적으로 강한 비판을 받았고, 알트마이어(1996)의 우익 권위주의에 의해 대체되었다.

2. 로키치는 권위주의 연구를 확대하였는데, 그의 주장에 따르면 무관용과 정신적인 엄격성 같은 특성이 정치적인 우익에서뿐만 아니라 극단적인 좌익 정치집단에서도 나타난다. 물론 이 주장은 실증하기가 어려웠다.

3. 사회우월이론은 편견을 사회 우월성의 표현으로 설명하려고 하였다. 이 이론에 따르면 집단중심 위계의 존재 역시 인간의 보편적인 특성이다. 그러나 현재까지 사회 우월 경향성의 인과적인 특성에 대해서는 여전히 의문이 제기되고 있다.

4. 편견에 대한 성격적인 설명은 상황적인 요소를 경시하는 경향과 사회적 또는 하위 문화적인 규범의 영향을 무시하는 것 때문에 제한적이었다. 더욱이 몇몇 사회나 집단에 동일하게 나타나는 편견에 대한 설명은 쉽지 않다. 이뿐만 아니라 종단적인 편견의 변화도 설명할 수 없다. 최근에는 권위주의와 사회적 우월성을 편견의 중요한 원인으로 보기보다 집단 간 상황 변화에 대한 반응으로 분석하고 있다.

주석

1. 표본 크기가 600명 이상임에도 강한 상관관계가 나타나지 않은 것은 통계적 검증력 부족으로 보인다.

2. 성격을 편견과 연결시키되 정치적 보수주의와 구별하려는 노력은 아이젠크(Eysenck, 1954)에 의해 시도되었다.

3. 다소 놀라운 것은, 로키치는 편견의 원인으로 독단주의를 고려하지 않았다는 것이다. 이는 '신념일치이론(belief congruence theory)'으로 제3장에서 구체적으로 다룬다.

4. 이 같은 주장은 체계 정당화 이론에서 매우 일반적인 것이다(예, Jost et al., 2004; 이 책의 제8장 참조).

5. 사회우월이론에 대한 이후 개정판에서, 사이더니어스와 플라토는 그들의 주장을 다소 수정하

였다(Sidanius & Pratto, 1999; Sidanius et al., 2004). 비록 그들이 계속해서 SDO가 몇 가지 근본적인 성격특성을 반영한다고 주장하고 싶었겠지만, 그들은 상황변수에 의해 발생하는 SDO의 편차를 인정할 수밖에 없었다. 그러나 그들은 비록 SDO의 절대값이 상황에 따라 변할 수 있다 하더라도 SDO의 상대적 수준은 여전히 변하지 않는다고 주장한다.

## 더 읽을거리

Billig, M. (1978). *Fascists: A Social Psychological View of the National Front*, ch. 3. London: Harcourt Brace Jovanovich.

Duckitt, J. (2001). A dual-process cognitive-motivational theory of ideology and prejudice. *Advances in Experimental Social Psychology, 33,* 41-113.

Sidanius, J., & Pratto, F. (1999). *Social Dominance: An Intergroup Theory of Social Hierarchy and Oppression*, chs 2-3. Cambridge: Cambridge University Press.

Chapter **03**

# 사회 범주화와 편견

앞서 제1장과 제2장에서 편견에 대한 많은 예를 살펴보았다. 이러한 편견의 예들은 표현의 형식이나 강도 면에서는 서로 다르지만 한 가지 공통점을 가지고 있다. 즉, 편견이란 특정 집단의 사람들에 대하여 또는 적어도 그 집단의 대표자에 대하여 부정적인 정서를 가지는 것을 의미한다. 이제 제1장에서 편견의 특성 중 하나로 정의했던 범주 편향을 다시 살펴볼 것이다. 범주 편향은 반감(antipathy)의 감정과 반대되는 것으로 그 특성이 대인관계 또는 집단의 독특한 무언가에 초점을 맞추고 있는 개념이다. 편견에 대한 이 접근은 편견을 받는 대상에게 미치는 사회적 영향력을 강조하고 있기 때문에 중요하다. 편견은 고립된 개인에게만 일어나는 것이 아니라, 특정 외집단에 속한 누구에게라도 발생할 가능성이 있는 것이다.

범주의 개념이 중요한 이유는 또 있다. 이는 편견의 가해자는 편향된 판단이나 차별적인 행동을 하기 전에 어떤 식으로든 이미 인지 활동(즉, 범주화 활동)이 이뤄지고 있었다는 것을 말한다. 어떤 사람이 인종차별을 하거나 성차별을 할 때, 또는 기업의 고용주가 직원을 선발하는 과정에서 동등하게 좋은 자격을 갖춘 사람이 있음에도 불구하고 타 집단 소속의 사람들을 제쳐 놓고 자신이 잘 아는 집단 내의 사람을 선택할 때, 그들은 정신적으로 하나 이상의 사회적 범주들을 만들고 있다는 것이다. 범주화는 타인의 특성을 추론할 때 그 시작점으로 사용되고, 타인에 대한 자신의 행동을 합리화하기 위하여 종종 사용된다. 편견에 있어 범주화 과정은 핵심 요소이기 때문에 몇몇 학자는 범주화 없는 편견이 발생하지 않는다고까지 주장하였다(Allport, 1954; Tajfel, 1969a).

　앞으로 두 장에 걸쳐 편견의 근본적인 인지과정을 살펴볼 것이다. 이 장은 그 첫 번째 장으로 범주화(categorization), 즉 범주 간 구분(intercategory differentiation)과 범주 내 동화(intracategory assimilation)의 가장 직접적인 결과를 알아보고, 다음 장에서는 하나 이상의 범주 차원이 심리적으로 두드러지게 나타날 때 어떤 현상이 발생하는지를 살펴볼 것이다. 먼저, 범주들이 상호 교차하는 상황에서 구분과 동화가 언제 어떻게 결합되는지를 설명할 것이다. 다음으로, 특별히 범주 내 동화과정을 집중적으로 알아보는데, 그 과정에서 구성원들은 실제 그들이 상호 간 얼마나 유사한가보다는 얼마나 유사하게 보이는가에 따라 동일 집단을 형성하는 것을 볼 수 있다. 집단 간 상황에서는 이 과정이 종종 대칭적으로 작용하며, 대체로 어느 한 집단은 다른 집단들보다 더 유사하게 보인다. 그다음으로, 주어진 상황을 이해하는 과정에서 과연 어떤 요소들이 다른 유용한 범주를 선택하도록 조정하는지를 살펴볼 것이다. 마지막으로, 앞선 주장과 반대되는 주장들이지만, 일반적으로 제기되어 온 것과 다르게 범주의 차이가 집단 간 태도에 덜 중요할 수 있다고 주장하는 이론들도 살펴볼 것이다.

# 세상 분류: 기본적인 인식과정으로서 사회 범주화

사회 범주화가 편견 발생의 필요조건이라는 생각은 편견이 우리의 일상생활 모든 곳에서 볼 수 있다는 것을 내포한다는 점에서 중요하다(Allport, 1954). 범주화는 특이한 상황이나 병리적인 경우에만 발생하는 인지적인 과정이 아니다. 브루너(Bruner, 1957)에 따르면 범주화는 인간이 가지고 있는 불가피한 특성이다. 왜냐하면 세상은 너무 복잡하여 단순화하거나 순서를 정하지 않고서는 살 수 없기 때문이다. 생물학자와 화학자들이 분류 시스템을 통하여 자연의 복잡성을 더 잘 관리할 수 있는 수의 범주로, 과학적으로 유용한 방법으로 서로 연결되어 있는 범주로 줄이는 것처럼, 우리도 역시 일상생활에서 범주들의 체계에 의존한다. 우리는 매일 마주치는 사건이나 사람들에 대하여 모두 다르게 반응할 수 있는 능력을 가지고 있지 않다. 만약 그러한 능력을 가지고 있다고 하더라도, 그렇게 하는 것은 오히려 역기능적일 것이다. 왜냐하면 다양한 자극은 상호 간 수많은 공통적인 특성을 가지고 있고, 또한 다른 자극들과 구분되는 특성들도 가지고 있기 때문이다. 따라서 수많은 자극을 각각의 공통점과 차이점을 바탕으로 범주로 구분하면 훨씬 효과적으로 자극을 다룰 수 있다. 이것이 인간의 언어가 범주들과 그 하위 범주들의 복잡한 시스템으로 이루어진 이유다. 구체적인 설명이 없어도, 사람과 사물들이 어느 범주에 속하는지를 쉽게 알 수 있게 한다. 올포트는 범주들을 우리의 환경 전체를 작게 나누어 놓은 명사들이라고 하였다(Allport, 1954, p. 174).

예를 들어, 우리가 외국의 한 도시를 방문해서 어떤 유명한 관광지로 가는 길을 찾고 있다고 가정해 보자. 우리가 가야 할 방향을 잘 알기 위해서는 내가 만나는 첫 번째 사람(동성 나처럼 길을 잃은 관광객)에게만 길을 묻기보다는 특정한 범주로 사람들(예, 경찰, 택시 기사, 지역 거주자)을 구분하여 필요한 사람에게 길을 묻는 것이 더 효과적이다. 길을 찾는 일상적인 예에서 나타나는 범주의 편리성은 삶과 죽음을 결정해야 하는 보다 위협적인 환경에서도 적용할 수 있다. 바그다드나 예루살렘의 거리에서 우리 편과 상대편 사람들을 구분하고 적절하게 행동하는 데 필요한, 빠르고 정확한 범주적 판단은 개인의 생존을 위해 매우 중요하다.

## 과장과 간과의 차이: 구분과 동화

범주가 무엇인가를 단순화하고 질서정연하게 하는 데 유용한 도구라면, 우리는 그 범주를 통해 우리에게 속한 사람과 그렇지 않은 사람을 명확하게 구별할 수 있을 것이다. 이 현상을 처음 인식한 학자는 캠벨(Campbell)로서, 잘 알려지지 않은 논문이긴 하지만, 그의 논문(Campbell, 1956)에 고정관념(stereotyping)이 집단 간 차이를 더욱 분명하게 한다는 점을 강조하며 고정관념이 중요한 이유를 밝히고 있다. 그는 단어들의 물리적 위치를 정하는 간단한 실험을 하였다. 이 실험을 통해 실험 전에 만들어 놓은 상이한 단어들의 배열로 발생한 인식의 차이가 결국 어떤 범주화의 기초가 된다는 것을 발견하였다. 그는 실험 참가자에게 무의미한 영어 단어들을 일직선상에 배치하고 그 위치들을 외우도록 한 다음 정확한 위치를 맞추도록 하였다. 무의미한 단어들에는 두 종류의 암묵적 범주가 있었다. 하나의 범주는 단어들의 중앙에 항상 'E'가 있었고, 다른 하나는 마지막에 항상 'X'로 끝나는 단어들이었다. 'E' 범주의 단어들은 일직선상에서 항상 왼쪽에 배치되었고, 'X' 범주의 단어들은 오른쪽에 배치되었다. 중앙에는 이 범주들의 단어들이 섞여 있었다. 그런데 참가자들이 단어들의 위치를 추정하는 과정에서 중앙에 배치되어 있던 단어들을 일관되게 혼동하는 것을 발견하였다. 즉, 중앙에 있는 단어들 중 'E' 범주의 단어들은 왼쪽에 있었던 것으로 추정하였고, 'X' 범주의 단어들은 오른쪽으로 추정하였다. 실험 결과, 중앙에 섞여 있던 단어들이 양 측면으로 분리되면서 두 범주의 구분은 물리적으로 더욱 명확해졌다.

이후에 타즈펠(Tajfel, 1959)은 이 원리를 범주의 인지적인 결과와 관련하여 두 가지 가설로 정리하였다. 첫 번째 가설은 참가자들에게 A 또는 B 두 범주에 속하는 자극들(물건, 사건, 또는 사람)을 제시하여 A 또는 B 범주로 구분하도록 한다면,

실험 전에 가지고 있었던 A와 B의 두 범주에 대한 차이 구분을 더 강하게 하는 결과를 가져오고, 이것은 인지과정에서 A와 B의 구분을 더욱 명확하게 한다는 것이다. 두 번째 가설은 첫 번째 가설의 당연한 결과이긴 하지만 A와 B 각각의 범주 내의 차이는 약화된다는 것이다. 달리 말해서, 범주가 서로 다른 단어들은 실제보다 더욱 상이하게 보일 것이고, 반면 같은 범주 내의 단어들은 실제보다 더 유사하게 보일 것이다.

　타즈펠과 윌크스(Tajfel & Wilkes, 1963)는 캠벨(1956)과 같이 물리적인 자극 방법을 사용하여 이 두 가지 가설을 검증하였다. 연구자들은 참가자들에게 선들의 길이를 추정하도록 하였다. 순서대로 일정하게 차이(1cm보다 조금 적은)가 있는 8개의 선을 한번에 하나씩 제시하였다. 선들의 길이를 맞히는 단순한 실험이라 통제집단의 사람들은 매우 정확하게 길이를 맞혔다. 한편, 실험집단에는 한 가지 새로운 정보를 제공하였다. 선을 포함한 각 카드에 'A' 또는 'B'라는 단어를 보여 주었는데, 4개의 짧은 선에는 'A' 표시를, 다른 4개의 긴 선에는 'B' 표시를 하였다. 그 결과, 단순히 A, B의 범주를 추가한 실험집단의 참가자들에게서 재미있는 효과가 나타났다. 대부분 길이 추정이 정확했으나, A와 B 집단의 중간에 있는 A에서 가장 긴 선과 B에서 가장 짧은 선의 차이 추정은 정확하지 않았다. 이러한 결과는 선의 길이 차이를 두 배(2cm)로 길게 하였을 때도 일관적으로 나타났다. 이는 타즈펠이 이전 첫 번째 가설에서 주장했듯이, 두 범주의 차이가 과장된 것이다. 그러나 두 번째 가설과 달리 범주 내의 차이가 감소했다는 증거는 확인되지 않았다.

　이러한 실험을 시작으로, 다른 연구자들도 범주의 차이 효과를 발성 음소 범주(speech phoneme categories)를 포함한 소리 패턴, 범위 판단, 연간 달별 온도 측정, 얼굴의 인상, 그리고 태도 진술시 평가 등(Doise, 1976, Elser & Stroebe, 1972, Krueger & Clement, 1994) 다양한 실험을 통해 검증하였다. 그중에서 얼굴의 인상과 태도 진술서 평가에 대한 실험은 캠벨(1956)이 짐작했던 것과 같이 사회적 맥락과 관련된 것으로, 범주화 과정의 효과가 보다 폭넓은 상황에 적용될 수 있다는 점을 보여 주는 흥미로운 내용이었다. 이 외의 다른 많은 실험도 범주 내 동화(intracategory assimilation) 효과의 존재를 검증하였다. 맥가티와 페니(McGarty & Penny, 1988)는 아이저(Eiser, 1971)가 고안한 평가방법을 이용하여 범주의 구분과 동화를 검증하였다. 참가자들은 다양한 정치적 입장을 표현한 문장들을 보고 그것이 우익 성향인지 또는 좌익 성향인지를 평가하였다. 실험 상황 중 하나는 작성된 문장들 중 우익 성향의 모든 문장은 'A 저자'가, 좌익 성향의 모든 문장은 'B 저자'가 쓴 것이라고 알려 주었다. 다른 실험 상황에서는 A는 미국 우익정치 후보자로, B는 캐나다의 마르크스 사회주의자로 저자의 구체적인 추가 정보가 제공되었다. 이와 같은 정보는 그 정보가 담고 있는 정치적 함의 때문에 참가자들의 평가를 강화하거나 동화를 더욱 촉진하는 역할을 하게 될 것으로 보았다. 참가자들은 다양한 정치적 입장을 담은 설명문에 붙어 있는 추가 정보에 영향을 받았다. 단순히 A, B로만 구분된 정보만 제시했음에도 정보가 없었던 통제집단에 비해 설명문을 더욱 확실하게 우익 성향과 좌익 성향으로 구분하여 인식하였다. A, B에 대해 구체적인 정보를 제공한 경우에는 그 효과가 더욱 강하게 나타났다. 범주 간의 이러한 차이 인식과는 달리, 각 범주 내의 문장들에 대한 차이 인식은 감소하였는데, 특히 추가 정보를 제공한 경우 그 차이는 분명하게 감소하였다(Doise et al., 1978 참조).

## 우리와 그들: 사회 범주화와 집단 간 차별

지금까지 우리는 차이가 없는 상황을 범주화함으로써 발생할 수 있는 사람들의 인식과 인지 기능의 왜곡 효과를 살펴보았다. 그러나 그 현상이 편견에 대한 합리적인 설명으로 받아들여지지 않을 수 있다. 왜냐하면 이러한 현상의 대부분은 집단 간 편견이 관련된 사회적 판단과 행동이라고 볼 수 없기 때문이다. 과연 사회적 범주화가 그들이 속한 집단과 다른 집단의 구성원들에 대한 태도와 행동에 어떤 의미 있는 영향을 미친다는 증거가 있을까? 다음 절에서는 범주화 과정이 집단 간 관계에 상당히 복잡하고 심도 있는 효과를 미치는 많은 사례를 제시할 것이다. 그러나 이에 앞서 범주화 자체의 효과에 대한 추가 설명이 필요하다. 범주화는 사람들에게 다른 집단보다 자신이 속한 집단에 대하여 더 호의를 가지도록 충분한 상황을 제공하는데, 이는 편향된 평가적인 판단의 형태 또는 구체적인 집단 간 차별(intergroup discrimination) 행동으로 나타난다.

라비와 호르비츠(Rabbie & Horwitz, 1969)는 이 현상을 최초로 연구하였다. 서로 잘 모르는 네덜란드 학생들을 4개의 집단으로 무작위로 구분하고, 편의상 2개 집단은 녹색 팀으로, 2개 집단은 파랑 팀으로 이름을 지정하였다(색깔별 한 집단은 실험집단이고 다른 집단은 통제집단임). 실험에 참가한 모든 학생은 본격적인 실험에 앞서 실험과 전혀 상관없는 과업을 짧게 수행하였다. 그리고 실험집단에게는 실험에 참가한 것에 대한 보상으로 두 집단 중 한 집단에게만 새 트랜지스터 라디오를 주고 상대 집단은 보상이 없다는 것과 집단 선정은 동전 던지기로 결정한다는 내용을 알려 주었다. 그러나 통제집단의 학생들은 이러한 보상에 대한 정보를 주지 않았다. 따라서 통제집단의 경우 집단의 색깔 외에는 상호 간 어떤 공통점도 가지고 있지 않았다. 참가자들은 사회관계 측정도구(socio metric scales)를 이용하여 집단 구성원을 상호 평가하였다. 질문 문항은 '단순히 녹색 팀과 파랑 팀으로 구분한 것만으로도 생소했던 상대방의 인상이 변화되었는가?'다. 응답 결과, 상호의존적인 관계(예기치 않거나 임의의 보상 또는 박탈이 존재하는)의 실험집단 학생들은 서로 다른 색깔 팀에 속했던 친구들에 대한 평가보다 같은 색깔 팀에 속해 있었던 친구들을 더 호의적으로 평가한 것으로 나타났다. 반면에 통제집단의 학생들은 이러한 편향된 현상이 나타나지 않았다. 라비와 호르비츠는 이 실험 결과를 바탕으로 단순한 구분 짓기만으로는 사람들의 집단 간 판단에 충분한 영향을 미치지 않고, 특별한 상호의존성과 같은 조건이 더 필요하다고 결론 내렸다. 하지만 이후에 그들이 인정한 것과 같이 이 결론은 시기상조였다(Horwitz & Rabbie, 1982). 이어진 연구에서 그들이 통제집단의 표본 크기를 넓히자 상호의존성이 없었음에도 불구하고 내집단-외집단 간 집단 차이가 통계적으로 유의미하게 나타났다. 사람들을 단순히 둘 중 한곳에 무작위로 배정하는 범주만으로도 동료들에 대한 판단에 영향을 미친다는 것이다. 하지만 실제 사람이 아닌 물리적 자극이나 가상적 타인에 대해서는 이러한 효과가 나타나지 않았다.

타즈펠과 동료들(1971)은 참가자들이 단순히 어떤 집단에 속한 것만으로도 다른 집단에 대하여 차별 대우를 하는지를 살펴보고자 훨씬 극적인 방식을 적용하여 범주화의 효과를 검증하였다. 그들은 **최소 집단 상황**(minimal group paradigm)이라는 방법을 고안하였는데, 최소 집단 상황은 흔히 단체 생활에서 발생하는 면대면 상호작용, 내부 집단 구조, 일련의 규범, 다른 집단들과의 관계 등을 완전히 없앤 상태에서 만들어진다(Brown, 2000a 참조). 단지 구성원들이 알고 있는 집단의 특성은 서로 다른 집단에 속해 있다는 사실 하나다. 타즈펠과 동료들은 이 실험 상황을 만들기 위하여 참가자들을 '의사결정 실험'에 참여시켰다. 처음 실험단계에서는 참가자들에게 추상화 두 작품을 보여 주고 그중 그들이 좋아하는 작품 하나를 선정하도록 하였다.[주석 1] 그리고 선정한 작품에 따라 2개의 집단 중 한 집단으로 분류하였다. 이 실험은 제시된 그림의 화가 이름을 따서 클리(Klee)와 칸딘스키(Kandinsky)라고 불렀다. 중요한 것은 이 과정이 한 명 한 명 개별적으로 진행되었기 때문에 참가자들은 누가 어느 집단에 속했는지는 알 수 없다는 것이다. 집단의 익명성은 보장되었고, 두 집단 중 한 곳에 그들의 친구가 속해 있을 수 있는 오염 요소의 가능성도 배제하였다. 실험의 다음 단계는 의사결정 과정으로, 참가자들은 집단과 구성원들의 코드 번호만으로 사람들을 식별하고 사전에 준비된 보상표(〈표 3-1〉 참조)를 사용하여 돈을 할당하게 된다.[주석 2] 이때 개인 이익을 추구하려는 동기 요인을 제거하기 위해 자기 자신에게는 보상하지 않도록 하였다.

참가자들은 어떻게 돈을 할당할까? 〈표 3-1〉은 여러 가능성을 보여 준다. 첫 번째 방법은 완벽하면서도 합리적이고 공평한 방법으로, 그들이 어디에 속했든지 집단 간 우열이 없을 경우에는 가능한 한 같은 금액을 익명의 두 수령인에게 주는 것이다. 두 번째 방법은 최종적으로 모든 사람에게 할당될 금액을 최대로 하기 위하여 합산 점수가 가장 높은 것을 선택하여 할당하는 전략이다. 세 번째 방법은

| 표 3-1 | 최소 집단 상황 집단 점수표

| 보상 점수* | | | | | | | | | | | | | |
|---|---|---|---|---|---|---|---|---|---|---|---|---|---|
| 점수표 1** | | | | | | | | | | | | | |
| 클리 집단 구성원 72명 | 18 | 17 | 16 | 15 | 14 | 13 | 12 | 11 | 10 | 9 | 8 | 7 | 6 | 5 |
| 칸딘스키 집단 구성원 47명 | 5 | 6 | 7 | 8 | 9 | 10 | 11 | 12 | 13 | 14 | 15 | 16 | 17 | 18 |
| 점수표 2 | | | | | | | | | | | | | |
| 클리 집단 구성원 74명 | 25 | 23 | 21 | 19 | 17 | 15 | 13 | 11 | 9 | 7 | 5 | 3 | 1 | |
| 칸딘스키 집단 구성원 47명 | 19 | 18 | 17 | 16 | 15 | 14 | 13 | 12 | 11 | 10 | 9 | 8 | 7 | |

＊ 각 단계별 참가자들은 14쌍 중 실제 금전 보상을 의미하는 숫자 한 쌍을 선택해야 한다.

＊＊ 점수표 1은 일반적인 내집단 선호도를 측정하기 위한 것이며, 점수표 2는 내집단과 외집단 수령인 간에 차이를 극대화하려는 경향성을 측정하기 위한 것이다. 실험 상황에서 이 점수표들이 각 참가자에게 적어도 두 번 제시된다. 한 번은 위와 같이 제시되고, 한 번은 두 수령인의 소속 집단을 바꾸어서 제시된다.

출처: Tajfel et al. (1971), 표 2와 7을 수정함.

모든 상황이 잘 통제된 실험 상황이므로 무작위로 선택하는 것이다. 마지막으로, 참가자들이 자신이 속한 집단에 따라서 체계적으로 수령자를 구분하여 할당하는 방법이 있다. 실험 결과를 보면, 첫 번째와 마지막 할당 방식이 주로 사용되었다 (Branthwaite et al., 1979; Turner, 1980). 일반적으로 참가자들은 공평하게 금액을 할당하려고 노력했으나, 다른 집단보다 자신이 속한 집단에 더 많은 보상을 하려는 경향을 뚜렷이 보였다. 이 실험에서 참가자들의 70% 이상이 자신이 속한 집단에 더 호의적인 선택을 하였고, 〈표 3-1〉의 점수표 1 중에서 클리 집단의 경우 평균적으로 14/9, 13/10 사이의 점수표를 선택하였다(Tajfel et al., 1971).

내집단 선호 현상은 비록 자신의 집단 사람들이 손해를 보는 상황일지라도 나타났다. 예를 들어, 점수표 2에서 칸딘스키 집단의 사람들은 평균적으로 13/13, 12/11의 점수표를 선택하였는데, 이는 다른 선택을 할 때보다 내집단 사람들이 6~7점 정도를 덜 받게 되는 결과를 낳는 선택이었다. 이 선택의 주요 핵심은 적어도 클리 사람들보다는 더 많이 받는 것이었다. 이와 같이 내집단의 점수를 최대화하되 외집단과는 차이를 두려는 차이 극대화(maximizing difference) 전략은 최소 집단 연구에서 일관되게 발견되었다(Turner, 1981).

많은 국가에서 다양한 참가자를 대상으로 한 연구들이 20여 차례 이상 반복되었다(Brewer, 1979; Diehl, 1990; Tajfel, 1982). 결과들을 보면, 최소 집단 상황에서 집단 간 차별은 아주 강하게 나타났다. 그럼에도 불구하고, 이러한 실증연구들의 결과와는 상관없는 두 가지 흥미로운 예외가 있었다. 첫 번째 예외는 단 하나의 외부집단만이 존재하는 것이 아니라 더 많은 집단이 있는 사회적 상황과 관련된 것이다. 실험실의 집단 간 관계를 벗어난 현실 세계에서도 '우리'와 '그들'로 양분할 수는 있지만, 그 집단들에 속하지 않는 또 다른 집단이 존재할 수 있다. 예를 들어, 1990년 발칸 전쟁[1]에서는 적어도 3개 집단이 있었다. 보스니아인(보스니아 무슬림), 세르비아인, 그리고 크로아티아인(만약 한 국가가 연합국에 포함된다면 4개 집단)이 있었다. 이라크의 경우, 미국과 영국, 그리고 시리아와 수니파 무슬림 집단의 점령군이 참가한 전쟁에서 혼란을 겪었다. 이렇듯 통상적인 2개의 집단 시나리오에 제3의 집단이 포함된다면 최소 집단 상황에 어떤 현상이 발생할까? 그 대답은 간단하지 않다. 하트스톤과 아우구스티누스(Hartstone & Augoustinos, 1995)는 참가자들이 하나의 외부집단이 아닌 2개의 외부집단에 대하여 금액을 할당하는 실험 상황에서 집단 간 구분을 하는지 알아내고자 실험을 반복했으나 통상적인 내집단 편애 현상은 거의 발견되지 않았다(Spielman, 2000, Study 2 참조).

두 번째 예외는 분배 내용에 보상이 아닌 처벌을 적용했던 최소 집단 실험의 경우다. 예를 들어, 머멘데이(Mummendey)와 동료들(1992)은 전통적인 패러다임을 적용하였는데, 참가자들은 내집단과 외집단 구성원들에게 불쾌한 고음을 지속하여 듣게 하거나 지루한 과업 시간을 분배하도록 하였다. 처벌 방법을 사용하였을 때는 내집단 편애 현상이 완전히 제거되는 것처럼 보였고, 균등하게 또는 전반적으로 부정적인 경험을 최소화하는 방향으로 분배한다는 많은 증거가 제시되었다.

--------------------

1) 역자 주─1908년 보스니아·헤르체고비나를 병합하여 강대해진 오스트리아가 발칸반도로 진출하는 것을 막기 위하여 러시아는 발칸 제국의 상호 유대와 결속을 꾀하게 되었다. 그 결과 1912년 불가리아·세르비아·그리스·몬테네그로 사이에 발칸동맹이 성립되었다.

단지 참가자들이 지위가 낮은 소수집단에 속한 특별한 경우에만 내집단 편애 현상이 나타났다. 이상과 같은 긍정적 차별과 부정적인 차별 간의 차이는 보편적인 현상으로, 긍정 또는 부정의 뜻을 지닌 단어를 사용하여 집단 간 판단을 하게 되는 실험에서도 잘 관찰된다(Buhl, 1999; Mummendey & Otten, 1998). 실제로 대부분의 편견이 외집단에 대한 부정적인 대우나 판단이라는 점은 이러한 긍정-부정 비대칭 효과(positive-negative asymmetry effect)[2]의 중요성을 부각시킨다.

나중에 다시 예외적인 것들을 살펴보기로 하고, 표준화된 최소 집단 상황에서 관찰되는 명확히 자연스러운 차별이 범주화 과정에서 나타나는 구분(differentiation) 현상과 꼭 일치한다는 것은 주목할 만하다(Doisc, 1976). 실험에 참가한 사람들이 직면한 상황을 고려해 보자. 실험이 진행되는 몇 분 동안 참가자들이 다른 참가자들을 식별할 수 있는 것은 거의 없다. 식별 번호는 무작위로 주어지기 때문에 아무런 의미가 없다. 이러한 모호함에 직면한 참가자들이 사용 가능한 단 한 가지 정보는 클리와 칸딘스키 집단의 구성원으로 구분된다는 것밖에 없었다. 그러므로 이들은 이것만으로 상황을 파악해야 한다. 만약 특별한 그리고 유일한 분류법이 채택된다면, 반드시 그 범주에 의한 구분이 발생하고, 내집단과 외집단 구성원에게 서로 다른 양을 분배할 수 있게 하는 유일한 기준이 된다. 이것이 사람들이 내집단-외집단의 범주화 간의 차이를 최대화하는 것에 왜 관심을 가지는지에 대한 중요한 이유다. 사람들이 절대적인 기준에 따라 내집단을 편애하려는 성향을 가지고 있는 한, 범주 간 차이의 최대화에 관심이 있을 수밖에 없다. 이 현상은 사람들의 신체적인 판단이나 사회적인 판단과 같은 의미 있는 행동 차원에서도 동일하게 나타난다.

한편, 많은 집단이 있는 상황과 보상보다는 처벌이 중요한 상황에서는 차별이 잘 관찰되지 않는 이유는 뭘까? 명확히지는 않기만 어느 정도는 범주화 과정으로

---

2) 역자 주 ― 일반적으로 사람은 자신이든 타인이든 좋은 점보다 나쁜 점을 더 예리하게 포착하는 현상을 말한다.

그 이유를 설명할 수 있다. 먼저, 2개 이상의 범주(외집단)가 있을 경우, 특히 최소 집단 상황의 사람들은 범주를 또다시 세분화하기보다는 이미 존재하는 범주를 사용할 가능성이 많다. 단순한 예이기는 하지만, 한 학급에 20명 또는 30명이 있을 때 그 학급을 다시 5개 또는 10개의 집단으로 세분화하지 않게 되는 것이다. 보상과 처벌의 분배가 비대칭적일 경우, 처벌을 해야 하는 최소 집단 참가자들은 집단을 '우리(집단 소속과 상관없이 모든 참가자)'와 '그들(실험자들)'이라는 단 2개의 집단으로 재조정한다. 이러한 범주 구분은 자신의 동료에게 부정적인 경험을 강요하도록 하는 예외적인(그렇지만 부적절하다고는 할 수 없는) 상황에서도 발생하였다. 이렇게 '범주의 재조정'이 발생하면, 범주화에 따른 집단 간 차이(예, 클리와 칸딘스키 집단 간의 차이)는 줄고, 참가자와 실험자 간의 차이는 증가할 것이다.

우리는 처벌만을 적용했던 머멘데이와 동료들(1992)의 연구 설계를 좀 더 정교화하여 집단 간의 차이가 줄어드는 현상을 검증하였다. 우리는 참가자들에게 처벌과 함께 보상도 사용하였다(Gardham & Brown, 2001). 실험 결과, 〈표 3-2〉에서 보는 바와 같이 처벌을 가할 때처럼 보상을 제거하는 상황에서도 긍정–부정 비대칭 효과가 나타나 차별이 발생하지 않았다(〈표 3-2〉 참조). 더욱이 보상과 처벌을 주거나 제거하는 상황에서 상대적인 범주의 중요성 값, 즉 일시적인 실험집단인 클리 · 칸딘스키 집단 구성원으로서의 정체성과 학급 구성원으로서의 정체성의

| 표 3-2 | 최소 집단 상황에서 보상과 처벌: 차별의 수준과 상대적인 범주의 중요성

|  | 실험조건 | | | |
|  | 보상 | | 처벌 | |
|  | 분배 | 제거 | 분배 | 제거 |
| 차별* | 2.14 | -0.77 | 0.60 | 1.13 |
| 상대적인 범주의 중요성** | 0.21 | 2.54 | 2.33 | 0.43 |

\* +점수는 내집단을 더 편애하는 차별을 의미하고, 점수가 0에 가까울수록 차별이 없거나 거의 없다는 것을 의미함.

\*\* 학급에 대한 정체성의 평균값에서 클리 집단에 대한 정체성의 평균값을 뺀 값.

출처: Gardham & Brown (2001), 표 2와 5를 수정함.

값은 서로 상반된 결과를 보인다(〈표 3-2〉의 하반부 참조).[3] 실제 우리가 확인할 수 있는 것은 두 집단의 상대적인 범주 중요성 값이 통계적으로 차별을 설명하고 있다는 것이다.

## 무의식적인 내집단 편애

앞서 논의한 연구들은 모두 내집단과 외집단 구성원들의 의식적인 의사결정에 대한 것이었다. 우리는 아무런 관련이 없는 집단에서조차도 내집단 편애가 나타나는 것을 확인하였다. 그런데 이러한 내집단 편애가 단지 의식적인 부분에만 한정되는 것이 아니라, 자동적이고 무의식적인 반응에서도 발견될 수 있다. 퍼듀(Perdue)와 동료들(1990)이 수행한 연구에서, 그들은 처음에 내집단 또는 외집단을 의미하는 몇 가지 명사('우리' '우리를' '그들' 등)를 제시하였다. 그러나 이 명사들은 매우 짧은 시간(0.055초) 동안만 제시되고, 각 글자들은 화면상에 매우 빠르게 겹쳐 보였기 때문에 실제로 무슨 단어가 제시되었는지 확인할 수 있는 사람은 극히 드물었다. 실험 내용은 이렇게 내·외집단을 의미하는 명사를 제시한 후, 제시되는 두 번째 단어에 대해 그 단어가 긍정적인 단어인지 아니면 부정적인 단어인지를 가능한 한 빠르게 확인하는 것이었다.

실험 결과, 다소 인상적인 것은 의사결정을 하기 위한 사람들의 반응 시간이 처음에 체계적으로 역치하[의식하지 못하는(subliminally)] 수준에서 제시된 명사들에 의해 영향을 받는다는 것이다. [그림 3-1]에서 볼 수 있는 것처럼 '우리' 또는 '우리를'이라는 단어들로 질문을 구성하였을 때(내집단 프라임)는 부정적인 단어보다 긍정적인 단어에 대한 반응 시간이 확실하게 짧게 나타났다. 그러나 외집단 프라임의 경우 긍정적 뜨는 부정적인 단어에 대한 반응 시간에 큰 차이

---

3) 역자 주 - 실험 상황에서 내집단(클리 집단) 구성원에게 보상을 제거하거나 처벌을 가하는 참가자들의 경우 실제 학급의 구성원으로서의 정체성이 강하기 때문에 실험 상황에서 비록 내집단이라 하더라도 부정적인 보상을 주는 것으로 나타났다.

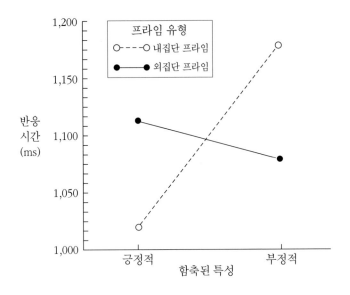

### 그림 3-1  무의식적인 내집단 편애주의

부지불식간의 내집단·외집단 프라임에 이어서 나타나는 긍정적 단어들과 부정적인 단어들에 대한 반응 시간.

출처: Perdue et al. (1990), 그림 2.

가 없었다.

오튼과 모스코비츠(Otten & Moskowitz, 2000)는 다른 방식의 실험을 이용하여 내집단에 대한 긍정적인 편향 현상을 검증하였다. 참가자들은 2개의 최소 집단 중 한 군데로 지정되었고, 이어서 화면에 제시된 내집단 또는 외집단 구성원들의 일상 행동을 표현한 문장들을 읽었다. 각 문장은 긍정적 또는 부정적 특성에 대하여 설명하였다. 문장이 화면에서 사라지면 특성을 지칭하는 단어가 나타났는데, 참가자들은 그 단어가 앞서 제시된 문장 내에 있었는지를 답해야 했다.

제시되는 특성 단어는 앞선 문장의 내용과 관련되는 것도 있고 아닌 것도 있었지만, 실제 그 단어 '자체'는 문장에 없었다. 오튼과 모스코비츠는 참가자가 단어에 대한 응답을 하는 과정에서 내집단 구성원들의 긍정적인 행동과 관련된 문장에 의해 간섭을 받을 것이라고 예상하였다. 특히, 내집단 구성원들의 부정적인 행동과 관련된 문장이 나왔을 때의 응답과 비교하면 그 효과가 더 뚜렷할 것이라고 생각하였다. 실험 결과, 그들이 예상했던 것과 같이 내집단 구성원의 긍정적인 행동을 표현한 문장이 나왔을 때의 반응 시간이 부정적인 행동을 표현한 문장이 나왔을 때의 반응 시간보다 100ms 이상 더 늦었다. 외집단 구성원 행동에 대한 연구 결과에서는 아무런 관련성이 없었다. 이 연구에서 중요한 점은 참가자들이 신중히 생각하고 결정할 수 있는 시간적 여유가 없었기 때문에 그들의 판단이 순간적으로 이루어졌다는 것이다.

이 연구들은 최소 집단(내집단과 외집단) 구성원들에게 보상을 할당하는 것을 포함한 초기의 연구들과 같이 중요한 의미를 가지고 있다. 왜냐하면 편견의 기원이 정상적인 인지과정상에서도 발견된다는 점을 보여 주었기 때문이다. 편견이 일탈이나 병리적인 행동양식이라는 점을 강조했던 제2장의 접근 방식과는 반대되는 입장으로, 편견이 근본적으로 정상적이거나 일반적인 것임을 보여 준다. 제2장에서 설명했던 것처럼 편견에 대한 성격 측면의 관점은 극단적인 형태의 일부로서의 편견을 설명하기에는 유용할 수 있지만, 흔히 볼 수 있는 매일의 현상으로서의 편견을 설명하지는 못하였다. 물론 편견의 '평범함'을 인정한다고 해서 편견의 '필연성'을 인정할 수는 없다. 그리고 이후에 살펴보겠지만, 세상에는 여러 범주(남자와 여자, 구직자와 실직자, 노인과 젊은이, 백인과 흑인)로 가득하다. 이러한 범주들이 언제 작동하는지, 그리고 서로 다른 범주가 동시에 작동할 때 어떤 현상이 발생하는지는 여전히 풀어 나가야 할 복잡한 이슈들이다.

## 언제 사람들은 한 가지 이상의 집단에 속하는가: 교차 범주화 효과

나에게는 캐나다의 대학교에서 일하고 있는 친구가 있다. 그녀에게는 여성 동료보다 남성 동료가 조금 더 많지만, 여성 동료와 남성 동료를 모두 가지고 있다. 영어와 불어를 공용어로 채택하고 있는 캐나다의 다른 많은 공립기관처럼 대학의 강의와 행정 업무에서도 영어 사용자와 불어 사용자들이[주석 3] 함께 일하고 있다. 대학에 연구원으로 들어오고 싶어 하는 지원자들을 평가하는 대학의 학술위원회가 있다고 상상해 보고, 이 조직은 거의 남성 영어 사용자로만 구성되어 있다는 가정을 해 보자. 그리고 우리는 각자에게 질문을 해 볼 수 있다. 즉, 지원자들은 영어와 불어 사용자, 남성과 여성으로 다양하게 구성되어 있었는데, 이러한 지원자들에 대한 평가자들의 반응은 과연 어떨까? 이에 대한 실험 결과를 알아보기에 앞서, 우리가 알고 있는 범주화의 과정에 대한 이론적 관점에서 상황을 분석해 보자. 바로 앞 절에서 살펴본 바와 같이 이 경우에도 범주 간의 차이가 강화되고 범주 내의 차이가 감소될 것이라는 것을 예상해 볼 수 있다. 도이스(Doise, 1976)는 2개의 범주가 서로 영향을 미치는 사례에서(여기서는 성별과 언어에 대한 선호도를 예로 듦) 각 범주들 간의 원래 차이는 감소할 것이라고 주장하였다. 왜냐하면 성별이나 언어에 대한 선호도의 범주 간 효과와 범주 내 효과가 동시에 작용하기 때문이다. [그림 3-2]와 같이 범주 간 구분과 범주 내 동화 과정은 서로 간 상쇄 현상이 발생하고, 결국 성별 또는 언어 측면에서 편향이 줄거나 완전히 사라지게 되는 것이다.

　이 가설을 지지하는 많은 증거가 있다. 사회인류학자들은 어떻게 다른 친족 및 종족과의 결혼을 통해 만들어진 사회들이 일종의 피라미드식 구조에 있는 사회보다 내부 불화가 적은 경향을 보이는지에 대해 설명하였다. 글럭먼(Gluckman, 1956)은 수단 남부의 누에르족 사람들을 분석하여 친족 체제가 집단 간의 심각한 갈등을 어떻게 줄이는지 보여 주었다. 예를 들어, 누에르족은 7세대 내에서는 친척과의 근친혼을 금지하고 있다. 이 규정은 누에르족 사람들로 하여금 인근에 있는 다른 공동체의 사람들과 결혼할 수밖에 없도록 만들었다. 외부인과의 결혼은 이웃집단들 간의 집단 충성에 대한 복잡한 관계망을 만든다. 왜냐하면 서로 다른 마을들도 결혼을 통해 쉽게 친족이 되기 때문이다. 물론 모든 것이 완벽하게 조화를 이룬 것은 아니다. 글럭먼은 교차 구조가 내부 긴장을 완화시키는 반면에 친족과 전혀 상관이 없는 실제 외부인에 대한 공격성은 높일 것이라고 주장하였다. 누에르족의 전쟁법을 보면 종족 간에 대해서는 무기류의 허용 범위를 조심스럽게 제

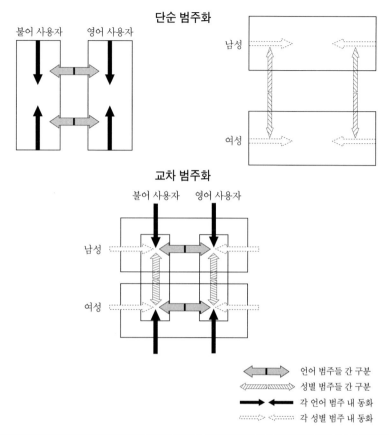

**그림 3-2　교차 범주화 효과**

한하고, 폭력에 한계를 정하고 있으나, '외국인'에 대해서는 어떠한 제한사항도 없다. 이 외에도 누에르족과 같은 모거제(母居制, matrilocal)[4] 혼인 사회와 다른 제도 간의 양적 비교 분석을 통해 교차 범주화와 내부 응집력, 외부 공격성 간의 상관관계를 확인할 수 있다(LeVine & Campbell, 1972).

이와 동일한 아이디어를 실험한 최초의 연구들도 유사한 결과를 보여 준다. 대

---

4) 역자 주－신랑이 자신의 가족을 떠나서 신부의 가족이나 지역으로 가서 살 때 일어나는 현상이다. 이러한 거주의 규칙은 부거제처럼 최소한 3세대의 단위를 구성하고 몇몇 핵가족을 포괄함으로써 확대가족의 발전을 야기한다. 모거제를 몇 세대 지속하다 보면 여성이 가정생활의 전체를 관장하게 된다.

샹과 도이스(Deschamps & Doise, 1978)는 10대 소녀들에게 몇 가지 고정관념 특성
들로 '젊은 사람' '성인' '남성' '여성'을 평가하도록 하였다. 절반 정도의 소녀들
은 이 집단들을 크게 두 집단으로 분류하였다. 이것은 단순 범주화 상황이었다.
나머지 절반의 소녀들은 '젊은 여성' '남성 성인' 등과 같이 결합된 범주로 분류
하였다. 이것은 교차 범주화 상황이었다. 교차 범주화의 경우, 단순 범주화 상황
보다 나이 간 그리고 성별 간의 모두 범주 간 차이가 일관되게 낮게 나타났다. 이
어진 두 번째 연구에서는 여자아이들과 남자아이들을 빨간 팀과 파란 팀 집단으
로 구분하였는데, 이때 편견이 현저하게 감소하는 경향을 보였다. 단순 범주화 상
황에서 여자아이들, 남자아이들이 과업 성과에 대한 판단을 내릴 때는 동성 내집
단 편애주의가 나타난 반면, 교차 범주화 상황에서는 성별의 편향이 완전히 사라
졌다. 사실 반대되는 성별을 가진 사람들과 다른 색깔 집단에 있는 사람들에게조
차도 두 가지 기준 모두가 동일한 범주에 있는 사람들에 대한 평가만큼이나 호의
적인 평가를 하였다.

    이 실험은 다른 많은 연구의 촉진제가 되었다. 인위적이긴 하지만 동일한 중요
성의 범주를 사용한 브라운과 터너(Brown & Turner, 1979)의 실험에서는 부분적으
로 공유된 사례(소속감과 같은 하나의 범주만 공유한 경우)에서 몇 가지 편향이 지속
적으로 나타났다. 그리고 전혀 공유되지 않은 사례(어떤 범주도 공유하지 않은 경우)
에서는 편향이 증폭되었다. 간혹 발견되는 예외들을 제외하고 대부분의 연구에서
이러한 패턴이 동일하게 발견되었다(Crisp & Hewstone, 2000, 2001; Migdal et al.,
1998; Urban & Miller, 1998). 이런 독특한 편향 형태를 '가산적(additive)' 형태라고
하는데, 그 이유는 두 범주 모두 자신과 같은 내집단 구성원에게는 가장 호의적인
평가를, 하나만 겹친 경우에는 중간 정도의 평가를, 두 범주 모두 없는 외집단 구
성원에게는 가장 낮은 평가를 하는 모습이기 때문이다(Hewstone et al., 1993). 실
제로 교차 범주화 상황에서는 이러한 발견이 일반적인 현상으로 받아들여졌다
(Crisp et al., 2002). 앞으로 확인하겠지만, 우리가 모험을 걸고 실험실 밖에서 시도
해 보더라도, 같은 결과(편향의 다른 형태들도 교차 범주화의 결과)가 도출될 개연성

이 있다.

　예를 들어, 홍콩에서 이루어진 연구에서 브루어(Brewer)와 동료들(1987)은 광둥성 여자아이들과 남자아이들에게 가상의 8쌍 각각에 대한 선호도를 물었다. 이들에게 제시한 가상의 쌍은 남성과 여성으로 구성되었고, 4개의 서로 다른 인종집단(실험에 참여한 아동들과 같이 광둥어 사용자, 상하이인, 미국인, 인도인)으로 이루어졌다. 아동들의 선호도 평가는 〈표 3-3〉과 같이 두 가지의 명확한 사실을 보여 주었다. 첫째, 아동들은 무엇보다도 동성에 대하여 가장 강한 선호도를 보였다. 둘째, 2개의 다른 인종 집단보다 2개의 중국 인종 집단(광둥어 사용자, 상하이인)에 대한 선호도가 명확했다. 그러나 이 역시 이성보다는 동성에서 약간 더 강하게 나타났다. 이 결과를 통해 브루어와 동료들은 데샹과 도이스(1978)의 실험실 연구와는 달리 인종과 그 외의 요소들보다 성별이 더 중요한 요소라고 설명하였는데, 그 이유는 인종을 추가하더라도 성별의 편향이 줄지 않았기 때문이다. 이성이면서 광둥어를 사용하는(내집단) 아동과 동성의 인도 아이에 대한 선호도는 유사하게 나타났다.

　방글라데시의 이슬람교도와 힌두교도를 대상으로 이루어진 2개의 연구는 실제 상황에서도 하나의 범주가 얼마나 중요하게 작용하는지를 보여 주었다(Hewstone et al., 1993). 먼저 첫 번째 연구에서 교차 범주는 종교(이슬람교와 힌두교)와 국적

| 표 3-3 | 홍콩*에 대한 집단 간 선호도에 미치는 성별·인종의 교차 효과

| 인종 | 동성 대상** | 이성 대상** |
|---|---|---|
| 광둥어 사용자(피실험 집단) | 3.2 | 2.5 |
| 상하이인 | 3.0 | 2.4 |
| 미국인 | 2.8 | 2.2 |
| 인도인 | 2.5 | 1.9 |

＊참가자들은 광둥어를 사용하는 아동들임.
＊＊ 점수 척도는 1~4점.
출처: Brewer et al. (1987), 표 1(남자아이와 여자아이의 차이가 없어짐)을 수정함.

(방글라데시인와 인도인)이었고, 이어진 연구에서는 언어(방글라데시어와 다른 언어들)를 사용하였다. 앞서 홍콩 연구에서는 성별이 중요한 범주였는데 이 연구에서는 종교였다. 연구 결과를 보면 사람들이 자신과 동일한 종교를 가진 사람이라고 생각할 때 더 긍정적으로 평가하였고, 동일한 국적이거나 동일한 언어를 사용하지만 종교가 동일하지 않을 경우에는 긍정적인 평가가 급격하게 낮아졌다. 즉, 종교는 국경을 넘는 아주 중요한 특성으로 여겨졌다(Hagendoorn & Henke, 1991). 1990년 초 인도의 수많은 도시에는 종교와 관련 있는 특정 지역에 대한 소유권 분쟁으로 사회적 불안이 있었다. 인도인(중산계층의 힌두교)과의 다음 인터뷰는 이러한 불안에 깔린 종교적 편견의 특성을 잘 보여 준다.

> 솔직히 영토가 분할되었을 당시 인도에 남아 있었던 이슬람교도는 모두 쓰레기였다. 물론 예외도 있었지만, 일반적으로 인도의 이슬람교도는 무식했다. 지식인은 파키스탄으로 갔고, 인도 봄베이에 남아 있던 이슬람교도는 마피아와 같은 사회의 최하층민이었다. 그들은 금 밀수, 마약 거래, 위조 화폐와 같은 범죄들을 저질렀다. 그리고 그들은 언제나 자신 스스로를 인도인이기에 앞서 이슬람교도라고 인식하였다(*Independent*, 1992. 12. 13.).

실제 현장연구를 통해 알 수 있는 사실은 어떤 상황에 중요할 것이라고 추정되는 범주는 특정 지역의 환경과 관련되어 있다는 점이다. 북아일랜드, 이라크, 그리고 인도 아대륙에서는 종교가 중요한 범주로 간주된다. 그러나 다른 지역에서는 1994년 르완다 집단학살[5]처럼 사회적 분열이 중요한 범주로 나타난다. 실제 현실에서 집단 간 상황은 매우 복잡하고 다양하기 때문에 사회심리학자들은 교차

-------------------------

5) 역자 주―1994년 르완다 내전 중에 벌어진 후투족이 행한 투치족과 후투족 중도파들에 대한 학살을 말한다. 4월 4일부터 7월 중순까지 약 100여 일간 최소 50만 명이 살해당했으며, 대부분의 인권단체는 약 80만 명에서 100만 명이 살해당했다고 말한다. 현 르완다 정부는 이 학살에서 100일 동안 1,174,000명이 살해당한 것으로 추정하고 있으며, 이것은 1일당 1만 명, 1시간당 400명, 1분당 7명이 살해당한 것과 같다.

범주화 상황에서 문제를 해결하려고 지속적으로 노력하고 있다. 앞서 살펴봤던 것처럼 휴스턴과 동료들(1993)은 '가성성' 그리고 '범주 우위(catetory dominance)'라는 두 가지 일반적인 범주 형태를 바탕으로 집단 간에 발생할 수 있는 수많은 가능성을 확인하였다. 또 다른 범주 형태는 '범주 결합(catefory conjunction)'으로, 기본적으로 이중으로 된 내집단에서 어떤 범주의 일탈이 발생할 때(부분적 또는 전체적으로) 평가나 선호도가 감소하는 현상이다. 문헌을 살펴보면, 어번과 밀러(Urban & Miller, 1998), 그리고 미그달(Migdal)과 동료들(1998)은 이렇게 다른 범주 형태와 관련된 몇 가지 요소를 발견하였다. 두 논문은 '가성성' 형태가 가장 일반적인 형태라는 데 동의했는데, 만약 상황 요소들이 사람들에게 인지적인 과부하 또는 부정적인 감정을 가지도록 한다면, '가성성' 범주 형태는 '범주 결합'으로 변한다고 하였다(Urban & Miller, 1998). 반면에 사람들이 심리적으로 중요하게 생각하는 범주들에 차이가 많으면 많을수록 범주 형태는 '범주 우위'의 형태를 할 가능성이 더 높아진다. 또한 상황 요인들이 개인을 더 강조하고 집단 간 경계를 모호하게 만들 경우('개인화'라고 알려진 형태), 데샹과 도이스(1978)가 발견했던 본질적인 형태의 범주, 즉 모든 범주를 종합하여 평균 낸 '균형'의 형태 또는 편향이 감소하는 형태로 변화될 것으로 보았다(Ensari & Miller, 2001).

　마지막으로 많은 교차 범주를 동시에 제시하는 상황 요소가 있다. 조금만 생각해 보면 우리는 수많은 서로 다른 집단들에 포함되어 있다는 것을 알 수 있고, 이러한 소속감은 잠재적인 외집단 구성원들과 중복될 수(되지 않을 수) 있다. 예를 들어, 젊은 아프리카계 카리브해인 남성(동성애자고, X라는 대학에서 과학을 공부하며, 서인도 크리켓 팀을 지지하는)이 벵골어를 사용하는 사람(젊은 또는 나이 든, 남자 또는 여자, 동성애자가 아닌 또는 동성애자인, X 또는 Y 대학에서 법 또는 과학을 공부하고 인노의 크리켓 팀을 지지하는)을 어떻게 평가할까? 크리스프(Crisp)와 동료들(2001), 그리고 홀과 크리스프(Hall & Crisp, 2005)는 다양하고 잠재적으로 중복되는(또는 포함되는) 범주들의 효과를 검증하였다. 처음에 그들은 많은 범주를 동시에 제시할 경우, 하나의 범주(예, 다른 대학)에 의해 발생했던 외집단 구성원에 대한 편향의 정도가 (완전히 없어지지는 않았지만) 감소하는 것을 발견하였다. 흥미롭게도, 다른 범주에서는 내집단이고 하나의 범주에서만 외집단에 속한 사람에 대한 편향과 모든 범주에서 외집단에 속한 사람에 대한 편향에 별 차이가 없었다(Crisp et al., 2001, Study 2). 많은 편향의 존재는 범주 용어들을 구체적으로 살펴보는 범주화의 시도를 포기하도록 만들지도 모른다. 이러한 결과는 이중 또는 삼중의 외집단 사람들이 비호의적으로 보인다는 초기의 전형적인 결과와 약간의 차이를 보인다(Brown & Turner, 1979; Hewstone et al., 1993). 이러한 차이를 이해하기 위해서는 홀과 크리스프(2005)의 연구가 도움이 된다. 그들은 많은 범주를 제시하는 것이 가지고 있는 효과가 단지 범주 간 서로 관련성이 없을 때에만 명확해진다는 것을 발견하였다. 만약 현실에서 자주 발생하는 것과 같이 다른 범주들이 서로 관련성이 있을 경우에는(예, 함께 변화되는 인종, 국적, 종교) 다양한 외집단 구성원에 대해 내집단과 정반대의 평가만을 하는 것은 아니다(Hewstone et al., 1993, Study 2).

따라서 현실에서 나타나는 집단 간 상황의 복잡성(특히 집단의 크기나 지위가 서로 다르거나 협조적 또는 경쟁적으로 상호의존적일 경우) 때문에, 편견을 줄이기 위해서는 범주들의 상호 교차 배치의 효과성에 대해 고려할 필요가 있다. 마지막 예로, 앞서 언급했던 캐나다 연구 보조원 선발 상황을 다시 살펴보자. 우리는 6명의 지원자를 대상으로 연구 보조원을 선발하는 가설 시나리오를 설정하고, 대학생들을 대상으로 설문했다(Joly et al., 1993). 지원자들의 이력서는 주의 깊게 작성되었다. 6명 중 4명은 우수한 사람(지원자격이 좋은)으로 묘사되었고, 성별과 선호 언어에서만 차이가 있었다. 2명은 열등한 사람(지원자격이 나쁜)으로 묘사되었는데, 두 사람 모두 남성이었고 한 사람은 영어를, 다른 한 사람은 불어를 선호 언어로 사용하였다. 참가 대학생들에는 남성과 여성, 영어 사용자와 불어 사용자가 모두 포함되어 있었고, 6명의 지원자에게 얼마의 임금을 줄 것인지 평가하도록 하였다. 당연한 결과이지만, 자격이 나쁜 2명의 지원자에게는 일반적으로 낮은 임금을 줄 것이라고 평가하였다(〈표 3-4〉 참조). 한편, 자격이 좋은 지원자들 가운데 불어를 사용하는 지원자에 대한 편향을 보였다. 심지어 불어 사용 응답자들조차도 불어

| 표 3-4 | 캐나다 대학교에서 교차 범주화의 효과: 연구 보조원 지원자들*에 대한 추천된 지급률

| 자격이 좋은 지원자들** | | | | 자격이 나쁜 지원자들 | |
|---|---|---|---|---|---|
| 여성<br>영어 사용자 | 남성<br>영어 사용자 | 여성<br>불어 사용자 | 남성<br>불어 사용자 | 남성<br>영어 사용자 | 남성<br>불어 사용자 |
| 5.7 | 5.4 | 4.9 | 3.8 | 3.6 | 2.8 |

\* 남성, 여성, 영어 사용자, 불어 사용자 모두 합산. 1~7점 척도, 인터뷰당 1점은 19달러, 7점은 25달러.
\*\* 자격이 좋은 지원자들 중 영어 사용자와 불어 사용자 간 그리고 남성과 여성 간 차이는 통계적으로 유의미함.
출처: Joly et al.(1993).

를 사용하는 자격이 좋은 지원자에게 차별을 보였다(〈표 3-4〉의 값을 영어 사용자와 불어 사용자로 나누어서 분석하여도 그 값에는 큰 차이가 없었다). 이 결과는 두 범주가 교차되어 존재하는 것으로는 불어 사용자들을 낮은 지위 집단으로 평가하는 뿌리 깊은 역사적 인식을 없앨 수 없다는 것을 다시 한 번 보여 주었다.

다소 놀랄 만한 추가적인 결과로, 비록 성별 편향이 언어적 편향보다는 조금 약하긴 하였지만, 여성 지원자가 남성 지원자보다 조금 더 좋은 평가를 받았다. 이 역시 하나의 범주가 다른 범주에 의해 상쇄되기보다 다른 범주의 우위에 선다는 것을 보여 주는 연구 결과다.

## 왜 그들은 모든 것을 똑같이 볼까? 인지된 집단 내 동질성

범주화는 기본적으로 집단 간 차이를 더 과장하고, 집단 내 유사성을 더 높이는 효과가 있다. 이러한 효과에 대한 연구가 보다 다양한 상황(특히 사람을 범주화하는 상황)으로 폭넓게 확대되면서, 그 효과들이 대칭적이지 않다는 사실도 밝혀졌다. 내 집단과 외 집단이 어떻게 인식되는지에 따라 일관된 차이점이 존재하였다. 이 절에서는 범주화에 따른 이차 효과(second effect)의 비대칭성, 즉 범주 내 차이의 동화 또는 인식된 집단 내 동질성(perceived intragroup homogeneity)의 비대칭성에 대해 알아보고자 한다.

일상의 관찰을 통해 알 수 있는 것은 만약 집단 내 동질성 인식에 편향이 있다면, 외집단을 동질집단으로 보고, 내집단보다 외집단의 구성원 간에 더 많은 유사성을 가지고 있다고 볼 수 있다. 즉, '그들(외집단 구성원)은 서로 비슷하고 우리(내집단 구성원)는 모두 다르다.'를 의미한다. 다음은 (백인) 미국축구 해설자로 잘 알려진 존 모트슨(John Motson)의 라디오 인터뷰 내용이다.

> 멀리서도 식별 가능한 선수들로 구성된 팀들도 있다. 많은 흑인 선수들이 경기장으로 들어올 때, 내가 (그들을 식별하기가 어려워서) 매우 혼란스러울 수 있다고 언급하는 것에 대해 그들은 신경 쓰지 않을 것이다. …… 5~6명의 흑인 선수들이 팀 내에 있고, 그들 중 몇몇 선수들이 공으로 달려 갈 때는 누가 누구인지 구별하기 어렵다(*Independent*, 1998. 1. 5.).

해밀턴과 비숍(Hamilton & Bishop, 1976)은 코네티컷에 살고 있는 백인 거주자들의 인터뷰를 통해 이웃 가족들(최근에 새로 이사 온 백인 또는 흑인 가족들)에 대한 이와 비슷한 현상을 발견하였다. 응답자들은 새로 이사 온 가족이 백인이었을 때보다 흑인이었을 때 그들이 이사 온 사실을 더 많이 언급하는 경향을 보였다. 그러나 이러한 차이에도 불구하고, 정작 새로 이사 온 흑인 가족에 대해서는 아는 것이 별로 없었다. 이사 온 지 한 달이 지났을 때 단지 11%의 응답자만이 새로운 흑인 가족의 이름을 안 반면, 백인 가족의 이름을 알고 있는 사람은 60% 정도 되었다. 확실한 것은 흑인 가족의 경우 개별 가족을 구분하지 않고 흑인이라는 범주로 인식하였고, 반면에 백인 가족은 더 개별적으로 인식하는 경향을 보였다.

이러한 체계적인 현상에 대한 연구를 최초로 시도한 존스(Jones)와 동료들(1981)은 대학 동아리 구성원들에게 자기가 속한 동아리 구성원과 다른 동아리 구성원들에 대해 그들이 몇 가지 특성을 가지고 있으며, 얼마나 유사한지를 평가하도록 하였다. 실험 결과, 내집단 구성원보다 외집단 구성원의 유사성을 높게 평가하였다. 다른 많은 연구에서도 이와 비슷한 결과가 발견된다(Linville et al., 1989;

Ostrom & Sedikides, 1992; Quattrone, 1986). 존스와 동료들은 다른 동아리 구성원들에게도 이와 같은 평가를 하도록 하였는데, 일관되게 내집단 구성원보다 외집단 구성원에 대하여 서로 더 유사하다고 보는 경향성이 나타났다. 다른 많은 연구에서도 유사한 결과가 발견되었다(Linville et al., 1989; Ostrom & Sedikides, 1992; Quattrone, 1986).

잘 알려져 있는 이 외집단 동질성 효과(outgroup homogeneity effect)는 어떻게 설명할 수 있을까? 한 가지 가능한 설명은 내집단과 외집단에 대해 우리가 가지고 있는 정보량에 차이가 있다는 것이다(Linville et al., 1989). 우리는 대체로 우리가 속해 있는 집단 내 사람들에 대해서는 개인적으로 더 잘 알고 더 많이 상호작용하게 된다. 따라서 집단 내 사람들 간의 차이를 더 많이 알고 있는 것이다. 이에 비하여 외집단 구성원에 대해서는 잘 모르기 때문에 더 획일적인 형태로 볼 개연성이 있다. 또 다른 설명은 특정한 사례에 관한 정보의 문제가 아니라 전체적인 범주의 속성과 관련될 수 있다(Park et al., 1991). 즉, 사람은 세부적인 수치로 내집단과 외집단을 기억하는 것이 아닌 전체적 범주의 추상적인 개념으로 기억한다는 것이다. 그리고 각각의 범주에서 전형적인 구성원을 기준으로 대략 비슷한 사람들로 추정하여 기억한다. 그렇다면 왜 내집단에 속한 사람은 다르게 볼까? 그 이유는 (자신이 포함되어 있기 때문에) 내집단의 범주가 더 중요하고, (적어도 하나 이상의 사례가 있기 때문에) 더 구체적이고, (사람은 심리적으로 자신과 가까운 사람들에 대해 보다 정확한 인상을 형성하려는 동기가 있기 때문에) 변화될 가능성이 있어 더 잠정적이기 때문이다.

첫 번째 설명했던 정보량의 차이, 즉 친밀도 또는 동질성에 대한 설명이 직감적으로는 그럴듯해 보이지만 실증적인 연구 결과는 그리 많지 않다. 린빌(Linville)과 동료들(1989)은 한 학기 동안 대학 학부생들을 대상으로 한 실험에서 자신의 학급 친구들과 관련한 다양한 변인에 대한 평가가 증가(내집단 다양성)하는 것을 발견하였고, 컴퓨터 시뮬레이션을 통해 이 변인들이 많아지는 것이 친밀도의 변화와 관련이 있음을 보여 주었다. 그러나 다른 연구에서는 이와 상반된 결과가 나타났다. 즉, 친밀도의 효과가 없거나 오히려 반대로 나타난 것이다. 예를 들어, 앞서 언급했던 존스와 동료들(1981)의 연구에서는 그 집단에서 알고 있는 구성원의 숫자와 집단의 다양성(variability)과는 아무런 상관관계가 없었다. 친밀도 가설의 또 다른 문제점은 외집단 동질성 효과가 최소 집단 상황에서도 여전히 발견된다는 것이다. 최소 집단 상황이란 내집단과 외집단이라는 정보 이외에는 아무런 정보를 주지 않기 때문에 집단 내 구성원들의 정보가 전혀 없는 상태를 말한다(Wilder, 1984b). 우리가 했던 연구에서도 정보량과 친밀도의 관계의 문제점을 발견할 수 있었다. 이 연구는 집단 형성 과정에서의 다양성 판단을 조사한 것이다(Brown & Wootton-Millward, 1993). 우리는 간호학과 학생 집단을 대상으로 1년 동안의 훈련 기간을 관찰하였다. 집단들의 규모는 작았고(일반적으로 20명 이내), 구성원들은 서로 매일 얼굴을 대면하며 폭넓게 상호작용하였다. 만약 린빌과 동료들이 옳다면 시간이 지날수록 이 집단 내에서 발전되는 상호 친밀감은 집단 내에서 인식된 다양성을 더 강화시키고 더 확고한 외집단 동질성 효과를 초래해야만 한다. 그러나 내집단에 대한 다양성 인식은 시간의 경과 가운데 일관된 경향성을 보이지 않았고, 적어도 2개의 측정에서 외집단이 아닌 내집단에서 동질성이 나타남으로써 친밀도 가설은 지지되지 않았다.

외집단 동질성보다 내집단 동질성이 더 높다는 이 연구 결과는 외집단 동질성 효과가 집단 간 인식의 보편적인 특성과 거리가 멀다는 것을 보여 주는 많은 연구 중 하나의 예일 뿐이다(Simon, 1992a). 재미있게도, 그동안 간과되어 왔던 동질성 인식과 관련된 최초의 연구에서도 내집단 동질성에 대한 증거들을 제시하고 있다(Stephan, 1977). 스테판(Stephan)은 미국 서부에 있는 흑인과 백인, 그리고 시카고 학교 어린아이들의 상호 간의 인식을 연구하였다. 이후 이어진 많은 연구 결과와는 달리 세 집단 구성원들은 다른 두 집단보다 자신이 속한 집단에 대하여 덜 차별적이었다. 스테판의 연구 대상 중 두 집단이 소수집단이었다는 점을 감안할 때, 내집단 또는 외집단 동질성의 유무를 결정하는 중요한 요소는 내집단의 크기(다른 집단과 비교한 상대적인 크기)라고 할 수 있다(Simon & Brown, 1987). 아마 내집단이 소수집단일 경우 다수집단으로부터 위협감을 느낄지도 모른다. 그리고 그러한 위협에 대한 반응으로 내집단의 응집력과 완전무결함을 더 보존하기 위해(심리적으로 더 가까운 것에 대하여 반응) 더욱더 동질성을 추구할 수도 있다. 최소 집단 상황을 이용하여, 우리는 독립적으로 내집단과 외집단의 크기를 다양하게 하였다. 우리가 예상했던 것과 같이 자신이 상대적으로 작은 집단에 속에 있다는 것을 인지한 사람들은 내집단 동질성을 명백하게 보여 주었고, 소수집단이 아닌 다수집단에 포함된 사람들은 통상적인 외집단 동질성을 보여 주었다(그림 3-3) 참조). 실험을 통해서 우리는 두 가지 사실을 더 확인할 수 있었다. 하나는 통제집단에서 얻은 자료로, 그들도 실험집단의 구성원들과 동일한 평가를 하도록 하였다. 하지만 그들은 어떤 집단에도 속해 있지 않았기 때문에 마치 '관찰자'처럼 평가하였다. 즉, 통제집단에서는 소수집단에서 발견된 내집단 동질성을 발견할 수 없었다. 통제집단의 참가자들은 어떤 집단에도 배정되지 않았기 때문에 관찰자로서 행동하였고, 작은 집단에서 나타났던 동질성의 경향성은 보이지 않았다. 따라서 우리의 결과들이 단순히 집단의 크기 효과 때문만이라고 하기에는 무리가 있다(Bartsch & Judd, 1993 참조). 두 번째, 소수집단에 속한 사람들은 다수집단의 구성원들보다 집단 내에서 자신의 정체성을 더 강하게 느낀다는 것을 확인하였다.

　소수집단이 내집단 동질성(ingroup homogeneity)을 보인다는 것은 실험 상황에서 그리고 실제 현장에서 실시된 다른 많은 연구에서도 확인된다(Mullen & Hu, 1989; Simon, 1992a). 여기에서는 두 가지 사례를 살펴보자. 하나는 교육 현장의 사례로 대부분 대학에서 여성 직원은 독특한 소수집단을 형성하였다(조사 결과, 남녀 비율은 약 8:1이다.; Brown & Smith, 1989). 영국 대학에 있는 남성과 여성 직원의 설문 결과도 앞서 실시한 사이먼과 브라운(1987)의 연구 결과와 동일하였다. 즉, 남성(다수자)은 외집단 동질성을 보였고, 여성은 내집단 동질성을 보였다. 이후 영국과 이탈리아의 대학교에서 이루어진 휴스톤과 동료들(2006)의 연구에서도 직원의 내집단 또는 외집단에 따른 동질성 편향의 정도는 각 학교 부서의 남성과 여성의 비율에 의존하였다. 즉, 비율이 한쪽으로 기울면 기울수록 편향이 더 크게 나타났

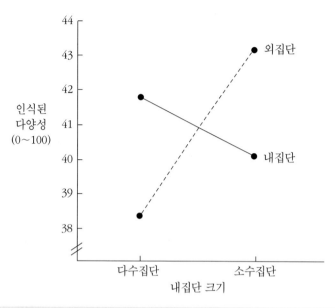

**그림 3-3  다수집단과 소수집단에 대한 인식된 집단 내 동질성**

출처: Simon & Brown (1987), 표 1에서 도출함.

다. 유사하게, 이성애자와 동성애자인 남성을 대상으로 한 연구에서도 동성애자는 그들의 애인을 다수 외집단의 구성원보다 서로를 더 유사하게 보았고, 이성애자는 일반적으로 내집단보다 외집단을 더 유사하게 보았다(Simon et al., 1991). 한편, 브라운과 스미스(1989)의 연구와 사이먼과 동료들(1991)의 연구 중 어디에서도 인지된 동질성과 집단 내 잘 아는 구성원의 숫자 간의 관계는 나타나지 않았다. 이 연구들도 친밀도에 의한 동질성 설명이 잘못되었음을 반증한다고 볼 수 있다.

우리는 내집단과 외집단 구성원들에 대한 직접적인 지식이 집단 내 동질성의 인식 차이를 충분히 설명할 수 없음을 확인하였다. 집단 간 특정 상황에서 내집단 동질성이 존재한다는 것은 내집단과 외집단을 절대적인 개념으로 상정했던 두 번째 설명에도 문제를 제기한다(Park et al., 1991). 사이먼과 동료들(1987)의 실험에서 그러한 문제점의 단서를 발견할 수 있는데, 그것은 집단 정체성이 최소 집단 구성원들에게 더 중요하다는 것이다. 터너와 동료들(1987)은 어떤 집단의 정체성을 갖는 것은 2개의 과정이 동시에 진행되어 형성된다고 하였다. 내집단의 전형적인 '표준' 특성 또는 핵심 정의에 자신을 맞추는 것과 이 전형과 외집단 전형 간의 차이를 최대한으로 벌리는 과정이 진행된다는 것이다. 우리가 관심을 가지는 것은 전자의 과정이다. 사람이 '좋은 구성원'이 갖추어야 할 이상적인 개념에 더 가까워지려고 노력하는 한, 적어도 어떤 특정 범주 차원에서 내집단 유사성을 더 강화시키게 된다.

동질성 인식을 살펴볼 수 있는 변인들에 대해서 잘 연구되어 왔다. 영국 정치 정당을 대상으로 한 켈리(Kelly, 1989)의 연구에서, 징당의 당원들은 당론에 초점을 둔 이슈(차원)에서 당원으로서의 동질성을 더 많이 느끼고, 다른 일반적인 이슈(차원)에서는 동질성을 덜 느꼈다. 이와 유사하게, 간호사를 대상으로 한 연구에서도 간호와 관련된 차원('보호와 이해' '의사소통')에서 내집단 동질성을 발견하였지만, 외집단인 의사들과 관련된 차원(예, '전문적 독립성' Brown & Wootton-Millward, 1993 참조)에서는 그와 반대로 나타났다. 두 연구에서 나타난 현상은 통제된 연구실 상황에서도 동일하게 발견되었다(Simon, 1992b). 따라서 대체로 내집단 동질성 인식에 대한 비대칭을 유발하는 중요한 요소는 사람들이 자신의 정체성, 즉 어떤 집단에 속해 있고 또 어떤 집단에는 속해 있지 않은지를 인식하는 과정에서 나타난다(이 책의 제6장 참조).

## 🎯 우리는 언제, 어디에서, 그리고 어떻게 범주화하는가: 범주 사용을 통제하는 요소들

앞서 살펴본 바와 같이, 대부분의 사회적 상황에서는 우리에게 유용한 하나 이상의 범주가 존재한다. 예를 들어, 나의 경우 일반적인 수업 시간을 회상해 보면 남자보다 여자가 더 많았던 것으로 기억한다. 그리고 다수의 백인 영국 학생과 다양한 다른 인종과 소수국가에서 온 학생들이 있었다. 대부분의 학생들 연령은 18~21세였고, 적은 수였지만 간혹 나이 많은 학생도 있었으며, 그들은 눈에 잘 띄었다. 대부분의 학생은 심리학을 전공한 학생들이었지만, 다른 전공에서 들어온 학생도 있었고, 새로운 대학 평가 체제의 일환으로 나의 동료 2명이 내 강의실에 앉아 있을 수도 있었다. 의상은 매우 다양하였는데, 아주 드물게 재킷과 넥타이 차림이거나 고스(goth) 스타일의 복장도 있었으나, 대체로 학생들은 청바지나 티셔츠를 입고 있었다. 이 많은 범주 중에 수업 시 내가 가장 중요하게 선택하는 범주는 무엇이었을까? 그리고 어떤 요소들이 그러한 선택을 하도록 만들었을까?

첫 번째 주목해야 할 점은 범주화의 수준이 있다는 것이다. 즉, 어떤 범주들은 다른 범주들을 포함한다. 이 사례에서 보면 가장 포괄적인 범주는 '학생'과 동료 교수나 나와 같은 '대학의 구성원'일 것이다. 다른 많은 범주들은 포괄적이지 않고, '나이 많은 심리학 전공 학생'처럼 몇 가지 범주를 조합한 것이었다. 로쉬(Rosch, 1978)에 따르면, 사람들은 사물을 범주화할 때 '상위' 또는 '하위' 수준(가구와 스툴)으로 범주화하기보다 적절한 '기초'적인 수준(의자와 탁자)으로 범주화한다. 로쉬의 주장을 사회적 범위로 확대하면, 터너와 동료들(1987)이 제안한 것처럼 상황에 상관없이 일반적으로 사람들을 범주화하는 '기초'적인 수준은 그들이 속한 '사회적 집단(social group)'이다. 상위 수준과 하위 수준으로 말한다면, 인간과 개인 간 차이로 볼 수 있다.

특정 상황에서 유용한 집단을 분류하는 결정 요소에 대해서는 나중에 살펴보기로 하고, 지금은 사람들이 통상 기초적인 사회적 범주(집단)로 사용하는 것을 살펴보자. 사람들은 잘 모르는 집단들에 대한 것이 아니라 자신이 속한 하위 유형의 집단을 기초범주로 사용한다. 브루어와 동료들(1981)은 젊은 대학생들에게 그들이 원하는 방식대로 몇 장의 사진을 분류하도록 하였다. 사진에는 나이가 많은 다양한 사람과 학생들 또래의 사람들도 있었다. 연구 결과, 학생들은 '늙은' '젊은'과 같이 단순한 기준으로 분류한 것이 아니라 나이 많은 범주 내에서도 '선배' '원로 정치가'와 같은 명확한 하부 범주로 구분하였다. 제5장에서 언급하겠지만,

젊은 사람들은 하나의 큰 범주를 사용하기보다 주로 그 하위 차원의 범주를 사용하는 것으로 나타났다.

스탠저(Stangor)와 동료들(1992)은 덜 직접적인 방법으로 이러한 현상을 검증하였다. 그들은 참가자들에게 흑인과 백인, 남성과 여성의 사진들을 보여 주었다. 각 사진에는 사진에 등장하는 사람들이 작성한 설명이 붙어 있었다. 사진에 부착된 설명을 모두 읽고 난 참가자들은 자신의 기억을 바탕으로 설명문과 사진을 서로 맞추는 과제를 부여받았다. 만약 참가자들이 인종이나 성별 범주를 모두 사용할 경우, 동일한 범주들을 가진 사진들 내에서는 체계적인 실수를 범할 수 있지만(예, '마크'와 '네이빗'의 설명을 혼동하는 것), 다른 범주의 사진들에서는 그러한 실수를 덜 할 것이다(예, '마크'와 '조안'의 설명을 혼동하는 것). 실수의 형태는 두 주요 범주화(성별과 인종)에서 명백하게 나타난다(비록 성별이 인종보다 더 강하게 나타나긴 하였지만). 참가자들은 두 범주를 결합하여 하위 범주(예, '백인 여성' '흑인 남성' 등)를 만들었다. 성별과 인종이 결합된 범주를 사용할 때 가장 실수가 많았는데, 다른 범주의 결합보다 거의 2배나 높았다. 이 연구에는 흥미로운 점이 하나 더 있다. 더 큰 편견을 가진(편견 측정도구에 따라 사전 설문을 통해 측정) 참가자는 그렇지 않은 참가자보다 인종 내에서 혼동하는 실수를 더 많이 하였다는 것이다. 편견을 가진 참가자는 인종이 특별히 중요한 하나의 범주가 되었음을 보여 준다. 이 결과는 범주들이 언제 선택되는가에 대한 문제로 뒤에서 다시 살펴보자.

우리가 세상을 분류하려 할 때, 단순히 '늙은'과 '젊은', '흑인'과 '백인'과 같은 범주에 새로운 범주를 더하는 것은 사실 큰 도움이 되지 않는다. 오히려 상황을 인식하는 사람에 대해서(사물을 보는 그들의 습관적인 방법은 무엇이고, 그들의 욕구와 목표는 무엇인지), 그리고 그들이 직면한 상황에 대해서(사람들 사이에 존재하는 실제적인 유사점과 차이점이 무엇인지, 하나의 범주가 다른 것보다 더 '자극'되기 직전에는 무엇이 발생했는지) 아는 것이 더 많이 도움이 될 것이다. 브루너(1957)는 이를 잘 설명하였는데, 사람들이 가장 많이 사용하는 범주는 접근성이 가장 높은 것과 직면한 자극에 가장 적합한 것이다(Higgins, 1989 참조).

'접근성(accessibility)'과 '적합성(fit)'을 설명하기 위하여, 앞서 언급했던 나의 수업 상황으로 되돌아가 보자. 그 상황에는 다양한 범주가 있고 그것들과 관련된 다양한 단서도 있다. 교수로서 내가 할 수 있는 확실한 것은 교실에 있는 사람들을 먼저 '학생'과 '직원'으로 구분하는 것이다. 이 구분은 내가 교실 뒤편에 있는 동료 교수들의 존재를 거북하게 느끼기 때문에 특별히 그럴듯한 분류법이다. 동료 교수들이 나를 평가하고 있는 상황에서는 교수로서 나의 자아인식과 수업을 잘해야 한다는 나 스스로의 요구가 특히 중요하다. 그러나 다른 경우에 학생과 직원으로 분류하는 것은 그렇게 유용하지 않다. 일반적으로, 수업 시 나는 영어를 모국어로 사용하지 않는 학생들의 이해 수준과 영어를 모국어로 사용하는 학생들의 지루한 정도(내가 너무 천천히 또는 반복적으로 말하는 것 때문에)를 살피면서 국가 차이에 더 관심을 가질 것이다. 아마 나는 더 많은 분류를 할지도 모른다. 제1장에서 나는 이탈리아인과 물건들에 대한 나의 친밀도를 언급한 바 있다. 이러한 친밀도 때문에 외국 학생 집단 중에서 이탈리아에서 온 2, 3명 학생을 구분하고 그들을 향해 사례나 농담을 (좋지 않은 이탈리아어로) 더 많이 말할 수도 있다. 나의 이러한 습관적 또는 '만성적'인 관심으로 인해 특정 범주에 보다 쉽게 접근하고 그것들을 사용한다. 이탈리아 학생들에 대한 농담이나 말은 비록 일시적이더라도 교실의 다른 이탈리아 학생들의 관심을 끌 수도 있을 것이다.

그러나 나의 특이한 성격 때문이든 혹은 일시적인 목적 때문이든 간에 어떤 식으로든 그 범주의 대상자가 내 앞에 있을 때에만 범주화가 유용하게 적용될 것이다. 가톨릭과 개신교의 범주를 사용하는 것이 유용할 수 있으나, 내가 알기로는 나의 학생들 중 종교를 가진 학생이 거의 없기 때문에 종교 범주화로는 그들을 구분하지 못한다.[주석 4] 그러나 성별 또는 국적에 의한 범주화는 교실 내에서 몇 가지 실질적인 차이를 보였고, 다른 범주들보다 더 분명한 차이가 있었다. 캠벨(1958)과 로쉬(1978)가 지적한 바와 같이 우리 주변에 있는 대부분의 자극은 완벽하게 분류되는 것이 아니라 언제나 대략(approximation) 또는 '모호함(fuziness)'의 속성을 지니고 있다. 캠벨(1958)은 특히 집단처럼 보이는 별개의 실체(즉, 사람)로 만드는 몇 가지 요소를 확인하고, 그는 이를 '실체성(entitativity)'이라고 하였다. 실체성의 속성은 다름이 아니라 공동 운명(common fate), 유사성(similarity), 그리고 근접성(proximity)이다. 같이 움직이거나 동일한 일이 발생하는 사람들의 경우(공동 운명을 가진 사람)에 하나의 범주를 형성한다고 할 수 있는데, 캠벨의 예를 사용하자면 돌 분자들의 근거리 공간과 시간적 상호의존성으로 인해 돌이 하나의 물체로 보이는 것과 같은 것이다. 이와 마찬가지로, 어떤 면에서 서로 비슷한(예, 같은 언어를 사용하는) 사람들은 같은 것으로 분류되는 경향이 있다. 또한 서로 근접하여 있는 사람들(나의 사례에서는 나이 든 학생들)은 같은 목적을 가진 집단으로 여겨질 수 있다. 요약하자면, 만약 이러한 범주들이 우리에게 기능적으로 작용할 경우에, 범주들과 관련된 사람들은 실제 몇 가지 신체적·심리적·문화적 차이를 만들어 낸다.

'접근성'과 '적합성'은 서로 독립적이지 않다. 앞으로 확인하겠지만, 어떤 범주가 가장 접근 가능성이 높은지는 상황에 따라 변할 수 있는데, 이는 인식된 사물 간 실질적 차이에 대한 '적합성' 때문이다. 물론 모든 범주가 심리적으로 동등한 비중을 갖는 것은 아니다. 즉, 어떤 범주는 우리와 관련성이 있지만 어떤 범주는 전혀 관련성이 없을 수 있다. 터너와 동료들(1987)은 이것을 접근성-적합성 조합에 있어 비대칭적인 요소라고 말했다. 그들에 따르면, 집단 내 가장 전형적인 구성원과 자신 간의 차이를 최소화하고, 동시에 내집단의 전형적인 사람과 외집단의 전형적인 사람 간의 차이를 극대화하는 범주화가 채택되기 쉽다. 그들은 이것을 최적화된 '집단 대조 비율(meta-contrast ratio)'이라고 하였는데, 그들이 가장 중요하게 강조한 점은 이 비율은 인식자(perceiver)에게 고정된 값이 아니라는 것이다. 이유가 어찌 되었든 만약 다른 내집단 정체성이 중요하게 부각되면 또 다른 집단 대조 비율이 작동하는 것이다. 접근성에 대한 논의에서 살펴보았듯이 그 강의실에서의 나의 정체성은 당시 상황적 요구와 단서에 따라 교사(또는 학생)에서 영어(또는 외국어) 사용자로 옮겨 갈 것이다.

범주화의 선택과 관련된 이 의문점들을 연구했던 실증연구들을 한번 살펴보자.

먼저, 중요하게 여겨진 세 가지 상황 특성(잠재적인 범주 구성원들의 실체성, 구성원들의 인지적인 특이성, 범주의 새로운 외부 환기 작용)부터 알아보자. 이것들은 모두 브루너(1957)의 이론에서 다루는 '적합성' 요소와 직접적으로 관련이 있다. 그런 다음, 범주 사용을 결정하는 인식자의 몇 가지 측면을 살펴보는 것으로 '접근성'도 함께 알아보자.

## 범주 적합성: 상황적 요소와 범주 선택

앞서 살펴보았듯이 캠벨(1958)은 실제로 사람들이 내집단으로서 인식되는지 또는 그렇지 않은지에 따라 서로에 대한 입장을 표시하는 방식이 달라질 수 있다고 하였다. 게르트너(Gaertner)와 동료들(1989)은 어떻게 내집단 편향이 감소하게 되었는지를 검증함으로써 내집단 인식에 따른 입장 차이를 확인하였다. 만약 2개의 범주에 속해 있는 어떤 구성원들이 하나의 상위 집단에 속하거나 또는 (범주와 관련 없이) 개별적 존재로 생각할 수 있다면, 이 범주들과 관련된 내집단 편향은 감소될 수 있다고 보았다. 이를 검증하기 위하여 그들은 3개의 실험 상황을 만들어서 첫 번째 실험 상황은 두 집단을 그대로 유지하고, 두 번째 실험 상황은 하나의 큰 범주로 통합하고, 마지막 실험 상황에서는 집단 특성을 없애고 개별적인 개인으로 보이도록 설정하였다. 인위적으로 다른 색깔 인식표를 통해 집단을 구분하였는데, 6명의 참가자는 최초 두 집단 중 하나로 지정되었고, 주어지는 과제를 함께 수행해야만 했다. 실험자들은 집단 내 구성원들의 접촉을 체계적으로 변화시켰다. '두 집단' 상황에서, 집단의 구성원들은 자신에게 지정된 집단 인식표를 부착하고 서로 탁자 반대편에 앉아서 주어진 과제에 대한 각 집단의 최선의 해결책을 제시하여 자신의 집단이 상을 받을 수 있도록 집단 내에서 상호작용하였다. 반대로, '한 집단' 상황에서는 두 집단의 구성원들은 탁자 주변에 사이사이에 끼어 앉아 집단을 통합할 수 있는 더 큰 새로운 집단의 인식표를 고안하고, 과제에서 가장 최상의 합치된 집단 해결책을 제시하여 상을 받기 위해 함께 상호작용하였다. 그리고 '개인' 상황에서 각 사람들은 다른 탁자에 구분하여 앉았고, 특이한 이름을 생각해 내도록 요청받았으며, 가장 최상의 개인 해결책을 제시하도록 요구되었다. 이 실험 조작(물리적으로 가까이 앉아 있는 것으로 근접성의 정도를, 그리고 집단 인식표를 통해 유사성을, 보상을 받기 위한 상호의존성을 형성하여 공동운명의 조건을 형성함으로써)은 캠벨(1958)의 실체성에 해당하는 세 가지 기준(근접성, 유사성, 공동 운명)을 만족하였다. 〈표 3-5〉는 이런 실험 조작이 참가자들의 상황 인식에 어떠한 영향을 주었는지 보여 준다. 좌측 상단부터 우측 하단까지 대각선들의 값을 보면 참가자들이 자신을 범주화하는 방식을 대체로 잘 인식하고 있는 것으로 나타났다. 그리고 예상했던 대로 이러한 범주화에 대한 인식은 집단 내 편향 차이와 관련성이 있었다. 즉, '한 집단' 상황에서는 집단 내 편향이 조금 나타났고, '두 집단' 상황에서는 집단 내 편향이 더 많이 나타났다(제9장에서 이 실험을 다시 살펴볼 것이다).

물론 실체성 인식과 관련된 많은 요소가 있었다. 마지와 티덴스(Magee & Tiedens, 2006)는 유사한 감정을 표현하는(행복이든 슬픔이든지 간에) 개인들을 볼 때, 서로 다른 감정을 표현하는 개인들을 볼 때보다 더 쉽게 실체성을 판단하는 경향이 있다는 것을 발견하였다. 릭켈(Lickel)과 동료들(2000)은 참가자들에게 자연발생적으로 나타난 40개의 큰 집단(예, 스포츠 팀, 가족, 인종집단)의 실체성을 평가하고, 동시에 그 집단들의 다양한 다른 특성(예, 집단 구성원의 유사성, 공동 성과, 집단 간

| 표 3-5 | 인식된 실체성에 대한 상황 효과(상황의 인지적 표상을 선택하는 각 참가자들의 비율)

| 인지적 표상 | 실험 상황(%) | | |
|---|---|---|---|
| | 두 집단 | 한 집단 | 개인 |
| 두 집단 | 80.0 | 21.7 | 16.7 |
| 한 집단 | 18.9 | 71.7 | 15.8 |
| 개인 | 1.7 | 6.7 | 67.5 |

출처: Gaertner et al. (1989), 표 1.

상호작용 횟수)에 대해서도 평가하도록 하였다. 집단의 다양한 특성 중 인식된 실
체성과 가장 관련성이 있는 것은 상호작용 횟수였다. 즉, 집단 간 구성원들의 상
호작용이 많으면 많을수록 더욱 동일한 집단으로 인식된다는 것이다. 또한 약하
긴 하지만 집단 구성원의 유사성이나 공동 성과와 목표도 동일한 집단으로서 인
식하는 데 도움이 되었다.

　실체성을 인식하도록 하는 또 다른 상황 요인은 특정 사람들의 인지된 특이성
(distinctiveness)이다. 예를 들어, 칸터(Kanter, 1977)는 조직에서 수적으로 소수로
여겨지는 사람은 다수의 관심의 대상이 될 수 있다고 하였다. 그녀는 특히 남성이
주류인 직장에서 여성이 어떻게 인식되고 대우받는지에 관심이 많았다. 그녀는
15:1로 여성이 수적으로 소수인 회사에서 여성은 쉽게 눈에 띄고, 때때로 남성 동
료에게서 지나친 성역할 고정관념의 대상이 되었다고 언급하였다. 칸터의 연구는
인상적이었지만, 충분히 검증할 만한 자료를 제시하지는 못하였다. 이후 테일러
(Taylor)와 동료들은 몇 가지 실험연구를 통해 칸터의 결과를 뒷받침하는 구체적
인 자료를 제시하였다(Taylor et al., 1978; Taylor, 1981). 실험에 참가한 참가자들은
6명의 사람이 서로 토의하는 녹음 자료를 들었다. 그리고 6명의 사진을 준비하여
녹음 자료에서 나오는 목소리에 따라 사진을 제시하여 보여 주었다. 6명의 구성
원은 인종별, 성별로 다양했다. 한 실험에서는 6명의 인원을 1명의 흑인과 5명의
백인, 또는 5명의 흑인과 1명의 백인, 또는 각 3명의 흑인과 백인으로 구성하였다
(Taylor, 1981). 또 다른 실험에서는 성별로 구분하여, 성별이 같은 집단과 다른 집
단으로 구성하였다(Taylor et al., 1978). 두 연구 모두에서 수적 특이성이 인식과정
에 영향을 미친다는 증거가 어느 정도 나타났다. 테일러(1981)가 참가자들에게 토
론에 참가한 흑인들에 대한 평가를 하도록 하였을 때, 집단 내(흑인과 백인이 3:3으
로 동일한 비율의 집단)에 있는 흑인보다 '단독'으로 있는 흑인에 대한 평가가 더
좋았다. 그렇다고 실험에 제시된 흑인이 흑인의 고정화된 유형으로 나타난 것은
아니다. 테일러와 동료들(1978)도 유사한 실험을 하였는데, 집단에서 혼자만 남성
또는 여성일 때 남녀가 균형을 맞추어 구성된 집단에 있는 남성 또는 여성보다 더

단호하게 보인다는 것을 발견하였다. 이 실험에서도 역시 성별 고정관념이 나타나지 않도록 제시하였다. 이는 성별 범주가 직장에서 더 명확한 지표임을 보여 준다고 할 수 있다.

'단독' 상황에서 발견되는 모호한 특이성에 대한 추가 조사 결과는 비어냇과 베시오(Biennat & Vescio, 1993)에 의해 보고되었다. 그들은 테일러와 동료들(1978)이 사용했던 동일한 방법으로 2개의 연구를 진행했는데, 흑인, 백인의 구성비가 '균형된' 상황에서 기억에 대한 실수가 더 잘 발생하는 것을 발견하였다. 이 현상은 '인종 내'의 실수와 '인종 간'의 실수 간에 차이가 '단독' 상황에서보다 더 강하게 나타나기 때문이다(Oakes, 1994; Biernat & Vescio, 1994 참조). 실제 실험에서 '단독' 상황에 있는 사람의 경우 기억을 회상하는 과제에서 인종 내와 인종 간이 유의미한 차이를 보이지 않았다.

따라서 소수집단이라는 것만으로 특이성을 설명할 수는 없다. 그러나 특이성을 설명할 수 있는 또 다른 요소들이 있다. 신체장애를 가진 사람 또는 외관상 신체결함이 있는 사람은 다른 사람이 자신을 자주 빤히 보는 것에 대하여 간혹 불만을 호소한다. 대다수의 사람에게 있어 장애를 가진 사람이 새롭게 보일지도 모른다. 그리고 아마 그러한 새로움이 사람의 관심을 끌 것이다. 랑거(Langer)와 동료들(1976)은 공공건물 현관 안쪽에 장애인과 비장애인의 다양한 사진을 전시하고, 지나가는 사람들이 얼마나 오랫동안 사진 앞에 멈추어 서는지를 관찰함으로써 이러한 주장을 확인하였다. 관찰 결과, 사람들은 장애가 있는 사람들의 사진(다리 부목을 대고 있는 여성 또는 곱사등의 남자 사진) 앞에서 훨씬 오랫동안 서 있다는 것을 발견하였다.주석 5 랑거와 동료들은 동일한 논문의 또 다른 연구에서 참가자들이 비장애인보다 장애인에게서 더 멀리 앉는다는 것을 확인하였다. 그러나 참가자들 중 시견에 장애인을 봤던 경우에는 그 차이가 사라졌다. 이는 장애인에 대한 새로움이 사라진 효과라고 볼 수 있다.

상황이 하나의 범주만을 활성화시키는 특성을 가지고 있는 것은 아니다. 만약 최근에 몇몇 사건이 발생했고, 이 사건들이 특정 범주를 자극한다면 이어진 사건 또는 상황은 앞서 나온 것과 동일하게 해석될 것이다. 예를 들어, 경찰이 어떤 인종을 학대했다는 뉴스를 듣고 이어서 경찰들의 위법 행동에 대한 뉴스를 접할 때, 우리는 인종 문제에 대하여 더 민감해질 것이다. 학대 정보가 제시되지 않은 경우보다 제시되었을 때, 우리는 이어지는 행동을 인종차별로 판단하기 쉽다. 이러한 사전 제시를 전문적인 용어로 '점화(priming)'[6]라고 한다. 점화 효과가 실제로 영향력이 있는지는 스코론스키(Skowronski)와 동료들(1993)의 두 가지 실험을 통해서도 확인할 수 있다. 그들은 짧은 이야기를 설명하는 어떤 사람에 대한 기억과 인상을 통해 점화의 두 가지 유형의 효과를 연구하였다. 사용된 점화자극은 '정신장애'를 가진 사람이라는 것을 알 수 있는 형용사나 표식이었다. 점화의 첫 번째 유형은 이야기를 읽기 전에 참가자들에게 보여 준 많은 중립적인 단어 중에 '어리석은'과 '벙어리의'와 같은 단어를 눈치채지 못하게 끼워 넣었다. 또 다른 점화 유형은 이야기에 나오는 인물들을 표현할 때 명확하게 '정신지체'라는 표현을 사용하였다. 두 번째 점화 형태가 첫 번째에 비해 너무도 명확하였기 때문에 참가자들의 사회적 바람직성 반응이 더 나타날 수 있을 것이라고 예상하였다. 그리고 실험 결과, 실제 그러한 현상이 나타났다. 두 번째 유형의 경우 참가자들은 이야기의 표현 중에서 정신장애를 가진 사람들과 전혀 관련성이 없는 표현을 더 많이 기억하는 경향을 보였고, 이야기 속의 장애를 가진 사람(주인공)에 대하여 더 긍정적으로 평가하였다. 이에 비해 첫 번째 유형에서는 그와 반대의 효과가 나타났다. 즉, 참가자들은 장애를 가진 사람에 대한 고정관념적인 특성을 더 많이 기억했고, 대체로 그러한 사람들에 대해 부정적으로 평가했다.

점화에 의한 범주 활성화가 의식 수준 아래에서(의식적인 절차 없이) 발생할 수

--------------------------

6) 역자 주–점화는 기술적인 용어로서 펌프 속 펌프의 흡입 배관에 물이 없으면 펌프가 회전을 시작해도 양수가 되지 않는 경우가 많다. 이것을 방지하기 위하여 미리 펌프나 흡입 배관 속에 물을 주입함과 동시에 내부의 공기를 배출하는 조작을 말한다. 이를 심리학에 적용한 피스케와 테일러(Fiske & Taylor, 1991)는 최근에 빈번하게 활성화된 개념이 그렇지 않은 개념보다 머릿속에 쉽게 떠오른다는 것을 나타내는 용어로 사용하였다. 점화 효과란 머릿속에 떠오른 특정 개념이 이어 제시되는 자극물의 지각과 해석에 미치는 영향을 말한다.

있다는 증거였다. 또한 하나의 범주가 활성화되면 다른 범주들의 사용을 방해하는 효과도 있었다. 마크레(Macrae)와 동료들(1995)은 독창적인 실험 방법으로 이것을 확인하였다. 이 연구는 언뜻 보기에는 서로 전혀 관련성이 없어 보이는 세 가지 실험으로 구성되었다. 실험의 첫 번째 단계에서 여성 참가자들은 신경 써서 해야 하는 감시 과제(vigilance task)를 수행하였다. 각 실험에서는 무의미한 여러 개의 자음이 컴퓨터 화면 어딘가에서 반짝 나타났다가 사라졌다. 그러면 참가자들은 화면의 중간을 기준으로 어느 쪽에 나타났는지를 확인하고 왼쪽이나 오른쪽 둘 중 하나의 버튼을 누르는 것이었다. 한편, 그들에게는 알려 주지 않았지만 각 실험마다 컴퓨터 화면에는 75ms 동안 일정 단어가 반짝 나타났다가 즉시 무의미한 자음들로 바뀌었다. 이때 1/3의 참가자에게는 '여성'이라는 단어가, 다른 1/3에게는 '중국인'이라는 단어가 제시되었고, 나머지 참가자들(통제집단)에게는 어떤 단어도 제시되지 않았다. 매우 짧게, 그리고 부중심와적으로 단어들을 제시하는 것[6]은 의식적으로 단어를 인식하지 못하도록 하기 위한 방법이다. 실험의 두 번째 단계에서는 참가자들에게 중국 여성이 책을 읽고 있는 짧은 영상을 보여 주었다. 실험자들의 중요한 관심은 '이 중국 여성을 여성으로 범주화할 것인가, 아니면 중국인으로 범주화할 것인가'였다. 이를 알아보기 위하여 실험자들은 참가자들에게 세 번째 과제를 제시하였다. 참가자들이 보는 컴퓨터 화면에 수많은 단어를 제시했는데, 이번에는 확실히 잘 볼 수 있도록 제시하였다. 그리고 참가자들은 가능한 한 빨리 각 단어들이 실제 단어인지 아닌지를 판단하여 2개의 버튼 중에 하나를 누르도록 하였다. 실제 단어들 중 일부는 여성의 고정관념적인 특성을 나타내는 것('감정적' '낭만적')이었고, 또 다른 것들은 중국에 대한 고정관념적인 특성을 나타내는 것('신뢰성' '조용함')이었고, 일부는 중립적인 단어들이었다. 마크레와 동료들은 특정 범주가 어쩌히 수준에서 점화된다면, 그 범주와 관련된 고정관념적인 단어들이 빠르게 인식되어야 한다고 생각하였다. 또한 만약 범주가 '방해받은' 경우에는 그것과 관련된 단어들이 더 천천히 인식되어야 한다고 생각하였다. [그림 3-4]에서 보는 바와 같이 이 현상은 정확하게 나타났다. 최초

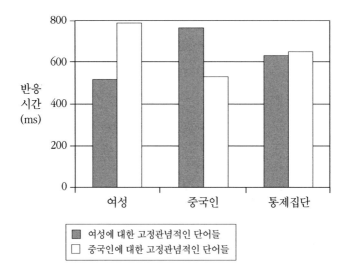

**그림 3-4  역치하 수준에서 제시된 점화 이후에 나타난 범주화의 활성화와 방해**

그림은 다른 종류의 단어들을 인식한 반응 시간을 보여 줌.

출처: Macrae et al. (1995), 표 1을 수정함.

'중국인'으로 점화된 사람들은 고정관념적인 여성의 특성보다는 중국인의 특성을 더 빠르게 인식하였다. '여성'으로 점화가 일어난 사람들은 그 반대로 나타났다. 통제집단(두 범주 어디에도 점화 활성화가 되지 않은)과의 비교를 통해 두 실험집단의 참가자들은 그들의 고정관념적인 단어와 그렇지 않은 단어 각각에 모두 촉진(더 빠른 반응 시간)과 방해(더 늦은 반응 시간) 현상을 보인다는 것을 확인할 수 있었다.

우리의 지식과정 없이도 상황에 적합한 범주가 만들어질 수 있다는 사실은 이미 우리에게 닥치는 여러 일을 대처하기 위한 인지적 체계가 구성되어 있음을 보여 주는 것이다. 그리고 하나의 범주가 활성화될 때 다른 범주가 방해받는 현상은 주의력 과정의 기능성을 암시한다. 주어진 인지적 자원이 제한될 때, 정신적 에너지가 하나의 중요한 범주에 집중하고 두 가지 이상의 범주로 분산되지 않는 것은 논리적으로 당연해 보인다. 이러한 관점에서 앞 장에서 논의한 교차 범주들에 대한 연구를 다시 살펴보는 것은 의미 있는 일이다. 나중에 다시 구체적으로 살펴보겠지만, 우월한 하나의 범주가 다른 범주들을 제거하는 현상은 그리 드문 것이 아니다. 비록 특정 상황에서 그러한 범주가 더 돋보이는 뿌리 깊은 문화적·역사적인 이유가 있을지라도, 동일한 패턴이 자동적 인지과정에서도 발견될 수 있다는 것은 흥미롭다.

## 범주 접근성: 개인적 요인들과 범주 선택

일시적인 상황 요소들이 주어진 자극에 가장 '적합'한 범주를 만드는 데 영향을 미친다면, 상황을 인식하는 사람들의 몇 가지 특성이 범주들을 처리하는 것을 쉽게 또는 어렵게 만들 수 있다. 다음의 세 가지 특성은 중요한 요인으로 알려져 있다. ① 범주화를 하는 사람의 현재 과업 또는 목적, ② 대상 인물에 대한 내집단-외집단 관계, ③ 개인적·사회적 요구나 이전에 특히 많이 사용한 빈도 때문에 나타나는 특정 범주에 대한 상시적인 접근성 정도다(Higgins, 1989).

범주를 선택함에 있어 과제 요구의 중요성은 오크스와 터너(Oakes & Turner, 1986)에 의해 증명되었다. 그들은 앞서 설명했던 테일러와 동료들(1978)이 사용했던 방법을 동일하게 적용하여 참가자들에게 특정 지시문들을 제시하는 것이 '단독' 자극과 관련된 특이성 속성보다 더 중요할 수 있다는 것을 확인하였다. 테일러와 동료들처럼 오크스와 터너는 녹음된 토론집단의 성별 구성을 다양하게 하였다. 참가자들의 절반에게는 토론집단 구성원 중 한 사람만을 표현해 줄 것을 요청하였고, 나머지 참가자들은 토론집단 전체에 집중해 줄 것을 요청하였다. 오크스와 터너는 전체 구성원에 집중하도록 요청한 경우에는 성별 범주가 가장 중요한 범주가 되었고, 한 사람에게 집중하도록 한 '단독' 상황에서는 그렇지 않을 것이라고 예측하였다. 왜냐하면 그것이 주어진 과제를 하기 위한 보다 적합한 범주화일 것이기 때문이다. 실제로 결과는 그들의 예상대로 나타났다. 남성이 동성인 남성을 평가할 때, '단독' 상황보다 '균형된' 상황에서 더 고정관념적인 평가를 하였다. 즉, 성별 범주는 주어진 과제에서 접근할 수 있는 더 용이한 것이었다(Biernat & Vescio, 1993 참조).

과제를 인지하는 사람들의 중요성을 보다 직접적으로 증명한 것은 스탠저(Stangor)와 동료들(1992)의 연구였다. 참가자에게 평상복과 정장을 입은 남성과 여성을 보여 준 후 성별 범주를 사용하여 회상하도록 하자, 그들은 오류를 보였다(왜냐하면 '성별 간' 오류보다는 '성별 내' 오류가 더 많았기 때문이다). 복장 형태(정장 대 평상복)는 성별 다음으로 사용된 범주였다. 동일한 절차가 '언론 대표'를 선발하기 위한 인사 선발 과제에 적용된 경우, 참가자들은 복장 형태 범주를 더 중요하게 사용하였다. 그럼에도 불구하고, 이같은 실험 지시문이 사람들의 범주 사용에 미치는 영향력은 한계가 있었다. 스탠저와 동료들(1992)에 의해 진행된 두 가지 실험에서 직접적인 지시문이나 간접적 수단들(점화 효과)로 참가자들의 범주 사용을 변화시키려고 했지만, 결국 가장 기능적인 범주는 평소 자주 학습되고 습관처럼 규칙적으로 접근이 가능했던 인종과 성별이었다. 이것에 대해서는 나중에 간단하게 다시 언급할 것이다.

범주화를 하는 사람들의 현재 목적의 영향을 펜드리와 마크레(Pendry & Macrae, 1996)도 연구하였다. 그들은 어휘를 결정하는 과제에서 나타나는 범주 활성화를 측정할 수 있는 반응 시간을 통해 현재 사람들의 목적이 미치는 영향을 검증하였다. 참가자들을 세 집단으로 구분하였고, 모든 참가자에게(통제집단을 제외하고) 여성이 사무실에서 일하는 모습을 담은 짧은 영상을 보여 주었다. 첫 번째 집단에 속한 참가자들에게는 영상을 본 후에는 영상 속 사람들의 인상을 바탕으로 그들을 세 집단으로 분류해야 한다는 이야기를 해 주고 영상의 모든 사람을 주의 깊게 살펴보도록 하였다. 이러한 사전 정보는 참가자들의 영상을 보는 목적을 최대화시켜 주기 위한 것이다. 또한 실험설계 단계에서 영상에 나타난 사람들이 단순히 '여성'이라기보다는 더 차별화된 범주, 즉 '직장 여성'의 범주화가 활성화되도록 실험을 설계하였다. 두 번째 집단에 속한 참가자들에게는 영상에 나오는 한 개인에게 집중하게 하고 이후 그 사람을 평가하도록 하였다. 그리고 마지막 세 번째 집단에 속한 참가자들에게는 영상의 기술적이고 질적인 측면에 초점을 맞추도록 하였다. 첫 번째 집단을 제외한 두 집단은 영상에 나오는 사람들의 인상을 형성하기 위한 명확한 목표가 제시되지 않았기 때문에 '여성'이라는 범주가 활성화될 것이라고 추정하였다. 실험 결과, '직장 여성'과 '여성'과 관련된 고정관념적인 단어들에 대한 참가자들의 반응 시간은 예상한 대로 나타났다. 즉, 첫 번째 집단에 속한 참가자들만 '직장 여성'과 관련된 단어에 주목하였고, 다른 두 집단에 속한 참가자들은 '여성'과 관련된 단어에 더 빠르게 반응하였다.

범주 사용에 영향을 미치는 두 번째 요소는 범주화하는 사람과 목표 대상 간의 잠재적인 집단 간 관계다. 여기에서의 쟁점은 어떤 범주가 잘 사용 되는가가 아니라, 목표 대상자가 어떤 범주에 속하는가다. 즉, 범주 대상이 범주화하는 사람의 범주 안과 밖 중 어디로 지정되는가의 문제다. 이것은 사회 범주화가 물리적 세계를 범주화하는 것과 상당히 다르다는 것을 알려 준다. 우리가 사회적 영역에서 범주화할 때는 자신이 범주화의 결과로 일어날 일들을 염두에 두기 때문에 과일이나 가구를 분류하는 방식과는 다르다. 레이엔즈와 와이즈비이트(Leyens & Yzerbyt, 1992)는 우리가 집단 소속감을 가지게 되면 우리와 같이 분류되는 내집단 사람에 대해서 특별히 주의 깊게 살펴보게 된다고 하였다. 그래서 우리는 외집단 사람을 내집단으로 받아들이는 심리적 위험을 감행하기보다 오히려 실제 내집단 사람을 외집단으로 잘못 분류하는 경향이 있다. 그들은 이것을 '내집단 과잉배제 효과(ingroup overexclusion effect)'라고 하였다. 이것은 프랑스어를 사용하는 벨기에 왈롱 지역 사람들을 대상으로 한 실험에서 확인되었다. 벨기에에서는 오래전부터 남부 지방의 왈롱인과 북부 지방의 플라망인 간에 역사적 갈등이 있었다. 연구자들은 참가자들(왈롱인)에게 특정 사람들의 신상 정보를 한 번에 하나씩(최대 10개까지 제시) 보여 주었고, 제공된 정보로 그 사람을 왈롱인이라고 분류할 수 있다고 생각되면 정보 제시를 멈추도록 말해 달라고 하였다. 정보는 긍정적·부정적인 내용이 조심스럽게 포함되었으며, 고정관념적으로 왈롱인임을 확증하는 정보도 있었고 그렇지 않은 정보도 포함되어 있었다. 실험 결과, 참가자들은 일관되게,

보여 준 사람을 왈롱인으로 분류하기 위해서 확증이나 더 많은 긍정 정보를 요구하였다. 만약 왈롱인을 확증하기 힘든 정보나 부정적인 문항이 명확히 제시되었을 때는 보여 준 사람을 플라망인이라고 분류하였고, 앞의 경우보다 더 빨리 이루어졌다. 이 현상은 언어를 범주로 사용한 다른 연구에서도 확인되었다(Yzerbyt et al., 1995).

지금까지 우리는 범주화의 접근성에 영향을 미칠 수 있는 몇 가지 일반적인 요소를 살펴보았다. 그러나 다른 사례들을 보면, 쉽게 접근 가능하고 이미 주어진 영구적이고 만성적인 범주가 존재한다. 특히 높은 편견 수준을 가진 사람들의 경우 거의 모든 상황을 자신이 선호하는 이미 소유한 범주들을 통해 해석할 것이다(Lepore & Brown, 2000). 수많은 자료는 이 주장을 뒷받침해 준다. 올포트와 크레머(Allport & Kramer, 1946)는 참가자들에게 본 실험 전에 반유대주의 척도를 측정한 다음 유대인과 비유대인의 사진들을 동일한 개수로 보여 주었다. 반유대주의 척도에서 높은 점수를 보인 참가자는 그렇지 않은(편견이 없는) 참가자보다 더 많이, 더 정확하게 유대인 사진을 식별하였다. 우리 관점에서 볼 때, 인종은 편견을 가진 사람이 상시적으로 접근이 아주 용이한 범주화라고 볼 수 있다. 연구 결과에서도 반유대주의 편견을 가진 사람은 그렇지 않은 사람보다 더 정확하고 아주 쉽게 인종을 사용하여 범주화하였다. 이러한 실험은 이후 수차례 반복되었는데, 항상 동일한 결과를 보여 준 것은 아니었다(Tajfel, 1969b). 그럼에도 연구를 통해 알 수 있는 한 가지 일관된 사실은 더 많은 편견을 가진 사람일수록 비록 자신의 판단이 잘못되는 한이 있더라도 사람들을 외집단으로 분류하려는 경향을 강하게 보였다는 것이다. 이 또한 내집단 과잉배제 효과의 증거라고 할 수 있다.

내집단 과잉배제 효과는 콴티(Quanty)와 동료들(1975)이 가장 정밀하게 보여 주었는데, 이들은 단일 신호 탐지 분석을 얼굴 인식 상황에 적용하는 연구를 진행하였다. 그들은 올포트와 크레머(1946)처럼 편견이 아주 높은 집단과 중간 정도인 사람들에게 유대인과 비유대인의 사진을 분류하도록 하였다. 이 연구의 흥미로운 부분은 일부 참가자에게 사진의 얼굴을 정확하게 분류할 경우 재정적인 보상을 주겠다고 약속했다는 점이다. 그리고 나머지 참가자들에게는 정확하게 분류하더라도 그러한 보상을 주지 않았다. 연구 결과, 이전 연구와 같이 높은 편견을 가진 참가자가 중간 정도의 편견을 가진 참가자보다 유대인의 사진을 더 잘 분류하였다. 재정적인 보상에 대한 영향은 높은 편견을 가진 참가자에게서는 나타나지 않았지만, 중간 정도의 편견을 가진 사람에게서는 나타났다. 즉, 높은 편견을 가진 사람에게 인종이라는 범주는 오랫동안 쉽게 접근했던 방식이기 때문에 다른 요인에 의한 영향을 받지 않았지만, 중간 정도의 편견을 가진 사람은 다른 요인(재정적인 보상과 같은 목표)에 의한 영향을 받을 수 있다는 것이다.

블라스코비치(Blascovich)와 동료들(1997)은 편견이 높은 사람이 인종 범주화에 특별히 주의를 집중한다는 또 다른 증거를 제시하였다. 편견의 정도가 다양한 참가자에게 흑인과 백인으로 명확하게 구분되는 사진과 피부 색깔이 모호하고 얼굴이 달걀형인 다소 모호한 사진들을 제시하였다. 그리고 참가자에게 각 사진들의 얼굴 색깔을 보고하는 단순한 과제를 주었다. 당연한 결과이지만, 참가자들은 색깔이 명확한 얼굴보다 모호한 얼굴을 구분하는 데 더 오랜 시간이 걸렸다. 다소 흥미로운 것은 두 유형의 얼굴을 구분하는 데 편견이 많은 사람과 그렇지 않은 사람들 간에 소요되는 시간의 차이다. 모호한 얼굴을 범주화할 때 편견을 많이 가지고 있는 참가자들의 시간이 좀 더 지연된 것이다(단, 달걀 모양의 얼굴 형태는 편견의 수준에 따라 큰 차이가 없었다). 하지만 어쩌면 그들에게 이 정도의 시간 지연은 일반적인 관심 수준으로 해석될 수 있다. 왜냐하면 블라스코비치와 동료들에 따르면, 편견이 높은 사람은 흑인과 백인을 구분할 때도 동일한 시간 지연 현상을 보였기 때문이다. 카스타노(Castano)와 동료들(2002)은 동일한 방법을 사용하여 북이탈리아인이 북이탈리아인과 남이탈리아인의 얼굴을 구분하는 것에 대한 연구를 하였다. 지금으로 제시된 얼굴은 컴퓨터 그래픽을 활용하여 만들어졌으며, '북쪽'과 '남쪽'의 전형적인 얼굴 특성을 반영하였다. 실험 결과, 전반적으로 참가자들(북이탈리아인)은 제시된 얼굴들을 북이탈리아인의 얼굴로 분류하는 것을 꺼렸다. 특히 북이탈리아인 정체성이 강한 참가자일수록 이와 같은 내집단 과잉배제 현상이 특별히 강하게 나타났다. 이 연구 사례에서, 내집단에 대한 강한 애착은 참가자들이 인식하고 있는 하나의 범주로서 북·남 구분을 특별히 더 강하게 만들었다.

인종뿐만 아니라 성별도 상시적으로 접근성 높은 범주가 될 수 있다. 스탠저(Stangor, 1988)는 본 실험에 앞서 사전 검사로 참가자들이 다른 사람을 표현할 때 성별을 사용하려는 일반적인 경향성을 측정하였다. 그리고 사전 검사에 참가했던 참가자들을 성별이라는 범주에 '만성적으로 접근할 수 있는' 사람들로 분류하였다. 이어진 과제는 남성과 여성의 다양한 행동을 보여 주고 기억하도록 하였다. 성별에 '만성적으로 접근할 수 있는' 참가자들은 그렇지 않은 참가자들과 비교하면 성별 간 구분보다 성별 내 구분에 더 많은 오류를 보였다. 즉, 성별 간의 구분은 명확히 잘하지만 각 성별 내 구분은 모호하다는 것이다. 이는 앞서 언급했던 스탠저와 동료들(1992)의 연구 결과와 동일한데, 인종적으로 편견을 가진 참가자들은 그렇지 않은 사람들보다 인종 내 구분에서 더 많은 실수를 하는 것과 같은 현상이다. 상시 접근성의 지수로서 성별 분류의 정도(다시 말해, 참가자가 성을 바탕으로 성별 유형을 재분류하는 정도)를 사용한 다른 연구에서도 이와 유사한 효과가 동일하게 발견되었다(Frable & Bem, 1985; Taylor & Falcone, 1982; Beauvois & Spence, 1987와 비교하여 참조).

정리하면, 특정 사회 범주를 떠올리게 되는 접근성은 우리의 인지 구조에 고정되어 있거나 변하지 않는 속성을 지닌 것은 아니다. 왜냐하면 그것은 우리의 당시 목적이 무엇인가에 따라 달라질 수 있고, 인식자와 목표 대상 사이의 집단 간 관계에도 영향을 받으며, 다양한 범주를 자주 사용하는지 또는 무시하는지의 개인적인 요소들의 영향을 받을 수도 있기 때문이다.

## 그들이 믿는 것은 집단인가, 아니면 다른 무엇인가: 편견의 기저로서의 범주화와 신념 유사성

이 절에서 다루고자 하는 마지막 쟁점은 편견의 기저로서 범주화의 중요성이 과장된 것인지 아니면 적당한 것인지에 대한 것이다. 앞서 제시한 많은 자료와 논의에도 불구하고, 단순히 누군가를 우리와 다른 집단으로 인식하는 것은 부정적인 집단 간 태도와 차별을 형성하는 요인들에 비해 그리 중요한 것은 아니다. 이 주장은 로키치(1960)에 의해 제기되었으며, 그는 다른 사람과 우리의 신념체계 간 유사성 또는 일치성(congruence)의 정도가 또 다른 중요한 요소라고 주장하였다. 페스팅거(Festinger, 1954)와 함께 로키치는 두 사람 간 의견이 유사할 경우 서로 간의 상호 매력을 느끼는데, 이는 자신의 의견이 타당하다는 것을 입증하는 것이기 때문이라고 하였다. 다른 한편으로 부동의는 비호감을 유발하는데, 나와 다른 의견은 자신의 신념체계를 위협하기 때문이라는 것이다(Brown, 2000a 참조). 로키치는 이 가설들을 바탕으로, 다양한 집단 편견은 집단 구성원들의 자격, 그것과 관련된 규범, 고정관념, 집단 간 관계와는 그렇게 큰 관련성이 없고, 원칙적으로 신념 불일치(belief incongruence)의 결과라고 보았다. 즉, 집단 편견은 다른 사람의 신념체계와 자신의 신념체계의 불일치에 대한 불안감과 관련된 것이라고 주장하였다. 그가 주장한 말을 직접 인용하면, "신념은 사회 차별의 결정요인으로서, 민족 또는 인종보다 더 중요한 요소다."(Rokeach, 1960, p. 135)

이를 검증하기 위하여 로키치와 동료들(1960)은 집단 소속감과 신념의 일치가 독립적으로 변화하는 실험 방법을 고안하였다. 그들은 참가자들에게 내집단 또는 외집단으로 추정되는 사람들과 유사하거나 다른 신념을 가진 것으로 추정되는 사람들에 대한 선호도를 평가하도록 하였다. 기본적으로 이 방법을 사용했던 많은 연구에서 '신념'은 태도를 결정하는 요인으로, 다른 범주들보다 훨씬 강하게 작용한다. 따라서 종종 백인에게서 다른 신념을 가진 백인보다 같은 신념을 가진 흑인

이 더 좋다고 주장하는 말을 들을 수 있을 것이다(Byrne & Wong, 1962; Hendrick et al., 1971; Rokeach & Mezei, 1966; Rokeach et al., 1960). 이러한 경향에 대한 예외는 더 강한 매력적인 요소(예, 가까운 친구를 가지고 싶은 마음)에 의해 설명된다. 사실 많은 연구에서 신념의 불일치보다 더 중요한 요소가 있음을 발견하였다(Insko et al., 1983; Stein et al., 1965; Triandis & Davis, 1965).

로키치 이론에 대한 실증연구에도 불구하고, 적어도 그가 초기에 주장했던 편견에 있어서 신념의 강한 효과는 여전히 몇 가지 의구심이 존재한다. 우선, 집단 간 편견 발생에 대한 그의 설명은 다소 교묘한 속임수가 있다는 것에 주의해야 한다. 로키치가 주장한 것처럼 우리가 누군가와 다른 신념을 가지고 있기 때문에 상대에 대한 편견을 가지거나 싫어하는 것이라면, 왜 우리는 (같은 신념을 가지고 있는 외집단 구성원들이 있을 수 있는데) 외집단 구성원 전체가 당연히 다른 신념을 가지고 있다고 생각하며 싫어하게 될까? 정말 외집단을 구분 짓는 사회 범주가 중요하지 않다면 어떤 사람에 대한 호감은 개별적 상호 간 유사성에 따라 결정되어야만 한다. 그러나 모든 사람이 같은 신념을 공유해야 한다는 전제된 이유는 없다. 그리고 여전히 우리가 이 책에서 이미 설명했던 많은 사례를 통해 명확하게 알 수 있듯이 편견은 범주에 따라 형성된다. 따라서 로키치의 이론이 이치에 부합하기 위해서는 추가적인 설명과 범주를 기반으로 한 '외집단 구성원들은 다른 신념을 가지고 있을 경향성이 높다.'와 같은 가정이 필요하다. 사실, 사람들의 인식을 보면 범주를 기반으로 한 설명이 더 정확하다는 것을 알게 된다. 그러나 우리가 주의해야 할 점은 그러한 인식이 우선적으로 내집단과 외집단에 대하여 느끼는 심리적 차이에 바탕을 두고 있다는 점이다(Allen & Wilder, 1979; Wilder, 1984a).

로키치 이론의 두 번째 문제점은 중요한 특정 상황을 제한하였다는 것이다. 처음부터 그는 신념 일치를 설명하는 상황 조건에서 법 또는 사회적 관습에 의해 편견이 제도화된 상황이나 편견 표현을 지지하는 사회적 지원이 있는 상황은 제외하고자 하였다. 그는 사람이 각자 가지고 있는 집단 소속감이 편견의 기저로 여겨지는 신념 일치의 효과를 없앨 수 있다는 것을 인정하였다(Rokeach, 1960, p. 164).

로키치의 이론을 유럽과 미국에 있는 이슬람인에 대한 수많은 악의가 가득찬 편견의 표현이나, 중동의 서로 다른 종교 간에, 인도의 다른 신분 간에 발생하는 표현에 적용하기는 어려워 보인다.

신념 일치 접근에 대한 세 번째 비판은 그것을 실증하기 위해 사용된 실험 방법론에 있다. 나는 다른 연구 자료에서 이에 대해 자세히 언급하였기 때문에(Brown & Turner, 1981), 여기에서는 단지 주요 내용만 간략하게 설명하고자 한다. 가장 중요한 핵심 내용은 인종과 신념을 연결한 연구에서 참가자들에게 적절한 집단 간 상황을 제공하지 않았다는 것이다. 통상적으로 참가자들은 갑 또는 을의 신념을 가진 다양한 사람을 (실제 또는 가상으로) 만나게 되고, 거의 자동적으로 그들이 나와 같은 집단인지 아닌지를 구별한다. 그 상황에서 대인관계 매력(예, 태도나 신념의 유사성)을 나타내는 요소 중 하나가 범주화의 주요한 결정 원인으로 작용하는 것은 전혀 이상한 일이 아니다. 만약 그 집단이 제시된 상황만큼이나 대인관계 유사성을 고려하는 경우에는 로키치의 이론으로 설명하기 어렵다.

이전 장에서도 언급했던 여러 최소 집단 상황을 적용한 빌리그와 타즈펠(1973)의 실험에서 나온 직접적인 사례를 살펴보자. 그들은 서로 다른 집단 형성 방법이 집단 간 차별에 어떤 효과를 미치는지 조사하였다. 첫 번째 집단은 참가자들에게 사전 검사에서 선호하는 그림이 같은 사람들로 집단을 구성하였다고 알려 주었다. 집단의 형성에 대한 어떠한 다른 언급도 없었기 때문에 이 집단은 '순수한' 유사성 상황으로 볼 수 있다. 두 번째 집단 형성에서는 첫 번째와 대조적으로 유사성에 대한 어떠

| 표 3-6 | 집단 간 차별* 원인으로서 범주화와 유사성

|  | 범주화 없음 | 범주화 |
|---|---|---|
| 유사성 없음 | −0.2 | +2.0** |
| 유사성 | +1.0 | +3.9** |

* 차별의 범위는 −12~+12점이며, + 점수는 내집단 편애주의를 나타냄.
** 는 해당 점수가 0보다 유의하게 큰 값을 나타냄.
출처: Billig & Tajfel (1973), 그림 4를 수정함.

한 언급도 없었다. 즉, 참가자 자신의 집단 배정은 단순히 동전 던지기를 통해 결정되었다고 알려 주었다. 이는 '순수한' 범주화 상황으로 볼 수 있다. 세 번째 집단은 앞선 두 방법을 혼합하여 범주화를 기본으로 하여 사전 선호도에 대한 유사성으로 배정하였다. 그리고 마지막 통제집단에서는 어떠한 유사성이나 범주화가 없었다.

처음 두 가지 집단 형성 상황은 중요한 요소를 내포하고 있다. 만약 로키치의 주장이 맞다면, 첫 번째 상황에서는 차별이 발생할 수 있지만, 두 번째 상황에서는 차별이 발생하지 않아야 한다. 그러나 만약 범주화가 유사성과 상관없이 독립적으로 영향을 준다면, 첫 번째보다 오히려 두 번째 상황에서 차별이 더 강하게 나타날 수 있다. 〈표 3-6〉을 보면 후자의 설명과 같이 범주화가 제시된 두 번째 상황에서 보상 할당의 내집단 편애주의가 나타나는 것을 확인할 수 있다. 비록 유사성 효과도 통계적으로는 유의하였지만, 범주화의 효과보다는 훨씬 약하였다. 최소 집단 상황을 이용한 다른 연구들도 신념 일치성 주장과 다른 결과를 보여 준다(Allen & Wilder, 1975; Diehl, 1988). 따라서 로키치(1960) 이론은 기본적으로 편견을 설명하기에는 좋은 이론이라고 볼 수 없다.

내가 제1장에서 주장한 바와 같이, 심리적으로 어느 집단에 소속되어 있는가가 중요한 상황에서는 그 상황이 편견을 가진 학생들에게 가장 중요한 관심 사항이 된다. 신념의 불일치가 범주의 차이보다 더 강한 잠재적 영향력이 있다는 생각은 지지될 수 없다. 그럼에도 로키치 이론 중 실증연구 결과들의 지지를 받는 부분도 있다. 즉, 내집단과 외집단으로 분류된 사람들은 자기 자신에게 주어진 상황을 있는 그대로 받아들이기 때문에 집단 간 유사성에도 차이가 발생한다(Brown, 1984b). 사람은 일반적으로 신념 불일치 외집단(아주 다른 것을 신뢰하고 있는 것처럼 보이는 외집단)보다 유사성 높은 외집단(내집단의 주된 사람들의 태도와 유사한 태도를 가진 외집단)에 더 약한 편견을 보일까? 이 질문에 대한 대답은 '그렇다'다. 그러나 이것을 이해하기 위해서는 사람들의 사회적 정체성을 위한 집단 소속의 영향을 생각해 보아야 한다. 제6장까지는 주로 이것을 다루기 때문에 로키치 이론에 대한 대안들을 더 많이 논의할 것이다.

## 요약

1. 세상을 범주화하려는 사람들의 욕구와 능력은 인간 인식의 바탕이 된다. 이러한 욕구는 인간 들이 다루는 거대한 정보의 양과 복잡성 때문에 발생하고, 이 모든 것이 물질세계에 속한 사 회에도 적용된다. 모든 것을 단순화하는 범주화의 기능과 관련하여 수많은 편향이 있는데, 이 것들은 편견을 이해하고 또한 편견을 줄이기 위한 방법에 중요한 시사점을 제공한다.

2. 범주화를 통해 범주 간 차이는 더 증가시키고(차별), 범주 내 차이는 더 감소시키는(동화) 결 과가 나타난다. 차별과 동화의 과정은 집단 간 인식, 태도, 행동의 차별에 영향을 주는 것으로 알려졌다. 이러한 과정 중 일부는 무의식적으로 작용될지도 모른다.

3. 둘 이상의 범주가 동시에 작동할 때, 범주 중 일부의 범주(개별적으로 받아들여진)는 편향이 줄어드는 효과가 있을 것이다. 이것은 실험실 상황에서 잘 검증되었다. 실제 상황에서도 다른 것들보다 종종 우세하게 작동하는 범주가 있을 것이다.

4. 주어진 범주가 작동하게 되면, 내집단 구성원들의 차이점은 감소한다. 그렇다고 외집단 구성 원들의 차이점을 증가시키는 것은 아니다. 오히려 외집단 구성원들은 더 동질성을 가진 것으 로 본다. 반면, 어떤 집단 간 상황에서는, 특히 소수자 또는 집단의 정체성에 가치를 두고 있는 사람이 있는 상황에서는 이와 반대되는 결과가 나타나기도 한다.

5. 주어진 상황에서 특이한 범주를 채택하는 것은 대상에 대한 인지적인 접근성의 용이성, 범주 체계와 실제 차이점 간의 적합성, 상황에서 사람들 간 유사성의 정도에 따라 결정된다. 접근 성과 적합성에 영향을 주는 요소들은 사람들의 욕구, 목적, 습관적인 특성 또는 가시성, 근접 성, 상호의존성의 특성이 포함된다.

6. 몇몇 연구자는 신념의 인식 차이가 범주의 차이보다 편견에 더 중요한 기저라고 주장하였다. 그러나 이러한 주장은 단지 집단 소속이 심리적으로 두드러지지 않은 상황에서만 적용된다. 그리고 범주의 차이가 신념의 차이보다 훨씬 중요하다는 증거들이 있다.

## 주석

1. 이 절차는 집단 내에 사람들을 배정할 때 사용되어 온 다양한 방법 중 하나다. 다른 절차에서 는 음악적인 선호도(Brown & Deschamps, 1981), 모스 부호의 점 측정 과제(Tajfel et al., 1971), 그리고 동전 던지기(Billig & Tajfel, 1973)와 같은 방법도 사용된다.

2. 브뤼스(Bourhis)와 동료들(1994)은 점수표에 점수를 부여하는 방법과 점수표가 생성되는 다 양한 방법을 설명하였다.

3. '영어 사용자'와 '불어 사용자'라는 용어는 각 사람이 더 선호하는 언어가 영어와 불어라는 것이다.

4. 물론 북아일랜드에서 수업을 하였다면, 같은 이분법적인 방법이 훨씬 더 효과가 있을 것이다.

5. 지나가는 행인들이 자신이 관찰되고 있다는 것을 알게 해 준 실험에서 이 차이점은 감소되었다. 새로움이 가지고 있는 눈길을 끄는 특성은 사회적 바람직성 요소들에 의해 쉽게 중화될 수 있음이 분명하다.

6. '부중심와적으로'의 의미는 사람의 시야 중심에서 벗어난 것을 말한다. 부지불식간에 영향을 미친다는 것은 사람의 눈동자가 중심 고정점에서 자극으로 이동하는 데 대략 1/1,000초 정도 소요되고, 눈동자가 자극에 도착할 때쯤 자극은 사라지기 때문이다. 사람들에게 이와 같은 방법으로 자극을 제시하면, 사람들은 대체로 그 자체가 무의미한 문자열이라는 것 외에는 무엇을 보았다는 보고를 할 수 없다.

## 더 읽을거리

Crisp, R. J, Ensari, N., Hewstone, M., & Miller, N. (2002). A dual-route model of crossed categorization effects. *European Review of Social Psychology, 13*, 35-74.

Diehl, M. (1990). The minimal group paradigm: Theoretical explanations and empirical findings. *European Review of Social Psychology, 1*, 263-292.

Oakes, P. (2001). The root of all evil in intergroup relations? Unearthing the categorisation process. In R. Brown, & S. Gaertner (eds.), *The Blackwell Handbook of Social Psychology: Intergroup Processes* (pp. 3-21). Oxford: Blackwell.

Tajfel, H. (1981a). *Human Groups and Social Categories*, chs 4-6. Cambridge: Cambridge University Press.

Voci, A. (2000). Perceived group variability and the salience of personal and social identity. *European Review of Social Psychology, 11*, 177-221.

Wilder, D. (1986). Social categorization: Implications for creation and reduction of intergroup bias. *Advances in Experimental Social Psychology, 19*, 291-355. New York: Academic Press.

Chapter **04**

# 고정관념과 편견

제3장에서 보았던 같은 범주에 있는 사람들의 경우 그 차이가 잘 나타나지 않는 것을 이해하려면 편견 연구의 핵심 현상인 고정관념(stereotypes)에 대해 이해해야 한다. 누군가에 대하여 고정관념을 가진다는 것(stereotyping)은 그 사람이 속한 집단 구성원 모두 또는 대부분이 공유하고 있는 몇 가지 특성만으로 그 사람을 평가하는 것을 의미한다. 달리 말해서, 고정관념은 어떤 사람을 특정 범주에 지정함으로써 갖게 되는 하나의 추론이다. 고정관념이라는 말은 일상에서뿐 아니라 과학적으로도 많이 사용되고 있음에도 불구하고 그 단어의 기원은 모호하다. 실제로 고정관념은 형태나 그림을 종이에 찍어 내기 위해 만든 금형(mould)을 사용하는 프린팅 과정에서 유래되었다. 정치언론인인 리프만(Lippman)은 일반 사람이 다른 사람 또는 사건에 대한 자신만의 이미지를 재생산하기 위하여 인지적 금형들(cognitive moulds)을 사용하는 방법을 표현하기에 적절한 용어를 처음으로 발견하였다. 그는 이것을 '머릿속의 그림들(pictures in our heads)'이라고 정의하였

다(Lippman, 1922, p. 4).

고정관념에 대한 논의에서 항상 거론되는 질문은 다음의 세 가지다. 첫째, 고정
관념이 어디에서 발생하는가? 둘째, 어떻게 작용하고 그 효과는 무엇인가? 셋째,
어떻게 변화될 수 있는가? 따라서 이 장에서는 이 세 가지 질문을 다루고자 한다.
우리는 고정관념 과정 가운데 편견과 관련된 함의에 관심이 있기 때문에, 비호의
적인 집단 고정관념들에 초점을 맞출 것이다. 그렇다고 비호의적인 것이 결코 집
단 고정관념의 보편적인 특성은 아니다. 고정관념의 기초가 되는 범주들 자체가
긍정적 또는 부정적인 것이 아니기 때문에 고정관념 역시 긍정적, 부정적, 또는
중립적일 수 있다.

## 고정관념의 기원

1992년, 마스트리흐트 조약(Maastricht Treaty)[1]과 유럽 공동체의 미래에 대한 논
쟁이 절정인 시기에, 학생들이 독일 신문에서 발췌한 카툰을 나에게 보여 주었다.
제목은 독일어로 '완벽한 유럽인은……'이라고 쓰여 있었고, 원 모양으로 놓인
12개의 별 둘레에(유럽 공동체의 로고) 12개의 각 국가들의 이미지가 있었다. 이미
지들은 잘 알려져 있는 각 국가들의 고정관념이 유머러스하게 표현된 것이었다.
즉, 영국인은 요리사로, 이탈리아인은 자기통제를 잘하는 사람으로, 독일인은 유
머감각이 풍부한 사람 등으로 표현되었다(*Lippische Landeszeitung*, 1992. 10. 28.).
며칠 후 또 다른 신문사는 6개 유럽 국가들을 대상으로 한 설문조사 결과를 게재

---

1) 역자 주 – 정식 명칭은 유럽연합조약(Treaty on European Union)이다. 1992년 2월 7일에 마스트리
흐트(네덜란드)에서 서명, 1993년 11월 1일에 발효되었다. 유럽공동체(EC)에 가입한 12개국(벨기에,
덴마크, 독일, 그리스, 스페인, 프랑스, 아일랜드, 룩셈부르크, 이탈리아, 네덜란드, 포르투갈, 영국)
이 새롭게 유럽연합(EU)을 설립하기 위해 1991년 12월의 유럽이사회(EC 정상회의)에서 합의를 본
것에 기초하여 1992년 2월에 구성국 정부의 조인을 얻어 1993년 11월에 정식으로 발효한 조약이다.

하였다. 이 결과를 보면 응답자들은 독일인에 대해 '열심히 일하는' '공격적인' '야심 있는' '성공한' '거만한' 사람들이라는 표현에는 평균 이상의 점수, '유머 감각이 있는' '신뢰할 수 없는'과 같은 특성은 평균에 못 미치는 점수로 평가하였다. 반면 영국인에 대해서는 '지루한' '거만한', 그렇지만 '유머감각이 있는' 것으로, 그리고 '야심이 있는' '열심히 일하는'과 같은 특성과는 관계가 없는 것으로 평가했다. 이탈리아인은 '신뢰할 수 없는' 특성으로 인식되었는데, '멋짐' '유머'의 특성은 있는 것으로 나와 그나마 위안이 되었을 것이다(*The European*, 1992. 11. 12~15.). 이 설문 결과들에 나타난 이미지들은 20세기 후반 유럽인들에 대한 몇 가지 '머릿속의 그림들'이다. 그렇다면 이런 이미지가 어디에서 왔을까?

## 사회문화적 기원

고정관념의 기원에 대한 가장 단순한 대답은 그것들이 우리가 태어나고 자란 문화 속에 뿌리박혀 있다는 것과 일반적인 모든 사회문화적(socio-cultual) 수단들을 통해(예, 가족과 학교에서의 사회화를 통해, 책이나 텔레비전, 신문에 있는 이미지에 반복적으로 노출됨으로써 새롭게 만들어진 이미지를 통해) 전달되고 재생산된다는 것이다. 올포트(1954)는 이러한 것들이 편파적인 고정관념들의 근본적인 원인이라고 보았다. 그리고 그의 대표적인 책 제4장에서 사회적 사회화와 편견(고정관념)의 영속성에 대해 집중적으로 다루었다. 나는 다음 장에서 사회적 사회화가 고정관념의 영속성에 미치는 몇 가지 영향에 대해서 살펴보고, 이번 장에서는 고정관념의 기원으로서 사회문화적 관점에 가장 강력한 증거가 되는 고정관념의 지속성(영속성)에 대해서 살펴보고자 한다. 고정관념의 영속성은 인종과 국가의 고정관념에 대한 처초이 연구(Katz & Braly, 1933) 이후 몇몇 후속 연구를 통해 확인되었다. 카츠와 브레일리(Katz & Braly)의 방법은 매우 단순하다. 그들은 프린스턴 대학교의 학생들에게 10개의 집단에 대하여 전형적인 특성이라고 생각되는 형용사들이 적힌 목록을 주고, 각 집단에 해당되는 것을 고르도록 하였다. 학생들 중

25% 이상이 선택한 특성은 집단마다 3~4개가 있었고, 선택된 특성들 간에는 주목할 만한 공통점이 있었다. 예를 들어, 학생들 중 78%와 65%의 응답자들은 각각 독일인을 '과학적인 사고를 가진'과 '부지런한'으로 평가하였고, 흑인에 대해서는 84%와 75%가 '미신에 사로잡힌'과 '게으른'으로 평가하였다. 그리고 약 20년 후와 40년 후의 프린스턴 대학교의 학생들을 대상으로 동일한 절차로 연구한 결과(Karlins et al., 1969; Gilbert, 1951; Madon et al., 2001a), 각 국가에 대한 고정관념이 변화하기도 하였지만 동시에 변하지 않고 안정적이기도 하였다. 확실히 변화된 것은 부정적인 고정관념이 감소하였다는 것이다. 예를 들어, 흑인을 '미신에 사로잡힌'과 '게으른'으로 평가한 비율은 1967년에는 13%와 26%로 줄어들었다. 또한 몇몇 고정관념의 내용과 복잡성에 있어서도 변화가 있었다. 이전의 몇 가지 중요한 특성은 다른 것에 의해 대체되고, 더 많은 특성이 다른 집단의 고정관념에 포함되기도 하였다. 그러나 이러한 변화에도 불구하고, 동일한 특성들이 지속적으로 많이 나타났다는 점은 주목할 만하다. 예를 들어, '과학적인·부지런한'과 같은 독일에 대한 고정관념은 1967년에도 매우 강하게 나타났다(각각 47%, 59%의 응답자들이 그러한 고정관념의 특성을 지지하였다). 이 장의 앞부분의 설문조사 자료에서도 언급하였지만, 1992년의 유럽인 역시 독일인의 전형적인 특징을 '열심히 일하는'이라고 생각하였다.

　많은 세대에 걸쳐 나타나는 고정관념의 영속성은 사회문화적 전달의 과정 때문에 발생하는 것으로 볼 수 있다. 그렇다면 길버트(Gilbert, 1951), 그리고 칼린스(Karlins)와 동료들(1969)이 보고했던 변화는 무엇일까? 이 장의 후반부와 제6장에서 언급하겠지만, 고정관념이 다른 집단 간 상황이나 확증적이지 않은 정보에 따라 변화할 것이라고 기대하는 합리적인 이유들이 있다. 그러나 프린스턴 연구를 통해서 확인된 변화의 원인은 단순히 수년 동안 미국 사회의 규범적인 분위기가 변화되었다는 것이다. 전쟁 이전에 공공연하게 사회적으로 허용되었던 표현들(예, '흑인은 게으르다.'와 같은 믿음)이 전쟁 이후 20년 동안에는 점차 허용되지 않게 되었고, 이러한 현상은 인종차별 법안이나 인종차별 폐지의 사회정책에도 반영되었다. 실제로, 길버트 그리고 칼린스와 동료들은 응답자들이 한 집단에 특성들을 싸잡아 표현하는 것을 꺼린다는 것을 발견하였다. 따라서 우리는 비교적 단순한 방법으로 집단 고정관념의 변화가 나타나는 경우, 그 변화가 실제로 발생하였다기보다 사회적 바람직성 때문에 변화가 나타난 것처럼 보일 수 있는 가능성을 염두에 두어야 한다. 이 점에 대해서는 제7장에서 다시 살펴볼 것이다.

## 일말의 진실이라도 존재하는가

고정관념의 기원에 대한 또 다른 설명은, 다소 미약하기는 하지만, 사회 현실적인 측면이다. 이것이 외집단에 대한 특정 고정관념이 그 집단의 실제 특성을 정확하게 설명하고 있다는 의미는 아니다. 여기에는 우리가 정확하게 짚어 보아야 할 상황적인 요소들이 있다. 문화적으로 특이한 어떤 집단의 행동 패턴들 또는 그러한 행동 패턴들이 발견되는 특이한 사회경제적 상황들은 특정 고정관념 인식이 잘 번성할 기본 토양을 제공할 수 있다는 것이다. 이것을 고정관념 기원의 '일말의 진실(grain of truth)' 이론이라고 한다(Allport, 1954; Brewer & Campbell, 1976).

이 이론으로 고정관념을 어떻게 설명할 수 있을까? 어떤 인종집단이 태어날 때부터 그 사회에서 경제적으로 불이익을 받는 위치에 있다고 가정해 보자. 그 집단은 저소득층, 높은 실업률, 인구가 밀집된 가난한 주거 공간, 낮은 교육 성취도의 특성을 가지고 있고, 다른 지표들에서도 거의 유사한 특성들을 가지고 있다. 이러한 가시적이고 객관적인 특성들로 인하여 그 집단에 대해서 '가난한' '게으른' 그리고 '어리석은'과 같은 인식은 쉽게 형성된다. 앞서 제3장에서 범주화와 관련된 인지적 구별 효과의 지식을 적용시켜 본다면, 이 특성들은 더욱더 과장될 것이고, 결국에는 편견을 구성하는 완전한 고정관념으로 변화할 것이다. 브루어와 캠벨(1976)은 동아프리카의 30개 인종 집단들을 대상으로 인종학(ethnographic) 연구를 하여 사회경제적 상황 요소가 고정관념을 형성하는 기원이라는 몇 가지 증거를 제시하였다. 경제적으로 더 발전한 케냐의 키쿠유족은 다른 인종집단에 의해 일관되게 '지적인' '진보적인' 또는 다소 직설적으로 '강하게 밀어붙이는' '자존심이 강한'으로 표현되었다.

사회심리학자들은 고정관념이 사실인지 아닌지에 대한 관심보다는 고정관념의 유의성(valence),[2] 작동(operation), 그리고 변화(mutability)에 더 많은 관심이 있었다. 왜냐하면 고정관념적 사고를 하게 되는 이유가 그 대상이 누구이든지 간에 (고정관념을 가진 사람이든, 받는 사람이든, 또는 그 둘 사이의 관계에 관한 것이든 간에), 고정관념 내용의 정확성보다는 그 집단에 대한 정신적 표상(긍정/부정)을 어떻게 인식하는지에 달려 있으며, 또한 그것이 사회적 판단과 행동에 얼마나 영향을 미치는지에 달려 있기 때문이다. 그러나 여전히 많은 연구자들은 고정관념의 정확성에 대한 의문을 가지고 있다(Judd & Park, 1993; Jussim, 2005; Ryan, 2002). 정확성을 조사하기 위해서는 먼저 고정관념과 비교될 수 있는 몇 가지 객관적인 기준이 있어야 한다. 그러나 제1장에서도 언급한 것과 같이 보편적인 고정관념이 너무 많기 때문에 그러한 기준들을 만들기란 거의 불가능해 보인다.

심리학에는 아직 유럽 국가들에 대한 고정관념으로 언급되었던 '유머감각' '신뢰성' 또는 '멋'과 같은 개념을 측정할 수 있는 좋은 측정도구들이 없다. 하지만 사회경제적인 자료들(재산, 교육성취도 등)의 경우나 특별하게 설계된 실험실 연구의 경우에는 그러한 기준들이 존재할 수 있다. 예를 들면, 고정관념이 정확한지의 여부는 집단을 대표할 수 있는 수치(예, 집단의 평균 수입 수준)과 집단 내 분산(예, 부자와 빈자 간의 격차) 등을 판단하여 확인한다(Judd & Park, 1993). 매우 흥미롭게도, 제3장에서 논의되었던 고정관념 현상 중 서로 다른 크기와 지위를 가진 집단들은 집단 동질성을 인식함에 있어서도 상대적으로 차이를 보이는데, 그 원인을 현실에서 찾아야 할지도 모른다.

---

2) 역자 주 – 유의성(誘義性)은 레빈(Lewin)이 처음으로 사용한 개념으로 유인성, 유발성이라고도 한다. 심리적 환경에서는 개체의 요구에 응해 그 요구 목표가 되는 사물에 끌려가거나 반발하는 성질을 말한다. 예를 들면, 어떤 고정관념이 있으면 다른 집단을 그 고정관념에 따라 판단하게 되고 그에 따라 행동하게 된다는 것이다.

귀노트(Guinote)와 동료들(2002)은 인위적으로 실험실에서 높고 낮은 권력집단을 만들고, 동질성에 대한 집단 간 인식과 두 집단의 실제적인 행동을 비교하였다. 실험 결과, 높은 권력집단에 속한 사람들이 덜 동질적으로 보였고, 실제 행동은 더 다양했다. 이 실험의 결과는 우리의 실제 생활에서도 볼 수 있다. 왜냐하면 권력을 더 많이 가진 집단 구성원들은 자율성이 더 높고(사회적 규범에 제재를 덜 받는다), 다른 사람들에게 획일성을 강요할 수 있는 수단을 가졌기 때문이다(통상 그들은 다른 사람들의 순종과 일탈에 대한 보상과 제재의 수단을 가지고 있다).

지금까지 많은 논의가 있었지만, 고정관념이 '객관적으로' 정확한지에 대한 논의는 편견을 연구하는 사람들에게 그다지 주목할 만한 관심 주제는 아니다. 설사 'X' 집단의 학생들이 'Y' 집단의 학생들보다 공부를 잘 못한다는 고정관념이 정확한 것이라고 밝혀지더라도, 사회적으로 그리고 심리학적으로 더 중요한 관심사는 그러한 집단 차이가 발생한 원인이 무엇인가다. 즉, 'X'가 근본적으로 어리석기 때문인가, 아니면 그러한 차이를 만들어 내는 상황적인 요소가 있는 것인가에 대한 논의가 더 중요하다. 다른 이유뿐만 아니라 이러한 이유로 많은 사회심리학자들은 고정관념의 정확성에 계속해서 과도하게 집착하는 것에 대해 비판적이다(Fiske, 1998; Oakes & Reynolds, 1997; Stangor, 1995).

'일말의 진실' 이론을 변형시킨 또 다른 이론은 사회적으로 미리 정해 놓은 특정 역할을 어떤 집단들에게 과도하게 부여하여 설정해 놓았기 때문에 고정관념이 생성된다고 설명한다. 이글리와 스테펜(Eagly & Steffen, 1984)은 몇몇 성별 고정관념은 타고난 여성 그 자체의 특성보다는 '주부' '돌보는 사람'과 같이 전통적인 여성의 역할 수행의 요구에서 발생한 것이라고 주장하였다. 그들은 이 주장을 검증하기 위하여, 여성이 직장을 가진 사람으로 표현될 때 고정관념에 어떤 변화가 생기는지를 살펴보았다. 결과는 남성보다 더 '친절한' '따뜻한' '이해를 잘하는' (반면, '적극적인' '자기 확신에 찬' '경쟁적인' 부분은 남성보다 덜한)과 같은 여성에 대한 기존의 고정관념이 제거되거나 반대로 나타났다. 이와 유사하게, 남성이 '주부' 역할을 하는 사람으로 표현될 때, 이들은 대인관계에서 여성만큼 '민감한'

특성을 보일 것으로 여겨졌다. 동일한 연구에서, 이글리와 스테펜(1984)은 여성이 직장에서 부하직원일 경우 공공연하게 남성보다 더 고분고분한 사람으로 인식된다는 것도 확인하였다. 반대로 여성이 관리자일 경우 그녀들은 남성 관리자들만큼이나 독립적인 사람으로 인식되었다. 따라서 남성과 여성에 대한 고정관념은 그들의 전형적인 사회적 역할에 의해 발생한다고 할 수 있다. 이러한 역할의 전형성에 대한 설명이 논리적인 것은 사실이다. 하지만 산업화가 잘 이루어진 국가에서는 자녀를 돌보는 일이나 집안일에 대한 책임을 여성이 더 많이 지고 있고, 직장에서 일하더라도 여성은 남성으로부터 명령을 받게 되는 비서, 간호사 등과 같은 일을 할 가능성이 더 높다는 점도 역시 주목해야 한다.

## 이데올로기로서의 고정관념

고정관념의 세 번째 기원은 어떤 특정 집단이 다른 집단보다 더 많은 재산과 권력 그리고 특권을 소유한 특별한 지위를 차지하는 데서 비롯된다고 제안한다. 이는 고정관념이 현재의 상황을 정당화하는 이데올로기적인 기능을 한다는 것과 관련된다. 궁핍한 소수집단을 '게으른' 또는 '어리석은'으로 묘사함으로써 소수집단의 권리를 박탈하고 동시에 지배집단의 특권적인 지위를 인정해 주게 되어 그 사회 시스템을 합리화한다는 것이다(Devine & Sherman, 1992).

고정관념의 정당화 기능은 호프만과 허스트(Hoffman & Hurst, 1990)에 의해 검증되었다. 이글리와 스테펜(1984)의 사회역할 가설에서 영감을 얻은 호프만과 허스트는 참가자들에게 가상세계를 제시하였다. 이 가상세계에는 2개의 집단이 있는데, 하나는 오린트인들(Orinthians)이 사는 집단이고 또 하나는 아크미아인들(Ackmians)이 사는 집단이다. 호프만과 허스트는 참가자들에게 두 집단에 속한 각 15명의 구성원들에 대한 특성을 설명해 주었다. 그 설명에는 각 사람의 소속 집단과 함께 세 가지 성격특성을 포함하였고, 도시에서 일하는지 또는 아이를 양육하는 사람인지에 대한 정보를 제공하였다. 여기서 사회적 역할의 집단 간 차이를 두었는데, 오린트인들은 대부분 도시 근로자로 표현되었고, 아크미아인들은 자녀를 양육하는 사람으로 표현되었다(또는 반대의 경우에도 균형을 맞추어 역할을 설정하였다). 그러나 성격특성은 두 집단 사람들의 성격이 거의 동일하도록 무작위로 부여하였다. 설명문을 모두 읽은 참가자들은 30명에 대하여 개체적(agentic)인 특성과 관련된 남성적인 특성 여섯 가지(예, 공격적인, 경쟁적인)와 집합적(communal)인 특성과 관련된 여성적인 특성 여섯 가지(예, 감정적, 온화한)에 대하여 평가하였다. 이 본격적인 실험에 앞서 참가자들 중 절반에게는 왜 오린트인과 아크미아인이 그러한 사회적 역할을 맡게 되었을지에 대한 원인을 생각해 보도록 하였다. 실험 결과, 참가자들은 15명씩 동일하게 분류된 성격특성에 상관없이, 각 설명문에 제시됐던 사회적 역할과 두 집단의 특성에 따라 평가하려는 경향성을 보였다. 즉, 근로자 집단인 오린트인들에 대해서는 '공격적인, 경쟁적인'과 같은 개체적 특성으로, 자녀를 양육하는 아크미아인들에 대해서는 '감정적, 온화한'과 같은 집합적 특성으로 평가하였다. 또한 예상대로, 사전에 사회적 역할 차이의 원인을 생각하도록 했던 참가자들에게서 이러한 평가 특성이 더 강하게 나타났다. 두 집단이 사회에서 다른 역할을 가지게 된 이유를 생각해 보도록 요구받은 참가자들이 그렇지 않은 참가자들보다 더 큰 고정관념 경향성을 보인 이 결과는 고정관념이 현재 우리가 보는 현상을 정당화한다는 생각과 일치한다.

　알렉산더(Alexander)와 동료들(1999)은 그들의 연구를 통해 고정관념이 집단 간 관계에서 비롯되고, 집단 간 관계를 정당화하는 역할을 하고 있다는 생각을 지지하는 결과를 보여 주었다. 그들은 각 국가들에 대한 고정관념이 국가 간 정치적 상호관계를 반영하고 있다는 정치학의 관점에서 아이디어를 도출하여 4개의 외집단 이미지들('적' '동맹' '의존' '무자비한 미개')이 있을 수 있다고 생각하였다. 각 이미지의 구체적인 내용은 상황별로 다르지만, 전반적으로 4가지 각각의 이미지 이름은 암시된 내용을 포함하였다. '적'은 일반적으로 적대적이고 신뢰할 수 없고, '동맹'은 평화롭고 신뢰할 만하며, '의존'은 어린애 같이 무능한 면이 있으며, 마지막으로 '무자비한 미개'는 말 그대로 비이성적이고 무자비한 이미지다. 이러한 관점에 따라 네 가지의 고정관념 이미지는 외집단과 차별화된 내집단의 입장을 유지(또는 강화)하는 역할을 하게 되는 것이다. 만약 내집단이 다른 집단을 식민지로 만들 경우(예, 영국이 18, 19세기에 경쟁적으로 했던 것처럼), 식민지 사람들을 약하고 의존적인 사람들로 치부함으로써 그들을 더욱 통제하고 그들의 모든 자원을 더 많이 빼앗는 것을 정당화하게 되는데, 이는 내집단의 이익에 부합하는 것이다. 알렉산더와 동료들은 참가자들에게 다양한 집단 간 시나리오를 제시함으로써 이러한 접근 방식이 일반화될 수 있다는 것을 보여 주려고 하였다. 집단 간 시나리오에는 참가자들의 대학 또는 인근에 있는 대학을 포함하였다. 먼저 대학 간의 관계를 경쟁적인 상황(동일한 지위를 가지고 있고 학생들과 자원을 두고 서로 경쟁), 협력적인 상황(동등한 지위를 가지고 있으며 다양한 자원을 확보하기 위해 서로 협조함), 의존적인 상황(외집단이 내집단보다 힘이 약하고 내집단에 의지함), 그리고 명백하게 적대적인 상황(외집단이 더 힘이 강하고 내집단에게 위협적인 존재임)으로 묘사하였다. 시나리오를 읽고 난 대학생들(참가자)은 설문조사(네 가지 외집단의 이미지들이 서술된)를 통해 인근 대학에 대한 인상을 평가하였다. 예상대로 인근 대학에 대한 인상은 자신에게 제시된 시나리오상의 집단 간 관계와 밀접한 관련성이 있었다('무자비한 미개' 인상의 경우 시나리오상의 집단 간 관계와 관련성이 없었으며, 명백하게 적대적 상황에 있었던 대학생들의 경우 인근 대학에 대하여 항상 '무자비한 미개'의 인상을 가지는 것은 아니었지만). 이 연구 결과는 고정관념이 개별적으로 발생하는 것이 아니라 집단 간 사회적 관계망을 바탕으로 발생하고, 심지어 우리의 인지체계를 구성한다고 알려 준다(Tajfel, 1981b), 오크스와 동료들(1994)도 이를 강력하게 주장하였는데, 이는 제6장에서 다시 구체적으로 살펴볼 것이다.

　적어도 우리의 고정관념의 일부인 집단 간 차이가 실제와 거리가 멀다는 것은 그리 충격적인 사실이 아니다. 이전 장에서부터 계속 되풀이되어 온 주제이기도 하지만, 인간의 두뇌는 직면하고 있는 광범위하고 복잡한 사회 정보를 단순화하고 논리적으로 이해하는 데 숙련되어 있다. 그래서 우리의 추론이 실제와 완전히 다르기는 어렵다. 그럼에도 불구하고, 인간의 두뇌는 완전한 시스템이 아니며, 추론 과정에서 편향과 왜곡이 발생하기도 한다. 다음 절에서는 이에 대해 좀 더 구체적으로 다룰 것이다. 특히 고정관념의 네 가지 기원에 초점을 맞추기 때문에 우리의 주된 관심은 앞서 말한 인지적인 편향이 될 것이다.

## 당신이 기억하는 것이 당신이 본 것은 아니다: 착각적 상관으로서의 고정관념

편향은 통계적으로 일어나기 힘든 사건이나 특성에 대해 독특하게 예민해지는 것을 말한다. 상식 이하의 사건이나 아주 드물게 발생하는 일은 더 우리의 주의를 끌고, 일반적으로 나타나는 현상보다는 더 쉽게 기억될지 모른다. 잘 발생하지 않는 사건은 심리적으로 더 독특하게 느끼게 되고, 이것이 고정관념을 일으키게 된다는 사실은 해밀턴과 지포드(Hamilton & Gifford, 1976)에 의해 처음으로 발견되었다. 한 쌍으로 묶여 있는 두 단어의 희귀성이 강할수록(조합이 일반적인 수준에서 더 강하게 벗어날수록) 더 과대평가되는 경향을 보고한 채프만(Chapman, 1967)의 초기 연구를 바탕으로 해밀턴과 지포드는 두 집단 사람들에 대한 행동 특성을 표현한 문장들을 참가자들에게 보여 줌으로써 희귀성의 효과를 검증하였다. 각 문장들에는 바람직한 행동과 바람직하지 않은 행동들이 쓰여 있었다. A 집단에게는 B 집단보다 두 배 많은 문장을 제시했는데, 이는 A 집단의 구성원 수가 B 집단보다 두 배 더 많았기 때문이었다. 이와 유사하게, 바람직한 행동과 바람직하지 않은 행동의 비율도 약 2:1로 구성하여 바람직하지 않은 행동이 희귀성 있는 행동으로 보이도록 만들었다. 〈표 4-1〉의 상단을 보면, 자극 문장과 그 집단 사람들의 행동과의 상관관계는 없었다. 즉, 덜 바람직한 행동을 하는 비율은 집단 A나 B가 같았다. 참가자들에게는 두 집단 사람들에게서 나타난 행동의 빈도를 회상하도록 하였다.

실험 결과, 〈표 4-1〉의 하단부와 같이 참가자들은 바람직한 행동에 대해서는 집단 A와 B로 정확하게 구분한 반면, 바람직하지 않은 행동의 경우 다수의 집단

| 표 4-1 |  착각적 상관의 원인이 되는 통계적 희귀성

| | 집단 | |
|---|---|---|
| | A | B |
| 자극에서 두 집단 간 행동의 분포 | | |
| – 바람직한 행동 | 18.0(67%) | 9.0(33%) |
| – 바람직하지 않은 행동 | 8.0(67%) | 4.0(33%) |
| 참가자들이 인지한 두 집단 간 행동의 분포 | | |
| – 바람직한 행동 | 17.5(65%) | 9.5(35%) |
| – 바람직하지 않은 행동 | 5.8(48%) | 6.2(52%) |

출처: Hamilton & Gifford (1976), 표 1을 수정함.

인 A로 분류하기보다 오히려 소수의 집단인 B로 분류하는 경향을 보였다. 다시 말해서, 참가자들은 소수집단과 바람직하지 않은 행동 간 '착각적 상관'을 보였다. 이것을 실험실 밖의 상황에 적용해 본다면 백인이 다수인 국가에서는 백인에 의해서 저질러지는 반사회적 행동(신체적 폭행 등)보다 상대적으로 드물게 발생하는 흑인(소수집단)에 의한 반사회적 행동을 더 쉽게 기억할 것이다. 이와 같은 방식으로 피부 색깔과 공격성 간의 상관관계에 대한 잘못된 고정관념이 발생하게 된다. 착각적 상관에 대한 첫 실증연구에서는 부정적인 행동의 희귀성(infrequency) 때문에 고정관념이 부정적으로 형성되었다. 통계적으로 볼 때 부정적인 행동에서만 그런 현상이 나타나는 것은 아니다. 이후 해밀톤과 지포드(1976)의 연구에서는 긍정적인 행동에 대해서도 동일한 효과가 나타나는 것을 확인하였다.

다른 연구들도 역시 다양한 상황에서 동일한 효과를 확인하였고, 그것이 아주 일반적인 현상이라고 제안하였다(Hamilton & Sherman, 1989 참조). 대학 직원들 중에는 '여성'과 '선임 교직원'이 보기 드문데, 우리가 실시했던 실험에서 사람들이 일관되게 선임 여성 교직원의 수를 과대평가하는 것도 발견하였다(Brown & Smith, 1989).

그렇지만 착각적 상관이 부정적인 특성뿐만 아니라 긍정적인 특성에서도 발견된다는 연구 결과에도 불구하고(따라서 이것은 감정적인 중립적 정보처리 편향이 작용하는 것을 의미한다), 이 현상이 그렇게 간단하지는 않을 것이다. 쉘러와 마스(Schaller & Maass, 1989)는 실생활에서 사람들이 집단에 대한 정보를 기억하고 회상하는 과정에서 편견을 가질 수밖에 없다고 하였다. 일반적으로 사람들은 해당 사안에 대하여 특정한 집단에 소속될 수밖에 없다. 만약 착각적 상관이 자신의 집단에 더 호의적인 결과를 가져온다면, 사람은 자신이 속한 집단을 위해 착각적 상관을 더 많이 하려는 동기가 생길 것이다. 그러나 내집단 고정관념이 비우호적일 경우(예, 어떤 사람이 〈표 4-1〉의 B 집단의 구성원일 경우) 그러한 현상은 잘 나타나지 않을 것이다. 쉘러와 마스는 이 현상을 몇 번의 실험을 통해 보여 주었다. 그들은 참가자들을 단순히 통상적인 실험 방법에 따라 두 집단 중 한 집단에 배정하고, 바람직한 행동과 바람직하지 않은 행동의 상대적인 빈도를 다양하게 하는 것만으로도 인지된 상관관계의 정도가 과장되거나 또는 축소되는 것을 발견하였다(Schaller & Maass, 1989; Schaller, 1991).

　지금까지 나는 착각적 상관 현상을 눈에 띄는 특이한 자극에 대한 심리적 편향 때문에 발생하는 것으로, 그리고 내집단의 좋은 인상을 극대화하려는 정체성 강화 과정에서 일어나는 것으로 설명하였다. 그러나 이 두 가지 모두 착각적 상관과 관련성이 없을 수도 있다. 더욱이 인식의 '특이성(distinctiveness)'은 편향을 전혀 설명하지 못할 수 있다. 예를 들어, 맥가티(McGarty)와 동료들(1993)은 참가자들에게 사전 자극을 전혀 제공하지 않고도 착각적 상관 효과가 발생할 수 있음을 확인하였다. 참가자들에게 A 집단에 대해 B 집단보다 2배 많은 문장 자료를 제공하거나 자료의 절반을 A 집단의 긍정적인 행동을 표현한 자료로 제공하였다. 이후 행동이 표현된 문장을 보고 이 행동이 A집단에 해당되는지, 아니면 B 집단에 해당되는지를 구분하도록 하였다. 연구 결과, 적이도 기존의 회상연구에서 발견된 정도의 착각적 상관 효과가 나타났다(McGarty et al., 1993, 실험 1). 이 결과는 주의력 또는 기억을 회상하는 과제에서 특이성의 차이 때문에 착각적 상관이 나타난다는 기존의 주장을 헷갈리게 만든다. 맥가티와 동료들은 착각적 상관 효과를 발생시키는 것이 2×2의 네 가지 상황 중 특이성이 있는 한 가지 상황에서 발생하는 것이 아니라고 주장하였다. 오히려 착각적 상관은 참가자들의 범주화 활동의 결과라고 보았다. 그들이 제안한 것은 참가자들이 주어진 상황(자극)을 이해할 때 A와 B의 집단 구분을 이용한다는 것이다. A 집단에 대한 긍정적인 설명이 절대적으로 많은 경우, 일반적으로 'A 집단은 좋다.'라고 가정을 하게 된다. 그리고는 두 집단의 차이를 정확하게(더 명확히) 구분하기 위해 A 집단과 B 집단 간 집단 대조 비율을 최적화하는 과정을 통해(제3장 참조), 편향을 가지고 각 문장들을 A 집단과 B 집단으로 분류하게 된다는 것이다. 이 관점을 따른다면, 집단과 집단의 특성 사이의 고정관념적 연관성은 자극 그 자체에 의해 자동적으로 발생되는 현상이라기보다는 오히려 범주화를 통해 자극에 순위를 매기려는 과정의 결과라고 볼 수 있다.

피들러(Fiedler)와 동료들(2007)은 착각적 상관 현상을 다른 측면에서 설명하였다. 그들은 집단 수준에서의 관계와 개인 수준에서의 관계 간에 발생하는 인지적인 혼란에서 착각적 상관을 살펴보는 것이 더 설득력이 있다고 주장하였다. 앞서 언급했던 이글리와 우드(1992)의 사회적 역할 연구들을 참고하면, 대부분의 관리자들은 남성이고 공격적일 가능성이 많다. 그러나 이 두 가지 남성성과 공격성 간에 상관이 있는 것으로 보일 수도 있지만, 비율만을 고려한다면 논리적으로는 별 상관관계가 없을 것이다. 피들러와 동료들(2007)은 이 현상을 검증하기 위하여 16명의 실제 학생들을 대상으로 컴퓨터를 이용한 가상 교실을 만들었다. 학생들은 파랑 집단과 빨강 집단으로 8명씩 배정되고, '교사'로 배정받은 참가자들에게는 가상 교실로 들어가기 전에 몇 가지 질문이 제시되었다. 컴퓨터 프로그램으로 답을 하기 위해 손을 드는 학생들과 정답 여부를 확인하였다.

실험 결과, 학생들 간에 두 가지 요소의 빈도가 다양하였기 때문에, 프로그램은 학생들의 정확한 동기부여(손을 드는 것)와 능력(정답을 맞추는 것)의 정도를 잘 나타내었다. 한 실험에서 피들러와 동료들(2007)은 파랑 집단에 있는 대부분의 학생이 개인 수준에서는 동기부여와 능력 간 실제적인 상관관계가 나타나지 않았으나 매우 높은 동기부여와 정답률을 보이도록 배정하였다〈표 4-2〉는 이러한 관계를 보여 주는데, 능력의 각 점수에 대해서 동기부여 점수는 높은 점수(8점)의 수(8개)와 낮은 점수의 수(2점)의 수(8개)가 동일하다는 것에 주목할 필요가 있다. 모의 수업 후에 '교사'로 하여금 각 개별 학생들의 정답 비율을 평가하도록 하였고, 그들이 손을 들었던 비율도 평가하도록 하였다. 엄격하게 말해서, 두 평가 간에는 분명한 상관관계가 없었다(〈표 4-2〉참조). 그러나 교사들은 상관관계가 있는 것(0.4~0.6의 상관관계)으로 잘못 인식하였다. 그들은 능력과 동기부여가 높은 학생들이 파랑 집단에 있었기 때문에 두 특성 간에 반드시 상관관계가 있을 것이라는 잘못된 결론을 내렸다. 이후에도 피들러와 동료들(2007)은 같은 방법을 이용하여 실제 집단(예, 성별)에서도 착각적 상관의 결과를 얻었다. 그들은 이글리(Eagly, 1987)의 주

| 표 4-2 | 집단 수준에서의 상관관계가 개인 수준에서의 착각적 상관을 유발할 수 있는 정도

| 학생 | '능력' 점수 | '동기부여' 점수 |
|:---:|:---:|:---:|
| 파랑 집단* | | |
| 1 | 8 | 2 |
| 2 | 8 | 2 |
| 3 | 8 | 8 |
| 4 | 8 | 8 |
| 5 | 5 | 8 |
| 6 | 5 | 8 |
| 7 | 5 | 8 |
| 8 | 5 | 8 |
| 빨강 집단 | | |
| 9 | 5 | 2 |
| 10 | 5 | 2 |
| 11 | 5 | 2 |
| 12 | 5 | 2 |
| 13 | 2 | 2 |
| 14 | 2 | 2 |
| 15 | 2 | 8 |
| 16 | 2 | 8 |

* 파랑 집단의 평균 점수는 '능력'과 '동기부여' 점수에서 빨강 집단보다 높게 나타났다. 관찰자들이 종종 '능력'과 '동기부여' 간에 상관관계가 있다고 잘못 결론을 내린다고 하더라도, 개인 수준에서는 실질적인 상관관계가 나타나지 않았다.

출처: Fiedler et al. (2007), 표 1을 수정함.

장과 동일하게 많은 사회적 고정관념이 우리가 살고 있는 실제 사회적 구조에서 발생한다고 결론을 내리고, 그러한 구조 속에서 범죄성이나 리더십 능력과 같은 특성의 원인을 인종이나 성별의 범주로 왜곡되게 평가하는 현상이 발생한다고 보았다.

## 개인들을 한 집단으로 보는 것: 고정관념의 원천이 되는 집단 실체성

고정관념의 원인으로 추정되는 마지막 한 가지는 집단 그 자체가 가지고 있는 인지적 특성이다. 제3장의 내용을 되짚어 보면 어떤 주어진 사람들의 무리를 한 집단으로 범주화하려는 정도는 부분적으로 그들의 실체성 인식 여부에 달려 있다. 즉, 그들이 단일 집단으로 보이는 정도에 달려 있다는 것이다(Campbell, 1958). 몇몇 집단(예, 가족 그리고 작은 업무 집단)은 높은 실체성을 가지고 있다고 인식하는 반면, 다른 집단들(예, 의사의 진료를 기다리는 사람들의 집합)은 매우 낮은 실체성을 가지고 있다고 인식한다(Lickel et al., 2000). 비록 인종이나 성별과 같은 사회적 범주들의 실체성은 범주와 상황 간 적합성의 정도에 따라 달라질 수 있겠지만, 대체로 중간 정도의 실체성을 보인다(Oakes et al., 1994; 이 책의 제3장 참조).

실체성의 인식은 집단을 범주화하려는 경향성에 영향을 미칠 뿐만 아니라, 그 집단 구성원들에 대해 더 쉽게 고정관념을 가지도록 하였다. 그리고 결과적으로 그 집단 내의 개인들을 혼동하였다. 크로포드(Crawford)와 동료들(2002)은 이를 검증하였다. 그들은 참가자들에게 간단한 행동이 묘사된 예시문을 보여 주었다. 각 예시문들은 32명에 대한 몇 가지 에피소드를 명확하게 표현하였다(현실감을 더하기 위하여 사진도 제시하였다). 예시문에 표현된 사람들(32명)을 두 집단으로 분류하였는데, 한 집단은 매우 유사한 사람들의 모임인 것처럼, 다른 집단은 매우 다른 특성의 사람들인 것처럼 애기하였다. 즉, 한 집단은 높은 실체성을, 다른 집단은 낮은 실체성을 가지게 하였다. 통제집단의 경우 집단과 관련한 어떤 언급도 하지 않았다. 두 집단의 행동특성은 각각 일반적으로 긍정적인 행동(예, 정직한)과 부정적인 행동(예, 공격적인)으로 묘사되었다. 참가자들은 예시문을 읽은 다음, 실험과 무관한 다른 과제를 수행한 후에 실험 과제, 즉 관련 쌍들을 기억해 내는 과제를 수행하였다. 이 과제에서 각 개인의 사진과 특성을 나타내는 단어가한 쌍이 되었는데, 이 쌍은 원래의 행동 예시문과 일치하기도 하였고 다른 예시문과 관련된 것이기도 하였다. 참가자들은 각 사진들과 해당 특성 단어들을 연결하는 기억 과제를 수행해야만 했다. 반복해서 실험과 상관없는 과제를 몇 분간수행하고, 기억 과제를 다시 수행하였다. 크로포드와 동료들은 실체성에 대한 정보(실체성이 높거나 낮은)와 함께 행동 예시문을 제시하게 되면, 각 집단에 대한 두부류의 고정관념(긍정적인 것과 부정직인 것)이 형성된다고 하였다. 그리고 이 두가지의 정보가 각 개인의 정보에 대한 주의력을 떨어뜨리므로 참가자들의 기억능력(단어와 사진을 짝짓는)이 감소된다. 고정관념은 집단의 한 구성원의 특성을다른 구성원에게 일반화하기 때문에 집단에 대한 잘못된 고정관념적 특성을 그집단에 속한 개인에게 적용시키려는 경향은 증가할 것이다. 연구 결과, 이러한현상은 정확하게 나타났다. 즉, 높은 실체성 조건의 참가자 중 대부분은 다른 두조건의 참가자들보다 기억 과제를 정확하게 수행하지 못했고, 일반화 경향이 훨씬 많았다.

집단의 실체성을 인지하는 정도가 클수록 고정관념이 촉진된다는 사실은 흥미롭다. 서로가 서로에 대한 개별 정보를 많이 알고 있는 소규모 집단에서도, 그들이 높은 실체성을 가진 경우에는 서로에 대해 고정관념을 갖고 바라볼 것이다. 반드시 이 사실을 기억해 둘 필요가 있다. 왜냐하면 우리는 대체로 고정관념을 계층, 인종, 또는 성별과 같은 더 큰 사회 범주들에만 적용하기 때문이다. 스펜서-로저스(Spencer-Rodgers)와 동료들(2007)은 큰 사회 범주들과 작은 집단들 모두 고정관념을 가지고 볼 수 있고, 또한 서로 다른 종류의 집단들의 실체성이 고정관념의정도에 중요한 결정요소임을 보여 주었다.

실체성이 고정관념을 유발하는 이유는 사람들의 무리를 하나의 개체, 즉 집단으로 규정할 때, 우리는 그 집단 구성원의 대부분이 가지고 있는 내재된 본질적

특성이 있다고 생각하기 때문이다(Yzerbyt et al., 2001). 때로 '본질'이라는 것은 학
습된 기술이나 태도와 같은 것이다(예, 배관공은 모두 손기술을 가지고 있고 물과 가
스의 신비로운 성질에 대한 지식도 가지고 있는 것처럼 보인다). 또한 '본질'은 더 고정
된 것이거나 생물학적인 것일 수도 있다(인종주의자들은 어떤 특정 인종의 열등함과
반항성이 '혈통' 때문이라고 믿었다). 후자와 같은 본질주의자들의 믿음은 특별히 더
파괴적이고 확실하게 소수인종과 외국인에 대한 편견으로 이어질 것이다(Keller,
2005; Pehrson et al., 2009a; 반대 결과는 Haslam et al., 2002 참조).

## 🔎 일상 속 고정관념

사회생활에서 한번 형성된 고정관념이 그들의 판단에 어떤 영향을 주며, 나아
가 다른 사람들의 행동에는 또 어떤 영향을 주게 될까? 그리고 고정관념을 독려하
거나 혹은 방해하는 요소는 무엇일까? 이러한 질문에 대한 답을 찾기 위해서는 먼
저 고정관념과 관련된 기대와 편향에 대한 문헌들을 살펴보아야 한다. 기대
(expectancies)와 편향은 의식상에서 일어나는 공공연한 판단과 인식뿐만 아니라
우리가 의식하지 못한 채 은연중에 표현되는 것 모두 포함된다. 이 절에서는 우리
가 가지고 있는 고정관념들이 다양한 집단(내집단과 외집단)에 대하여 어떻게 다른
언어들로 표현되는지를 살펴볼 것이다. 그리고 어떤 심리적·상황적 요소들이 고
정관념의 사용을 증가 또는 감소시키는지도 알아볼 것이다. 많은 고정관념은 사
람들의 생각에서 발생한다. 예를 들어, 인식, 인지, 기억 또는 인과귀인에 대한 편
향과 같은 것들이다. 그러나 중요한 것은 생각뿐만 아니라 행동으로도 나타난다
는 사실이다. 이 절의 마지막 부분에서는 우리의 고정관념이 일상생활에서 고정
관념의 대상이 되는 사람들에게 아주 실질적인 의미를 가질 수 있다는 것을 살펴
볼 것이다.

## 타인에 대한 고정관념과 판단

고정관념은 (한쪽으로 치우쳤든지 그렇지 않든지 간에) 어떤 특징들을 가진 사회적 범주의 인지적인 결합이다. 좀 더 직설적으로 표현하자면, 한 집단에 대한 고정관념을 가진 사람은 그 집단 내에 있는 특정 개인을 만날 때도 집단에 대한 고정관념 특성에 따라 그 사람을 판단하게 될 것이다. 이와 관련하여 우리는 고정관념에 의한 더 많은 결과를 예상해 볼 수 있다. 즉, 판단 대상이 되는 사람을 그 집단에 대한 고정관념에 맞추어서 평가하기 때문에 그 사람이 그 집단(직원, 입주자 등)의 특성과 유사한지 그렇지 않은지를 판단한다.

그러나 이보다 더 복잡한 문제가 있다. 우리는 실제로 사람을 만날 때 집단에 대한 선입견을 갖고 대하게 되는데, 그 사람이 그 집단에 대한 고정관념과 일치하지 않는 모습, 복장, 행동을 나타내는 것을 볼 수 있다. 그렇다면 우리는 어떻게 사전 정보와 다른 현재의 정보를 통합하는가? 록슬리(Locksley)와 동료들(1980)은 이를 검증하였다. 그들은 참가자들에게 두 사람의 전화 대화 내용을 보여 주었다. 두 사람 중 한 사람(평가 대상자)은 확실하게 공격적이거나 또는 확신이 부족한 사람으로 표현되었고, 성별은 다양하였다. 록슬리와 동료들은 참가자들에게 평가 대상자들의 성격에 대한 인상을 물어보았고, 다른 가상 상황에서는 그들이 어떻게 행동할 것인지를 예상해 보도록 하였다. 만약 참가자들이 가진 성별 고정관념이 작용할 경우, 성별이 바뀌면 대상자에 대한 판단도 변화될 것이다(남성이 여성보다 더 공격적이라는 고정관념은 폭넓게 형성되어 있다). 그러나 놀랍게도, 대상자의 성별은 참가자들의 판단에 아무런 영향을 주지 않았다. 그들의 판단에 영향을 준 가장 중요한 요소는 전화 대화에서 표현된 사람들의 행동이었다. 즉, 참가자들은 평가 대상자의 성별과 상관없이 '공격적인' 조건의 대상자는 더 공격적이고 더 남성적으로, '소극적인' 조건의 대상자는 더 소극적이고 여성적으로 행동할 것이라고 평가하였다. 록슬리와 동료들은 사람들에 대한 사회적 판단에 영향을 미치는 사회적 고정관념이 어떤 사람에 대하여 '개별화된' 정보를 가지고 있는 실제 상황에서는 우리가 전통적으로 가정했던 만큼 강력한 영향을 미치는 것이 아닐 수도 있다는 낙관적인 결론을 내렸다(Locksley et al., 1980, p. 830).

그러나 이 결론의 일반적인 타당성에 의문을 제기하는 몇 가지 자료가 있다. 첫째, 록슬리와 동료들의 연구에서 나타난 고정관념 효과의 부재는 그들이 적용했던 판단 상황에만 특별하게 적용된다는 것이다. 예를 들어, 넬슨(Nelson)과 동료들(1990)의 연구에서는 사진에 그려진 남성과 여성의 키를 예측할 때 그림에 묘사된 그 사람의 성별의 영향력을 받는다는 것을 확인하였다. 비록 사진 속 남녀의 키가 실제 차이가 없었음에도 그러한 현상이 발생한 것이다. 그들은 동일한 방법으로 실시된 또 다른 실험에서, 록슬리와 동료들(1980)에 의해서 보고된 고정관념 효과의 부재는 남성과 여성을 평가할 때 사용된 판단 기준이 서로 다르기 때문에 나타난 현상이라고 주장하였다(Biernat et al., 1991). 참가자들에게 사진 속의 사람을 동성의 다른 사람들과 비교하여 (피트 또는 인치를 사용한) 객관적 판단을 하도록 요구하였을 때는 키에 대한 성별 고정관념 효과는 사라졌다. 록슬리와 동료들의 연구에서는 참가자들이 공격성을 측정함에 있어 동일 성별 안에서 이와 유사한 주관적 기준들을 사용했을 가능성이 있다.

더불어 쿤다(Kunda)와 동료들(1997)이 보여 준 것처럼, '공격적'이라고 불리는 특성도 집단에 따라 다양한 행동적 의미를 가질 수 있다. 예를 들어, 두 사람(한 사람은 건설 노동자, 다른 한 사람은 법률가)이 호기심을 자극하는 사회적 상황에 어떻게 반응하는지와 관련된 몇 가지 '개별화된' 정보를 바탕으로, 그들의 사회적 계층과는 상관없이 두 사람 모두를 '공격적'이라고 결론 내릴 수 있다. 그러나 만약 누군가가 그 특성이 행동 반응으로 어떻게 나타날 것 같은지를 예측해 보라고 한다면, 우리는 건설 노동자의 경우 신체적인 싸움으로, 그리고 법률가들의 경우는 아마 언어적인 논쟁으로 나타날 수 있다고 추정할 것이다. 동일한 특성이더라도 두 직업 집단에 대한 서로 다른 고정관념으로 인해 철저하게 다른 행동을 예상할 수 있다(Kunda et al., 1997).

둘째, 크뤼거와 로스바트(Krueger & Rothbart, 1988)는 록슬리와 동료들의 연구에서 고정관념 효과가 나타나지 않은 것은 각 사람의 공격성에 대한 강력한 개별 개인의 정보와 성별 고정관념에 의해 발생하는 공격성에 대한 약한 정보가 상호 충돌한 결과라고 하였다. 우리가 사람들의 인상을 형상할 때, 아주 분명한 개인적인 정보를 무시한다면 오히려 그것이 더 이상할 것이다. 그러나 개별 개인의 고정관념과 집단에 대한 고정관념 간의 상대적 영향력[또는 크뤼거와 로스발트가 '진단성(diagnostiity)'이라고 말하는 것]이 변한다면, 그것이 판단에 미치는 영향력 또한 그에 따라 변할 것이다. 크뤼거와 로스발트는 참가자들에게 행동이 묘사된 짧은 예시문을 읽고 그 사람의 공격성을 평가하도록 하였다. 그 예시문의 내용과 공격성 평가가 아주 높은 상관관계를 보였고, 이와 더불어 예시문의 인물이 어떤 범주에 속하는가(예, 성별)에 따라서도 공격성의 평가 정도가 다르게 나타났다. 개인의 공격 행동에 대한 정보가 약하게 표현되었을 경우에는 성별에 따라 공격성의 정도를 평가하였다.

　마지막으로, 몇몇 연구는 그 사람을 판단할 수 있는 개인의 특성에 관한 정보가 충분히 존재하는 상황에서도 어떻게 고정관념이 판단에 영향을 미치는지를 검증하였다. 그랜트와 홈스(Grant & Holmes, 1981)는 캐나다 참가자들에게 사람들의 국적(중국인, 아일랜드인, 소말리아인) 특성이 잘 나타나는 스케치 그림을 보여 주었다. 그림들은 각 국가의 고정관념에 따라 묘사되었는데, 예컨대 어떤 그림은 중국인의 '과학적인' '야망적인'과 같은 특성이 나타나도록, 그리고 또 다른 그림은 아일랜드인의 '태평스러운' '수다스러운'과 같은 특성이 표현되었다. 그랜트와 홈스는 스케치된 그림 그 자체도 참가자들의 판단에 단독으로 강력한 영향을 미쳤지만, 단순히 그림에 나와 있는 사람들의 국적을 변화시키는 것만으로도 참가자들의 판단에 영향을 미친다는 사실도 발견하였다(Locksley et al., 1982 참조). 글릭(Glick)과 동료들(1900)도 실제 직원 선발 과정에서 성별 고정관념의 효과가 있다는 것도 발견하였다.

　아마 고정관념 효과를 가장 명확히 보여 준 것은, 아동의 학교 성적 예측에 미치는 사회계층의 고정관념 효과를 검증한 달리와 그로스(Darley & Gross, 1983)의 연구일 것이다. 그들은 참가자들에게 한나(Hannah)라는 9세 여자아이의 영상을 보여 주었는데, 한 조건에서는 가난한 노동자 계층에서 자란 한나의 모습을, 다른 조건에서는 많은 특권을 가진 중간 계층의 환경에서 자란 한나의 모습을 담고 있는 영상이었다. 이 연구는 아동이 자란 사회계층과 예상되는 학교 성적 간에 각각 부정적·긍정적 관계가 있을 것이라는 가설하에 설계되었다. 고정관념 효과는 두 가지 다른 상황에서 측정되었다. 한 가지 상황은 아무런 정보를 주지 않고 이 영상 중 한 조건의 영상만을 보고서 고정관념의 효과를 측정하였고, 다른 상황에서는 또 다른 추가 영상을 보여 주고 고정관념의 효과를 측정하였다. 추가된 영상은 한나가 시험을 치르고 있는 모습이었는데, 한나의 능력이 모호하고 일관되지 않는 모습으로 표현되었다. 영상을 본 모든 참가자에게 향후 다른 과목의 성적을 예측해 보도록 하였다. 한나의 능력에 대한 추가 영상을 본 참가자들은 한나 개인에 대한 정보를 더 많이 가지게 된 셈이다. 따라서 만약 록슬리와 동료들(1980)이 옳다면, 참가자들은 사회계층에 대한 고정관념 영향을 덜 받게 될 것이다. 그러나 연구 결과는 그와 반대로 나왔다. 추가 영상을 본 참가자들은 첫 번째 영상만을 본 사람들보다 훨씬 더 강하게 사회계층에 대한 고정관념을 사용하는 것으로 나타났다. 즉, 중간 계층의 한나가 노동자 계층의 한나보다 더 높은 성적을 낼 것이라고 예측한 것이다.

이 실험 결과를 바탕으로 달리와 그로스(1983)는 사람들이 고정관념을 무차별적으로 또는 아무 생각 없이 사용하는 것이 아니라고 결론 내렸다. 오히려 사람들은 더 많은 정보를 찾기 위한 수단으로 임시적인 추정을 할 때 고정관념을 사용한다. 실험에서와 같이 추가 정보가 없는 경우에는 사람들은 고정관념을 단호하게 사용하는 것을 주저한다(Leyens et al., 1992, 1994 참조).

고정관념을 세상에 대한 '추정(가설)'으로 여기는 것은 문제가 되기보다 오히려 흥미로울 수 있다. 과학 영역에서의 몇몇 철학자들은 오랫동안 과학자들이 사용할 수 있는 최적의 전략은 그들의 이론으로부터 가설을 세우고, 실증 자료를 바탕으로 그것을 반증하는 것이라고 주장해 왔다(Popper, 1963). 일상생활에 대하여 우리가 무엇인가를 알아내려고 할 때 일반인에게 가설을 반증하는 실증 자료를 알아낼 수 있을까? 하지만 불행하게도, 과학자들뿐만 아니라 일반인도 앞서 설명한 포퍼의 철학적 관념을 잘 따르지 않는다. 즉, 사람들은 가설로 추정된 것을 반증하는 자료를 찾기보다 대체로 추정된 것을 확증하기 위한 정보를 찾는다.[3] 이러한 현상은 얼마 전 논리적 추론에 대한 연구에서도 발견되었다(Wason & Johnson-Laird, 1972). 그리고 확증 편향 현상은 우리의 사회적 추론과정에서도 일반적으로 나타나는 현상이다(Snyder, 1981; Stangor & Ford, 1992).

스나이더와 스완(Snyder & Swann, 1978)은 이 현상에 대한 강력한 증거를 제시하였다. 그들은 참가자들에게 그들이 면접할 사람들이 한 사람은 외향적이고 다른 한 사람은 내향적이라는 정보를 주었다. 그리고 참가자들은 면접 동안 면접 대상자가 실제로 해당 성격특성을 가지고 있는지를 확인하기 위하여 여러 가지 질문 중에 원하는 질문을 선택할 수 있었다. 실험 결과, 사전에 외향적이라고 들었던 사람에게는 외향적 경향에 대한 질문들(예, "만약 당신이 파티를 생동감 있게 만들려면 무엇을 하겠습니까?")을 더 많이 하였고, 반대의 사람에게는 내향적 경향에 대한 질문들(예, "다른 사람에 대한 당신의 개방성을 방해하는 요소는 무엇입니까?")을 더 많이 하였다. 이 확증 탐색 경향은 참가자들이 특성을 정확히 추론하면 실질적인 보상이 주어지는 다른 조건에서도 나타났다. 추가 연구에서 나타난 가장 의아한 결과는 참가자들을 무작위로 면접관과 면접 대상자로 분류하였음에도 면접 대상자들은 면접관이 기대하는 특성(외향적 또는 내향적)을 보이려고 했다는 것이었다. 이 부분은 고정관념의 자기 충족 특성에서 다루게 될 것이다.

고정관념적 기대는 정보의 탐색과 수용을 편향시켜 잘못된 결과를 낳기도 하는 반면, 어떤 것을 더 쉽게 인식하도록 하는 매우 기능적인 역할을 하기도 한다. 또한 더 급한 문제에 집중하도록 인지적 자원을 아끼는 유용한 측면도 있다. 고정관

---

3) 역자 주 ─ 고정관념이 하나의 가설이 되고 그 가설을 검증하기 위하여 반대되는 자료를 찾는 반증의 방법을 찾는 것이 아니라 그 가설과 부합된, 즉 고정관념과 부합되는 자료를 찾는다는 것이다.

념이 인지적으로 유용하다는 것과 관련하여 마크레(Macrae)와 동료들은 독창적인 연구를 통해 이를 검증하였다(Macrae et al., 1994a; Macrae et al., 1994b). 단어들은 처음에 가려진 채로 제시되고, 점점 가려진 부분이 옅어지는데, 참가자들은 이 과정에서 무슨 단어인지를 빨리 식별하면 된다. 단어들은 두 가지 사회적 일탈행위자(아동학대자와 축구장 난동꾼)와 관련된 고정관념 특성이었고, 균형을 맞추기 위하여 고정관념 특성과 상관없는 단어도 포함시켰다. 단어인식 과제에 앞서, 참가자들에게 아동학대자 또는 축구장 난동꾼 중 한 집단에 대한 전형적인 특성을 작성하도록 하였는데, 이와 같은 사전 절차는 점화된 집단과 관련한 고정관념적인 자극 단어의 인식을 촉진시켰다(Macrae et al., 1994b). 마크레와 동료들의 또 다른 실험에서는 한 과제에서 고정관념이 활성화되면 동시에 진행되는 다른 과제를 더 잘 수행할 수 있다는 것을 보여 주었다(Macrae et al., 1994a). 그들은 참가자들에게 자극으로 주어진 다양한 사람에 대하여 가능한 한 많은 특성을 회상하도록 하였다. 이와 동시에 소리로 제시되는 몇 가지 실제 지리 정보를 잘 듣도록 하였다. 참가자들 중 절반에게는 자극으로서 제시된 사람들의 집단 범주의 표시가 제시되었다(물론 표시된 범주는 사람들의 특성을 잘 반영한 것이었다). 그리고 나머지 절반에게는 집단 범주 표시를 제시하지 않았다. 마크레와 동료들은 범주 표시가 고정관념을 활성화시킬 것이라고 주장하였는데, 이것은 관련된 특성들이 표시된 범주와 더 쉽게 동화될 것이라는 것을 의미하였다. 그리고 이 현상은 동시에 진행된 지리 정보 과제에 더 집중할 수 있도록 만들 것으로 예상했다. 실험 결과, 범주 표시 조건의 참가자가 범주 표시가 없었던 참가자보다 소리로 제시된 지리적 정보를 더 잘 기억하였다. 범주 표시가 식역하 자극으로 주어졌던 다른 연구에서도 이와 동일한 결과가 나타났다.

고정관념 과정은 인지적인 기능뿐만 아니라 우리의 취약한 자아를 비판으로부터 보호하거나 칭찬하려는 동기적인 목적도 있다. 그러나 이러한 기능이 발생하는 상황은 하나 이상의 범주 고정관념이 활성화될 수 있거나 사용 가능할 때이다. 싱클레어와 쿤다(Sinclair & Kunda, 1999)는 이를 검증하기 위하여 백인 캐나다인들을 대상으로 대인관계 기술 과제의 성과에 대하여 부정적 또는 긍정적 피드백을 주는 실험을 하였다. 이 피드백은 의사(주로 긍정적인 고정관념과 관련성이 있는 고위 직업군)가 주었으며, 의사들의 절반은 백인이었고, 나머지 절반은 흑인이었다. 싱클레어와 쿤다는 흑인에 대한 보편적인 고정관념이 부정적이기 때문에 참가자들이 흑인 의사에게 부정적인 피드백을 받게 되면, 그것을 특히 더 잘 수용하지 않을 것이라고 예상하였다. 그리고 흑인에 대한 자신의 고정관념을 활성화시키고 평가자들을 비난함으로써("그가 무슨 말을 하든 알 게 뭐야. 그는 단지 흑인일 뿐이야.") 부정적인 피드백을 무시하려는 반응이 나타날 것이라고 주장하였다. 반대로, 흑인 의사에게 칭찬을 받았을 경우 참가자들은 의사에 대한 고정관념을 활성화시키고 더 동기부여된다고 하였다("그는 전문 의사이기 때문에 나의 건강상태가 좋다고 진단하면, 정말 난 건강한 것이 확실해."). 동시에 흑인에 대한 고정관념을 억제하는 현상이 나타날 것이라고 보았다. 이와 같은 예상은 실험 결과로 판명되었다. 참가자들은 어휘결정 과제(주어진 자극이 실제 존재하는 단어인지 아닌지를 결정하는 과제)에서 서로 다른 반응 시간을 보였다. 즉, 흑인 의사가 부정적인 피드백을 제공하는 상황에서는 그 반대의 상황에서보다 흑인 고정관념을 암시하는 단어들('흑인' '랩' '공격적인')에 더 빠른 반응을 보였다(백인 의사 상황에서는 피드백의 종류에 따른 반응 시간의 차이가 거의 없었다). 반면, 의사와 관련된 단어들('의사' '환자' '병원)은 흑인 의사의 부정적 피드백 조건에서보다 긍정적 피드백 조건에서 더 빠르게 인식되었다.[주석 1]

고정관념은 미래에 대한 우리의 기대에 영향을 줄 뿐만 아니라 과거 회상에도 영향을 미친다. 해밀턴과 로즈(Hamilton & Rose, 1980)는 참가자들에게 몇 가지 특성('매혹적인' '수다스러운')과 관련된 직업군들(예, 스튜어디스, 판매원)을 슬라이드를 통해 보여 줌으로써 이 현상을 검증하였다. 슬라이드에는 각 특성을 나타내는 직업들이 동일한 횟수로 제시되었는데, 슬라이드를 회상해 보도록 요청하자 훨씬 많은 참가자가 고정관념과 다르게 연결된 특성과 직업(예, '매혹적인 판매원')보다 고정관념에 부합하여 연결된 특성과 직업(예, '매혹적인 여승무원')을 더 많이 기억

해 내었다. 잘못 인식한 것도 있었지만, 직업적 고정관념과 일치하는 정보에 대해
서는 그렇지 않은 정보보다 훨씬 더 쉽게 기억하는 경향성을 보였다. 이 결과는
고정관념과 관련하여 우리가 예상했던 바와 일치하지만, 직관적인 측면에서는 반
대의 결과일 수 있다. 왜냐하면 고정관념과 일치하지 않는 정보는 더 눈에 띄어서
우리의 주의를 더 끌기 때문에 더 잘 회상할 수 있다고 주장할 수 있기 때문이다
(Wyer & Gordon, 1982). 최근까지 개인의 기억에 대한 많은 연구를 보면 일반적으로
이전의 기대와 일치하지 않는 정보를 더 잘 기억한다고 하였다(Rojahn & Pettigrew,
1992; Stangor & McMillan, 1992). 그러나 이 연구들을 보다 세심하게 살펴보면, 불일
치하는 정보를 더 잘 기억할 때는 일반적으로 개인 그리고 그 개인의 특성에 대한
것이었고, 집단에 대한 기억의 경우에는 일치하는 정보가 더 잘 기억되었다
(Stangor & McMillan, 1992; 다소 다른 결론을 보여 준 Rojahn & Pettigrew, 1992와 상호
비교). 이렇게 개인·집단 간에 차이가 나는 이유는 집단에 속한 개인들은 집단의
평균점에서 어느 정도 벗어날 수 있다고 예상하기 때문에 그 사람에 대한 불일치
한 정보는 쉽게 간과되지만, 한 개인에 대해서는 더 강한 일관성을 예상하기 때문
에 불일치한 정보가 더 주목받을 수 있는 것이다(Fiske & Taylor, 1991).

　이와 같은 집단 고정관념이 기억에 미치는 선별적 효과(selective effects)는 아주
단순한 상황에서조차 발생한다. 하워드와 로스발트(Howard & Rothbart, 1980)는
참가자들에게 자신의 집단을 포함한 2개의 실험집단 구성원들의 행동을 설명하
는 문장들을 기억하도록 하였고, 두 집단 중 하나에 임의로 배정하였다. 기억해
야 할 행동 목록에는 우호적인 것과 비우호적인 것이 모두 포함되었고, 이 두 행
동 유형은 양 집단에 같은 비율로 배정되었다. 실험 결과, 참가자들은 제시된 비
율로 기억해 내지 않았다. 우호적인 행동의 경우 모든 참가자가 동일하게 잘 기
억해 낸 반면, 비우호적인 행동의 경우 내집단보다는 외집단의 행동을 더 잘 기
억하였다([그림 4-1] 참조). 사이먼(Simon)과 가펑클(Garfunkel)의 노래 가사인 '남
자는 그가 듣고 싶은 것을 듣고, 나머지는 무시한다.'처럼 집단에 대한 아주 짧은
시간의 심리적 투자만으로도 우리의 기억은 편향되기에 충분했다. 그렇다면 종

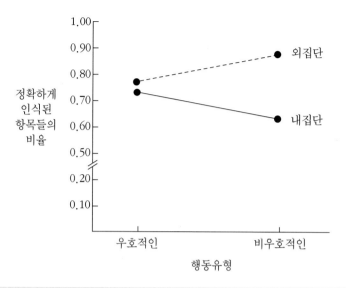

**그림 4-1  내집단과 외집단 정보에 대한 선별적 기억**

출처: Howard & Rothbart (1980), 그림 1.

교나 인종과 같이 삶의 정체성과 연계된 경우, 이러한 효과의 영향은 얼마나 더 강력할까?

## 자신도 모른 채 가지고 있는 편견: 자동적 수준에서의 고정관념

하워드와 로스발트의 실험은 우리가 가지고 있는 다른 집단에 대한 고정관념이 종종 중립적인 평가가 아니라 특정 방향으로 편향되었다는 것을 상기시켜 준다. 실제로, 편견을 가진 학생들의 고정관념은 이러한 특성을 가지고 있다. 그리고 다수의 연구 결과를 통해 알 수 있는 것은 많은 편향이 자동적으로 발생한다는 것이다. 즉, 우리가 집단과 관련된 자극들에 서로 다른 반응을 보이려고 할 때 굳이 생각할 시간이 필요 없다는 의미다.

고정관념의 자동적 발생과 관련된 첫 번째 단서는 게르트너와 맥글러플린(Gaertner & McGlaughlin, 1983)이 진행한 2개의 실험을 통해 찾을 수 있다. 그들은 백인 참가자들에게 화면으로 두 문자열을 보여 주고, 그것이 실제 단어인지 아닌지를 결정하도록 한 다음 소요되는 시간을 측정하였다. 단어 중에는 무의미한 음절(KUPOD, ZUMAP와 같은)도 있었고, 실제 단어들(흑인, 백인이 포함된)도 있었다. 그리고 각각 3개의 긍정 형용사(예, 깨끗한)와 부정 형용사(예, 어리석은)도 있었다. 이 연구의 중요한 연구 목적은 참가자들이 부정 단어와 긍정 단어를 백인과 흑인의 단어와 짝지어 제시하였을 때, 그것을 인식하는 데 걸리는 시간을 확인하는 것이었다. 실험 결과, 부정 단어와 인종 간의 단어 쌍을 제시하였을 때는 반응 시간의 차이가 없었지만, 긍정 단어의 경우에는 흑인-긍정 단어 쌍보다 백인-긍정 단어 쌍에 더 빨리 반응하였다. 과제가 매우 쉬웠다는 점에 주목할 필요가 있다. 인종과 단어들의 짝을 연결하는 과제가 아니라 그저 단순히 실제 단어인지 무의미한 단어인지만을 식별하도록 요청한 과제였던 것이다. 그럼에도 그 단어와 함께 제시된 인종이 무엇이냐에 따라 긍정 단어에 대한 반응 시간이 더 빠르게 나타났다. 이들에게 더 익숙하고 심리적으로 편안함을 느끼는 단어와 함께 제시하였을 때는 단어 인식이 더 쉽게 일어났다(Lalonde & Gardner, 1989 참조).

디바인(Devine, 1989)은 더 놀라운 사실을 발견하였다. 그는 먼저 부중심와(parafoveal) 점화 절차[4]를 이용하여(제3장 참조), 참가자들에게 역치하 수준에서 다양한 단어를 제시하였다. 그 단어들은 아프리카계 미국인을 직접적으로 표현한 단어들(예, '흑인들')과 꽤 부정적으로 그들과 관련된 고정관념의 단어들(예, '게으른' '깜둥이')이었다. 실험집단에 있는 참가자들에게는 그러한 단어들을 많이 보여 주었고, 통제집단 참가자들에게는 단지 몇 개의 단어만 보여 주었다. 단어들을 역치하 수준에서 제시하였기 때문에 이 차이를 인식할 순 없었다. 잠시 후, 실험에 참가한 모든 참가자는 실험과 무관하게 보이는 연구에 참여하였다. 참가자들은 모호한 행동을 하고 있는 남자에 대한 짧은 설명문을 읽고 그 남자의 다양한 특성

---

4) 역자 주—자극을 인식할 수 있는 시야 바깥에 제시하여, 그 자극을 정확하게 파악할 수 없도록 역치하 수준에서 제시하는 것을 말한다.

('적대적' '싫은 느낌이 드는' '불친절한')을 평가하게 하였다. 놀랍게도, 설명문의 남자에 대해서 실험집단의 참가자들이 통제집단의 참가자들보다 '적대적'이라는 항목에 더 높은 평가를 하였다. 다른 특성(예, '싫은 느낌이 드는' '불친절한')은 약간의 차이만 있을 뿐 큰 차이는 없었다. 디바인(1989)은 또한 역치하 수준에서 제시된 점화(priming)의 효과가 실험에 앞서 측정한 명시적 편견 측정 점수와 상관없이 모든 참가자에게 나타난 것을 확인하였다.

디바인은 이 역치하 점화의 자동적 고정관념 효과가 나타난 이유를 인종(범주)이 매우 눈에 띄는 미국과 같은 문화에서 성장한 사람은 모두 아프리카계 미국인과 관련된 고정관념 지식을 가지고 있기 때문이라고 확신하였다. 그리고 이러한 지식은 범주('아프리카계 미국인')와 다양한 고정관념 특성('공격적' '게으른' 등)이 연결되어 인지적으로 재표상되는 것이라고 믿었다. 즉, 언제든 범주가 활성화되면(예, 흑인을 만나거나 실험실 점화 절차를 통해) 이러한 고정관념적 연합도 함께 활성화될 수 있다는 것이다. 그러나 디바인은 일반적으로 사람은 일상생활에서 그러한 활성화를 인지했을 때 부정적 연합을 억제하려는 동기를 가지고 있고, 또한 실제 그것을 억제할 수 있는 시간도 있다고 하였다. 그리고 그 부정적 연합을 다른 요소, 즉 사회적으로 용인될 수 있는 요소들로 대체할 것이라고 하였다. 이러한 현상은 편견을 덜 가진 사람에게 특히 더 확실하게 나타나므로, 그들의 아프리카계 미국인에 대한 의식적인 신념(conscious beliefs)은 중립적이거나 긍정적이었을지도 모른다. 그러나 디바인의 실험에서는 참가자들의 고정관념 활성화가 의식 과정 없이 발생되어 고정관념의 억제가 일어날 수 없었다. 그리고 편견이 높든지 낮든지 상관없이 개인에게 깊이 박혀 있는 지식 구조에 따라 자동적 고정관념 효과가 동일하게 나타났다. 이로 인해 디바인은 1차적인 또는 자동적인 수준에서의 편견은 거의 피할 수 없는 것이라고 결론 내렸다.

디바인(1989)의 실험과 그 결과는 실제 현장에서 폭넓게 받아들여졌다. 실제로, 많은 교과서는 디바인의 연구 결과를 아무런 비판 없이 그대로 인용하였다. 즉, 편견이라는 것은 우리가 그것을 좋아하든지 또는 싫어하든지 간에 무의식적인 수준에서 우리와 항상 함께하는 것이라고 설명되었다. 그러나 나는 이 결론에 도전장을 내미는 수많은 연구를 살펴볼 것이다. 그 전에 먼저 자동적 고정관념 효과가 사람들의 실제 행동에서도 발견될 수 있고, 또한 결과에 치명적인 영향을 미치는 의사결정 상황에서도 발견될 수 있음을 보여 주는 연구들을 좀 더 살펴보고자 한다.

바르그(Bargh)와 동료들(1996)은 디바인(1989)의 주장에서 한 걸음 더 나아갔다. 그들은 만약 인종 고정관념이 무의식적으로 활성화되고 따라서 모호한 사람들에 대한 실제 판단에 영향을 준다면, 무의식적인 고정관념의 활성화가 고정관념과 관련된 다른 어떤 행동적 구성요소들로도 확대될 수 있다고 주장하였다. 그리고 한번 고정관념이 활성화되면, 이러한 행동적 구성요소들은 비슷한 실제 행동을 유발할 수 있다고 하였다. 이러한 논리를 바탕으로 바르그와 동료들(1996)은 참가자들에게 다소 지루한 시각 판단 실험을 진행하였다. 참가자들에게 주어진 과제는 컴퓨터 화면에 제시된 동그라미 안의 숫자가 홀수였는지 짝수였는지를 추정하는 것이었다. 그들에게 알려 주지는 않았지만, 각 원들이 제시되기 바로 전에 흑인 또는 백인 얼굴이 (실험 상황에 따라) 약 20ms[주석 2] 동안 반짝 나타났다가 사라졌다. 그리고 즉시 격자 문양(cross-hatched pattern)이 나타나고, 이어서 원들이 나타났다. 얼굴은 순식간에 제시되었기 때문에 시각으로는 확인할 수 없었을 것이다. 이러한 절차를 130회 반복한 후, 갑자기 컴퓨터가 오류 메시지를 표시하면 그와 동시에 참가자들에게 처음부터 다시 실험을 시작해야 된다고 알려 주었다. 우리는 이 시점에서 참가자들이 얼마나 화가 날지 상상해 볼 수 있다. 바르그와 동료들은 몰래카메라로 그들이 불쾌감을 표시하는 것을 모두 녹화하였다. 전문가들이 녹화 영상을 분석한 결과, 흑인의 얼굴이 순식간에 제시되었던 참가자들이 백인의 얼굴이 제시되었던 경우보다 더욱 적대적이었다. 이러한 적대감은 실험 이후에 인종주의 척도로 측정한 편견 수준과는 전혀 관련성이 없었다. 결과적으로 디바인(1989)의 실험에서와 같이 아프리카계 미국인과 관련된 적대감의 고정관념이 활성화되었고, 이것이 실제 행동으로 나타난 것이다.

역치하 또는 드러나지 않게 점화된 다양한 다른 범주에서도 유사한 자동적 행동 효과가 관찰되었다. 성인의 경우 '노인'이라는 범주를 점화한 후 그들의 반응을 살펴보면 더 천천히 걷거나 더 천천히 반응하는 것을 관찰할 수 있었다(Bargh et al., 1996, Study 2; Dijksterhuis et al., 2001). 학생들의 경우에도 '교수'(또는 '축구광')의 범주가 점화된 후 반응을 살펴보면, 일반적으로 지식 과제에서 더 좋은 결과(또는 나쁜 결과)를 보였다(Dijksterhuis & van Knippenberg, 1998). 또한 사람들은 '정치인'의 범주가 점화된 후에는 더 장황하게 말을 하였다(Dijksterhuis & van Knippenberg, 2000).

이 자동적 현상이 다소 사소한 실험실 과제에만 한정될 수 있다는 오해를 해소하기 위해 사회적으로 좀 더 심각한 함의가 있는 연구들을 살펴볼 필요가 있다. 이 연구들을 본격적으로 설명하기에 앞서 다음 신문기사를 읽어 보자.

직접 무엇인가 만드는 것을 아주 좋아하는 한 흑인이 무장경찰에 의해 체포되었다. 이웃 사람이 그가 들고 있는 무선 드릴을 총으로 오인하여 생긴 일이지만 이 때문에 그는 10일 동안 수감되어야만 했다. ……전(前) 바베이도스의 경찰관이었던 50세의 실리(Sealy) 씨, …… 무장경찰관들은 그의 집을 둘러싸고 고성능 확성기를 이용하여 그의 이름을 불렀고 건물 밖으로 나오도록 명령했다. 경찰들은 건물 밖으로 나온 그를 땅에 엎드리게 하여 몸을 수색하고 수갑을 채웠다. 그에게서 어떤 무기도 발견되지 않았지만, 다른 사람들의 생명을 위협할 의도로 권총을 소지하였다는 죄목이었다. …… 북웨일즈 경찰서는 많은 사람들로부터 한 남자가 권총을 들고 거리를 걷고 있다는 정보를 입수했다고 하였다(Independent, 2001. 1. 30.)

실리 씨에 대한 기소는 결국 기각되었고, 그는 부당한 체포에 대한 금전적 보상을 받았다. 디알로(Diallo) 씨도 뉴욕에 거주하는 아프리카 사람으로 운이 없었다. 경찰이 그를 불러 세웠을 때, 마침 그때 그가 주머니에 손을 뻗었고, 경찰이 쏜 권총에 맞아 죽었다. 그러나 그에게서 총은 발견되지 않았다(New York Times,

1999. 2. 6.).

우리는 비록 평소 우리에게 일어나는 일들이 디알로 씨에게 발생한 것만큼 비극적이지는 않다고 여길 수 있지만, 영국이나 미국과 같이 흑인을 폭력 범죄로 연결시키는 고정관념이 팽배한 나라에서는 드물지 않게 이와 같은 사건이 발생하고 있다고 추측할 수 있다. 사실 사회심리학 연구는 그러한 잘못된 실수가 어떻게 발생하는지에 대한 몇 가지 단서를 제공해 준다. 페인(Payne, 2001)은 참가자들에게 200ms 동안 제시되는 사진들이 공구(펜치 한 쌍, 전기드릴)인지 또는 권총인지를 식별하게 하는 단순한 과제를 주었다. 그런데 과제 수행 전에 흑인과 백인 얼굴 사진을 짧게 제시하면서 이 사진들은 무시하라고 이야기해 주었다. 그런 다음 페인(Payne, 2001)은 실험 과제에서 제시된 물건들을 얼마나 잘 식별하는지 확인하였다. 실험 결과, 과제 이전에 흑인 얼굴을 본 참가자들은 백인 얼굴을 본 경우보다 권총을 식별하는 속도가 더 빨랐고, 공구를 식별하는 속도는 더 느렸다. 이어진 연구에서 페인은 반응을 더 빨리하도록 참가자들을 압박하여 그들의 실수에 규칙적인 패턴을 발견하였다. 실험 결과, 참가자들은 백인보다 흑인의 얼굴을 본 경우에 공구를 권총으로 잘못 식별하는 경우가 더 많아졌다. 이것은 앞서 제시한 신문기사에서 나타난 것처럼 사람들이 실리 씨의 무선 드릴을 총으로 오해한 것과 같은 현상이다.

코렐(Correll)과 동료들(2002)의 실험에서 더욱더 우려스러운 결과가 확인되었다. 그들은 영상 게임을 만들었는데, 그 게임에서는 어느 한 시점에 흑인 또는 백인 남성이 권총 또는 덜 위협적인 것(카메라, 휴대폰과 같은 것)을 들고 나타난다. 참가자에게는 게임에 등장하는 사람이 들고 있는 물건을 빠르게 판단하여 만약 그것이 권총이라고 여기면 사격 버튼을 누르고, 아니면 다른 버튼을 누르도록 하였다. 정확한 결정에 대한 반응 시간을 조사한 결과, 코렐과 동료들은 흑인에 대하여 일관된 편향이 나타나는 것을 발견하였다. [그림 4-2]에서 보는 바와 같이 게임에 나타난 사람이 무기를 가진 백인일 경우보다 흑인일 경우에 더 빠르게 사격 버튼을 눌렀다. 반면에 무기가 아닐 경우, 백인 남성이 나타날 때에 비해 다른 버튼을 누르는 속도가 더 느렸고 사격 버튼을 2배 정도 더 많은 횟수로 눌렀다. 사격 여부를 결정하는 데 있어 이러한 인종적 편향 정도는 참가자들의 편견 수준과는 관련성이 없었지만, 약하게나마 흑인에 대하여 '공격적'이라는 고정관념이 문화적으로 팽배하다는 믿음의 정도와는 관련성이 있었고, 또한 그들이 아프리카계 미국인과 얼마나 자주 접촉했는지와도 관련성이 있었다.

다른 연구에서 코렐과 동료들(2002, Study 4)은 흑인과 백인에 대한 반응시간 편향이 아프리카계 미국인에게도 나타난다는 것을 확인하였다. 코렐과 동료들은 디바인(1989)의 연구 결과와 같이 참가자들의 편견 수준과 인종 모두 의사결정 편향의 크기를 조설할 수 없다는 것을 확인하였다. 미국 사회의 대부분의 구성원(흑인 또는 백인, 편견을 가진 사람과 그렇지 않은 사람들)은 '흑인' 범주와 '적대적' 특성 간 비슷한 자동적 고정관념 관련성을 나타낼 것이고, 시간의 압박이 있거나 모호한 상황에서는 그에 맞게 행동할 것이다.

이러한 의사결정 편향의 기초가 되는 정확한 심리기제는 아직 명확하지 않다. 흑인의 손에 들려 있던 드릴을 권총으로 잘못 인식하는 것은 잘 학습된 고정관념

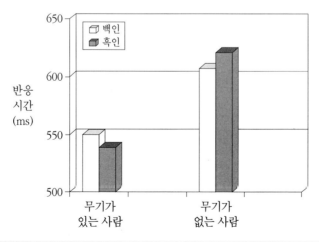

**그림 4-2 무기가 있는 사람과 없는 사람에 대한 정확한 사격 반응 시간**

출처: Correll et al. (2002), 그림 1을 수정함.

의 연계성 때문일까? 아니면 잘못된 인식을 통제할 수 있는(또는 수정할 수 있는) 능력을 어떤 식으로든 방해받아서일까? 후자의 질문에 대한 답이 몇몇 연구 결과에 있기는 하지만 아직까지 이 질문들에 대한 결정적인 답을 얻지는 못했다(Payne et al., 2005).

디바인(1989)의 자극적인 결론을 살펴보면, 자동적 고정관념 활성화(stereotype activation)와 그것의 효과는 그 사회의 구성원들 간에 공통적으로 나타나는 것으로 만약 그것을 통제할 수 있는 충분한 시간, 동기부여, 인지적 자원들이 없다면 그 사회 구성원들의 반응은 관련 현상에 대하여 그다지 큰 차이가 나지 않을 것이라고 하였다. 그러나 비록 디바인의 연구와 다른 연구에서 발견된 것처럼 사람들의 편견 수준에 상관없이 자동적 점화 효과가 나타났기 때문에 이 주장이 설득력이 있어 보임에도, 이와 정확히 반대되는 문헌도 많이 있다. 즉, 자동적 점화 상황에서도 사람들은 자신의 편견 수준에 따라 다른 반응을 보인다는 것이다.

그 주장을 최초로 검증한 것은 레포르와 브라운(Lepore & Brown, 1997)의 실험이었다. 이 연구는 레포르가 디바인(1989)의 점화 절차를 조심스럽게 분석하면서 얻게 된 정보를 바탕으로 진행되었다. 레포르는 디바인이 중립적인 범주(예, '흑인')와 부정적인 명사·형용사('깜둥이' '게으른')를 모두 점화하였다는 점에 주목하였다. 그러므로 이 점화 절차 다음에 제시되는 사람에 대하여 일반적으로 부정적으로 평가하는 것은 어찌 보면 당연한 것이다. 만약 중립적인 범주만을 점화한다면, 생활 속에서 습관적으로 나타나는 그 범주와 관련된 다양한 긍정적·부정적 고정관념을 관찰할 가능성이 있다고 주장하였다. 결과적으로, 일상에서 인종 소수자를 헐뜯는 등 편견을 아주 많이 가지고 있는 사람은 그렇지 않은 사람(인종 소수자를 균형 있게 바라보고 긍정적인 방법으로 상호작용하는 더 관대한 사람)과 아주 다른 인지적 표상을 형성하기가 쉽다. 이 가설은 맞았다. 우리(브라운과 레포르)는 디바인(1989)의 점화 절차를 적용하면서 부정적인 단어는 제거하고 단지 중립적인 범주만('흑인' '서인도인') 남겼다. 그리고 점화 절차 이후에 인상 형성 과제에서도 고정관념적인 긍정적인 평가(사교적인, 강건한)와 부정적인 평가(공격적인, 게

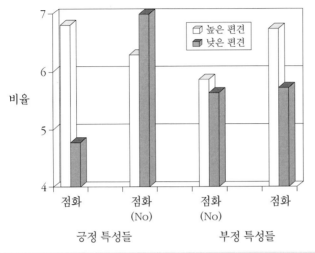

그림 4-3 높은 편견과 낮은 편견을 가진 사람들 자동적 범주 활성화의 효과

출처: Lepore & Brown (1997), 그림 1.

으른)를 모두 포함시켰다. 실험 조건(점화 조건과 비점화 조건)과 참가자들의 편견 수준(높음과 낮음)의 관계를 확인한 결과, 점화 효과가 편견의 수준에 따라 다르게 나타나는 것이 확인되었다([그림 4-3] 참조). 편견이 높은 참가자들은 제시한 인물에 대하여 더 부정적으로 그리고 덜 긍정적으로 평가하였다. 한편, 편견이 낮은 참가자들은 그 사람에 대하여 더 긍정적으로 평가하긴 하였으나, 부정적인 평가에 있어서는 거의 차이가 없었다. 따라서 디바인(1989)의 연구 결과와는 반대로, 우리의 연구는 인종 소수자 범주에 대한 자동적 고정관념 활성화가 불가피하게 또는 일반적으로 부정적 반응이나 편견 반응을 만들지 않는다는 것을 보여 주었다. 즉, 사람들이 이미 또는 습관적으로 가지고 있는 개인의 신념에 따라 다른 반응을 나타낸다고 볼 수 있다.

수많은 다른 연구에서도 편견의 수준에 따라 다양한 자동적 고정관념 현상이 나타나는 것을 확인할 수 있다. 한 연구에서는 편견의 차이를 보이는 사람들에게 '흑인' 또는 '백인' 단어만 점화한 후 단어 인식 과제를 실시한 결과, 긍정적 또는 부정적인 단어를 인식하는 속도에 차이가 있음을 확인하였다(Wittenbrink et al.,

1997). 또한 제시된 긍정적·부정적인 단어들을 발음하도록 한 과제에서도 점화된 인종에 따라 발음 속도에 차이가 있었다. 예를 들어, 흑인이 점화되었을 때 편견이 높은 사람은 편견이 낮은 사람보다 부정적인 단어들을 더 빠르게 발음하였다. 이 결과는 참가자들이 반응을 통제할 수 없도록 만든 상황에서도 동일하게 발생하였다(Kawakami et al., 1998). 또 다른 연구에서는 스트룹 과제(stroop task)[5]를 통해 호주 원주민에 대한 고정관념 단어(혹은 아닌 단어)의 색깔을 인식함에 있어 편견 정도에 따라 간섭 효과가 다르게 나타났다.[주석 3] 이 스트룹 과제도 일반적으로 고정관념의 자동적 처리(automatic processes) 과정이라고 볼 수 있다(Locke et al., 1994). 마지막으로, '죄수 딜레마' 게임에서도 사람들의 경쟁적인 행동은 그들의 편견 수준뿐 아니라 역치하 수준에서 점화(흑인 또는 백인 얼굴)된 결과 모두에게 쉽게 영향을 받는다는 것을 확인하였다. 즉, 편견이 높은 사람은 흑인이 점화된 후에 더 경쟁적이었고, 편견이 낮은 사람은 백인이 점화된 이후에 더 경쟁적이었다(Brown et al., 2003). 이 모든 연구 결과는 사람의 편견 수준에 따라 인종(또는 다른) 집단에 대한 서로 다른 심적 표상을 가지고 있다는 것과 맥을 같이한다. 편견이 없는 사람들과 편견을 가진 사람들은 오랫동안 다른 방식으로 관련 범주와 그 범주의 다양한 긍정·부정 태도 간의 인지적 연합을 형성하였다. 많은 연구가 보여 주듯이 이러한 서로 다른 연합은 심지어 자동적 수준에서도 나타날 수도 있다.

5) 역자 주 — 일반적으로 스트룹 과제는 중립 조건, 일치 조건, 불일치 조건 등의 세 가지 조건으로 구성된다. 일치 조건에서는 단어의 의미와 잉크 색상이 일치하게 구성되어 제시되며, 불일치 조건에서는 단어의 의미와 잉크 색상이 불일치하게 구성되어 제시된다. 중립 조건은 색상 자극만으로 구성된다. 스트룹 과제는 스트룹이 색채 단어와 유색 잉크를 조합해 실험을 하고 단어의 의미와 글자의 색상이 일치하지 않는 조건에서 색상을 읽을 때 속도가 느려지는 현상을 발견한 이후 이름 붙여졌다.

## 그들이 왜 그랬을까? 고정관념과 사회적 귀인

앞서 나는 고정관념을 집단의 특성에 대한 가설(비록 편향되고 이미 알고 있는 사실을 확인하는 확증 탐색 가설일지라도)이라는 관점에서 설명하였다. 이 관점에서 볼 때 고정관념은 또 다른 중요한 기능을 가지고 있는데, 그것은 사람이 사회적으로 발생하는 사건을 설명할 때 고정관념의 영향을 받는다는 것이다(Tajfel, 1981b). 길에서 흑인이 어떤 사람을 밀고 있는 장면을 목격했다고 추측해 보자. 이 행동을 어떻게 해석할 것인가? 친밀함의 표현인 접촉일까? 아니면 공격적인 폭력 싸움의 서막일까? 그 흑인이 일관되게 그렇게 행동해 온 것이라고 추측해야 할까? 아니면 어떤 일시적인 상황적 요인 때문에 발생한 것이라고 추측해야 할까? 이러한 질문들이 집단 간 편견의 관점에서는 관심의 대상이 되지 않았지만(예외에 대해서는 Hewstone, 1989 참조), 귀인이론(attribution theory)의 관점에서 많이 다루어졌다. 집단 고정관념이 귀인과정에서는 어떤 역할을 할까? 이 예를 통해 그 역할을 확인해 볼 수 있다. 만약 이러한 사건이 영국이나 미국 같이 공격성이 흑인의 보편적인 고정관념 중 하나로 인식되는 곳에서 발생했다면, 이 사례에서의 흑인 행동은 훨씬 쉽게 공격적인 것으로 해석될 것이고 그 원인을 내적 기질로 귀인할 것이다.

어쨌든 이것은 던컨(Duncan, 1976)의 가설로서, 이 가설을 증명하기 위하여 2개의 유사한 동영상을 이용한 실험을 하였다. 동영상은 두 남자가 열띤 논쟁을 하다가 한 사람이 다른 사람을 밀치면서 논쟁이 끝나는 내용이다. 동영상에서 밀친 사람(가해자)의 절반은 흑인이었고, 나머지 절반은 백인이었다. 대신 밀침을 당한 사람(피해자)의 인종은 다양하였다. 이 상황이 실제 상황이라고 믿고 있는 참가자들(백인)에게 이 상황을 해석하도록 하였다. 흑인 가해자 상황에서는 참가자들의 90%가 그 행동이 '폭력적' 또는 '공격적'이라고 해석하였고, 그 행동의 원인을 내적 요인으로 귀인하였다. 그리고 백인 가해자 상황에서는 참가자들의 40% 미만이 '폭력적' 또는 '공격적'으로 해석하였고, 그 행동의 원인을 상황적 요인으로 귀인하는 경향이 더 강했다(Sagar & Schofield, 1980 참조).

귀인판단에 대한 고정관념의 영향은 다른 집단 간 상황에서도 발견되었다. 마크레와 셰퍼드(Macrae & Shepherd, 1989)는 그 행동의 주체가 노동자였는지 또는 회계사였는지에 따라 두 가지 범죄 행동(공격과 횡령)에 대한 사람들의 설명이 달라지는 것을 확인하였다. 그리고 만약 범죄 행동(예, 횡령)이 고정관념적으로 받아들여지는 직업(예, 회계사)과 일치할 경우 그 행동의 원인은 내적 요인으로 귀인되었고, 일치하지 않을 경우에는 그러한 귀인 현상이 덜 발생하였다. 그리고 펀햄(Furnham, 1982)은 고용된 직장인들의 경우 실직한 사람들이 다시 직장을 얻기 위해 열심히 노력하지 않거나 구직 활동을 위해 노력하지 않는다고 강하게 믿고 있었다. 이 내적 귀인은 몇몇 유명 신문과 우익 정치인들이 선동하여 전파시킨 '실직자는 게으르다.'는 고정관념과 일치한다. 그러나 실직자의 경우에는 자신의 어려운 상황을 외부적인 요인(예, '이민자의 유입')으로 귀인하는 경향이 강한데, 이는 어찌 보면 당연한 현상이다.

페티그루(1979)는 서로 다른 집단에 속한 사람들은 동일한 현상에 대하여 종종 다른 설명을 한다고 하였다. 페티그루는 로스(Ross, 1977)가 주장한 사람이 자기 자신에 대해서는 외적 귀인을, 다른 사람에 대해서는 내적 귀인을 하는 경향인 '근본적 귀인 오류(fundamental attribution error)'[6]라는 개념을 사용하여 집단 구성원들이 궁극 귀인 오류(ultimate attribution error)를 범하기 쉽다고 하였다. 즉, 부정적인 행동이 나타날 때 외집단에 대해서는 내적 요인('그들은 원래 그래.')에, 내집단에 대해서는 외적 요인('우리는 자극받았어.')에 그 원인이 있다고 본다는 것이다. 긍정적인 행동은 오히려 반대로 해석된다.

이 가설은 많은 연구에서 확인되었다. 테일러와 재기(Taylor & Jaggi, 1974)는 인도 사무직 근로자들(힌두교인)에게 몇 가지 시나리오를 제시하였다. 그 시나리오에는 힌두교인 또는 이슬람교인이 바람직한 행동과 바람직하지 않은 행동을 하는

---

6) 역자 주-관찰자가 다른 이들의 행동을 설명할 때 상황 요인들의 영향을 과소평가하고 행위자의 내적·기질적 요인들의 영향을 과대평가하는 경향을 말한다.

것으로 묘사되었다. 그들은 똑같은 행동이었지만 힌두교인의 바람직한 행동은 주로 내적 요인으로 귀인하였고, 이슬람교인의 경우에는 외적 요인으로 귀인하였다. 그리고 바람직하지 않은 행동에 대해서는 반대로 귀인하였다. 헌터(Hunter)와 동료들(1991)은 북아일랜드 지역 내에서 일어나는 다양한 폭력 사건에 대한 가톨릭교인과 기독교인의 귀인 현상도 유사하다는 것을 발견하였다. 이처럼 '근본적 귀인 오류'가 일반적인 현상임에도, 그것의 효과가 모든 집단에 적용되는 것은 아니다. 휴스톤(Hewstone)과 동료들의 연구에 따르면, 집단 간 귀인편향은 주류 또는 다수 집단에서 가장 전형적으로 나타났다(Hewstone & Ward, 1985; Islam & Hewstone, 1993b). 예를 들어, 방글라데시의 이슬람교인(다수집단)은 일관적으로 긍정적인 내집단과 부정적인 외집단의 행동에 대해서는 내적 귀인을 하였으나, 힌두교인(소수집단)의 경우에는 그러한 현상이 나타나지 않았다(Islam & Hewstone, 1993b).

내·외 집단의 부정·긍정 행동에 따라 귀인할 대상이 바뀔 뿐 아니라, 사용하는 언어도 바뀐다. 마스(Maass)와 동료들(1989)은 이탈리아 시에나에서 벌어지는 경마 대회인 팔리오(palio)의 콘트라다(contrade)[7] 대항전에서 자신의 콘트라다 사람들과 라이벌 콘트라다 사람들을 묘사한 만화를 보고서 그 내용을 설명하도록 하였다. 연구는 격렬한 경쟁으로 치닫는 연중 경마 경기가 있기 전 몇 주 동안 진행되었다. 사람들이 설명한 내용을 언어학적으로 분석해 보면, 긍정적인 내집단 행동을 설명할 때는 동일한 외집단 행동을 설명할 때보다 오래 지속되는 성향을 나타내는 용어들을 더 많이 사용하였으며, 그 용어들은 아주 구체적이고 상황적으로 특수한 용어도 많았다. 하지만 부정적인 행동에 대해서는 정반대로 설명하였다. 마스가 이름 붙인 이러한 언어적 집단 간 편향(linguistic intergroup bias) 현상은 스포츠 또는 정치 상황에 대한 신문기사에서, 수많은 국가 간 또는 인종 간

---

7) 역자 주—팔리오 축제에 참가한 지역 자치구를 일컫는 말로서 중세에 형성된 자치구였으나 오늘날에는 행정적·군사적 기능은 모두 상실했다. 단, 각 콘트라다만의 전통과 자부심을 지닌 민중 조직으로 변모했다.

상황 그리고 성별 간 관계에서 폭넓게 관찰되었다(Maass, 1999). 마스가 지적했듯이, 집단 간 가치에 대한 사람의 언어적 편향은 고정관념의 유지와 변화에 중요한 의미를 가지고 있을지도 모른다. 아주 추상적이고 일반적인 개념은 새로운 정보에 따라 수정되기가 쉽지 않다. 그러나 아주 구체적인 표현들은 하나 또는 어느 정도의 정반대되는 사례가 나타나면 수정될 개연성이 있다. 부정적 내집단과 긍정적 외집단 이미지가 구체적인 반면 긍정적 내집단과 부정적 외집단에 대한 고정관념이 추상적으로 흐르는 한, 상호 경멸적인 집단 간 고정관념들의 변화는 그리 낙관적이지 않다. 다음 절에서 고정관념의 변화에 대해 알아보고자 한다.

## 고정관념의 활성화와 사용에 영향을 주는 요인들

지금까지 사회적 상황을 판단하거나 다시 떠올릴 때 고정관념이 영향을 미친다는 것을 여러 경우를 들어 살펴보았다. 심리적으로 사회적 범주들이 존재하는 상황에서는 고정관념이 거의 자동적으로 영향을 미친다고 결론 내릴 수 있을 만큼 쉽게, 자주 그 영향이 발견된다. 이 결론이 얼핏 그럴듯해 보이지만, 사람의 사회적 인식이 그렇게 단순하지만은 않다는 것을 고려한다면 전적으로 맞다고 할 수는 없다. 고정관념적인 예상을 하지 않도록 억제하는(또는 부추기는) 여러 요소를 살펴보고자 한다.

그러한 요소 중 하나는 우리가 직면한 상황보다는 해당 관심 문제에 얼마나 정신적으로 몰두해 있는가에 있다. 길버트와 힉슨(Gilbert & Hixon, 1991)은 이것을 '인지적 분주함(cognitive busyness)'이라고 불렀다. 고정관념의 가장 주요한 기능은 우리가 만나는 각 사람을 깊이 조사하고 이해하려 할 때 겪게 되는 어려움을 겪지 않도록 정신적인 지름길의 역할을 수행하는 것이다. 가설은 아주 간단한데, 우리가 다른 인지적 과제에 의해 정신적으로 방해를 받을수록 고정관념적 지름길에 더 의존하여 판단하게 된다는 것이다. 마크레와 동료들(1993)은 이 가설을 검증하기 위하여 참가자들에게 한 여성이 자신의 생활양식과 관심 분야를 이야기하고 있는 짧은 동영상을 보여 주었다. 참가자들의 절반은 그녀의 직업이 의사라고 들었으며, 나머지 절반은 미용사라고 들었다. 실험집단에는 과제 수행을 방해하는 추가 과제가 주어졌는데, 8개의 아라비아 숫자를 외우고 기억해 내는 과제였고, 통제집단의 경우 추가 과제가 없었다. 방해 과제 이후 목표 과제는 참가자들이 동영상에서 본 여성에 대한 정보를 가능한 한 많이 기억하도록 하는 실험이었다. 실험 결과, 동영상을 보면서 숫자를 외우는 추가 과제를 수행한 참가자들은 그렇지 않은 사람들보다 여성의 직업과 관련된 고정관념적 내용을 더 많이 기억하였고, 여성에 대한 평가에서도 고정관념적인 용어를 더 많이 사용하였다. 추가 과제가 없었던 통제집단의 결과는 이와 반대였다.

이 연구 자료는 고정관념이 '(정신적으로) 게으름의 가장 좋은 친구'라고 표현하는 것을 완벽하게 지지하지만(Gilbert & Hixon, 1991, p. 509), 이 연구의 또 다른 결과가 있다. 길버트와 힉슨이 주장한 인지적 분주함은 단지 적합한 범주가 사용되었을 때만 제 역할을 할 수 있다. 적합한 범주가 사용되기 이전(즉, 상호작용을 시작하는 순간)의 인지적 분주함은 고정관념의 활성화를 방해할지도 모른다. 그들은 세밀하게 설계된 실험을 통하여 이에 대한 몇 가지 증거를 제시하였다. 실험은 아시아인과 백인 여성이 완성되지 않은 단어들(예, POLI-E, N-P)이 적혀 있는 카드를 들고 있는 것으로 시작한다. 참가자들은 두 조건으로 나누어 한 조건에서는 아시아인 여성이 들고 있는 카드의 빈칸을 짧은 시간 동안 되도록 많이 생각해 내도록 했고, 다른 조건은 백인 여성의 카드를 생각해 내게 하였다. 각 조건의 절반에게는 8개의 아라비아 숫자를 기억해야 하는 추가 과제가 주어졌다. 실험 결과, 흥미로운 패턴이 나타났다. 추가 과제가 없었던 참가자들의 경우 카드를 보여 준 사람이 백인 여성이었을 때보다 아시아인이었을 때 고정관념과 연계된 단어들[예, '성숙한(POLITE)' '일본인의(NIP)']을 너 많이 생각해 내는 경향이 있으나. 반면, 추가 과제가 있었던 참가자들은 단어를 보여 주는 사람들의 인종의 차이에 영향을 받지 않았다. 이어진 두 번째 실험에서는 첫 번째 실험에서 카드를 제시했던 아시아인과 백인 여성의 일상생활에 대한 이야기를 들었다. 그리고 두 집단의 참가자들 중 각각 절반에게는 이야기를 듣는 동안 몇 가지 다른 과제가 주어졌다. 두 번째 실험 결과, 전체 4개의 하부 집단 중 한 집단에서만, 일상생활을 이야기한 사람들에 대한 평가에서 백인 여성보다 아시아인에 대해 더 고정관념적인 반응이 나타났다. 반응이 나타난 이 집단은 첫 번째 실험에서는 추가 과제를 하지 않았고(따라서 고정관념이 활성화되었다), 두 번째 실험에서는 추가 과제를 한(따라서 활성화된 고정관념을 사용한 것이다) 집단이었다.

스트로에스네르(Stroessner)와 동료들(1992)도 이와 유사한 결과를 보여 주었다. 그들은 착각적 상관의 인식을 추론하는 실험을 통해 정서적 자극이 고정관념 형성을 방해할 수 있다는 것을 검증하였다. 인지적 분주함이 미치는 영향과 아주 유사한 방법으로 감정이 고정관념에 중요한 역할을 하고 있다는 것을 밝혀냈으며, 그 요점은 우리가 어떤 것에 대하여 화가 나거나 불안할 때는 보다 익숙한 것에 의지하려 하기 때문에 사회적 인식의 고정관념을 더 쉽게 사용하게 된다는 것이다. 스테판과 스테판(Stephan & Stephan, 1985)의 연구는 우리가 이 사실에 관심을 가지도록 만든 최초의 연구 중 하나다. 그들은 서로 다른 집단 구성원들 간의 상호작용이 때로는 불안 유발 사건으로 작용할 수 있다고 지적하였다. 그 원인은 이전에 존재했던 갈등 때문일 수 있고, 아니면 단순히 서로에 대한 무시나 곤란한 상황 또는 오해 때문에 발생한 긴장 때문일 수도 있다. 정보처리 능력을 방해하는 정서의 효과를 검증하기 위해 잘 설계된 연구 결과들을 보면(Easterbrook, 1959), 서로 다른 집단 구성원들 간의 만남은 고정관념적인 판단이 성장하는 토양이 될 수 있다고 하였다.주석 4

인종 간 관계를 연구한 다른 자료들은 서로 다른 집단 구성원들 간의 상호작용이 집단 간 상황에서 중요한 역할을 한다고 강조하였다. 디커(Dijker, 1987)는 네덜란드인이 인종 소수자와 회의를 앞두고 있다고 생각할 때 불안하고 초조한 느낌을 가진다는 것을 확인하였다. 이와 유사하게, 방글라데시에서 힌두교인과 이슬람교인 간의 만남은 불안을 유발하였고, 이로 인하여 외집단 동질성을 더 강하게 인식하고, 외집단에 대하여 부정적 태도를 보였다(Islam & Hewstone, 1993a). 집단 간 만남에서 유발되는 불안은 편견을 줄이려는 노력에 중요한 시사점을 제공한다 (이 부분은 제9장에서 다시 다룰 것이다). 실험실 연구들에서도 정서가 강화되면 고 정관념적 판단을 증가시킬 수 있다는 것을 확인하였다(Mackie et al., 1989; Wilder & Shapiro, 1989a, 1989b).

고정관념과 정서의 관계를 논의하는 과정에서, 고정관념과 행동의 관계를 살펴 보는 것도 의미가 있다. 앞서 제시된 많은 연구를 통해 추측할 수 있는 것은 부정 적인 고정관념은 편견 행동을 유발할 수 있다는 것이다. 그러나 쿠디(Cuddy)와 동 료들(2007)에 따르면, 고정관념과 행동은 그렇게 직접적인 관련성이 없을 수 있 다. 그들의 연구는 세상에 존재하는 여러 가지 다양한 집단 고정관념이 단순하게 두 가지 차원으로 분류될 수 있다는 생각에서부터 시작되었다. 즉, 집단을 표현할 때 그들이 유능한지(또는 아닌지), 그리고 그들이 얼마나 따뜻한지(또는 차가운지) 에 따라 분류될 수 있다는 것이다(Fiske et al., 2002). 이 분류에서 집단의 위치는 그 집단의 사회적 지위(예, '지위가 높은 집단들은 대체로 더 유능한 집단으로 보인 다.')와 그 집단과 자신의 집단과의 기능적 관계(예, '우리 집단과 서로 협력하거나 우리 집단에 의존하는 집단은 일반적으로 경쟁자라기보다 더 따뜻한 집단으로 보인다.') 에 의해 정해진다. 이 분류를 통해 만들어지는 다양한 고정관념적인 신념은 여러 가지 집단 간 정서를 형성한다('유능한' 집단과 '따뜻한' 집단에게는 칭찬을 하고, '무 능한' 집단과 '차가운' 집단에게 비난하는 것과 같이). 그리고 고정관념 자체보다는 정 서가 그 집단에 어떻게 행동할지를 결정하는 중요한 요인으로 작용할 수도 있다. 쿠디와 동료들(2007)의 연구가 비록 초보적이고 간접적인 연구이지만(이들의 연구 는 다른 사람들이 외집단을 어떻게 인식하고 반응하는지에 대한 평가로만 얻은 결과다), 고정관념보다는 감정이 차별의 더 강력한 예언변인이라고 주장하는 다른 연구들 과도 일치한다(Dovidio et al., 1996, Schütz & Six, 1996, Stangor et al., 1991; 또한 이 책의 제8장, 제9장 참조).

사람이 얼마나 인지적(인지적 분주함)으로 또는 정서적(불안유발자극)으로 몰두 할 것인가는 사회적 상황에 따라 달라진다. 그리고 사람이 상대방을 판단할 때 인지적·정서적 정도의 차이 때문에 편향된 고정관념에 의지하게 된다는 근거는 아주 약하다. 두 요소 이외에 세 번째 요소인 상호의존성(집단 간에 서로 긍정적으로 상호의존하는 관계)이 고정관념 사용 가능성에 영향을 미칠 수도 있다. 공식적으로 덜 강조되었지만, 만약 어떤 것을 성취하기 위해 한 사람이 다른 사람을 의지한다면, 그들은 집단 고정관념에 덜 의존하고 그 사람의 구체적인 정보만 찾으려 할 것이다. 비록 결론 내리기에 이르긴 하지만, 노이베르크와 피스케(Neuberg & Fiske, 1987)의 연구는 이 주장에 대한 몇 가지 기초적인 증거를 제시한다. 그들은 참가 학생들에게 잠시 후 예전에 정신분열증을 앓았던 사람들을 만나게 될 것이라고 알려 주었다. 이렇게 알려 준 이유는, 일반적으로 사람은 정신장애(범주)를 싫어하고, 학생들 사이에서도 약간의 불안이 야기될 수 있기 때문이다. 실험 상황에서 학생들이 금전적인 보상을 받기 위해서는 정신분열증을 앓았던 사람에게 의지하여(또는 하지 않고) 상호작용해야 했다. 이러한 상호의존의 실험 상황에서 참가자들은 정신분열증을 앓았던 사람의 정보에 대하여 더 많은 관심을 보였고, 더 좋아하였다(그 효과가 항상 매우 강하거나 일관적으로 나온 것은 아니었다). 더욱이, 펜드리와 마크레(Pendry & Macrae, 1994)는 상호의존성의 개별 효과는 인지적 방해에 의해 쉽게 없어질 수 있다고 주장하였다. 그럼에도 불구하고, 이와 같은 집단 간 협력에 의한 또 다른 혜택은 상호의존성의 긍정적인 효과와 전반적으로 일치한다(이 책의 제9장 참조).

## 상상 속에서 세상을 만드는 것: 자기충족적 예언으로서의 고정관념

지금까지 고정관념의 효과를 고정관념을 인식하는 사람(주체)의 입장에서만 살펴보았다. 즉, 고정관념이 언제 어떻게 다른 사람에 대한 우리의 인식, 회상, 그리고 평가에 영향을 주는지에 초점을 맞추었다. 이에 대한 결론을 내리기에 앞서 고정관념이 그 대상이 되는 사람(객체)에게 어떤 영향을 미치는지를 살펴보고자 한다. 그리고 그 주체가 되는 사람이 단순히 (고정관념을 지지하는) 확증적 증거들을 선택적으로 받아들임으로써 고정관념이 형성될 뿐만 아니라, 그들 스스로 확증적 증거를 더 쉽게 찾을 수 있는 상황을 만들어 낸다는 사실을 확인할 것이다(Darley & Fazio, 1980; Snyder, 1981). 고정관념을 **자기충족적 예언**(self-fulfilling prophecies)으로 보는, 보다 역동적인 이 관점은 많은 연구에서 지지되었다.

워드(Word)와 동료들(1974)의 초기 실험의 예를 살펴보자. 참가자는 백인들로, 직장 면접관의 임무를 수행하는 과제를 받았다. 면접 대상자는 절반이 백인, 절반은 흑인이었다. 이 면접 대상자들은 모두 실험 동조자로서 면접과정에서 표준화된 방법으로 반응하도록 잘 훈련받았다. 면접관의 행동을 면밀히 관찰한 결과, 면접 대상자가 백인이었을 때와 비교하여 흑인이었을 때 미묘한 행동의 차이가 있었다. 면접관들은 흑인 면접자와는 더 멀리 앉았고, 의자 등받이에 더 기대는 경향이 있었다. 면접 시간도 전반적으로 25%(3분) 짧았고, 말을 할 때도 주저하거나 더 많이 더듬는 등 유창하지 못했다. 우리는 실제 직장 면접에서 비언어적 행동의 차이가 발생할 수도 있음을 쉽게 상상해 볼 수 있다. 워드와 동료들은 여기에서 멈추지 않고 한 걸음 더 나아갔다. 두 번째 실험에서는 그들의 역할을 바꾼 것이다. 이번에는 면접관(백인)이 실험 동조자였으며 면접 시 두 가지 방식 중 하나에 따라 행동하도록 훈련받았다. 하나의 방식은 면접 대상자와 가까이 앉아서 말실수를 최소화하면서 좀 더 길게 면접을 진행하도록 하였다. 다른 하나의 방식은 이와 정반대로 면접하도록 하였다. 첫 번째 실험에서는 면접관(참가자)의 행동이 다양하였는데, 두 번째 실험에서는 면접 대상자들(참가자)의 행동이 다양하였다. 두 번째 실험의 면접 대상자는 모두 백인이었고 각각 독립된 평가자들이 그들의 행동을 면밀히 관찰하고 평가하였다. 실험 결과 놀라운 것은, 면접 대상자들이 면접관의 행동을 따라 행동한다는 점이었다. 즉, 면접관이 면접 대상자와 가까이 앉아서 보다 유창하게 말을 한 상황에서는 면접 대상자들 또한 면접관과 같이 가까이 앉아서 유창하게 말을 잘하였고, 다른 실험 상황과 확연히 다른(반대) 반응을 보였다. 결과적으로 이들은 믿음직스럽고 침착한 사람으로 평가되었고, 역시 해당 직장에 더 적합한 사람으로 평가되었다. 스나이더(Snyder)와 동료들(1977)은 이와 유사한 자기 영속화 효과(self-perpetuating effect)를 발견하였다. 그들은 참가자들 (남성)에게 전화 통화 대상이 매혹적이거나 비매혹적인 여성이라고 알려 주었다. 남성은 실험 상황에 따라 통화 대상 여성에 대한 다른 인상(매혹적, 비매혹적)을 형성하였고, 그에 따라 다른 평가를 하였다. 즉, 비매혹적인 여성일 때보다 매혹적인 여성일 경우에 더 친절하고, 호감이 가며, 더 사회성이 있는 것으로 평가하였다(Snyder, 1981 참조).

고정관념의 대상이 되는 사람들에게 효과를 미치는 기대라는 것은 다소 미묘하게 발생하는 특성이 있기 때문에 당사자들(인식자와 인식 대상자)은 자신이 어느 편에 있는지를 잘 모를 것이라고 의심할 수 있다. 이러한 의심은 첸과 바르그(Chen & Bargh, 1997)에 의해 증폭되었다. 그들의 실험에서는 인식자들의 고정관념들이 역치하 수준에서 활성화되었다. 첸과 바르그는 바르그와 동료들(1996)이 적용했던 역치하 점화 절차와 동일한 방법(인지적으로 인식할 수 없도록)을 사용하여 실험하였는데, 백인 참가자들에게 다른 과제라고 가장하여 흑인 또는 백인 사진들을 반복해서 노출시키는 점화 절차를 거쳤다. 이 점화 절차 이후, 백인 참가자들은 다른 방에 있는 참가자와 내부 전화를 통해 단어 맞추기 게임을 하였다. 대화 내용은 모두 녹음되었고, 평가자들은 참가자들이 얼마나 적대적인지를 알아보기 위하여 모든 대화 내용을 코드화(점수화)하였다. 예상대로 바르그와 동료들(1996)의 연구에서 발견된 결과와 동일하게, 즉 백인보다 흑인이 점화된 인식자가 더 적대적인 것으로 나타났다. 그리고 다른 방에 있었던 참가자들(점화 절차를 거치지 않은 사람들) 또한 동일한 반응을 보였다. 흑인이 점화된 인식자들과 함께 게임을 하였을 때, 백인이 점화된 인식자들과 게임을 할 때보다 더 공격적인 언어를 사용하였다. 이 실험 방법에서 주목할 만한 점은(방법론적으로 창의적인 부분은) 모든 실험 참가자(실험자, 인식자, 인식 대상자, 평가자)에게 인식자들이 어떤 실험 상황에 있는지에 대한 정보를 주지 않았다는 점이다. 따라서 이 실험에서 발견된 자기충족적 예언 효과는 모든 사람이 인식하지 못하는 가운데 발생한 것이다. 마치 우리가 누군가를 좋아하든지 싫어하든지, 또는 잘 알고 있든지 모르고 있든지 간에 그들에 대한 이미지는 우리의 고정관념 내에서 만들어지는 것 같다. 그런데 나는 일상생활에서 발생하는 현상을 확증하는 많은 기대가 지식 없이도 가능할 수 있는지에 대해 의구심이 있다.

고정관념의 자기충족 특성은 인위적인 실험에서만이 아니라, 일상의 자연스러운 상황에서도 나타난다. 특히 학교 상황에서 가장 흥미로운 결과를 발견할 수 있다. 그중 가장 유명한 연구는 미국 초등학교에서 있었던 로젠탈과 제이콥슨(Rosenthal & Jacobson, 1968)의 연구다. 연구 대상이었던 초등학교는 주변 학교들처럼 다양한 지능평가와 성취도를 통해 학생들을 평가하였다. 초등학교는 연구가 진행된 1년 동안 로젠탈과 제이콥슨의 연구를 위해 잘 표준화된 비언어 지능검사인 '하버드 획득 검사(Harvard test of inflected acquisition)'를 사용할 수 있도록 해 주었다. 단, 검사 결과는 연구자인 로젠탈과 제이콥슨만 알고 있었다. 그들은 첫 번째 비언어 지능검사를 마친 후, 무작위로 각 학년에서 상위 20%의 학생들을 선발하였고, 'bloomers(기대주)'라는 이름을 붙인 이 학생들의 명단은 연구자들의 (가짜의) 기대를 간략하게 설명한 자료와 함께 교사들에게만 전달되었다. 1년 후 로젠탈과 제이콥슨은 전교생을 대상으로 동일한 지능검사를 실시하였다. 연구 결과는 [그림 4-4]와 같으며, 이 결과는 이후 많은 사회심리학자들과 교육자들의 관심이 되었다. 그림에서는 1학년과 2학년 실험집단 학생들의 지능이 통제집단에 비해 높게 나타났다는 것을 확인할 수 있다.[주석 5] 그러나 3~6학년 학생들의 경우 통계적으로 큰 차이는 없었다. 1~2학년의 주목할 만한 지능의 변화는 오직 교사들의 기대로밖에는 설명되지 않는다. 왜냐하면 '똑똑한' 학생이라는 것을 알고 있는 사람은 교사들뿐이었고, 학생들 스스로는 자신의 '우수한' 능력에 대한 정보를 몰랐기 때문이다.

하지만 이 연구는 적은 수의 학생, 고학년에 사용된 IQ 측정의 비일관성, 그리고 까다로운 방법론적인 단점 때문에 로젠탈과 제이콥슨의 주장이 모두에게 받아들여지는 것은 아니었다(Elashoff & Snow, 1971; Jussim & Harber, 2005; Thorndike, 1968 참조). 그럼에도 불구하고, 로젠탈과 제이콥슨 이후 다른 많은 연구의 선구적

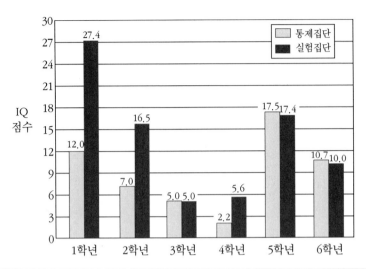

**그림 4-4  학생들의 성취도에 대한 교사의 기대 효과**

출처: Rosenthal & Jacobson (1968), 그림 7.1.

노력으로 교사의 기대가 학생의 성과에 미치는 일관되고 측정 가능한 효과가 검증되었다. 크레이노와 멜론(Crano & Mellon, 1978)의 연구는 그 대표적인 예로서, 그들은 영국 초등학교 72곳에서 5,000명 이상의 학생들로부터 수집한 종단 자료를 바탕으로 교차지연 패널 분석을 하였다. 교차지연 분석의 논리는 간단하다. 2개의 변수[이 경우에는 교사의 기대($E$)와 학생의 성과($P$)]가 있고 이 두 변수 간에 정적 상관이 있다고 가정해 보자. 그러나 두 변수의 상관관계가 인과성을 의미하는 것은 아니므로 상관관계가 있다고 해서 교사의 기대($E$)가 학생의 성적($P$)으로 나타났다고 추정할 수는 없다. 이런 추정은 (동일한 논리로) 학생들의 성적이 좋기 때문에 교사들의 기대가 높아졌다고 설명하는 것과 같다. 그러나 우리가 두 시점($t1$, $t2$)에서 교사들의 기대($E1$, $E2$)와 학생들의 성적($P1$, $P2$)을 알고 있다고 가정해 보자. 만약 교사들의 기대($E$)가 다른 것들보다 학생들의 성적($P$)에 더 많은 영향을 준다면, $P1$과 $E2$ 간의 상관관계보다 $E1$과 $P2$의 상관관계가 더 강할 것이라고 예상해 볼 수 있다. 이것이 바로 크레이노와 멜론이 분석한 방법이다. 그들은 학생들의 행동, 동기, 그리고 성적 등에 대한 교사들의 평가를 측정하였다. 그리고 다양한 표준화된 성적 측정도구를 통해 동일 학생들의 점수를 확인하였다. 두 자료는 1년 단위로 구분하여 두 시점에서 측정하였다. 분석 결과, 상관관계 유형은 아주 분명하게 나타났다. 전체 자료 중 84개의 *E1P2*와 *E2P1* 간의 상관관계를 비교 분석할 수 있었는데, 그중 3/4의 자료에서 *E2P1*의 상관관계보다 *E1P2*의 상관관계가 더 강하게 나타났다. 이는 기대 효과와 그에 따른 성적 간의 인과관계를 분명하게 나타내 주는 결과다(Jussim, 1989; Smith et al., 1999 참조).

한편, 자기충족 기대 효과(비록 그 효과 크기가 매우 크지는 않더라도)가 편향된 고정관념을 유지하는 데 중요한 요소로도 작용할 수 있다. 에클레스-파슨스(Eccles-Parsons)와 동료들은 아동의 역량과 관련된 부모의 기대는 실제 아동의 능력을 고려할 때조차도 성별에 영향을 받는다고 지적하였다. 그리고 이러한 기대는 아동 스스로가 인식하는 다른 범주에서의 능력과 관련성이 있는 것으로 나타났다(예, 여자아이는 스스로 영어는 잘하지만 수학은 못한다고 인식한다: Eccles-Parsons et al., 1982; Eccles et al., 1990). 아동이 이후 대학과 직장을 선택하는 것도 자기인식을 바탕으로 이루어질 가능성이 높다. 따라서 이러한 방식으로 사람은 여성과 남성의 언어와 기술 능력에 대한 성별 고정관념을 지속적으로 유지하게 된다.

자기충족적 예언 효과의 또 다른 흥미로운 사실은 그 영향의 방향이 한 방향으로만 나타나지 않는다는 것이다. 즉, 교사의 기대로 생긴 학생의 자기인식이 다시 교사들의 기대에도 영향을 줄 수 있다는 것이다. 마돈(Madon)과 동료들(2001b)은 1년 이상의 교차지연 패널연구를 통해 교사의 기대와 학생의 성적 간에 상호영향 관계를 확인하였다. 그들은 학생의 수학 능력에 대하여 교사와 학생의 인식을 모두 조사하였다. 대체로 *t1*에서의 교사의 인식이 *t2*에서의 학생의 자기인식에 영향을 주었다(이전 수학 능력은 통제되었다). 여기에서 흥미롭게도, *t1*에서 학생의 자기인식 역시 *t2*에서의 교사의 인식에도 영향을 주었다. 두 경우 모두 상관관계가 아주 강하지는 않았지만 통계적으로 유의하게 나타났다. 그리고 후자의 경우 전자보다는 약한 상관관계(비록 비교된 차이가 통계적으로 유의하지는 않았지만)를 보였다. 다시 말해서, 교사와 학생은 서로서로 영향을 주고받는 것이다.

　학교 내 제도적 관행이 기대 효과를 심화시키거나 또는 만들어 낼 수도 있다. 많은 학교들은 능력에 따라 반을 배치한다. 능력이 저조한 반에는 사회경제적으로 불이익을 받고 있는 학생들(소수인종의 학생이 더 많이 포함되어 있음)이 더 많이 배치될 것이다. 따라서 학업 범주('이해가 느린' 집단)와 다른 범주들(예, '노동자 계층' 또는 '흑인')은 관련성 있고, 이로 인해 계속해서 후자의 범주를 지적 열등감이라는 부정적 고정관념과 연결시키는 현상이 나타난다. 엡스타인(Epstein, 1985)은 미국 내 많은 학교를 대상으로 이를 검증하였다. 연구 결과를 보면, 인종에 대하여 부정적인 태도가 더 높은 교사는 학급의 학생을 능력별로 분류하여 관리하는 경향이 많았다. 이 분류를 사용하는 것은 불가피하게 흑인과 소수인종 집단이 더 많이 '이해가 느린'으로 분류되고, 이것이 교사의 편견을 더 강화시키는 역할을 하였다.

　자기충족적 예언으로서 고정관념의 마지막 예로, 레비와 랑거(Levy & Langer, 1994)의 비교문화연구가 있다. 레비와 랑거는 노인의 인지 능력에 관심이 많았다. 상식적인 관점에서 보면, 적어도 서양의 많은 문화권에서는 나이가 많을수록 다양한 신체적·지적 능력이 불가피하게 감소한다고 보고 있다. 즉, 활동량이 줄고 잘 잊어버리는 현상이 나타난다고 본다. 그러나 레비와 랑거는 나이가 많아지면서 나타나는 생물학적인 변화는 인정했지만,[주석6] 이 쇠퇴 현상의 일부는 적어도 노인과 관련한 문화적 고정관념에서 비롯된다고 생각하였다. 그들의 주장은 해당 사회가 노년기에는 쇠퇴 현상이 나타날 것이라는 기대로 노인이 할 수 있는 신체적·정신적 활동을 허용하지 않아 노인이 쇠퇴하는 방향으로 가게 된다는 것이다. 더욱이 나이 든 사람들이 스스로 그러한 고정관념을 내재화하고, 집단 내에서 나타나는 전형적인 유형에 맞추려고 노력할지도 모른다는 것이다(Turner et al., 1987). 이 주장을 검증하기 위하여 레비와 랑거(1994)는 6개의 서로 다른 집단의 기억능력을 비교 분석하였다. 집단들은 청각에 문제가 없는 미국 성인 집단, 청각장애가 있는 미국 성인 집단, 그리고 중국 성인 집단으로 각각 구성하였다. 각 집단의 구성비는 젊은 사람들(15~30세)이 절반이었고, 나이 든 사람들(59~91세)이 절반이었다. 추가로, 피험자들은 사전에 나이 든 사람에 대한 고정관념 태도 검사를 받았다. 청각장애를 가진 미국 성인과 중국 성인의 선발이 매우 중요했는데, 그 이유는 각 집단 내 형성되어 있는 나이 든 사람에 대한 고정관념이 확연하게 다르기 때문이다. 예를 들어, 중국의 경우 나이 든 사람은 존경을 받는 대상이었고, 서양의 보통 사람보다 사회에서 더 많은 정치적 활동을 하는 것으로 기대되었다. 독립된 신념체계를 가지고 상대적으로 주류 문화에서 격리되어 있는 청각장애를 가진 사람도 나이 든 사람에 대하여 더 높은 존경심을 보이는 경향이 있었다. 레비와 랑거의 연구 결과, 이 현상이 확실하게 나타났다. 이 두 집단은 청각장애가 없는 미국 성인 집단보다 노화에 대하여 더 긍정적인 태도를 보였다. 더욱이 두 집단에 속한 나이 든 사람(젊은 사람들은 아님)의 경우 네 가지 기억 과제에서 청각장애가 없는 미국 성인 집단보다 더 좋은 성과를 보였다. 따라서 나이 든 피험자들은 고정관념 태도와 기억 간에 정적인 관계가 나타났지만(노인에 대하여 더 우호적인 태도를 가질수록 성과가 더 좋았다), 젊은 피험자들은 반대로 부적인 관계가 나타났다. 이후 제8장에서 '고정관념 위협(stereotype threat)'이라 불리는 새로운 연구들을 알아볼 때, 보편적인 문화적 고정관념이 낙인집단(stigmatized groups)의 과제 성과에 어떤 영향을 주는지를 다시 살펴볼 것이다(Steele et al., 2002; 이 책의 제8장 참조).

## 🔘 고정관념 변화

이 깅에시는 핀딘괴 행동에 대한 안내지로써 고정관념의 역할을 살펴보고 있다. 그리고 고정관념 관련 범주들이 우리 사회를 이해하고 협상하고 건설하는 데 있어 필수 불가결한 인지적인 도구라고 주장하였다. 이것이 사실이지만 고정관념은 변할 수 없는 것이라면(즉, 새로운 정보, 모순될 수도 있는 정보에 대한 반응이 변화지 않는다면), 판단과 행동에 있어 아주 보잘것없는 안내자가 될 것이다. 따라서 이 절에서는 고정관념을 변화시키는 요소들에 대해 논의해 보고자 한다. 여기서 모든 요소를 다 다룰 수는 없고, 제9장에서 다시 더 자세한 내용을 살펴볼 것이다. 제9장에서는 편견을 줄일 수 있는 가장 성공적인 방법에 대해 알아볼 것이며, 부정적인 고정관념과 집단 간 차별을 가장 잘 줄이는 상황적 요인과 사회적 관행에 초점을 맞출 것이다. 여기서는 사람이 자신의 고정관념과 불일치하는 정보를 어떻게 처리하는지를 집중적으로 알아보고자 한다. 고정관념과 불일치하는 정보인데도 사람의 신념을 변화시킬 수 있는 때는 언제인지, 반대로 사람이 편견을 바꾸지 않으려고 그런 정보를 무시하거나 동화되는 때는 언제인지에 대해 살펴볼 것이다.

1990년 중반, 영국 오픈 골프 선수권 대회가 내 사무실에서 몇 마일 떨어지지 않은 샌드위치(Sandwich)에서 열렸다. 경기가 열렸던 로열 세인트 조지(the Royal St George) 클럽은 당시 여성의 출입이 허용되지 않았던 영국 내 많은 골프 클럽 중 하나였다. 골프 경기의 특성상(남성우월적이고, 모든 남성 스포츠 경기가 가지고 있는 특성을 가지고 있으면서, '오픈'이라는 대회명을 제시하여 개방적인 것처럼 속이고 있는 것 같은) 우리가 논의하고자 하는 내용과 가장 적합한 사례라고 생각한다. 빌 레이몬(Bill Raymon)이라는 남자 골퍼는 남자와 여자의 골프 능력에 대한 주관이 명확했다.

> 남자는 골프를 치지만, 여자는 골프를 치는 게 아니라 놀이를 하는 수준입니다. …… 일반 여성에게는 골프채가 14개까지 필요하지는 않습니다. 그녀들이 무슨 골프채를 사용하든지 간에 100야드를 넘길 수 없습니다. 여자의 평균 타수는 남자보다 훨씬 많습니다. 여자가 하는 것을 보면 골프가 아닌 것 같습니다. 여자는 경기를 빠르고 정확하게 진행하지 못합니다. 여자는 복장이나 장비만 신경 쓸 뿐입니다(*Independent*, 1990. 12. 19.).

내가 고찰해 보고자 하는 질문은 '여성의 골프 능력에 대한 어떤 종류의 정보가 레이몬이 생각하는 여성의 열등함에 대한 신념을 수정할 수 있을까?'이다.

구비츠와 닷지(Gurwitz & Dodge, 1977)는 두 가지 가능성을 제시하였다. 한 가지는 레이몬이 많은 여성 골퍼를 만나고, 그 여성 골퍼들 한 명 한 명이 그가 가지고 있던 고정관념 중 한 가지씩을 바꾸어 주는 것이다. 어떤 여성 골퍼는 엄청난 힘으로 공을 치고, 어떤 이는 3번 아이언(three-irons)을 사용하여 가까운 거리의 그린으로 공을 올릴 수 있는 골퍼일 수도 있다. 또 다른 여성은 외모에는 신경을 덜 쓰고 매 홀마다 버디 이상의 실력을 발휘하는 골퍼일 수도 있다. 이렇게 레이몬이 가지고 있는 여성 골퍼에 대한 경멸적인 고정관념에 불일치하는 정보가 누적되면 그의 고정관념이 변화될지도 모른다는 것이다. 두 번째 가능성은 레이몬의 고정관념 전체와 정반대되는 충격적인 여성(즉, 두세 명의 챔피언 여성 골퍼는 장타와 직선타를 치고, 항상 버디 이상을 하며, 빠르게 경기를 진행하고 전통적인 복장을 착용한다)을 발견함으로써 고정관념에 변화가 생길 수도 있다. 이렇게 자신의 고정관념과 명백히 정면으로 배치되는 경우를 만나게 되면, 레이몬의 고정관념은 변화될 가능성이 높다. 구비츠와 닷지는 후자의 가능성을 실험을 통해 검증하였다. 대학 여성 골프클럽 구성원들에 대한 고정관념 상황에서, 참가자들에게 3명의 클럽 구성원에 대한 정보를 주었고, 4번째 구성원이 어떤 사람인지 추측하도록 하였다. 실험에서 흥미로운 사실은 참가자들에게 주어진 정보가 전통적인 여성 클럽의 고정관념과는 불일치한다는 점이다. 전통적인 여성 클럽의 고정관념과 불일치되는 정보를 제공하는 방법은 두 가지였는데, 한 조건에서는 3명에게 조금씩 분산하는 조건이었고, 다른 조건은 3명 중 1명이 모든 불일치 정보를 가지는 조건이었다. 두 종류의 정보 제공 상황에 이어 참가자들은 4번째 사람에 대해 추측하였는데, 두 조건 중 1명에게 집중된 경우에 고정관념이 감소하는 현상이 나타났다. 이것은 '눈에 띄는 예외'가 집단 고정관념을 바꿀 수 있음을 의미한다.

그러나 항상 이 현상이 발생하는 것은 아니라는 것을 웨버와 크로커(Weber & Crocker, 1983)의 연구가 보여 주었다. 로스발트(1981)에 이어, 그들도 두 가지 고정관념 변화 모델을 동일하게 적용하였다. 첫 번째 모델은 '전환(conversion)'으로 고정관념이 몇 가지 강력한 새로운 예외적인 정보에 의해 변화된다는 것이고, 두 번째 모델은 '장부 기입(book-keeping)'으로 고정관념과 불일치하는 많은 정보가 장부에 정보가 기입되듯이 우리의 기억에 축적되어 고정관념이 변화된다는 것이다. 이 두 가지 모델 이외에 웨버와 크로커는 '하부 유형(sub-typing)' 모델을 추가하였는데, 그들이 제안했던 하부 유형은 전반적인 집단 고정관념의 변화를 촉진 또는 방해하는 역할을 할 수 있다. 우리는 레이몬의 사례를 통해 하부 유형 모델이 어떻게 나타날지 짐작할 수 있다. 먼저, 그가 뛰어난 골프 실력을 가진 2명의 여성 골퍼를 실제로 만났다고 가정해 보자. 통상 그는 2명의 여성 골퍼를 '전문적인 여성 골퍼'라는 특별한 하위집단으로 분류하면서 '보통의 여성 골퍼'에 대한 일반적인 고정관념과는 분리할 것이다. 올포트(1954)는 이 과정을 '울타리 다시 치기(refencing)'라는 문구를 사용하여 표현하였는데, 이것은 사람이 불일치하는 정보와 접했을 때조차도 자신의 편견을 유지하게 하는 보통의 인지 도구라고 하였다. 하지만 하부 유형 모델이 고정관념의 변화에 긍정적인 영향을 미칠 수도 있다. 레이몬이 지속적으로 고정관념과 불일치하는 정보를 많이 접한다고 가정해 보자. 아마 그는 여성 골퍼들 중 일부를 '전문 골퍼'라는 하부 유형으로 구분하고, 다른 일부 여성은 '낮은 핸디캡 골퍼(제법 골프를 잘하는 여성)'로, 그리고 다른 일부 여성은 '그린 내에서는 잘하는' 사람으로 구분할 것이다. 그리고 아마 '분별력 있게 복장을 착용한' 사람의 분류도 생길 것이다. 레이몬은 고정관념과 불일치하는 더 많은 정보에 노출되면서 필요에 따라 하부 유형이 많아지게 되고, 원래 '여성 골퍼'에 대한 고정관념(적절하게 옷을 입지 않고 골프를 잘 못한다)을 덜 사용하게 될 것이다. 그 결과, 전체적으로 부정적인 고정관념은 낮아지고, 그 효과가 떨어진다.

웨버와 크로커(1983)는 구비츠와 닷지(1977)가 적용했던 불일치 정보제공 방법(소수에게 집중시키기 vs 많은 이에게 분산시키기)을 일부 수정하여 직업과 관련된 두 집단으로 나누었다. 그들은 또한 각 집단 구성원의 규모를 구비츠와 닷지가 3명

씩 사용한 것에서 확대하여 소수집단(6명) 상황과 다수집단(30명) 상황으로 구분
하였다. 그리고 불일치 정보를 각 집단 내에서 작은 인원에 집중시키거나 또는 많
은 인원으로 분산시켰다. 실험 결과, 직업의 고정관념의 변화에 집단 크기의 영향
이 확실하게 나타났다. 이는 집단에 대해 제공되는 절대적인 불일치 정보의 양(많
은 것)에 영향을 받는다는 것이다. 하지만 이 결과가 '장부 기입'의 유형처럼 단지
많은 정보가 축적되었기 때문에 일어난 변화라고 보기는 어렵다. 왜냐하면 각 집단
에 불일치 정보의 양이 동일할 때조차도 집중 정보 전달 방법보다 분산 정보 방식
에서 직업 고정관념이 덜 일어났기 때문이다([그림 4-5] 참조; Johnston & Hewstone,
1992 참조). 단순한 누적 정보의 양이 문제가 아니라는 것이다. 웨버와 크로커는
자신들이 관찰했던 실험 내용을 하부 유형 모델로 설명할 수도 있다고 하였다. 그
들은 이어진 실험에서 참가자들에게 '자극으로 제시되는 사람'을 집단으로 분류

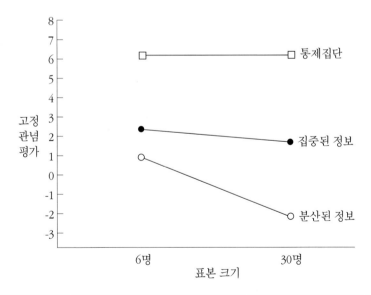

**그림 4-5  고정관념 평가와 불일치하는 정보의 양과 유형의 효과**

고정관념 평가에서 낮은 점수는 고정관념적인 판단을 덜 한다는 것과 더 많은 고정관념의 변화를
의미함.

출처: Weber & Crocker (1983), 그림 1.

하도록 하였다. 그런데 정보 집중 조건에서는 하위 집단이 하나(제시되는 주 특성과 반대되는)만 형성되었고, 정보 분산 조건에서는 둘 또는 4개의 하위 집단이 형성되었다.

다른 실험을 통해 웨버와 크로커(1983)는 하부 유형이 고정관념 변화에 미치는 영향을 보다 명확하게 밝혔다. 그들은 불일치하는 정보를 가지고 있는 집단의 구성원이 그 집단을 대표하는 정도를 조절하였다. 어떤 이들이 집단의 고정관념적 특성과 반대되는 특성을 가졌더라도 집단을 대표하는 아주 전형적인 사람으로 보이도록 구성하였고, 나머지는 대표성이 없게 구성하였다. 실험 결과, 대표성이 있는 경우가 없는 경우보다 고정관념의 변화가 더 많이 나타났다. 이 결과는 다른 연구에서도 동일하게 확인되었다(Hewstone, 1994 참조). 이 내용은 제9장에서 좀 더 자세히 살펴볼 것이다. 제9장에서는 외집단 구성원의 전형성이 우리의 집단 간 태도 변화에 중요한 역할을 한다는 사실을 확인할 것이다.

하지만 구비츠와 닷지(1977)는 웨버와 크로커(1983)나 존스톤과 휴스톤(Johnston & Hewstone, 1992)의 연구 결과와는 달리, 불일치하는 정보가 분산되었을 때보다 집중되어 있을 때 훨씬 효과적이라고 하였다. 이러한 상반된 결과는 어떻게 설명할 수 있을까? 한 가지 명확한 사실은 집단 표본의 크기다. 구비츠와 닷지의 연구에서는 단지 3명만을 대상으로 하였고, 다른 연구에서는 6~30명을 대상으로 하였다. 고정관념 변화의 '전환' 모델의 경우 표본의 크기가 상대적으로 작은 곳에만 발생할 가능성이 높아 보인다([그림 4-4]에서 정보가 분산되었을 때는 큰 표본에서 효과가 가장 크게 나타난 점을 주의하라). 만약 표본의 크기가 작고 동시에 표본 내 구성원들이 아주 동질적일 경우 '전환' 모델이 작용할 가능성은 더 높아진다. 즉, 소수의 동일한 특성을 가진 구성원들이 있을 경우, 정반대되는 뚜렷한 특성을 가진 1명 또는 2명의 존재는 고정관념의 변화를 유도하는 중요한 요소로 작용할 것이다(Hewstone et al., 1992).

지금까지 우리는 불일치하는 정보의 유형과 양이 고정관념의 변화에 어떻게 영향을 줄 수 있을지 살펴보았다. 이에 대한 결론에 앞서, 고정관념 자체의 특성에 따라 어떤 고정관념은 쉽게 변하고, 어떤 고정관념은 쉽게 변하지 않을 것이다. 로스발트와 박(Rothbart & Park, 1986)은 참가자들에게 어떤 사람(또는 집단)의 특성들이 적힌 목록을 주고 각 특성의 호감도(favourability)를 평가하게 한 후, 그 특성이 그 사람(집단)과 일치하는지 또는 아닌지를 확인할 수 있는 행동을 열거해 보라고 하였다. 실험 결과, 각 특성의 호감도가 높을수록 그 특성과 부합하는지를 확인하기 위해서는 더 많은 행동을 나열했고, 부합하지 않는 특성의 경우 그것을 확인하기 위해서는 그렇게 많은 행동이 필요치 않았다. 호감도가 낮을 경우는 그 반대 현상이 나타났다. 달리 말해서, 로스발트와 박(1986)이 언급했던 것처럼, "호감도가 낮은 특성은 높은 특성보다 획득하기는 쉽고 잃어버리기는 어렵다."(p. 135) 만약 이 내용을 앞서 소개했던 마스(1999)의 연구(내집단과 외집단을 설명하는 문장들을 언어학적으로 분석한 연구로서 일반적으로 외집단 행동을 부정적으로 설명하는 문장이 잘 표현되고, 쉽게 왜곡되지 않는다는 사실을 확인하였다)에 추가한다면, 외집단에 대한 편견을 가진 고정관념의 변화가 어렵다는 결론을 도출할 수 있다.

지금까지 나는 레이몬 같은 사람에게 자신의 부정적인 고정관념과 반대되는 사람 또는 정보를 제공하여 어떻게 그들의 생각을 변화시킬 수 있는지를 논의하였다. 그렇지만 앞서 살펴본 바와 같이, 그 변화가 쉽게 일어날 것이라고 낙관하지는 않는다. 어쩌면 다른 전략이 더 효과가 있을지도 모른다. 진보 성향의 교육자와 관리자들이 교실이나 직장에서 인종주의와 동성애자를 혐오하는 말을 제지하려고 노력하는 것처럼 우리는 레이몬이 여성 골퍼에 대한 그의 남성 우월적인 고정관념을 억제하도록 설득할 수 있지 않을까? 그러나 불행하게도, 마크레와 동료들의 연구들을 살펴보면, 그러한 노력이 역효과를 가져올 수 있다는 사실을 확인하게 될 것이다.

마크레와 동료들(1994c)은 첫 번째 실험에서 참가자들에게 사진으로 게시된 대머리를 가진 사람의 일상적인 하루를 표현해 보도록 하였다. 참가자들 중 절반(실험집단)에게는 대머리를 가진 사람에 대한 고정관념적 표현을 삼가고 다른 표현을 사용하도록 요청하였다. 그러나 나머지 절반(통제집단)은 고정관념을 억제해야 한다는 지침이 따로 없었다. 그 결과, 실험집단은 적어도 일시적으로는 그들에게 주어진 고정관념 억제(stereotype suppression) 지침에 따라 표현하려고 노력하는 것처럼 보였다. 대머리와 관련된 짧은 문장들에는 고정관념적인 표현이 거의 없었다. 실험은 여기서 종료되지 않았다. 마크레와 동료들(1994c)이 실제로 관심을 가졌던 것은 그 이후에 일어나는 일이었다. 마크레와 동료들은 실험집단이 더 이상 고정관념 표현을 억제할 필요가 없게 되면 베그너(Wegner)와 동료들(1987)의 초기 연구에서 발견했던 것처럼(사람들이 어떤 생각을 특별히 하지 않도록 요청받았을 때, 그 기간 이후에는 그 내용에 대하여 더 많은 생각을 하게 된다),<sup>주석 7</sup> 대머리의 고정관념에 대한 표현 역시 유사한 반동 효과(rebound effect)를 보일 것이라고 예상하였다. 그들은 억제의 정신적 과정은 어느 정도의 견고한 내적 감시를 요구하고('혹시 지금 내가 기록한 것과 같은 대머리 고정관념에 대해 생각하고 있는 것 아냐?'), 이러한 내적 감시 때문에 오히려 비슷한 고정관념이 더 잘 생각날 수 있다고 하였다. 실험집단의 경우 표현하는 것을 통제하도록 훈련을 받는 동안에는 실제로 그러한 표현을 억제할 수 있지만, 그 통제가 없어지고 실험이 끝났다고 생각할 때에는 고정관념이 다시 활성화될 것이다. 실험 결과, 이러한 주장은 그대로 검증되었다. 한 연구에서는 참가자들에게 실험을 마치고 가까운 방에 가서 그들이 사진으로 보았던 대머리를 가진 사람을 만나게 될 것이라고 알려 주었고, 방의 의자에 그의 것으로 여겨질 재킷과 가방을 놓아두었다. 연구자들은 대머리를 가진 사람이 잠시 후 방으로 들어온다고 말해 주고 참가자들에게 앉고 싶은 자리에 앉도록 하였다(7개의 빈 의자가 일직선으로 놓여 있었고, 이미 재킷과 가방이 놓여 있는 자리와는 모두 떨어져 있었다). 방에 도착한 참가자들 중 고정관념을 억제했던 사람들은 통제집단보다 재킷과 가방이 있는 자리에서 평균적으로 더 멀리 앉았다. 다른 연구에서는 참가자들에게 어휘결정 과제, 즉 고정관념적 단어와 고정관념적이지 않은 단어 그리고 단어가 아닌 것을 식별하는 과제를 주었다. 고정관념을 억제했던 사람들은 통제집단보다 대머리와 관련된 고정관념 단어들을 더 많이 그리고 더 빠르게 식별하였다. 실험 결과를 보면, 고정관념을 억제하도록 하는 것이 오히려 고정관념과 관련된 단어를 더 많이 인식하도록 하는 확실한 효과가 있었다(Macrae et al., 1998 참조).

부정적인 고정관념을 억제하기 위해 상당한 노력을 하는 사람들에게 나쁜 소식만 있는 것은 아니다. 몬테이스(Monteith)와 동료들(1998a)은 억제에 따른 역동적인 반동 효과는 불가피하다고 지적하였다. 우선 마크레와 동료들의 연구에서 고정관념에 대한 대상으로 사용된 외집단들을 보면 그들(예, 대머리를 가진 사람들, 미용사들)에 대한 편견을 표현하는 것이 바람직하지 않다는 사회적 규범이 그리 강하지 않다. 아마 정치적으로 더 민감한 집단(흑인 또는 동성애자)에 대한 억제는 반동 효과가 나타나지 않을 수도 있다. 왜냐하면 이들 집단에 대한 억제는 평소에도 충분히 훈련되었기 때문이다(Monteith et al., 1998b; 그러나 Liberman & Förster, 2000과 비교). 하지만 이들 집단에 대하여 편견을 많이 가지고 있는 사람의 경우, 그 외집단은 어쨌든 쉽게 접근 가능한 대상이기 때문에 그들에 대하여 반동 효과를 보일 것이다(Monteith et al., 1998b). 또한 반동 효과는 단지 사람이 인지적인 혼란으로 의도하지 않은 고정관념이 나타날 때에만 발생한다는 연구 결과도 있다(Wyer et al., 2000).

포스터와 리베르만(Förster & Liberman, 2004)은 반동 효과에 대하여 낙관적인 의견을 제시하였다. 계속적인 내부 감시 때문에 고정관념에 대한 접근성이 높아진다는 마크레와 동료들(1994c)의 주장과는 달리, 포스터와 리베르만은 반동 효과를 참가자들이 자신의 사고과정을 이해한 추론의 결과로 봐야 한다고 주장하였다. 포스터와 리베르만(2004)에 따르면, 실험에서 전통적인 억제 상황에 있는 참가자들은 실제로 자신이 원하지도 않는 고정관념 생각을 억제하는 것이 어렵다는 것을 발견할 수도 있으나, 고정관념에 접근 가능성이 높아지는 것이 내적이고 자동적인 감시과정에서 나오는 것이 아니라 참가자들 스스로 더 신중하게 추론하는 과정에서 나타날 수 있다. 포스터와 리베르만은 이러한 추론과정을 다음과 같이 설명하였다.

내가 생각할 수 있는 것은 모두 고정관념과 별로 관련성이 없다. 그런데도 이
야기 작성이 이렇게 어려운 이유는 고정관념을 사용할 수 없기 때문이다. 그렇지
않다면 훨씬 쉽게 작성할 수 있을 것이다. 특히 고정관념을 반드시 사용해야만
하는 이야기를 작성할 때는 더 어렵다(Förster & Liberman, 2004, p. 9).

이야기를 작성할 때 이러한 어려움 때문에 억제된 고정관념을 더 많이 생각하
게 되고, 그렇게 함으로써 반동 효과 과제에서 고정관념에 접근할 가능성이 증가
하게 된다는 것이다.[주석 8] 포스터와 리베르만은 그들의 주장을 검증한 연구에서,
억제에 대한 일반적인 반동 효과가 참가자들에게 단순한 사실, 즉 고정관념을 피
하는 것이 어렵고, 어느 정도의 고정관념은 자연스러운 현상이며 그 정도의 고정
관념을 가졌다고 해서 편견을 가진 사람으로 보기 어렵다는 것을 알려 주는 것만
으로 제거될 수 있음을 보여 주었다. 실제 실험 단계에서, 이와 같은 이야기를 들
은 참가자는 통제집단과 같은 반응을 보였고, 고정관념을 억제해야 했던 참가자
와는 현저하게 다른 반응을 보였다.

사람들의 고정관념 변화 가능성과 관련하여 마지막으로 살펴볼 것은 카와카미
(Kawakami)와 동료들의 연구다(Kawakami et al., 2000; Kawakami et al., 2005). 그들
은 일종의 외집단 범주들과 다양한 부정적인 고정관념 특성 간에 발생하는 자동적
인 인지적 연합을 변화시키는 훈련이 가능하다고 보았다. 그들의 훈련방법은 간단
하였다. 참가자들에게 반복적으로 외집단 구성원의 사진(대머리를 가진 사람)과 고
정관념에 반하는 특성(예, '허약한' '두려운') 연합을 제시했을 때는 '예'라고 대답하
게 하고, 동일한 외집단 구성원 사진과 원래의 고정관념 특성(예, '험악한' '위험한')
을 함께 제시했을 때는 '아니요'로 대답하도록 하였다. 실험을 480회 하는 동안 참
가자들은 계속해서 '예'와 '아니요'를 반복적으로 응답하였고, 카와카미와 동료들
은 이 과정을 통해 이전의 (나쁜) 고정관념의 습관이 약화되고, 새로운 반대되는 고
정관념적인 특성이 그 자리를 대체할 것이라고 보았다. 이를 확인하기 위하여 그
들은 스트룹 과제를 이용하였다. 실험 결과, 고정관념 거부 훈련 조건에서는 스트

룹 과제에서 유의미한 감소를 보였지만 통제집단은 변화가 없었다. 더욱이 이러한 훈련의 효과는 24시간 이후까지 지속되었다. 따라서 이런 변화가 일시적인 현상이 아니라는 것도 보여 준다. 흑인을 대상으로 한 다른 연구에서도 카와카미와 동료들은 유사한 결과를 도출하였다. 이들은 또한 가상의 인사 선발 실험에서 성별에 대한 차별도 감소시켰다(Kawakami et al., 2000; Kawakami et al., 2005).

이 연구에서 우리는 두 가지 주목할 점을 발견할 수 있다. 첫째, 훈련 프로그램이 사람들의 자동적인 고정관념 활성화에 영향을 준다는 점이다. 스트룹 과제에서의 반응은 의식적 통제를 쉽게 따르지 않는다는 점으로 미루어 볼 때, 자동적 편견 효과가 불가피하다고 했던 부분에 대한 추가 논의가 가능하다. 즉, 자동적 인지 반응은 변하지 않는 것이 아니라 강력한 재프로그램을 통해 수정이 가능할 수도 있음을 나타낸다. 따라서 지속적인 재교육과 조정을 통해 더 드라마틱하고 지속적으로 유지되는 변화가 가능하다는 것이다. 둘째, 카와카미와 동료들(2000)이 적용했던 절차와 마크레와 동료들(1994c)이 적용했던 고정관념 억제 방법 간에 유사성이 있다는 점이다. 카와카미와 동료들(2000)이 적용했던 방법을 자세히 살펴보면 이 방법이 곧 고정관념 억제의 형태를 띠고 있다는 것을 알 수 있다.

> 대머리를 가진 사람들과 정반대되는 고정관념을 연합시키는 훈련을 하는 상황에서, 참가자들은 대머리를 가진 사람의 사진을 보고 있는 동안 기존의 연합관계를 생각하지 않도록 지침을 받았다. 그리고 참가자들은 대머리를 가진 사람의 사진을 보고 고정관념적 단어가 나타났을 때 머릿속으로 '아니요'라는 버튼을 누르는 것이다(Kawakami et al., 2000, p. 873, 강조 원저자).

따라서 한 번만에 고정관념을 억제하려는 노력은 역효과를 가져오는 반면, 반복적으로 훈련시키는 것은 고정관념의 틀을 파괴하는 효과가 있는 것으로 보인다. 마치 인생의 어떤 일은 제대로 해내기 위해서 끊임없는 연습을 해야 하는 것처럼 말이다.

이 장에서는 고정관념을 인지적인 분석 수준에서 살펴보았다. 즉, 집단에 대한 정보가 어떻게 눈에 띄고, 수집되고, 처리되고, 잊혀지고, 그리고 기억되는지를 살펴보았다. 제6장과 제9장에서는 서로 다른 집단들이 상대방에 대하여 느끼고 행동하는 방식을 바꿀 수 있도록 사회적·동기적 처리과정이 어떻게 집단 간 관계에 영향을 미치는지를 살펴볼 것이다(이 책의 제6장, 제9장 참조).

## 요약

1. 고정관념은 어떤 범주 안에 있는 대부분의 구성원이 공유하고 있는 태도를 인식하는 것이다. 고정관념은 범주화 과정을 통해 발생하는데, 특히 집단 내의 차이점이 동화(내집단 동화)되면서 발생한다.

2. 고정관념은 사람들이 사회화되는 해당 문화 속에서 나타난다. 그리고 집단 간 실제적인 문화적·사회적·경제적 차이에서 나타날 수도 있다. 서로 다른 집단의 구성원들은 동일한 사회 내에 있으면서도 역사적·정치적·사회구조적인 이유 때문에 다른 역할을 수행할 수 있다. 고정관념은 사람들의 추론에서 나타나는데, 이러한 추론은 사회적 역할을 이행하는 데 필요한 심리적 특성을 이해하는 과정이다. 고정관념은 종종 고정관념 현상을 정당화하기 위한 이데올로기로서 작용하곤 한다.

3. 고정관념은 소수집단들과 어쩌다 발생하는 특징적 사건들 간에 착각적 상관관계를 인식하는 인지적 편향에서부터 나타날 수 있다. 초기에는 어쩌다 발생하는 결합의 '특이성' 때문에 이런 편향이 나타난다고 보았다. 하지만 최근 연구를 보면 범주를 구분하는 과정 또는 집단 수준에서의 상관관계와 개인 수준에서의 상관관계 간에 잘못된 인식에서 유발될 가능성이 더 높다.

4. 사회 범주에 대한 인지된 실체성 또는 '집단성'은 고정관념을 촉진할 수 있다. 그 이유는 인지된 실체성은 집단 구성원 모두가 어떤 기본적인 '본질'을 가지고 있다고 인식하도록 만들기 때문일 것이다.

5. 고정관념은 사람들의 개인 판단에 영향을 줄 수 있다. 그러나 고정관념이 개인적인 것인지, 집단에 기초한 정보인지에 따라 달라질 수 있다.

6. 고정관념을 확증적인 정보를 탐색하는 과정에서 추정된 것으로 보는 것이 도움이 된다. 많은 연구 결과에서 고정관념적인 기대가 확증적인 정보를 탐색하는 속성을 가지고 있음을 검증하였다.

7. 고정관념 과정의 활성화와 작동이 인식 수준 아래에서도 발생할 수 있다. 이것을 소위 '자동적인' 고정관념이라고 한다. 사람들은 부지불식간에 또는 남의 눈에 띄지 않게 범주와 관련된 자극들로 점화될 수 있다. 그리고 이러한 점화가 다른 사람들에 대한 고정관념적인 판단과 행동에 영향을 줄 수 있다. 일부 연구자는 이것 때문에 편견의 무의식적인 형태가 불가피하다고 결론 내렸다. 그러나 이어진 연구에서는 자동적인 고정관념이 이전에 가지고 있던 편견과 습관적인 정도에 따라 달라질 수 있음을 보여 주었다.

8. 고정관념은 내집단과 외집단 행동의 원인을 귀인하는 과정에도 영향을 미친다. 일반적인 연구 결과를 보면 내집단의 긍정적인 행동은 내부적인 원인으로, 부정적인 행동은 외부적인 원

인으로 귀인하는 경향을 보였다. 그러나 외집단에 대한 귀인은 그 반대로 나타났다.

9. 사람들이 인지적 또는 감정적으로 다른 것에 관심에 쏠려 있을 때 고정관념이 더 활성화되는 경향이 있다. 인지적·정서적 분산은 사람들의 인지적인 자원을 소모시키기 때문에 덜 수고스러운 고정관념을 선택하게 된다.

10. 고정관념은 자기충족적 예언의 성격을 지니고 있다. 이는 상대방에 대한 기대에 따라 고정관념을 가지게 된다는 것이다. 자기충족적 예언은 교육 현장에서 심도 있게 연구되었다.

11. 고정관념은 불일치하는 정보에 반응하면서 변화될 수도 있다. 그러나 불일치 정보의 분산과 집중 정도, 그리고 정보의 양에 따라 고정관념의 변화 정도는 달라질 수 있다.

12. 고정관념을 억제하려는 노력이 오히려 강화시키는 결과를 초래할 수 있다. 이것을 소위 '반동 효과'라고 한다. 반동 효과가 발생하는 이유는 억제하는 과정에서 발생하는 사람들의 내부 자기 감시가 오히려 알게 모르게, 억제하려는 고정관념을 점화시키기 때문이라는 것이다. 그러나 범주와 고정관념을 분리하는 장기적인 훈련은 고정관념을 약화시키는 효과가 있다.

 주석

1. 비록 이러한 결과가 흥미롭지만 주의가 필요한데, 그 이유는 원래 실험 참가자들의 20% 이상이 여러 가지 이유로 분석 단계에서 제외되었다는 것이다(Sinclair & Kunda, 1999, p. 896).

2. 주목해야 할 것은 노출 시간이 부동와 점화 절차에서보다 더 짧다는 점이다. 그 이유는 이 사례에서의 자극은 시야의 정중앙에 제시되었기 때문이다. 우리의 인지 시스템이 시야의 정중앙 부분의 대상을 더 잘 탐색할 수 있다.

3. 전형적인 스트룹 과제는 색깔에 이름을 붙이는 것인데, 그 색깔에는 자극으로서의 단어가 제시되었다. 단어의 의미상의 내용이 단어가 적혀 있는 잉크의 색깔과 일치하거나(예, '녹색'은 녹색 잉크로 쓰였다), 단어가 참가자들에게 아무런 특별한 함의를 가지고 있지 않을 때(예, '탁자')는 색깔 이름 붙이기가 상대적으로 빠르게 진행되었다. 반대로, 단어의 의미가 잉크 색깔과 상충(예, '빨간색'의 글자가 녹색 잉크로 쓰여졌다)하거나 참가자에게 특별히 유의미한 것일 경우[예, Locke와 동료들(1994)의 경우에서처럼 그것이 사전에 지정된 집단의 고정관념일 때- '원주민들']에는 일반적으로 반응 속도가 늦어지는 것을 발견하였다. 첫 번째와 두 번째 실험 간의 차이는 스트룹 추론 효과에서 일반적으로 측정하는 내용이다(Stroop, 1935).

4. 인과적 연결은 상호 호혜적일 수 있다. 다시 말해서, 외집단을 가장 고정관념적으로 보았던 사람들이 만남에 대하여 더 많이 불안해할 수도 있다. 나는 이것을 지적해 준 톰 페티그루(Tom Pettigrew)에게 감사드린다.

5. 이러한 결과는 언제나 내 흥미를 자극한다. 몇 년 전 두 번째 학교에서 강의할 때였다. 강의 주제는 수학이었는데, 그 학교에서는 2학년 승급 시 성적에 따라 반을 배치하였다. 슬프게도 1년 후, 나의 수업을 들은 학생들 성적이 다른 학년 학생들보다 더 낮게 나왔다. 1학년 반에서 성적이 낮은 학생들(항상 노력하고, 결국 해당 과목을 정복할 수 있을 것이라고 항상 믿고 있는 학생들)과 4, 5학년 반에서 성적이 낮은 학생들(시무룩하고, 지루해하며, 자신이 어리석다고 확신하고 있는 학생들) 간의 성적에는 실제로 많은 차이가 있었다. 이 학생들에게는 1학년 때부터 '수학을 전혀 못하는' 이라는 꼬리표가 붙어 다녔고, 학생들뿐만 아니라 교사들도 모두 그 꼬리표에 따라 평가하고 행동하였다.

6. 유감스럽게도, 그것에 대해서는 나 스스로도 점점 더 확실하게 깨닫게 된다.

7. 이 아이디어는 장편 TV 프로그램인 〈프렌즈(Friends)〉에서 나온 것이다. 내가 기억하기로는 민망하게도 등장인물인 챈들러가 미래 장모에 대한 성적인 꿈을 꾸기 시작했다. 장모에 대한 꿈을 꾸지 않으려고 노력하면 할수록 꿈은 더 생생해지고 더 충격적으로 변해 갔다.

8. 이 설명을 보면, 강요된 순종에 대한 인지 부조화 효과를 설명했던 베른(Bern, 1972)의 자기인식에 대한 내용이 생각난다.

## 더 읽을거리

Fiedler, K., & Walther, G. (2004). *Stereotyping as Inductive Hypothesis Testing*, chs 3, 4, 7. Hove: Psychology Press.

Forster, J., & Liberman, N. (2004). A motivational model of post-suppressional rebound. *European Review of Social Psychology, 15*, 1-32.

Hewstone, M. (1994). Revision and change of stereo typic beliefs: In search of the elusive subtyping model. *European Review of Social Psychology, 5*, 69-109.

Maass, A. (1999). Linguistic intergroup bias: Stereotype-perpetuation through language. In M. Zanna (ed.), *Advances in Experimental Social Psychology*, Vol. 31, 79-121. New York: Academic Press.

Macrae, C. N., Stangor, C., & Hewstone, M. (eds.). (1996). *Stereotypes and Stereotyping*, chs. 2, 4, 5, 6, 7, 9. New York: Guilford.

Spears, R., Oakes, P. J., Ellemers, N., & Haslam, S. A. (eds.). (1997). *The Social Psychology of Stereotyping and Group Life*, chs 3, 7, 8. Oxford: Blackwell.

Chapter **05**

# 아동의 편견 발달

제4장에서는 성인 편견의 뿌리를 어린 시절의 사회화 경험들을 통해 설명하는 이론들을 살펴보았다. 주된 내용은 권위주의 또는 독단적인 성격을 야기할 수 있는 가족 역동성의 특징들을 살펴보는 것이었다. 그러나 이러한 방식은 그 전통적인 중요성에도 불구하고, 사회심리학적 측면에서 두 가지의 결정적인 약점이 있다. 첫째, 이 이론들은 본질적으로 일탈성격이론에 근거한 것이다. 이것은 도덕적이지만 지배적인 부모가 있는 엄격한 가정에서 자란 불행한 일부 아이들은 나중에 편견을 가진 성인으로 성장할 개연성이 있다는 것으로, 어린 시절 괴롭힘을 당하지 않은 대부분의 사람의 편견을 설명하지 못한다. 둘째, 이 이론에서는 편견의 뿌리가 어린 시절에 있다고 하였지만, 실제 그 영향력은 일부 연구에서만 검증되었다는 점이다. 프랜켈-브룬스윅(Frenkel-Brunswik, 1949, 1953)과 몇몇 다른 연구자들을 제외하고, 이런 전통적인 관점에 기반한 성인 편견에 대한 연구는 어린 시절의 회고록에 크게 의존하였다. 회고를 통한 연구들이 흥미로울 수는 있

지만, 아이들의 태도와 행동을 직접 관찰하는 것이 더 정확할 것이다.

따라서 이 장에서는 아이들에게 좀 더 초점을 맞추고자 한다. 특히 10세 이하 아이들을 집중적으로 살펴보고자 한다. 우리는 과연 어린 시절의 편견에 대해 무엇을 알고 있을까? 그리고 그것이 성인의 편견에 어떤 함의가 있을까? 아이들이 가지고 있는 인종차별, 성차별, 노인차별은 그들이 태어난 사회에서 성인에게서 물려받은 것일까? 아니면 아이들 스스로 그들이 속한 사회적 환경을 체계화하고 통제하려고 시도하는 범주화 과정에서 어떤 태도나 고정관념을 가지게 된 것일까? 이것이 이번 장에서 주로 살펴볼 내용이다.

굿맨(Goodman, 1952)이 했던 방식대로, 이 장을 3개의 절로 나누었다. 처음 절에서는 사회 범주화에 대한 아이들의 인식을 다루고, 그다음 절에서는 다른 범주보다 특정 범주들에 대한 아이들의 정체성과 선호도를 각각 살펴본다. 다음으로 세 번째 절에서는 완전한 형태의 내집단 태도와 행동에 대하여 다룰 것이다. 그리고 끝부분에서는 이런 현상의 기원에 대해 논의하면서 사회에서 아이들에게 일방적으로 영향을 미치고 있다는 원인론적 주장과 아이들도 사회의 한 일원으로서 역할을 하고 있다는 상호작용 과정으로서의 주장에 대해서 논의할 것이다.

## 🎯 사회범주의 인식

9~10세의 여자아이들에게 12장의 아이 사진을 보여 주고 유사성에 따라 세 분류로 나누도록 하였다. 그리고 그렇게 분류한 이유를 물어보자, '한쪽은 여자아이들, 다른 한쪽은 남자아이들, 그리고 또 다른 한쪽은 장애아이들'이라고 대답하였다(Maras, 1993, p. 140). 아이들이 낯선 얼굴들을 분류하는 기준은 다름 아닌 성별과 장애였다. 아이들이 이 방식으로 분류를 하였다는 것은 이 특정 범주의 존재를 이미 확실하게 알고 있었다는 것을 뜻한다.

범주 인식(category awareness)과 관련된 내용은 아동들의 편견에 관심이 있는 연구자들에게 중요한 이슈다. 그 이유는 앞서 제3장에서 살펴본 바와 같이 편향된 인식, 태도, 또는 행동은 그 이전에 어떤 범주에 의해서 반드시 구분되어야 하기 때문이다. 사람이 성차별주의자가 되기 위해서는 반드시 먼저 사람을 남성과 여성으로 범주화해야 한다. 이 때문에 편견을 연구하는 사람들은 인식 현상에 관심을 가지게 되었다. 이와 더불어, 사회적 범주화가 최초로 발생하는 시기가 언제인지를 알아내는 것도 중요하고, 사회적 범주화를 사용하는 것이 어린 시절 동안 어떻게 발달되는지를 확인하는 것도 중요하다. 범주화가 아주 이른 시기에 나타난다는 것이 발견된다면, 경험주의에서 말하는 백지설도 주장하기가 쉽지 않을 것이다.

클락과 클락(Clark & Clark, 1947)은 범주 인식에 대한 연구를 최초로 시도하였다. 그들이 개발한 실험 방법은 이후 후속 연구자들에게 많은 영향을 끼쳤다. 그들은 아이들에게 2개(또는 그 이상)의 인형을 보여 주었는데 그중 하나는 노란 머리를 한 하얀 인형이었고, 다른 하나는 까만 머리의 갈색 인형이었다. 연구자들은 아이들에게 몇 가지 요청을 하였는데, 그중에서도 아이들의 인종 인식과 관련하여 백인(또는 유색인) 아이와 닮은 인형을 선택하여 연구자에게 주도록 요청하였다. 클락과 클락은 이러한 질문을 3~7세 흑인 아이들에게 제시하였는데, 나이가 가장 어린 아이들도(3세) 75%가 정확하게 인형의 인종을 구분하였다.[주석 1] 5세 아이들의 경우 90% 이상이 인형을 정확하게 구분하였다.

어떤 사람은 아이들에게 이미 정해진 두 가지 범주 간에 선택을 강요하는 것은 아이들의 자발적인 인식과 다른 범주들의 사용을 정확하게 측정하는 것이 아니라고 반박할지도 모른다. 그러나 그러한 반대 입장 또한 다른 방법을 사용한 유사한 연구 결과에 의해 다시 반박될 수 있다. 예를 들어, 호로비츠와 호로비츠(Horowitz & Horowitz, 1938)는 미국 백인 아이들에게 5장의 사진을 제시하였는데, 3장은 백인 남성, 1장은 흑인 남성, 그리고 1장은 백인 여성의 사진이었다. 아이들에게는 이 사진들 중 나머지 사진들과 잘 어울리지 않는 한 장의 사진을 선택하도록 하였다. 아이들의 선택은 범주가 얼마나 중요한 기준이 되는지를 보여 준다. 호로비츠와 호로비츠는 인종, 성별, 연령, 그리고 사회경제적 지위와 같은 범주들을 조합하여, 범주가 아이들의 선택에 중요한 역할을 한다는 것을 확인하였다. 인종은 대부분의 조합에서 가장 중요한 요소였으며, 성별은 그다음으로 중요한 요소였고, 일반적으로 사회경제적 지위는 가장 중요하지 않은 요소였다. 윌리엄과 모랜드(Williams & Morland, 1976)는 흑인과 백인 사진들을 이용한 많은 연구를 살펴보면서 4세 정도의 아이들에게 인종에 대한 상당한 인식이 존재한다는 사실을 확인하였다. 또한 흑인보다 백인 사진을 더 잘 인식하였다.

또 다른 중요한 사회 범주인 성별에서도 비슷한 결과가 나왔다. 톰슨(Thompson, 1975)은 2세 아이의 경우 75%가 남성과 여성의 사진을 정확하게 구분하였고, 3세의 경우는 90%까지 그 비율이 증가하였다고 하였다. 연구 방법을 달리한 다른 연구에서도 유사한 결과를 보였다(Duveen & Lloyd, 1986; Slaby & Frey, 1975; Yee & Brown, 1994 참조). 더욱이 이전에 제시된 자극을 기억하는 과제에서 5세 이상 아이들은 어느 정도 일정한 패턴의 오류를 보였는데, 그 오류는 성별의 영향을 받은 것이었다(Bennett & Sani, 2003; Bennett et al., 2000).

보다 개방적인 과제를 적용했던 다른 연구들에서도 범주 인식 초기에 인종이나 성별이 중요하게 작용한다는 것을 확인하였다. 이 연구들에 적용된 실험 방법 중 잘 알려진 것은 아이들에게 사진을 보여 주고 그 사진을 같은 종류나 닮은 것끼리 분류하도록 하는 것이었다. 어떤 연구자들은 강제적으로 둘 중 한 곳으로 분류하도록 하는 과제를 제한하는 방식을 사용하였고, 다른 연구자들은 아이들이 원하는 만큼 많은 범주를 사용할 수 있도록 하였다. 일반적으로 사진은 아이들이 분류 기준으로 사용할 수 있는 많은 단서를 포함하고 있었다. 예를 들어, 어른과 아이, 남성과 여성, 서로 다른 인종집단 등의 정보가 포함되었다. 데이비(Davey, 1983)는 성별, 연령, 인종, 그리고 사회경제적 지위를 나타내는 복장을 사용하여 7~10세의 영국 아동을 대상으로 연구를 하였다. 네 가지 범주 중에 아이들이 가장 많이 확실하게 활용했던 범주는 인종이었는데, 거의 절반 이상의 아이들이 첫 번째 분류 수단으로 사용하였다. 성별을 그다음으로 많이 사용하였고,

사회경제적 지위를 나타내는 복장을 가장 드물게 사용하였다.

우리는 3~9세 백인 아이들을 대상으로 동일한 방법으로 실험하였다(Yee & Brown, 1988). 실험에 사용된 사진들은 성별, 인종(아시아계 인도인과 백인), 연령을 체계적으로 다양하게 구성하였고, 머리 색깔과 같은 다른 종류의 범주도 일부 포함하였다. 가장 어린 아이들(3세)은 사진들을 차이가 없는 것으로 인식하였다. 그러나 5세 아이들부터는 인종을 중요한 분류 기준으로 사용하였다(약 1/3 이상의 아이가 인종을 분류 기준으로 사용하였다). 그리고 가장 나이 많은 두 집단에서도 인종이 가장 중요한 분류 기준으로 사용되었다(약 2/3 정도의 아이가 인종을 분류 기준으로 사용하였다). 나이가 많은 아이들이 사용한 분류 전략을 보다 세밀하게 분석해 본 결과, 인종은 확실하게 가장 중요한 기준이었다. 아이들은 인도인 사진을 모두 하나의 범주로 분류하고, 백인 내에서는 머리 색깔에 따라 분류하였다. 제3장에서 논의된 외집단 동질성 현상을 연상케 하는 대목이다. 즉, 인도는 하나의 외집단으로 인식되고, 백인(내집단)은 그 안에서 다시 새로운 범주로 분류하여 인식하였다.

이 두 연구에서 성별은 분류 기준으로 아주 드물게 사용되었는데, 통상 성별은 인종보다 덜 중요한 것으로 여겨진다. 그러나 항상 인종이 성별보다 더 중요한 범주로 인식된다고 결론지을 수만은 없다. 왜냐하면 실험 상황(범주화 과제를 수행할 때의 실험실 상황이나 보다 폭넓은 문화적 환경)에 따라 다른 범주들이 더 중요하게 작용할 수 있기 때문이다. 예를 들어, 데이비(1983)는 훨씬 많은 구조화된 질문들을 가지고 개방형 과제를 진행하였다. 아이들에게 사진들 중에서 놀이를 함께 할 것이라고 생각되는 사진 2장을 골라 한 쌍으로 맞추도록 하였는데, 아이들은 인종보다는 성별에 따라 사진을 선택하였다. 즉, 같은 인종끼리 분류하는 것이 아니라 여자아이들 또는 남자아이들끼리 연결하는 경향성을 보였다(Verkuyten et al., 1995 참조). 이 장의 후반부에서 살펴보겠지만, 성별 분리는 아이들의 놀이 행동에 있어 아주 보편적이면서도 아이답지 않은 조숙한 행동특성으로 나타났다.

다른 상황에서는 또 다른 범주가 중요하게 사용되었다. 페랄레시(Ferraresi, 1988)는 이와 브라운(Yee & Brown, 1988)이 이용한 방법을 동일하게 사용하여 4~5세의 이탈리아 아이들을 대상으로 연구하였다. 이탈리아 아이들은 영국 아이들보다 분류 기준으로 인종을 덜 사용하였다. 먼저 머리 색깔에 따라 사진을 분류하고, 그다음 성별을 기준으로 분류하였다. 특이한(흥미로운) 점은 20년 후에 성장한 아이들을 다시 만나 같은 사진을 이용하여 실험한 결과 매우 유사한 패턴이 나왔다는 것이다(Ferraresi & Brown, 2008). 이 결과가 무척 흥미로운 이유는 20년 이상 실험했던 그 도시의 인종 구성에 많은 변화가 있었다는 점이다. 즉, 1980년대에는 대부분이 백인이었지만, 최근에는 20%가 이민자이고, 그들의 대부분이 북아프리카에서 이주한 사람들이다. 이러한 인구통계학적인 변화는 실험 대상자의 성장 환경에도 그대로 반영되었으나, 아이들은 여전히 인종을 중요한 분류 기준으로 사용하지 않은 것이다.

마라스와 브라운(Maras & Brown, 1996)은 아이들의 장애와 관련된 인식을 조사하기 위하여 동일한 방법을 사용하여 실험하였다. 이 실험에서는 백인의 사진만을 사용하였고, 사진들 중 많은 백인 사진은 확실하게 구분 가능한 신체적 장애와 학습 장애를 가지고 있었다. 이때 8~10세의 아이들은 대부분 성별과 장애에 따라 사진들을 분류하였다. 그러나 일부 아이는 사진 속에서 장애를 확실하게 확인할 수 있음에도(예, 2명의 아이는 휠체어에 앉아 있고, 2명은 보청기를 끼고 있는 등), 거의 구분하지 못했다. 몇몇 아이는 장애아동이 다니는 학교를 1주일에 1회 방문하는 접촉 개입 프로그램에 참여하였는데, 3개월 후 이 아이들은 장애아이들을 더 구체적으로 다양한 범주에 따라 분류하였다(중재 프로그램에 따른 다른 효과들은 이 책의 제9장 참조).

이런 모든 연구에서 2.5~3세보다 더 어린아이들을 대상으로 한 연구 결과는 거의 찾아볼 수 없었다. 왜냐하면 대부분의 연구가 사회 범주에 대한 아이들의 인식과 그들이 인식한 것을 말로 표현할 수 있는 능력에 초점을 맞추고 있었기 때문이다. 그러나 생후 몇 개월의 영아조차도 사람 구별 자극을 범주화할 수 있다는 증거가 있다. 캘리(Kelly)와 동료들(2005)은 선택적 응시 패러다임(preferential looking paradigm)을 사용하여 며칠 또는 몇 달밖에 되지 않은 영아들이 자신과 동일하거나 또는 다른 인종집단의 얼굴을 응시하는 시간에 차이가 있음을 확인하였다. 실험은 백인 성인의 얼굴과 중동, 아시아, 그리고 아프리카 성인의 얼굴을 각각 짝지어 제시하였으며, 인종 이외의 다른 특성은 모두 유사하게 설계하였다. 실험 결과, 태어난 지 얼마 되지 않은 영아의 경우, 각 사진들을 응시하는 시간이 거의 동일하였으며, 인종에 대한 선호도에도 차이가 없었다. 그러나 태어난 지 3개월이 지난 영아는 자신과 동일한 인종에 대하여 높은 선호도를 보였으며, 백인 영아의 경우 전체 시간 중 59%의 시간을 백인 성인의 얼굴을 쳐다보았다. 특히 백인과 아프리카 성인 사진을 짝지어 보여 주었을 때 백인에 대한 선호도가 가장 확실하게 나타났으며, 다른 쌍에서도 백인에 대한 선호도가 더 높았다. 같은 나이의 중국 영아들도 동일하게 자신의 인종에 대한 선호도가 확실하게 나타났고, 중국인들 사진 중 62%의 얼굴에 전반적으로 높은 선호도를 보였다(Kelly et al., 2007).

이러한 내집단 선호도는 방금 태어난 영아에게는 나타나지 않았지만 3개월 정도의 영아에게서 확연하게 나타났다는 사실은 아이들을 돌보는 동일 인종집단 사람들에 의해서 선호도가 학습되었을 가능성을 보여 준다. 바-하임(Bar-Haim)과 동료들(2006)은 비교문화연구를 통해 이 결과에 대한 추가 증거를 제시하였다. 그들은 3개월 된 영아들로 구성된 세 집단을 대상으로 아프리카인 얼굴과 백인의 얼굴에 대한 응시 시간을 비교하였다. 첫 번째 집단은 백인 이스라엘 영아들로 구성되어 있었고, 두 번째 집단은 에티오피아에 살고 있는 영아들로 구성되었다. 마지막으로 세 번째 집단은 에티오피아에서 태어나 이스라엘로 이민 간 영아들로 구성되었는데, 이들은 이주민 지원센터(absorption centers)에 살고 있었기 때문에 이 센터의 직원들 및 다른 백인 이주민들과의 접촉으로 백인에 대한 노출이 많았다. [그림 5-1]에서 보는 바와 같이 응시 시간은 세 집단에서 각각 다르게 나타났다. 이스라엘과 에티오피아에서 살고 있는 영아들은 모두 자신의 인종에 더 강한 선호도를 보였다. 그러나 에티오피아에서 이스라엘로 이민 온 영아들은 인종에 대한 분명한 선호도를 보이지 않았다. 두 인종 집단에 많이 노출되는 것만으로도 자신의 인종에 대한 응시 시간 감소에 충분히 영향을 받은 것으로 보인다.

영아들에게서 나타난 응시 시간 차이의 실질적인 원인은 서로 다른 성인들에 대한 선택적 노출 때문으로 이것은 성별 선호를 통해서도 확인된다. 퀸(Quinn)과 동료들(2002)은 3개월 된 영아들에게 남성과 여성의 얼굴 사진을 함께 보여 주었다. 대체로 영아들은 여성의 사진을 더 응시하였는데, 퀸과 동료들은 그 이유를 대부분의 영아가 여전히 여성에 의해서 양육되고 있기 때문이라고 하였다. 그들이 주된 양육자가 아버지로 구성된 소집단의 영아들을 대상으로 실험한 결과 여성 얼굴에 대한 선호도가 사라지는 것을 확인하였다.

이러한 친숙화 효과(familiarization effects)는 상당히 빠르게 발생하는 것처럼 보인다. 산그리고리와 데 소넨(Sangrigoli & de Schonen, 2004)은 3개월의 어린 백인 영아들을 대상으로 습관화 상황(habituation paradigm)을 적용하였다. 습관화 상

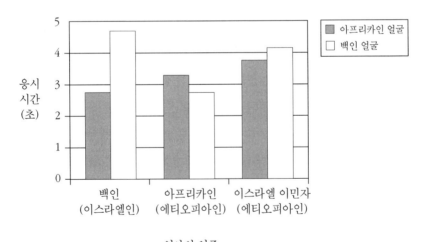

영아의 인종

**그림 5-1  자신의 인종 얼굴에 대한 영아의 선호도**

출처: Bar-Haim et al. (2006), 그림 1.

황에서는 영아들이 다소 지겨워할 때까지 또는 습관화될 때까지 한 얼굴을 반복적으로 보여 준 후, 반복적으로 보여 주었던 얼굴과 새로운 얼굴을 함께 보여 준다. 만약 영아들이 처음에 반복적으로 보여 주었던 사진보다 새롭게 제시된 얼굴을 더 주시한다면, 그것은 신기해서 보는 것이라고 추정해 볼 수 있다. 산그리고리와 데 소년은 새로운 얼굴(백인 또는 아시아인)을 앞서 반복적으로 제시했던 동일한 인종의 얼굴과 함께 보여 주었다. 백인 영아들에게 백인 얼굴로 습관화를 한 후 새로운 백인 얼굴을 함께 제시하였을 때는 새롭게 제시된 얼굴을 더 응시하였지만, 다른 인종(아시아인)으로 습관화한 후 새로운 아시아인 얼굴을 함께 제시할 때는 기존 얼굴과 새로운 얼굴을 동일하게 응시하였다. 이것은 외집단 동질성(outgroup homogeneity)에 대한 초기 사례로서, 백인 영아들은 다른 외집단 인종의 얼굴을 거의 구분하지 못했다(이 책의 제3장 참조). 그러나 실험 전에 아시아인의 얼굴을 보여 주어 친숙하도록 하는 간단한 방법을 통해서 외집단 동질성 효과를 제거할 수 있었다. 또한 단지 아시아인의 얼굴을 20초씩 여섯 차례 보여 주었을 뿐인데도 백인 영아들은 백인과 아시아인의 얼굴을 구분하지 않았다.

요약하면, 이러한 다양한 연구를 통해 우리는 영아가 자신이 속한 사회적 환경에 의해 범주화를 구분하고 사용한다는 사실을 알 수 있다. 그렇다고 범주화를 사용하는 능력이 단순히 성인에 의해 학습된다고만 볼 수는 없다. 어찌 보면 영아 스스로 그러한 범주화를 택했다고 볼 수도 있다. 더욱이 실험의 과제나 문화에 따라 영아의 선호가 변화된다는 것은 영아 스스로가 적극적이고도 전략적으로 범주를 사용한다는 것을 암시한다. 이것은 범주화에 있어 중요하게 여겨지는 사회심리학적 기능에 대한 초기의 논의와 일맥상통한다. 성인이 그들의 환경을 이해하고 단순화하기 위하여 범주화를 사용하듯, 영아도 성인과 동일한 이유로 범주화를 사용한다는 것이다.

# 🔍 나는 누구인가 그리고 나는 누구를 좋아하는가: 범주 정체성과 선호도

지금까지 아이들이 서로 다른 사회적 범주들을 어떻게 인식하는지, 그러한 인식은 어떻게 발전되는지를 살펴보았다. 하지만 인식이라는 것이 정체성이나 선호도를 나타낸다고 하는 것은 무리가 있다. 따라서 이 절에서는 많은 연구자가 관심을 가지고 있는 인종과 성별에 초점을 맞추어 범주에 대한 아이들의 범주 선호도(category preferences)가 어떻게 발전되는지를 구체적으로 알아보고자 한다. 이후에 보겠지만, 3세 정도의 아이 그리고 훨씬 어린 아이조차도 이러한 범주에 대한 정체성과 하나의 범주보다 다른 범주를 더 선호한다는 연구 결과가 많이 있다. 그러나 정체성과 선호도의 특성과 방향은 그들이 속한 집단의 사회적 기준에 따라 달라진다. 즉, 다수의 지배 세력 집단 아이들과 소수의 피지배 세력 집단 아이들은 서로 다른 형태를 보인다는 것이다.

## 인종, 국가, 그리고 다른 범주 요소들

영국 백인 여자아이(4세)가 4명의 여성 사진(아프리카계 카리브해인, 남아시아인, 동아시아인, 백인)을 보고 있었다.

면접자: 누가 가장 친절하다고 생각하니?
　여자아이는 백인 여성 사진을 지목한다.
면접자: 누가 가장 불친절하다고 생각하니?
　여자아이는 소수인종 여성 사진을 지목한다.

이어진 실험에서는 아프리카계 카리브해인 남자아이(4세)에게 4명(3명은 소수

인종, 1명은 백인)의 또래 남자아이 사진을 보여 주었다.

> 면접자: 누가 가장 맘에 드니?
> 　소년은 백인 소년의 사진을 지목한다.
> 면접자: 이 아이들 중에 누가 물건을 훔쳐 갈 것이라고 생각하니?
> 　소년은 아프리카계 카리브해인 아이의 사진을 지목한다.
> 〈A Child of Our Time〉, BBC TV, 2005년 5월 4일 방영에서 발췌)

이 장면은 TV 다큐멘터리로 제작된 것으로 지난 60여 년 동안 인종 정체성을 조사할 때 사용되어 온 전통적인 연구 방법을 기초로 하여 제작되었다. 일반적으로 전통적인 연구 방법에서는 아이들에게 다른 인종집단을 대표하는 사진이나 인형을 보여 주고 자신과 가장 닮았다고 생각하는 것이 어떤 것인지, 누구와 같이 놀고 싶은지, 좋거나 나쁘게 보이는 것이 어떤 것인지 등을 물어본다. 클락과 클락(1947)의 연구와 굿맨(1952)의 초기 연구는 이후 수많은 연구자에게 영감을 주었다. 아이들(3~7세)로 하여금 자신과 가장 닮았다고 생각하는 사진이나 인형을 선택하도록 하여 아이들이 자아 정체성을 어떻게 인식하고 있는지를 확인하였는데, 흑인 아이들의 경우 어두운 색깔의 인형과 자신을 동일시하였고, 백인 아이들은 밝은 색깔의 인형과 동일시하는 경향성을 뚜렷이 보였다. 그러나 이러한 일반적인 경향성 이면에 몇 가지 중요한 차이점이 있다. 그중에 가장 중요한 점은 소수(흑인)인종 아이들의 정체성과 백인 다수인종 아이들의 정체성 간의 비대칭성이다. 즉, 클락과 클락(1947)의 연구에서 흑인 아이들의 경우 약 2/3만이 어두운 색깔의 인형과 동일시하였는데, 이 비율은 굿맨(1952)의 연구에서도 유사하게 나타났다. 하지만 백인 아이들의 경우 95% 이상이 흰색 인형과 자신을 동일시하였다. 한 가지 더 주목할 점은 흑인 아이들 사이에서는 연령이 증가함에 따라 일종의 성장 효과(developmental effects)가 나타난다는 것이다. 클락과 클락(1947)은 3세 흑인 아이들의 경우 60% 이상이 밝은 색깔의 인형과 동일시하였지만, 7세의 경우는 87% 정도가 어두운 인형과 동일시함으로써 연령에 따른 뚜렷한 증가세를 보였다.[주석 2]

정체성에 대한 이러한 발견은 누구와 더 놀고 싶은지에 대한 질문에서 더 분명하게 나타났다. 초창기 연구 중 호로비츠(1936)의 연구에서는 4개의 서로 다른 백인 아이들의 표본에서 "네가 좋아하는 사진이 어떤 것이니?"라는 질문에 대하여 (12장으로 구성된 흑인, 백인 아이들 사진을 주고 순위를 매기도록 하였다) 모든 백인 아이는 일관되게 자신과 동일한 백인 아이의 사진을 가장 선호하였다. 이 선호도는 9~10세까지 증가하였고 그 이후 변함이 없이 유지되었다. 반면, 물론 백인 아이들의 선호도보다 낮은 값이긴 하였지만, 소수 흑인 아이들도 백인 아이의 사진을 더 선호하는 것으로 나타났다. 클락과 클락(1947)의 연구에서도 동일한 현상을 발견하였는데, 흑인 아이들은 모든 연령대에서 대다수가 흰색 인형을 가지고 놀고 싶다고 하였고, 흰색 인형이 더 좋아 보인다고 하였다. 이러한 차이점이 항상 통계적으로 유의미한 것은 아니었지만, 높은 일관성을 보여 주었다. 이는 흑인 아이들이 '외집단'을 더 선호하기 때문이며, 이것은 호로비츠(1936)의 연구에서 보여 준 백인 아이들의 '내집단' 선호 현상과 극명하게 대비되는 현상이다.

30년 후 미국 내 많은 연구에서 유사한 결과가 발견되었다. 그림으로 된 얼굴보다는 실제 사진을 이용한다거나, 둘 중 하나를 선택하는 것보다는 더 복잡한 과제를 제시하는 등 다양한 방법을 사용한 연구에서도 비슷한 결과가 나타났다. 즉, 백인 아동은 자신의 인종집단에 대하여 매우 강한 선호도를 보이는 반면, 흑인 아동은 모호하였다. 때로는 백인과 동일시하는 경우도 있었다(Brand et al., 1974; Milner, 1983; Porter, 1971; Williams & Morland, 1976).

흑인 아이들이 외집단을 강하게 선호하는 것이 보편적이라는 것에는 다소 논쟁의 여지가 있다. 왜냐하면 일부 연구에서는 그러한 선호도가 명확하게 구분되지 않았기 때문이다. 하지만 초기 연구에서는 흑인과 백인 아동 간 명백한 차이가 있었다. 이는 1960년대 중반에 이루어진 애셔와 앨런(Asher & Allen, 1969)의 연구에서 확인할 수 있다. 그들은 일종의 실험 요구 효과(experimental demand effects)[1]를 통제하기 위하여 흑인과 백인 연구자들을 이용하여 3~8세의 흑인과 백인 아이들을 대상으로 실험하였다. 실험 방법은 클락과 클락(1947)이 고안한 인형을 이용한 방법을 사용하였는데, 흑인과 백인 아동 모두 밝은 색깔의 인형을 더 선호하는 것으로 나타났다([그림 5-2] 참조). 애서와 앨런은 흰색 인형에 대한 강한 선호도와 더불어, 연령이 증가함에 따라 선호도가 바뀐다는 것도 확인하였다. 즉, 백인 선호 현상은 3~4세에 증가하기 시작하여 5~6세에 최고점에 이르고, 7~8세에 다시 감소하는 현상을 보였다. 나중에 다시 확인하겠지만, 6세에서

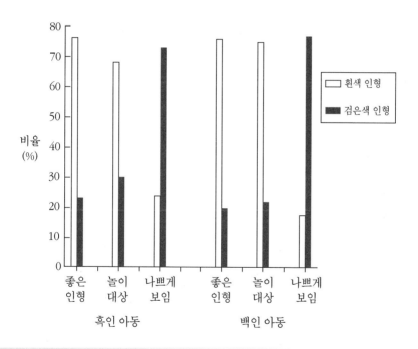

**그림 5-2 흰색과 검은색 인형에 대한 백인과 흑인 아동의 선호도**

출처: Asher & Allen (1969), 표 1을 수정함.

--------------------------------------

1) 역자 주―어데어(Adair, 1984)는 호손 효과(Hauthorne effect)를 실험 요구 효과의 하나로 보아야 한다고 주장하였다. 실험 효과는 그 상황에 대한 참여자의 해석에 의존한다. 따라서 실험자는 참여자의 상황에 대한 해석이 "실험 상황에서 참여자의 목적과 상호작용을 했는지 아닌지가 조사되어야 한다."고 주장한다. 특히 실험 요구가 있고, 그 효과를 피실험자가 자신의 이익으로 보았다면 그러한 방향으로 결과가 과장되었을 수 있다는 것이다.

최고점을 보이는 이러한 곡선 패턴은 아이들의 발달과정 측면에서 보면 매우 유의미한 결과라고 볼 수 있다.

지금까지 우리는 1930~1960년대에 흑인과 백인 미국 아이들을 대상으로 한 연구들을 집중적으로 살펴보았다. 아이들이 내집단과 외집단을 좋아하는 선호도의 유형이 해당 인종집단이나 그 나라와 지역에만 한정되지 않는다. 다른 많은 사회에서도 다수집단 아이들의 경우 강한 내집단 정체성과 선호도를 일관되게 보였고, 소수집단 아이들의 경우 훨씬 약한 정체성과 함께 다수집단에 대한 선호도를 보인다는 것을 확인할 수 있다. 보건(Vaughan, 1964a, 1946b)은 백인 뉴질랜드 아이들(4~12세)이 강한 내집단 정체성을 보이고 내집단을 더 편애한 반면, 마오리족 아이들은 오히려 외집단을 편애하는 경향이 나타나는 것을 확인했다. 연령에 따른 백인 선호도의 변화도 6~8세 정도에서 최고점을 보였고, 더 성장할수록 감소하는 경향도 보였다.

영국에 있는 아시아계 아이들이 서인도계 아이들보다 더 강한 백인 선호 현상을 보이긴 하였지만, 모두 비슷한 패턴을 보였다(Jahoda et al., 1972; Milner, 1983; Richardson & Green, 1971). 그리고 앞서 제시하였던 2005년의 TV 내용에서 본 바와 같이 최근에도 이러한 현상은 지속되고 있다. 내가 제시했던 사례들에 등장한 아이들이 실제로 실험에 참가했던 200명 정도의 소수와 다수 인종의 아이들을 대표한다고 해도 과언이 아니다. 아부드(Aboud, 1977)는 백인 캐나다 미취학 아동 대다수가 자신의 인종에 대한 정체성을 명확하게 가지고 있었던 반면, 일본인 아이들의 경우는 참가자 중 1/2, 인도 원주민 아이들의 경우는 1/3이 그러한 정체성을 가지고 있었다고 하였다. 한편, 그리피스와 네스데일(Griffiths & Nesdale, 2006)은 태평양제도에 살고 있는 아이들이 영국계 호주인 아이들을 선호하기보다 그 반대로 영국계 호주인 아이들이 태평양제도에 살고 있는 아이들을 더 선호하는 것을 발견했다. 물론 두 집단 모두 호주 내에 살고 있는 원주민에게 대한 강한 편견을 가지고 있었음에도 그러한 결과가 나타났다. 마지막으로, 에네스코(Enesco)와 동료들(2005)은 스페인 아이들(7~11세)이 라틴계 미국인 이민자 아이들을 싫어하였지만, 반대로 라틴계 미국인 이민자 아이들은 스페인 아이들을 좋아하는 것으로 나타났다고 보고하였다. 또한 두 집단 모두 집시(Gypsy)[2]에 대해서는 부정적이었다.

지금까지 살펴본 연구 결과를 보면, 백인 아이들은 친백인(또는 다수)에 대한 편애 현상이 일관되게 나타난 반면, (항상 그렇지는 않았지만) 소수집단 아이들은 다소 모호한 태도가 나타났다. 하지만 특정 역사적인 상황, 즉 인종집단 간의 관계가 끊임없이 변화하는 시기에는 소수집단 아이들도 내집단 선호를 보인다. 하라바와 그랜트(Hraba & Grant, 1970)는 미국에서 흑백 관계가 혼란스러웠던 10년 기간 중 마지막 해에 연구를 진행하였는데, 흑인 아이들과 백인 아이들 모두 인형 선택 실험에서 내집단 선호를 보였다. 이후 미국뿐만 아니라 다른 지역의 소수집단 아이들에 대한 연구에서도 내집단 선호 현상은 지속적으로 발견되었다 (Aboud, 1980; Braha & Rutter, 1980; Epstein et al., 1976; Stephan & Rosenfield, 1978; Vaughan, 1978). 이러한 결과를 통해 알 수 있는 것은 사회심리현상이라는 것이 쉽게 변하지 않을 뿐만 아니라 사회 발전에도 영향을 받지 않는다는 것이다.

앞서 인종 범주에 대한 다양한 연구를 통해 아이들이 범주에 대해서 서로 다르게 가치 부여한다는 사실을 확인하였고, 인종 선호도라는 것이 매우 어린 시절에 형성된다는 것을 살펴보았다. 그렇다면 민족주의(nationalism)는 어떠할까? 아이들은 자신의 민족성(nationality)에 대하여 인종과 유사한 선호도를 보일까? 민족성도 인종처럼 아주 어린 시기에 나타날까? 이에 대한 대답으로, 첫째, 아이들은 민족주의에 대해서도 유사한 선호도를 보인다. 물론 선호도의 정도에 있어서는 국가 간 차이가 다소 있다. 둘째, 아이들의 민족 선호도는 인종 선호도와 유사하다고 단정 짓기 어렵다. 왜냐하면 민족성에 대한 대부분의 연구가 6세 이상의 아이들만을 대상으로 하고 있으며, 민족 선호도는 성장 효과를 감안하더라도 그 변

---

2) 역자 주 – 코카서스 인종에 속하는 소수의 유랑 민족으로 인도에서 발상하여 헝가리를 중심으로 유럽 여러 지역, 서아시아, 아프리카, 미국에 분포하는 검은 머리, 검은 눈동자, 황갈색 피부의 민족으로 일정한 거주지가 없이 항상 이동하면서 생활한다.

화의 패턴이 매우 유동적이고 상황에 따라 달라지기 때문이다.

이와 관련된 획기적인 연구 중 하나는 11개 국가를 대상으로 한 램버트와 클리네버그(Lambert & Klineberg, 1967)의 연구다. 그들은 다양한 연령(6~14세)으로 구성된 3,000명 이상의 아이들을 조사하였다. 인터뷰 조사에서 "너를 설명해봐."라는 개방적인 질문을 하였는데, 공통적으로 가장 많이 나온 대답은 성별에 대한 것이었고, 인종 또는 민족성에 대한 답변은 아주 드물게 나타났다. 또한 성별, 인종, 민족성과 같은 사회적 범주를 사용하는 정도는 6~10세에 증가하다가 이후 증감 없이 그 상태를 유지하였다. 다른 연구에서도 성별에 비해 인종과 민족이 덜 사용되는 것이 확인되긴 하였지만(Jahoda, 1963; McGuire et al., 1978), 자신과 다른 민족집단에 대해서 질문할 경우에는 비록 6세 정도밖에 되지 않은 아이라도 자신의 민족에 대해 쉽게 답하는 것이 확인되었다. 많은 연구 사례에서 일본과 남부 아프리카의 흑인 아이들을 제외한 대부분의 아이가 자신의 민족을 표현할 때 긍정적인 형용사를 사용하였다. 그리고 11개 국가 아이들에게 자신의 민족 외에 좋아하는 민족의 선호도 순위를 정하도록 했을 때, 미국, 영국, 프랑스 순으로 일관된 순위가 나타났는데, 특이하게 남부 아프리카 흑인 아이들의 경우 가장 선호하는 민족으로 '백인'을 언급하기도 하였다. 가장 선호하지 않는 민족은 그 순위가 일정하지는 않았지만 러시아, 아프리카, 일본, 중국이었다. 남부 아프리카 흑인 아이들의 경우 35~55%가 자신의 민족을 가장 싫어하는 것으로 나타났다. 민족에 대한 이러한 반응과 앞서 언급되었던 인형과 그림 선호도에 대한 연구 간의 유사점이 매우 인상적이다(Tajfel et al., 1972 참조).

바렛(Barrett)과 동료들도 앞 연구와 유사한 국가 간 비교연구를 진행하였다(Barrett, 2007). 서유럽과 옛 소련의 7개 나라에서 6~15세에 해당되는 4,000명 이상의 아이들을 대상으로, 긍정적 집단 평가와 부정적 집단 평가를 각각 개별적으로 매우 정교하게 측정하였다. 매우 복잡한 연구이긴 하였지만 국제사회에 대한 아이들의 태도를 잘 알 수 있는 소중한 자료였다. 첫째, 모든 나라 모든 연령대의 아이들(6세를 포함하여)은 확실히 자신의 국가를 더 선호하였다. 둘째, 다른 국가에 대해서 자기 국가에 대한 평가보다는 좋지 않았지만 그렇다고 특별히 부정적인 평가를 하지도 않았다. 예외도 있긴 하였지만(예, 아제르바이잔 아이들이 확실하게 러시아 아이들에게 관심이 없었던 것과 같이 그루지야 아이들 또한 아제르바이잔 아이들에게 또는 우크라이나 아이들은 그루지야 아이들에게 관심이 없었다), 전반적으로 외집단에 대하여 경시하는 표현은 그다지 많이 사용하지 않았다.

그러나 이 두 가지 결론 이외에는 명확한 것이 없다. 연령에 따른 집단 간 태도에 차이를 살펴보면 나이가 많아짐에 따라 내집단 선호도가 증가하기도 하고 감소하기도 했는데, 심지어 증가하다가 감소하는 곡선 효과를 보이기도 하였다. 곡선 효과의 경우 6~9세까지 증가하다가 그 이후 감소하는 형태 또한 다양히게 나타났다. 더욱이 집단 간 편향(bias)의 종류와 방향도 다양하였다. 일부 국가 아이들은 특정 외집단에 대하여 부정적이었다. 예를 들어, 서유럽 국가들은 독일에 대하여 부정적이었다. 그러나 동유럽의 경우 반감을 가진 외집단의 선택이 일치되지 않거나 다양하였다. 어떤 곳은 러시아인으로, 다른 곳은 아제르바이잔인으로 선택했다. 바렛(2007)은 이러한 현상이 다양한 국가 간의 역사적인 관계 또는 현재의 집단 간 관계를 반영한다고 하였다. 예를 들어, 독일에 대한 아이들의 태도는 독일이 제2차 세계대전에 관여했다는 사실에 영향을 받고 있을지도 모른다. 만약 바렛의 주장이 사실이라면, 책이나 TV, 컴퓨터 게임 등을 통해 다른 집단에 대한 이미지가 전달되는 것을 포함하는 사회문화적 과정은 포괄적인 사회심리적 역동만큼이나 국가에 대한 아이들의 태도 발달에 중요한 영향을 준다는 주장이 가능하다.

또한, 바렛(2007)은 일반적으로 아이들이 국가 간의 차이를 구별할 때 부정적인 태도보다 긍정적인 태도를 더 강하게 보인다고 하였다. 내가 바렛의 연구에서 제시했던 2개의 표를 다시 분석하여 확인한 결과, 가장 좋아하는 국가(대부분 자신의 국가가 이에 해당됨)에 대해서는 긍정적인 형용사를 사용하였고, 가장 싫어하는 국가에 대해서는 부정적인 형용사를 사용하였다. 이 둘 간에는 큰 차이가 있었는데, 이 결과는 연령 또는 국가와는 무관하였다. 집단을 차별할 때 부정적인 것보다 긍정적인 것을 사용하려는 일반적인 현상을 '긍정-부정 비대칭 효과(positive-negative asymmetry effect)'라고 한다(Mummendey & Otten, 1998; 이 책의 제3장 참조). 이 효과는 다양하게 설명되는데(Gardham & Brown, 2001; Mummendey & Otten, 1998), 그중 하나가 아이들과 관련된 것이다. 비대칭이라는 말은 사회가 허용하고 있는 긍정적·부정적인 표현에 대한 규범의 차이를 반영하는 것일 수 있다. 우리가 다 알고 있는 것처럼 긍정적인 표현, 즉 특정 사람을(또는 집단을) 더 좋아한다고 말하는 것은 허용되기 쉬우나, 싫어한다고 말하는 것은 허용되기 어렵다.

바렛(2007)의 자료에서는 긍정-부정 비대칭이 연령에 따라 다르게 나타난다는 것을 확인할 수 없었는데, 이는 연령 집단을 3세 간격으로 넓게 두었기 때문일지도 모른다. 따라서 연령 간격을 달리한다면, 긍정-부정 비대칭 효과에서 연령에 따른 중요한 발달적 변화가 나타날 것이며, 그 변화는 7세 정도에서 나타날 가능성이 높다. 우리는 독일에 대한 영국 아이들의 태도에서 연령에 따른 비대칭 효과를 확인할 수 있었다(Rutland et al., 2007). 일반적으로 긍정적인 특성에 대한 평가에서 아이들은 모든 연령대에서 내집단 편향을 보였다. 그러나 부정적인 특성에 대한 평가에서는 8세 아이들의 경우 내집단(영국)과 외집단(독일) 간에 차이가 없었다. 다만, 7세 아이들은 외집단(독일)을 더 부정적으로 보았다. 마치 어린아이들이 다른 국가를 부정적으로 평가하는 것이 사회적으로 잘못된 것이라는 것을 아직 배우지 못한 것처럼 보인다. 이 결과는 후속연구에서도 확인되었는데, 긍정-부정 비대칭 효과에 대한 연령 차이는 아이들이 집단 놀이에서 독일 아이들을 배제하는 것이 적절하다고 생각하는 정도에 의해 부분적으로 매개되었다. 이후에 확인하겠지만, 사회적 규범에 대한 아이들의 민감성의 증가는 편견 행동에서 볼 수 있는 몇 가지 발달적 경향의 중요한 기저가 될 수 있다.

우리는 지금까지 인종과 국가에 따라 나타나는 편향을 살펴보았다. 다음으로 성별 편향에 대해 자세히 살펴볼 것이다. 물론, 이 세 가지 범주만으로 아이들의 편견을 다 설명할 수는 없다. 특히 비만과 관련된 범주는 사회적으로 점점 더 중요해지고 있다. 이것은 날씬한 몸매에 대한 사회적 강박관념과 상관없고(Dittmar,

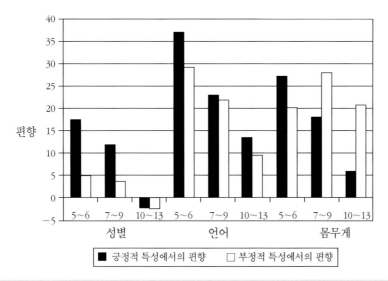

**그림 5-3  세 가지 범주에서의 아이들의 집단 간 편향**

편향은 내집단과 외집단으로 귀인되는 특성의 비율 차이로 정의됨(긍정적 특성에서의 편향은 내집단 특성과 외집단 특성의 비율 차이를 말하고, 부정적 특성에서의 편향은 외집단 특성과 내집단 특성의 비율 차이를 말함). 가로축은 연령을 의미함.
출처: Powlishta et al. (1994), 표 1을 수정함.

2007), 또한 국제적으로 증폭되고 있는 병적 비만에 대한 전문가들의 관심과도 무관하다(World Health Organization, 2000). 일반적으로 3~5세 정도의 아이들이 과체중보다는 보통의 체중을 더 선호한다는 것은 의심의 여지가 없다(Cramer & Steinwert, 1998; Penny & Haddock, 2007; Powlishta et al., 1994). 폴리쉬타(Powlishta)와 동료들(1994)의 연구는 언어, 인종(이 연구는 캐나다 퀘벡 주에서 이루어졌고, 프랑스어를 쓰는 아이들에 대하여 영어를 쓰는 아이들의 태도가 어떠한지를 조사하였다), 성별과 함께 몸무게에 대한 태도를 비교하였다는 점에서 특히 흥미롭다([그림 5-3] 참고).

그 결과 세 가지 모든 범주, 즉 성별, 언어, 몸무게에서 편향이 나타났는데, 전반적으로 부정적인 특성보다는 긍정적인 특성에서 더 강하게 나타났다(이것은 긍정-부정 비대칭의 또 다른 현상이다). 이 편향은 연령에 따라 감소하였고, 특히 긍정적인 특성에서 감소 현상이 두드러지게 나타났다. 그러나 몸무게에 대해서는 다소 다른 형태를 보였다. 즉, 긍정적인 특성에 있어서의 감소 현상은 동일하게 나타났지만, 부정적인 특성에서의 편향은 모든 연령대에서 그대로 유지되었다. 이는 과체중인 사람들을 경시하는 감정이나 태도에 대한 사회적 제지가 더 약하다는 것을 의미할지도 모른다. [그림 5-3]에는 나타나지 않았지만, 이 연구에서 발견된 흥미로운 사실 두 가지는 다음과 같다. 첫째, 여자아이들이 남자아이들보다 눈에 띌 정도로 많은 성별 편향을 보인다는 것이다. 나중에 확인하겠지만, 이 결과는 다소 보편적인 현상으로 보인다. 둘째, 아이들의 편향은 다른 범주들과의 상관이 거의 없다는 것이다. 각 범주의 편향 간의 상관은 거의 0에 가까웠다. 이는 편견을 성격으로 설명하려고 했던 문제점을 상기시켜 주는데, 즉 집단 간 상황에 상관없이 편견을 예측할 수 있는 일반적인 특성이 있다고 주장하는 것이 잘못되었음을 알려 준다(이 책의 제2장 참조).

이 부분을 결론 내리기에 앞서 먼저 인종이나 국가 그리고 다른 범주들에 대한 선호도를 어떻게 해석할지를 논의해야 할 것이다. 과연 한 집단만을 계속해서 선호하는 것이 다른 집단을 폄하하는 것일까? 이 질문에 대한 해답을 정확하게 파악하기 위해서는 다수(또는 높은 지위) 집단의 아이들과 소수(또는 낮은 지위) 집단의 아이들 모두에게 물어보아야 할 것이다.

먼저 다수집단의 경우 2개 중에 하나를 선택하는 실험(이 그림들 중 어느 것을 더 선호하는가?)에서 하나에 대한 선호가 다른 것에 대한 적극적인 거절이라고 추론할 수는 없다. 모든 연구에서 실제로 내집단에 대한 선호를 보인다는 것은 내집단에 대하여 더 긍정적인 감정을 느낀다는 것이고, 다른 집단에 대해서는 약간 덜 긍정적이거나 최악의 경우 중립적인 감정을 느낀다고 볼 수 있다. 즉, 그들의 입장에서 볼 때 내집단에 대한 선호는 일종의 과도한 편견을 말하는 것이 아니다. 실제로 긍정적이고 부정적인 태도 또는 좋아하고 싫어하는 정도를 측정하는 도구들을 이용하여 내집단과 외집단을 평가하도록 한 연구 결과를 보면 일관되게 내집단에 대해서는 긍정적으로, 외집단에 대해서는 극히 드물게 부정적으로 나타났다(예, Aboud, 2003; Barrett, 2007; Black-Gutman & Hickson, 1996; Chiesi & Primi, 2006; Enesco et al., 2005; Griffiths & Nesdale, 2006; Powlishta et al., 1994; Rutland et al., 2007).

비록 이러한 결과를 인정한다 하더라도, 다음 세 가지 이유 때문에 높은 지위에 있는 다수집단 아이들의 집단 간 태도를 가볍게 여겨서는 안 된다. 첫째, 비록 배타적인 놀이와 친구관계의 선호도에서 외집단에 대한 부정적인 성향이 내집단에 대한 긍정적 성향보다 덜 명확하게 나타난다 하더라도, 그들의 내집단 편향이 사회적으로 불화를 일으킬 수 있다는 것이다(Aboud & Sankar, 2007; Aboud et al., 2003). 둘째, 실제로 매우 어린아이조차도 외집단에 대한 부정적인 대도를 가지고 있다는 연구 결과가 있다. 앞서 살펴본 바와 같이, 매우 어린아이들도 일부 다른 국가와 과체중 친구에 대하여 명백하게 부정적인 태도를 보였다(Barrett, 2007; Cramer & Steinwert, 1998; Powlishta et al., 1994). 마지막으로, 일화적 관찰을 통해 알 수 있는 사실은 아이들끼리 만나서 노는 곳이 모두 좋기만 한 것이 아니라는 것이다. 굿맨(1952)은 그녀가 인터뷰한 4세 아이들 중 25% 정도가 명백하게 편견에 치우친 말을 하였다고 보고하였다. 더 최근에는 카츠(Katz, 2003)가 3세 백인 아이들의 대화 내용을 다음과 같이 보고하였다.

질문: 선생님은 어떤 친구를 나무랄까?
답: 흑인 친구요.
질문: 복도에 쓰레기를 누가 버렸을까?
답: 흑인 친구요.
질문: 왜?
답: 흑인이잖아요. (Katz, 2003, p. 897)

마지막 부분에서 다시 논의하겠지만 흥미롭게도 이 아이들의 어머니들은 확실하게 진보적인 인종 간 태도를 보였고, 오히려 자신의 자녀가 그렇게 대답한 것에 대하여 충격까지 받았다.

다음은 최근에 읽은 가자 지역에서의 파벌 분쟁 결과에 대한 어느 한 어머니의
글이다.

> 한번은 초등학교를 다니는 딸과 함께 공원에 나갔다. 그곳에 다른 여자아이들
> 도 있었다. 그런데 딸아이가 그 여자아이들과 놀다 말고는 나에게 와서 한 여자
> 아이가 계속 하마스당이 파타당보다 더 낫다고 이야기를 한다는 것이다. 나는 딸
> 아이에게 다시 돌아가서 학교에 대한 이야기만 하고 놀라고 했다. 그러나 또 다
> 른 여자아이도 똑같이 하마스당과 파타당 이야기를 했다. …… 그것은 모든 것에
> 악영향을 준다. 놀이터에 있는 5세 아이들이 18세가 되면 결국 어떤 일이 발생할
> 까? 아이들이 기억하는 것은 하마스당과 파타당이 어떻게 싸웠는지에 대한 것일
> 것이다. 이것이 바로 내가 미래를 걱정하는 이유다(*Observer*, 2008. 2. 10.).

우리가 기억해야 할 것은 소수 또는 낮은 지위의 집단 아이들의 경우, 강한 내
집단 선호도에서 강한 외집단 선호도까지 그 반응이 다양하다는 것이다. 이 중에
서 강한 외집단 선호도는 심리학자와 교육학자들 사이에서 가장 많은 논쟁거리
가 되는데, 그 이유는 자신의 인종집단에 대한 잘못된 정체성을 형성하고 있다는
것을 암시하는 일종의 '자기 혐오'와 같은 것이기 때문이다. 그렇지만 설문을 할
때 내집단과 외집단에 대한 선호도 중 한 가지만을 선택하도록 하는 실험에서는
이러한 현상이 나타나지 않는다. 단지 소수집단의 아이들은 다수집단의 아이들
보다 내집단 선호도가 상당히 낮게 나타날 뿐이다. '자기 혐오'와 관련된 난제는
백인, 흑인, 그리고 멕시코계 미국인의 초등학생을 대상으로 한 인종 간 태도와
자아존중감 간의 관계를 연구한 슈테판과 로젠필드(Stephan & Rosenfield, 1978)의
연구에서 드러났다. 세 집단 모두 자민족중심적이었고, 그중 백인이 다른 집단보
다 다소(비록 통계적으로 유의미하지는 않았지만) 강하게 나타났다. 멕시코계 미국
아이들의 자아존중감 정도가 낮게 나타난 것은 아마 사회계층의 차이 때문인 것
으로 보인다. 주목할 만한 점은 백인 아이들과 흑인 아이들의 자아존중감의 정도

가 거의 비슷하게 나타났다는 것이다. 즉, 소수집단인 흑인 아이 중 일부에게는 일반적인 '자기 비하'에 대한 신호가 거의 없었다는 것이다(이 책의 제8장 참조). 더불어 자민족중심주의가 약하면 약할수록(그들이 백인에 비해 흑인을 좋아하는 정도가 약하면 약할수록), 아이들의 자아존중감이 더 낮게 나타나는 상관관계가 확인되었다.

몇 가지 일화적 증거(anecdotal evidence)[3]를 보면 적어도 일부 아이들은 외집단을 선호한다는 것이 실제로는 내집단 비하를 암시하는 것임을 짐작할 수 있다. 클락과 클락(1947)의 연구에서 흑인 아이들이 흑인 인형을 선택하지 않은 이유는 '인형이 못생겨서' '인형이 예쁘게 보이지 않아서' '인형이 까매서'였다(p. 316). 그리고 굿맨(1952)의 연구에서는 4세 흑인 아이들조차도 흑인 인형을 선택하지 않은 이유로 '흑인들 미워.'라는 표현을 했다(p. 46). 이는 앞서 TV에서 발췌한 아프리카계 카리브해인의 말과 일맥상통한다.

유명한 아프리카계 미국인 작가인 마야 안젤루(Maya Angelou)는 그녀의 가장 어릴 적 기억을 되짚어 보면서, 모든 흑인 아이는 예쁘고 작은 백인 아이처럼 보이는 것이 꿈이었다고 회상하였다(Angelou, 1969, p. 4). 나는 가끔 흑인 아이들이 피부 색깔을 깨끗하게 하려고 씻는다는 뉴스를 들을 때 참 슬프다. 이러한 일들을 흑인 아이들을 양육했던 사람에게 직접 전해 듣기도 했다. 다음은 인종주의를 다루는 유명한 영국 잡지에 실린 아시아 여성의 실제 경험담이다. "아홉 살인 내 딸이 욕실에 들어가서 피가 날 때까지 피부를 문질렀는데 그 이유가 이웃 아이들이 딸에게 더럽다고 했기 때문입니다." (*Living*, 1992. 6., p. 25).

이러한 단편적인 관찰만으로 소수집단 아이들이 자신의 집단과 자신에 대하여 항상 부정적인 관점을 가지고 있고, 앞으로도 가지게 될 것이라는 결론을 내리거나 일반화해서는 안 될 것이다. 왜냐하면 이와 같은 자기인식에는 문화적·역사적 요인이 중요하게 작용하기 때문이다. 집단 간 선호도에 있어 소수

---

3) 역자 주―개인 자신의 경험에 대한 직접적인 보고 또는 타인의 경험에 대한 보고를 말한다.

집단 아이들과 다수집단 아이들의 차이가 유사하게 나타나는 것은 집단 구성원으로서 성장하면서 겪은 경험과 그 결과물이 각각 다르다는 것을 말해 준다. 따라서 이 부분은 편견발달이론에서 중요하게 다루어져야 한다.

## 성별 정체성과 선호도

예외가 있긴 하지만, 인종 정체성에 대한 전형적인 연구에서는 단지 두 가지 자극만 제시하고 둘 중 하나를 선택하도록 하였다. 대부분 암묵적으로 동일한 성별이 제시되었기 때문에 아이들은 인종만을 근거로 구별하는 현상이 나타났다. 따라서 실험 절차상에서 가장 중요한 사회적 범주인 성별에 대한 연구는 할 수 없었다. 성별을 포함한 연구는 다음의 연구자들에게 특별한 관심을 받았는데, 그 이유는 성별과 인종 간의 상대적 중요성을 검증할 수 있었기 때문이었다. 카츠와 잘크(Katz & Zalk, 1974)의 연구는 그러한 연구 중 하나로서 4개의 인형(2개는 흑인, 2개는 백인이었으며, 성별은 각각 구분하였음)을 가지고 4~5세의 흑인 아이들과 백인 아이들을 대상으로 실험하였다. 그 결과, 이전 연구와는 달리 아이들에게서 자민족중심적인 선호도를 거의 발견할 수 없었다. 그리고 자신과 동일한 성별에 대한 선호도는 여자아이들에게서만 나타났다.

성별 정체성과 그와 관련된 선호도는 아주 어린 시절부터 아이들에게 중요한 요소이기 때문에 오랫동안 연구 대상이 되었다(Kohlberg, 1966; Mischel, 1970). 실제로 맥코비(Maccoby, 1988)가 지적한 바와 같이, 모든 사람이 알고 있는 언어와 문화에서 사회적 범주로서 항상 존재하는 것이 성별임에도 사회심리적 구성요소로서 자주 사용되지 않는 것은 의아한 일이다. 비록 서양 사회의 연구 결과이긴 하지만, 다양한 실험 연구를 통해 아동의 성별 정체성과 선호도를 확인할 수 있다. 톰슨(Thompson, 1975)의 연구에서는 2세 아이들의 경우 성별 정체성이 불확실하였지만(그들의 절반만 자신이 남자인지 여자인지를 정확하게 맞추었다), 2.5~3세의 아이들은 자신의 성별 정체성을 보다 확고히 확립하였다(80% 이상의 아이

가 정확하게 자신의 성을 맞추었다). 그러나 그 연령대에 자신의 성별을 안다는 것
이 성 개념을 모두 이해하는 것을 의미하는 것은 아니다. 콜버그(Kohlberg, 1966)
는 성에 대한 아이들의 생각이 다른 범주에 대한 생각과 비슷할 것이라고 제안
하였다. 5~6세 이하의 아이들은 물질의 물리적인 형태의 의미를 잘 이해하지
못하였다. 예를 들어, 아이들은 길이가 길고 좁은 컵이 짧고 넓은 컵보다 더 많은
액체를 담고 있을 것이라고 생각하였다. 따라서 아이들의 성별 인식은 불안정할
수 있다. 이러한 현상을 검증하기 위해 슬라비와 프레이(Slaby & Frey, 1975)는
2~5세 아이들을 대상으로 아이들의 성 정체성을 조사하였다. 먼저 톰슨(1975)과
같이 아이들 대다수(90% 이상)가 자신의 성별을 알고 있는 상황을 설정한 후에, 아
이들에게 만약 자신이 반대 성별의 옷을 입거나 반대 성별이 통상적으로 하는 게
임을 하고 있다면 어떤 일이 발생할 것이라고 여기는지와 관련된 질문을 하였다.
슬라비와 프레이는 이 실험과정에서 아이들이 '성별 불변성(gender constancy)'을
습득하는 명백한 과정이 있다는 것을 확인하였다. 어린아이들은 옷을 갈아입으면
성별이 바뀐다고 여겼는데, 5세가 되어서야 상당히 많은 아이들이 옷을 갈아입어
도 자신의 성별이 바뀌지 않는다는 것을 이해한 것이다(Yee & Brown, 1994 참조).

  사실 아이들은 자신의 성별 정체성을 명확히 가지기 이전에 자신의 성에 대한
선호도를 보였다. 유치원이나 초등학교에서 일하는 사람들에 따르면 소년은 소
년과 놀기를 더 좋아하고 소녀는 더 확연하게 (동성인) 소녀와 놀기를 좋아한다.
이러한 초기 성별 구분은 수많은 연구에서 관찰되었다. 가장 집약적인 연구 중
하나가 몬트리올 보육센터에서 진행되었던 18개월~5.5세 아이들의 친화행동
을 관찰한 연구다(La Freniere et al., 1984). [그림 5-4]는 동성 친화행동의 비율이
연령에 따라 증가하는 것을 보여 준다. 가장 어린 아이들에서는 성별 구별이 거
의 없었지만, 2세를 넘기면서 여자아이들의 경우 동일 성별 선호를 명확하게 보
였다. 2세를 막 넘긴 여자아이들은 이성보다 동성과의 친화행동을 2배나 많이
보였다. 남자아이들은 3세까지 성별 구분 없이 특정 아이들과 함께 놀다가 3세
이후에는 여자아이들과 마찬가지로 자신의 성별에 대한 선호도를 지속적으로

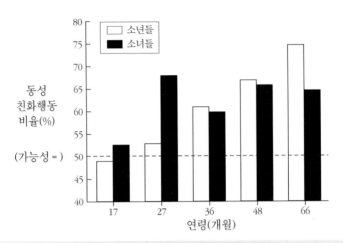

**그림 5-4 놀이에서 아이들의 성별 구별**

출처: La Freniere et al.(1984), 그림 1을 수정함.

나타냈다(Jacklin & Maccoby, 1978).

그러나 성별 구별의 시작 시기가 항상 3~4세에 고정된 것은 아니다. 다른 문화권, 즉 가족 주기와 사회적 규범이 다른 문화권에서는 다른 연령대에서 이 현상이 발생할 수도 있다. 예를 들어, 하크니스와 슈퍼(Harkness & Super, 1985)는 케냐 시골 공동체의 경우 6~9세에도 성별 구별이 나타나지 않는다고 하였다. 이는 대가족 제도와 아이들에게 맡겨진 경제적 책임감에 기인하였다. 그 아이들은 일상에서 남자아이, 여자아이 구분 없이 보육과 성벽을 지키는 일과 그 밖의 집안일을 도왔다. 성별에 대한 구별은 그들이 어른이 되면서 보게 되는 성별에 따른 형식적 의식, 노동의 구분, 그리고 사회적 상호작용을 경험하면서 점점 더 뚜렷해진다.

성별 구별이 불변하는 것은 아니다. 세르빈(Serbin)과 동료들(1978)은 4~5세 아이들을 대상으로 간호학교 교사들의 긍정적인 강화가 성별 상호 간 협력적인 놀이에 참가하는 횟수를 변화시킬 수 있는지 살펴보았다. 프로그램은 2주 동안 진행되었고, 그 기간 동안 교사들은 체계적으로 이성의 아이들과 함께 협력해서

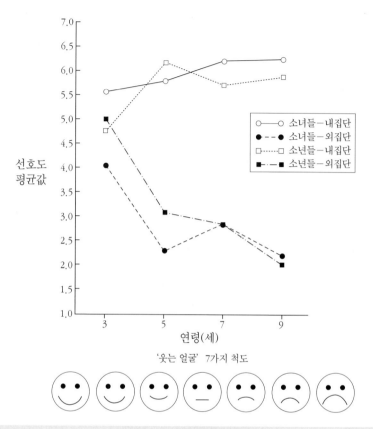

**그림 5-5 성별 편향 발달**

출처: Yee & Brown (1994), 표 1을 수정함.

놀고 있는 아이들을 칭찬하였다. 이 칭찬은 아이들이 이성과 노는 시간을 증가시키는 효과를 보여 주었다. 그러나 교사들의 개입 기간이 끝난 이후에는 다시 자신이 좋아하는 동성 아이들과의 놀이로 돌아갔다.

헤이든-톰슨(Hayden-Thomson)과 동료들(1987)은 다른 실험 방법을 사용하였다. 그들은 아이들에게 빈 친구들 중에서 좋아하는 친구의 사진을 박스 3개 중에 한 군데에 넣도록 하였다. 각 박스 외부에는 박스를 구분하는 그림이 붙어 있었는데, 하나는 그들이 아주 좋아하는 친구의 행복한 얼굴, 다른 하나는 중립적인 얼굴, 나머지 하나는 그들이 좋아하지 않는 친구들의 슬픈 얼굴의 그림이 있었다. 꽤 많은 아이들이 행복한 얼굴이 있는 박스에 자신의 동성 친구 사진을 넣었다. 그리고 또 다른 실험에서는 여자아이가 남자아이보다 더 이른 시기에(유치원 시절) 성별 편향을 보였다(Powlishta et al., 1994 참조). 이와 브라운(Yee & Brown, 1994)은 3~9세 아이들에게 확대한 7개의 얼굴 그림을 보여 주며 각 성별에 대하여 '좋음'과 '그렇게 좋지 않음'을 생각하도록 하였다.

[그림 5-5]에서 보는 바와 같이, 5세까지의 아이들은 남녀 모두 자신과 성이 같은 동성에 강한 호감을 보였다. 다른 성별에 대한 평가가 모두 4점 이하로 나타난 것에 주목할 필요가 있는데, 여자아이들은 3세에 이러한 편향을 보였다.

요약하면, 많은 연구 결과를 통해 볼 때 어린아이에게 성별 범주는 심리적으로 중요한 요소다. 어린아이가 청소년기에 가까워질수록 매우 빠르게 자신의 성별을 인식하였다. 그리고 서양 아이들의 경우 비록 성별 정체성이 5~6세까지 명확하지 않더라도, 매우 어린 시절부터 자신과 동일한 성별의 친구들을 매우 일관되게 선호하였다. 우리는 이러한 현상을 성 편견이라고 부르는데, 5~6세에 최고치에 이르고 청소년기까지 그 수준을 유지하는 것처럼 보였다.

## 🎥 아동의 집단 간 차별

이 장의 마지막 부분에서는 다양한 내집단 범주에 대한 아이들의 정체성과 선호도의 개체 발생(ontogeny)[4]에 대한 연구 결과를 살펴볼 것이다. 이 연구들은 대부분 아이들이 두 집단 중 어느 집단에 대해 더 긍정적으로 표현하는지를 비교하는 형태의 척도를 통해 자료를 수집하였다. 이 절에는 이 주제를 더 발전시키고 폭넓은 다양한 집단 간 상황에서의 태도를 살펴보고자 한다. 특히 집단들 간

---

4) 역자 주-생물학에서 개체가 알에서 발생해 차차 발육, 성체가 되는 과정을 말하는데, 유물론적 진화론자 해켈(Haeckel, 1834~1919)은 이 과정을 생물 발생의 기본 원리로 삼고, 한 개체의 발전과정은 그가 속하는 종의 발전과정을 축소한 것이라고 주장하였다.

에 행동적 차별이 어떻게 발달하는지를 알아보고자 한다. 그리고 앞 절에서 언급했던 두 가지 주제를 다시 논의할 것이다. 하나는 상대적으로 이른 시기에 아이들에게 나타날 수 있는 편향된 태도와 행동이고, 다른 하나는 5~8세 연령의 문제다. 아이들은 이 시기에 특히 집단 중심적이고 편견을 나타내다가 연령이 올라가면서 약화되는 현상을 보인다.

앞서 제2장에서 데이비(1983)가 제공한 자료를 통해 어린 시절에 차별이 많이 발생한다는 것을 확인하였다. 500개 이상의 영국 초등학교를 대상으로 한 이 연구에서 자신과 동일한 인종집단과 다른 인종집단에게 사탕을 분배할 때 절반 이상의 아이가 자민족중심적인 행동을 보였다.

반 아버맛과 맥클린톡(van Avermaet & McLintock, 1988)은 벨기에에서 서로 다른 언어를 사용하는 아이들이 이와 유사한 자민족중심적인 경향을 보인다는 것을 확인하였다. 이 연구는 플라망어를 사용하는 6~10세 아이들을 대상으로 진행되었다. 아이들은 다른 교실에 있는 아이들을 찍은 짧은 영상(무음)을 시청하였는데, 영상에 등장하는 아이들은 플라망인 또는 프랑스인 둘 중 하나로 추정되었다. 이 영상을 보여 준 다음 아이들에게 자기 교실 친구와 다른 교실 아이들에게 보상(좋은 컬러 펜꽂이)을 나누어 주도록 요청하였다. 아이들은 보상 분배 이전에 실시한 집단 간 평가에서, 다른 교실에 있는 아이들에 대해 공평하게 긍정적이었다. 그런데 영상에 나타난 다른 교실 아이들이 자신과 같이 플라망어를 사용하는 아이들이라고 들었을 때는 더 긍정적으로 평가하였다. 이러한 내집단 편향은 중간 정도의 연령집단(8세)에서 가장 뚜렷하게 나타났다. 평가 이후 보상 분배 상황에서, 다른 교실의 아이들에 대하여 편향된 모습을 보였다. 즉, 자신의 교실 친구들을 위해서는 6개의 펜꽂이를 나누어 주었고, 다른 교실 아이들에게는 딘지 2개 징도민을 분배하였다. 일나나 파세글 잘 수행하였는시에 따라 분배가 달라졌는데, 예를 들어 다른 교실 아이들이 과제를 잘 수행했다고 생각이 들면 조금 더 많이 분배하였다. 그러나 다른 교실 아이들이 프랑스어를 사용하는 아이라는 정보를 들었을 때는 이러한 공정한 분배 현상이 현저하게 감소하였다.

공정성과 내집단 편애 간의 균형은 우리가 어린 소녀와 소년을 대상으로 한 실험에서 잘 나타났다(Yee & Brown, 1994). 경쟁 과제로 만들어진 2개의 콜라주를 보여 주면서 둘 중 하나에 대한 아이들의 선호도를 묻는 실험이었다. 실험 조건에 따라 선호된 콜라주가 소녀(또는 소년) 팀에서 만들어졌다면, 덜 선호된 콜라주는 소년(또는 소녀) 팀에서 만들어진 것이었다. 달리 말해서, 한쪽 팀의 콜라주가 선호되었다면 다른 팀의 콜라주는 덜 선호되도록 상황을 설정하였다. 아이들은 선호도를 표현한 후 두 팀에 보상으로 멋진 인형을 분배하였다. [그림 5-6]에서 볼 수 있는 것처럼 소년은 성별에 상관없이 더 나은 콜라주를 만든 팀에게 공정하게 보상을 분배하였으나, 소녀는 콜라주의 결과와 상관없이 항상 소녀 팀에 더 나은 보상을 분배하였다. 또 다른 흥미로운 결과로 보상을 분배하는 상황에서 성별 편향의 정도는 성별 불변성의 한 요소(안정감)와 정적인 상관관계가 있었다. 실제로 아이들의 성별 태도의 편향은 이전 절에서도 확인할 수 있다([그림 5-5] 참조).

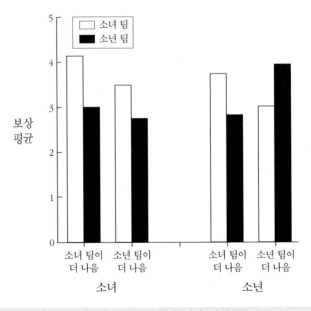

**그림 5-6 아동의 성별 차별**

출처: Yee & Brown (1994), 표 3을 수정함.

다른 인종의 친구들이 포함된 모호한 사회 상황을 어떻게 해석하는지를 살펴보면 아이들의 편향된 관점을 알 수 있다. 맥그로슬린과 킬렌(McGlothlin & Killen, 2006)은 백인 초등학교 학생들(7~10세)에게 한 아이가 다른 아이에게 나쁜 행동을 한 것으로 해석될 수 있는 다양한 사진을 보여 주었다. 예를 들어, 한 아이가 얼굴에 통증을 느끼며 그네 옆 땅에 앉아 있고, 다른 아이는 그네 뒤에 서 있는 사진이 있었고, 두 아이의 인종은 실험 상황에 따라 변화를 주었다. 맥그로슬린과 킬렌은 흑인이 '가해자'로, 백인이 '피해자'로 설정된 상황의 경우 나쁜 일이 생긴 상황으로 해석될 가능성이 더 높은 것을 발견하였다. 아이들은 흑인 '가해자'를 더 부정직으로 보았고, 향후 백인 '가해자'보다 나쁜 행동을 더 많이 할 것이라고 평가하였다. 이러한 현상은 제4장에서 다루었던 '궁극적 귀인 오류' '언어의 집단 간 편향'과 그 맥을 같이한다(Maass, 1999; Pettigrew, 1979 참조). '그들' 중 한 사람이 잠재적으로 부정적인 무엇인가를 할 때, 우리는 그 행동의 원인을 내적인 어떤 요인으로 귀인하는 경향이 더 강하다.

맥그로슬린과 킬렌(2006) 연구의 대상이 되었던 학생들은 같은 인종으로 구성된 학교를 다녔기 때문에 아마도 아프리카계 미국인 친구는 거의 없었을 것이다. 이렇게 외집단과 접촉할 기회가 없는 것은 아이들의 차별적인 태도 발달에 중요한 역할을 할 것이다. 맥그로슬린과 동료들(2005)은 어린아이들이 인종이 섞여 있는 학교를 다닐 경우에, 이와 같은 편견을 보이지는 않았다고 하였다. 제9장에서도 살펴보겠지만, 다양한 사회제도로 인해 집단 간 접촉의 기회를 더 많이 가질 경우 집단 간 친밀감이 발전하고 편견이 줄어든다고 한다.

이런 대부분의 연구는 사진 또는 그림 자극에 대한 반응을 통해 참가자의 태도를 살펴보았다. 해리스(Harris)와 동료들(1992)은 자기충족적 예언 가설을 검증하면서(제4장 참조) 자신의 친구가 낙인찍힌 범주에 속한다고 인식할 때 나타나는 아이들의 태도와 행동 변화를 확인하였다. 그들은 초등학교 남자아이들을 대상으로, 서로 잘 모르는 아동과 짝을 짓고 두 가지 과제를 수행하도록 하였다. 절반의 아이들에게는 자신의 짝이 약간의 과잉행동장애를 앓고 있다고 믿게 하였고,

그렇기 때문에 아마 그 친구와 놀기가 쉽지 않을 거라고 알려 주었다. 그리고 나머지 절반의 아이들에게는 그러한 정보를 주지 않았다. 사실, 두 집단(정보를 알려 준 집단과 알려 주지 않은 집단)의 짝은 동일하게 각각 절반은 장애 진단을 받은 아이이고, 나머지 절반은 장애가 없는 아이였다. 실험 결과, 소년의 기대는 그들의 태도와 행동에 강력한 영향을 미쳤다. 장애가 있는 짝과 함께 상호작용하게 된다는 정보를 받은 소년은 (실제로 장애가 있든 없든 상관없이) 그러한 정보가 없었던 소년에 비해 과제 수행을 훨씬 어려워하였다. 그들은 장애가 있다고 생각하고 있는 자신의 짝에게 과제 수행에 대해 칭찬하는 것에 인색하였고, 친근한 모습을 보이지 않았다. 그리고 장애를 가진 것으로 알려졌던 소년들은 자신이 받은 대우와 똑같이 상대 소년을 대하였다. 특히 실제로 과잉행동장애가 없음에도 상대에게 장애가 있는 것으로 알려진 아이들은 장애 정보가 없었던 아이들에 비하여 그러한 실험 상황(자신의 짝이 자신에게 비우호적인 태도를 보이는 상황)을 더 싫어하는 경향을 보였다. 이를 통해 사회적 고정관념이 우리가 가진 세상에 대한 이미지를 어떻게 나쁜 방향으로 조작하는지를 다시 한 번 보게 된다.

　지금까지 우리가 논의했던 모든 집단 간 현상은 인종과 성별, 그리고 장애와 같은 실제 삶의 범주와 연관되어 있다. 그리고 이 모든 요소에는 뿌리 깊은 문화적 가치와 의미가 스며 있다. 그런데 이 편향은 얼마나 일반적인 현상일까? 그리고 이 편향이 발생했던 특정 사회적 관계로부터 그것들을 분리할 가능성은 있을까? 이에 대한 답을 찾기 위해서 때로는 임시 집단을 만들어 그들의 관계와 행동을 살펴보는 것이 도움이 될 때가 있다. 본(Vaughan)과 동료들(1981)의 연구는 이러한 시도 중 하나다. 그들은 7세, 11세 아이들을 대상으로 최소 집단 패러다임(제3장 참조)을 적용하였다. 평범한 그림(클리와 칸딘스키의 그림이 아니라 아이들의 그림을 사용)을 보여 주고 선호도를 조사한 다음, 선호도에 따라 아이들을 두 집단으로 분류하였다. 그리고 두 집단(개인에게 분배하는 것이 아니라 집단 전체)에게 돈을 분배하도록 하였다. 보상 분배에서 아이들이 나타낸 집단 간 차별의 모습을 보면 다른 집단보다 자신의 집단에 더 많은 보상을 하였고, 집단 간 상대적인 차이를 설정할 경우에는 더 강한 차별을 보였다. 단, 연령은 차별에 아무런 영향을 미치지 않았다. 웨더렐(Wetherell, 1982)은 이와 유사한 최소 집단 상황을 적용하였다. 그녀는 뉴질랜드에 살고 있는 8세 아이들(유럽인, 마오리족, 폴리네시아인)을 대상으로 실험을 하였다. 본과 동료들(1981)의 연구 결과와 같이, 그녀 또한 세 인종집단 모두에서 집단 간 차별을 발견하였다. 그러나 조금 흥미로운 문화적 차이가 나타났는데, 폴리네시아인과 마오리족 아이들은 유럽 아이들보다 외집단 구성원에 대하여 더 관대하였다. 특히 폴리네시아 아이들은 외집단보다 내집단이 더 많이 받게 되는 분배 방법보다는 두 집단 모두에게 이익이 되는 분배 방법을 더 선호하는 것처럼 보였다.

이러한 매우 엄격한 최소 집단 상황을 적용시켰을 때 나타나는 차별 행동의 분기점은 7세 정도로 볼 수 있다. 스필만(Spielman, 2000)은 5~6세 아이들을 위해 최소 집단 상황과 유사하게 실험 설계를 하였다. 대상의 집단 소속 외에 아무런 정보를 주지 않은 일반 상황에서는 5~6세 아이들에게 집단 간 차별이 나타나지 않았다. 그러나 아이들에게 두 소년이 달리기를 하는 짧은 이야기를 통해 경쟁 상황에 대한 아주 약간의 힌트를 제공해 주자 눈에 띄는 차별 현상이 나타났다.

최소 집단 상황이란 가장 작은 사회 상황을 설정하는 것을 의미한다. 이 상황에서 참가자는 자신이 한 집단에 포함되고 다른 집단에는 포함되지 않는다는 사실 외에는 어떤 정보도 듣지 못한다. 물론 실제 생활에서 집단 소속감은 이것보다는 훨씬 중요하다. 우리의 피부색이나 종교 신념의 속성은 일반적으로 다른 사람들이 특정 방식에 따라 우리를 어떻게 바라보고 대우하는지를 나타낸다. 기술적인 측면에서 우리는 집단 내 다른 사람들과 **공동 운명**(common fate)을 경험한다(Rabbie & Horwitz, 1969). 때때로 그 운명으로 인해 일부 특권을 누리기도 하고, 다른 집단이 경험하지 않는 어떤 굴입의 고통을 경험하기도 한다. 여기서 아이들이 자신이 소속된 집단의 서열을 알게 되었을 때 나타나는 현상에 대하여 간단하게 논의해 보고자 한다. 논의에 앞서, 공동 운명 그 자체의 효과를 살펴보자. 이 효과를 알 수 있는 방법은 최소 집단을 만들고 그 집단에 사회적으로 중요한 요소들을 부여하고, 교사(또는 권위를 가진 다른 사람들)가 그 중요 요소를 사용하여 학생들의 활동을 조직하게 하는 것이다. 비글러(Bigler)와 동료들은 이와 같은 절차를 몇 번의 연구에서 적용하였는데, 1997년 연구에서는 실험실 상황이 아닌 실제 아이들의 여름학교 프로그램 상황에 적용하였다(Bigler et al., 1997; Brown & Bigler, 2002; Patterson & Bigler, 2006). 비글러와 동료들(1997)은 여름학교 프로그램 기간 동안 6~9세의 실험집단 교실의 아이들에게 두 종류 색깔의 티셔츠 중 하나를 입도록 하였다. 통제집단 교실의 아이들에게는 색깔 티셔츠에 대해 아무런 언급도 하지 않았고 사용하지도 않았다. 실험집단 중 첫 번째 교실에서는 교사들이 일관되게 티셔츠 색깔을 기준으로 아이들의 활동을 조직하고 자리 정리를 하였다. 이 교실에서는 아이들에게 티셔츠를 무작위로 분배하였기 때문에 조건적 무작위 상황이라고 할 수 있다. 두 번째 실험집단 교실에서는 생물학적인 기준에 따라 검은 머리를 가진 아이들과 금발을 가진 아이들이 서로 다른 색깔의 티셔츠를 입도록 분배하였고, 교사의 활동은 첫 번째 교실에서와 동일하였다. 무작위로 티셔츠를 분배한 첫 번째 집단과 머리 색깔로 티셔츠를 분배한 두 번째 집단 간에는 두드러진 차이점이 거의 없었다. 그러나 실험집단과 통제집단 간에는 집단 간 평가에 확연한 차이를 보였다. 즉, 실험집단의 아이들은 통제집단의 아이들보다 자신과 같은 색깔의 집단에 더 호의적인 편향을 보였고, 통제집단 아이들은 편향 없이 공정한 평가를 하였다. 나아가, 아이들에게 자신의 집단을 바꾸기를 원하는지를 물어보았을 때, 통제집단조차도 소속된 집단의 변경을 원하지 않았다. 이것은 초등학교에서 내집단 선호도가 존재한다는 것을 의미한다. 패터슨과 비글러(Patterson & Bigler, 2006)는 3세 정도의 아이들에게서 이와 유사한 결과를 확인하였다. 함께 놀 친구를 선택할 때 실험집단의 아이들(무작위로 분류)이 통제집단의 아이들보다 같은 색깔의 집단 친구들을 훨씬 더 선호하였다. 그리고 흥미롭게도, 이런 연구 중에서 아이들의 인지적 분류 능력과 집단 간 편애 간에는 눈에 띌 만한 상관관계가 발견되지 않았다. 다음 장에서 설명하겠지만, 이는 이론적으로 설명이 가능한 것이다.

앞서 언급했던 연구들에서 우리는 2가지를 주목할 필요가 있다. 첫째, 단순한 범주화만 있는 경우(통제집단)에는 집단 내 편향이 잘 발생하지 않는다는 것이다. 최소 집단 상황을 완벽하게 구현한 통제된 상황, 즉 참가자들이 상호 간에 어떠한 상호작용도 하지 않고 잘 모르는 관계인 상황(Tajfel et al., 1971)과는 달리, 학교 교실이나 운동장과 같이 시끄러운 장소에서는 티셔츠 색깔이 그렇게 중요하지 않았지만, 교사들이 티셔츠 색깔을 이용할 때(실험 상황) 비로소 아이들은 색깔을 중요하게 생각하고 그에 따라 서로 차별하기 시작하였다. 둘째, 차별을 유발하는 변하지 않는 생물학적 특성의 연관성보다는 단순히 자신이 어느 한 집단에 소속되었다는(다른 집단에는 소속되지 않은) 공동 운명의 경험 그 자체가 중요하다는 것이다. 이것은 변하지 않는 인상의 차이 때문이 아니라 일종의 사회적 분류로 인해 편견이 형성될 수 있다는 것을 다시 한번 상기시켜 준다.

이 연구들은 앞선 최소 집단 실험들처럼 두 집단이 동등한 실험 조건을 갖추었다. 그러나 현실에서는 이런 동등함이 존재하지 않는다. 그렇다면 아이들이 지위가 서로 다른 집단, 즉 '더 나은' 집단 또는 '더 못한' 집단의 구성원이 된다면 어떤 반응을 보일까? 이와 브라운(1992)은 아이들의 축제나 파티를 기획하는 사람들이 아주 좋아하는 게임인 '숟가락 위에 달걀 얹고 달리기'라는 게임을 통해 이것을 확인하였다. 실험 전에 각 아이에게 연습 게임을 할 수 있는 시간을 주고, 모든 아이에게 똑같은 피드백을 해 주었다. 연습 게임이 종료된 후 아이들은 동성으로 구성된 두 집단(빠른 집단과 느린 집단) 중 하나의 집단에 배정되었고, 집단 내 아이들은 서로 잘 모르는 관계였다. 실험 조건에 따라 빠른 집단은 집단 구성원 모두가 연습 게임에서 좋은 결과를 보인 아이들로 구성되었고, 확실히 상대 팀보다 게임을 잘하는 아이들이었다. 느린 집단은 나머지 아이들로 구성되었다. 집단을 구분한 후 각 집단이 아이들에게 앞으로 하게 된 게임에 대하여 자기 집단을 평가하도록 하였다. 빠른 집단에 배정된 아이들은 느린 집단보다 자신의 집단을 더 좋아하였고, 흥미롭게도 느린 집단의 경우 자신의 집단보다 빠른 집단을 더 호의적으로 평가하였다. 즉, 외집단을 내집단보다 더 좋게 평가한 것이다. 한

편, 여기에서 추가적으로 언급할 한 가지 중요한 사실이 있는데, 5세(정확히는 5.5세) 아이들은 비록 자신이 속한 팀이 잘하지 못한다는 이야기를 들었음에도 내집단 선호를 유지했고, 오히려 약간 더 선호도가 증가하기까지 하였다. 집단 사기 측정(팀에 그대로 남기를 원하는가? 아니면 다른 팀으로 가기를 원하는가?)에서도 유사한 결과를 발견하였다. 빠른 팀에 있는 80%의 아이는 자신이 속한 팀에 계속 있기를 원했고, 느린 팀(5세 아이들을 제외)의 70%는 다른 팀에 가기를 원했다. 그러나 5세 아이들은 그렇지 않았다. 이들 중 2/3는 느린 팀에 그대로 남기를 원했다.

팀을 이동하겠느냐는 질문에도 불구하고 이와 브라운(1992)의 연구에서의 집단 경계는 변함이 없었고, 아이들은 자신이 팀을 바꿀 수 있다는 것을 믿지 않았다. 만약 '사회적 이동'이 실제로 가능하다면 어떤 일이 벌어질까? 네스데일과 프레서(Nesdale & Flesser, 2001)는 호주에 살고 있는 5~8세 아이를 대상으로 이 질문을 검증해 보았다. 이와 브라운(1992)의 연구처럼 아이들은 지위가 높고 낮은 집단에 임의대로 배정되었다. 그들 중 일부에게는 자신이 원한다면 다른 팀으로 이동할 수도 있다고 말해 주었고, 그 외 아이들은 다른 팀으로의 이동이 불가하다고 말해 주었다. 이 연구의 주된 관심은 얼마나 많은 아이가 자신이 속한 집단 친구들(내집단)과 다른 집단의 친구들(외집단)을 좋아하는가였다. 당연한 결과이지만, 아이들은 일반적으로 내집단 편향을 강하게 보였다. 그러나 편향의 정도는 아이들의 연령, 그들이 속했던 집단의 지위, 그리고 이동 가능성에 따라 다르게 나타났다. 특히 5세 아이들의 경우 집단의 지위와 이동 가능성에 아주 민감하였으며, 이들 중 높은 지위의 집단에 속해 있고 이동이 불가능한 상황에 있는 아이들이 가장 높은 편향을 보였다. 그러나 높은 지위에 속하고 이동이 가능한 경우에는 가장 낮은 편향을 보였다. 낮은 지위의 집단에 속한 아이들은 이동이 가능한 경우에 전반적으로 높은 편향을 보였다. 그러나 8세 아이들은 5세 아이들과는 달리 집단의 지위에만 반응하였다. 즉, 높은 지위에 속한 아이들은 이동 가능성에 상관없이 더 강한 편향을 보였다.[주석 3]

간단하게 몇 가지 실험만을 살펴보았지만 나름대로 의미 있는 실험들이다. 왜냐하면 아주 어린 아이(3세)조차도 일종의 사회적 비교를 통해 자기가 속한 집단의 상대적인 지위에 대한 정보를 활용할 수 있음을 분명하게 보여 주었기 때문이다. 이것은 이론적인 측면에서 중요한데, 몇몇 연구자는 이 연령대의 아주 어린 아이들이 사회적 비교를 하지 못하거나 할 마음도 없다고 주장한 것이다(Ruble et al., 1980; Suls & Mullen, 1982). 그러나 앞서 살펴본 인종집단과 이 절에서 언급한 인위적인 집단들은 어린아이도 집단 간 지위의 차이에 민감하게 반응할 수 있다는 것을 보여 준다.

물론, 실생활에서 집단 간 관계 형성에 영향을 주는 것은 집단 간 지위의 차이만이 아니다. 네스데일(2004)은 외집단에 의해 발생되는 갈등 또는 위협의 정도가 아이들의 편견에 중요한 자극이 될 수 있을 것이라고 하였다. 다음 장에서 살펴보겠지만, 이러한 연구 결과는 청소년과 성인에 대한 연구에서도 동일하게 나타난다(예, Sherif, 1966; Stephan & Stephan, 2000). 아이 역시 노인처럼 자기가 속한 내집단의 물질적인 행복에 민감하다. 네스데일(2004)은 실제 편견의 발생, 즉 외집단을 정말 싫어하거나 경시하는 것은 아이들이 자신의 내집단에 대해 갖는 정체성의 정도와 적절하다고 여기는 행동의 기준(아이들이 인식하고 있는 내집단 규범이 무엇인가)에 달려 있다고 제안하였다. 특정 내집단을 아주 중요하게 여기는 아이들은 경쟁적인 외집단에 더 민감하게 반응하는 경향이 있고, 특히 내집단 친구들이 그들처럼 외집단을 싫어한다면 민감한 반응은 더 두드러지게 나타난다.

네스데일과 동료들은 몇 가지 독창적인 연구를 통해 이 주장을 검증하였다. 한 연구에서 호주에 거주하는 5~11세 백인 아이들을 그림을 '탁월하게' 그리는 높은 지위 집단에 배정하였고, 동일 연령과 동일 인종으로 모두 세 집단을 구성하였다(Necdale et al., 2005a). 가 집단 아이들이 절반에게는 이 팀이 다른 친구들이 서로 함께 일을 하고 싶어 한다고 믿게 함으로써 정체성을 높이는 실험 조작을 하였다. 그리고 이 아이들에게 자신의 집단보다 그림 실력이 조금 떨어지는 집단을 보여 줌으로써 잠시 경쟁심리가 생기도록 만들었다. 또 다른 실험 조건으로는 아이들에게 상대집단이 자신을 싫어해서 자신의 그림에 대하여 부당하게 평가하였다고 알려 주었다. 이것은 집단 간 위협 상황을 만들기 위한 것으로 외집단에 대하여 아무런 정보를 주지 않은 통제집단과 비교할 수 있었다. 실험 결과, 새로운 사실이 많이 밝혀졌다. 먼저, 예상했던 대로 선호도 평가에서 정체성이 높은 아이는 정체성이 낮은 아이보다 훨씬 강한 편향을 보였다. 두 집단 모두 외집단을 싫어했지만, 정체성의 강도에 따라 이러한 차이가 나타났다. 더욱 인상적인 결과는 위협적인 집단 상황에서 편향이 증가하였다는 것이다. 집단 상황이 매우 위협적일 경우 외집단에 대하여 아주 적극적으로 싫어하는 표현을 하였고, 위협이 약한 상황일 때 외집단에 대한 선호도는 중간 정도였다. 마지막은 발달적 관점에서 중요한 요소로서, 편견이 연령에 따라 확실하게 감소한다는 것이다([그림 5-7] 참조). 편견의 정도가 가장 높은 아이들은 가장 어린 5~7세 집단 아이들이었으며, 이들은 다른 집단에 비해 내집단을 아주 좋아하고 외집단을 아주 싫어하는 경향을 보였다. 7~9세 아이들은 조금 더 관용적이었고, 9~11세가 되면 외집

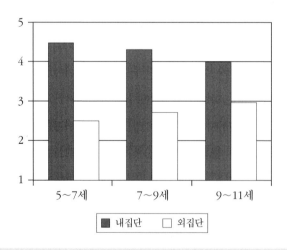

**그림 5-7 집단 간 선호도에 대한 연령 효과**

9~11세 집단의 외집단에 대한 선호도를 제외하고 모든 집단의 평균이 중립점(3.0)과 차이가 있었음.

출처: Nesdale et al. (2005a), 표 1을 수정함.

단을 싫어하는 것이 사라졌다. 연령과 편견의 역상관관계는 앞에서도 언급하였으며(Clark & Clark, 1947; Powlishta at al., 1994; Rutland et al., 2007 참조), 앞으로도 많은 연구에서 발견될 것이다.

네스데일과 동료들(2005b)은 기존의 실험과 유사한 방법이기는 했지만, 집단 정체성을 조작하는 대신, 외집단 사람들을 좋아하는 정도와 그들과 일하고 싶어 하는 정도에 대한 내집단의 규범을 변화시키는 실험을 하였다. 그 결과, 다른 연구와 마찬가지로 외집단을 위협하는 것이 그렇지 않은 것보다 더 큰 비호감을 유발하였다. 그리고 외집단을 제외시키는 규범은 더 큰 편견을 일으켰는데, 특별히 7세의 어린아이들에게서 그러한 현상이 잘 나타났다. 9세 아이들의 경우, 외집단을 제외시키는 규범만으로는 편견이 야기되지는 않고, 외집단 위협이 함께 결합될 때 외집단을 싫어하는 현상이 확실하게 나타났다(내집단 규범에 대한 아이들의 민감성과 관련된 추가 자료는 Abrams et al., 2007 참조).

지금까지 살펴본 바에 따르면 5~6세에, 때로는 더 이른 시기에서도 집단 간 차별을 표현하는 능력을 가지고 있는 것으로 나타났다. 더욱이 그러한 차별이 때로는 단순한 내집단에 대한 선호도를 넘어 외집단에 대한 확실한 부정적 태도 또는 행동으로 나타나기도 한다. 완전히 없어지는 것은 아닐지라도 9~10세 시기에 편견이 줄어드는 것처럼 보이는 것은 좋은 소식이다. 다음 절에서 이러한 발달 궤적에 대한 가장 그럴듯한 설명을 살펴보고자 한다.

## 🎲 아동의 편견 발달에 대한 이해

"그냥 여자라는 것이 싫지?" 조지가 물었다.

"물론 아니야." 앤이 대답했다.

"너도 알다시피 나는 예쁜 드레스를 좋아하고 인형도 가지고 있어. 넌 남자라서 그렇게 할 수 없잖아."

에니드 블라이튼(Enid Blyton, 동화작가), 『Five on a Treasure Island』(1942,
1989); EMI 레코드 주식회사 녹음

어린아이의 편견은 직접적인 사회화 과정을 통해 습득되는데, 주로 부모와 친
구 집단으로부터의 영향과 문화를 전달하는 일반적인 수단을 통해 습득된다. 이
것은 아동 발달의 학습이론에서 제기된 가설이기도 하지만, 비전문가들도 그렇
게 생각하고 있을 것이다(예, Bandura, 1977; Mischel, 1966; Sears et al., 1957). 이런
설명이 표면적으로는 설득력 있어 보인다. 인간 발달에 있어 인간 본성과 그 본
성의 영향에 대한 격렬한 논쟁은 여전히 진행되고 있으나, 가정환경이 아동의 발
달에 영향을 준다는 것을 부인하는 사람은 거의 없다(Harris, 1995; Plomin, 1990 참
조). 여성, 남성, 그리고 특정 소수집단의 역할에 대한 고정관념적인 표현은 아동
문학이나 매체에 자주 등장하였다(Durkin, 1985; Graves, 1999; Milner, 1983). 잠자
리에서 아이에게 동화를 읽어 주는 동안, 책 구석구석에 반복적으로 표현되는 전
통적인 고정관념에 당혹스러워했던 부모가 단지 나뿐만은 아닐 것이라고 확신
한다(앞서 제시한 에니드 블라이튼 발췌 내용 참조). 이러한 사회적 · 문화적 영향력
이 우리 아이들의 사회적 태도에 직접적인 영향을 미친다는 것은 무척 자연스러
운 결론이다.

안타깝게도, 이 외의 자연스러운 결론을 찾기란 그리 쉽지 않다. 먼저, 아동의
태도에 대한 사회적 · 문화적 영향력(부모의 영향력에 의한 사회화, 매체 노출에 의
한 편견, 고정관념의 형성)은 많은 연구에서 이미 검증되었다. 대표적인 연구 중 하
나는 호로비츠와 호로비츠(Horowitz & Horowitz, 1938)의 것이다. 인종 지각에 대
한 연구에서, 그들은 부모와 아동 모두를 대상으로 인터뷰를 하였다. 인터뷰에서
발췌한 일부 내용을 보면 미국 독립전쟁 이전에 미국 남부 지역 아동의 인종 태
도가 사회화되는 과정에서 부모가 어떤 영향을 미쳤는지를 엿볼 수 있다. 예를
들어, 다음은 7세 백인 여자아이들이 놀면서 하는 대화 내용이다. "우리 엄마가
유색인종 남자들은 피부색이 다르니까 놀지 말랬어. 만약 걔들과 놀면 폐렴 같은

게 걸릴지도 모른대. 내가 유색인종 애들과 놀면 엄마한테 혼날 거야."(Horowitz & Horowitz, 1938, p. 333) 이 경우처럼 일부 부모는 자녀를 직접 통제하고 있었다. "T는 언제나 다른 아이들과 놀았죠. 물론 일부 아이들과는 놀지 말라고 이야기 하곤 했습니다. 그 이유는 설명해 주지 않았지만, 그 아이는 결코 흑인 아이들과 는 놀지 않았고, 굳이 제가 놀지 말라고 이야기할 필요가 없었습니다."(Horowitz & Horowitz, 1938, p. 335)

이후에 이루어진 더 체계적인 연구들의 결과도 같이 살펴보자. 버드(Bird)와 동료들(1952), 모셔와 스코델(Mosher & Scodel, 1960)은 백인 부모의 자민족중심 주의와 그 자녀의 인종집단에 대한 부정적인 대도 간의 상관관계를 발견하였고, 그러한 발견은 세대 간에 직접적인 유전 현상을 설명하는 것이기도 하였다. 그러 나 상관관계의 정도는 그리 강하지 않았다. 반면, 브랜치와 뉴콤(Branch & Newcombe, 1980)이 비슷한 방식을 적용하여 흑인 가정에서의 양육과 아이들 태 도의 상관관계를 연구한 결과, 좀 더 놀랄 만한 반대되는 사실을 확인하였다. 4~5세 아이들의 경우 부모의 자민족중심주의(친흑인 태도)가 높을수록 흑인 인 형을 덜 선택하였다. 단지, 6~7세의 아이들에서만 통계적으로는 유의미하지 않 은 수준의 매우 약한 정적인 상관관계가 나타났다. 게다가 앞서 논의했던 데이비 (1983)의 연구에서도 부모의 집단 간 태도(피상적인 관용의 태도)와 아동의 편견 간에는 아무런 상관관계가 없었다(또한 Aboud & Doyle, 1996; Spencer, 1983 참조). 이런 결과는 초기의 사회문화적 영향력에 대한 주장에 반론을 제기한다.

성별에 대한 태도에서도 그 결과가 모호하다. 물론 우리가 잘 알고 있는 바와 같이 부모와 양육자는 아이가 태어날 때부터 남자아이와 여자아이를 아주 다르 게 대우한다(Maccoby, 1980). 그러나 아동의 서로 다른 성별 태도가 부모로 인한 것이라고 단언할 수는 없다. 래피티(Repetti, 1984)의 연구는 부모의 (성 역할) 대도 와 인형 선호도와 직업 선택에서 나타나는 아동의 성별 고정관념 간에 정적인 상 관관계가 있음을 확인하였다. 이 연구에서 발견한 또 다른 흥미로운 사실은 아동 의 TV 시청 시간과 고정관념 간에는 아무런 관계가 없었고, 단지 교육적인 TV

시청은 고정관념을 덜 갖게 하는 것으로 나타났다. 나중에 다시 고정관념에 대한 매체의 역할을 간단하게 살펴볼 것이다.

레피티의 연구 결과와는 달리, 다른 연구에서는 부모가 자녀의 사회화에 직접적으로 영향을 미친다고 하는 증거를 찾아보기 힘들다. 맥코비와 잭클린(Maccoby & Jacklin, 1974, 1987)의 연구가 아마 이 두 관계를 가장 체계적으로 연구한 사례일 것이다. 행동으로 나타나는 성별 차이에 대한 그들의 초기 연구를 보면, 부모의 성별 차이와 아동의 성별 차이 간에는 아무런 관련성이 없었다. 이것은 성별 차이의 유전이 그리 간단한 문제가 아님을 시사한다(Maccoby & Jacklin, 1974). 유치원에서의 성별 분리에 대한 그들의 최근 연구에서도 부모의 영향에 대하여 더 많은 의구심이 제기되었다. 연구 결과, 특히 두 가지가 통계적으로 유의미하게 나타났다(Maccoby & Jacklin, 1987). 첫째, 부모의 영향과 상관없이 유치원에서 같은 성별과 노는 것은 아동에게 있어 보편적이었다. 예외도 있었는데, 만약 어떤 부모가 자녀에게 특정 성별 태도를 가지도록 강하게 영향력을 미쳤다면 그에 따라 다른 행동을 보일 수 있다. 둘째, 부모의 행동이 자녀가 성별로 구분하여 노는 것을 더 좋아하게 영향을 미친다는 확실한 증거가 부족했다. 단지, 아버지의 역할이 모호한 환경에서 자란 여자아이만 동성인 여자 친구들을 선호하는 것으로 나타났다(Maccoby & Jacklin, 1987). 하지만 이 또한 표본이 작고, 정확하게 해석하기 어려운 부분이 있다. 그럼에도 맥코비와 잭클린(1987)은 부모의 성별 태도가 직접적이 아닌 간접적인 형태로 아동에게 영향을 미칠 수 있다고 보았다.

편견이 부모-자녀 간에 직접적으로 전달된다고 보기는 어렵더라도, 최근 일부 연구에서는 비언어적인 정보와 부모-자녀 관계의 특성에 따라 약하긴 하지만 어느 정도의 전달 현상이 나타나기도 했다. 카스텔리(Castelli)와 동료들(2009)은 3~6세 아동과 그 부모를 대상으로 인종 간 태도에 대하여 연구하였다. 그들은 **암묵적 연상 검사**(Implicit Association Test: IAT, Greenwald et al., 1998; 이 책의 제7장 참조)를 사용하여 부모의 인종 간 암묵적 태도를 측정하였다. 우리는 암묵적 연상 검사와 같은 측정을 통해 의식적 통제, 사회적 바람직성, 자기를 좋게 보이려는 경향성 모두의 영향을 덜 받는 상태에서 사람들의 태도를 알 수 있다(Greenwald et al., 1998). 카스텔리와 동료들의 연구의 흥미로운 점은 부모의 편견 태도(명시적인 태도와 암묵적 연상검사에 의해 측정된 암묵적 태도 모두)가 아동의 명시적인 인종 간 태도와 관련성이 있다는 것이다. 부모의 암묵적 태도의 경우 어머니의 암묵적 태도는 관련성이 있었지만, 아버지는 그렇지 않았다. 물론 이 관련성이 인과관계를 설명하는 것은 아니지만, 이러한 연구 결과를 통해 아동이 자신의 어머니가 가지고 있는 흑인 집단에 대한 태도를 다양한 무의식적인 신호를 통해 받아들일 수 있다는 설명이 가능하다. 아버지에 비해 어머니의 태도가 관련성이 높은 이유는 초기 양육을 책임지고 있어서 더 일관된 정보를 제공할 수 있기 때문이다.

아동이 성인이 제공하는 미묘한 단서에 민감할 수 있다는 주장은 카스텔리와 동료들의 다른 연구에서도 제기되었다(Castelli et al., 2008). 이 연구에서는 3~7세 아동에게 인종이 서로 다른 두 성인이 상호작용하는 영상(실험 설계된)을 보여 주었다. 아동 중 절반은 백인 역을 맡은 가스파레(Gaspare)가 상대역을 맡은 압둘(Abdul)에게 흑인에 대해 우호적으로 이야기하는 영상을 보았고, 나머지 절반의 아동은 중립적으로 이야기하는 영상을 보았다. 가스파레의 대화 내용에는 언어적 표현뿐만 아니라 다양한 비언어적 행동을 포함하도록 하였다. 먼저 우호적인 이야기를 하는 영상을 비언어적 행동을 토대로 다시 두 가지 형태로 구분하였다. 절반의 영상에는 가스파레가 압둘에게 따뜻하게 인사하고 활기차게 악수하며 가까이에 앉아 자주 눈을 마주치는 모습을 담았고, 다른 절반의 영상에는 덜 긍정적으로 행동하며 마지못해 악수하고 좀 더 멀리 앉아 눈을 피하는 모습을 담았다. 이 영상을 본 후 아이들에게 '가스파레가 얼마나 우호적인가?'와 같이 압둘에 대한 가스파레의 태도를 묻는 다양한 질문을 하였다. 4개의 척도를 사용하여 살펴본 결과, 모든 척도에서 비언어적 요소들이 효과가 있는 것으로 나타났다. 즉, 가스파레가 압둘에게 실제로 했던 말과는 상관없이, 비언어적 행동이 우호적이었던 조건에서 아동은 비언어적 행동 부분을 감지한 내용으로 응답하였다. 반대로, 언어적인 요소는 아동의 반응에 별다른 효과가 없었다. 이어진 연구에서도 카스텔리와 동료들은 가스파레가 다른 흑인을 만나 상호작용하는 상황에서 긍정적인 비언어적 행동의 효과가 동일하게 나타나는 것을 확인하였다.

부모가 자녀에게 영향을 미치게 되는 또 다른 요소는 아동이 부모를 동일시하는 정도다. 만약 아동이 부모처럼 되기를 원하고 부모와 시간을 보내는 것을 좋아한다면, 그렇지 않은 경우보다 부모의 영향을 더 강하게 받을 것이다. 이는 싱클레어(Sinclair)와 동료들(2005)이 검증하고자 했던 가설이었다. 그들은 암묵적 연상검사를 이용하여 부모의 암묵적인 인종 간 태도와 아동의 암묵적·명시적 태도 간 관계를 확인하였다. 실험 결과, 아동이 부모를 동일시하지 않을 경우에는 부모-자녀의 태도 간에 관련성은 나타나지 않았다. 먼저 아동의 암묵적인 태도는 아동이 부모와 동일시할 때만 부모의 명시적 태도와 정적인 관련성이 있었고, 동일시 정도가 낮은 경우에는 관련성이 전혀 나타나지 않았다. 그리고 아동의 명시적인 태도는 부모와 동일시할 경우에 정적인 관련성이 유사하게 나타났고, 동일시의 정도가 낮은 경우에는 오히려 부적인 관련성이 나타났다. 예를 들어, 부모가 편견이 적으면 적을수록, 아동은 더 인종차별적인 태도를 보였다.

물론, 부모만 아동의 삶에 영향을 주는 것은 아니다. 아동은 책, 만화, 그리고 특히 TV를 통해 세상의 많은 영역을 생각하고 상상하며 자란다. 그러나 이러한 매체들이 아동의 편견에 미치는 영향은 다소 모호하다(Graves, 1999). 힘멜와이트(Himmelweit)와 동료들(1958)의 첫 번째 연구는 이와 관련된 연구로서 10~14세의 아동을 대상으로 살펴보았다. 이 연구가 진행되었을 당시만 해도 요즘과 달리 TV가 거의 없었기 때문에 TV를 시청한 아동과 시청하지 않은 아동을 구분하여 비교하는 실험이 가능하였다. 연구자들은 아동이 외국인과 인종집단들에 대해 어떻게 생각하고 있는지에 관심이 있었다. 다음 세 가지의 실험 결과는 다소 논쟁거리가 될 수 있다. 첫째, TV를 보는 아동의 외집단에 대한 평가는 TV를 보지 않는 통제집단의 아동보다 더 객관적이었고 실질적이었으며 덜 가치 판단적이었다. 둘째, TV를 보는 아동이 일부 외국인을 좀 더 고정관념적인 측면에서 바라보았다(예, 프랑스 사람은 동성애자거나 재치가 있는 사람으로 보았다). 마지막으로,

통제집단에 비해 TV를 보는 아동은 '우리나라가 항상 옳다.'와 같은 생각이나 외국인 혐오증에 덜 동의하였다. 이와 같은 논쟁의 소지가 있는 결과가 나온 이유는 아동에게 하나의 TV 채널(BBC)만 보게 하였기 때문인데, 당시 그 채널은 다른 나라의 삶을 많이 방영하고 있었다. 이러한 TV 내용은 각 나라들의 문화에 대한 실질적인 정보를 제공하는 효과가 있고, 동시에 어떤 보편적이고 고정관념적인 이미지를 강화시키는 효과도 있다.

아동의 사회적 태도에 대한 TV 효과를 검증한 이후의 연구에서도 이러한 모호한 결과를 확인할 수 있다. 주커만(Zuckerman)과 동료들(1980)은 부모가 관찰하여 보고한 자녀의 TV 시청 정도와 아동의 인종 및 성별 편견 간의 관계를 확인하였다. 연구 결과, 여자아이는 남자아이보다 TV의 영향을 더 쉽게 받는 것으로 나타났지만, 전반적으로 대부분의 연구 결과가 TV 시청과 아동의 편견 간에는 관련성이 없는 것으로 나타났다(Morgan, 1982 참조).

그러나 윌리엄(Williams, 1986)의 경우 처음에는 지역사회에서 TV를 시청하도록 한 후 그 영향을 연구하였고, 이후 2년이 지나서 그 지역사회에 속한 남녀 아이들의 성 역할에 차이가 있다는 것을 발견하였다. 한 중재연구(intervention study)[5]에서 존스턴과 에테마(Johnston & Ettema, 1982)는 기존의 성 고정관념과 반대되는 이미지를 알리는 것을 목적(명시적)으로 한 13주 교육용 TV 시리즈의 효과를 검증하였다. 이 TV 시리즈를 본 초등학교 아동은 자신의 성 역할에 대하여 덜 고정관념적인 태도를 보였고, 그러한 태도 변화는 9개월 동안 지속되었다.

그러나 더 최근의 연구를 보면 TV 노출에 따른 효과가 모호하다는 것을 알 수 있다. 콜(Cole)과 동료들(2003)은 이스라엘과 팔레스타인 간의 관용과 이해의 메

---

5) 역자 주 ─ 인간집단을 대상으로 해서 역학적 사실을 검증하고 질병의 예방을 목적으로 대책을 연구하는 방법으로 주로 예방접종의 효과 판정 등에 사용되어 왔다. 인간집단을 무작위로 실험군과 대조군으로 나누어 새로운 백신의 효과 등을 측정하는 것이며, 특히 윤리적인 면에서 세심한 주의를 기울이지 않으면 안 된다. 그 때문에 동물실험에서와 같은 단순하고도 명확한 조건 설정은 하기 어렵지만, 직접 인간집단을 관찰한다는 이점이 있다.

시지를 담고 있는 아동 TV 프로그램인 〈세서미 스트리트(Sesame Street, Rechov Sumsum/Shar'a Simsim)〉[6]를 시청한 전후 4~5세 아동들의 태도를 관찰하였다. 유대인에 대한 팔레스타인 아동의 태도는 아랍인에 대한 이스라엘 아동의 태도보다 더 부정적이었고, TV 프로그램을 시청한 후 4개월 만에 그 정도는 더 악화되었다. 반대로, 이스라엘 아동들의 태도는 더 호의적으로 변화되었다. 그러나 비교할 수 있는 통제집단이 없는 실제 상황에서 나타난 이러한 변화를 TV 프로그램의 영향에 의한 것이라고 주장하기에는 무리가 있다. 오히려 당시 이스라엘과 팔레스타인의 분쟁지역에서 발생한 사건들의 영향을 받았을 가능성이 더 높아 보인다.

요약하면, 더킨(Durkin, 1985)이 몇 해 전에 결론 내린 것처럼 아동의 고정관념에 영향을 미치는 대중매체의 효과는 거의 일관되지 않고, 하나의 요소가 다른 요소에 직접적으로 영향을 미치는 것과 같은 일방적인 관계로 나타나지 않는다. 사실 우리가 사회적 대리인(그것이 부모이든지 아니면 대중매체와 같이 폭넓은 문화적 영향력이든지 간에)을 아동의 편견을 결정하는 단순한 요인으로 보는 것은 문제가 있다. 이러한 결론을 통해 알 수 있는 네 가지 사실은 다음과 같다.

첫째, 아동이 매우 이른 시기에 사회적 범주를 인식하고 사용한다는 것이다. 앞서 언급되었던 연구 결과를 잠시 돌이켜 보면, 2.5~3세 아동과 가끔 그보다 더 어린아이조차도 성별을 구분하고 인종을 차별하였다. 물론 이러한 차별 현상이 확실한 것이 아닐지라도, 사회적 차별을 이른 시기에 표현한다는 것은 아동 스스로 성별을 구분하고 인종을 차별하는 과정에 기여하는 무엇인가가 있다는 것을 드러낸다.

--------------------

6) 역자 주 - 1969년 11월 10일 미국의 공영방송 PBS가 첫 방송이 시작된 후, 미국 방송 역사상 가장 오래 방영된 어린이 프로그램이다. 취학 전의 아동에게 자연스럽게 영어 알파벳을 지도해 주는 교육 프로그램으로, 쿠키 몬스터, 엘모, 머핏 등의 인형들이 세서미 스트리트라는 가상의 마을에서 벌이는 에피소드를 중심으로 전개된다. 프로그램의 영향력 때문에 미셸 오바마 영부인을 비롯해 수많은 유명인사들이 카메오로 출연하기도 했다. 'Rechov Sumsum'은 세서미 스트리트의 이스라엘 버전이고, 'Shar'a Simsim'은 팔레스타인 버전이다.

둘째, 아동의 편견 발달은 명백하게 비선형 곡선의 형태를 취한다는 것이다. 앞서 살펴본 바와 같이, 많은 연구에서 5~7세에는 다양한 종류의 집단 내 편애주의가 최고점에 도달하고 그 이후 사춘기 동안 감소하는 경향을 보인다. 최근 100여 편이 넘는 연구 결과를 메타분석한 연구를 보면 이러한 현상이 일반적인 경향임을 알 수 있다(Raabe & Beelman, 2009). 만약 편견의 사회화가 아동이 처한 사회적 환경의 생각과 가치를 점차로 획득함으로써 생성된 것이라면, 그런 역 U자 형태를 나타내지는 않을 것이다.

셋째, 아부드(Aboud, 1988)가 언급했듯이 지난 40년 동안 성인의 편견 정도에 두드러진 변화가 있었지만(제7장 참조), 아동의 인종 간 태도에 대한 최근 연구를 보면 여전히 10세 이하의 아동은 다양한 편견을 지속적으로 나타내고 있음을 확인할 수 있다. 성별에 대해서도 성인은 전반적인 성차별주의의 정도가 감소하고 있으나(Kahn & Crosby, 1985; Sutton & Moore, 1985), 앞서 살펴본 바와 같이 아동에게서는 그러한 감소 현상이 나타나지 않았다. 제7장에서 구체적으로 논의하겠지만, 성인의 태도 변화는 실제 눈에 띄는 것보다 더 많을지도 모른다. 성인과 아동의 이런 태도의 차이는 사회화 선형모델에 문제가 있다는 것을 의미한다.

마지막으로, 앞서 세 번째로 논의한 성인과 아동 간의 태도 차이는 부모-자녀의 집단 간 태도의 관계에서도 발견된다는 것이다. 만약 사회화 모델에서 가정하고 있는 것처럼 아동의 태도가 부모로부터 유전된 것이라면, 두 변수 간 변량이 10% 이상(상관관계가 0.3 또는 그 이하)이어야 할 것이다.

사회심리학자들은 사회화 모델의 문제점을 보완하기 위하여 편견의 발달을 더 일반적인 인지적·사회적·정서적인 변화(태어나서 10세까지 발생하는)와 연결하는 이론적 모델을 개발하고 있다(Aboud, 1988; Cameron et al., 2001; Katz, 1903; Maccoby & Jacklin, 1987; Nesdale, 2004). 서로 강조하는 부분이 다른 다양한 이론 사이에서도 공유되고 있는 공통적인 가정이 있는데, 그것은 발달과정에서 아동이 전통적인 사회화 모델에서 설명하고 있는 것보다 훨씬 더 적극적인 역할을 하고 있다는 것이다. 특히 아동의 인지적인 역량을 가장 중요하게 다루고 있는데, 이는 아동이 자신의 환경을 이해하도록 돕고 다양한 사회적 정체성을 제공해 주기 때문이다.

아부드(1988)의 이론은 이러한 접근법의 좋은 예다. 그녀는 3단계 모델을 제시하였다. 그 모델에서 초기 약 5세까지는 인지적이고 정서적인 과정이 주를 이룬다고 하였다. 아동은 세상을 있는 그대로 넓은 범주(예, 남성과 여성, 가족과 이상한 사람들)로 분류한다. 그리고 이런 범주들을 다른 감정적인 반응과 연계하는데, 그 감정적인 반응은 자신의 직접적인 경험과 타인을 통한 간접적인 경험을 통해 형성한다. 아동은 자신이 속한 범주와 그렇지 않은 범주로 분류하는 것을 빠르게 배운다. 이 단계에서의 사고방식은 자기중심적이고 인지적인 단서(예, 물건이나 사람들의 외모)에 의해 지배된다(Piaget, 1954). 이러한 정서적이고 인지적인 과정의 조합은 자신의 인종집단 선호도에 대한 기저를 형성한다. 이후 5~7세 아동의 생각은 **구체적 조작기**(concrete operational period)를 거치면서 더 세련되게 된다(Piaget, 1954). 첫 번째 단계에 있는 미성숙한 유아는 주로 신체적 특성(복장, 피부색)에 따라 범주를 구분하고, 자신의 성별이나 인종을 바꾸는 것을 쉽게 여기는 경향이 있다면, 두 번째 단계에서는 보다 더 추상적이고 내적인 특성에 따라 범주를 구분한다. 이 시점에서는 어느 정도 신체적인 범주가 결정되기 때문에 주요 사회적 범주 가운데 자신의 위치를 인식하게 되고, 외모나 연령에 따른 자신의 범주를 쉽게 바꾸지 않는다. 두 번째 단계에 있는 5~7세 아동에게는 인지적인 변화뿐 아니라 사회적 경향성의 변화도 나타나는데, 어릴 적부터 가지고 있던 자기중심적인 성향이 집단중심적인 성향과 가족과 내집단에 대한 강한 애착으로 발전하고, 친근하지 않은 이질적인 외집단에 대한 의구심과 비호감 같은 태도를 가지게 된다. 따라서 초기의 내집단 선호도는 완전한 형태를 갖춘 고정관념으로 진화하는데, 때로는 잘 관찰되지 않는 고정관념의 태도와 특성들이 외집단을 드러내 놓고 폄하하는 것과 관련된 특정 범주와 연합된다. 아부드에 따르면 5~7세에 사회적·인지적 변화가 동시에 나타나게 되어 자민족중심성이 아주 강하게 자극된다고 하였다. 이후 아동이 조작적 사고(operational thinking)를 적절히 하게 됨에 따라 집단 내에서 개인 간 편차가 있을 수 있다는 것을 인식함으로써 초기의 고정관념을 반대되는 고정관념 또는 개인들의 구체적인 정보에 따라 좀 더 유연하게 바꾸기도 한다. 이로 인해 아동이 청소년으로 성장해 가면서 편견의 감소 현상이 나타난다.

아부드(1988)의 연구는 특히 인종 편견에 대한 관심을 가지고 이루어진 연구였지만, 편견 간에 나타나는 많은 유사점을 고려해 볼 때 성별 편견과 같은 다른 종류의 편견의 발달에도 유사한 사회적·인지적 과정을 유추해 볼 수 있다(Katz, 1983).

만약 아부드가 주장한 바와 같이 아동의 집단 간 태도에 대한 변화가 그들의 인지 기술의 발달과 연결된다면, 보존(conservation; 즉, 외적으로 보이는 모습의 변화에도 불구하고 변하지 않는 사물이나 사람들의 특성에 대한 실제적인 인식)과 아동의 편견 간에 유의미한 상관관계를 기대해 볼 수 있다. 그러나 그러한 상관관계에 대한 증거는 일관되지 않고 복잡하다. 클락과 동료들(1980)은 5~7세 아동에게서 보존과 자민족중심주의 간에 부적인 상관관계를 확인하였는데, 이는 흑인을 대상으로만 한 결과였다. 비슷한 또래 아이들을 대상으로 한 도일(Doyle)과 동료들(1988)의 연구에서는 집단 간 태도의 유연성이 보존과 정적인 상관관계가 있지만 자신의 인종 정체성을 유지하려는 태도와는 아무런 관련성이 없었다. 도일과 아부드(1995)의 종단연구에서는 6~9세 아동의 편향이 연령이 증가함에 따라 대체로 감소하는 경향을 보였으나, 보존과 인종적 편향 간에는 어떠한 상관관계도 발견하지 못하였다. 더욱이, 범주를 분류하는 능력과 다른 중요한 인지적 기술은 집단 간 편애주의와 관련성이 없어 보였다(Bigler et al., 1997; Patterson & Bigler, 2006). 한편, 코렌블럼과 애니스(Corenblum & Annis, 1993), 이와 브라운(1994) 그리고 리틀랜드(Rutland)와 동료들(2005a)은 모두 인지 발달과 집단 간 편향의 정적인 관계를 확인하였다.

이렇듯 두 변수 간에 서로 다른 연구 결과가 나오는 것을 보면 특정 인지적 역량과 편견이 직접적으로 연결된 것이 아닐 수 있다. 어쩌면 연구 대상들의 다

양한 연령이 관련되었을지도 모른다. 아동을 대상으로 한 경우 특별히 구체적 조
작기에 도달하기 직전까지 몇 년 동안은 자신의 인종의 정체성을 유지하려는 인
종적 항상성(ethnic constancy)과 보존, 그리고 편견 간에 정적인 상관관계가 나타날
것이라고 예상해 볼 수 있다. 만약 아동이 사람의 성별 또는 인종이 복장 또는 머
리 모양에 따라 변한다고 믿는다면, 아동에게서 집단 간 편견은 나타나지 않을
것이기 때문이다. 더 세련되고 추상적인 사고 능력을 가진 나이 많은 아동의 경
우 다른 집단의 구성원들이 자신과 다르게 세상을 볼 것이라는 것을 알고 있다.
이러한 인지 기술을 많이 가지고 있으면 있을수록 편견은 낮아질 것이다.

  아동의 성장과정상에서 편견의 변화가 극도로 유동적이라는 사실은 아부드의
이론을 더 곤란하게 만든다. 우리가 살펴본 바와 같이, 편견이 구체적 조작기의
연령대(5~7세)에서 가장 높게 나타난다는 연구 결과가 많이 있다(예, Asher &
Allen, 1969; Doyle et al., 1988; Doyle & Aboud, 1995; Nesdale et al., 2005a; Powlishta
et al., 1994; Rutland et al., 2007; Yee & Brown, 1992). 반면에 이런 곡선 유형이 정확
하게 나타나지 않는 연구도 많다. 예를 들어, 성별 편향의 경우 매우 이른 시기에
나타나 청소년이 될 때까지 감소하지 않고 지속되는 경향을 보인다(Katz, 1983;
Maccoby & Jacklin, 1987; Yee & Brown, 1994). 소수집단 아동의 경우, 외집단 편애
주의에서 공정한 태도, 내집단 편애주의에 이르기까지 매우 다양한 선호도를 보
인다. 자민족중심주의도 최고 높게 나타나는 시기가 1~2년이 늦어지거나 아예
발생하지 않는 경우도 있었다(Asher & Allen, 1969; Brand et al., 1974; Clark & Clark,
1947). 또한 바렛(2007)은 문화적 상황과 연령대에 따라 아동의 국가에 대한 태도
가 다양하게 나타나는 것을 확인하였다.

  이러한 편견의 다양한 발달과정을 감안하여, 사회인지 발달의 고정된 연속성
은 덜 강조되면서, 내집단에 대한 아동의 정체성과 내집단 내에서의 집단 간 관
계를 강조하는 이론들이 등장하였다. 대표적인 이론이 네스데일(2004)의 사회정
체성 이론이다.[주석 4] 이 이론에 따르면 아동의 사회적 발달에는 2개의 중요한 단
계가 있다. 즉, 사회 범주(인종 또는 성별과 같은)를 인식하는 단계와 그들의 사회

적 정체성에 이 범주들을 혼합하는 단계다. 첫 번째 단계는 매우 이른 시기에 발생한다. 네스데일은 그 시기를 3세 정도로 보았다. 반면, 두 번째 단계는 대체로 7~8세로 보았다. 중요한 것은 그는 아동이 이 두 단계에서 다른 집단에 대한 편견(공공연하게 드러나는 부정적인 태도 또는 행동)을 보이는 대신, 그 기간 동안 자신의 내집단에 대한 친화력을 발전시킬 것이라고 주장하였다. 이것은 긍정적인 사회정체성에 대한 욕구를 반영한 것이라고 하였다(Tajfel & Turner, 1986; 이 책의 제6장 참조). 그리하여 종종 이 나이 또래의 어린아이는 외집단보다 내집단을 더 선호하는 경향을 보이고, 외집단에 대해서 비호감이나 경멸적인 평가가 아니라 중립적인 평가를 한다는 것이다(Cameron et al., 2001 참조).

그렇다면 네스데일은 나이가 많은 아동이 편견을 갖는 것을 어떻게 설명할까? 그는 아동이 외집단을 부정적으로 보거나 또는 부정적으로 대할지 말지를 결정할 때 영향을 미치는 중요한 두 가지 요소를 설명하였다. 첫째는 특정 내집단(상황적으로 관련성이 있는)에 대한 아동의 정체성 강도다. 이 정체성 강도가 강하면 강할수록, 아동은 내집단에 퍼져 있는 규범이나 고정관념을 자신의 사고와 행동 방식에 더 잘 조합하는 경향을 보였다. 만약, 불행하게도 그것이 실제 발생한다면, 이러한 규범과 고정관념은 부정적으로 작용하여 결국 편견을 가지게 된다는 것이다. 둘째 요인은 내집단과 외집단 간의 집단 간 관계의 속성이다. 만약 집단 간 관계가 갈등적이거나 또는 내집단에 위협을 가하는 것이라면, 아동이 부정적으로 반응할 것이라고 예상할 수 있다. 이러한 반응은 일반적으로 외부 위협으로부터 내집단의 이익을 지키고(Sherif, 1966; 이 책의 제6장 참조), 내집단의 정체성을 강화하는 결과로 나타난다. 달리 말해서, 네스데일은 아동의 편견이 특정 연령대에 발생한다는 것을 부정하고, 개인적인 요인(정체성)과 상황적인 요인(집단 간 갈등)을 더 많이 강조하였다. 그는 다음과 같이 언급하였다. "어떤 시기든 외집단(인종) 구성원에 대한 아동의 태도는 감소할 수도, 증가할 수도, 그리고 유지될 수도 있다. 그것은 만연한 사회 집단 정체성에 따라 달라진다."(Nesdale, 2004, p. 233)

이 이론은 권장할 만한 부분이 많다. 앞서 살펴보았듯이 네스데일과 동료들은 집단 정체성과 동료 집단 규범 그리고 외집단으로부터 오는 명시적인 위협이 각각 어떻게 개별적으로 또는 통합되어서 아동의 편견에 명확한 영향을 미치는지를 보여 주었다. 더불어, 바렛(2007)의 연구는 표본으로 선정한 다양한 국가에서 왜 집단 간 서로 다른 형태의 태도가 발견되었는지를 설명하는 데 도움이 된다. 아마 이러한 차이는 관련된 국가 간에 존재하는 일종의 긍정적·부정적 집단 간 관계 때문일 것이다. 소수인종 아동의 집단 간 태도에서도 유사한 분석 방법이 적용될 수 있다. 살펴본 바와 같이 때때로 소수인종 아동은 내집단 선호도에서 다수집단의 아동보다 덜 편향된 집단 간 태도를 보인다. 보편적인 집단 간 관계(주류와 비주류, 더 높은 지위 또는 덜 높은 지위)는 아동이 집단 간 서로 다른 입장에서 상대와 비교할 때 반영된다. 본(1987)도 1960년대와 1970년대 사이에 소수집단 아동의 태도에 영향을 미친 미국의 흑인 세력의 성장과 뉴질랜드에서의 황색인 세력의 등장 효과를 유사한 방법으로 분석하였다. 네스데일(2004)의 이론은 맥코비와 잭클린(Maccoby & Jacklin, 1987)의 연구에서 아동의 성별 편견 발달을 설명한 것과 일맥상통한다. 앞 장에서도 언급하였듯이 성별 편견은 다른 집단 편향보다 훨씬 이전에 발생하는 것처럼 보이고, 시간의 경과에 따른 발달 정도도 다르며, 성별 간 뚜렷한 차이를 보이는 것으로 나타났다(대체로 여자아이는 남자아이보다 좀 더 이른 시기에, 좀 더 많은 편견을 가지는 것으로 나타났다). 맥코비와 잭클린(1987)은 이러한 성별 편견의 원인을 추적하다 보면 남자아이들과 여자아이들의 서로 다른 놀이 유형과 성별 친구 집단의 특이한 문화와 정체성까지 거슬러 올라갈 수 있다고 하였다. 만약 남자아이와 여자아이가 자신의 성에 부합되는 놀이를 더 좋아한다면, 이러한 행동 차이가 이후 편향된 태도의 기초를 형성하기도 할 것이다. 그리고 여자아이가 남자아이보다 더 일찍 성차별을 보이는 것은 또래 남자 친구들의 전형적으로 더 거칠고 소란스러운 놀이에 대한 '방어적인' 반응이라고 볼 수도 있다.

나는 네스데일(2004)의 이론이 확실하다는 것을 확인하였지만, 여전히 난해한 점도 있다. 그중 첫 번째는 지금까지 논의된 연구를 보면 5세 또는 그 이하의 아동에게서 암묵적인 편견이 나타난다는 것이다. 네스데일도 내가 앞서 제시했던 자료(Nesdale et al., 2005a)와 다른 연구들(Cramer & Steinwert, 1998; Powlishta et al., 1994; Yee & Brown, 1994)을 제시했는데, 아동이 그렇게 이른 시기에 부정적인 태도를 보인다는 것은 네스데일의 주장(그 시기에는 외집단을 멸시하는 것보다 오히려 내집단 선호도만을 보인다)과는 상반되는 내용이다.

두 번째는 네스데일 이론은 [아부드(1988)는 말할 것도 없이] 아동의 사회적 규범(말이나 행동으로 암묵적으로 편견을 표현하는)의 인식 발달에 대해서는 충분히 설명하지 않았다는 점이다. 이 장에서 여러 번 언급한 것과 같이, 집단 간 차별은 그것이 단지 내집단 편애주의든 또는 아주 드물게 나타나는 외집단 폄하든지 간에 7~12세에 점차 감소하는 것을 확실히 확인할 수 있었다. 이 원인은 과연 무엇일까? 아부드가 언급했던 것처럼 아동이 외집단 구성원을 개인적으로 인식할 수 있는 충분한 인지 능력을 가지고 내집단에 대해서 더 냉정하게 볼 수 있는 식견이 생긴 것일까? 또는 네스데일이 주장한 것처럼 대부분의 아동이 평상시에 아주 강한 내집단 정체성을 표현하지 않기 때문이거나 외집단으로로부터 규칙적인 위협을 경험하지 않았기 때문일까? 모두 가능한 이야기다. 여기서 나는 이러한 사춘기 이전 단계에서의 편견 감소는 아동 스스로가 그러한 편견을 표현하는 것이 적절하지 않다는 것을 점점 더 이해하게 되면서 나타나는 현상으로도 설명 가능하다고 본다.

이러한 설명에 대한 실증 사례는 명시적인 내집단 편향에서 연령의 변화와 IAT를 통해 측정한 암묵적인 편견의 변화를 비교한 최근 연구에서 찾아볼 수 있다. 러틀랜드와 동료들(2005b)은 아동·청소년(6~16세)에게 인종집단 또는 국적에 대한 명시적인 평가를 하도록 하였다. 실험 상황에 따라 한 집단의 아동은 자신이 평가하는 모습이 촬영되어 화면에 나타나는 것을 확인할 수 있었고, 다른 집단의 아동에게는 그러한 촬영이나 화면을 보여 주지 않았다. 러틀랜드와 동료들은 촬영을 하고 촬영된 화면을 보여 주는 것은 옳은 일을 해야 한다는 자의식을 높여 주고 편견의 수준을 낮추어 주는 효과가 있을 것이라고 설명하였다. 마지막 단계에서 참가자들은 특별하게 각색된 IAT 절차에 따라 암묵적 편견을 측정하였다(이 책의 제7장 참조). 대체로 명시적인 집단 간 태도를 측정한 결과, 연령에 따라 편향이 확실하게 감소하는 경향을 발견할 수 있었다. 이 결과는 통제집단 상황, 즉 촬영을 하지 않고 화면을 보여 주지 않은 상황에서 잘 나타나는데, 반대로 자신의 모습이 촬영되는 조건에서는 가장 어린 아동과 가장 나이가 많은 참가자 사이의 차이가 줄어들었다. 연구 결과는 편견에 대한 통상적인 설명과 일맥상통한다. 아동보다는 나이 많은 청소년이 편견이 사회적으로 바람직하지 않다는 것을 더 잘 인식하였다. 한편, 통제집단 상황에서는 아동도 규범을 인식하게 됨으로써 편견을 보이지 않으려고 노력하는 모습을 보였다. 연구 결과에서 중요한 점은 IAT에 따른 편견의 수준은 연령에 따라 큰 차이가 없다는 것이다. 즉, 모든 실험 참가자의 암묵적인 편견의 수준이 거의 동등하다. 바론과 바나지(Baron & Banaji, 2006)도 이와 동일한 결과를 확인하였다. 명시적인 편견의 경우에는 사람이 자신의 반응을 감시하고 통제할 수 있기 때문에 연령에 따른 감소가 나타나지만, 암묵적인 편견은 자기통제가 쉽지 않기 때문에 연령에 따른 변화가 나타나지 않는다.

결론적으로, 우리는 아동의 편견에 대해 무엇을 이야기할 수 있는가? 좀 더 확실하게 이해해야 할 부분이 많이 남아 있긴 하지만, 그래도 아동을 비어 있는 그릇으로 보는 성인의 보편적인 편견이 잘못되었다는 것은 확실하다. 아주 이른 시기에 범주를 인식하고 사용하는 점, 어린 시절 나타나는 편견의 발달과정이 곡선 형태를 보인다는 점, 그리고 부모에게서 또는 사회에서 일방적으로 집단 간 태도를 전달받는다고 말할 수 있는 증거가 부족하다는 점에서도 알 수 있다. 이 장에서 살펴본 연구 결과는 아동도 부모처럼 자기가 원하는 대로(때로는 제한된) 인지적 수단을 사용하여 자신의 세상을 적극적으로 이해하고 평가하고 통제하려는 역동적인 발달과정을 거친다는 것을 보여 준다. 세상은 그 자체로 여러 사회적 의미(예, 성별, 인종, 연령)로 구분되기 때문에, 아동의 신념과 행동이 이러한 패턴을 가진다고 해서 그렇게 놀랄 일은 아니다. 따라서 우리가 쉽게 발견할 수 있는 아동의 편향과 선호도는 단순히 성인에 의해 수동적으로 주입된 것이 아니라 세상과 상호작용하면서 생겨난 자연스러운 결과물이고, 범주화, 동일시, 비교의 심리과정을 통해 나타난 현상이라고 볼 수 있다.

## 요약

1. 편견은 인식, 판단, 그리고 행동에 있어 사회적 범주의 인식과 사용을 전제로 하고 있다. 3개월 정도밖에 되지 않은 영아조차도 인종과 성별을 구분하는 것으로, 3세 정도의 유아는 성별과 인종의 사회적 범주를 인식하는 것으로 나타났다.

2. 아동은 3세부터 이미 몇 가지 범주를 구분하고 이러한 범주들 사이에서 명확한 태도적·행동적 선호도를 나타낸다. 일반적으로 다른 집단에 소속되는 것보다 자신의 집단에 소속되는 것을 더 선호한다. 이러한 현상은 성별에 있어 특히 두드러지게 나타나고 인종과 국적, 그리고 비만이 있는 사람과 낙인이 찍힌 집단에 대해서도 분명하게 드러난다.

3. 내집단 선호도에는 중요한 예외가 있다. 소수인종 사람은 다수와 지배 집단의 사람보다 내집단 선호도를 더 약하게 드러냈다. 또한 많은 연구에서 소수집단 사람은 분명한 외집단 선호도를 나타냈다.

4. 아동도 가끔은 외집단에 대해서 명확하게 부정적인 태도나 차별적인 행동을 보일 수 있다. 성별과 인종은 임시적인 집단 형성과정에서만 발견되는 범주이지만 편견에 있어 가장 많이 연구된 것들이다. 그 결과를 보면, 여자아이는 남자아이보다 더 이른 시기에 그리고 더 강하게 동성에 대한 편애 현상을 보이는 것을 알 수 있다. 또한 일반적으로 편견은 5~7세에 최고점에 이르고 점차 감소하는 경향을 보인다.

5. 아동의 편견 발달을 단순히 성인의 편견을 소극적으로 수용하는 것으로 가정하는 것은 아이동이 이른 시기에 범주를 구분하는 것, 편견 발달 패턴이 비선형이라는 것, 부모-자녀의 태도 간의 관계, 매체에 노출된 것과 편견의 관계가 일관되지 않거나 약하다는 점을 설명하지는 못한다.

6. 아마도 보다 설득력 있는 설명은 편견의 발달을 아동의 사회적·인지적 발달의 다른 측면과 연결하는 데 있을지도 모른다. 이것은 아동이 세상을 범주화하고 이해한 다음 일부 집단과는 동일시하고 다른 집단과는 구별하는 능력이 있다고 보는 것으로, 편견의 습득을 좀 더 역동적인 과정으로 보는 것이다. 즉, 아동의 사회적·인지적 역량의 발달과 아동이 마주치는 구조화된 사회환경 간의 상호작용 과정에서 편견이 습득된다는 것이다.

## 주석

1. 이 과제에서 주목해야 할 점은 이 장에서 제시된 다른 많은 연구 결과와 같이, 둘 중 하나를 선택하는 과제에서 반응할 정확한 확률은 50%인데, 클락과 클락(1947)이 사용한 표본 크기에서

가장 어린 아이조차도 77%의 정확한 응답률을 보였다는 점이다.

2. 클락과 클락(1947)의 연구가 분리정책을 쓰는 학교들을 불법화하기로 결정한 1954년 미 대법원의 결정에 직접적으로 주석에 인용되었다는 점은 주목할 만하다(Clark et al., 2004). 이것은 사회심리학이 공공정책에 영향을 미칠 수 있다는 것을 보여 주는 몇 안 되는 사례 중 하나다.

3. 이러한 결과는 이와 브라운(1992)의 연구 결과와는 달랐다. 그들은 선호도에 대한 내집단 편향이 연령이나 팀 지위의 영향을 거의 받지 않는다고 주장하였다. 이러한 차이점은 아마 절차상의 많은 차이점(팀 지정 방법, 이동성의 조작) 때문인 것으로 보인다.

4. 네스데일(2004)은 인종 편견의 발달을 설명하는 데 초점을 맞추었다. 나는 실례를 무릅쓰고 이 연구가 편견의 다른 형태에 대해서도 동일하게 유용한지 살펴보고 있다.

## 더 읽을거리

Aboud, F., & Amato, M. (2001). Developmental and socialization influences on intergroup bias. In R. Brown, & S. Gaertner (eds.), *Blackwell Handbook of Social Psychology. Intetrgroup Processes* (pp. 65-85). Oxford: Blackwell.

Bennett, M., & Sani, F. (2004). *The Development of the Social Self*, esp. chs 4, 8 and 9. Hove: Psychology Press.

Maccoby, E. (1998). *The Two Sexes: Growing Up Apart, Coming Together,* esp. chs 1-7. Cambridge, MA: Harvard University Press.

Chapter **06**

# 편견과 집단 간 관계

나는 이 책의 초판(1995)에서 그 당시 르완다와 보스니아에서 발생한 학살과 팔레스타인과 북아일랜드에서 계속되었던 유혈사태를 이 장의 도입부로 썼다. 그이유는 현실에서 집단 간 갈등을 보여 주는 많은 사건을 찾아볼 수 있었지만 그러한 갈등으로 완전히 찢긴 듯 보이는 큰 사건을 예시로 들고 싶었기 때문이다. 그때보다 현재가 서로 화합하며 더 사이좋게 잘 지낸다고 할 수는 없으나, 다행히몇몇 나라는 그때보다 평화로워졌다. 르완다는 가차차 재판(Gacaca court)을 통해국민 스스로의 힘으로 나라를 재건하면서 집단 간 화해를 향한 크나큰 전진을 하였다. 비록 세르비아계와 무슬림 사이의 긴장감은 여전히 보스니아-헤르체고비나에서 촉빌 직전의 형세이기는 하지만, 도시는 다시 복구되어 돌아가고 있다. 북아일랜드는 30년의 분쟁을 끝내고 마침내 정상화되었다. 하지만 팔레스타인의 서안지구(West Bank)와 가자지구(Gaza Strip)는 여전히 전쟁 지역이고, 이라크와 아프카니스탄도 현재 외국군이 주둔하고 있으며, 수단의 다르푸르(Darfur) 지역의 수많은 사람들은 잔자위드(Janjaweed)와 민병대로부터 잔인한 학살을 피해 다니면서 평생을 테러의 공포에서 살고 있다. 짐바브웨는 부정선거를 통해 독재 권력을 유지하면서 무자비한 정치적 억압을 행사하고 있으며, 유럽에서는 피난민과 이민자가 국가 권력 및 일반 시민의 편견과 차별로 인해 고통받고 있다. 이 모든 집단 간 상황에 대한 이유와 역동관계는 다양하고 복합적이지만 한 가지 공통점이 있다. 그것은 각 집단의 실질적 이익이 관련되어 발생하였다는 것이다. 그 결과가 평화든 전쟁이든, 또는 관용이든 만용이든, 적어도 부분적으로는 각 집단의 경제적·정치적 이익이 관련되었다는 것이다.

이 생각을 이 장의 출발점으로 삼고자 한다. 다시 말하면, 편견은 집단 간의 사회적 관계에서 발생한다는 것이다. 다음에 이어지는 첫 번째 절에서는 객관적 목표로 편견이 발생하는 상황을 다룰 것이다. 예를 들면, 각 집단의 관심이나 이해는 무엇이고, 그들의 관계는 갈등 상황인지 아니면 협력 상황인지 등을 살펴볼 것이다. 이 접근법은 때와 장소가 다른 다양한 종류의 편견에 대한 생성과 소멸을 좀 더 이해하기 쉽도록 한다. 하지만 각 집단이 처한 객관적 차원의 이익을 이해한다고 해서 편견의 발생을 완벽하게 알 수 있는 것은 아니다. 편견으로 인해 얻을 수 있는 주관적(사회심리적) 이익도 있다. 그러므로 이 부분에 대해서도 살펴볼 것이다. 객관적 차원의 관점에서 가장 중요한 요소는 다른 집단과의 관계에서 그 집단이 처하는 사회적 위치다. 이러한 집단 간 비교는 구체적으로 눈에 띄는 측면(예, 빈부)과 덜 눈에 띄는 측면(예, 사회적 존중감) 모두에서 발생할 수 있다. 집단 간 관계가 중요한 이유는 개인이 속한 집단의 사회적 위치가 그 사람의 사회적 정체성을 의미하기 때문이다. 자신의 집단이 충분히 안정된 지위와 독특성을 가짐으로써 자신의 정체성이 안정되고 긍정적일 때에 나타나는 집단 간 태도와 행동은 반대의 경우, 즉 정체감이 잘 정립되지 않고 다소 불만족하는 상황에서 나타나는 집단 간 태도 및 행동과는 매우 다를 것이다. 이러한 사회정체성을 획득하고 유지하는 과정에 대해서는 두 번째 절에서 이야기할 것이다. 세 번째 절에서는 집단 간의 비교(박탈감을 의미하는)와 관련한 주제를 이어 갈 것이다. 수입 수준, 삶의 수준과 같은 물질적인 주제들을 절대적 관점이 아닌 철저하게 상대적 관점으로 보고자 한다. 상대적 박탈감의 결론부터 말하면, 편견은 실질적인 억압이나 불리한 상태에서도 발생하지만, 주관적으로 타인과 비교함으로써 생기는 상대적인 빈곤에서도 비슷한 비율로 발생한다. 네 번째이자 마지막 절에서는 이 세 가지 주제를 함께 엮어서 편견을 집단 간 위협—내집단의 물질적 이익에 대한 위협, 정체성에 대한 위협, 사회적 위치에 대한 위협 등—에 대한 반응으로 볼 수 있는 이유를 이야기하고자 한다.

## 집단 간 이익의 갈등: 우리가 잃어야 당신이 얻는다

집단 목표의 본질과 그 융화성을 확인함으로써 집단 간 행동—그중 가장 분명하고 확실한 예시로 들 수 있는 편견—을 분석할 수 있다는 주장은 오래된 역사를 가지고 있다. 캠벨(Campbell, 1965)은 20세기에 들어서면서 출간된 논문(Sumner, 1906)을 시작으로 하여 사회학, 인류학 그리고 사회심리 분야의 수많은 연구를 살펴본 후, 이를 토대로 지금까지 회자되는 훌륭한 책을 출간하였다. 캠벨은 문헌조사를 통해, 집단 갈등이 일어나는 것은 부족한 자원에 대한 현실적 경쟁을 기반으로 한 '합리적'이거나 '현실적'인 반응이라는 점에 주목하였으며, 이 관점을 '현실집단갈등 이론(realistic group conflict theory)'이라고 명명하였다. 이 이론의 핵심은 집단 간 태도나 행동은 집단의 이익을 반영한다는 것이다. 집단의 이익이 상충되거나 한 집단의 이익이 다른 집단의 희생을 요구한다면, 다른 집단에 대한 사회심리학적인 반응은 편향된 태도, 편파적 판단, 적대적 태도 등의 부정적 반응이 발생할 것이나. 만약 그들의 이익이 서로 타협할 수 있고, 심지어 서로 보완할 수 있어서 한 집단의 이익이 다른 집단의 도움을 받아 발생한다면, 다른 집단에 대한 반응은 분명 인내, 공평, 우호 등의 좀 더 긍정적인 분위기가 형성될 것이다. 캠벨의 인류학 전공 동료인 레빈(LeVine)은 다음과 같이 정리하였다. "집단 간 경제 상황을 나에게 상세히 말해 달라. 그러면 나는 집단 간 고정관념의 내용을 예상할 수 있다."(Tajfel, 1981a, p. 224 재인용)

사회심리학에서 현실집단갈등 이론과 관련하여 가장 영향력 있는 사람은 셰리프(Sherif, 1966)이다. 캠벨과 마찬가지로 셰리프 역시 편견을 주로 개인 간의 심리적 문제로 이해하는 것(이 책의 제2장 참조)에 반대하면서, 집단 간 목표들의 관계가 편견의 이유가 된다고 하였다. 구체적으로, 편견 발생의 핵심은 한 집단과 다른 집단 사이의 현실적 이익 또는 지각된 이익이 갈등을 일으키는 것이라고 하였다. 셰리프와 동료들은 이를 입증하기 위해 '여름 캠프 연구'라고 알려진 유명한 실험을 수행하였는데, '여름 캠프 연구'라는 제목은 소년들에게 여름방학 캠프라고 위장하여 실험을 실시하였기 때문에 붙은 이름이다(Sherif & Sherif, 1953; Sherif et al., 1955, 1961). 참여한 학생들은 12세 전후의 소년들이었고, 이들은 캠프에 참여하기 전에는 서로를 전혀 알지 못했으며, 안정적이고 평범한 가정에서 성장한 학생들이었다. 이와 같은 개인 정보에 대한 사전 선별 작업은 이 실험에서 발생되는 행동의 결과가 참가 학생의 개인적 인간관계나 이전에 가지고 있던 박탈감에서 비롯된 것이 아님을 명확하게 하기 위해서였다.

실험의 첫 번째 단계에서는 학생들을 유사한 조건의 두 집단으로 나누었다. 실험은 세 가지 다른 상황에서 시행되었는데, 그중 두 상황에서는 집단 배정 전에 하루나 이틀 동안 함께 지내도록 하고, 이후 친구가 되었던 대부분의 사람을 자신과 다른 집단인 외집단으로 배정하였다. 세 번째 상황에서는 앞선 두 상황과 달리 다른 집단에 배정될 친구들을 미리 만나는 절차는 전혀 없이, 처음부터 그들의 집단에 모인 사람들과 캠프를 시작하였다. 캠프가 진행되는 동안 두 집단은 다른 집단의 존재를 의식하지 못하도록 일정 거리를 두고 각각 생활하였다. 며칠 동안 학생들은 자신의 집단 안에서 진행되는 다양한 활동에 참여하였고, 다른 집단과의 접촉은 전혀 없었다. 그런데 이와 같은 독립적인 생활에도 불구하고 분배 상황에서는 집단 간 비교 사례가 나타났다. 셰리프(1966, p. 80)에 따르면 "더 좋은 것은 자신의 집단에게 주었다(the edge was given to one's own group)." 더욱이, 다른 집단의 존재조차 몰랐던 세 번째 상황의 학생들에게 다른 집단의 존재를 알려 주자, 몇몇 학생은 자발적으로 다른 집단과의 경쟁적인 경기를 제안하였다. 연구자들이 두 집단에게 경쟁적인 경기를 요구하기도 전에 이와 같은 경쟁 구도가 학생들에게서 자발적으로 먼저 일어났다는 것은 중요한 의미를 갖는다.

실험의 두 번째 단계에서는 두 집단 간에 소프트볼이나 줄다리기 같은 경쟁적 경기들이 이어졌다. 이 경기들의 최종 우승 팀에게는 상패를 주고, 그 팀 전원에게는 주머니칼을 상품으로 줄 것이라고 하였다. 하지만 패한 팀은 아무것도 받을 수 없었다. 연구자들의 이런 제안이 바로 객관적 '이익 갈등(conflict of interests)'의 상황을 만드는 것이다. 즉, 한 집단이 무엇인가 획득한다는 것은 직접적으로 상대 집단이 그것을 잃는다는 것을 의미하며, 이전에 두 집단은 독립적으로 전혀 관련 없이 존재했던 상태에서 이제는 부정적으로 얽혀 있는 상호의존의 상황으로 진입하게 되는 것이다. 이러한 상황 설정은 소년들의 행동에 극적인 변화를 가져왔다. 처음에는 평화로운 공존의 분위기였다면, 경쟁의 상황 설정이 이루어진 다음에는 빠르게 적대적 관계로 분위기가 바뀌었다. 서로를 헐뜯고, 심지어 물리적인 공격도 일어났다. 각 집단의 지각과 판단은 내집단 편향의 명확한 증거라고 할 수 있고, 우정 역시 거의 자신의 내집단 구성원들에게만 배타적으로 이루어졌다. 더구나, 내집단 편향 현상은 앞선 두 상황(집단을 배정하기 전에 하루나 이틀 동안 함께 지내면서 친구가 되었던 학생들이 다른 집단으로 소속된)에서도 나타났다는 것은 보다 주목할 만한 일이다. 이는 수많은 인간관계가 이전의 개인적 관계보다 현재 자신이 속한 집단의 이익에 의해 바로 바뀔 수 있음을 보여 주는, 즉 집단 간 관계의 힘을 보여 주는 생생한 예시라고 할 수 있다.

셰리프와 동료들은 실험의 두 번째 단계에서 두 집단 사이에 적대감을 너무나 쉽게 만들어 낸 후, 세 번째 단계에서는 다시 갈등을 줄이는 시도를 하였다. 적대감을 감소시키는 실험설계는 전 단계에서 적대감을 유발시킨 것과 같은 이론적 전제에서 출발하였다. 즉, 두 번째 단계에서는 두 집단 사이에 부정적 상호의존 관계를 발생시켰다면, 이번에는 두 집단의 관계를 긍정적 상호의존(positive interdependence)

상태로 바꾸는 것이다. 두 집단에게 공동으로 해결해야 할 다양한 상황의 공동 상위 목표(superordinate goal), 즉 문제해결은 두 집단 모두 원하는 것이지만, 한 집단의 힘만으로는 해결할 수 없는 상황을 설계하였다. 예를 들면, 캠프장에서 몇 마일 떨어진 곳에 고장 난 트럭이 있는데, 이 트럭은 너무 무거워서 한 집단의 소년들만으로는 움직일 수 없고, 두 집단 모두 힘을 합쳐야 움직일 수 있는 등의 상황이다. 실제로 이와 같은 다양한 상황을 겪고 난 후, 두 집단은 상대 집단에 대한 공격적인 분위기가 많이 잦아들었고, 그들의 편견적 태도는 훨씬 줄어들었다.

여름 캠프 연구는 현실적 집단 갈등으로 생긴 편견을 설명할 수 있는 강력한 증거를 제공하였다. 집단 간 목표 관계를 바꾸어 주는 것만으로도 학생들의 행동 변화를 예측할 수 있다. 이러한 변화는 거의 모든 연구에서 빠른 속도로 나타나기 때문에 그 변화의 원인이 성격특성 때문이라고 할 수는 없다(이 책의 제2장 참조). 또한 이 같은 편견을 참가자들 간의 믿음(가치관)의 차이 때문이라고 설명할 수도 없다. 왜냐하면 두 집단의 구성원들의 조건은 최대한 유사하게 맞추어 배정하였고, 심지어 첫날 친구가 되었던 학생이 다른 집단에 속하기도 하였기 때문이다. 실험의 두 조건에서 캠프 첫날 자발적으로 만든 친구를 다른 집단으로 배정하였음을 기억해 보라. 외집단으로 분류된 그 친구들은 참가자들이 그들과 처음 만났을 때 자연스럽게 서로 친구가 되었다. 이 사실은 연구자들이 임의로 만들어 준 내집단 구성원들보다 오히려 외집단으로 분류된 그들이 참가자들과 더 유사한 성향을 가졌다고 볼 수 있다. 그러므로 단순히 특성 차이 때문에 편견이 발생한다고는 보기는 어렵다.

셰리프의 선구적인 실험 이후 몇십 년간 집단 간 관계에 대한 연구들은 그의 주장이 옳다는 것을 보여 주었다. 집단 간 상호의존 관계를 부정적, 중립적, 또는 긍정적으로 조작한 연구들의 결과는 상당히 일관되게 나타났다. 집단이 공동의 목표를 위한 협력관계에 있을 때보다 객관적 경쟁관계에 있을 때 각 집단의 구성원들은 내집단 편향을 더 많이 보였고, 집단 간 호의는 감소했으며, 집단 간 차별은 강하게 나타났다(Brown, 2000a; Doise, 1976; Turner, 1981).

편견이 증가하는 상황은 굳이 외집단의 누군가와 직접적인 연관이 없어도 단순한 경쟁 상황을 떠올리거나 상상하는 것만으로도 충분히 발생할 수 있다. 사센버그(Sassenberg)와 동료들(2007)은 미국 백인 학생들에게 누군가와 협력하거나 또는 경쟁하는 상황을 떠올려 보라고 한 다음, 아프리카계 미국인에 대한 편견을 측정하였다. 그 결과, 협력 상황을 떠올린 학생들보다 경쟁 상황을 떠올린 학생들이 더 높은 편견을 보였다. 동독인에게 실시한 간단한 게임 실험에서도 유사한 결과가 나타났다. 참가자들은 협력하는 상황, 경쟁하는 상황, 또는 혼자서 하는 상황의 게임에 참여한 후 서독인과 무슬림에 대한 편견을 측정하였다. 그 결과 경쟁 상황 조건의 사람들이 가장 높은 편견을 보여 주었다.

실험실을 벗어나서 다양한 실제 상황에서의 결과도 현실집단갈등 이론의 관점을 지지한다. 이미 가지고 있던 국가 간 고정관념이 국제 관계, 예를 들면 새로운 동맹을 맺거나, 또는 전쟁을 선포하는 것에 따라 더 좋아질 수도 혹은 더 악화되는 경우가 종종 있다. 세아고(Seago, 1947)는 미국 대학생이 일본인에 대해 가지는 고정관념이 1941년 일본의 진주만 공격 이후 상당히 덜 호의적인 태도로 변화하였음을 발견하였다.

브루어와 캠벨(1976)의 민족지학적 연구에서 동아프리카의 30개의 부족 중 27개의 부족은 자신의 부족을 다른 부족들보다 더 호의적으로 평가하였다. 반면, 자신과 가까운 거리의 부족은 먼 거리의 부족보다 덜 호의적으로 평가하였다. 이는 현실집단갈등 이론과 일치하는 것으로, 가까운 지역의 부족은 목초지, 식수, 그리고 다른 한정된 자원에 대한 논쟁으로 반목을 가져올 가능성이 크기 때문이다.

편견의 기저에 깔린 현실적 갈등 동기가 가장 명확하게 드러나는 것은 이민 상황이다. 최근 몇십 년 동안 선진화된 많은 산업 국가와 마찬가지로 영국도 국경 근처에서 많은 이민 상황, 즉 이민을 오기도 하고 이민을 가기도 하는 현상이 이어졌다. 물론 우리의 관심은 이민을 가는 경우가 아니라, 이민자의 유입 상황에서 일어나는 현상이다. 2003년에 국가 대표본 방법으로 실시한 영국 사회 태도 조사(British Social Attitudes Survey)에 따르면 응답자의 74%가 영국으로 이민을 오는 사람의 수를 감소해야 한다고 생각하였다(McLaren & Johnson, 2007). 이주민을 반대하는 정서의 기저에는 무엇이 있는 것일까? BBC에서 실시한 최근의 조사는 그 이유를 짐작할 만한 실마리를 제공한다. 응답자의 19%는 새로운 이주민이 자신의 일자리를 위협할 것이라고 말하였고, 29%는 이민자 때문에 자신이 일한 만큼 받을 수 있는 적정 임금을 받기 힘들 것이라고 하였다. 또한 82%의 응답자들은 이민자가 학교, 병원, 그리고 공공 주택과 같은 공공 서비스에 압박을 가할 것이라고 대답하였다(Populus, 2008). 이와 같은 부정적인 대답은 노동자 계층에서 더 강하게 나타났다. 광산이 있는 서랜드 지방의 선술집에서 일하는 게리 언윈(Gary Unwin)[1]은 다음과 같이 말하였다.

> 현재 우리나라는 너무 많은 이민자가 이주하고 있다. 그들이 대여섯 명의 아이들을 데리고 살 집을 원한다면, 영국인이 그 집을 구하기 전에 그들이 먼저 얻을 것이다. 그들은 영국인보다 적은 임금을 받고도 일할 것이므로 고용주는 이민자를 고용할 것이고, 영국인은 직장을 구할 수 없을 것이다. 결국 그들은 영국인이 직장을 구하는 것을 방해할 것이다(www.bbc.co.uk/newsnight, 2008. 3. 6.).

다시 말하면, 많은 영국인은 이민자와 직업, 주택, 공공 서비스 등의 한정된 자원을 두고 직접적인 경쟁을 해야 하는 것으로 인식하고 있었다. 이와 같은 생각이 이민자에 대한 편견을 악화시킬 수 있다.

이민자에 대한 편견은 자신의 집단 이익과 충돌되기 때문이라는 생각은 다른 조사 결과에서도 찾아볼 수 있었다. 퀼랑(Quillian, 1995)은 유럽의 12개 국가, 11,000명의 사람들로부터 얻은 1988년 유로바로미터(Eurobarometer) 설문조사 자료를 분석하였다. 그는 그 사회의 기존 구성원과 이민자 사이의 경제적 경쟁이 심해지는 상황을 두 가지로 설명하였는데, 첫 번째는 이민자의 비율이 증가할 때이

---

1) 역자 주-BBC 원문을 읽어 보면 게리 언윈의 직업은 바텐더다.

고, 두 번째는 경제가 악화될 때라고 하였다. 현실집단갈등 이론에 따르면 이 두 가지 요소는 편견을 증가시키는 역할을 한다. 첫 번째 요소인 이민자 비율의 증가와 이민자에 대한 편견이 관련성이 있다는 것에 대한 몇 가지 증거를 들어 보자. 독일, 프랑스, 벨기에는 가장 높은 이민자 편견 지수가 나타나는데, 이 나라들의 이민자 비율이 가장 높다. 반대로 스페인, 아일랜드, 포르투갈은 가장 낮은 이민자 편견 지수를 보이는데, 이 나라들의 이민자 비율은 매우 낮다. 이 요소에 비하면, 경제 환경 요소는 편견에 영향을 덜 미치는 것으로 나타났다. 미국에서 경제 지표(실업)와 반이민자 태도 간의 유사한 정적 상관이 나타난 것(Espenshade & Hempstead, 1996; Deaux, 2006 참조)과 같이 이민자 비율과 경제 환경이 어느 정도 관련성이 있기는 하지만, 그 영향은 GDP가 낮은 나라에서 상대적으로 더 강하게 나타났다.

물론, 이와 같은 국가 차원의 조사 결과는 현실적 갈등 관점에 대한 간접적인 증거일 뿐이다. 왜냐하면 이 나라들의 국민이 실제로 집단 간 관계를 어떻게 지각하는지는 알 수 없기 때문이다. 이후에 다시 거론하겠지만, 사실 유사한 자료를 사용한 다른 연구자들이 개인 수준의 변인들까지 고려하여 재분석하였을 때, 이민율과 편견의 상관은 다소 다른 결과가 나왔다(McLaren, 2003). 주의할 점은 상관관계를 보여 주는 자료를 통해 인과관계를 가정하는 것은 문제가 있다는 것이다. 에세스(Esses)와 동료들은 이 문제점을 피하기 위해 캐나다인을 대상으로 일련의 실험을 시행하였다(Esses et al., 1998; Esses et al., 2001). 실험 참가자들은 연구자들이 건넨 잡지를 읽었는데, 그 잡지에는 산디리안(Sandirians)이라는 이민자 집단(연구자들이 만든)에 관한 내용이었다. 참가자들의 절반(경쟁 조건)에게는 현재 캐나다의 부족한 직장과 노동시장에서 이민자의 성공에 관한 내용을 추가하였다. 실험 결과는 예상대로 산디리안을 포함한 이민자에 대한 전체적인 태도는 경쟁 조건이 통제 조건(캐나다의 어려운 경제 상황 기술이 없는 잡지를 읽음)보다 덜 호의적으로 나타났다.

현실집단갈등 이론은 편견의 많은 현상을 설명하는 데 강력한 근거를 제공한다. 또한 이 이론은 다른 이론에서는 설명하지 못했던(제2장에서처럼) 시간에 따른 편견의 변화 또는 사회적 맥락이 다른 상황에서 편견이 발생하는 이유를 설명할 수 있다는 장점이 있다. 보통은 관련 집단 간의 경제적·정치적 관계의 변화 때문인 경우가 많다. 이와 같은 명백한 장점에도 불구하고, 터너(Turner, 1981)가 말한 것처럼 이 이론은 경험적인 문제점과 이론적인 문제점이 여전히 많이 존재한다. 다시 말하면, 이 이론만으로 모든 종류의 편견을 완벽하게 설명하기에는 한계가 있다.

현실집단갈등 이론의 문제 중 한 가지는, 부족한 자원 때문에 경쟁하는 집단이 서로가 협력하는 상황에서의 집단보다는 서로에 대하여 부정적이고 편향된 태도를 보이는 것은 명백한 사실이나, 이후 좋은 분위기가 형성된다고 해서 이 부정적 편향 감정이 완전히 사라지지는 않는다는 것이다. 심지어 물질적 이익을 획득한 집단에서도 내집단 편향(내집단을 외집단보다 더 긍정적으로 보는 현상)은 완전히 없어지지 않는다는 것을 많은 연구가 보여 주었다(Brown, 1978, 1984a; Ryen & Kahn, 1975; Worchel et al., 1977 참조).

두 번째 문제점은 서로의 이익 때문에 발생한 갈등이 반드시 내집단 편향을 일으키는 것은 아니라는 점이다. 역설적이지만, 이 문제점의 힌트는 갈등이론을 주장했던 셰리프의 연구 결과에서 찾을 수 있다. 여름 캠프 연구 중 한 연구에서 연구자들이 다른 집단과 경쟁 시합을 한다는 이야기를 하기도 전에, 소년들이 다른 집단을 이기고 싶어 하는 의욕을 보여 주었던 상황을 기억해 보라. 이들이 보여 주는 이유 없는 집단 간 경쟁의식은 제3장에서 언급했던 최소 집단 실험에서 좀 더 확실하게 나타났다(Rabbie & Horwitz, 1969; Tajfel et al., 1971). 최소 집단 실험 연구들의 주요 결론은 사람을 아주 단순한 범주의 집단으로 나누기만 해도 자신이 속한 집단의 구성원을 더 쉽게 좋아하게 된다는 것이다. 이 결과는 현실집단갈등 이론에 대한 심각한 문제점을 제기하였다. 눈앞의 객관적 이익 갈등 또는 집단 간 경쟁을 하였던 이전의 사건이 편견 발생의 필수 조건은 아니라는 것이다.

현실집단갈등 이론의 세 번째 문제점은 집단 간에 발생하는 힘과 지위의 차이가 집단의 갈등 또는 협력 관계에서 나타나는 반응에 어떻게 영향을 주는지를 거의 설명하지 못한다는 점이다. 집단 간 힘과 지위의 차이에 대한 문제는 이미지 이론(image theory)이라고 알려진 정치학의 한 학파에 의해 어느 정도 해결되었다(Alexander et al., 1999; Hermann et al., 1997). 이들은 현실집단갈등 이론의 기능주의 관점을 내세워서 집단 간 권력관계와 관련이 있다고 여겨지는 다양한 고정관념 이미지, 집단 간 정서 및 행동 반응을 구체화하였다. 국제관계를 빌려 설명하면(Boulding, 1959), 이미지 이론은 국제관계를 네 가지로 정의한다. 첫 번째는 '적(enemy)'으로 경쟁관계에서 두 집단 간의 힘과 지위가 동등할 때이고, 두 번째는 '동맹(ally)'으로 협력관계에서 두 집단 간의 힘과 지위가 동등할 때다. 세 번째는 '의존(dependent)'으로 식민 통치 상황에서처럼 내집단이 외집단의 힘과 지위보다 더 강할 때이고, 마지막은 '무자비한 미개(barbarian)'로 외집단이 상당한 힘을 가지고 있음에도 불구하고 내집단이 도덕적으로 우월하다고 생각하는 경우다. 이 관계들이 외집단에 대한 관련 이미지 그리고 외집단을 향한 특정 행동 경향성을 일으키는 것으로 보인다. 예를 들면, 상대를 적대적·공격적인 관계인 '적'이라고 여기는 경우에는 고정관념 이미지를 상대를 공격하는 것을 정당화하는 방향으로 사용할 것이다. '무자비한 미개'의 경우에는 비록 '적'과 마찬가지로 부정적인 관계이지만, 외집단의 힘이 그들보다 강하기 때문에 외집단으로부터 받을 수 있는 잠재적인 피해를 감안할 수밖에 없으므로 겉으로는 친절하고 온순한 행동이 나타날 것이다. 비록 예상 결과 중 일부는 정서적인 각성에 대한 후속연구가 필요한 것으로 보이긴 하지만, 잘 설계된 이론적 시나리오를 사용한 다양한 연구에서는 이 이론을 지지하는 결과를 보여 주었다(Alexander et al., 1999; Hermann et al., 1997).

현실집단갈등 이론의 마지막 문제점은 편견의 근간을 이루는 것으로 추정되는 현실적 갈등으로 인한 부정적 상호의존(negative interdependence)이 항상 영역(land), 돈, 또는 정치권력과 같이 구체적인 것들에만 국한되느냐는 것이다. 오히려 편견은 이익과 관련하여 갈등을 지각하는 것 또는 명성이나 승자가 되는 것과 같은 덜 구체적인 것에 대한 경쟁만으로도 발생할 수도 있다. 셰리프는 이 부분에 대하여 스스로 의문을 제기하면서, 집단 이익에 대한 정의를 "내집단의 안전에 대한 실제의 또는 상상의 위협, 경제적 이익, 정치적 이득, 군사적 상황의 고려, 명성, 또는 기타 다양한 것들"(Sherif, 1966, p. 15)이라고 기술하였다.

갈등을 지각하는 것만으로도 실제 갈등 상황의 원인이 될 수 있다고 한다면, 인종차별이 일어나는 이유를 설명할 수 있을 것이다. 자국민은 이민자의 실업률과 노숙자의 비율이 자국민에게서 발생하는 비율보다 훨씬 높음에도 불구하고, 이민자가 자신의 직장이나 집 등을 모두 빼앗고 있다고 주장한다. 때로는 인지적 믿음이 실제 통계 수치보다 더 중요하기 때문이다.

이런 방식으로 이익의 갈등에 대하여 광범위하게 해석하는 것이 합리적이기는 하지만, 이론적으로 문제가 있다. 경쟁적 목표를 인식하는 것이 편견의 근간을 이루는 것이지만 그것이 항상 집단들의 실제 관계와 관련되는 것은 아니라면 도대체 편견은 어디에서 비롯되는 것인가? 한 가지 명확한 설명은 있다. 편견은 권력 집단의 이념적인 시도에서 비롯된다는 것이다. 이 집단은 '분할 통치'라는 오래된 정치 전략의 하나로 여겨지는 사회 분열을 조성하기 위해 편견을 이용한다 (Billing, 1976; Reicher, 1986). 이 주장은 특히 객관적으로 드러나는 갈등이 없음에도 집단 간 긴장이 실제로 존재하는 경우의 해석을 가능하게 하지만, 결정적인 경험적 증거를 쉽게 찾을 수 있는 것은 아니다. 이러한 사실은 주관적 경쟁, 즉 자신의 집단에 대한 손실이 실재하지 않음에도 갈등이 있는 것으로 인식하는 경쟁과 객관적인 것에 대한 경쟁의 원인은 다를 수 있음을 의미한다. 이제 이 이야기를 하고자 한다.

# 사회정체성

객관적 사실과 관련한 또는 객관적 사실과 무관하게 편견을 발생시키는 사회심리적 과정은 무엇일까? 몇 가지 확실한 이유는 제3장과 제4장에서 언급한 인지과정에 있다. 앞서 보았듯이 사회 범주화와 차별 및 고정관념의 부산물이 편향된 생각과 편향된 판단의 원인임을 지지하는 좋은 증거가 많다. 인지과정이 명백히 중요한 원인임을 의심하지 않지만, 인지과정만으로는 쉽게 설명할 수 없는 집단 간 현상이 있다. 그것은 사람의 태도와 행동에서 일반적으로 나타나는 불균형이다. 예를 들면, 대부분의 사람은 자신이 속한 집단(내집단)이 결국 승리할 것이라고 믿고 있다. 사람의 인지활동에 대한 이론적 모델들은 왜 외집단을 있는 그대로 보지 않고 다르게 인식하는지, 구체적으로 왜 외집단을 보다 허술하고 단순하게 인식하는지는 설명하지만, 왜 내집단은 긍정적으로, 외집단은 부정적으로(적어도 덜 긍정적으로) 인지하는지는 설명하지는 못한다. 우리의 일상에서 쉽게 볼 수 있는 내집단 편향(ingroup bias)을 이해하기 위해서는 다음의 사회정체성 개념을 알아야만 한다.

사회정체성(social identity)이란 무엇인가? '집단 간 관계'의 연구 영역에 처음으로 사회정체성 이론을 소개한 학자들에 따르면, 사회정체성은 "개인이 자기 자신을 규정하는 이미지(self-image)의 한 측면으로, 이는 개인이 스스로 소속되어 있다고 지각하는 사회적 범주(집단)에서 비롯된다." (Tajfel & Turner, 1986, p. 16) 다시 말하면, 스스로를 특정 성별, 특정 민족, 특정 계급에 속한다고 지각하게 되면 언제나 그 집단의 사회정체성이 나타난다.

다지펠과 디니(1985)는 기존 사회정체성에 다음의 특성을 더 추가하였다. 사람들은 일반적으로 스스로를 부정적으로 보기보다는 긍정적으로 생각하려는 경향이 있다는 것이다. 자신에 대한 이미지의 일정 부분이 자신의 집단에 대한 소속감에서 정의된다는 것은 다른 집단에 비하여 내집단의 밝은 면을 더 보려는 경향이 있음을 뜻한다. 이러한 경향성이 편향된 집단 간 경쟁을 유도하고, 이것이 타지펠과 터너의 이론에서 주장하는 편견을 유발시키는 핵심 이유가 된다. 즉, 집단 구성원은 만족스러운 정체감을 성취하고 유지하기 위해서 자신의 집단에서 발견할수 있는 다양한 형태의 긍정적 독특성(positive distinctiveness)을 찾을 것이다. 만약이것이 가능하지 않다면, 탐색 영역을 확대하여 대안책을 마련하고, 이를 통해 긍정적 자기평가를 하려고 할 것이다.

이것이 사회정체성 이론(social identity theory: SIT)의 골자다. 이 이론의 개념과 내용을 자세히 살펴보기 전에, 먼저 이 이론의 주장을 뒷받침하는 몇몇 연구를 살펴보자. 먼저, 집단 소속감은 자기 개념과 관련되어 있다. 특히 그 집단이 다른 집단과 좋은 관계(또는 나쁜 관계)를 맺고 있다고 지각할 때 집단 소속감의 영향력은 더커진다. 잰더(Zander)와 동료들(1960)의 초기 연구에서 이것을 잘 살펴볼 수 있는데, 그들은 실험실 연구에서 잘 단결된 집단과 반대의 집단을 만들고, 그들에게 옷을 디자인하는 과제를 내 주었다. 그런 다음, 각 집단의 절반에게는 그들이 다른 집단에 비하여 과제를 더 잘 수행하였다고 얘기해 주고, 나머지 절반에게는 다른 집단보다 못한 결과가 나올 것 같다고 말하였다. 집단을 중요하게 생각하는 단결 집단에서는 그 집단의 명백한 성공과 실패가 각 구성원들의 자아존중감을 높이거나 낮추는 결과를 가져왔다. 자신이 속한 집단의 대리만족 현상은 치알디니(Cialdini)와 동료들(1976)의 연구에서도 나타났다. 그들은 대학 간 미식축구 대항이 끝난 바로 다음 날 미식축구 서포터즈들을 관찰하였다. 자신의 학교가 졌을 때보다 이겼을 때, 대학 로고가 있는 스카프와 배지가 캠퍼스 주위에서 더 많이 눈에 띄었다. 그 집단에 소속되어 그 집단과 동일시하려는 학생들의 자발성은 대학간 대항경기의 결과와 연관되었다고 볼 수 있다(Snyder et al., 1986 참조).

자신의 집단에 대한 평가를 주로 집단 간 비교를 통해서 한다는 것은 무엇을 의미할까? 개인이 집단 간 비교 상황에 놓였을 때 거기에 쉽게 몰입하는 것을 보여주는 연구들은 적지 않다. 그리고 이론대로 그 사람은 대체로 편향된 모습을 보여준다. 하지만 제안하지도 않았는데 자발적으로 집단 간 비교를 하는 것에 대한 연구는 별로 없다. 그래서 우리는 이것을 알아보기 위해 6개의 유럽 국가를 대상으로 나라별 태도 조사를 실시하였다(Brown & Haeger, 1999). 이 조사의 제일 첫 질문은 응답자에게 자신의 나라를 생각할 때 그 무엇이든 간에 떠오르는 것을 모두 적으라는 것이었다. 즉, 자신의 나라에 대하여 자동적으로 떠오르는 이미지를 알아보기 위한 것이었다. 분석 결과, 약 20%의 사람은 자신의 나라를 다른 나라와 비교하여 언급하였다. 예를 들면, "우리나라 사람은 다른 나라와 비교하여 자유롭고 편안한 생활수준을 누리고 있다." 또는 "우리는 세계에서 가장 좋은 부엌, 세계에서 가장 훌륭한 해변, 세계에서 가장 타락한 정부를 가지고 있다." 등이 있었다. 흥미로운 것은 응답자의 11%는 나른 종류의 비교를 하였는데, 그것은 과서 또는 미래와의 비교였다. 예를 들면, "몇 년 전에 비하여 극우 인종차별주의자들이 증가하였다." "미래가 암울하다." 등의 대답이었다. 하지만 자발적으로 다른 집단과 비교하는 빈도는 대부분 맥락이나 상황에 크게 좌우되는 것 같았다. 미국에서 시행한 2개의 일상생활 연구를 통해 스미스와 리치(Smith & Leach, 2004)는 다음과 같은 사실을 알아내었다. 집단 간 비교는 8% 미만으로 상대적으로 적게 발생하였고, 시간 시점 간 비교는 2% 미만으로 거의 일어나지 않았다. 사회정체성 이론의 견지에서 흥미로운 점은 민족 정체성이 높은 사람이 더 자주 집단 간 비교를 하였다는 것이다. 개인이 다양한 종류의 비교를 언제 하는가에 대한 이야기는 뒤에서 다시 다루기로 하고, 일단 이 연구 결과에서는 비록 사회정체성 이론 초기에 함의했던 것만큼의 수준은 아니지만 개인이 자신의 집단에 대한 개념을 집단 간 비교를 통해 찾는다는 1차적인 증거를 찾을 수 있었다(Brown & Zagefka, 2006 참조).

일단 사람들의 심리적 조망 영역에 다른 집단들이 포착되면, 편향된 집단 간 비교 현상은 확실히 쉽게 관찰된다. 집단 속성을 시각할 때, 집난의 선호도를 평가할 때, 그리고 선호 정도와 행동 양상 등을 살펴보면 내집단에 대해서는 거의 예외 없이 외집단보다 호의적이다(Brewer, 1979의 개관 참조; Hewstone et al., 2002; Mullen et al., 1992; Turner, 1981). 서로 다른 조사 방법을 사용한 다음의 두 연구를 살펴보자.

한 연구는 제3장에서 언급했던 타지펠과 그의 동료들(1971, 이 책의 제3장 참조)이 제기한 최소 집단 상황이다. 사회적 맥락이 거의 형성되지 않은 최소 집단에서 지속적으로 나타나는 집단 간 차별 경향성을 사회정체성의 개념으로 설명할 수 있을까? 최소 집단 상황으로 다시 돌아가 보자. 참가자들은 코드 번호로 지정된 두 집단 중 한 집단에 배정받는다. 참가자들이 집단과 관련하여 알고 있는 것은 유사한 두 집단이 있고, 자신은 한 집단에 속하였다는 사실뿐이다. 이 익명성의 조건에서 정체성을 찾을 수 있는 유일한 정보는 자신이 어느 특정 집단('클리' 또는 '칸딘스키')으로 분류되었다는 것이다. 자신의 집단과 다른 집단의 차이점을 쉽게 찾아낼 수 없기 때문에, 집단이 구성원의 자기개념에 긍정적으로 기여하는 바는 거의 없다. 하지만 바로 이 이유 때문에 집단 독특성(group distinctiveness)에 대한 압력이 작용하기 시작하는 것이 아닌가 추측된다. 집단 구성원은 자신의 집단을 외집단보다 긍정적으로 구별하기 위해서 좀 더 많은 돈 또는 점수를 내집단 구성원에게 주게 된다.

이것을 통해 우리는 집단 구성원이 보여 주는 차별과 정체성 사이에 관련성이 있음을 추정할 수 있다. 두 번째 연구를 통해 내집단 편향과 집단 정체성 사이의

| 표 6-1 | 영국 정치 상황에서 편향된 집단 간 점수

| 정치적 정당 | 자신의 정당 점수 | | 다른 정당 점수 평균* | |
|---|---|---|---|---|
| | 평가도 | 선호도 | 평가도 | 선호도 |
| 보수(Conservative) | 5.6 | 4.9 | 2.2 | 3.0 |
| 노동(Labour) | 6.0 | 5.8 | 2.1 | 2.9 |
| 진보(Liberal) | 5.8 | 5.4 | 2.8 | 3.5 |
| 사회민주당(Social Democrat) | 6.1 | 5.3 | 2.7 | 3.0 |
| 공산주의(Communist) | 6.7 | 5.8 | 3.2 | 2.9 |

＊ 모든 점수는 1(부정적)~7(긍정적) 척도임.
출처: Kelly (1988), 표 1을 수정함.

관련성을 보다 직접적으로 살펴보자. 이 연구는 영국의 서로 다른 정당 구성원들의 집단 간 태도를 살펴본 것이다(Kelly, 1988). 켈리(Kelly)는 이 연구에서 두 가지를 측정하였는데, 하나는 다른 정당에 대한 일반적인 평가로서 다른 정당의 견해를 어느 정도 공감하는지를 물어보았고, 다른 하나는 선호도로 그들이 다른 정당의 지지자들과 저녁 시간을 보낸다고 생각할 때 얼마나 행복하겠냐는 것이었다. 〈표 6-1〉은 응답자들이 자신의 정당과 다른 정당들에 대한 응답을 보여 준다. 1~7점의 척도에서 자신의 정당은 거의 5점 이상으로 표시하였지만, 다른 정당은 모두 4점 아래로 표시하였다. 켈리는 내집단 편향(내집단 점수-외집단 점수)과 정당 간의 집단 정체성 및 지각된 목표 불일치와의 상관을 분석하였다. 그 결과, 사회정체성 이론과 현실집단갈등 이론 모두와 일치하는 결과가 나왔다. 즉, 정체성과 목표 갈등의 수준이 높을수록 응답자의 내집단 편향 경향은 높게 나타났다. 이 결과를 통해 우리는 집단 간 편향된 판단과 사회정체성이 어떻게 관련되어 있는지를 알 수 있다. 물론, 이 사실이 모든 집단에 적용되는 것은 아니다. 이 부분은 다소 복잡하기 때문에 뒤에서 다시 살펴볼 것이다.

## 사회정체성 과정과 편견

사회정체성 이론에서는 집단 간 태도와 행동을 결정짓는 중요한 동기는 외집단과 구별되는 만족할 만한 긍정적 정체성을 만들어 내고 유지하는 것이라고 주장한다. 이러한 독특성(distinctiveness)을 위협받게 되면 외집단과 내집단을 구별하려는 시도는 증가한다. 내집단의 독특성이 위협받는 상황을 만들게 되면, 처음에는 실험실 연구에서 볼 수 있는 전형적인 중간 정도의 가벼운 편향, 즉 내집단과 외집단 모두 긍정적으로 평가하면서도 내집단을 좀 더 긍정적으로 보는 경향이 나타나지만, 독특성의 욕구가 점점 커질수록 외집단을 보다 노골적으로 경멸하는 태도가 나타난다. 이 상황이 아마도 편견의 현상일 것이다.

연구자들은 다음의 세 가지 경우에 사회정체성 이론을 적용한다면 편견의 이해를 도울 수 있을 것이라고 하였다. 첫 번째는 집단 간 유사점에 대한 사람들의 반응, 두 번째는 집단들 사이의 지위 관계, 세 번째는 정체감 그 자체의 과정(영향변수로 작용할 것인지 아니면 다른 변수들에 영향을 주는 조절 변수로 작용할 것인지)에 대한 것이다. 이제 이 주제들을 하나씩 살펴본 다음, '위협(threat)'의 개념에 대하여 좀 더 일반적으로 이야기해 보고자 한다. 나중에 다시 언급하겠지만, 위협의 종류가 정체성의 위협이든, 문화적 가치에 대한 위협이든, 집단의 이익에 관한 위협이든 모두 편견을 일으키는 결정적 역할을 한다.

## 집단 간 유사성

사회정체성 이론은 집단 간 유사성이 클 경우, 즉 외집단과 내집단이 너무 비슷할 때는 내집단의 차별성이 위협받기 때문에 이 상황이 내집단 편향을 더 크게 하고 외집단을 더 싫어하게 만들 것이라고 예측한다(Brown, 1984b). 1921년에 프로이트는 이 현상을 '작은 차이의 자기애(the narcissism of small differences)'(Freud, 1921)라고 불렀다. 프로이트는 엄청난 양의 지적·정서적 에너지를 상대방을 비방하는 데 쏟는 몇몇 종교집단이나 민족집단에게서 볼 수 있는 경향성을 예로 들었다. 관련 종교에 속하지 않거나 타 민족 사람들이 보기에는 그들의 교리와 신념을 거의 분간할 수 없음에도 불구하고, 관련 집단에 속한 사람은 자신의 집단이 다른 집단과 명확한 차이가 있다는 믿음이 아주 중요하다는 것이다.

'작은 차이의 자기애' 개념을 설명할 수 있는 예시들은 어렵지 않게 찾을 수 있다. 하지만 이 개념을 지지하는 연구 결과들은 다소 일치하지 않는다. 예를 들면, 브루어와 캠벨(1976)은 동아프리카에 살고 있는 유사한 문화의 독립된 민족집단들은 서로에 대한 태도가 문화적 차이가 나는 다른 집단에서 보다 우호적인 경향이 있음을 발견하였다. 베리(Berry)와 동료들(1977)도 캐나다인을 대상으로 한 다른 인종에 대한 태도 조사에서 유사한 결과를 찾았다. 9개의 다른 민족집단에 대하여 답하였는데, 각각의 집단이 자신이 속한 집단과 얼마나 유사한지에 대한 인식과 각 집단에 대한 평가는 정적 상관관계(유사할수록 좋은 평가)가 나타났다. 다른 분야의 연구 결과도 집단 간 차이와 내집단 편향 또는 적대감은 정적 상관을 보여 주었다(Henderson-King et al., 1997; Struch & Schwartz, 1989). 이 모든 결과는 집단 간의 유사성이 증가할수록 그의 집단을 독특하게 구별하려는 경향이 증가할 것이라는 우리의 생각과 다소 차이가 있다.

한편, 실험실 연구에서는 좀 더 혼재된 결과가 나타났다(Jetten et al., 2004). 오래전에 우리는 집단 간 유사성의 영향에 대한 일련의 실험을 시행하였다(Brown, 1984a; Brown & Abrams, 1986). 참가한 아동들에게 다른 학교 학생들과 함께 일을 수행한다고 알려 주었다. 다양한 실험 상황을 설계하였는데, 한 상황은 자신과 함께할 상대 학교가 자신과 학업 수준이 비슷하다고 알려 주었고, 다른 상황은 그들보다 더 뛰어나거나 아니면 더 못하다는 정보를 주었다. 또한 다양한 교과목에 대한 전반적인 태도는 두 학교가 비슷하거나 다른 것으로 알려 주었다. 상대 학교의 학업 수준과 학업에 대한 태도의 두 변인은 아동들의 집단 간 태도에 영향을 주었다. 첫째, 다른 태도를 가지고 있다고 믿는 외집단에 비하여 자신과 유사한 태도를 지녔다고 생각하는 외집단에게 보다 호의를 보여 주었다(Brown, 1984a; Brown & Abrams, 1986; Grant, 1993 참조). 둘째, 아동들이 다른 학교와 함께 일을 수행할 때, 자신과 유사한 수준의 학교에 대하여 생기는 내집단 편향은 유사하지 않은, 즉 더 높거나 낮은 수준의 학교보다 낮게 나타났다(Brown, 1984a). 두 결과 모두 사회정체성 이론의 주장인 집단 간 유사성은 내집단을 더 좋게 보려는 긍정적 독특성을 불러일으킨다는 사실과는 반대된다. 하지만 세 번째 결과는 사회정체성 이론의 가설과 일치하는데, 학업에 대한 태도와 학업 수준 모두에서 외집단이 내집단과 매우 비슷하다고 한 경우에는 편향이 증가하였다(Brown & Abrams, 1986). 이것은 유사성의 역치 수준이 존재한다는 것으로, 외집단에 대한 심리적 근접성이 선을 넘으면 위협을 느끼게 된다는 것을 보여 준다(Diehl, 1988; Roccas & Schwartz, 1993 참조).

집단 간 유사성의 효과에 대한 상충되는 결과들을 이해하기 위해서 제텐과 스피어스(Jetten & Spears, 2003)는 유사성이 상쇄되는 두 가지 과정을 제안하였다.

한 가지는 사회정체성 이론에서 주장하는 **반응 독특성**(reactive distinctiveness)으로, 이 과정은 집단 구성원이 자신의 집단이 다른 집단과 비교하여 충분히 구별되지 않는다고 인식하게 되었을 때 나타나는 반응이다. 다른 하나는 **반영 독특성**(reflective distinctiveness)으로 다른 집단이 객관적으로 구별되어 보이는 실질적인 판단에 근거한 것이다. 제텐과 스피어스는 이 두 과정이 함께 작용하여 집단 간 유사성과 내집단 편향 사이의 관계가 2차 곡선의 형태를 보인다고 주장한다. 즉, 외집단이 내집단과 너무 유사하거나 또는 너무 다를 경우에는 이 두 과정이 상쇄되어 효과가 나타나지 않고, 중간 정도의 수준에서 편견이 나타난다는 것이다(독특성 최적화 이론과 유사한 주장은 Brewer, 1991 참조).

유사성과 내집단 편향의 관계가 역 U자 형태를 나타낸다는 주장 중 일부는 제텐과 동료들(1998)의 두 연구를 근거로 한다. 유사성을 조작하기 위해서 그들은 두 가지 변인을 동시에 사용하였는데, 하나는 외집단에 대하여 느끼는 태도나 믿음을 측정하는 집단들 사이의 거리[2]였고, 다른 하나는 그러한 태도나 믿음의 점수 분포[3]였다. 이 두 변인을 바탕으로 다음의 네 가지 경우로 분류하였다. 첫 번째는 두 집단의 평균이 비슷하면서 각 집단은 이질 분포를 보여서 두 집단이 아주 유사한 경우, 두 번째는 평균 차이가 크면서 동질 분포를 나타내어서 두 집단이 아주 다른 경우, 그리고 세 번째와 네 번째는 혼합된 경우로 두 집단의 평균이 비슷하여 독특성의 차이가 없으면서 동질분포라서 각 집단 내 정체성이 높은 경우와 두 집단의 평균이 달라서 독특성은 보장되지만 이질분포라서 두 집단 모두 정체성이 낮은 경우다. 연구 결과, 그들의 예상대로 양극단인 첫 번째와 두 번째 경우는 편향이 적게 나타났고, 후자의 두 경우는 큰 편향이 나타났다.

------------------------

2) 역자 주― 이 측정치의 점수가 비슷하면 두 집단의 독특성은 낮다는 것을 의미한다.

3) 역자 주― 점수 분포를 이질적(heterogeneous)인지 동질적(homogeneous)인지에 따라 집단을 나누었는데, 이질적이라는 것은 평균을 중심으로 넓게 퍼져 있음을 의미하므로, 집단 내 구성원의 의견이 동일하지 않다는 것을 말한다. 반대로 점수 분포가 동질적이라는 것은 점수가 평균에 모여 있어 집단 내 구성원이 비슷한 의견을 가지고 있음을 의미한다.

제텐과 동료들(2004)은 또 다른 혼합 변인으로 집단 구성원이 내집단에 대하여 갖는 정체성의 강도를 조사하였다. 39개의 유사성 이론에 대한 연구 결과를 메타 분석하였는데, 집단 유사성과 다양한 집단 간 차이를 측정한 다양한 변인 간의 전반적인 상관은 반응 독특성과 반영 독특성 모두 효과가 거의 나타나지 않았다. 하지만 자신의 집단에 대하여 강한 정체성을 가진 사람은 반응 독특성이 명확히 관찰되었다(Jetten et al., 2001). 즉, 정체성이 높은 사람은 자신의 집단이 타 집단과 유사한 경우 타 집단과의 차별성을 만들기 위해서 편향 경향성을 갖게 된다는 것이다. 이 실험은 집단 정체성 강도가 중요한 조절 변수 역할을 한다는 것을 보여 주는 많은 예시 중 하나다. 나중에 더 많은 예시를 제시할 것이다.

집단 간 유사성에 대한 얘기는 제3장에서도 다루었다. 제3장에서는 범주화와 믿음 유사성 사이의 상대적 효과인 일명 '인종-믿음 논란(race-belief controversy)' (Rokeach, 1960)을 이야기하였다. 하지만 그때의 연구들과 이 장에서 언급하는 연구들에는 중요한 차이가 있다. 여기에서 언급하는 연구들은 개인 간 믿음의 유사성 또는 동일한 집단 소속감을 갖는 것이 편견을 바로잡을 수 있는지를 궁금해하는 것이 아니다. 다양한 범주로 나눌 수 있는 집단들이 있을 때, 비슷한 성격의 집단들이 그렇지 않은 집단들보다 더 호의적인 관계를 맺는지를 묻고 있다. 지금까지 살펴본 바로는 유사성의 효과는 항상 일관되게 나타나지 않는다. 때로는 유사성이 친근함을 만들어 편견을 줄이지만, 그 반대의 결과가 나타나기도 한다. 서로 다른 결과를 가져오는 주요한 조절 변수는 제텐과 동료들(2004)의 주장처럼 집단 정체성의 강도일 수 있다. 그렇다면 많은 연구에서 유사할수록 호감을 갖는 것으로 나타나는 이유는 무엇일까? 아마도 참가자들은 실험설계를 통해 임의로 배정받은 집단에 대하여 강한 소속감을 느끼지 못하기 때문에 자신의 집단이 다른 집단과 유사하다는 사실이 그다지 불편하지 않았을 것이다. 따라서 실험 참가자들은 유사함에 대하여 호의적인 반응을 보였을 수 있다.

## 집단 지위 관계와 편견

앞서 언급한 몇몇 실험에서 우리는 집단 간 태도의 유사성뿐만 아니라, 집단들의 지위 서열의 유사성을 또 다른 변인으로 실험하였다(Brown & Abrams, 1986). 사회정체성 이론의 견지에서 보면, 지위 관계가 편견과 관련되어 있다는 것은 명확하다. 이론적으로 집단 독특성은 일부 측면에서 우월감을 느끼는 것이므로 주로 집단 간 비교에서 발생된다. 그렇기 때문에 두 집단이 비교되는 순간 발생하는 사회적 위계에서 내집단이 어느 정도의 위치에 해당되는가는 집단 구성원의 정체성에 중요한 의미가 있고, 이는 곧바로 집단 간 태도에도 영향을 줄 것이다. 우리는 자원, 권력, 무엇보다 공적 존중감(public esteem)과 관련하여 쉽게 매우 다른 평가를 하는 집단들, 즉 많은 서구 사회의 백인 집단(vs. 황색인이나 흑인), 정규 직장인(vs. 실업자), 비장애인(vs. 장애인) 등에서 그 예를 찾을 수 있다. 사회정체성 이론의 논리에 따르면, 이 집단들의 구성원은 자신이 매우 독특하다고 느낄 것이고, 결과적으로 다른 집단과 비교하여 스스로가 매우 다르다고 느낄 것이다. 유명한 사회학자인 박(Park, 1924)은 오래전에 이것에 대해 다음과 같이 말하였다. "편견은 …… 우리의 경제적 이익이 아니라 우리의 사회적 지위가 위협받을 때 발생한다."(p. 344) 우세 집단 또는 열등 집단에 소속되었다는 사회정체성의 결과는 무엇인가? 그리고 우리가 가장 알고 싶은 주제인, 이 결과가 사람들의 집단 간 태도에 어떤 영향을 주는가?

먼저, 특권층의 예를 들어 보자. 특권을 가진 집단은 수많은 사회적 기준의 비교를 통해 다른 집단보다 우월하게 부각된다. 그러므로 사회정체성 이론의 기본 논리에 따르면 이 집단의 구성원은 정체성의 문제가 거의 없다. 그들은 자신의 내집단에 대해 만족스러운 긍정적 독특성을 즐기고, 스스로에 대해서도 편안하고 안정적이라고 지각한다. 그리고 언뜻 생각할 때는 높은 지위의 사람들이나 권력 집단에게는 집단 간 차별이나 편견이 나타나지 않을 것이라고 예상할 수 있다. 사회정체성 이론만을 적용하여 해석하면 그렇게 생각할 수 있지만, 연구 결과는 그렇지 않다. 다음에서 그 이유들을 살펴보자.

스키퍼스(Scheepers)와 동료들(2006)은 내집단 편향이 몇 가지 다른 기능을 한다는 것을 보여 주었다. 그중 한 가지는 그 자체가 중요한 역할을 한다는 것이다. 즉, 편향은 그 집단이 어떤 특별한 목표를 성취할 수 있도록 돕거나 동기를 부여하는 일을 한다. 우리가 이 장의 앞쪽에서 살펴본 것처럼 이 생각은 편견을 이해함에 있어 현실집단갈등 이론을 넘어설 수 있는 토대가 되었다(이 부분은 곧 다시 언급하겠다). 하지만 내집단 편향이 기여하는 또 다른 중요한 기능은 정체성이다. 그리고 이 기능은 표현(expressive) 형태와 창조(creative) 형태로 다시 나눌 수 있다. 표현 형태는 내집단 편향이 모두 사회 현실을 반영하는 것이므로 사회 현실을 확증하고 검증하는 것이라고 보았다. 확실히 표현의 편향은 기의 대부분 사회적 지위가 높은 집단의 구성원들이 그들의 우월감을 '만족'하는 형태로 과시하는 것이다(Leach et al., 2002). 이들은 '우리는 당신보다 낫다. 그리고 당신은 그것을 잊으면 안 된다.'고 생각한다. 반대로 창조의 편향은 이름 그대로 좀 더 다른 사회 현실을 만들어 내는 것과 관련되어 있다. 이 경우 사람들은 자신의 내집단을 덜 호의적으로 바라본다. 창조 형태의 편향은 집단 간 지위가 비슷하거나 또는 낮은 지위의 집단에서 좀 더 쉽게 볼 수 있다. 하지만 더 높은 지위의 집단 구성원에게서 나타나기도 하는데, 이 부분은 나중에 살펴보겠다.

이 견해는 높은 지위의 집단의 구성원이 자신의 사회적 지위가 높다는 것을 보여 주기 위한 목적으로 내집단 편향을 드러낸다고 결론짓는다. 실제 연구 결과도 이 의견을 명확히 지지한다. 10년의 간격을 두고 실시된 2개의 메타분석 연구는 높은 지위의 집단이 낮은 지위의 집단보다 확실히 더 많은 내집단 편향을 갖는다는 결론을 냈다(Bettencourt et al., 2001; Mullen et al., 1992). 이 현상이 나타나지 않는 매우 특별한 몇몇 상황도 있겠지만(이에 대해서는 곧 다시 이야기할 것이다), 여기서는 두 연구를 통해 이 일반적인 현상을 설명하고자 한다. 한 연구는 최소 집단 상황의 실험 환경이고, 다른 연구는 실제 현실 장면에서 직업군들 사이의 관계를 조사한 것이다.

샤흐데브와 보리스(Sachdev & Bourhis, 1987)는 최소 집단 상황을 조금 수정하여 비슷한 능력의 두 집단으로 짝을 짓기도 하고 또는 다른 능력(높은 집단과 낮은 집단)의 두 집단으로 짝을 짓기도 하였다.[4] 참가자들은 앞서 사용한 척도와 다른 창의성 과제를 통해 자신의 집단과 상대 집단의 창의성을 평가하였다. 상대 집단과 비교하여 높은 지위의 집단과 비슷한 지위의 집단은 명확하게 내집단 편향이 나타나는 평가를 하였지만, 낮은 지위 집단은 상대 집단에 더 호의적인 경향을 보였다. 집단 구성원들의 내집단 만족도(이것은 일반적으로 정체성의 강도를 보여 주는 것이라 할 수 있다)와 창의성 능력에 따른 지위는 정적 상관을 보여 주었다(Sachdev & Bourhis, 1991 참조). 그런데 왜 비슷한 지위의 집단과 높은 지위의 집단에서 유사한 수준의 내집단 편향이 나타나는 것일까? 스키퍼스와 동료들(2006)이 제안한 두 종류의 편향은 이것을 잘 설명하고 있다. 높은 지위의 집단에서는 내집단 편향이 사회적으로 이미 용인된 그들의 우월성을 표현하고 재확인하는 기능을 하고, 반대로 동일 지위의 집단에서 내집단 편향은 긍정적인 독특성을 성취하거나 만들어 내는 것이다. 이것은 앞서 보았던 제텐과 스피어스(2003)가 제시한 반영 독특성과 반응 독특성으로도 설명할 수 있다.

두 번째 예시는 세 집단의 엔지니어들의 지위 관계를 조사한 나의 초창기 연구(Brown, 1978)다. 엔지니어들은 보통 공구실에서 일하거나 개발 팀 또는 생산 팀에서 일하는데, 이 중 공구실에서 일하는 사람은 오랜 훈련과 노동시장의 희소성 때문에 일반적으로 다른 두 집단에서 일하는 사람보다 더 높은 지위라고 여겨진다. 이 연구 결과에서도 공구실 집단이 다른 두 집단과 비교하여 가장 높은 내집단 편향이 나타났다.

지금까지는 높은 지위의 집단과 동일 지위의 집단을 다루었다. 그렇다면 낮은 지위의 집단은 어떠한 모습을 보이는가? 언뜻 생각하기에 이 집단 구성원은 부정적 사회정체성을 보일 것으로 예측된다. 사회정체성 이론의 견지에서 예상할 때,

---

4) 역자 주 ─ 최소 집단 실험으로 창의성 능력에 따라 집단을 구분함으로써 창의성 능력에 의해 지위의 고저가 생기도록 실험설계를 하였다.

이들에게 자신의 집단을 사회의 다른 집단과 비교하여 평가하도록 한다면, 스스로를 적은 월급, 열악한 주거환경, 낮은 교육 기회 등 다양한 영역에서 사회적 합의 기준보다 낮다고 평가할 것이다. 따라서 이들은 물질적으로나 심리적으로 불이익을 경험할 것이고, 또한 이런 비호의적인 경쟁 결과는 스스로에 대하여 만족스럽지 못한 정체성이 형성될 것으로 추측된다.

타지펠과 터너(1986)는 개인이 이와 같은 상황에 처했을 때 할 수 있는 반응 중 한 가지는 현재 자신이 속한 집단의 정체성을 버리는 것이라고 설명하였다. "그들을 이길 수 없다면, 그들에 속하라."라는 말과 같이, 이들은 자신의 내집단을 버리고 다른 집단, 정확히 말하면 특권층의 집단에 합류하려고 애쓸 것이다. 샤흐데브와 보리스(1987)의 실험에서 낮은 지위의 집단 구성원이 자신의 집단에 대한 낮은 만족도를 표현한 것을 떠올려 보라. '열등한' 집단의 구성원이 자신의 집단과 심리적으로 거리를 두고자 하는 현상은 제5장에서 보았던 소외된 민족이 보여 준 타 민족 선호 연구와도 같은 결과다. 클락과 클락(1947)의 많은 연구에서 소외 민족의 아동은(주로 흑인) 우월 집단(주로 백인) 자극을 선호하는 것으로 나타났다.

그럼에도 불구하고, 우리가 제5장에서 보았던 것처럼, 이 반응이 항상 나타나는 것은 아니다. 즉, 종속 집단의 구성원이 항상 자신의 정체성을 거부하려는 것은 아니었다. 예를 들어, 성별이나 민족처럼 집단 간 이동이 불가능하여 자신이 속한 집단을 떠날 기회가 없는 경우가 그렇다.[주석 1]

타지펠과 터너(1986)는 이와 같이 집단 간 이동이 불가능한 경우에는 다른 전략을 선택한다고 주장하였다. 그중 한 가지는 자신의 집단보다 열등한 지위의 집단하고만 비교를 하는 것으로 이 전략은 자신의 집단에 대하여 항상 우호적인 결과가 나올 것이다. 예를 들면, 로젠버그와 시몬스(Rosenberg & Simmons, 1972)는 흑인의 자아존중감이 백인과 비교할 때보다 다른 흑인과 비교할 때 더 높게 나타나는 것을 발견하였다. 또한 인종 분열의 또 다른 측면에서 살펴보면 사회경제적 지위가 낮은 백인 응답자는 중산층의 응답자보다 더 노골적인 편견을 보였다

(Brown, 1965; Vollebergh, 1991). 이 현상은 응답자가 자신보다 더 부유한 집단과 비교하여 정체성이 손상되는 것을 피하고, 자신보다 더 열등한 집단과 비교하여 자신의 긍정적 독특성을 찾고 싶은 바람 때문이라고 볼 수 있다.

또 다른 전략은 자신의 집단을 높은 지위의 집단과 비교하여 열등하다고 여기는 것에서 벗어나, 그들이 잘하는 새로운 영역을 찾거나 또는 기존에 가지고 있는 자신의 다양한 영역에 새로운 가치를 부여하는 것이다. 이를 통해서 자신의 내집단은 어느 정도의 권위를 가질 수 있다. 레마인(Lemaine, 1966)은 셰리프의 연구와 유사한 설계를 사용한 아동 캠프 연구를 통해 오두막 짓기 대회에서 진 아동은 집 외에 다른 특성, 예를 들면 정원 등을 추가적으로 돋보이려는 노력을 한다는 것을 발견하였다. 잭슨(Jackson)과 동료들(1996)은 이와 유사한 수차례의 실험을 통해 같은 현상을 발견하였다. 실험집단의 흡연자들에게는 그들이 구강기에 고착되어 있고 많은 부정적 성격을 가진 것 같다는 사전 정보를 주었고, 통제집단에게는 그러한 정보를 주지 않았다. 그 결과, 그들의 정체성을 위협하는 정보를 받은 실험집단의 흡연자들은 통제집단보다 스스로를 더 유능하고 호감 가는 사람으로 보려는 경향이 나타났다. 이것은 창조 편향의 또 다른 예다(Scheepers et al., 2006). 흡연자들은 자신의 집단을 '구강기 고착'이라고 분류하여 폄하하는 것에 대한 보상을 시도하는 것 같았다. 잭슨과 동료들(1996)의 연구는 이 보상 전략이 다른 집단으로의 이동이 불가능한 집단에서 좀 더 명확하게 나타나는 것을 발견하였다. 1970년대의 히피족(hippies), 1980년대의 펑크족(punks), 좀 더 최근의 고스족(goths)과 차브족(chavs) 모두 그 당시 문화와는 다른 생활방식과 가치를 표방하였고, 이 집단들은 주류 사회의 문화적이고 도덕적 기준에 대한 거부와 반항의 성격을 가지고 있었다. 이 또한 창조 편향의 또 다른 예라고 볼 수 있다.

히피족이나 펑크족과 같은 집단을 제외하면, 낮은 지위의 집단 구성원은 지금까지 제시된 대응 반응 중 어떤 것에도 완전히 만족하지 못할 것이다. 왜냐하면 그들은 그들과 상위 집단과의 불평등한 관계를 본질적으로 변화시키지 못했기 때문이다. 그러므로 사회정체성이 빚어낼 수 있는 모든 가능한 결과와 함께 상위 집단과의 비호의적인 비교 가능성은 여전히 남아 있다. 그렇다면 왜 이 집단들은 상위의 지배집단의 우월성에 맞서는 사회경제적 변화를 일으킨다거나 또는 지배집단의 가치를 받아들이는 것을 거부하는 직접적인 방법을 취하지 않는가? 사람은 일반적으로 긍정적인 정체성을 추구하고 부정적인 것은 회피한다는 사회정체성 이론의 전제를 적용한다면, 집단 간 직접적인 경쟁 구도는 가장 명확하게 예상되는 반응이다. 때로는 종속 집단이 이 전략을 선택하기도 한다. 예를 들면, 1960년대 미국 흑인의 주도로 일어난 다양한 시민운동, 뒤이어 뉴질랜드의 마오리족을 비롯하여 오스트레일리아, 캐나다, 남아메리카의 토착민이 일으킨 시민운동이 그것이다. 가장 격렬했던 남아프리카에서의 인종차별정책 폐지는 1990년대에 남아프리카공화국을 탄생시켰다. 이들이 이렇게 반응할 수 있었던 것은 낮은 지위 집단 구성원들이 현 상황에 대한 대안이 존재한다는 것을 상상할 수 있었기 때문이다(Tajfel & Turner, 1986). 기존 체제가 공정하지도, 필수불가결한 것도 아니라는 것을 상상할 수 있기 전까지, 이 집단들은 '지배' 집단에 대하여 심리적인 위험이 따르는 비교를 하려고 하지 않을 것이다.

이러한 '인지적 대안'의 발생을 촉진할 수 있는 요인은 무엇인가? 지금까지 알려진 바로는 다음의 세 가지 요인이 가장 강력하다. 첫째, 집단 간 이동이 비교적 쉽지 않고(impermeable), 두 번째는 그들 사이의 지위 차이가 다소 불안정하고(unstable), 마지막으로 이 차이가 부당하고 임시적인 원칙으로 세워진 불법적인 것(illegitimate)으로 인식하여야 한다. 이와 같은 상황에서는 상위 집단이 하위 집단보다 더 큰 편향을 보여 주는 일반적인 현상은 사라지고, 양 집단 모두 편향 수준이 증가한다(Bettencourt et al., 2001; Brown & Ross, 1982; Caddick, 1982; Turner & Brown, 1978). 이 요인들의 효과가 하위 집단만큼이나 상위 집단에서도 나타난다는 것은 불안정한 지위 관계와 비합법적 지위 관계는 상위 집단의 정체성 또한 위협한다는 것을 의미한다. 따라서 상위 집단의 구성원은 현재 자신이 가진 불안정한 우월성을 지키기 위해 보다 많은 시도를 할 것이다.

이 발견은 제5장에서 언급했던 소외집단 아이들의 인종 선호도가 시대에 따라 변화한 이유를 찾는 데 도움을 준다. 대부분의 소외집단은 사회에서 지위가 낮다. 다른 나라들과 마찬가지로 북아메리카에서도 1960년대 이전 30~40년간은 낮은 지위의 집단들의 이동이 불가능한 것으로 인식되었다. 제2차 세계대전으로 인해 엄청난 사회경제적 변화가 있었던 것은 사실이지만, 미국 남부의 대부분 지역에서 흑인과 백인의 분리 현상은 일반적이었고, 공식적으로 삶의 모든 영역에서 흑인·백인 분리는 용인되었다. 이론적으로 이 상황은 흑인과 백인의 지위 관계가 합법적이고 안정적이며, 집단 사이의 이동 기회는 거의 없는 것으로 볼 수 있다. 이 기간 동안 진행된 대부분의 인종 선호 연구에서는 소외집단 아동은 대개 외집단을 선호하는 선택과 판단을 하는 것으로 나타났다. 그러나 1960년대 후반에서 1970년대 초반의 격동의 기간 동안에는 이와는 반대 현상이 나타났다. 시민 운동(The Civil Rights Movement)은 최악으로 치닫는 제도화된 차별에 도전하였고, 그 결과는 대단히 성공적이었다. 로스앤젤레스, 디트로이트, 그리고 뉴어크 등 미국 내 멀리 떨어져 있는 곳에서도 사회 불안으로 인한 여러 사건이 발생하였다. 그리고 다수였던 백인 집단의 가치와 합법성을 끊임없이 거부하는 흑인의 명확한 이념과 의식이 이 모든 것을 강화하고 지탱하였다. 비록 여전히 사회적 이동이 다소 어렵다고는 하나, 이 상황은 불안정하고 비합법적이라고 할 수 있다. 이 시기에 발행된 연구에서 유독 흑인 아동의 내집단 선호 현상의 결과가 나타나는 것은 이러한 이유 때문일 수도 있다(Vaughan, 1978 참조).

그러므로 상위 또는 하위 집단들이 상대 집단에 대하여 가지는 태도는 각 집단의 구성원이 가지는 소속감과 관련된 정체성 과정을 고려함으로써 이해할 수 있을 것으로 보인다. 하지만 사회정체성 이론을 바탕으로 한 편견 이해 연구들은 또 다른 문제점에 부딪힌다. 이 연구들은 일반적으로 내집단 편향의 다양한 척도, 예를 들면 집단에 대한 판단을 평가하거나 보상 분배를 어떻게 하는지를 통해 결과를 도출하였다. 이러한 척도를 사용하는 이유는 긍정적이고 독특한 정체성이 있는지를 살펴보려면, 응답자들의 반응 중 긍정적인 집단 간 구별을 반영하는 명확한 지표들을 선택해야 하기 때문이다. 그런데 '과연 내집단 편견을 살펴보기 위해 일반적으로 사용하는 척도들이 이 책에서 말하는 편견을 실제로 측정하는 것인가?' 하는 의문이 든다. 제1장에서 나는 편견을 집단의 구성원들에 대한 어떤 태도, 감정, 또는 행동이라고 정의하였고, 이는 간접적으로 그 집단에 대한 다소 부정적이고 적대적인 요소를 내포한다고 하였다. 이 장에서 계속해서 말하고 있는 내집단 편향이 이 정의와 어떻게 일치하는가?

먼저, 우리는 '내집단 편향'이 글자 그대로 외집단보다 내집단에 대하여 보다 호의적인 평가와 반응 행동을 의미한다는 것을 유념해야 한다. 즉, 외집단에 대해 표현하는 절대적인 폄하라기보다 상대적인 편애의 지표들이다. 실제로 내집단과 외집단 모두를 대상으로 한 많은 연구에서 내집단과 외집단 모두 긍정적으로 평가되었고, 단지 내집단이 외집단보다 더 긍정적인 결과가 나왔다(Brewer, 1979). 더욱이 내집단과 외집단 평가의 상관관계는 실제로 서로 부적이기보다는 정적인 것으로 나타났다(Turner, 1978). 좀 더 자세히 살펴보면, 판단에 대한 평가에서 내집단 편향은 감정척도, 즉 외집단에 대해 좋고 싫은 감정과는 아무런 상관관계가 나타나지 않음이 발견되었다. 브루어(1999)의 주장대로, 내집단 사랑(내집단 편애)이 외집단 편견을 의미하거나 외집단 편견을 불러일으키는 것이라고 가정할 수 없다. 그러므로 이제부터는 좀 더 명확한 부정적인 집단 간 태도와 감정에 대하여 다루고자 한다.

### 집단 정체성의 역할

편견을 이해하기 위한 사회정체성 이론의 세 번째이자 아마도 가장 큰 공헌은 집단 정체성의 구성요소들을 연구자들의 최고 관심 주제로 부각시켰다는 것이다. 그 이유 중 하나는(이 장의 결론에서 다시 살펴보겠지만), 사회정체성 이론이 정체성 그 자체의 과정을 중요하게 강조하였기 때문이다. 사회정체성 이론과 이 이론의 내용을 이어받은 자기범주 이론(self-categorization theory)의 핵심을 살펴보면 다음과 같다. 개인이 특정 집단과 동일시하여 정체감을 갖게 되면, 그 집단의 운, 성향, 행동은 그 개인의 운, 성향, 행동으로 통합된다(Tajfel & Turner, 1986; Turner et al., 1987). 물론 정체성이 양자택일의 형태로 나타나는 것은 아니다. 사람마다 자신이 속한 집단에 대한 정체성의 강도 차이가 있다. 따라서 그 집단과 그 집단의 미래는 집단 구성원이 자신의 집단에 대해 느끼는 애착과 정체성의 강도에 달려 있다. 그럴듯하게 들리는 이 가정에 대하여 두 가지 의문이 있다. 첫째, 집단 정체성이 높은 사람은 일반적으로 내집단 편애 또는 편향이 높게 나타나는가? 둘째, 집단 구성원에게 심리적으로 영향을 주는 요인들이 정체성이 높은 사람에게 더 큰 작용을 하는가? 좀 더 학문적인 용어로 말하자면, 첫 번째 질문은 집단 정체성의 강도와 편견 사이에 직접적인 인과관계가 성립하는가이고, 두 번째 질문은 조절 효과를 알아보는 것으로, 편견으로 작용하는 어떤 변인이 정체성의 고저(높고 낮음)에 따라 다르게(정적 또는 부적) 나타나는가다. 이제, 각 질문에 대해 우리가 발견한 답들을 살펴보고자 한다.

앞서 우리는 사회심리학자들이 집단 정체성(group identification)의 강도를 측정했던 다양한 방법을 살펴보았다. 초기 측정도구는 드리저(Driedger, 1976)가 개발한 것으로 민족·인종 집단에 대한 정체성을 평가하였다. 우리는 이 척도를 다른 종류의 집단에도 사용하기 편리하게 10문항의 짧은 형식으로 수정하였다(Brown et al., 1986). 문항을 정함에 있어 타지펠(1978b)이 집단 소속감은 인식, 평가, 정서의 측면에서 중요하다고 언급한 것을 바탕으로 각 측면이 반영되도록 염두에 두었다. 그래서 우리는 다음과 같은 문항을 포함시켰다. "나는 내가 X 집단에 속해 있다는 것을 알고 있다." "나는 X 집단이 중요하다고 생각한다." "나는 X 집단에 소속되었다는 것이 기쁘다." 다소 급조되어 간단하게 만들었던 이 척도는 이후 몇 십 년 동안 다양한 형태로 수정되어 사용되었고, 다른 구성척도들과 꽤 타당한 상관이 있는 것으로 나타났다(Jackson & Smith, 1999; Smith et al., 1999). 이후 보다 정교하고 다양한 하위 요인을 포함한 척도가 개발되었다(Ellemers et al., 1999a; Leach et al., 2009). 하위 요인 중에서 특히 정서적 몰입 또는 헌신의 요인이 집단 간 태도 척도와 가장 높은 관련성을 보였다.

이 척도들이 내집단 편향이나 편견과 상관을 얼마나 잘 보여 주고, 얼마만큼 이들을 예측하는가? 결론부터 말하자면, 연구마다 결과는 다르다. 이전 장에서 언급한 것처럼 때로는 사회정체성 이론의 주장대로 정체성의 강도와 내집단 편향 사이에 큰 정적 상관이 나타난다(Kelly, 1988).<sup>주석 2</sup> 하지만 또 다른 연구에서는 둘의 상관이 0에 가까울 만큼 매우 약하거나 심지어 부적 상관이 나타나기도 한다(Hinkle & Brown, 1990). 게다가 내집단 정체성이 실제로 외집단에 대한 부정적 태도를 발생시키는 원인이 되는지는 종단연구를 통해서 정확하게 살펴볼 수 있는데, 이러한 자료는 거의 없다. 그중 아주 드물게 종단연구로 기록되는 것이 1994년 남아프리카의 국회의원 선거 전후로 흑인 학생들을 대상으로 실시한 덕키트와 푸팅(Duckitt & Mphuthing, 1998)의 연구다. 그들은 선거 전후로 내집단 정체성과 다양한 집단 간 태도를 측정하였다. 다른 모든 상관관계는 유의미하지 않게 나왔지만,<sup>주석 3</sup> 단 하나 선거 전 태도가 선거 후의 정체성을 예측하였다. 이 결과는 정확히 사회정체성 이론에서 제안한 방향과 반대 방향의 인과관계가 나타난 것으로, 결론적으로 내집단에 대한 소속감 정도와 외집단에 대한 편견 사이의 직접적인 관련성이 강하게 나타나는 증거는 없을 뿐만 아니라 연구 결과들의 일관성도 보이지 않는다.

연구 결과들의 불일치성에 직면하여 연구자들은 정체성이 편견을 실제로 발생시키는 상황과 그렇지 않은 상황을 결정하는 추가 요인을 찾기 위해 노력하였다. 우리는 사회정체성 이론이 주장하는 심리적 과정이 모든 집단에 적용되지 않을 수 있다는 것을 살펴보고자 하였다. 우리가 관심을 가진 것은 집단 또는 집단 구성원들의 개인주의 또는 집합주의 성향이 어떠한가와 집단 구성원들이 집단 간 비교에 얼마나 관심이 있는가(또는 관심이 없는가)의 두 가지 요인이었다(Hinkle & Brown, 1990). 우리는 3개의 경험연구를 통해 다음을 가정하였고, 그 결과를 확인할 수 있었다. 집단 정체성과 내집단 편애 사이의 강한 상관은 그 집단이 '집합주의'(집단 내부의 결속과 집단 성취를 강조)와 '관계주의'(다른 집단들과 비교하여 내집단의 위치에 대한 관심) 성향을 동시에 가질 때만 나타난다는 것이다(Brown et al., 1992).

집합주의와 관계주의의 조합이 언제나 정체성과 편견의 정적 상관 결과를 가져오는 것이라고 말할 수는 없다(예, Brown et al., 1996; Capozza et al., 2000 참조). 그럼에도 집단 간 비교를 일으키는 상황일 때에만 정체성이 편견으로 이어질 수 있다는 생각은 타당해 보인다. 우리는 국가 정체성과 외국인 혐오의 척도를 포함하는 설문을 실시하였는데, 실험 참가자들은 설문지를 작성하기 전에 세 가지 조건 중 한 조건으로 분류되어 다음의 질문을 받았다(Mummendey et al., 2001a). 첫 번째로 사회 비교 조건(social comparison condition)에서는 참가자들에게 자신의 나라가 다른 나라들보다 더 살기 좋은 점을 적도록 요구하였다. 두 번째로 시간 시점 간 비교 조건(temporal comparison condition)에서는 과거와 비교하여 자기 나라의 현재 좋은 점을 적으라고 하였다. 세 번째로 통제집단은 왜 자기 나라가 살기 좋은지를 다른 조건을 제시하지 않고 적도록 하였다. 우리는 참가자들이 자신의 나라에 대하여 생각하는 방식을 조정함으로써 일시적으로 국가정체성을 다른 방식으로 구성하고, 이에 상응하여 다른 종류의 외국인 혐오증을 만들어 낼 수 있다고 판단하였다. 그리고 이는 증명되었다. 사회 비교 조건의 집단에서는 국가정체성이 높으면 외국인 혐오증도 높은 정적 상관관계가 나왔다. 또한 이 수치는 상관이 0에 가깝게 나온 다른 두 집단에 비하여 유의미하게 높게 나타났다(〈표 6-2〉 참조). 심지어 이러한 실험 조작에 의해 집단 간 태도를 암묵적으로 측정한 다른 연구에서도 정체성과 집단 간 태도의 관련성을 보여 주는 증거가 나타났다(Calitri, 2005).

이 실험들에서 나온 결과를 바탕으로 정치심리학자들은 애국심(patriotism)과 민족주의(nationalism)의 차이점을 구별하게 되었다(Kosterman & Feshbach, 1989; Schatz et al., 1999). 애국심과 민족주의의 공통점은 둘 다 국가정체성의 형태라는 것이다. 차이점은 애국심이 자신의 나라와 문화 또는 지리적 지역에 대하여 강한 애착을 갖되 무비판적이라면, 민족주의는 자신의 나라에 대하여 긍정적 애착을 갖는 부분은 애국심과 동일하나 자신의 나라가 다른 나라보다 우월하다는 믿음을 동반한다. 다시 말하면, 민족주의는 강한 사회 비교와 관련되어 있다. 이는 우리

| 표 6-2 | 비교 상황에 의존하는 국가 정체성과 외국인 혐오증 간의 관계

| 실험 조건 | | |
|---|---|---|
| 사회적 비교집단 | 시간적 시점 비교집단 | 통제집단 |
| 0.44*** | 0.05 | 0.11 |

***는 $p < 0.001$을 의미함.

출처: Mummendey et al. (2001a), 표 3을 수정함.

가 앞서 실험에서 조작한 것과 다소 유사하다.

애국심과 민족주의는 둘 다 집단 친밀감이라는 요소를 가지고 있기 때문에 일반적으로 상관관계가 나타난다. 하지만 이 두 개념의 다른 점은 외국인에 대한 편견과의 관계다. 민족주의는 외국인 혐오증과 명확하게 정적으로 상관관계가 나타나지만 애국심은 외국인 혐오증이 나타난다고 하더라도 아주 약한 수준에 머문다 (Blank & Schmidt, 2003; Calitri, 2005; Roccas et al., 2006 참조).

지난 수천 년 동안 정치가들은 이와 같은 사실, 즉 자국에 대한 애착은 특정한 이념이나 사상의 형태를 가지게 되고, 이는 외집단에 대한 태도에도 영향을 미친다는 사실을 잘 알고 있었고, 이를 악용해 왔다(예, Reicher & Hopkins, 2001 참조). 같은 맥락에서 민족주의 그 자체를 어떻게 정의해야 하는지에 관한 논쟁을 살펴보자. 특정 국가에 대한 공유권은 오직 '생물학적' 또는 그 나라와 연관된―그 집단만이 가지고 있는 기본적인 어떤 '본질'을 소유한―비교적 고정화된 문화를 가진 사람만이 주장할 수 있는가? 아니면 국가 정체성은 시민으로서 지켜야 할 절차와 법을 준수하는 등의 합의된 사회적 실천을 지지하고 승인하는 사람이라면 누구에게라도 주어져야 하는가? 정치학에서는 민족주의의 이러한 두 개념을 '인종 (ethnic)' 민족주의와 '시민(civic)' 민족주의라고 부른다. 대부분의 국가는 이 두 개념을 혼합하여 국적이라는 공식 명칭을 채택한 것 같다(Smith, 2001).

이 두 개념을 어느 정도 비율로 혼합하였는지는 국가마다 다르다. 국가를 정의하는 이러한 사회-법률상의 차이를 통해 그 집단을 인식할 때 생기는 심리적 차이를 찾을 수 있다. 때때로 우리는 어떤 집단의 구성원들은 내적인 '본질', 즉 그 집단에 속한다고 생각하는 비교적 고정화된 특질을 공유하는 것을 쉽게 볼 수 있다. 한편, 어떤 집단은 그 집단의 구성원들이 그 집단에 속했다고는 인식하지만 '본질주의자'라고 할 수는 없는 집단의 구성원도 있다. 아마 이들은 일시적으로는 어떤 공통의 특성을 가지고 있거나 단지 그들이 같은 시간, 같은 장소에서 공통된 행동을 하기 때문에 만들어진 집단이기 때문일 수 있다(범주 지각과 실체성에 관련된 자세한 내용은 Haslam et al., 2000 참조; 또한 이 책의 제3장 참조). 그러므로 민족, 성별, 장애 여부에 따라 구성된 집단은 전형적으로 본질주의 집단으로 인식되는 반면, 직업적 · 정치적 집단은 그러한 특징이 다소 덜한 것으로 인식된다(Haslam et al., 2000).

우리는 집단을 정의하는 구성 개념을 달리하면 정체성의 강도와 편견 사이의 관계가 달라지는지가 궁금했다(Pehrson et al., 2009a). 우리는 자신의 국가를 보다 '인종' 중심의 '본질'로 생각하는 사람은 자신의 국가정체성과 망명 신청자(내집단의 새 구성원이 될 수도 있는)에 대한 태도 사이에 부적이고 배타적인 상관관계가 나타날 것이라고 가정했다. 한편, 자신의 국가를 보다 '시민'이 중심이고 덜 '본질'적으로 구성되었다고 생각하는 사람은 비슷한 수준의 국가 정체성이 편견으로 이어지지는 않을 것이라고 가정하였다. 연구 결과는 우리의 생각을 지지하였다. 첫 번째 집단에서는 정체성과 편견의 상관이 명확하게 정적으로 나타났고, 두 번째 집단에서는 상관관계 수치가 무시할 수 있는 수준이었다(Pehrson et al., 2009a). 보다 거시적인 국가 수준에서의 분석에서도 유사한 결과가 나왔다(Pehrson et al., 2009b). 이 연구에서는 31개국에서 자료를 구하여 분석하였고, 응답자들이 인식하는 '인종' 또는 '시민'의 정의를 이용하여 국가 정체성과 이주민 편견을 측정하였다. 모든 응답자를 대상으로 한 결과에서는 응답자의 수가 37,000명 이상으로 컸기 때문에 통계적인 유의미성이 나타나기는 하였지만,[5] 정체성과 편견의

---

5) 역자 주－통계분석 과정에서 응답자의 수가 많아지면 변인 간 상관관계의 유의미성이 잘 나타난다. 그러므로 응답자의 수가 많을 경우 단순히 통계적 유의미성만으로 결과를 해석하는 것은 조심하여야 한다.

전체 상관 수치는 낮았다. 하지만 흥미롭게도 이 상관관계가 국가의 개념을 '시민'으로 한 조건에서는 약하게 나타났지만, 반대로 국가 수준을 '인종'으로 한 조건에서는 강한 상관을 보였다. 다시 말하면, 그 나라의 국적을 어떻게 정의하는지에 따라 소속 개인이 가지는 국가 정체성과 편견 사이의 상관에 중요한 영향을 주었다.

요약하면, 개인이 내집단에 대하여 가지는 애착의 강도와 외집단을 폄하하는 정도는 단순한 관계가 아니라는 것은 확실하다. 따라서 집단 정체성의 본질이나 내용과 그것이 표현되는 맥락을 고려해야 할 필요가 있다. 만약 집단 간 비교가 개인의 정체성 관점이나 주어진 상황에서 여실히 드러난다면, 또는 정체성이 강한 본질주의 방식으로 구성되었다면 정체성과 편견은 높은 수준의 상관을 보일 것이다. 하지만 자신의 집단을 이와 다른 방법이나 다른 경우로 규정한다면, 정체성은 여전히 강하더라도 자신의 집단에 소속되지 않은 사람을 폄하하려는 경향성은 나타나지 않을 것이다.

집단 정체성의 강도가 직접적인 방식으로만 편견에 영향을 주는 것은 아니다. 오히려 다른 변인의 효과를 강화하는 간접적인 방식으로 더 많은 영향을 미친다. 그 이유는 간단하다. 만약 외집단 태도에 영향을 주는(외집단은 폄하하고, 내집단은 칭찬하는) 효과적인 특정 변인이 있다면, 이 변인은 정체성이 높은 집단의 사람에게 더 큰 효과가 나타날 것이다. 왜냐하면 이들에게는 내집단의 이익이 가장 중요하기 때문이다. 정체성이 조절 변인의 역할을 하는 예시를 찾기는 어렵지 않다. 스트러치와 슈왈츠(Struch & Schwartz, 1989)는 정통파 유대교의 대량 이주를 경험한 예루살렘의 두 인접 이웃 집단을 조사하였다. 이주한 유대인은 이웃집단들에게 위협적인 외집단으로 규정되었다. 연구에 사용된 척도는 자신의 집단과 대량 이주한 유대인들 사이의 지각된 갈등 척도와 유대인을 향한 공격성 그리고 집단 정체성이었다. 현실갈등 이론과 동일하게, 지각된 갈등은 공격성과 강한 상관이 나타났다. 하지만 그러한 상관은 자신의 집단에 대해 정체성이 높은 사람에게 더 강하게 나타났다([그림 6-1] 참조).

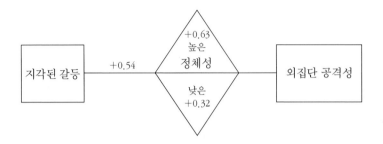

**그림 6-1  집단 간 지각된 갈등과 외집단 공격성의 관계에서 정체성의 조절 효과**
수치는 공격성에 대한 지각된 갈등, 정체성, 그리고 이 둘의 상호작용 회귀분석의 표준편차임.
출처: Struch & Schwartz (1989).

스트러치와 슈왈츠(1989)는 지각된 집단 간 갈등의 변이성을 측정하였다. 스트러치와 슈왈츠(1989)의 연구와 유사하게, 몇 년 후 실시된 현장연구에서 정체성이 실제 현실에서 발생한 집단 간 갈등을 조절하는 효과를 발견할 수 있었다(Brown et al., 2001). 이 연구는 프랑스로 향하는 배를 탄 영국 승객들을 대상으로 실시되었다. 자료 수집 첫날, 프랑스 항구로 들어가는 길들을 봉쇄하는 프랑스 어부들의 파업이 일어났다. 이 파업으로 인해 영국 승객들은 그날 여행을 할 수 없게 되었다. 우리는 이때 수집된 자료를 '높은 갈등' 조건이라고 하였고, 며칠 뒤 파업이 끝난 뒤 수집된 자료는 '낮은 갈등' 조건이라고 명명하였다. 실제 발생한 갈등 상황이 프랑스인을 향한 부정적 고정관념에 미치는 영향을 다시 국가 정체성의 강도에 따라 나누었다. [그림 6-2]에서 보여 주듯이 파업의 결과는 높은 정체성과 중간 정도의 정체성을 가진 사람에게는 명백히 부정적으로 나타났으나, 낮은 정체성 집단에서는 프랑스인에 대한 부정적 고정관념에 별 영향을 주지 못하였다(Jackson, 2002; Livingstone & Haslam, 2008; Morrison & Ybarra, 2008 참조).

집단 정체성의 조절 효과는 갈등 상황에만 적용되는 것은 아니다. 이 효과는 외집단과의 만남에서 해야 하는 행동을 정하는 내집단 규준에 대한 집단 구성원의 반응을 변화시킬 때도 발견된다(Jetten et al., 1997). 제텐과 동료들은 실험실 상황에서 심리학과 학생들에게 자신의 집단을 더 호의적으로 또는 덜 호의적으로 생

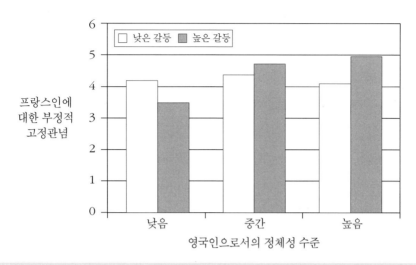

**그림 6-2 집단 간 갈등과 부정적 외집단 고정관념의 관계에서 정체성의 조절 효과**

부정적 고정관념은 '고집이 센' '신뢰적이지 않은' '오만한' '무례한' 등의 문항으로 7점 척도임.
출처: Brown et al. (2001), 표 2를 수정함.

각하도록 함으로써 집단 정체성을 변화시켰다. 그들은 또한 내집단 규준에 대한
반응을 변화시켰는데, 학생들에게 자신의 내집단 구성원이 다른 학과 학생에게
관례적으로 공평하게 대했다거나 혹은 자신의 심리학과 학생을 더 선호해 왔다고
알려 줌으로써 집단 구성원의 반응을 나누었다. 이와 같은 방법으로 내집단 규준
에 대한 지각을 변화시키면 자원 할당 과제에서 참가자의 내집단 편애가 나타나
지 않거나 또는 더 높아질 수 있다고 생각하였다. 실험 결과는 정체성 조건이 높
은 학생들에게서만 내집단 규준이 적용되었다. 즉, 공평한 규준보다 편애 규준집
단에서 경영학과 학생들에 대한 편향이 거의 두 배로 나타났다. 이 결과는 더 권
위적인 사람이 외집단에 대한 편견을 담은 규준을 내면화한다는 것을 보여 준다
(이 책의 제2장 참조). 특히 이들의 집단 정체성이 높은 경우에는 더 크게 나타난다
(Duckitt, 1989; Stellmacher & Petzel, 2005).

　마지막으로, 집단 정체성은 자신의 집단 구성원이 과거에 외집단에게 부당한
일을 하였다는 사실에 대한 반응에도 영향을 준다. 자신의 집단이 다른 집단에게

저지른 과거의 나쁜 짓을 알았을 때 일반적으로 예상되는 당연한 반응은 집단적 죄책감을 느끼고, 외집단에 대한 보상을 어떻게 할지 찾거나 적어도 그들에 대한 편견을 줄이는 것이다(Branscombe & Doosje, 2004). 실제로 이와 같은 결과가 나온 연구들이 있다(Brown et al., 2008; Brown & Cehajic, 2008; McGarty et al., 2005; Pederson et al., 2004; Swim & Miller, 1999). 그러나 자신의 집단에 대하여 죄책감을 느끼려면 그에 대한 심리적 대가가 따른다. 이는 도덕적 실패를 시인하는 것을 의미하고, 결과적으로 내집단의 긍정적 집단 이미지가 타격을 입게 된다. 이것은 특히 내집단 정체성이 강한 사람에게는 견디기 힘든 고육책이다. 이것이 두스제(Doosje)와 동료들(1998)의 논리다. 이들은 네덜란드인을 대상으로 네덜란드 식민 통치 기간 동안 인도네시아에서 그들이 저지른 만행을 상기하도록 하였다. 네덜란드에 대한 국가주의가 강한 사람일수록 기억해 낸 만행이 다소 모호할 때는 만행과 관련한 정보를 몇몇 추정되는 식민지화의 이점으로 덮어 버렸고, 정체성이 낮은 사람보다 죄책감이 적었으며, 물리적 배상금의 제안 액수도 적었다. 이것은 높은 정체성이 자국의 역사와 관련한 어두운 면보다는 호의적인 면에 더 집중함으로써 스스로 죄책감에 대한 불편한 심리적 영향을 막으려고 하는 것으로 보인다(Doosje et al., 2006).

요약하면, 내집단의 애착 정도에 따라 외집단에 대한 그들의 반응에 어떻게 영향을 미치는지와 관련한 몇 가지 연구 주제가 있다. 특정 변인이 편견을 유발하는 상황에서 보다 높은 정체성을 가진 집단 구성원이 더 높은 편견을 가질 것이라는 것은 꽤나 타당하다. 편견을 결정하는 사회정체성 과정의 이러한 역할은 초기의 사회정체성 이론에서 설명한 것과는 다소 다르다(Tajfel & Turner, 1986). 자신의 집단에 대한 긍정적 독특성을 찾으려는 집단 구성원들의 다양한 사회구조적 배열이 갖는 의미는 더 많은 함의가 있다는 것이다. 전통적으로, 연구자들은 집단 독특성을 찾으려는 행동이 어떻게 내집단 편향의 다른 형태로 변형되어 나타나는가에 관심을 가졌지만, 노골적으로 부정적이거나 또는 감정이 섞인 집단 간 태도에는 관심을 가지지 않았다. 하지만 결국 편견의 결정적 요소는 후자다. 사회정체성

이론은 또 다른 개념을 제안하였고, 이것은 지속적으로 편견에 영향을 주는 것으로 입증되었는데, 바로 정체성 위협의 개념이다. 사실, 정체성 위협의 전체적인 언급은 편견을 이해하는 데 상당히 중요하다. 일단 정체성 위협을 이야기하기 전에 편견의 또 다른 중요한 집단 간 결정 요인인 상대적 박탈감에 대하여 먼저 논의하려 한다.

## 📹 상대적 박탈감

1882년부터 1930년까지 미국에서는 4,761건의 폭력 사건이 보고되었다. 물론 70% 이상은 흑인이 피해를 당했고, 대부분은 미국 노예의 중심지인 동부에서 발생하였다. 이 통계치는 편견으로 말미암아 발생할 수 있는 최악의 예시 중 하나라고 할 수 있다. 홉랜드와 시어스(Hovland & Sears, 1940)는 이 끔찍한 통계 결과를 사회과학의 관점으로 재조명하였고, 이 사건들이 연도마다 많은 차이가 나타난다는 것을 찾아내었다. 이 폭력 사건들이 1892년과 1893년에는 155건으로 높게 나타났고, 1929년에는 7건밖에 발생하지 않았다. 또한 이러한 연도별 차이와 농업(당시의 동부의 주요 산업이었다)의 경제적 지수들 사이에 놀라울 정도의 상관이 발견되었는데, 경제가 악화되고 어려운 시기일수록 폭력 범죄의 수는 증가하였다[Hepworth와 West(1988), Green 등(1998)을 비교하여 참조].

이와 같은 경기 후퇴와 반흑인 폭동 사이의 명확한 상관관계를 어떻게 설명할 수 있는가? 홉랜드와 시어스(1940)는 반흑인 폭력이 좌절에 의해 발생하는 것으로 믿었다. 이들은 돌라드(Dollard)와 동료들(1939)이 주장한 좌절-공격 이론(frustration-aggression theory)을 바탕으로 경기침체로 인한 고난이 사람의 좌절 수준을 높였고, 이는 다시 공격성을 높이게 되는 것으로 가정하였다. 홉랜드와 시어스는 10년 후 아도르노(Adorno)와 동료들(1950)이 제시할 정신분석학의 전치(displacement)와 같은 방식의 개념을 이용하여 이를 설명하였다. 즉, 공격 성향을 보이는 사람은 경제적 좌절의 직접적 실제 원인인 자본주의 체제를 공격의 대상으로 삼는 것이 아니라, 집단에서 벗어난 구성원이나 소수집단처럼 보다 취약하고 쉽게 접근할 수 있는 대상 쪽으로 방향을 바꾼다는 것이다[이 논쟁의 보다 확장된 내용은 Billing (1976)과 Brown(2000a) 참조].

편견의 '희생양' 이론주석4이라고 불리는 이 현상을 확증하기 위한 다양한 시도 중 일부는 성공하였고, 일부는 실패하였다. 밀러와 부겔스키(Miller & Bugelski, 1948)는 미국 젊은이들을 대상으로 다음과 같은 실험을 하였다. 저녁 무렵 남자들은 마을에 있는 클럽에 가는 것을 예상하고 있는데, 실험자가 갑자기 저녁 외출은 취소되었고 대신 다소 재미없는 업무를 해야 한다고 얘기한다. 이 발표 전에 참가자들은 멕시코인과 일본인에 대한 인종 태도를 실시하였고, 이 발표 후에도 같은 태도를 다시 측정하였다. 분석 결과, 좌절 후 참가자들의 멕시코인과 일본인에 대한 선호가 유의미하게 줄어들었다. 반면, 좌절을 겪지 않은 통제집단은 어떤 변화도 보이지 않았다. 이 두 소수집단(멕시코인, 일본인)은 참가자들이 겪은 곤란에 대한 책임이 전혀 없기 때문에 이 결과는 '전치' 이론을 확증하는 좋은 예다.

하지만 다른 실험들은 다소 모호한 결과를 보여 주었다. 예를 들면, 스태그너와 콩던(Stagner & Congdon, 1955)은 학생이 학교 시험을 망쳐서 좌절을 겪은 후에 편견이 증가할 것이라는 가설을 입증하지 못했다. 코웬(Cowen)과 동료들(1958)도 비슷한 실험을 실시하였는데, 참가자들이 좌절을 겪은 후 흑인에 대한 부정적 정서는 증가하였지만, 다른 소수집단에 대해서는 같은 결과가 나타나지 않아서 실험의 결과를 일반화할 수는 없었다. 좌절-공격 이론과 완전히 대치되는 결과가 나타난 연구도 있었다. 번스타인과 맥레이(Burnstein & McRae, 1962)의 실험에서는 과제 실패 이후 팀 구성원 중 흑인에 대한 평가가 더 호의적으로 변하였는데, 이는 그를 가장 폄하할 것으로 예상되었던 높은 편견을 가진 참가자들에게서 나타났다.

좌절-공격 이론은 그 이론의 개념적이고 경험적인 문제들(Berkowitz, 1962; Billing, 1976)과 함께 이와 같은 불일치한 결과들 때문에 편견을 설명하는 대중적이고 유용한 개념은 되지 못했다. 대신 좌절-공격 이론의 핵심 생각에 많은 영향을 받은 다른 이론(Gurr, 1970)이 등장하였다. 이 이론은 힘듦이나 좌절의 절대적 기준 대신 상대적 박탈감의 중요성을 강조하였다. 상대적 박탈감 이론(Relative Deprivation Theory: RDT)이라는 새로운 접근법은 우연한 관찰에서 나왔는데, 미국 군대에서 도덕과 사회적 태도의 연구 중에 발견되었다(Stouffer et al., 1949). 이 연구자들은 공군이 헌병대보다 자신의 직업에 대한 불만이 더 높다는 것을 알게 되었다. 하지만 공군은 승진의 기회가 좋은 편이고, 반대로 헌병대는 승진의 기회가 열악하다. 그렇다면 왜 이런 결과가 나왔을까? 절대적인 좌절 수준으로 설명한다면 공군이 헌병보다 더 행복해야 하기 때문에, 이는 확실히 절대적인 좌절 수준에서 기인한 것이 아니다. 스토퍼(Stouffer)와 동료들은 그 이유를 상대적 좌절(박탈) 때문이라고 제안하였다. 비록 공군이 객관적으로는 더 좋은 조건이기는 하나, 승진한 다른 동료들의 더 나은 수준과 쉽게 비교되었고, 이와 같은 상황에서 그들은 현재 자신의 위치가 더 불만족스러웠다. 최근의 실례에서 유사한 현상을 찾아볼 수 있다. 영국 프리미어 리그의 미식축구 선수인 프랭크 램퍼드(Frank Lampard)는 소문에 따르면 2008년에 같은 팀(Chelsea) 동료 중 1명이 자신보다 일주일에 3만 달러를 더 받는다는 것을 알고 상당히 기분 나빠 했다고 한다. 그는 이미 일주일에 10만 달러를 받고 있었으며, 이는 대부분의 영국인이 1년간 버는 수입의 4배였지만 그에게는 어떤 위로도 되지 않았다. 상대적 박탈감 이론은 혜택을 받는 사람도 혜택을 받지 못하는 사람만큼이나 상대적 박탈감을 쉽게 느낀다는 것을 알려 준다.

박탈감은 항상 어떤 기준에서 상대적으로 작용한다는 것이 상대적 박탈감 이론의 핵심이다(Crosby, 1976; Davies, 1969; Davis, 1959; Gurr, 1970; Runciman, 1966; Walker & Smith, 2002). 거(Gurr, 1970)는 상대적 박탈감의 영향을 보여 주는 많은 경험 연구를 하였다. 그는 상대적 박탈감이 발생하는 상황은 사람이 자신의 현재 생활과 이상적으로 생각하는 삶의 수준 사이의 차이를 인식할 때라고 하였다. 즉, '성과'와 '기대' 사이의 차이이고, 이것이 사회적 불만과 편견의 이면에 있다고 주장하였다.

상대적 박탈감으로 편견을 설명하기 전에 중요한 차이를 짚고 넘어가려 한다. 상대적 박탈감 이론은 몇 가지 종류가 있는데, 특히 초기 좌절-공격 이론의 개념에서 직접적인 영향을 받은 거(1970)의 이론은 개인이 겪은 상대적 박탈감의 직접적 경험, 즉 내가 기대한 것에 비교하여 현재 내가 누리는 것 또는 고통받는 것을 강조한다. 하지만 다른 종류의 박탈감도 있다. 그것은 사람들이 자신의 집단에 기대한 것과 자기 집단의 현재 모습을 비교함으로써 나타나는 박탈감이다. 런시맨(Runciman, 1966)은 이것을 '집단(또는 연대적) 박탈감(group or fraternalistic deprivation)'이라고 불렀고, 이와 구별되는 것으로 '개인(또는 이기적) 박탈감(individual or egoistic deprivation)'이 있다. 카플랜(Caplan, 1970)은 이러한 차이를 다음의 좋은 예시를 들어 설명하였다. 1960년대에 미국 흑인 가운데 흑인의 인권을 지지하는 사람은 낮은 소득 계층(개인적으로 가장 박탈된)보다 중산층이나 높은 소득 계층에서 더 많았다. 다른 흑인과 비교하여 그들이 상대적으로 특혜를 누리고 있다고 해서 흑인 집단 전체가 백인에 비하여 상대적인 불이익을 받는 것을 인식하지 못하는 것이 아니었다. 워커(Walker)와 페티그루(1984)의 주장대로, 집단의 상대적 박탈감이 개인의 결과보다 집단의 결과에 확고히 기반을 둔다는 사실은 편견과 같은 집단 간 현상을 분석할 때는 집단 박탈감이 개인 박탈감보다 더 적절한 구성요소가 된다는 것을 알려 준다. 앞서 말한 것을 다시 생각해 보자. 집단 박탈감은 자신의 집단에 대한 정체성이 사전에 형성되지 않고는 일어나지 않는다는 것이 중요하다. 자신의 집단이 뭔가 잘 굴러가지 않는다고 느끼려면, 반드시 그 집단의 운명이 자신과 충분히 관련되어 있다는 정체성이 우선되어야 한다는 것이다.

그렇다면 상대적 박탈감을 일으키는 원인은 무엇인가? 가장 일반적인 수준에서는 이미 언급한 것처럼 성과와 기대 사이의 차이로 인해 발생한다. 크로퍼드와 나이디치(Crawford & Naditch, 1970)는 디트로이트에서 몇 차례 폭동이 일어난 직후 그곳에 사는 흑인 주민들에게 설문을 실시하여 이 차이를 직접적으로 측정하였다. 그들은 자신의 이상적인 생활을 11번이라고 생각하였을 때 현재의 생활이

| 표 6-3 | 흑인 투쟁과 상대적 박탈감

| 태도 문항 | | 상대적 박탈감*(%) | |
|---|---|---|---|
| | | 낮음 | 높음 |
| 당신은 폭동이 흑인에게 도움이 된다고 생각하십니까, 아니면 손해가 된다고 생각하십니까? | 도움 | 28 | 54 |
| | 손해 | 60 | 38 |
| 당신은 흑인이 힘을 갖는 것에 대하여 찬성하십니까, 반대하십니까? | 찬성 | 38 | 64 |
| | 반대 | 36 | 22 |
| 백인의 태도를 바꾸기 위해서는 강요가 필수적일까요, 설득이 필수적일까요? | 강요 | 40 | 51 |
| | 설득 | 52 | 35 |

✳ '실제'와 '이상적' 삶 사이의 지각된 차이임.
출처: Crawford & Naditch (1970), 표 1( '모르겠다' 의 응답은 제외).

몇 번에 해당하는지를 표기하는 사다리 측정법을 통해 박탈감의 정도를 표현하였다. 〈표 6-3〉에서 볼 수 있듯이, 박탈감의 수준과 폭동이나 흑인 투쟁에 대한 태도 사이에는 명백한 상관이 나타났다. 높은 박탈감을 느끼는 사람(1~4)은 낮은 박탈감을 느끼는 사람(5~11)에 비해 흑인 투쟁의 목적에 보다 많이 찬성하였다.

다음 질문은 '무엇이 이상적인 삶의 열망을 결정하는가?'다. 상대적 박탈감 이론에서는 이러한 열망은 두 가지 비교에서 나온다고 설명하고 있다. 첫 번째는 시간적인 것으로 자신의 최근 과거와 관련되어 있다. 데이비스(Davies, 1969)는 사람은 자신(또는 집단)이 잘 살고 못 사는 것에 대하여 미래에도 비슷할 것으로 예상한다고 주장하였다. 예를 들면, 생활수준이 일정 기간 동안 천천히 증가한다면 앞으로도 계속 증가할 것이라고 기대할 것이다. 데이비스의 이 이론이 바로 그 유명한 J-커브 가설(J-curve hypothesis)이다. 이 가설에 따르면 불만족은 박탈 기간이 오랫동안 계속되어서 생기는 것이 아니라 사람의 생활수준이 몇 년간 상승하다가 갑자기 떨어진 후에 발생한다. 실제 생활수준과 기대했던 생활수준 사이의 급락으로 인해 박탈감은 필연적으로 발생할 것이다.[주석 5] 두 번째는 다른 집단과의 비교다. 다른 집단, 특히 여러 면에서 자신의 내집단과 비슷하다고 생각되는 외집단이 우리보다 더 잘하고 있거나 또는 못하고 있다는 인식을 하게 되면, 자연스럽게 우리 집단이 그 집단과 비교하여 잘해야 한다는 기대를 하게 된다. 이러한 비교로 인해 결국 상대적 박탈감을 느끼거나 아니면 만족감을 느끼게 될 것이다(Runciman, 1966). 다시 말하지만, 내집단의 절대적 수준은 중요하지 않다. 중요한 것은 상대적 요소다.

최근 영국의 수입 분배와 관련한 연구는 이 두 종류의 박탈감을 모두 보여 준다 (Jones et al., 2008). 이 연구는 지난 30년 동안의 영국의 주당 수입에 따라 소득 집단을 구분하여 정리하였다. [그림 6-3]은 그 결과를 보여 준다. 가장 낮은 소득 수

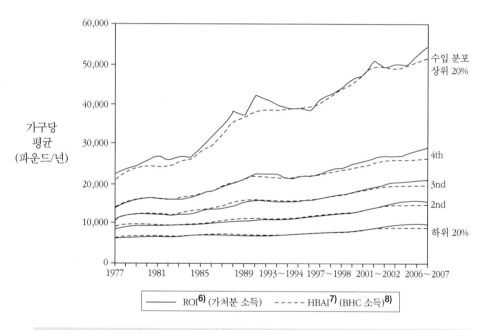

**그림 6-3  1977~2007년의 영국 수입 분포 변화**

영국 수입 분포를 5분위한 평균 주당 가계 가처분 소득을 보여 줌(2006~2007년 물가로 조정함).
출처: Jones et al. (2002), 그림 2.

------------------------

6) 역자 주 - ROI는 Return on Investment의 약자로 투자수익률을 뜻한다.
7) 역자 주 - HBAI는 Households Below Average Income의 약자로 평균소득 미만 가구를 뜻한다.
8) 역자 주 - BHC는 Before Housing Cost의 약자로 주거비 조정 전 소득을 뜻한다.

준을 포함한 모든 집단의 소득은 증가하였다. 그러나 가장 높은 소득의 집단과 낮은 소득의 집단의 차이는 해가 갈수록 계속해서 커지고 있다. 바로 이 상황은 낮은 소득 집단이 집단 상대적 박탈감의 증가를 느낄 수 있는 전형적인 환경이다. 소득의 변화를 살펴보면 부유한 집단에서도 시간 시점 간 박탈감의 가능성은 찾을 수 있다. 1984년과 1990년 사이에는 소득이 꽤 증가하였지만, 1995년과 1996년까지 하락하였다. 이것은 데이비스(1969)의 J-커브의 예다. 이 기간 동안 영국 중산층의 불만 현상이 전반적으로 확산되지 않은 것은 아마도 1990년 후반의 소득 회복 덕분일 것이다(Brewer et al., 2008).

　시간 시점 간 상대적 박탈감(temporal relative deprivation)과 집단 상대적 박탈감이 편견에 어떤 영향을 미치는가? 이전에는 이 분야의 연구가 거의 없었다. 헵워스와 웨스트(Hepworth & West, 1988)는 홉랜드와 시어스(1940)의 자료를 다시 분석하여 흑인들에 대한 폭행 사건과 그 전년도의 경제적 번영 사이의 상관을 발견하였다. 하지만 그린(Green)과 동료들(1998)은 대공황을 포함한 1930년부터 1938년까지 8년간의 자료를 더 추가하면 경제 지표와 반흑인 폭동 사이의 상관관계가 상당히 감소하는 것을 발견하였다. 더욱이 뉴욕 4개 주의 실업률과 1987~1995년에 일어난 증오 범죄와의 상관을 살펴본 결과, 두 변인 간에는 관련이 없다고 결론 내렸다.

　집단 간 사건과 집단의 생활수준의 일시적인 변화와의 관련성을 살펴본 다른 연구도 이와 유사한 논란을 가져오는 결과가 나타났다. J-커브 이론의 창시자인 데이비스(1969)는 1960년대에 일어난 흑인 폭동률을 그전 20년간의 흑인 생활수준의 기복을 참조하여 분석하였다. 하지만 다른 연구자들은 그의 분석에 이의를 제기하였고, 폭동을 설명하는 데 있어 경제 변화의 시간 경과와 흑인 생활수준 변동성 모두 적절하지 않다고 주장하였다(Crosby, 1979; Davies, 1978, 1979; Miller et al., 1977; Miller & Bolce, 1979). 다시 말하면, 시간 시점 간 상대적 박탈감과 집단 간 편견의 관련성을 입증할 만한 증거를 찾기는 어렵다는 것이다.

　비호의적 사회 비교에서 생겨나는 상대적 박탈감의 영향에 보다 많은 관심이 모였다. 상대적 박탈감과 편견 사이의 관련성을 보여 주는 전통적인 연구는 반느만과 페티그루(Vanneman & Pettigrew, 1972)에 의해 진행되었다. 그들은 4개 도시에서 1,000명이 넘는 백인 유권자를 대상으로 그들이 자신과 같은 다른 백인 근로자보다 경제적으로 더 낮다고 또는 못하다고 느끼는지(개인의 상대적 박탈감)와 흑인과 비교하여 그렇게 느끼는지(집단의 상대적 박탈감)를 물어보았다. 반느만과 페티그루는 이 두 질문에 대하여 더 낮다/못하다의 대답에 따라 총 4개의 집단으로 나누었다(〈표 6-4〉 참조). 결과는 집단 박탈감만 느끼거나 집단 박탈감과 개인 박탈감을 모두 느끼는 두 집단에서 반흑인 감정인 편견이 나타났다.

이와 같은 결과는 이후 다른 연구에서도 입증되었다. 트리파티와 스리바스타바(Tripathi & Srivastava, 1981)는 인도에서 힌두교에 대한 무슬림의 태도를 조사하였다. 무슬림은 1947년 인도의 분할통치 이전에는 통치집단이었으나, 지금은 소수집단이다. 예전과는 다른 그들의 지위 변화로 인해 무슬림의 박탈감은 높을 것으로 추정했다. 다른 연구(Ghosh et al., 1992)에서도 무슬림이 힌두교인보다 더 많은 박탈감을 나타냈었다. 트리파티와 스리바스타바(1981)는 집단 박탈감과 힌두교에 대한 내집단 편향의 명확한 상관을 발견하였다. 집단 박탈감과 편견의 상관은 남아프리카(Appelgryn & Nieuwoudt, 1988)와 유럽의 몇몇 나라(Pettigrew & Meertens, 1995)에서도 유사하게 나타났다. 하지만 연구에서 나타난 상관의 크기가 항상 매우 큰 것은 아니었다. 그 이유는 상대적 박탈감을 측정하는 척도가 박탈감 차이의

| 표 6-4 | 집단 박탈감 · 개인 박탈감과 편견

| 박탈 유형 | 편견 점수* |
|---|---|
| 둘 다 만족(개인적으로도 집단으로도 나음) | −20.9 |
| 개인 박탈(개인적으로는 못하지만 집단은 나음) | −13.9 |
| 집단 박탈(개인적으로는 나으나 집단은 못함) | +14.3 |
| 둘 다 박탈(개인적으로도 집단으로도 못함) | +29.1 |

* 다음의 전형적인 편견 질문들이 포함됨: 가족 중 한 명이 흑인 친구를 저녁식사로 초대한다면 반대할 것인가; 동일한 수입과 교육 수준을 가진 흑인 가족이 옆집으로 이사오는 것이 싫은가; 백인과 흑인 학생은 분리해서 학교를 다녀야 한다고 생각하는가. 높은 점수는 높은 편견을 뜻함.

출처: Vanneman & Pettigrew (1972), 표 2를 수정함.

정도에 대한 느낌(감정)보다는 단지 차이를 인식하고 있는지에만 초점을 맞추었기 때문이다. 상대적 박탈감의 측정을 좀 더 감정적인 부분에 집중한 연구에서는 편견과의 상관이 더 높게 나오는 경향이 있다(Smith & Ortiz, 2002; Taylor, 2002; Walker & Pettigrew, 1984).

이 모든 연구는 횡단설계법을 사용한 것으로 인과관계를 해석하기에는 어려움이 있다. 다시 말하면, 박탈감이 편견을 증가시키는지 아니면 증가된 편견이 박탈감의 원인인지 알 수가 없다. 다행히도 종단 설문 결과와 실험 연구의 증거가 있는데, 이 연구에서는 박탈감이 편견의 원인임을 보여 주었다. 덕키트와 푸팅(2002)은 남아프리카공화국의 흑인이 아프리칸스어[9]를 사용하는 사람에 대한 박탈감과 편견 태도를 1994년 과도기적 선거 전후에 조사하였다. 선거 전 감정적(혹은 정서적)인 상대적 박탈감의 수준과 선거 후 편견 수준은 유의미한 상관관계가 나타났으나, 그 반대의 경우인 선거 전 편견과 선거 후 박탈감의 관계는 유의미하지 않았다. 이것은 흑인의 박탈 감정이 편견의 수준을 결정한다는 것을 의미한다.

실험연구 또한 집단의 상대적 박탈감이 편견에 영향을 미친다는 주장을 지지한다(Grant & Brown, 1995). 우리는 여성 참가자들에게 토론이 필요한 과제를 하도록 하였고, 각자 10달러 정도를 받을 것이라고 이야기하였다. 하지만 그 10달러는 다른 집단들이 그들의 과제를 평가한 결과에 좌우된다고 알려 주었다. 그 평가는 실험적으로 조작되었고, 이를 통해 박탈의 수준을 정하였다. 실험 참가자들의 절반에게는 다른 집단이 자신의 집단에 대하여 좋지 않은 평가를 하였기 때문에 4달러밖에 줄 수 없다고 하였고, 나머지 참가자들에게는 다른 집단이 그들의 집단 평가를 긍정적으로 하였으므로 기대했던 10달러를 모두 받을 것이라고 이야기하였다. 자신이 기대한 10달러를 모두 받은 참가자에 비하여 4달러만 받은 박탈집단은 평가를 시행한 집단에 대하여 눈에 띄게 높은 수준의 내집단 편향을 보여 주었다. 평가를 받은 후 그들의 반응을 녹화한 것을 살펴보면, 평가 수행 집단을

---

9) 역자 주 — 남아프리카공화국의 공식 언어 중 하나로 네덜란드어에서 유래되었다.

아주 싫어하고 경멸하는 표현을 하였다.

반느만과 페티그루가 제안한 개인 박탈감과 집단 박탈감 각각의 개념이 어떻게 편견을 발생시키는지에 대해 구체적으로 다시 살펴보자. 이들의 연구 결과는 개인 박탈감은 편견을 증가시키는 것과 관련되지 않는 것으로 보인다. 다른 연구에서도 집단 박탈감만이 체계적으로 집단 간 태도나 행동과 관련 있는 것으로 나타났다. 반면, 개인 박탈감은 개인의 불행, 스트레스, 우울 등과 같이 개인의 사건과 더 관련 있는 것으로 나타났다(Guimond & Dube-Simard, 1083; Koomen & Fränkel, 1992; Walker & Mann, 1987). 이 결과들을 보면 개인 박탈감은 개인의 편견을 예측하지는 못한다고 생각하기 쉽다. 솔깃하기는 하지만 잘못된 결론이다. 왜냐하면 개인 박탈감이 편견과 상관이 있다는 연구 결과도 있기 때문이다. 엘리머스와 보스(Ellemers & Bos, 1998)는 네덜란드 상점 주인들을 대상으로 한 연구에서, 개인 박탈감과 집단 박탈감 둘 다 이민자 상점 주인들에 대하여 부정적인 태도를 갖는 것을 예측하였다. 이 결과가 일반적이지는 않지만 개인적인 박탈감을 느끼는 것은 집단적인 불만이나 고충으로 가는 첫 단계일 수는 있다는 것이다(Tougas & Beaton, 2002). 이러한 과정이 발생하려면, 반드시 '나'와 '우리'를 연결하는 충분한 강도의 집단 정체성이 필요하다. 이와 같은 사전 조건이 충분하고 개인 박탈감이 편견에 어떠한 영향을 미친다면, 이는 집단 박탈감을 거쳐서 그렇게 나타난 것이다. 페티그루와 동료들(2008)은 반이민 편견에 대한 대규모 유럽 설문에서 집단 박탈감이 매개 역할을 한다는 증거를 발견하였다. 개인의 상대적 박탈감은 편견과 약한 상관이 있었지만, 집단의 상대적 박탈감을 분석에 추가하자 그 상관관계는 사라졌다. 통계분석에서 새로운 변인(집단 상대적 박탈감)을 추가하였을 때 기존 변인(개인 상대적 박탈감과 편견)의 관련성이 사라지는 것을 새로운 변인이 기존 두 변인 간의 관계에서 매개 역할을 하였다고 설명한다. 즉, 개인의 상대적 박탈감이 직접적으로 편견에 영향을 준 것이 아니라 집단 상대적 박탈감을 거쳐서 편견에 영향을 준 것이라고 해석한다. 한편, 집단의 상대적 박탈감은 편견과 보다 강한 상관을 보였고, 개인의 상대적 박탈감을 통제하여도 여전히 상관관계는 유효하였다. 이 상관 패턴은 개인의 상대적 박탈감과 편견은 집단의 상대적 박탈감이 매개하지만, 반대의 경우인 집단의 상대적 박탈감과 편견의 관계를 개인의 상대적 박탈감이 매개하지는 않는다는 의견과 일치하는 결과다.

상대적 박탈감과 편견에 관한 주제를 마무리하기 전에, 마지막으로 한 가지 더 이야기할 것이 있다. 반느만과 페티그루가 개인 박탈감 및 집단 박탈감과 만족감에 관한 논문을 발표한 바로 그 해인 1973년, 그로프만(Grofman)과 뮬러(Muller)는 「상대적 만족과 정치적 폭력 가능성의 이상한 사례: V-커브 가설」이라는 흥미로운 제목의 논문을 발표하였다. 이 논문은 미국 중서부의 작은 마을에서 자료를 수집하였는데 이 마을 사람들은 3년 전에 심각한 시민 소요를 경험하였다. 이들은 그들의 현재, 과거, 그리고 앞으로의 생활수준이 그들이 생각하는 이상적인 수준과 비교하여 어떤지에 관한 질문에 대답하였고,[주석 6] 더불어 시민 불복종이나 폭력 등을 지지하는지를 물었다. 분석 결과, 그들이 박탈감을 느끼는 정도와 정치적 폭력의 경향성 간에는 직접적인 상관이 없음이 밝혀졌다. 하지만 설문 참가자들을 그들이 느끼는 박탈감에 따라 세 집단으로 나누었을 때는 결과가 달랐다. 시간 시점 간 박탈이론(예, J-커브 이론)에서 주장하듯이, 시간이 지나면서 계속 나빠지고 있다고 느끼는 사람은 변화가 없다고 느끼는 사람보다 정치적 폭력을 더 선호하였다. 또한 나아지고 있다고 느끼는 사람, 즉 시간 시점 간 상대적 만족감을 느끼는 사람 역시 정치적 폭력을 유사하게 지지하였다(그림 6-4 참조). 이러한 형태의 그래프를 그로프만과 뮬러는 'V-커브'라고 명명하였다.

이 놀라운 결과는 30년 동안 거의 묻혀 있다가 귀몬드와 댐브런(Guimond & Dambrun, 2002)이 부정적 감정과 그 차이의 관련성을 실험을 통해 재현할 수 있는지를 연구해 보기로 하였고, 이를 편견에 적용함으로써 주목받기 시작하였다. 이들은 심리학과 학생들에게 심리학자로서의 직업 전망이 경영학이나 법대 학생보다 더 낫다(또는 더 못하다)는 정보를 주었고, 아무 정보도 주지 않은 통제집단을 설정하였다. 그리고 이 학생들의 다양한 이민 집단에 대한 편견 수준을 측정하였다. 결과는 V-커브 가설과 일치하였다. 박탈 조건과 만족 조건 모두 통제집단보

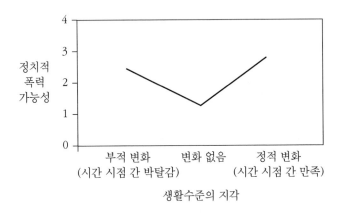

**그림 6-4　V-커브 이론: 상대적 만족감과 정치적 폭력**

출처: Grofman & Muller (1973), 표 7.

다 높은 편견이 나타났다. 오히려 만족 집단의 학생들이 박탈 조건 학생들보다 조금 더 높은 편견을 보여 주었다. 댐브런과 동료들(2006)은 남아프리카에서 후속연구를 실시하였는데, 이 연구 결과에서도 현재보다 나빠지거나 더 좋아질 것이라고 믿는 사람의 편견이 더 높은 경향을 보였다(Guimond et al., 2002 참조).

　이러한 역설적인 현상을 어떻게 설명해야 하는가? 리치와 동료들(2002)은 이익 집단의 소속감 현상을 자세히 살펴보았고, 개인의 감정적 반응과 뒤이은 행동 반응이 몇 가지 요인에 영향을 받을 것이라고 예상하였다. 리치와 동료들은 상대적 만족감 효과와 관련하여 다음을 제안하였다. 내집단이 받는 혜택이 일시적이거나 안정적이지 않다는 인식은 그 집단의 구성원들로 하여금 내집단에 대하여 확장된 자부심을 표출하거나 외집단을 경멸하도록 재촉한다. 이러한 반응은 내집단의 지위가 결국에는 떨어질 것이라는 것에 대한 심리적 방어기제라고 여겨진다(앞서 말한 상위 지위 집단에 속하는 것에 대한 사회정체성의 함의 참조). 이러한 견지에서 V-커브 효과를 보여 준 대부분의 연구가 다소 시간상의 불안정을 내포하는 만족 척도를 사용하였음을 주목할 필요가 있다(Dambrun et al., 2006; Grofman & Muller, 1973; Guimond & Dambrun, 2002). 리치와 동료들(2002)은 자부심이나 경멸의 감정이 외집단에 대한 부정적인 태도나 행동 반응을 이끌 가능성이 있다고 주장한다(이 이론들의 부분적인 실험은 Harth et al., 2008 참조).

비록 이러한 생각이 흥미롭기는 하나, V-커브 효과만으로는 여전히 설득력 있는 논리를 제공하지 못한다. 왜냐하면 상대적 만족감의 효과가 모든 외집단에 일반화되는지 아니면 내집단의 지위에 위협을 제기할 것 같은 외집단에만 적용되는지가 명확하지 않기 때문이다. 댐브런과 동료들(2006)의 연구에서는 후자를 지지했다. 이 연구 결과는 높은 사회경제적 지위의 남아프리카 사람들의 만족 효과는 그들의 잠재적인 경제적 위협 집단인 유럽(아프리카 사람들이 아니라)에서 이주한 사람들을 대상으로 나타났다. 하지만 귀몬드와 댐브런(2002)의 연구에서는 심리학자들을 대상으로 변호사나 경제학자와 비교하여 상대적 만족감을 측정하였을 때, 심리학자와 경쟁 상대라고 할 수 없는 북아프리카 이주민에 대한 편견을 증가시키는 결과가 나왔다.

마지막으로, 상대적 만족감이 편견에 미치는 부정적인 영향이 항상 발생하는 것은 아니다. 앞서 살펴본 것과 같이 반느만과 페티그루(1972)는 상대적으로 만족스러운 집단의 사람들이 가장 적은 편견을 가지고 있음을 보여 주었다(〈표 6-4〉 참조). 하지만 반느만과 페티그루(1972)의 연구에서 측정한 만족감은 시간 시점 간의 비교에서 나온 것이라기보다 사회 비교에 한정되어 나타난 것으로 귀몬드 등(2002)의 연구와 비교하였을 때 집단 간 지위 관계가 불안정하다는 인식을 할 만한 결정적 요소는 없었다는 점을 유의할 필요가 있다.

## 🎞️ 편견의 원인이 되는 위협

앞의 세 절에서 편견을 발생시키는 요인들을 각 이론들과 연구를 통해서 살펴보면서 하나의 공통점을 찾을 수 있다. 편견은 바로 위협의 결과일 수 있다는 것이다. 집단의 물질적인 이익에 대한 위협(현실갈등 이론), 집단의 독특성 또는 보존에 대한 위협(사회정체성 이론), 그리고 집단의 사회적 지위에 대한 위협(상대적 박탈감 이론)이 그것이다. 이 절에서는 위협의 개념을 직접적으로 다루고, 나아가 위협이 어떻게 편견의 원인이 되는지 광범위하게 살펴볼 것이다. 먼저 이 문제를 직접적으로 다루기 위해 실험적으로 조작한 다양한 위협이 사람들의 태도와 행동에 영향을 미치는지를 살펴본 몇 편의 연구를 소개하고자 한다. 그런 다음, 여러 종류의 위협에 대한 인식이 우리의 정서와 외집단에 대한 행동에 어떻게 영향을 끼치는지를 살펴볼 것이다. 마지막으로, 이 장과 앞 장에서 소개한 다양한 접근법을 한번에 설명할 수 있는 위협과 편견의 통합 모델을 논의할 것이다.

먼저, 다음의 두 신문기사는 매우 다른 상황에서 발생한 집단 간 긴장 사건을 보도하고 있다. 첫 번째 기사는 '회교 사원의 증가는 유럽 전역에 갈등의 기폭제가 될 것이다.'라는 제목으로 스위스의 벤겐(Wangen) 마을에서 터키인들이 회교 사원을 지으려고 계획하는 것에 지역사회가 반대하고 있다는 것을 보도하였다. 벤겐 마을의 시민인 로랜드 키슬링(Roland Kissling)은 이슬람 사원 건립을 다음과 같이 강력히 반대하였다. "이슬람 사원이 있으면 항상 시끄럽고 차들로 가득 차게 된다. 여러분은 그 광경을 금요일 밤마다 봐야 한다. 사원 건립 반대를 위해 내가 할 수 있는 것이 없다. 이것은 우리 마을의 일이 아니라 도시 전체의 문제다. 공평하지 않다. 그것은 분명히 골칫거리가 될 것이다."(*Guardian*, 2007. 10. 11.).

이 신문기사의 다른 지면에서도 보수파 정당들은 이와 같은 반이슬람 감정을 자극하였고, 이들은 스위스에서 이슬람 사원(첨탑) 건물을 불법화하는 개헌 국민투표를 찾고 있었다. 두 번째 신문기사는 집단 간 폭력의 심각한 사태를 보도하였다. 신문기사 제목은 '이민자들은 갱들에게 쫓겨서 폭염 속에 도망가고 있다.'였다. 남아프리카로 이주한 짐바브웨인들은 요하네스버그, 케이프타운, 그리고 그 외 도시에서 남아프리카인들의 잔인한 공격 대상이 되고 있다는 것을 기사화하였다(*Guardian*, 2008. 5. 24.). 이와 같은 극도의 반이주민 감정은 짐바브웨 이주 노동자가 부당하게 노동시장에서 경쟁할 수도 있다는 두려움을 부추긴 결과로 보인다. 한 남아프리카인은 다음과 같이 말하였다. "짐바브웨 사람들은 노동력이 값

싸기 때문에 많은 일자리를 구할 것이다. 우리는 남아프리카인이다. 우리는 공정한 임금을 받을 권리와 요구가 있다."(*Guardian*, 2008. 5. 24.)

사회심리학 연구들은 이 두 예시에서 묘사된 두 종류의 두려움이 집단 간 태도에 강력한 영향을 미친다는 것을 입증하였다. 첫 번째 기사는 이슬람의 상징(첨탑) 때문에 스위스 문화가 위협받는 것에 초점을 두었고, 다른 기사는 경제적 위협의 결과를 강조하여 집단 간 태도에 부정적 영향을 미쳤다. 덕키트와 피셔(2003)는 뉴질랜드인을 대상으로, 참가자들의 절반에게는 뉴질랜드의 미래가 높은 실업률, 급증하는 범죄율, 시민 소요 등에 의해 다소 우울하다는 정보를 주었고, 나머지는 반대로 경제적 번영, 낮은 범죄, 도시의 화합 등이 예상되는 장밋빛 미래가 될 것이라고 알려 주었다. 전자의 경우는 위협적인 정보가 편견과 관련 있는 권위주의와 유의미하게 높은 상관을 보여 주었다(이 책의 제2장 참조). 그러나 낮은 위협 수준의 사람들은 비교적 낮은 권위주의 수준을 보여 주었고, 이는 통제집단과 별반 차이가 나지 않았다. 이 결과는 남다른 의미가 있는데, 그 이유는 이 결과가 V-커브 이론과 불일치하기 때문이다.

위협이 생활수준이나 물리적 보안처럼 실재하는 것은 아니지만 정체성에 대한 위협은 일련의 연구가 밝힌 것처럼 편견의 강력한 원인이 될 수 있다. 많은 문화적 집단의 정체성의 중요한 요소 중 하나는 그들이 사용하는 언어와 밀접한 관련이 있다. 언어적 정체성이 위협당할 때, 예를 들면 외집단 구성원이 자신의 언어를 비웃는다면, 사람들은 자신의 언어를 더욱더 강조하면서 외집단과 모욕적인 언행을 주고받는 등 날카롭게 반응할 것이다(Bourhis & Giles, 1977; Bourhis et al., 1978). 브레이크웰(Breakwell, 1978)은 축구 팬들 간의 정체성 위협을 연구하였다. 그녀는 10대 소년을 대상으로 그들이 단지 몇 경기에만 참여하였으므로 '진정한' 팬은 아니라고 알려 주었고, 이 말을 유명한 축구 매니저가 공식적으로 이야기하여 더 잘 믿도록 유도하였다. 그리고 또 다른 소년 집단은 스스로 '진정한' 축구 팬이라고 믿게 만든 후, 전자의 집단과 비교하였다. 브레이크웰은 전자의 집단은 진정한 축구 팬이라고 믿는 그들의 정체성이 의심받았기 때문에 부정적으로 반응할 것이라고 판단하였는데, 자신들의 상대적인 장점을 강조하고 다른 팀의 팬들에 대하여 질문을 계속하는 것을 통해 연구자의 판단은 증명되었다. 전자의 집단은 후자보다 더 높은 수준의 내집단 편향을 보였다(Breakwell, 1988 참조).

실험실에서 인위적으로 만든 집단에서도 내집단 위협으로 인한 외집단에 대한 경멸적 태도를 유인해 낼 수 있다. 우리는 참가자들에게 다른 집단이 자신의 집단의 지적 능력을 평가함에 있어 첫 번째 집단은 드러내 놓고 경멸적으로 비난했다고 알려 주었고, 두 번째 집단은 다소 부정적으로, 마지막 집단은 다소 긍정적으로 평가하였다고 알려 주었다(Brown & Ross, 1982). 각기 다른 수준의 위협에 대한 참가자들의 반응은 꽤 일관되게 나타났다. 높거나 중간 정도의 위협 조건에서는 외집단에 대한 짜증은 유의미하게 증가하였지만, 위협이 낮았던 조건에서는 그러한 부정적 반응이 감소하였다. 그랜트(1992)도 남녀의 반응에 대한 상황에서 의사소통에 위협을 주는 정체성과 관련하여 유사한 결과를 찾았고, 보시(Voci, 2006) 또한 이탈리아 남부 사람과 북부 사람 사이에서 이와 비슷한 현상을 발견하였다.

때때로 정체성의 위협은 드러내 놓고 표현하기보다 암묵적으로 표출해야 할 때도 있다. 브란스콤베와 완(Branscombe & Wann, 1994)은 미국 참가자들에게 짧은 권투시합 영화 장면(〈록키 4〉에서 가져온 클립 영상)을 보여 주었다. 참가자의 절반에게는 진 쪽이 러시아인이라고 하였고, 나머지 참가자들에게는 진 쪽이 미국인이라고 알려 주었다. 후자의 집단은 국가적 자부심에 타격을 받았고, 러시아인에 대하여 좀 더 비난하는 결과가 나타났다. 하지만 이 현상은 단지 국가 정체성이 중요하다고 생각하는 사람에게서만 볼 수 있었다.

정체성은 또한 성적 정체성에 대한 위협의 효과를 조절한다. 마스와 동료들(2003)은 성희롱과 관련한 획기적인 실험에서 이를 보여 주었다. 이들은 남성이 여성에게 모욕적인 성적 행동을 하는 것은 그들의 성 정체성이 위협받아 생기는 감정 때문이라고 믿었다. 이 가설을 증명하기 위해 이들은 실험 설계를 고안하였다. 남성 참가자에게 상대 여성 참가자(실제로는 실험 보조자)와 함께 '시각기억'과 관련한 실험을 한다고 설명하였다. 남성 참가자는 많은 컴퓨터 파일에서 이미지를 선택하여 상대 여성 참가자에게 보내야 한다. 남성 참가자들에게는 이것이 기억재생과제라고 알려 주었다. 컴퓨터 파일에는 '자연' '동물' '모델' '포르노'라고 적혀 있었다. 마지막 파일이 특히 중요한데, 이 파일의 성적인 사진들은 불쾌감의 정도가 낮은 것부터 높은 것까지 있었고, 그 정도는 사전 연구를 통해 점수화하였다. 성희롱 척도는 남성 참가자들이 포르노 파일에서 선택된 이미지를 여성 참가자에게 보내는 개수와 사진의 불쾌감의 정도로 측정하였고, 남성 참가자들이 포르노 사진을 보낼 때 여성은 채팅창을 통해 명확하게 불쾌한 정도를 표현하였다. 그렇다면 어떤 방법으로 남성 참가자들의 성 정체성을 위협받게 하였는가? 첫 번째 실험에서는 여성들이 자신이 페미니스트 또는 보수적인 성역할 태도를 가지고 있다는 것을 알리는 단순한 방법을 사용하였다. 페미니스트 여성은 통상적으로 성 불평등에 도전하는 것으로 알고 있으므로 남성 참가자들에게는 더 큰 위협이 될 것이라고 생각한 것이다. 결과는 보수적이라고 알려 준 여성보다 페미니스트라고 밝힌 여성이 더 많은 그리고 더 불쾌한 포르노 사진을 받았다.<sup>주석 7</sup> 두 번째 실험에서는 다음과 같이 위협을 조작하였다. 남성에게 성 역할 질문지를 미리 실시한 후, 한 집단에게는 남성성이 낮고 여성성이 높게 나왔다고 알려 주었고, 또 다른 집단은 여성성과 남성성이 둘 다 유사하게 높게 나왔다고 말하였다. 전자는 전형적인 남성성이 없으므로 '원형성 위협(prototypicality threat)'이라고 이름 붙였고, 후자는 여성과의 차별성이 나타나지 않으므로 '독특성 위협(distinctiveness threat)'이라고 불렀다. 이 두 조건의 집단과 통제집단(남성성 점수가 평균이라고 알려 줌)을 비교하였다. 이후의 과정은 앞선 실험과 동일하였다. 실험 결과, 위협 조건의 남성은 특히 원형성 위협 조건은 통제집단보다 더 불쾌한 사진을 상대 여성에게 보냈다([그림 6.9] 참조). 또한 이 차이는 자신의 성 정체성이 높은 남성에게서 더 크게 나타났다.

지금까지 우리는 편견을 세부적인 분류 없이 위협에 대한 집단 간 부정적 반응으로 간주해 왔다. 하지만 이것은 지나치게 단순화한 것일 수 있다. 왜냐하면 두

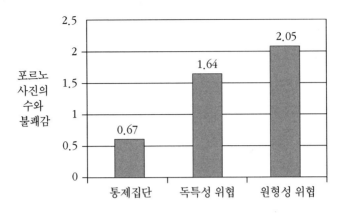

**그림 6-5 정체성 위협에 대한 반응으로서의 성적 학대**

출처: Maass et al.(2003).

집단의 편견 수준이 비슷할지라도 매우 다른 감정이 기저에 깔려 있을 수 있기 때문이다. 이는 집단 간 정서(intergroup emotions)를 이론적으로 분석한 것에서 나온 결론이다(Cottrell & Neuberg, 2005; Iyer & Leach, 2008; Mackie & Smith, 2002; Smith, 1993). 비록 그들이 강조하는 것은 다소 다르지만, 집단 간 정서이론들은 어느 정도 공통된 가정을 공유한다. 첫째, 사람은 자신이 속한 집단을 통해 간접적으로 정서를 경험할 수 있다. 다시 말하면, 사람은 어떤 정서를 느끼기 위해 직접적으로 어떤 사건, 예를 들면 위협을 경험할 필요가 없다. 자신의 집단이 특별한 상황에 있다고 지각하면 자신의 집단을 대표하여 그 정서를 느낄 수 있다. 이렇게 되기 위해서는 최소한의 사전 조건이 있다. 자신이 속한 집단의 운명이 자신에게 중요하게 작용한다고 생각될 만큼 스스로를 자신의 집단과 충분히 동일시하여야 한다. 이것은 앞서 사회정체성 이론에서 논의된 내용이므로 이제는 익숙할 것이다(Tajfel & Turner, 1986). 두 번째 공통 가정은 집단 구성원이 어떤 상황에서 느끼는 정서는 그들의 집단이 다른 외집단과의 관계를 어떻게 느끼느냐에 달려 있다. 외집단이 우리 집단보다 더 힘이 센가 혹은 약한가? 외집단이 내집단의 경제 자원을 위협하는가? 아니면 유해한 질병이나 이해되지 않는 가치관을 퍼뜨려서 우리 집단을 오염시킬 가능성은 없는가? 예를 들면, 내집단이 외집단보다 강하다고 생각되면 화나 분노가 두려움보다 더 많이 나타나는 정서일 것이다(Smith, 1993). 만약 외집단이 경제 위협보다 가치관을 오염시킨다고 인식되면 그때는 혐오감이 더 많이 나타날 것이다(Cottell & Neuberg, 2005). 세 번째 공통된 가정은 편견을 연구하는 우리에게 결정적인 것으로, 어떤 감정이 생기느냐에 따라 집단 간 행동이 달라진다는 것이다. 화나 경멸은 적대감을 만들어 내고, 반면에 두려움이나 혐오감은 회피를 이끌어 내는 것으로 보인다(Cottrell & Neuberg, 2005; Smith, 1993).

이러한 집단 간 정서 관점을 살펴본 중요한 연구 가운데(Branscombe & Doosje, 2004; Iyer & Leach 2008; Mackie & Smith, 2002 참조), 현재 우리의 관심인 위협과 편견에 대하여 좋은 영감을 줄 수 있는 두 연구를 소개하고자 한다. 매키(Mackie)와 동료들(2000)은 게이의 권리를 찬성하는 학생들을 모집하였다. 연구자들은 학생들에게 게이의 시민권리를 주제로 한 신문을 읽도록 하였다. 한 집단에게는 권리에 찬성하는 신문 내용을 읽게 함으로써 국민 대부분이 자신과 같은 생각을 하고 있다고 믿게 하였다. 이 집단은 게이 권리에 반대하는 외집단과 비교하면 강한 내집단이 되었다. 다른 집단은 게이 권리에 반대하는 신문기사를 읽게 하여 자신이 소수의 생각에 속한다고 믿게 함으로써 게이 권리에 반대하는 외집단에 비해 약한 내집단으로 설정하였다. 집단 간 정서이론에 따르면 강한 내집단은 외집단에 대하여 화나 대치/맞섬의 감정이 나타나고, 약한 내집단에서는 외집단에 대하여 두려움과 회피의 정서가 나타나야 한다. 연구 결과는 일부분만 지지하였다. 강한 내집단 조건에서는 약한 내집단보다 화가 더 많이 표현되었지만, 두려움과 회피 반응은 매키와 동료들의 가설과 일치하지 않았다. 두려움과 회피 정서는 두 집단의 차이가 없었고, 오히려 약한 내집단 조건보다 강한 내집단 조건에서 회피 반응이 조금 더 나타났다(Dumont et al., 2003 참조).

코트렐과 누버그(Cottrell & Neuberg, 2005)는 다른 접근법을 사용하였는데, 백인 참가자들이 9개의 다른 집단(아프리카계 미국인, 아시아계 미국인, 게이, 근본주의 기독교 등등) 각각을 얼마나 싫어하는지 그리고 얼마나 부정적으로 평가하는지를 살

퍼보았다. 또한 다양한 영역(건강, 물리적 안전, 사회적 가치)에서 각 외집단이 내집
단에 위협을 주고 있다고 믿는 정도와 각 외집단에 대한 감정적인 반응(화, 혐오,
두려움)을 조사하였다. 일반적 편견 척도에서는 예상대로 외집단 간에 실제적인
차이가 나타났다. 근본주의 기독교, 페미니스트, 게이 집단에서 가장 높은 편견
점수가 나타났고, 미국 원주민, 아시아계 미국인 그리고 아프리카계 미국인이 가
장 낮은 편견 점수를 받았다. 흥미로운 것은 비슷한 편견 점수를 받은 외집단들에
서도 그들에 대한 정서적 반응은 매우 달랐고, 이 정서적 반응은 위협을 인식하는
영역과 관련되어 있었다. 예를 들면, 아시아계 미국인과 아프리카계 미국인에 대
한 편견 수준은 차이가 나지 않았지만 아프리카계 미국인은 아시아계 미국인보다
눈에 띄게 더 두렵고 화가 난다는 정서 반응을 보였고, 이것은 물리적 안전이나
재산에 대한 위협과 관련되어 있었다. 유사한 결과로, 게이와 근본주의 기독교인
을 싫어하는 정도는 비슷했지만, 게이에게 좀 더 혐오적인 정서를 보여 주었다.
이는 아마 그들이 건강을 위협한다고 인식하기 때문일 것이다. 비록 코트렐과 누
버그(2005)가 이와 관련한 연구를 더 깊이 하지는 않았지만, 편견의 정도가 비슷
해도 다른 종류의 정서와 위협 인식을 가지고 있기 때문에 각 외집단들을 대하는
행동도 다르게 나타나는 것이라고 추측할 수 있다.

위협과 관련한 내용을 결론짓기 위해서 앞서 제시한 두 조건(스위스의 이슬람 공
포증과 남아프리카공화국의 외국인 혐오증)의 신문기사를 다시 떠올려 보자. 이 두
반감의 기저에 깔린 위협은 다소 다르다. 첫 번째 경우 많은 스위스인이 걱정하는
것은 스위스인의 문화적 정체성인 서구 유대교-크리스찬 국가로서 앞으로 발생
할 잠재적인 이슬람식의 관념과 가치가 끼칠 영향이다. 두 번째 경우는 보다 구체
적이고 경제적인 관심이다. 짐바브웨 이민자가 남아프리카공화국 사람들의 직업
을 빼앗을 것이고 기본 임금을 낮출 것이라는 점이다. 스테판과 스테판(2000)은
이 두 종류의 위협을 **통합위협 이론**(integrated threat theory; Stephan & Renfro, 2003
참조)으로 결합시켰다. 이들은 첫 번째 종류의 위협을 '상징적 위협(symbolic
threats)'이라고 불렀는데, 이는 내집단이 자신을 정의하고 그들의 정체성을 상징

화하기 위해 선택하는 방식이 위협받는다고 생각하는 것이다. 이러한 위협에는 종교, 세계관, 문화적 가치 및 언어 등이 있다. 두 번째 종류의 위협은 '현실적 위협 (realistic threats)'이라 명명하였는데, 이 표현은 현실집단갈등 이론에서 착안한 것이다. 이 위협에는 경제적 경쟁, 토지나 제한된 자원에 대한 갈등, 그리고 내집단의 물리적 안전이나 생존에 대한 위협이 포함된다. 이 두 종류의 위협에 스테판 (Stephan)과 스테판(2000)은 집단 간 불안(intergroup anxiety)을 추가하였다. 이 불안은 외집단 구성원을 만났을 때 예상되는 어색함에 대한 우려로 그들과의 만남에서 어떻게 행동해야 할지 모르는 불확실성, 어떻게 대처해야 할지 모르는 두려움 (Stephan & Stephan, 1985), 그리고 외집단에 대한 부정적인 고정관념 때문에 발생한다.[주석 8] 편견 태도와 집단 간 차별의 증가는 이 모든 요인에 의해 동일한 방향으로 나아가는 것으로 생각된다.

통합위협 이론은 광범위하고 다양한 집단 간 상황에서 연구되었고, 대부분 이 이론을 지지하는 결과가 나타났다(Curseu et al., 2007; Meeus et al., 2008; Stephan et al., 1998, 1999, 2000, 2002, 2005). 상징적 위협이 편견에 더 유력한 예측변인으로 입증되는 연구도 있었고, 현실적 위협이 더 중요하게 작용하는 연구 결과도 있었으며, 때로는 둘 모두 동시에 편견의 예측 변인이 되기도 하였다(Stephan et al., 2005). 집단 간 불안은 부정적 고정관념과 같이 거의 항상 편견과 유의미한 통계적 상관을 보여 주었다. 심지어 통합 위협의 틀을 벗어나서 시행된 연구에서도 상징적 위협과 현실적 위협 모두 예측 변인의 결과가 나타났다(McLaren, 2003; McLaren & Johnson, 2007). 맥라렌(McLaren, 2003)은 유럽 17개국을 대표하는 총 6,000명 이상의 대규모 참가자를 대상으로 흥미로운 조사를 실시하였다. 그의 연구에서 사용한 편견 척도는 '자국에 와 있는 외국 이민자들이 그들의 나라로 돌아가기를 바란다.' 등의 문항이 담긴 반이민자 감정 척도였다. 외국 이민자 집단에 의해 생성되는 두 위협 모두 측정하였고, 더불어 가능성 있는 중요한 다른 변인 (예, 소수집단의 친구 수)과 또 다른 위협 변인일 수 있는 그 나라의 이민자 비율도 측정하였다. 분석 결과, 편견은 실제적·상징적 위협이 높을수록, 그리고 접촉이 적을수록 높게 나타났다. 이 세 변인을 통제하면 그 나라의 이민자의 비율은 편견과 상관을 보이지 않았다(Quillian, 1995). 또한, 이 세 변인의 효과가 통제된 후에는 개인 수준에서의 잠재적 위협 원천인 다가올 실업에 대한 위험이나 소득 수준의 위험 등도 대부분 편견과 상관이 나타나지 않았다. 마지막으로, 맥라렌(2003)은 무엇이 이러한 위협 감정을 이끌어 내는지를 살펴보기 위해 추가 분석을 실시하였는데, 해당 나라의 외국인 비율과 위협에 대한 인식이 유의한 상관을 보였다. 하지만 결정적으로 이 상관관계는 접촉 변인에 의해 달라졌다. 단지 소수집단의 친구가 없는 사람들에게서만 외국인 비율과 소수집단에 대한 위협 인식이 상관이 있었다. 소수집단 친구가 많은 사람의 경우 외국인 비율과 위협의 상관관계가 나타나지 않았다. 그러므로 집단 간 접촉은 외국인의 비율과 같은 잠재적 위협 변인인 인구학적 변인의 완충 역할을 하는 것으로 보인다. 집단 간 접촉의 긍정적인 영향력에 대한 많은 예시는 제9장에서 살펴볼 것이다.

이 장을 마무리하기 전에 통합위협 이론의 특정 부분에 대하여 좀 더 자세히 살펴볼 필요가 있다. 스테판과 스테판(2000)에 의해 제기된 위협 중 하나는 외집단에 대한 부정적인 고정관념이다. 나는 이 부분이 항상 혼란스러웠다. 내 생각에는 편견 그 자체의 요소로 간주되어야 할 것 같은데, 이것이 편견의 예측 변인으로 가정된다는 것이 조금은 이상했다. 이 모델에서는 부정적 고정관념의 위치가 연구자들의 관심을 끌고 있는 것이 흥미롭다. 스테판과 동료들(2002)조차도 이 모델을 종합적으로 검증하여 부정적 고정관념이 위협 그 자체라기보다는 위협의 선행 요인으로 작용한다는 것을 발견하였다. 이민자에 대한 네덜란드 근로자의 태도를 조사한 컬수(Curseu)와 동료들(2007)의 연구 역시 스테판과 스테판(2000)이 주장한 부정적 고정관념은 다른 위협(상징, 현실, 불안)처럼 작용한다는 증거가 없다고 하였다. 대신 부정적 고정관념은 중재 변인, 즉 다른 위협이 편견에 영향을 줄 때 부분적으로 매개 역할을 하는 것으로 보아야 한다고 지적하였다.

이 장에서는 집단 사이의 관계에서 발생하는 편견의 기원에 대하여 살펴보았다. 지금까지 살펴본 것처럼 집단 간 관계는 집단의 물질적 번영과 물리적 안정,

집단 구성원들의 사회정체성, 자신이 집단의 사회적 지위에 대한 만족과 불만, 그리고 그들이 느끼는 안전과 위협에 영향을 받는다. 편견의 발생에 가장 중요한 요소들이 무엇인지 질문을 받는다면, 편견은 무엇보다 집단 간 현상이라는 것이다. 이것이 내가 이 장에서 말하고자 하는 것이기도 하다. 그러므로 집단 간 변인들이 이 인과관계에서 가장 중요하다는 것은 놀라운 일이 아니다.

### 요약

1. 편견은 집단의 목표가 달라서 갈등이 발생할 때 나타나는 결과라고 간주하는 것이 유용하다. 원하는 바를 함께 성취하는 공존관계에 있는 집단들에 비해 부족한 자원 때문에 경쟁하는 집단에서 일반적으로 더 많은 편향된 태도와 더 높은 상호 적대감이 나타났다.

2. 하지만 이익 충돌이 편견 발생의 필요조건은 아니다. 집단들은 가장 최소 집단 상황에서도 집단 간 차별 경향성을 보여 준다. 이러한 자연스러운 내집단 편애에 대한 한 가지 설명은 긍정적인 사회정체성에 대한 요구에서 찾을 수 있다. 사회정체성은 편향된 집단 간 경쟁을 발생시키는 것으로 인해 내집단 독특성이 만들어져야 유지되기 때문으로 생각된다.

3. 사회정체성 과정은 편견을 이해하는 두 가지 주요한 방법과 관련된다. 서로 매우 유사한 집단들은 그들의 상호 독특성을 확장시키기 위해 더 편향되지만, 이러한 현상은 집단 구성원의 집단 정체성이 강할 때만 일어난다. 지위의 차이가 있는 집단은 내집단 편향이 유사한 수준을 보이지 않는다. 특히, 지위 위계를 약화시킬 수 있는 불안정성 또는 권위 실추 등이 나타나지 않는다면, 상위 수준의 집단은 하위 수준의 집단보다 좀 더 편향되는 경향을 보인다.

4. 집단 정체성의 강도는 편견을 설명하는 데 중요한 역할을 하지만 정체성이 클수록 편견도 크다는 주장이 항상 옳은 것은 아니다. 이 주장은 집단 간 경쟁이 명백히 드러나거나 또는 내집단이 본질주의로 규정될 때만 사실이다. 더 중요한 것은 집단 정체성은 다른 변인의 효과를 조절한다. 자신의 집단에 더 강한 애착을 가진 사람이 대개 편견을 유발하는 것으로 알려진 다른 요소들에 더 크게 반응한다.

5. 외집단에 대한 편견은 상대적 박탈감, 즉 자신의 집단이 과거에 성취하지 못했던 것에 대한 후회(죄책감)나 현재 잘하지 못한다는 인식 때문에 발생할 수 있다. 이러한 기대는 내집단 때문에 생긴 최근의 이익/손실에 대한 생각에서 비롯되기도 하고, 또는 내집단의 위치와 외집단을 비교하여 더 많이 발생하기도 한다. 비록 때로는 상대적 만족감의 역설적 효과가 나타나기도 하지만, 많은 연구는 상대적 박탈감이 편견에 중요한 역할을 한다는 것을 확인하였다. 때로는 미래에 잘 할 것이라고 기대하는 집단이 변화를 기대하지 않는 집단보다 더 편견을 가질 수 있다.

6. 편견의 중요한 원인은 위협이다. 위협은 실질적 형태(예, 경제적 번영 또는 물리적 안전에 대한 위협)를 취하기도 하고, 또는 좀 더 상징적 성격(예, 문화적 가치 또는 정체성 위협)을 띠기도 한다. 각각의 위협은 종종 집단 구성원에게 구체적인 정서 반응을 일으키는데, 이는 외집단에 대하여 다른 종류의 행동 방식이 나타나는 이유가 된다.

## 주석

1. 성전환 수술을 선택하거나 자신의 피부색을 인공적으로 바꾸는 등의 극단적인 경우는 제외한다. 이러한 극단적인 집단이동 전략은 많은 어려움이 존재한다(Breakwell, 1988 참조).

2. 이 부분은 다소 논란의 여지가 있다. 사회정체성 이론의 설계자들 중 한 명에 따르면, 이 이론은 이러한 가설을 결코 말하거나 내포한 적이 없다(Turner, 1999). 하지만 한때 나의 공동연구자이자 여전히 존경받는 동료와 계속되는 원문 논쟁에 휘말리기를 바라지 않으며, 나는 모든 사람이 그의 견해에 동의하는 것은 아니라고 말하는 것이 더 타당하다고 생각한다[이 문제에 대한 심도 있는 논의는 Brown(2000b), Mummendey et al.(2001b) 참조].

3. 실제 분석은 이것보다 좀 더 복잡했다. 인과관계 가설을 살펴보기 위해 종단 자료를 분석할 때는 앞선 시점에서의 종속 측정치(이 경우에는 태도)를 통제해야만 한다. 그러므로 선거 전 태도를 통제하면 유의미하지 않았던 선거 전 정체성과 선거 후 태도 사이의 관계는 부분 상관이 나타난다(Finkel, 1995 참조).

4. 내가 알기로는 이 용어는 유대교 풍습에서 비롯된 것으로 성직자들이 상징적인 의미로 죄가 많은 사람을 염소로 비유하였고, 결국 허허벌판으로 탈출하도록 놓아주었다(*Chambers 20th Century Dictionary*, 1979). 유대인이 인류 역사를 거치면서 인종차별을 받는 사회 '죄'의 희생양이 자주 되는 것은 참 역설적이다.

5. J-커브 가설의 'J'는 표준에서 올라가고 내려가는 그래프를 고려하여 나온 것이다. 'J'라는 알파벳의 곡선을 뒤집어서 다른 각도로 보면 닮았다.

6. 이 측정은 응답자 자신의 집단에 대한 조건보다는 개인의 생활 조건에 초점을 맞추었다. 그러므로 박탈과 만족의 측정치들은 개인 수준인 것을 고려하면 연구의 결과는 더 놀라운 것이다.

7. 참가자들의 사회적 우월 경향은 실험 조건의 영향을 강화시켰다.

8. 집단 간 불안과 부정적 고정관념이 초기 모델(Stephan & Stephan, 2000)에서는 두드러지게 강조되었지만, 개정된 모델(Stephan & Renfro, 2002)에서는 다소 덜 강조되었다.

## 더 읽을거리

Ellemers, N., Spers, R., & Doosje, B. (eds.). (1999). *Social Identity: Context Commitment, Content*. Oxford: Blackwell.

Mackie, D. M., & Smith, E. R. (eds.). (2002). *From Prejudice to Intergroup Emotions: Differentiated Reactions to Social Groups*. Hove: Psychology Press.

Scheepers, D., Spears, R., Doosje, B., & Manstead, A. S. R. (2006). The social functions of ingroup bias: Creating, confirming or changing social reality. *European Review of Social Psychology, 17*, 359–396.

Sherif, N. (1966). *Group Conflict and Cooperation: Their Social Psychology*, chs 1, 2, 5, 6, London: Routledge.

Tajfel, H. (1981a). *Human Groups and Social Categories*, chs 11–15. Cambridge: Cambridge University Press.

Walker, I., & Smith, H. (eds.). (2002). *Relative Deprivation: Specification, Development and Integration*. Cambridge: Cambridge University Press.

Chapter **07**

# 기존의 편견과 새로운 편견

이 장에서는 앞에서 언급한 것들 중 세 가지 주제를 다시 선정하고자 한다. 첫 번째는 편견이 고정된 현상이 아니라는 것이다. 제4장과 제5장에서 언급한 것처럼 50년 전에는 당연히 여기던 몇몇 소수집단에 대한 노골적인 고정관념이 오늘날에는 상당 부분 사라졌음을 보여 주는 많은 연구가 있다. 이러한 현상은 체계적인 의견 수렴 조사에서뿐만 아니라 일상적인 대화에서도 눈에 띄게 쉽게 찾아볼 수 있다. 두 번째 주제는 편견은 획일적 개념이 아니라는 것이다. 이것은 앞 장들에서 편견의 기질, 인지, 사회적 측면을 살펴봄으로써 확실히 확인하였고, 특히 바로 앞 장에서 다양한 편견의 척도(내집단 편견, 외집단 혐오 등등) 간의 상관이 약하게 나타나는 연구가 중 있다고 언급하였다. 세 번째 주제는 편견은 눈에 보이는 것 이상의 무언가가 있다는 것이다. 즉, 우리의 인식이나 통제를 벗어나는 어떤 다른 측면이 존재한다. 이 주제는 제3장과 제4장에서 자동적 또는 무의식적 특징들로 나타나는 몇 가지 현상을 통해 논의하였다.

이 장에서는 이 세 가지 주제를 한꺼번에 다룰 것이다. 먼저 편견이 실제로 줄어들고 있는지를 살펴보고자 한다. 가장 집중적인 연구가 이루어졌던 서유럽과 북아메리카에서는 적어도 드러내 놓고 노골적으로 표현하는 편견은 실제로 줄어들었다는 증거가 많이 있다. 하지만 이를 반대하는 다른 주장도 있다. 다소 간접적인 방식의 측정으로는 외집단을 대하는 행동이 내집단에 대한 행동과 여전히 다르다는 것이 드러난다는 것이다. 이 장의 두 번째 절에서는 표현 방식에 따른 다양한 편견이 어떻게 변화하였는지를 설명하는 이론들과 그것을 측정하는 척도를 논의하고자 한다. 새로운 편견이 각기 다른 성격을 가지고 있지만, 이들 모두가 우리 사회에 새로운 규준이 만들어지고 집단 간의 정치적·경제적·사회적 관계가 변함에 따라 만들어졌다는 공통점이 있다. 이 모든 새로운 편견의 기저에는 외집단에 대한 부정적 정서가 깔려 있다. 마지막 절에서는 많은 사회심리학자 사이에서 첨예한 쟁점이 되고 있는 편견의 명시적 측정(pencil and paper)과 암묵적 측정을 살펴볼 것이다. 한 측정 방법이 다른 측정 방법보다 더 신뢰적이고 유효한 편견 척도일 수 있을까?

## 편견은 줄어들고 있는가

오늘날 공공장소에서 편견이 가득 찬 시각으로 말하는 사람을 거의 본 적이 없다. 대부분 사람들의 대화와 행동은 관용과 이해심이 많은 것처럼 보인다. 지난 수십 년 동안의 조사들은 이러한 나의 인상이 전적으로 주관적인 것만은 아니라는 것을 보여 준다. 집단 간 태도와 고정관념은 실제로 긍정적인 방향으로 개선되었다. 〈표 7-1〉은 미국에서 나온 결과인데, 시간이 지나면서 점점 더 관용이 증가되고 있음을 볼 수 있다. 여성에 대한 태도에 변화가 있는 것과 마찬가지로 성별의 영역에서도 변화를 보이고 있다. 연구들은 성차별의 태도는 점점 줄어들고 있고, 직장에서도 성 평등이 더욱 힘을 얻고 있음을 보여 주었다(Eagly & Mladinic,

| 표 7-1 | 백인의 인종 고정관념과 태도의 역사적 변화들

| | 1933* | 1969** | 2001*** | |
|---|---|---|---|---|
| (A) 흑인 미국인을 묘사할 때 부정적 특성을 선택하는 참가자의 비율(학생 표본) | | | | |
| 미신적인 | 84 | 13 | 2 | |
| 게으른 | 75 | 26 | 12 | |
| 거만한 | 38 | 11 | 10 | |
| 어리석은 | 22 | 4 | 2 | |
| 몸이 더러운 | 17 | 3 | 0 | |
| 신뢰할 수 없는 | 12 | 6 | 5 | |
| | 1963 | 1977/8 | 1990 | 1996/7 |
| (B) 편견의 태도에 찬성하는 참가자의 비율(대국민조사)**** | | | | |
| 흑인이 옆집에 살면, 이사 가겠는가? | 45 | 14 | 5 | 2 |
| 흑인과 백인의 결혼에 반대하는 법이 있어야 한다. | 62 | 29 | 21 | 13 |
| 흑인과 백인은 다른 학교에 다녀야 한다. | 35 | 14 | – | 4(1995) |

✽ Katz & Braly (1933); ✽✽ Karlins et al. (1969); ✽✽✽ Madon et al. (2001a); ✽✽✽✽ Schuman et al. (1997).

1994; Kahn & Crosby, 1985; Sutton & Moore, 1985; Twenge, 1997).

　이러한 결과들은 실제로 편견이 줄어든 것처럼 보인다. 그 변화의 이유가 무엇이든지, 그리고 그 변화의 진정성에 그 어떤 의심을 하든지 간에, 지난 60년간 이루어진 반인종주의와 반성차별주의를 위한 캠페인과 사회개혁으로 인해 공공연히 드러내 놓고 편견을 보이거나 차별하는 것이 실제로 줄었다는 사실은 결코 작은 성과가 아니다. 이러한 변화로 인해 대중매체에서 여성과 소수집단을 정형화하여 묘사하는 것이 감소(Gaertner & Dovidio, 1986)하고, 또한 전문직이나 관리직에 이들의 침여를 독려하는 경향(Bureau of Labor, 2005, EOC, 2006, Morgan, 1988, Petigrew, 1985; Ministry of Industry, 2005)이 나타났다면, 적어도 인종과 성별의 영역에서는 집단 간 관계의 전망을 회의적으로 보지 않아도 될 것이다.

　하지만 이러한 변화에 대하여 너무 만족하고 있을 수만은 없다. 왜냐하면 또 다른 연구들은 모든 영역에서 편견 감소가 장밋빛은 아니라는 것을 보여 주었기 때문이다. 먼저, 주택, 교육, 고용과 같은 실질적 측면에서 소외집단의 권리가 진전된 것은 사실이지만, 자세히 분석해 보면 상대적 측면(이 책의 제6장에서 말한 몇몇 다른 집단과의 관계)에서의 불평등은 여전히 계속되고 있고 심지어 어떤 부분에서는 불평등이 증가하였다(Pettigrew, 1985; US Department of Labor, 1992). 둘째, 특정 소수집단 또는 여성에 대한 편견 감소 경향이 모든 집단에게 해당되는 것은 아닌 것 같다. 유럽 12개국에서 12년 동안 진행된 몇 차례의 설문 결과에서는 1990년대에 반외국인 감정이 증가하였다(Semyonov et al., 2006). 즉, 몇몇 집단에 대한 편견이 감소하고 사회적으로 받아들여지는 사이에 다른 집단을 향한 편견은 증가한 것이다. 게다가 여성이 높은 직위에 올라가는 것에 대한 '유리천장(glass ceiling)'이라고 불리는 차별이 최근에는 많이 완화되었지만, 실제로는 '유리절벽(glass cliff)'으로 대치된 것이다(Ryan & Haslam, 2007). 이는 여성에게 일부러 위험하거나 힘든 위치의 상급 책임을 주어서 여성의 성과가 나쁘거나 실패하여 비난을 받게 되는 횟수를 상대적으로 높이는 것이다(Ryan & Haslam, 2007).

편견이 줄어든 것처럼 보이지만 실상은 다르다는 또 다른 이유가 있다. 설문조사 등에서 나타난 편견 감소의 증거에 반대하는 몇몇 평론가는 이러한 감소는 현실을 정확히 반영하지 못한 것이라고 말한다(Crosby et al., 1980; Dovidio & Fazio, 1992). 그들은 많은 나라에서 차별을 반대하기 위해 사회적 규준을 변화시키고 법률을 제정하여 편견을 공개적으로 표현할 수 없도록 만든 결과, 사람은 단지 입으로만 관용을 보이는 척할 뿐이고 실제로는 예전의 편견을 그대로 유지하고 있다고 주장한다. 이것을 보여 주는 몇 가지 증거가 있다.

첫 번째는 실험 설계를 사용한 연구인데, 이 연구는 사회적으로 민감한 태도나 고정관념에 반응하는 것과 관련된 척도인 사회적 바람직성의 효과를 줄이도록 설계되었다(Sigall & Page, 1971). 이 설계를 '보거스 파이프라인(bogus pipeline)'이라고 부른다. 실험자는 참가자들에게 이 장치는 피부에 전극을 연결하여 자신의 실제 감정을 추측할 수 있도록 고안되었다고 거짓으로 알려 준다. 실험자는 참가자들에게 많은 시간을 할애하여 이 장치가 실제로 참가자의 진심을 알아낼 수 있다고 믿도록 한다. 물론 그 말은 완전히 거짓이었다. 실험 후, 파이프라인 조건의 참가자들의 결과와 통제집단(파이프라인 속임수가 없는 참가자 집단)의 실험 결과를 비교하였다. 시갈과 페이지(Sigall & Page)는 '흑인'과 '백인'에 대한 참가자들의 고정관념을 알아보기 위하여 이 두 조건의 참가자에게 〈표 7-1〉에 묘사된 6개의 부정 형용사를 제시하였다. [그림 7-1]은 6개의 특성에 대한 백인 참가자들의 생각의 평균 점수를 보여 주고 있다. 통제집단의 참가자들은 백인을 흑인보다 조금 더 부정적으로 평가한 반면, 보거스 파이프라인 조건에서는 극적인 반전을 보여 주었다. '흑인'이 '백인'에 비하여 더 '무지하다' '어리석다' '게으르다'고 보고한 것이다. 다른 연구에서도 유사한 결과가 나타났다(Roese & Jamieson, 1993).

두 번째 주제는 집단 간 태도를 측정하기 위해 관례적으로 사용해 온 측정도구들의 문제다. 기존 측정도구들은 외집단 구성원에 대한 사람의 반응을 살펴보기에는 소극적인 방법을 사용했다. 크로스비(Crosby)와 동료들(1980)은 민족 간 상황에서 관찰된 도움행동과 관련한 수십 개의 연구를 분석하였다. 많은 연구가 자연관찰 연구(참가자가 자신이 관찰되고 있다는 사실을 모르는 상태에서 이루어지는)로 이루어졌다. 연구의 약 절반은 다른 민족보다 같은 민족에게 더 많은 도움을 주었다(이것은 흑인과 백인이 모두 같았다.). 흑인과 백인에 대하여 생각하거나 이야기하는 내용과는 상관없이, 도움을 주어야 하는 상황이 오면 대부분의 사람은 내집단과 외집단을 차별하는 행동을 보였다.

크로스비와 동료들(1980)은 한 가지 흥미로운 사실을 발견하였다. 연구자들이 백인 참가자만을 대상으로 한 연구를 살펴보았을 때, 직접적으로 흑인과 얼굴을 맞대는 접촉이 없는 상황에서는 높은 집단 간 차별 경향이 나타났다. 이 실험 상황에서는 연구의 3/4이 유의미하게 백인에게 도움을 주는 것으로 밝혀졌다. 반대로 도움을 주는 사람과 받는 사람 사이에서 직접적인 접촉이 일어나는 상황, 즉 참가자들의 도움 거절이 공개적으로 드러나는 실험 상황에서는 1/3만이 백인을 먼저 도와주겠다고 대답하였다. 직접적으로 가까운 거리의 상황과 먼 거리의 상

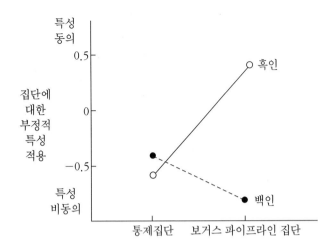

**그림 7-1   사회적 바람직성의 오염을 제거한 부정적 고정관념 측정치**

이 그림은 〈표 7-1〉의 부정적인 6개 특징의 평균을 보여 줌(−3에서 +3 척도).
출처: Sigall & Page (1971), 표 1을 수정함.

황 사이에서의 행동 차이가 이론적으로 중요하다는 것은 이후 다시 살펴보겠다.

세 번째 주제는 사람들의 공개적인 반응, 즉 스스로 통제가 가능한 반응과 무의식적이거나 자연스러운 비언어적 행동 반응은 다르다는 것이다. 웨이츠(Weitz, 1972)는 인종 간 상황에서 이 차이를 살펴보았다. 그녀는 백인 대학생들에게 다른 참가자들에 대한 간략한 예시를 읽고 짧은 메시지를 녹음하도록 하였다. 이 예시에는 인종(흑인 또는 백인)과 직업(법대생 또는 주유소 종업원)에 대한 정보가 들어 있었고, 읽고 난 후 예시에 기술된 사람에 대한 호감도를 평가하도록 하였다. 그런 다음 사회적 거리를 간접적으로 측정하였는데, 예시에 나온 사람과 함께할 수 있는 과제를 선택하는 것으로 그 과제들은 친밀도에 따라 구분되었다. 웨이츠는 예시문의 사람들에 대한 따뜻함과 존경이 어느 정도인지를 녹음된 메시지의 목소리로 분석하였고, 이것이 친밀감 척도와 상관이 있음을 밝혀내었다. 이 상관 결과 중 몇몇은 흥미로웠다. 흑인과 함께 일해야 하는 참가자들의 경우, 친밀감을 말로 평가하는 것과 다른 척도(목소리 톤으로 분석한 따뜻함과 존경 정도와 과제 선택 등) 사이에서 부적 상관이 나타났다. 그들이 더 친밀감을 느낀다고 말할수록 비언어적 행동은 실제로 그렇지 않았다.

인종 간 근접성을 측정하는 두 가지 방법(직접적인 것과 간접적인 것) 사이의 차이는 헨드릭스와 부트진(Hendricks & Bootzin, 1976)의 연구에서도 나타났다. 연구자들은 백인 여성 참가자들이 실험실에 도착했을 때, 방 안의 의자에 앉도록 하였다. 의자 중 하나는 이미 백인 또는 흑인(실험 보조자)이 앉아 있었다. 가장 간접적인 측정은 간단하였다. 8개의 비어 있는 의자 중 참가자가 어느 것을 선택하는가였다. 그다음은 근접성을 측정하는 가장 직접적인 방식으로 참가자와 그 보조자에게 점점 서로 가까이 서 보라고 한 후에 그들이 느끼는 불편함의 정도를 측정하는 것이다. 사회적 바람직성이 가장 잘 나타날 것 같은 후자의 방법에서는 보조자의 인종이 아무런 영향도 끼치지 못했다. 하지만 보다 간접적인 자리 배치 방법에서 참가자들은 백인 보조자보다 흑인 보조자가 앉아 있는 자리에서 약 한 자리씩 멀리(유의미한 결과) 배치된 의자를 선택하였다. 제4장에서 기술한 워드와 동료들(1974)의 연구를 다시 기억해 보자. 그 연구에서도 역시 백인은 흑인 면접자보다 백인 면접자와 더 가까이 앉아서 더 오래 이야기하였고, 실수도 적었다(Heinmann et al., 1981; Kleck et al., 1966 참조).

최근에 도비디오(Dovidio)와 동료들은 서로 다른 집단이 만날 때 사람들이 의식적으로 하는 말과 행동이 실제로 상대방에게 나타나는 행동과 다른 부조화 현상을 좀 더 잘 알아볼 수 있는 방법을 제안하였다(Dovidio et al., 2002). 백인 참가자들은 편견과 관련된 설문을 마치고 난 후 실험실에서 컴퓨터 화면에 제시된 긍정 단어와 부정 단어를 재빨리 인식하는 과제를 실시하였다. 이때 흑인 또는 백인의 도식화된 얼굴이 식역하 자극 아래에서 제시된다(방법은 제4장에서 설명한 자동적 고정관념 활성화 방법이다). 도비디오와 동료들은 결정이 이루어질 때까지의 반응시간을 통해 암묵적 편견을 측정하였다. 암묵적이라고 부르는 이유는 참가자들이 흑인과 백인 얼굴을 의식적으로 알아차릴 수 없기 때문이다. 이후 참가자들은 흑인과 백인의 실험 보조자와 차례대로 만나서 짧은 대화의 시간을 가졌고(또는 반대로 백인과 흑인 보조자 순으로), 이것은 녹화되었다. 이 대화 이후, 참가자들과 실험 보조자들은 자신과 상대의 행동에서 받은 인상을 기술하였다. 마지막으로 몇 명의 독립된 관찰자는 참가자들과 실험 보조자들의 언어적 행동과 비언어적 행동 모두를 기록하였다(두 종류의 행동은 다른 관찰자들에 의해 기록된다). 이러한 상호작용에서 수집된 측정치들로 편향 점수가 계산되었는데, 점수 계산에는 흑인 보조자와의 대화와 백인 보조자와의 대화에서의 차이가 사용되었고, 구체적으로 참가자들의 언어적·비언어적 행동, 자신에 대한 인상 지각, 상대에 대한 인상 지각, 그리고 관찰자들의 전체적인 인상에서의 차이가 편향 점수로 사용되었다. 편향 점수는 참가자들이 실험 이전에 실시한 명시적 편견 점수와 암묵적인 편견 점수 간에 상관이 있음을 보여 주었다.

이 상호 상관의 관계는 너무나 명확했다. 참가자가 의식적으로 상황을 통제할 수 있는 상태에서 실시된 모든 측정은 의식적으로 측정할 수 있는 명시적 척도들과 유의미한 상관이 나타났고, 의식 통제가 가능하지 않은 상황에서 측정한 모든 척도는 암묵적 척도들과 상관이 있었다. 하지만 명시적 척도들의 결과와 암묵적 척도들의 결과 사이에서는 상관이 나타나지 않았다. 이것은 두 가지 흥미로운 질문을 제시한다. 두 종류 중 어느 것이 편견의 지표로 더 타당하고, 더 맞는 것인가? 두 종류의 척도 사이에서 보이는 명백한 분리 현상을 어떻게 이해해야 하는

| 표 7-2 | 참가자들의 통제 내와 통제 외 측정 사이의 상관

| | 언어 | 참가자 | 암묵 | 비언어 | 보조자 | 관찰자 |
|---|---|---|---|---|---|---|
| 명시적 편견 | 0.40* | 0.33* | -0.09 | 0.02 | -0.14 | -0.12 |
| 언어적 행동 | | 0.36* | 0.04 | 0.08 | -0.17 | -0.15 |
| 참가자 지각 | | | 0.05 | -0.07 | 0.11 | 0.12 |
| 암묵적 편견 | | | | 0.41* | 0.40* | 0.43* |
| 비언어적 행동 | | | | | 0.34* | 0.32* |
| 보조자 지각 | | | | | | 0.52* |

＊ 유의미한 상관관계 ($p < 0.05$); 나머지는 모두 통계 분석 결과, 유의한 상관관계가 나타나지 않음.
출처: Dovidio et al. (2002), 표 1을 수정함.

가? 최근 수년간 사회심리학자들은 이런 질문에 많은 관심을 가졌다. 이 부분에 대해서는 먼저 예전과 다른 지금의 편견 형태를 이해하고 측정 방법을 다루는 다양한 이론을 살펴본 후 다시 논의할 것이다.

## 🎞 편견의 새로운 형태

지난 30년 동안 노골적인 편견은 점차 사라졌지만 다른 형태의 차별이 계속 목격되면서 편견의 개념을 새롭게 하고자 하는 시도가 나타났다. 편견의 새로운 형태는 상징적(symbolic), 현대적(modern), 혐오적이고 양가적인 인종차별(aversive and ambivalent racism), 미묘한 편견(subtle prejudice), 현대적이고 양가적인 성차별주의 (modern and ambivalent sexism), 신성차별주의(neo-sexism) 등으로 다양해졌다. 이 새로운 형태의 편견 간에는 중요한 차이점이 있기는 하지만, 적어도 몇몇 편견은 같은 형태의 편견으로 묶어서 살펴볼 수 있는 공통점이 있다. 편의상 나는 새로운 형태의 편견을 세 가지로 분류하여 살펴보고자 한다.

첫 번째는 기존의 또는 예전의 편견이 점점 현대의 형태로 대치되는 것으로, 외집단에 대한 반감을 상징적으로 또는 간접적으로 표현하는 것이다. 이 편견을 지지하는 연구자들 간에는 편견의 내용이나 원인에 대한 합의점은 거의 없지만, 이들은 편견의 개인차를 중요하게 생각한다는 공통점이 있다. 연구 목표는 편견 측정도구로 편견이 높은 사람과 낮은 사람을 구별할 수 있는 신뢰적인 방법을 찾아서 그렇게 구별된 특성과 개인 특성 간의 상관을 연구하는 것이었다. 두 번째 새로운 형태는 상황적 요소를 강조하는 것으로, 주요 주제는 새로운 형태의 편견은 '혐오적' 반응이며 이 반응은 불안을 자극하는 상황에서 나온다는 것이다. 그러므로 당위성이 강조된 말이나 행동 규범이 강하게 존재하지 않는다면, 외집단을 표시나지 않게 멀리할 것이다. 세 번째 새로운 형태는 편견이 단순히 부정적 태도나 혐오에서 변형되어 보다 양가적인 형태를 띠게 되었다는 것이다. 즉, 부정적 요소

와 긍정적 요소 모두 나타날 수 있으며, 심지어 긍정적 측면이 실제보다 더 드러
나 보일 수 있다.

## 현대적 편견

이전과 다른 형태의 편견이 존재할 것이라고 여기는 첫 번째 증거는 1969년의
로스앤젤레스 시의원 선거에서 사람들이 보여 준 투표 행동에 대한 연구에서 찾
을 수 있다(Sears & Kinder, 1971). 시어스와 킨더(Kinder)는 보수 정당의 백인 현직
시장과 진보 정당의 흑인 시의원이 경선하는 이 선거에서 놀라운 결과를 발견하
였다. 현직 백인 시장에 대한 시민의 선호도는 기존의 척도로 측정한 편견 수준과
는 상관이 없었다. 기존의 척도는 흑인의 지적 열등이나 학교 통합 반대 등을 어
떻게 생각하는가에 대한 문항으로 구성되었다(〈표 7-3〉 참조). 연구자들은 기존의
척도 외에 또 다른 척도도 사용하였는데, 이 척도는 소수집단에 의해 이루어진 경
제적·사회적 발전 또는 과거 불평등을 바로잡는 것을 목표로 하는 사회정책에
대한 관심과 관련된 문항들이었다. 바로 이 문항들이 보수 정치인에 대한 투표 선
호도를 예측해 주었다.

| 표 7-3 | 현대적 인종차별과 기존의 인종차별 측정에 사용한 문항들

| 현대적 인종차별 |
| --- |
| 1. 지난 수년 동안 흑인은 그들이 받아야 하는 경제적 이득 이상을 받아 왔다. |
| 2. 지난 수년 동안 정부와 뉴스 매체들은 흑인이 누려야 할 그 이상의 존중을 해 오고 있다. |
| 3. 흑인은 너무 강하게 동등한 권리에 대한 압력을 주장한다. |
| 4. 흑인 차별 문제는 미국 내에 더 이상 없다. |
| **기존의 인종차별** |
| 1. 당신은 수입과 교육 수준이 동일한 흑인 가족이 옆집으로 이사를 온다면, 꺼릴 것 같은가? |
| 2. 당신의 가족 중 누군가가 흑인과 친구를 한다면 얼마나 강하게 반대하겠는가? |
| 3. 일반적으로 당신은 흑인이 백인보다 더 똑똑하다고 생각하는가? |
| 4. 대체로 나는 완전한 인종 통합에 찬성한다. |

출처: McConahay (1986), 표 2와 4를 수정함.

시어스와 동료들은 이 결과를 바탕으로 1930~1940년대에 존재했던 노골적인 형태의 편견이 새로운 형태의 인종차별로 대체되었다고 주장하였다(Henry & Sears, 2002; McConahay, 1986; Sears, 1988). 연구자들은 이 현상의 이유를 다음과 같이 설명하였다. 앞서 언급한 것처럼 사회적 규준의 변화로 인해 공개적으로 편견을 드러내면 사회적 빈축을 사게 되었다. 그러므로 기존의 전통적인 편견 척도의 예측력은 사회적 바람직성으로 인해 그 정확성이 떨어졌다. 그럼에도 미국 또는 다른 지역의 인종차별이 오랫동안 지속되었기 때문에 대부분의 백인은 사회화를 통해 반흑인 정서를 경험하였을 것이다. 또한 소수집단들의 정치적 요구와 정책(의무적 학교 통학버스 등)의 도입은 개인 선택의 자유와 기회균등과 같은 능력주의 정신에 기반을 둔 전통적 서구 가치를 위협했다. 이러한 절대적 가치 침해에 대한 인식이 새로운 형태의 편견에 중요한 주제가 되었다고 할 수 있다. 특히 흑인에 대한 부정적 감정이 문화적으로 사회화되었다면 새로운 편견이 생길 것이다. 맥코나헤이(McConahay, 1986)는 현대적 인종차별주의자의 세계관을 다음과 같이 정리하였다. "차별은 더 이상 존재하지 않는다. 왜냐하면 모든 집단은 동일한 시민권과 경제적 권리를 누리기 때문이다. 흑인은 너무 단시간에 많은 요구를 한다. 이러한 요구는 공정하지 않다. 그러므로 그들은 그런 것을 누릴 자격이 없다."

현대적 인종차별의 속성을 어떻게 측정하는지를 살펴보기 전에, 이 형태의 차별이 갖는 세 가지 특징을 먼저 언급하고자 한다. 첫 번째는 현대적 인종차별주의자들은 흑인의 특성을 과거의 인종차별주의자들과 다르게 믿고 있다. 과거 기존의 인종차별주의자들(old-fashioned racists)처럼 흑인에 대한 부정적 감정을 가지고 있는 것은 같지만, 이들은 흑인에 대한 기존의 전통적 고정관념인 '멍청한' 또는 '게으른' 등에 동의하지 않고, 학교 분리나 인종 간 혼인 등의 미국 남동부 분리주의자의 견해도 지지하지 않는다. 두 번째 특징은 현대적 인종차별주의자들이 편견을 갖는 이유 중 하나는 서구 가치가 위배된다고 믿기 때문이다. 사실 직접적인 개인의 이익에 대한 위협보다 가치의 충돌이 더 중요한 핵심이다. 이들이 화가 나는 이유는 흑인이 자신의 자녀와 같은 학교에 다니게 되어서가 아니라, 공립학교 내에 인종 간 평형을 유지하기 위해 도입된 강제적 버스통합 교육정책이 자녀를 위해 학교를 선택할 수 있는 학부모의 인권에 위배되기 때문이다. 마지막으로, 현대적 인종차별주의를 측정하는 도구에 대한 반응은 기존의 측정도구에서 나타나는 반응보다 약하다. 왜냐하면 이들은 보다 명확히 드러나는 편견의 측면보다 미묘하고 간접적인 측면의 편견과 관련되었기 때문이다. 따라서 사회적 바람직성이 포함된 종류의 편견 측정도구로는 쉽게 찾아내지 못한다. 이 부분은 마지막 절에서 다룰 것이다.

현대적 인종주의를 측정하는 몇 개의 문항이 〈표 7-3〉에 나타나 있다. 이 문항들은 기존의 전통적 문항들과 차이가 있다. 기존 문항과 새로운 문항들을 요인분석[1]한 결과 2개의 하위요인이 나타났는데, 이것은 현대적 인종주의 이론가들이 주장하듯이 두 종류의 편견은 차이가 있다는 것을 지지한다(McConahay, 1986). 하지만 두 종류의 편견이 완전히 분리되지는 않았고, 현대적 인종차별 문항과 기존 인종차별 문항 간에 상관관계가 나타났다(McConahay, 1986; Henry & Sears, 2002). 두 종류의 편견 간에 상관이 나타나는 것은 두 가지로 해석될 수 있다. 두 편견의 구조가 이론가들이 주장하는 것처럼 다르지 않다는 것을 의미할 수도 있고, 또는 현대적 인종주의 이론에서 말하듯이 두 종류의 편견이 흑인에 대한 부정적인 감정이라는 공통분모를 공유한다고 볼 수도 있다. 이 두 해석 중 어느 쪽을 더 지지할 것인지를 결정할 수 있는 한 가지 방법은 어느 쪽이 흑인에 대한 편견을 또는 적어도 편협한 것으로 해석되는 태도와 행동을 더 잘 예측할 수 있는지를 살펴보는 것이다.

이 질문에 대하여 여러 연구가 이루어졌는데, 맥코나헤이(1982)의 연구가 그중 하나다. 그는 미국 켄터키 주에서 시행된 의무적 통학버스에 반대하는 사람들의 태도를 예측하기 위해 두 종류의 편견 측정도구를 사용하였다. 그리고 참가자들

--------------------------------------
1) 역자 주—다수의 문항을 요인분석(factor analysis)을 실시하면 유사한 내용의 문항들끼리 다시 묶여서 나타나는데, 비슷한 내용의 문항들의 집합을 요인이라고 부른다. 여기서는 2개의 요인(기존, 현대)으로 나뉘었다.

이 통학버스 주제가 얼마나 직접적으로 개인의 이익과 연관되는지를 자녀의 나이 등을 통해 알아보았다. 결과는 명확하였다. 현대적 인종차별주의 척도가 흑인에 대한 부정적 태도와 통학버스 사이에 가장 큰 상관을 보였다. 기존의 전통적 인종 주의 역시 신뢰할 만한 예측 변인이었으나 현대적 인종주의에 비하면 아주 미약 한 수준이었다. 개인의 이익은 다른 모든 것과 상관을 보이지 않았다(Jacobson, 1985; Kinder & Sears, 1981; Kluegel & Smith, 1983; McConahay, 1986 참조). 인종통합 이라는 국가 정책에 대한 태도를 예측하는 이 새로운 편견 척도의 유용성은 캘리 포니아 주에서 실시된 세 번의 대규모 설문을 통해서 다시 확인되었다. 여기서는 현대적 인종차별 척도와 아주 유사한 상징적 인종차별 척도의 단축형을 사용하였 다(Henry & Sears, 2002). 상징적 인종차별은 기존 인종차별이나 보수적 정치 신념 과는 독립적으로 인종정책을 반대하는 것과 상관이 나타났다(Sears & Henry, 2005; Tarman & Sears, 2005 참조).

편견이 새로운 형태로 변화하였다는 생각은 미국 사회 또는 편견이 발생한 흑 인-백인 상황에만 국한되지는 않는다. 다른 지역이나 다른 사회 영역의 연구자들 역시 현대적 편견 척도가 집단 간 판단을 유용하게 예측한다는 것을 발견하였다. 호주에서는 아거스티노스(Augoustinos)와 동료들(1994)이 맥코나헤이(1986)의 척 도를 사용하여 호주 원주민에 대한 백인의 태도를 조사하였다. 연구자들은 이 척 도가 원주민과 관련한 긍정/부정 특성을 찬성하는 정도와 상관이 있음을 발견하 였다. 또한 우리는 영국 사회에서 사용할 수 있는 현대적 인종차별 척도를 개발하 여 이 척도가 집단 간 편향이 측정되지 않는 다른 다양한 척도와 상관이 있음을 알아내었다(Lepore & Brown, 1997). 아랍인에 대한 편견을 측정하기 위해 현대적 인종차별 척도를 수정하여 사용한 결과, 이슬람을 반대하는 기관들에 가입하려는 의향과 상관이 나타났다(Echebarria-Echabe & Guede, 2007).

현대적(또는 상징적) 인종차별 척도는 놀라울 만큼 넓고 다양한 영역에서 사용 가능하다는 것이 입증되었다. 이 척도는 대부분의 집단 간 상황에서 사람들의 반 응을 예측하는 독립변인으로 사용되었다. 우리는 이미 제4장에서 사람들의 자동적 고정관념 반응을 구별하기 위해 이 척도를 사용한 예시를 살펴보았다(Devine, 1989; Lepore & Brown, 1997; Wittenbrink et al., 1997). 브리프(Brief)와 동료들(2000)은 이 방법을 좀 더 응용하여 적용하였다. 연구자들은 현대적 인종주의의 특성을 고려했을 때, 눈에 띄는 방법으로 차별하지 않고, 단지 자신의 전통적 가치관에 맞지 않아 법적으로 정당화되는 것을 찾았을 때만 차별할 것이라고 가정했다. 따라서 브리프와 동료들은 현대적 인종차별주의자로 미리 분류된 참가자들에게 마케팅 부서에 고용할 사람을 면접하여 최종 후보자 명단에는 10명 중 3명을 올리도록 하였다. 10명의 후보자 중 절반(3명의 흑인과 2명의 백인)은 자격이 충분했고, 나머지(모두 백인)는 자격 미달이 명확하였다. 한 실험 조건에서는 참가자들이 회사의 CEO에게서 다음 내용이 적힌 메모를 전달받았다. '우리 고객 중 소수민족은 매우 적으므로 백인을 선발해 주었으면 좋겠다.' 다른 조건에서는 이러한 사전 알림이 없었다. 연구자들은 권위 있는 사람의 직접적인 지시가 현대적 인종주의자들의 편견 표출에 대한 변명을 제공할 수 있다고 보았고, 그러한 지시가 없을 때는 드러내 놓고 차별하지 않을 것이라고 믿었다. 연구 결과는 이 가설을 입증하였다. 논리적으로 생각하면 참가자들은 최대 3명의 흑인을 선택할 수도 있고, 적어도 1명은 선택해야 한다. 왜냐하면 5명의 백인 후보자는 명확하게 부적격자들이었고, 백인 중 적격자는 2명밖에 없었기 때문이다. 연구 결과, 참가자들은 흑인을 평균 1.4명 뽑았는데, 실험 조건과 인종주의 점수에 따라 정도의 차이가 나타났다. [그림 7-2]에서 보여 주듯이 현대적 인종주의자들은 정당화 조건에서만 차이가 났는데, 이들은 흑인 후보자를 1명 이하로 선발하였다.

다양한 현대적 인종차별 척도가 편견의 지표라고 생각되었기 때문에 많은 연구자는 이 척도를 다른 변인들의 영향을 받는 종속변인으로 사용하고 있다. 브랜스콤(Branscombe)과 동료들(2007)은 백인 참가자들에게 자신이 백인이기 때문에 받는 이익(다른 조건에서는 불이익)에 대하여 생각할 수 있는 모든 것을 생각하도록 하였다. 제6장에서 언급했던 것처럼 이 지시문의 의도는 그들이 누리는 비합법적 특권의 감정을 불러일으켜서 사회정체성의 위협을 끌어올리는 것이다. 연구자들은

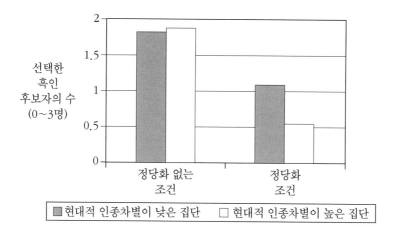

**그림 7-2 현대적 인종차별과 '법적' 정당화**

출처: Brief et al.(2000), 표 1을 수정함.

참가자들이 그 위협에 대항하는 방어 반응으로 현대적 인종주의 척도('흑인에 대한 차별은 더 이상 없다.' '지난 십여 년 동안 흑인은 그들이 받아야 할 이상으로 경제적 혜택을 받았다.' 등; 〈표 7-3〉 참조)에 대한 믿음이 높아질 것이라고 생각했다. 결과는 역시 불이익 조건보다 이익 조건에서 더 높은 현대적 인종차별이 나타났고, 특히 백인의 정체성이 강한 사람에게서 더 높게 나타났다(Branscombe et al., 2007).

현대적 인종차별 척도가 직접적 편견보다 상징적 편견을 잘 측정할 수 있도록 만들어졌기 때문에, 이 척도는 인종 관계의 상징적인 사건에 대한 반응을 예측할 수 있을 것이다. 이와 관련된 유명한 사건이 1995년 심슨(O. J. Simpson)의 살인 사건이다. 심슨은 아주 뛰어난 미국의 흑인 운동 선수였고, 아내를 살해한 혐의를 받았다. 이 재판은 몇 주에 걸쳐 미국뿐 아니라 전 세계의 뉴스를 뒤덮었고, 무죄로 판결이 내려진 이후에도 온 나라에서 많은 의견이 분분하였다. 이 사건에 대하어 3명의 사회심리학자는 평결에 대한 사람들의 반응은 현대적 인종차별과 관련한 그들의 태도를 반영하거나 또는 태도의 영향을 받을 것이라고 예견하였다(Nier et al., 2000). 그래서 이들은 백인 학생들의 현대적 인종차별 정도를 심슨의 판결이 나기 1주일 전과 판결 1주일 후 그리고 다시 판결 9주 후에 측정하였다. 세 번의 측정 중 두 번째에서 연구자들은 평결의 결과를 어떻게 생각하는지에 따라 세 집단으로 분류하였는데, 평결 결과에 동의하는 집단(17%), 심슨은 유죄여야 한다는 집단(55%), 그리고 잘 모르겠다고 답한 집단(28%)으로 나누었다. 2주 전, 그러니까 평결 1주일 전에 측정한 현대적 인종차별 점수가 세 집단으로 분류한 이들의 생각을 예측할 수 있을까? 놀랍게도 세 집단의 평결 전 인종차별 점수는 동일하였다. 그렇다면 평결 후에 이들의 점수는 바뀌었는가? 그렇다. 유죄 집단과 '모름' 집단 학생들의 인종차별 점수는 평결 직후 아주 강하게 증가하였고, 이 결과는 2개월 후에도 지속되었다. 무죄 판결에 동의한 사람들의 점수는 거의 변화가 없었다(Nier et al., 2000).

페티그루와 미어튼스(Pettigrew & Meertens, 1995)는 현대적 편견과 기존의 편견과 유사한 형태의 편견을 제안하였다(Meertens & Pettigrew, 1997 참조). 그들은 이를 미묘한 인종차별(subtle racism)과 노골적 인종차별(blatant racism)이라고 지칭했다. 후자는 기존의 편견과 관련이 있으며, 미묘한 인종차별은 현대적 인종차별과 관련이 있다. 미묘한 인종차별은 소수집단이 자격이 되지 않는 호의를 받고 있다는 생각과 함께 전통적인 개인주의 가치를 지키려는 것으로 구성되어 있기 때문에 현대적 인종차별과 공통점이 매우 많다. 하지만 페티그루와 미어튼스는 미묘한 인종차별을 측정하는 척도에는 다음의 내용을 더 포함해야 한다고 제안하였다. 추가되는 내용은 다수 내집단과 소수 외집단 사이의 문화 차이에 대한 과장된 인식('당신은 영국에 현재 살고 있는 서부 인디언이 우리와 같은 영국인과 비교하여 가치, 성적인 가치, 관례, 종교적 믿음과 실천, 언어 등의 영역에서 어떻게 다르다 또는 비슷하다고 생각하는가?')과 외집단 구성원들에 대한 긍정 정서 반응에 대한 거부('여기에 살고 있는 서부 인디언에게 동정/존경을 느낀 적이 있는가?') 등이다. 노골적 인종차별주의자들과 반대로 미묘한 인종차별주의자들은 소수집단에 대하여 부정적인 느낌을 드러내 놓고 표현하지 않고, 오히려 미미한 정도이긴 하나 긍정적 느낌을 유지한다. 유럽 4개국에서 실시된 대규모 설문에서, 페티그루와 미어튼스는 그들의 가설을 지지하는 증거를 찾아냈다(Meertens & Pettigrew, 1997; Pettigrew & Meertens, 1995 참고). 노골적 인종차별과 미묘한 인종차별의 척도는 상관이 꽤 높았지만, 요인분석(factor analysis) 결과는 2개의 다른 요인으로 나뉘었다.[주석 1] 두 차별 모두 자민족 중심주의, 즉 인종차별을 표방하는 정치 조직을 지지하고 집단 상대적 박탈에 동의하는 척도와는 정적 상관이 나타났고(미묘한 차별의 경우에는 약한 상관을 보였지만), 집단 간 접촉과는 부적 상관이 나타났다.

이 두 인종차별주의자는 이민과 추방 정책에 대하여 견해가 다르다는 증거가 있다. 노골적 인종차별주의자들은 모든 소외집단을 강제로 대대적으로 타국으로 이주시켜야 한다는 것에 찬성하였지만, 미묘한 인종차별주의자들은 단지 이민 서류가 없거나 범죄를 저지른 사람만 추방해야 한다고 주장한다.

지금까지는 인종집단에 대한 현대적 편견만을 살펴보았다. 하지만 비슷한 성격의 상징적 편견이 다양한 집단 간 상황에서도 일어나고 있다. 베노크라이티스와 피긴(Benokraitis & Feagin, 1986)은 여성 역시 드러나지 않은 형태로 차별의 희생이 되고 있다고 하였고, 이를 현대적 성차별주의라고 지칭하였다. 이 새로운 종류의 성 편견을 측정하기 위해서 우리는 신성차별주의(neo-sexism) 척도를 개발하였다(Tougas et al., 1995). 이 척도의 문항은 현대적 인종차별 척도에 있는 것을 바탕으로(〈표 7-3〉 참조), 성과 관련된 영역으로 단어를 수정하였다. 그리고 우리가 생각한 몇 문항을 추가하였다. 이 척도와 함께 기존의 성차별주의 척도(Rombough & Ventimiglia, 1981) 및 직업 장면에서 남성의 집단적 이익 척도를 더하여 여성을 위한 활동 프로그램에 대한 남성의 태도를 예측해 보았다. 연구 결과, 기존 성차별 척도와 신성차별 척도 모두 남성의 태도를 측정한 척도들과 정적인 상관이 나타났지만, 신성차별 척도만이 여성을 위한 프로그램에 대한 태도를 유의미하게 예측하였다. 신성차별 척도의 점수가 높을수록 그 프로그램에 대한 태도는 부정적이었다. 앞서 언급한 현대적 인종차별 연구와 다른 점은 남성의 집단적 이익 척도[주석 2]는 두 성차별 척도와 정적 상관을 보였지만 여성을 위한 활동 프로그램에는 부적 상관이 나타났다는 것이다. 최근에 이 프로그램을 도입한 회사에 다니는 남자 직원들을 대상으로 후속연구를 실시하였는데 같은 결과가 나타났다(Tougas et al., 1995). 비슷한 시기에 스윔(Swim)과 동료들(1995)은 현대적 성차별 척도를 개발하였다. 이 척도의 이론적 근거는 신성차별 척도의 논리와 매우 유사하다. 실제로, 두 척도는 매우 높은 관련성을 보였고, 다른 변인들과의 상관도 비슷하게 나타났다(Campbell et al., 1997).

낙인 집단에 대한 여러 태도 또한 현대적 편견으로 이해할 수 있다. 미국 사회에서 비만인 사람은 낙인 집단 중 하나다. 이들은 사회, 교육, 직업 영역에서 차별의 대상이 되고 있고, 그들 스스로 비만인 권익단체(Advance Fat Acceptance)라는 전국 조직을 형성하였다(Crandall, 1994; *Independent*, 1994. 6. 13.). 크랜달(Crandall, 1994)은 반비만(anti-fat) 편견 척도를 개발하였고, 이 척도가 개념적으로 현대적 인종차별 척도와 유사하다고 믿었다. 현대적 인종차별 척도와 같이 이 척도도 2개의 하위 요인으로 구성했는데, 하나는 반비만 정서 요인이고, 다른 하나는 과중한 몸무게는 의지박약이 원인이라는 내용으로 구성된 요인이었다. 분석 결과, 이 두 하위 요인 간에는 상관이 나타났다. 또한 두 하위 요인이 개인주의와 보수주의 가치 성향과는 상관이 있지만 응답자 자신의 비만도와는 상관이 없었다. 이는 앞서 언급한 현대적 인종차별이 자기 이익과는 낮은 상관을 보이는 것과 동일하다. 코완(Cowan)과 동료들(2005)은 기존의 동성애 편견(heterosexism)과 현대적 동성애 편견을 측정하기 위해 앞의 다른 영역에서 사용한 편견 척도들과 매우 유사한 형태로 척도를 개발하였다. 마치 사회심리학자들이 자신의 질문 영역을 넓히듯이 유사한 형태의 편견 척도들이 노인층, AIDS 환자, 장애를 가진 사람 등의 집단에 대한 편견을 측정하기 위해 꾸준히 개발되었다.

현대적 편견이론을 포함한 유사한 이론들에 대한 비판이 없는 것은 아니다. 대부분의 비판이 현대적 인종차별에 집중되었지만, 나는 그들의 논쟁을 일반화하여 새로운 형태의 모든 편견에 적용할 수 있도록 해 볼 것이다. 이 논쟁에는 세 가지 주제가 있다.

첫 번째 주제는 새로운 형태의 편견과 기존의 편견이 어떤 차이가 있는지에 관한 것이다. 앞서 언급한 것처럼 현대적(또는 상징적) 편견과 기존 편견 또는 미묘한 편견과 노골적 편견 두 종류는 일관되게 0.6 수준의 상관이 나타난다. 일부 연구자는 두 척도가 외집단에 반대한다는 공통 요소가 있기 때문에 두 척도를 하나의 단일 구성으로 묶어야 한다고 주장한다[주석 3](Sniderman & Tetlock, 1986). 이 주제와 관련한 대부분의 논쟁은 높은 수준의 기술적 기법이 필요한 것이었고, 두 종류의 편견을 측정하는 문항들의 요인분석 실시 및 해석 등이 주요한 문제로 떠올랐다(Coenders et al., 2001; Meertens & Pettigrew, 1997; Pettigrew & Meertens, 2001; Sniderman et al., 1991; Tarman & Sears, 2005). 코엔더스(Coenders)와 동료들(2001)과 페티그루와 미어튼스(2001)의 격렬한 논쟁은 이러한 문제의 핵심을 담고 있다. 코엔더스와 동료들(2001)은 페티그루와 미어튼스(1995)가 사용했던 똑같은 자료를 가지고 조금 다른 가정과 분석법을 통하여 다시 살펴보았다. 그들은 미묘한 문항과 노골적 문항이 페티그루와 미어튼스(1995)가 주장했던 것만큼 깔끔하게 2개의 요인으로 나뉘지 않는다고 결론 내렸다. 이들의 분석 결과는 미묘한 문항들의 대부분은 노골적 문항들과 같은 요인으로 묶였다. 여기서 제외되는 4개의 문항은 문화 차이에 대한 인식(이 문항들은 곧 다시 살펴볼 것이다)이다. 게다가 편견 문항들과 다른 척도(예, 교육 수준, 상대적 박탈감, 보수주의)의 상관 역시 문화 차이 문항들의 상관과 다소 다르게 나타났다. 이에 대항하여 페티그루와 미어튼스(2001)는 코엔더스와 동료들의 자료 분석에 대한 비이론적인 접근법에 의문을 제기하였고, 자신들의 원래 공식을 방어하기 위해서 이후 다양한 통계적 논쟁이 벌어졌다. 하지만 통계적 논쟁보다 더 중요한 것은 두 종류의 편견이 다른 예측력을 갖는다는 사실이다. 현대적 편견 척도는 학교 통학버스, 긍정적 활동 프로그램, 이민, 그리고 동성애 혐오의 편파적 발언과 같은 주제에 대한 태도와 상관이 나타났지만, 기존의 편견 척도는 명확한 상관이 나타나지 않는다는 것이다. 물론, 기존의 편견 척도가 이 태도들과 어느 정도의 상관을 보이기는 하지만 그 강도가 아주 약하거나 다른 방향(부적)으로 나타났다(Cowan et al., 2005; Henry & Sears, 2002; Meertens & Pettigrew, 1997; Tougas et al., 1995). 이와 같은 사실은 궁극적으로 현대적 편견 척도가 판별 타당도(discriminant validity)[2]가 있음을 의미하고, 이것은 두 편견이 다른 구성 척도라고 주장하는 연구자들에게 가장 강력한 증거다.

두 번째 주제는 이 새로운 편견 척도가 얼마나 미묘하고 간접적인가에 대한 것이다. 새로운 측정도구는 기존의 척도보다 사회적 바람직성 반응이 덜 일어나는가? 이 척도들을 구성하는 문항들의 표면적인 내용만을 고려해 보면, 솔직히 의심스럽다. 분석 결과를 살펴보면, 사회적으로 바람직한 방향으로 대답하려는 경향이 분명히 나타났고, 평균 점수는 '편견 없음'의 가장 끝에 위치한 점수에 치우치는 경향이 있었다(Augoustinos et al., 1994; Cowan et al., 2005; Devine et al., 1991; Lepore & Brown, 1997; Tougas et al., 1995; Locke et al., 1994). 하지만 라타치와 볼파토(Ratazzi & Volpato, 2003)는 새로운 편견 척도를 지지하는 증거를 찾아내었다. 이들의 연구 결과는 노골적 편견과 미묘한 편견 모두 자신을 바람직한 방향으로 드러내려고 하는 개인적 성향과는 상관이 없었다. 그리고 각 문항들을 분석한 결과, 노골적 편견 문항이 미묘한 문항보다 통계적으로 유의미하기는 하지만 사회적으로 덜 수용되는 것들이었다. 만약 현대적 편견 척도가 실제로 간접적이거나 미묘하다면, 이 척도의 점수는 실험을 진행하는 연구자의 인종 또는 참가자 자신의 대답의 공개 여부 등에 의해 영향을 받지 않아야 한다. 맥코나헤이와 동료들(1981)은 2개의 실험을 실시하였는데, 이들은 실험자의 인종을 다양하게 하였다. 그 결과, 단지 기존의 인종차별 척도만이 백인 실험자에 비하여 흑인 실험자의 출현에 영향을 받았다. 현대적 인종차별 척도의 점수는 실험자 변인 간의 차이가 없었다.

하지만 불행하게도 이후 연구들에 의해 현대적 인종차별 척도가 생각보다 반응적이라는 것이 밝혀졌다. 파지오(Fazio)와 동료들(1995)은 맥코나헤이와 동료들(1981)의 실험자 인종차별 실험을 변형하여 실시하였다. 참가자들은 먼저 현대적

---

2) 역자 주-판별 타당도(discriminant validity)란 이론적으로 연관성이 있는(또는 없는) 변수들과 높은 상관(또는 낮은 상관)이 있는지를 살펴봄으로써 척도의 구성이 타당한지 알아보는 것이다.

인종차별 척도 점수를 공개하지 않고 집단적으로 실시하였다. 그리고 2~3개월이 지난 후 이 척도를 다시 한 번 실시하였는데, 이때는 개별적으로 실시하면서 실험자를 백인 또는 흑인으로 달리하였다. 모든 사람의 인종차별 점수는 두 번째에 다소 감소하였는데, 흑인 실험자 조건에서는 좀 더 극적인 감소를 보였다(백인 실험자가 1점 감소한 것에 비해 흑인 실험자 조건은 4점 감소하였다). 게다가 흑인 실험자 조건에서의 1차 점수와 2차 점수의 상관은 아주 낮게 나타났으며, 이는 전체 평균의 감소뿐만 아니라 참가자들의 점수 순위도 바뀌었다는 것을 보여 준다. 후속 실험에서 파지오와 동료들(1995)은 자신의 생각을 통제하지 않아도 되는 비공개 실험 상황에서는 현대적 인종차별 점수와 암묵적 편견 간의 상관을 발견하였다. 램버트와 동료들(1996)은 현대적 인종차별 척도가 사회적 바람직성에 예민하게 반응한다는 추가 증거를 제시하였다. 그들은 참가자들에게 짧은 문장에 묘사된 흑인에 대한 판단을 부탁하였다. 공개 상황의 참가자들에게는 그들의 판단을 다른 참가자들과 토의할 것이라고 하였고, 비공개 상황의 참가자들에게는 그들의 판단은 비밀이 보장된다고 알려 주었다. 후자의 상황에서는 참가자들의 현대적 인종차별 점수와 흑인에 대한 그들의 판단 간의 정적 상관이 나타나지 않았고, 오히려 부적 상관이 나타났다. 하지만 공개 조건에서는 현대적 인종차별 점수와 개인의 판단 간에 정적 상관이 나타났다. 매우 의심스러운 점은 참가자들이 현대적 인종차별 척도를 실시할 때, 공개 조건이라고 해서 스스로를 편견이 없는 것처럼 보이려고 노력했을 것인가다. 마치 개인의 의견은 배제한 채 공적인 판단 과제를 행하는 것처럼 말이다.

세 번째 주제는 현대적 편견 척도의 몇몇 문항 반응에 대한 해석 문제다. 스나이더맨과 테트락(Sniderman & Tetlock, 1986)은 다음과 같은 '일정 기준에 미치지 못하는 흑인 학생에게 대학입학 할당제를 주는 것은 잘못된 것이다.' (Kinder & Sears, 1981) 등의 상징적 인종차별 문항은 분명히 반인종차별주의 반응의 지표로 사용될 수 있다고 주장하였다. 이러한 입학 할당제와 차별철폐 조치는 소수집단을 무시하는 것이고, 이후 이들의 학업과 전문성의 성취를 약화시킬 수 있다는 자유민

주적 입장에서의 반대(liberal objection)[3]라고 생각할 수 있다. 페티그루와 미어튼스(1995)의 미묘한 인종주의 척도에 포함된 문화 차이 인식을 측정하는 4개의 문항 역시 유사한 측면이 있다. 미묘한 인종주의 척도에서 이 문항들에서 높은 점수를 받는 것은 인종차별주의자를 의미하기도 하지만, 집단 간 차이에 대한 인식의 정도를 의미하기도 한다. 다문화 인식의 발전에 관심 있는 많은 소수민족과 진보적인 정책입안자들이 정확히 강조하는 것은 집단 간 차이에 대한 인식과 존중의 중요성이다. 이들은 이러한 인식이 동화주의자들이 은연중에 암시하는 문화적 전멸을 막을 수 있다고 한다. 중요한 것은 문화 차이 문항들은 편견의 예측 변수들(상대적 박탈감, 접촉, 교육 수준)과 약한 상관을 갖거나 전혀 상관을 보이지 않는다는 것이다(Coenders et al., 2001; Pettigrew, 1997 참조).

스나이더맨과 동료들(1991)은 이 문항들에 대한 비판과 함께 현대적 인종차별 척도가 사실 원칙적 보수주의를 측정하고 있다는 주장까지 확장시켰다. 이것은 전통적 가치(현대적 인종차별 척도의 구성요소인)를 방어하는 것과 밀접하게 관련된 관념적인 측면일 뿐 인종주의자의 생각과 일치하는 것은 아니라는 것이다. 나는 이 주장이 그다지 신뢰할 수 있는 것이라고 생각하지 않는다. 그 이유는 현대적 편견의 상관을 조사한 최근의 연구 결과는 대부분 정치적 태도를 통제하고도, 편견과 다른 관련 변인 간의 상관이 통계적으로 유의미한 높은 수준으로 나타났기 때문이다(Meertens & Pettigrew, 1997; Sears & Henry, 2005; Tarman & Sears, 2005).

## 양가적 편견

지금까지 살펴본 것처럼 현대적 편견 이론은 개인이 강한 집착(개인주의 관념에 대한)과 편견을 감추고 싶어 하지만 기저에는 반외집단(anti-outgroup) 감정이 깔려 있어서 나타나는 새로운 형태의 표현이라고 주장한다. 때로 이 동기 간에 충돌

---

3) 역자 주-개인의 정치적 권리와 시민의 권리가 침해당할 수 있기 때문에 반대하는 것을 말한다.

이 일어나고, 이 때문에 사람들의 집단 간 태도와 행동이 대부분 부정적이거나 차별적인 형태로 나타난다고 여기고 있다. 새로운 편견 형태에 대한 두 번째 이론 역시 집단 간 태도는 갈등과정에서 나온다고 보지만, 이 편견을 지지하는 사람들은 외집단에 대한 긍정적이고 부정적인 태도가 동시에 관련되어 있다고 주장한다. 동시에 발생하는 긍정성과 부정성에 초점을 두기 때문에 이 이론을 양가적 편견 이론(theories of ambivalent prejudice)이라고 부른다. 이 중 인종차별 양가성(Katz et al., 1986)과 양가적 성차별주의(Glick & Fiske, 1996)의 두 이론에 대해서 알아보고자 한다. 이 두 이론은 비슷한 명명법을 공유하지만, 편견에 대한 심리적 기반의 분석과 결과는 사뭇 다르다.

　미국 백인의 집단 간 태도가 미국 문화의 두 가지 핵심 가치인 평등주의(모든 사람은 법 앞에 평등하고, 삶의 평등한 기회를 가져야 한다)와 개인주의(개인은 자신이 지지하는 것 또는 가치 있다고 여기는 것만을 취할 수 있다) 사이의 갈등을 반영한다고 처음으로 주장한 학자는 뮈르달(Myrdal, 1944)이었다. 첫 번째 가치인 평등주의는 사회적 혜택을 받지 못하는 집단(소수인종)에 대한 관심과 사회적 평등이 더 이루어져야 한다는 바람을 나타낼 것이라고 예상할 수 있다. 두 번째 가치인 개인주의는 혜택받지 못한 집단에게 피해자 책임 전가 또는 경멸적 태도를 보일 수 있고, 이들이 가난하고 교육받지 못한 것은 오직 이들이 노력하지 않았기 때문이라는 생각을 갖게 한다. 캐츠와 동료들(1986)은 이러한 생각에서 다음을 제안하였다. 많은 다수집단 구성원은 소수인종에 대하여 긍정적이면서 동시에 부정적인 태도를 가지며, 이와 같은 자신의 태도로 빚어지는 모순을 해결하려는 노력이 소수집단 사람들에 대하여 아주 호의적이거나 아니면 아주 경멸하는 등의 불안정하면서 극단의 형태로 나타나게 된다.[주석 4] 양가성에 의해 촉발된 반응이 어느 쪽으로 일이날 것인지는 몇 가지 요인에 의해 달리길 것이다. 구체적으로, 특정한 상황 요인(예, 외집단 구성원의 행동과 관련한 특성 단서)이나 자신의 행동 및 자아상과 관련한 요인(예, 외집단의 고통에 책임이 있다는 자기위협적 생각에 대한 방어기제) 등이다. 인종차별 양가성 이론의 핵심은 두 가지 개념이다. 한 가지는 외집단에 대한 긍정적 태도는 '현대적 편견'에서 설명하는 '립서비스'라기보다 실제로 일어나는 감정이다. 두 번째는 사람들은 양가성이 고조될 때는 감정적으로 불편함을 느끼고 이 불편함을 줄이기 위한 무언가를 할 것이다. 다시 말하면, 이 이론은 '현대적 편견'과는 대조를 이룬다. 이들은 현대적 편견 태도를 가진 사람은 자신의 기저에 깔린 가치가 충돌한다는 것을 인식하지 못했거나 또는 이미 차별 행동을 함으로써 이 갈등을 해결한 것이라고 가정한다.

초기 몇몇 실험연구는 이러한 양가성에 대한 좋은 자료를 제공한다. 거겐과 존스(Gergen & Jones, 1963)는 참가자들을 정신장애인(또는 비정신장애인)으로 추정할 수 있는 사람들(실험 보조자)과 상호작용하는 상황을 만들었다. 이 상황은 많은 사람이 연민과 두려움 또는 혐오감의 양가적 태도를 가지게 하는 전통적인 사회 범주의 예시다. 연구는 실험 보조자의 행동을 예상 가능하거나 또는 예상 불가능하게 보이도록 설계하였다. 실험 보조자의 행동에 따라 참가자들의 반응은 달랐다. 실험 보조자에 대한 참가자들의 평가는 양가성 이론이 예측한 반응 확대(response amplification)의 형태로 나타났다. 예상 가능한 조건에서는 보다 호의적인(비정신장애인과 비교하여), 예상 불가능한 조건에서는 보다 부정적인(비정신장애인과 비교하여) 반응이 나타났다. 기본스(Gibbons)와 동료들(1980)은 실험 보조자를 신체장애인으로 바꾸었을 때에도 정확히 이와 같은 행동 확대 현상을 관찰하였다. 캐츠와 동료들(1979)은 참가자들에게 자신이 소외집단에 속한 한 사람(흑인, 신체장애인)에게 무심코 화를 내거나 불편하게 하였다고 믿도록 하였다. 이후 그 사람을 도와주겠냐는 질문에서, 그들은 그 상대가 백인 또는 장애가 없는 사람인 경우와 비교하여 상당히 높은 수준으로 동의하였다.

이 연구들에서 태도의 양가성이 나타나는 이유는 자신의 과도한 반응 때문이라고 가정하지만, 실제로는 결코 그렇지 않다. 양가성을 직접 측정한 다음 연구들을 살펴보자. 캐츠와 해스(Katz & Hass, 1988)는 친흑인 태도와 반흑인 태도를 측정하는 척도를 백인에게 실시하였다. 더불어 인도주의-평등주의와 개신교 윤리(개인주의) 가치를 측정하는 척도도 함께 실시하였다. 연구 결과, 친흑인 태도 척도와 반흑인 태도 척도는 약한 부적 상관을 보였는데, 이는 척도가 흑인에 대한 긍정성과 부정성이 잘 분리되어 있음을 뜻한다. 게다가 친흑인 척도는 인도주의-평등주의 가치와 정적 상관이 나타났고, 반흑인 척도는 개인주의와 상관이 있었다. 이후 해스와 동료들(1991)은 친흑인과 반흑인 척도의 두 점수를 통계적 방법을 사용하여 변환한 후 양가성 척도를 개발하였다. 이 두 하위 요인의 점수는 양가성의 조작적 정의를 바탕으로, 동시에 유사하거나 양극으로 나오는 정도를 통해 양가성이 높은지 또는 낮은지를 수치화하였다. 해스와 동료들(1991)의 양가성 척도 점수를 보면 성공 조건에서는 흑인 협력자의 평가가 좋게 나타났고(정적 상관), 실패 조건에서는 나쁘게 나타났다(부적 상관)(Hass et al., 1992 참조). 더불어 이 이론의 주요 개념과 일치하는 결과로, 인종차별 양가성 척도(Hass & Team, 1991)는 감정의 불편함과도 연관이 있는 것 같았다. 감정의 불편함은 현대적 인종차별과는 상관이 나타나지 않았다(Monteith, 1996). 양가성 편견과 현대적 편견이 다르다는 것을 지지하는 또 다른 증거는 이 두 척도 간의 상관이 나타나지 않는다는 것이다(Monteith, 1996).

비록 인종차별 양가성 척도가 현대적, 상징적, 또는 미묘한 인종차별 척도만큼 대중적인 측정도구로 입증되지 않았지만, 내 생각에는 이것이 집단 간 태도와 관련한 의미 있는 무언가를 찾아낸 것 같다. 즉, 사람의 태도는 항상 한목소리로 부정적이지만은 않고, 때때로 호의적인 것과 비호의적인 요소가 혼합되어 있다는 사실이다. 양가성 이론의 단점은 극단적인 반응이 일어나는 방향을 명확히 구체화하지 못했다는 것이다. 살펴본 바와 같이, 양가성은 소외집단 구성원에 대한 폄하와 친사회화를 모두 이끌어 낼 수 있지만, 어느 쪽의 발생 가능성이 더 높은지를 예상하기가 쉽지 않다.

캐스와 동료들(1986)은 외집단과 관련하여 느끼는 양가성이 실제 헌신에서 일어난다고 주장한다. 사람들은 집단 간에 긍정적 태도를 가질 수도 있고, 외집단에 대한 연민의 감정도 느낄 수 있기 때문이다. 잭맨(1994)은 양가성을 매우 나쁜 의도를 가진 것이라고 해석한다. 그녀의 생각은 캐츠와 동료들처럼 종속집단에 대한 지배집단의 태도는 종종 명확하게 긍정적인 요소를 포함한다는 것에서 출발한다. 백인은 혹인의 우월한 운동신경과 음악적 기량에 대하여 감탄을 하고, 남성은 여성이 가지고 있는 온화함과 세심함의 덕목을 칭찬한다. 하지만 잭맨의 분석은 이렇게 호의적으로 보이는 태도는 관념적인 가식이라는 것이다. 구체적으로, 다수 지배집단이 긍정적 태도를 갖는 본래의 목적은 집단 간에 존재하는 힘의 불평등을 유지하고 강화하려는 것이라고 말한다. 얼핏 보기에는 이 말이 다소 역설적으로 들릴 수 있지만, 잭맨은 대부분의 현대사회에서 폭력과 강압에 의해 자신의 우위를 행사하는 방법은 법적 제약 때문에 실현 가능하지 않다고 보았다. 또한 강압적 방법은 종속집단의 저항이 거세기 때문에 너무 많은 비용이 들 수 있다고 하였다. 그러므로 좀 더 교묘한 전략인 설득을 사용하여 종속집단들이 그들의 종속을 스스로 받아들일 수 있도록 하는 것이다. 다시 말하면, 달콤한 말로 그들을 항복시킨다는 것이다.<sup>주석 5</sup>

이와 같은 논리적 이유를 가지고 그릭과 피스케(1996)는 양가적 성차별주의 척도를 개발하였다. 그들은 기존 성차별주의와 앞 장에서 토론했던 현대적 형태의 성차별주의와 구분하여 자애로운 성차별주의(Benevolent Sexism: BS)라는 단어를 사용하였다. 이는 표면적으로는 상당히 긍정적인 것처럼 보이지만, 마음 아주 깊은 곳에서는 필연적으로 여성이 남성보다 열등하다는 생각을 하고 있는 것이다. 자애로운 성차별주의는 세 가지 특성을 갖는다. 첫째, 가부장주의(paternalism)로 여성은 남성보다 영향력과 권위가 떨어진다고 믿고 있기 때문에 남성의 보호를 받아야 한다. 둘째, 성의 구별(gender differentiation)은 범주화(이 책의 제3장 참조)의 결과로서 남성과 여성은 완전히 다르고, 심지어 여성이 좀 더 긍정적 특성(온화, 섬세한 감정)을 소유한 것으로 보지만, 이는 남성의 우월성을 해치지 않는 한까지만 허용한다. 셋째, 이성적 친밀함(heterosexual intimacy)은 모두는 아닐지라도 대부분이 가지고 있는 강한 규범적 경향성으로 남성은 여성과의 로맨틱하고 성적인 관계를 찾는다는 것이다. 이 관계는 어느 정도까지는 최소한 여성의 자발적 협력(성폭력 등의 경우를 제외하면)이 필요하기 때문에, 자애로운 성차별주의자들은 여성의 성적 매력이나 아름다움을 강조할 것이다.

이 생각을 바탕으로 그릭과 피스케(1996)는 새로운 문항들을 만들었다. 이 문항들 중 절반은 기존의 성차별주의 또는 **적대적 성차별주의**(Hostile Sexism: HS)에서 고안하여 만들었고, 나머지는 좀 더 자애로운 성차별주의(BS)의 특성을 반영하였다. 문항 중 일부가 〈표 7-4〉에 나타나 있다. 적대적 성차별주의 문항들은 좀 더 부정적인 느낌이고, 현대적 성차별주의 또는 신성차별주의를 측정할 때 사용하는 문항들과 유사하다(Tougas et al., 1995; Swin et al., 1995). 반대로, 자애로운 성차별주의 문항들은 보다 긍정적인 분위기이고, 피상적으로는 여성에 대하여 보다 호의적인 태도를 표현하는 것처럼 보인다.

그릭과 피스케(1996)는 심리측정 방법을 보다 확대하여 11개의 적대적 성차별주의 문항들은 서로 상관이 높고, 하나의 단일한 척도를 형성하는 경향이 있음을 발견하였다. 한편, 11개의 자애로운 성차별주의 문항들은 서로 상관이 높기는 하였지만, 다시 가부장주의, 성의 구별, 이성적 친밀함의 3개의 하위 요인으로 구분되었다. 그럼에도 자애로운 성차별주의 전체 척도는 좋은 내적 신뢰도를 보여 주었다. 몇몇 다른 연구 결과도 눈여겨볼 만하다. 첫째, 비록 남성이 여성보다 높은 점수 분포를 보여 주기는 하였지만, 남성과 여성 모두 유사한 반응 패턴을 보여

| 표 7-4 | 양가적 성차별주의 척도의 문항 예

| 적대적 성차별주의 |
| --- |
| 1. 여성은 너무 쉽게 기분이 나빠진다. |
| 2. 여성은 직장에서 겪는 문제들을 과장한다. |
| 3. 여권주의자는 남성에게 전적으로 타당한 요구를 한다(역문항). |
| **자애로운 성차별주의** |
| 1. 재난이 발생하였을 때, 여성이 남성보다 반드시 먼저 구조되어야 하는 것은 아니다(역문항). |
| 2. 남성과 비교하여 여성은 도덕적 감성이 뛰어난 경향이 있다. |
| 3. 모든 남성은 자신이 좋아하는 여성이 있어야만 한다. |

출처: Glick & Fiske (1996), 부록.

주었다. 이는 적대적 성차별주의와 자애로운 성차별주의 요인은 남성과 여성 모두에게 보이는 현상이라는 의미다. 둘째, 적대적 성차별주의와 자애로운 성차별주의는 서로 꽤 좋은 정적 상관(0.3~0.5)이 나타났다.[주석 6] 셋째, 적대적 성차별주의는 현대적 성차별주의와 상관이 나타났고, 자애로운 성차별주의(적대적 성차별주의를 통제한 상태에서)는 그렇지 않았다. 넷째, 적대적 성차별주의는 여성에 대한 전체적인 평가와는 부적 상관을 보였지만, 자애로운 성차별주의는 정적 상관이 나타났다. 세 번째와 네 번째는 적대적 성차별주의와 자애로운 성차별주의가 다른 종류의 편견을 측정한다는 그릭과 피스케의 주장을 뒷받침하는 중요한 결과다. 즉, 적대적 성차별주의는 노골적으로 부정적인 편견을, 자애로운 성차별주의는 긍정적으로 보이나 미묘하게 갈취하는 편견을 측정한다는 것이다. 이러한 광범위하고 경험적인 결과는 다른 연구에 의해서도 증명되었다(Conn et al., 1999; Masser & Abrams, 1999 참조).

양가적 성차별주의 측정도구의 등장은 성차별에 관심이 있었던 연구자들의 많은 업적과 결과로 이어졌다. 이것은 그릭과 동료들의 큰 헌신과 독창성 덕분이다. 이제 이 척도를 개인 차원에서 사용한 연구들을 살펴본 후, 사회적 차원에서의 결과로 넘어가 보자.

양가적 성차별주의자 남성[주석 7]의 전체적인 태도가 여성에 대하여 자애로운 측면과 적대적 측면을 동시에 반영하는, 다시 말하면 긍정적이면서 부정적인 견해를 동시에 가지고 있다는 것을 다시 상기해 보라. 그렇다면 캐츠와 동료들(1986)의 인종차별 양가성 이론과 같이 양가적 성차별주의자는 여성에 대하여 좀 더 극단적 평가, 즉 아주 긍정적이고 아주 부정적인 평가를 함께 할 가능성이 있다. 그릭과 동료들(1997)은 정확하게 이것을 보여 주었다. 그들은 남성 참가자들에게 여성의 열 가지 유형(직업을 가진 여성, 페미니스트, 전업주부 등등)을 생각해 낸 다음, 이들에 대하여 긍정-부정 정도의 등급을 매기게 하였다. 예상대로, 남성의 양가적 성차별주의 점수는 점수의 변량(점수 폭의 차이)과 정적 상관을 보였다. 즉, 성차별주의가 심한 남성에게서 평가의 범위가 더 크게 나타났다.

보다 걱정스러운 것은 적대적 성차별주의와 자애로운 성차별주의가 몇 가지 눈에 띄는 여성에 대한 노골적인 태도와 상관이 나타났다는 것이다. 특히 성적 행위와 관련되어서 말이다. 대부분의 강간 범죄자가 피해자의 남자친구이거나 또는 가볍게 아는 사이 등으로 알고 지낸 사람이라는 것은 잘 알려진 사실이다(Temkin & Krahe, 2008). 강간범은 어두운 골목에서 만나는 낯선 사람이라는 일반적인 고정관념과는 정반대의 사실이다. 비록 '아는 사람'과 '낯선 사람'의 강간을 구별하지 말아야 하지만(결정적인 법적 쟁점은 바로 동의 여부다), 많은 사람의 생각, 특히 성차별주의자의 생각은 두 종류의 범죄 행위에 대하여 상당한 차이를 보였다. 비키(Viki)와 동료들은 이 차이를 예시문을 사용한 연구를 통해 보여 주었다. 그들은 참가자들에게 강간 사건과 관련된 2개의 예시문 중 하나를 보여 주었다(Abrams et al., 2003; Viki & Abrams, 2002; Viki et al., 2004). 한 예시문에서는 여성이 파티에서 남성을 만났고, 그날 저녁에 그녀의 집으로 함께 오게 된 후 남성이 여성을 강간하였다. 이것은 아는 사람에 의한 강간 예시문이다. 다른 예시문은 여성이 불빛 없는 어두운 거리를 가다가 한 번도 본 적 없는 낯선 사람에게 강간을 당한 내용이다. 대부분의 참가자는 전자보다 후자의 경우에서 피해자에 대한 비난을 덜하였다(Abrams et al., 2003). 연구 결과, 피해자에 대한 비난은 자애로운 성차별주의자에게서 더 높게 나타났고, 특히 아는 사람에 의한 강간의 예시문에서 이러한 경향을 보였다([그림 7-3] 참조). 낯선 사람에 의한 강간 상황에서는 누구도 그녀에게 비난을 돌리지 않았다. 또 다른 연구에서는 '아는 사람'에 의한 강간 예시문 상황의 자애로운 성차별주의자들은 강간범죄자들을 덜 비난하고, 더 관대한 문장으로 표현하였다(Viki et al., 2004). 이 결과들에 대한 해석은 여성에 대한 자애로운 성차별주의자들의 명백한 호의적 태도는 단지 여성이 그들 스스로 '적절하게' 행동한 때에만 일어난다는 것이다. 만약 여성이 자애로운 성차별주의자들이 생각하는 얌전하고, 순결하고, 순수한 행동의 전통적인 역할에서 벗어나는 행동을 한다면, 이들은 바로 여성을 비난할 것이다.

적대적 성차별주의자는 어떤가? 그들 역시 강간 피해자를 비난하는 경향이 있

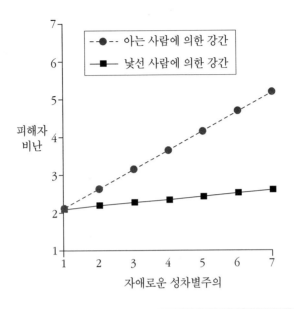

**그림 7-3  강간 상황에서 자애로운 성차별주의와 피해자 비난 사이의 관계**

출처: Abrams et al. (2003), 그림 1.

다. 하지만 이들은 강간 상황의 유형에 따라 달라지지 않는 좀 더 일반적인 비난
을 했다. 또한 '아는 사람'에 의한 강간 예시문에 한하여 여성에 대한 공격적인
태도를 유지하고 더 높은 강간 성향을 보였다(Abrams et al., 2003). 즉, 그들 역시
강간범과 유사한 행동을 할 수도 있냐는 질문에 동의할 가능성이 높다. 그들은 여
성에 대하여 '마초적' 태도가 존재하는 사회에서는 아내 학대에 좀 더 관대한 경
향이 있다(Glick et al., 2002). 직장에서도 적대적 성차별주의자는 더 노골적으로
차별을 할 수 있다. 왜냐하면 직장에서의 여성은 그들의 우월성에 직접적인 위협
이 되기 때문이다. 그래서 매서와 에이브람스(Masser & Abrams, 2004)는 적대적 성
차별주의자는 여성 지원자를 관리직으로 채용하기를 꺼리는 경향이 있음을 발견
하였고, 위너와 헐트(Wiener & Hurt, 2000)의 연구는 적대적 성차별주의자가 직장
내 성추행의 심각성을 보다 가볍게 생각한다는 것을 보여 주었다. 이 연구들 중
어느 것도 적대적 성차별주의의 효과를 통제하지 않았을 경우에는 자애로운 성

차별주의와 유의미한 상관이 나타나지 않았다.

개인적 차원에서 살펴본 이 결과들에 더하여 그릭과 피스케(1996)는 사회적 차원에서 성차별주의가 성 불평등을 정당화하고 영구화시키는 이념적 기능을 제공한다고 주장하였다. 더욱이 성 불평등은 비록 그 정도는 다르겠지만 세상 모든 곳에 존재하기 때문에, 비교 문화의 입장에서는 양가적 성차별주의를 확인할 수 있어야 하며, 또 그 나라의 적대적 성차별과 자애로운 성차별의 수준과 불평등 정도 사이의 연관성을 찾는 것이 중요하다. 그릭과 25개국의 많은 공동 연구자들은 이 사실을 발견하였다(Glick et al., 2000, 2004). 페루를 제외한 모든 나라에서 양가적 성차별 척도의 분석 결과는 명확히 '적대적-자애로운' 구조를 보였다. 그릭과 피스케(1996)의 초기 연구에서처럼 대부분의 나라에서 적대적 성차별주의와 자애로운 성차별주의는 정적 상관이 나타났다. 적대적 성차별주의와 자애로운 성차별주의의 평균은 나라마다 큰 차이를 보였는데, 쿠바, 남아프리카, 나이지리아, 보츠와나 등은 평균보다 3점 이상 높았고, 오스트리아, 영국, 네덜란드 등은 평균보다 2점 이상 낮았다.[주석 8] 적대적 성차별주의와 자애로운 성차별주의의 국가 차이는 유엔에서 조사한 국가별 성불평등 지수와 강한 상관이 나타났다. 성불평등 지수를 구성하는 항목에는 관리직, 의회, 교육 수준 등의 영역에서 여성의 비율이 포함된다. 연구에는 비교적 적은 국가들이 포함되었기 때문에 상관 결과가 항상 유의미하게 나타난 것은 아니다. 하지만 어찌되었든 그와 같은 상관 결과가 관찰되었고, 높은 수치(모두 0.40 이상)가 나왔다는 것은 꽤 놀라운 것이다.

정리하면, 우리는 양가적 편견에 관하여 무엇을 말할 수 있는가? 우리는 먼저 양가적 인종차별(Katz & Hass, 1988)과 양가적 성차별주의(Glick & Fiske, 1996)가 다소 다른 내용이고 매우 다르게 측정된다는 것을 알아야 한다. 양가성에 대한 친흑인과 반흑인 척도는 외집단에 대한 긍정적 또는 부정적 징시를 액면 그대로 문항에 반영하였고, 두 척도 간에는 약한 부적 상관을 가졌다. 반대로 그릭과 피스케(1996)의 양가성 성차별주의 척도는 비록 보기에는 다르게 보일지라도 두 척도 모두 여성을 깔보려는 의도가 있고, 대체로 정적인 상관이 나타난다. 아마도 그릭과 피스케 이론의 가장 논란이 되는 주장은 자애로운 성차별주의의 내재된 긍정적 감정이 실제로는 근원적인 멸시이므로 지금까지 편견을 반감이라고 규정했던 기존의 정의는 더 이상 적절하지 않다는 주장일 것이다(이 책의 제1장 참조).

나는 다소 복잡한 이 문제의 해결점을 찾았다. 물론 자애로운 성차별주의의 전체 점수가 여성에 대한 부정적 결과(강간 사건에서 피해자 비난, 사회적 성차별)와 관련이 있다는 것은 논란의 여지가 없다. 이것은 그릭과 피스케가 주장한 대로 자애로운 성차별주의는 편견을 가장한 형태라는 것을 명확히 지지한다. 하지만 자애로운 성차별주의 몇몇 문항의 안면 타당도(face validity)[4]는 조금 의심스럽다. 나는 성의 구별 하위 요인과 이성적 친밀함 하위 요인의 문항들이 실제로 비성차별주의자의 근거로 생각할 가능성이 있다고 믿는다. 예를 들면, 남성은 진심으로 여성의 '뛰어난 도덕적 민감성'과 '보다 섬세한 문화적 감각과 입맛'을 믿을 수 있다고 생각한다. 이런 믿음은 좀 더 낮은 지위라고 여겨지는 육아와 가사의 역할에 한정하지 않더라도 자애로운 성차별주의의 이 두 문항에 동의할 수 있다. 또한 자애로운 성차별주의의 다른 문항인 로맨틱한 파트너를 갖고 싶은 열망에 동의하는 것 자체가 반드시 여성에 대한 가부장적인 태도를 반영하는 것은 아니다. 자애로운 성차별주의의 몇몇 문항의 모호성은 이 척도의 하위 요인(3개) 간의 차이에 대한 후속 연구가 필요함을 의미하는 것이다. 이 문항들의 모호성을 조사해 볼 필요가 있다는 것은 샤플로(Chapleau)와 동료들(2007)의 '강간 신화 수용(어떤 상황에서는 강간이 정당화된다는 믿음들; Burt, 1980)'과의 상관 연구에서 찾을 수 있다. 연구자들은 자애로운 성차별주의 척도를 하나의 단일 척도가 아니라 3개의 하위 요인들로 나누어 적대적 성차별주의와 함께 사용하였다. 적대적 성차별주의는 당연히 강간 신화 수용과 정적 상관이 나타났지만, 자애로운 성차별주의의 하위 요인들은 매우 다른 상관 결과를 보여 주었다. 이성적 친밀함과는 0의 상관이, 성의

---

4) 역자 주-안면 타당도란 문항의 내용이 측정하고자 하는 것을 잘 표현하고 있는지를 전문가 또는 일반인이 살펴봄으로써 척도의 구성이 타당한지를 알아보는 것이다.

구별과는 정적 상관이, 그리고 가부장주의와는 부적 상관이 나타났다. 이 결과들은 적어도 자애로운 성차별주의를 단일 형태의 편견이라고 했던 이전 연구자들의 주장에 무리가 있다는 것을 보여 준다.

## 혐오적 편견

앞서 나는 흑인과 백인에 대한 다른 반응은 대부분 사회적으로 적합하다고 명시화되어 있는(예, 그들을 도와주는 것) 규준이 없는 곳에서 발생한다는 것을 다양한 연구를 통해서 살펴보았다. 또한 백인의 비언어적 행동이나 비교적 자동적인 행동은 백인 참가자보다 흑인 참가자와 무언가를 함께할 때 미묘한 차이가 있다는 연구 결과도 언급하였다. 이 결과들은 가트너와 도비디오(1986)가 코벨(Kovel, 1970)의 '혐오적 인종차별(aversive racism)' 개념을 다시 연구하는 계기가 되었다. 코벨은 편견의 또 다른 형태인 혐오적 인종차별이라는 개념을 얘기하면서, 이는 많은 미국 백인이 소수 인종을 대하는 행동의 기저를 이룬다고 생각하였다(Dovidio & Gaertner, 2004 참조).

현대적 인종차별이론처럼 가트너와 도비디오는 노골적이고 뻔뻔한 편견의 형태가 이제는 시들해지고 있다고 믿었고, 많은 백인은 진실로 관용과 인종 평등의 원칙에 동의하고, 심지어 진심으로 진보적인 공공정책을 지지한다고 주장하였다. 한편, 이와 같은 민주적인 태도에는 소수집단 구성원과 함께 무언가를 해야 하는 것에서 비롯되는 일정 부분의 불안과 자라 오면서 소수집단과 관련하여 문화적으로 사회화된 부정적인 이미지에서 발생하는 불편함 등이 공존한다. 이것은 회피나 냉정함과 같은 행동 지표를 통해 자신도 모르게 자신의 속마음이 드러남으로써 흑인(그리고 다른 외집단)과의 상호작용에 영향을 끼칠 것이라는 생각에서 오는 불안감이다. 하지만 혐오 반응은 좀 더 쉽게 편견을 갖지 않은 것처럼 보이도록 합리화될 수 있기 때문에, 단지 그 상황이 모호하거나 논란이 있을 수 있는 규범이 존재할 때만 나타날 수 있다. 그러므로 차별에 반대하는 규범이 중요한 곳에서는 혐오적 인종차별주의자조차도 반차별적 규범을 따를 것이라고 예측할 수 있다.

이 접근법과 앞서 내가 언급했던 다른 편견 형태들 사이의 차이점과 공통점을 살펴보자. 혐오적 인종차별주의자들도 실제로 캐츠와 해스(1988)가 이야기한 양가적 인종차별주의자처럼 통학버스나 소수자 우대정책과 같은 진보적인 집단 간 태도에 어느 정도 동의한다. 하지만 시어스(1988)와 맥코나이(1986)가 말한 현대적 인종차별주의자들은 이 부분에서 반대 의견을 주장한다. 현대적 인종차별주의자들에게 그 정책들은 서구 전통적인 개인주의 가치에 부합하지 않기 때문이다. 혐오적 인종차별주의자의 편견은 명확한 규범적 제약이 없는 상황에서만 무심결에 드러난다고 가트너와 도비디오는 믿는다. 이것 때문에 설문지와 같은 자기보고식 측정도구를 사용해서는 혐오적 편견을 측정하기가 어렵다. 더욱이 가트너와 도비디오의 모델에서는 혐오적 인종차별이 각 개인의 특성일 수 있는지에 대해서는 전혀 신경 쓰지 않는다. 오히려 대부분의 사람이 특정 상황, 즉 규범이 모호한 상황에서 혐오 반응을 보일 것이라고 가정한다. 하지만 지금까지 우리가 살펴본 다른 모든 접근법은 새로운 형태의 편견이 의식적인 수준에서 작용하기 때문에 기존에 사용한 자기보고식 측정법으로 살펴볼 수 있다고 가정한다. 또 다른 공통점은 페티그루와 미어튼(1995)의 미묘한 인종차별의 구성 요소와 마찬가지로 혐오적 인종차별을 구성하는 주요 정서 역시 두려움, 불편함 또는 온화함의 결핍이며, 현대적 인종차별에서 말하는 것처럼 근본적인 감정은 여전히 적대감과 혐오다.

가트너와 도비디오(2004)는 자신들의 이론을 지지하기 위해 상당한 증거를 동원하였다. 이 증거 중 몇몇은 실제 관찰 상황에서 나왔는데, 연구자들은 일부러 잘못된 번호로 전화를 한 것처럼 가장해서 백인 참가자들의 반응을 관찰하였다. 전화를 하는 사람은 차가 고장 나서 정비소에 도움을 요청하는 내용이었고, 도움을 요청하는 사람의 인종을 체계적으로 다양화해서 조사하였다. 백인이 도움을 요청하였을 때보다 흑인의 경우에 도움을 주겠다는 반응이 적었다면 이는 차별의 증거다. 이런 증거는 몇몇 연구에서 정확히 발견되었다(예, Gaertner, 1973; Gaertner & Bickman, 1971 참조). 이 상황, 즉 먼 거리에서 전화로 도움을 요청하는 상황은 전화를 받는 백인에게는 그 피해자를 도와주어야 하는 강력한 규범이 없다는 것을 주목하라.

잘못된 번호 연구로부터 나온 또 다른 흥미로운 결과가 있다. 가트너(1973)는 공개적으로 민주당(진보) 또는 공화당(보수)으로 등록한 사람들에게 이와 같은 가짜 전화 방법을 사용하여 응답자의 정치적 입장과 편견과의 관계를 추측할 수 있을 것이라고 예상하였다. 당연한 결과로, 보수적인 응답자들은 흑인보다 백인이 전화하였을 때 더 많은 도움 의사를 보였고, 진보적인 사람들에게서는 차이가 나타나지 않았다. 하지만 자료를 좀 더 세밀하게 살펴보았을 때, 전화를 한 사람의 인종은 확인되지만 그 사람이 요구하는 것이 무엇인지 아직 듣지 않은 상태에서 전화를 더 빨리 끊어 버린 사람들은 진보적 민주당 지지자들이었다. 이들은 백인의 전화보다 흑인의 전화를 더 자주 바로 끊었다. 이것은 흑인의 전화에 대한 차별이라고 볼 수 있다. 보수적인 사람의 경우 인종에 따라 전화를 더 빨리 끊는 것의 차이는 나타나지 않았다. 이 우연한 발견이 혐오적 인종주의 이론을 세우는 기틀을 마련하였다. 명시적인 질문이었다면 편견을 맹렬히 거부하였을 진보적인 사람이 명확한 행동 지침이 없는 상황에서는 확실한 차별의 증거를 보여 주었다. 연구 결과를 다시 한번 상기시켜 보면, 전화를 빨리 끊어 버린 것은 도움을 요청하기 전에 일어났기 때문에 어떠한 사회적 책임 규준이 발생하기 이전임을 알 수 있다.

실험실 연구에서도 유사한 결과가 발견된다. 가트너와 도비디오(1977)는 가짜 초감각지각 실험을 개발하였다. 이 실험에서 참가자들은 텔레파시를 보내는 사람(흑인 또는 백인)으로부터 그 메시지를 받으려고 노력해야 한다. 참가자들 중 절반에게는 이 실험 상황에 있는 사람은 참가자와 텔레파시를 보내는 사람뿐이라고 얘기하고, 나머지 절반의 참가자들에게는 참가자 외에 또 다른 사람과 함께 그 텔레파시를 듣는 것이라고 하였다. 그리고 실험이 절반쯤 진행되었을 때, 의자 더미가 떨어지는 소리와 함께 텔레파시를 보내는 사람이 고통스러워하는 소리를 듣도록 하였다. 그 소리를 혼자 듣도록 한 조건에서는 그 상황에 개입해야 한다는 강한 규준을 느끼고 실제로 그들 중 90% 정도가 도와주려고 하였다. 이 상황에서는 피해자가 흑인인지 백인인지는 관계가 없었다. 한편, 우리가 잘 알고 있는 라테네와 달리(Latene & Darley, 1970)의 방관자 개입 연구에서와 같이, 또 다른 한 상황에서는 사회적 책임감의 규범을 매우 덜 느끼는 결과를 보여 주었다. 다른 참가자가 함께했던 상황에서는 도움의 정도가 일관되게 낮았는데, 피해자가 백인인 경우와 흑인인 경우에서 차이가 나타났다. 백인보다 흑인의 경우에 도움이 절반으로 줄어든 것이다([그림 7-4] 참조). 더욱이 이 차이는 참가자가 실험 전에 측정한 편견 점수와는 관련이 없었다. 그러므로 규범이 현저하게 드러나는지의 상황 수반성과 피해자의 인종이 참가자가 지닌 편견보다 더 중요한 요소임이 입증되었다(Dovidio & Gaertner, 1981, 1983; Frey & Gaertner, 1985; Snyder et al., 1979 참조).

혐오적 편견은 다소 모호한 상황에서만 그 나쁜 특성이 나타나는 경향이 있다. 연구자들은 이것을 가상적 고용 장면이나 법적인 의사결정 장면에서 찾아내었다. 가트너와 도비디오(2000)는 백인 참가자들에게 동료 상담사를 고용하는 상황이라고 알려 준 다음 지원자들의 이력서를 보여 주었다. 연구자들은 이력서의 내용을

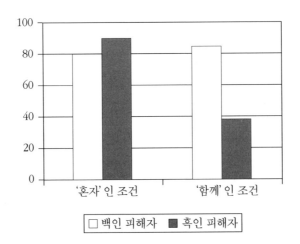

**그림 7-4  혐오적 인종차별 지표로서 '백인'과 '흑인' 피해자 도움 주기**

출처: Gaertner & Dovidio (1977), 표 1을 수정함.

조작하였는데, 한 사람은 충분한 자격이 되는 사람, 한 사람은 확실히 부족하거나 모호한 자격 조건으로 만들었다. 그리고 이력서의 다른 정보들을 통해 이 사람이 흑인인지 백인인지를 알 수 있도록 하였다. 참가자들은 지원자들을 점수로 평가하였고, 이 사람을 그 자리에 추천(또는 비추천)하였다. 이 평가 점수들과 추천 여부는 참가자들의 자격과 다소 일관되게 나왔다. 충분한 조건의 후보자는 모호한 후보자보다 더 호의적인 평가와 추천을 받았고, 모호한 후보자는 부족한 사람보다 더 호의적인 평가를 받았다. 아주 좋거나 아주 나쁜 극단의 경우에서는 흑인과 백인 후보자 간에 차이가 나타나지 않았다. 타당한 결정이 무엇인지 명백한 상황에서 인종 편향의 행동은 너무나 쉽게 눈에 띌 것이다. 하지만 자격이 모호한 후보자의 경우에는 올바른 결정이 명백하지 않다. 이때는 백인 후보자들에게 유리한 편향이 확실히 나타났다. 더욱이 이 편향은 참가자들의 명시적 편견 척도 점수로는 예측되지 않았다. 심지어 10년 후 이 연구를 똑같이 다시 실행하였을 때조차도 동일한 결과가 나타났다.

보다 현실적인 고용 관련 차별 연구가 헤블(Hebl)과 동료들(2002)에 의해 고안되었다. 차별 집단은 게이 지원자로 정하였고, 잘 훈련받은 남녀(실험 보조자)가 지원자로 가장하여 직원을 구하는 수십 개의 상점을 방문하였다. 지원자들의 절반은 'Gay and Proud'가 눈에 띄게 적힌 모자를 썼고, 나머지는 'Texan and Proud'라고 적힌 모자를 썼다(연구가 텍사스 주에서 진행되었기 때문이다). 모자는 각 상점을 방문하기 직전에 주어졌기 때문에, 실험 보조자들조차도 자신이 어떤 모자를 쓰게 될지 모르는 상태에서 실험이 진행되었다. 따라서 실험 보조자들도 타인의 행동에 어떤 영향을 줄 수 없음은 확실했다. 각 상점마다 그들이 차별받는지를 확인할 수 있는 네 가지 공식적인 지표가 있었다. 첫째, 그들이 들어갔을 때 일자리가 있냐는 말을 들을 수 있는가, 둘째, 지원서를 작성할 수 있는가, 셋째, 그 상점에서 나중에 그들에게 그들의 지원을 의논하기 위해 전화를 줄 것이라고 말하는가, 그리고 마지막으로 화장실을 사용한다고 말할 때의 반응이었다. 이 지표들에 대한 상점 주인의 반응과 이에 대한 실험 보조자들의 평가, 그리고 대화의 진행 정도 등을 살피며 면밀히 조사되었다. 또한 이 상황들은 관찰자에 의해 점수화되었는데, 상점 주인들이 지원자에게 얼마나 우호적이었는지 또는 도와주려고 했는지 등이다. 게이 지원자들에 대한 차별이 명확하리라고 생각된 공식적인 지표들 중 모자에 적힌 단어에 따른 차이는 발견되지 않았다. 하지만 좀 더 미묘한 지표들에서는 차이가 나타났다. 실험 보조자들이 'Gay and Proud'를 썼을 때는 대화가 2분을 넘지 않았고, 목소리 톤도 더 부정적이었다. 이는 실험 보조자 스스로와 관찰자 모두가 그렇게 느꼈다. 간접적으로 쉽게 나타나지 않는 지표들에서도 'Gay and Proud'의 경우에는 혐오적 동성애 공포 반응이 나타났다.

혐오적 차별과 유사한 차별이 유사 법적 장면에서도 관찰되었다. 법적 장면은 소수집단의 피고에 대한 노골적인 차별이 아니라, 법적 불확실성 상황에서 소수집단에 대한 편견으로 나타났다. 텔레비전 법정 드라마의 열혈 시청자들은 재판장에서 나오는 '채택할 수 없는 증거'를 만들려고 노력하는 몇몇 변호인의 교묘한 계획에 익숙할 것이다. 이런 증거들을 제시할 때 상대편 변호인은 "이의 있습니다!"라고 소리를 지르고, 판사는 배심원들에게 지금 들은 내용은 무시하라고 말할 것이다. 허드슨(Hodson)과 동료들(2005)은 이와 같은 법적 책략을 실험에 사용하였다. 피고가 흑인 또는 백인인 이 실험에서 참가자들은 관련 내용을 읽고 유죄인지를 판단해서 몇 년형이 적절한지, 그리고 또다시 죄를 범할 가능성은 있는지 등을 결정해야 한다. 절반의 참가자들에게는 '채택할 수 없는 증거'들로 기술된 정보가 제공되었고, 그 정보의 내용은 무시해야만 했다. 나머지 참가자들은 피고의 유죄가 명확하게 기술된 내용을 받았다. 후자의 조건에서는 흑인과 백인 사이에 평결의 결과 차이가 없었다. 하지만 모호한 내용으로 기술되어 결정적 증거로는 채택할 수 없도록 쓰인 내용을 읽은 사람들은 백인보다 흑인 피고에게 더 많이 유죄를 선고하였고, 형량도 더 길었으며, 그들이 다시 범죄를 저지를 것이라고 말한 비율도 높았다. 중요한 것은 이들의 반흑인 편견은 참가자들의 현대적 인종차별 척도로는 예측되지 않았다(Johnson et al., 1995 참조).

혐오적 인종차별주의자는 자신도 모르게 편견을 보이는 것 같다. 이것은 소수

인종의 존재나 그들의 신체적 접촉에 대하여 통제되지 않는 다양한 자동적 반응에서 드러난다. 이 현상은 랜킨과 캠벨(Rankin & Campbell, 1955)의 초기 연구에서 처음 발견되었다. 이들은 백인 참가자들이 실험자가 백인일 때보다 흑인일 때 실험 중 접촉에서 보다 큰 피부 전기 반응을 보인다는 것을 발견하였다. 이와 같은 인종에 따른 전기 자극의 차이가 항상 발견되는 것은 아니었지만(Guglielmi, 1999), 또 다른 자동적 지표는 보다 일관된 결과를 보여 주었다. 예를 들면, 브라나와 록락(Vrana & Rollock, 1998)의 실험에서는 백인 참가자들의 심장박동을 측정하기 위해 흑인 실험자가 들어갔을 때 심장박동 수가 증가하였고, 맥박을 재는 동안에도 계속해서 증가하였다. 연구자들은 또한 이러한 상황에서 얼굴의 피하 근육, 특히 미소 관련 근육 활동을 측정하는 근전도에도 변화가 나타난다는 것을 발견하였다. 실험자가 방으로 들어간 처음 10초 동안에는 흑인 실험자보다 백인 실험자에게 더 많은 웃음을 보였다. 그리고 10초 이후에는 흑인 실험자에게 더 큰 미소를 보냈다. 이들은 이것을 초기 자동적 차별(혐오적 편견)이라고 해석하였다. 초기의 자동적 반응 이후에는 좀 더 통제된 사회적 표현이 나타나는 것이다. 마지막으로 나일(Nail)과 동료들(2003)의 실험을 소개하고자 한다. 이들은 혐오적 편견을 주장했던 가트너(1973)의 연구 결과를 다시 보여 주는 실험을 진행하면서, 브라나와 롤락(1998)이 시도했던 것과 같은 패러다임을 사용하였다. 연구 결과, 백인 실험자와 비교하여 흑인 실험자와의 접촉이 있을 때 피부 전도 반응과 심장박동 수가 증가하였다. 놀라운 것은 '온건'한 사람들과 '보수'적인 사람들에게서는 이와 같은 결과는 보이지 않았고, 오직 '진보'적인 사람들에게서만 이 결과가 나타났다. 그들은 자칭 진보적인 태도를 가지고 있음에도 흑인의 접촉에 대한 명확한 신체 반응을 제어하지 못하였다. 올포트(1954)가 남긴 유명한 말처럼 "편견은 이성으로는 감출 수 있으나, 감정으로는 숨길 수 없다."

## 편견 형태의 통합

지금까지 나는 혐오적 편견과 관련하여 내집단과 외집단에 따라 차별행동을 교묘하게 할 수 있도록 만드는 상황의 요소를 강조하였다. 이것은 도비디오와 가트너(2004)가 주장한 주요한 설정이자 그 개념의 시작점이다. 앞서 언급한 것처럼 그들은 혐오적 인종차별이 높은 사람과 낮은 사람을 구별하기 위한 설문 형태의 측정도구를 사용하는 것은 꺼렸다.[5] 하지만 그들이 강조한 상황 요소는 현대적 편견 모델에서 선호하는 개인차 접근과 접점을 찾을 수 있는데, 이 가능성에 대한 단서는 몬티스와 동료들이 제공하였다(Devine et al., 1991; Monteith, 1993; Monteith et al., 1993 참조). 올포트(1954)가 처음 제기했던 개념을 이용하여, 이 연구자들은 현대적 편견을 가진 사람들을 알 수 있는 방법을 제안하였는데, 그들이 해야 한다(should)고 생각하는 것과 하려고 한다(would)고 생각하는 것 사이의 차이를 스스로 인식했을 때 나타나는 반응을 통해 알 수 있다고 했다. 연구자들은 참가자들에게 짧은 시나리오(예, 흑인 또는 게이가 와서 버스 옆자리에 앉는 상황)를 보여 주고 어떻게 해야 하는지와 실제로 어떤 반응을 보일 것인가에 대하여 표시하라고 하였다. 그런 다음 자신이 말한 두 반응 사이의 차이를 보여 준 후 그들의 감정적 반응을 이끌어 냈는데, 이때 나타난 반응은 죄책감, 당황스러움, 그리고 자기 비난이었다. 연구자들은 그들의 '하려고 한다/해야 한다(would/ should)' 차이에 대한 반응이 실험 전 실시한 현대적 인종차별 점수와 동성애 공포 점수에 의해 구분된 높은 편견과 낮은 편견을 가진 사람들을 구분 짓는다고 하였다. 올포트(1954)가 말한 것처럼 낮거나 중간 정도의 편견을 가진 사람은 높은 편견의 사람보다 더 많은 자기 비난과 죄책감을 보였다. 이 실험 참가자 중 한 명은 다음과 같이 말했다.

---

5) 역자 주—상황적 요소를 중요하게 여겼으므로, 개인 수준에서의 혐오적 편견이 높거나 낮은 것은 고려하지 않았다는 뜻이다.

내가 어렸을 때, 무척이나 따랐던 형이 동성애자를 향해 'fag'라는 모욕적인 말을 사용하였다. 나 또한 그것에 익숙했는데 커 가면서 동성애에 대해 천천히 알아 가게 되었고 동성애자를 모욕했던 나 자신이 부끄러워졌다. 소수집단에 대한 그런 반응은 내가 원하는 게 아니라는 것을 느꼈다(Monteith, 1993, p. 84).

이 개념에 따르면, '해야 한다/하려고 한다'의 차이를 결정짓는 특별한 상황과 관련된 감정은 혐오적 편견과 연관되어 있고, 이러한 여러 상황에 걸쳐서 발생하는 죄책감의 일반적인 수준은 현대적 형태의 편견과 좀 더 관련될 것이다.

혐오적 인종차별과 현대적 인종차별이 관련이 있다는 다른 증거는 클레인페닝과 하겐도른(Kleinpenning & Hagendoorn, 1993)이 보여 주었다. 그들은 네덜란드 아동에게 사용하기 위하여 기존의(생물학적) 인종차별 척도, 자민족 중심주의 척도(소수민족의 문화적 동화와 온화한 민족주의 편견과 비교되는), 상징적 인종차별 척도와 혐오적 인종차별 척도를 개발하였다. 또 소수집단과 관련한 행동 의도, 예를 들면 그들과 데이트를 할 것인지, 인종차별적 농담을 하는 사람을 피할 것인지 등을 묻는 척도를 실시하였고, 행동 의도와 함께 차별 철폐에 대한 태도, 그리고 보수적인 인종 고정관념에 대한 참가자들의 생각 등을 조사하였다. 연구자들은 다양한 인종차별 척도 모두 서로 상관이 있음을 발견하였지만, 좀 더 세심한 분석을 통해 척도의 강도 정도에 따라 순서가 있음을 발견하였다. 즉, 기존의 인종차별은 다른 모든 형태의 인종차별을 압도하였고, 그다음이 상징적 인종차별로 자민족 중심주의와 혐오적 인종차별보다 강하게 나타났다. 그리고 혐오적 인종차별이 4개 중 가장 약하였다. 이 순서와 동일하게 행동적 의도, 차별 철폐 조치와 고정관념 척도는 4개의 편견 형태에 따라 체계적인 결과가 나타났다. 혐오적 인종차별 주의자들은 차별 반응을 가장 덜 하였고, 기존의 생물학적 인종차별주의자들은 가장 강한 차별 반응을 하였다. 이 결과를 토대로 연구자들은 편견을 누적 차원으로 볼 수 있다는 결론을 내렸다. 처음에는 개인적 상황에서 소수민족에 대한 조심스러운 회피(혐오적 편견)에서 시작하여, 자신의 집단이 우월적이라는 믿음과 타

인종이 부당하게 많은 사회경제적 혜택을 받고 있다는 신념(현대적 편견)으로 발전하고, 마지막에는 인종차별주의자의 모든 특성을 갖춘 믿음인 특정 집단에 대한 유전적 열등감을 선포하고 그들의 송환이나 분리를 요구하는(기존의 편견) 것으로 귀결된다.

## 🎞 암묵적 편견 척도

앞서 살펴본 것처럼 대규모의 설문이나 실험 연구 등에서 나타나는 편견의 명확한 감소가 실제로 편견의 본질이 변화해서일 수도 있지만 편견의 공개적인 표현에 대한 사람들의 태도 변화가 감춰져서일 수도 있겠다는 의구심이 '새로운' 편견의 이론적 발달에 중요한 자극제가 되었다. 연구자들은 이 의구심을 가지고 새로운 측정도구와 기술을 고안하였다. 그들은 이 새로운 측정도구와 기술들이 덜 직접적이고 더 미묘한 방식으로 적용되기 때문에 편견의 실제 모습을 보여 주는 타당한 지표가 될 것이라고 주장하였다. 하지만 이 새로운 측정도구들 자체는 여전히 사회적 바람직성의 효과에 취약하다는 비판을 받을 수 있다. 안면 타당도를 보면, 그 척도들을 구성하는 많은 문항이 사회적으로 민감한 주제에 관한 것이 명확하기 때문에 사람들은 쉽게 문항의 의미를 알아차리거나 적절한 반응을 찾을 것이다. 파지오와 동료들(1995)의 연구 결과인 현대적 인종차별 척도 점수가 실험을 진행하는 사람들의 인종에 의해 영향을 받았다는 것을 상기해 보라.

연구자들은 이와 같은 고민을 해결하기 위하여 편견을 암묵적으로 측정할 수 있는 방법을 고안하는 노력을 하였다. 연구자들은 편견에 대한 참가자들의 의식적인 반응이 그러한 통제가 불가능한 상황에서는 덜 일어나거나 아니면 경우에 따라 전혀 일어나지 않는다고 가정하였기 때문에 '암묵적'이라고 불렀다. 이 가정이 맞다면 그 척도들에서 나온 점수는 자기표현이나 정치적 정당성 효과에 덜 민감할 것이고, 따라서 편견의 실질적인 지표가 될 수 있음을 의미한다. 여기서는 편견의 암묵적 측정도구 중에서 대중적인 몇 가지를 소개할 것이다. 그런 다음이와 관련한 다음의 몇 가지 논란을 살펴볼 것이다. 암묵적 측정과 명시적 측정의 관계는 어떠한가? 서로 다른 암묵적 측정도구들 사이의 상관은 어떻게 되는가? 암묵적 측정은 사회적 바람직성의 압력 또는 다른 상황적 단서가 있을 때에도 정말로 변하지 않는가? 그리고 구성 타당도에 있어서 가장 엄밀한 검증이라고할 수 있는가? 이 척도들은 이미 알려진 편견 태도, 정서, 행동의 지표들과 어떤관련이 있는가?

암묵적 측정도구의 한 부류는 편견을 보여 주는 다양한 신체 반응을 측정한다. 이 중 몇 가지는 이미 언급하였는데, 부정적 집단 간 태도를 추측할 수 있는 심장박동 또는 피부 전기 반응의 변화를 사용한 연구다(Kleck et al., 1966; Nail et al., 2003; Rankin & Campbell, 1955; Vrana & Rollock, 1998 참조). 비슷한 것으로 근전도검사를 사용한 기법도 있다. 이것은 얼굴의 여러 가지 근육에서의 전기적 활동을기록하는 것이다. 카치오포(Cacioppo)와 동료들(1986)에 따르면 각각의 얼굴 근육활동은 다양한 자극에 대한 사람들의 좋고 싫은 감정의 미묘한 지표를 제공한다. 얼굴의 두 영역이 특히 중요하게 생각되는데, 하나는 눈살을 찌푸릴 때 사용되는미간의 추미근이고, 다른 하나는 웃을 때 사용되는 뺨의 광대뼈 근육이다. 전자는부정적 정서에 후자는 긍정적 정서를 나타낸다. 밴맨(Vanman)과 동료들(1997)은미국 백인 참가자들에게 흑인과 백인의 사진을 보여 주고, 사진의 대상과 대화하는 것을 상상하도록 하면서 이 두 근육의 기록을 수집하였다. 각 그림을 본 후에참가자들의 근육 움직임이 측정되었고, 동시에 참가자들은 자기보고식 측정, 예를 들면 그들이 얼마나 좋은지 등의 설문을 수행하였다. 연구 결과, 자기보고식측정은 참가자들이 백인보다 흑인을 더 좋아한다고 주장하는 친흑인 편향으로 나타났다. 하지만 근전도 검사의 결과는 다르게 나타났다. 백인 사진과 비교해서 흑인 사진이 나타날 때마다 미간 근육의 활동은 늘어났고, 미소 근육의 활동은 줄어들었다. 흥미로운 것은 친백인 또는 반흑인 근전도 검사 편향은 단지 현대적 편견척도에서 중간 이상을 받은 사람에게서만 보였다. 이 연구의 참가자는 25명뿐이었는데 만약 더 많은 사람을 대상으로 해서도 유사한 결과가 나온다면, 이 특별한 물리적 측정에 의해 나타나는 편견은 지속적이고 명시적인 사람들의 사회적 태도와 일부분은 일치할 것이다. 게다가 이 결과는 앞서 제4장에서 언급한 자동적 고정관념 활성화의 결과와도 일치하는데, 활성화의 본질은 사람들이 가진 기존의 편견 수준에 의해 결정된다는 것이다(Brown et al., 2003; Lepore & Brown, 1997; Locke et al., 1994; Wittenbrink et al., 1997).

이와 같은 신체 측정은 문자 그대로 우리가 통제할 수 없거나 자신도 모르게 표현되는 속마음의 편견을 잡아내는 것처럼 보인다. 하지만 이러한 종류의 측정으로부터 얻은 해석이 갖는 결정적인 문제가 있다. 이 문제는 앞으로 다른 암묵적 지표들에서도 다시 불거질 것이다. 이 척도들에 의해 실제로 측정한 것은 무엇인가? 지지자들의 주장대로 외집단에 대한 부정적 감정인가? 아니면 단순하게는 덜 긍정적인 감정이지만 완전한 반감은 아닌 것인가? 아니면 타당도의 측면에서는 문제가 있지만 적대감이나 부정적인 평가보다 어떤 불안, 아마도 죄책감이나 인지적 불확실성을 감지하는 것인가? 여러 기준에 부합하는 보다 강력한 타당도가 수립되지 않는다면, 이 질문들에 대한 분명한 답을 구하기는 실제로 힘들다.

근전도 검사는 참가자의 얼굴에 여러 개의 전극을 붙이고 참가자가 자신의 의지대로 생각하도록 한 채 다양한 자극에 대한 전기적 활동을 기록하는 것이다. 그러므로 이것은 대부분의 실험에서 실용적으로 사용할 수 없는 번거롭고 번잡한 절차다. 암묵적 측정의 두 번째 부류는 이러한 단점들을 보완한 것으로, 거의 동시에 일어나거나 또는 아주 짧은 시간 간격을 두고 제시되는 자극 쌍들에 대한 반응 시간(Reaction Time: RT)을 1,000분의 1초 단위로 측정한다. 이 기법의 기본 논리는 사람의 인지적 시스템에 더 가까이 접근할 수 있는 관련 자극은 의미적으로 또는 정서적으로 더 먼 자극보다 더 빨리 반응할 것이라는 것이다. 예를 들면, 내집단의 긍정적(또는 부정적) 상징을 나타내는 자극 쌍과 외집단과 연합된 상징 자극 쌍에 대한 반응 시간을 비교함으로써 내집단과 외집단이 내적으로 어떻게 표상되는지를 추론할 수 있다. 또한, 자극들은 아주 짧은 시간 동안 제시되고 참가자들은 되도록 빨리 대답해야 하기 때문에, 참가자들이 의식적으로 자신의 행동을 살펴보거나 통제하는 것은 불가능하다고 가정한다. 그러므로 이들은 이 절차로 측정한 편견은 암묵적이라고 할 수 있다고 주장한다.

파지오와 동료들(1995)은 이 종류의 기법 중 하나인 연상 점화(associative priming)라고 알려진 것을 고안하였다. 이 기법은 참가자들이 먼저 제시되는 다양한 단어에 대하여 긍정적인지 부정적인지를 재빠르게 분류해야만 한다. 이 판단에 대한 반응 시간은 이후의 반응 시간들의 평가를 위한 기저선이 된다. 그런 다음 '점화' 단계에서는 단어를 보여 주기 전에 흑인 또는 백인의 얼굴을 0.3초 정도 보여 준다. 참가자들은 이 얼굴들을 무시할 것이고 단지 단어들이 부정적인지 긍정적인지를 구분하는 것에 집중할 것이다. 파지오와 동료들(1995)은 백인 참가자들이 흑인 얼굴을 본 뒤 단어 구분을 진행할 때는 백인 얼굴을 본 뒤와 비교하여 단어를 긍정적으로 분류하는 것이 기저선 반응 시간보다 눈에 띄게 느려지는 것을 발견하였다. 이것으로 파지오와 동료들은 참가자들이 흑인보다 백인에 대한 자동적 연상 선호를 가지고 있다고 결론지었다. 이 연구에서 나온 세 가지 다른 결과도 흥미롭다. 첫째, 흑인 실험 보조자에게 보이는 친절 행동과 자동적 편향의 크기는 부적 상관이 나타났다. 둘째, 모든 참가자에게서 자동적 편견은 현대적 편견과 같은 명시적 측정과 거의 상관이 나타나지 않았다. 셋째, 두 번째 결과를 더 세밀히 분석하여 참가자들의 편견이나 감정을 통제하고자 하는 의지에 따라 집단을 나누었을 때는 자신의 편견을 통제하려는 의도가 없는 집단에서는 암묵적 편견 수준과 명시적 편견 사이에 명확한 상관이 나타났지만, 통제 의도 집단은 두 측정의 상관이 나타나지 않았다.

파지오와 동료들의 실험은 점화 단어와 목표 단어 모두 참가자들이 명확히 확인할 수 있을 정도로 충분히 제시되었다. 얼굴이 사라지는 것과 단어가 나타나는 것 사이의 차이가 꽤 짧아서(0.135초) 의식적으로 통제 전략을 쓰는 것을 막을 수 있다고 하더라도, 점화 단어가 역치 이상으로 제시되어서 참가자들이 어느 정도 연구의 목적을 알아차릴 수 있다는 사실은 여전히 존재한다. 이 문제를 피하기 위하여 위튼브링크(Wittenbrink)와 동료들(1997)은 점화 자극을 역치 아래 수준인 0.15초로 아주 짧게 제시하였다. 점화 자극은 '흑인' 또는 '백인'이라는 단어였고, 후속 과제는 다양한 긍정/부정 단어들과 무의미 철자들을 주고 단어인지 아닌지를 판단하게 하는 단순한 것이었다. 다시 한 번 말하지만, 이 실험에서 중요한 것은 서로 다른 점화 자극이 제시되었을 때 긍정 단어와 부정 단어들이 맞는지 아닌지를 판단하는 시간이다. 위튼브링크와 동료들은 흑인 점화 자극 뒤에는 부정 단어가, 백인 점화 자극 뒤에는 긍정 단어가 더 빨리 판단되는 것을 발견하였다. 파지오와 동료들(1995)의 연구와는 달리 자동적 편향의 정도는 명확히 현대적 인종주의와 관련이 있다는 것을 발견하였다. 상관의 크기는 비록 중간 정도인 .40 전후였지만 대부분의 실험 연구에서 볼 수 있는 상관의 크기를 고려하면 비교적 높은 수치였다.

아마도 가장 잘 알려진 암묵적 편견 척도는 그린왈드(Greenwald)와 동료들(1998)에 의해 개발된 암묵적 연상 검사(Implicit Association Test: IAT)일 것이다.[주석 9] 암묵적 연상 검사의 핵심은 간결성이다. 첫 번째 과제에서 참가자들은 2개의 다른 범주에 대한 반응을 한다. 예를 들면, 내집단 이름(또는 얼굴)과 긍정 단어에 대하여 하나의 반응 키를 사용하고, 외집단 이름(또는 얼굴)과 부정 단어에 대하여 다른 반응 키를 사용하도록 요구받는다. 이 시도들을 '양립 가능'이라고 이름 붙이고, '내집단-긍정'과 '외집단-부정'이 기본적인 인지적 연합이라고 가정한다. 이 양립 가능 조건 실험 이후에 변화를 주는데, 이제 그 개념들의 하나를 바꾸어서 다른 쌍을 시도하는 것이다. 두 번째 역전된 과제에서는 하나의 반응 키에는 내집단과 부정 자극을, 다른 반응 키에는 외집단과 긍정 자극을 배정한다.[주석 10] 이 시도를 '양립 불가능' 조건이라고 한다. 실험하는 동안 사람들은 최대한 빨리 그리고 정확하게 반응해야 한다. 암묵적 연상 검사의 핵심 개념은 양립 불가능한 조건에서의 반응 시간이 양립 가능한 조건에서보다 더 클 것이라는 것이다. 왜냐하면 양립 불가능한 것에 비하여 양립 가능한 것이 인지적 차원에서 가깝다고 여겨지는 연합이기 때문이다. 그러므로 두 조건 간의 시간 차이는 특정 외집단에 대한 암묵적 편견 척도로 사용될 수 있을 것이다 .

이 차이는 다양한 집단을 대상으로 한 대규모 연구에서 유의미한 수준으로 발견되었다(Nosek et al., 2007). 그린왈드와 동료들(1998)은 백인 참가자들이 양립 가능 조건(백인-긍정, 흑인-부정)에서는 양립 불가능 조건(백인-부정, 흑인-긍정)보다 0.1~0.2초 빠른 반응을 하였다. 이것은 전형적인 암묵적 연상 검사의 효과이다. 또한 이 실험에 참가한 사람들은 명시적인 또 다른 척도들에도 응답하였는데, 결과적으로 이러한 반흑인 또는 친백인 편견은 명시적인 척도에 의해 측정되는 편견과 일치하지 않았다. 의미 분별(semantic differential) 척도에서는 내집단 편향을 기의 또는 전혀 보이지 않았고, 징서 온도계(feeling thermometer) 척도에서는 아주 약한 편향을 보였을 뿐이다. 그리고 표본 수가 적어서 통계적 검증력이 약하기는 하지만, 명시적 측정과 암묵적 연상 검사 간의 점수 상관은 항상 무시할 만큼 낮은 수준이었다. 호프만(Hofmann)과 동료들(2005)은 다른 많은 연구 결과를 살펴보았는데, 암묵적 연상 검사에 의해 측정된 암묵적 편견과 다양한 자기측정 설문 간의 상관은 평균 0.20 근처였다. 즉, 이 정도로 낮은 수치의 상관 결과로 보아 두 측정도구 사이에 어떤 관련이 있다고 해도, 각기 다른 구성으로 이루어졌다고 볼 수 있다. 그린왈드와 동료들은 암묵적 연상 검사가 명시적 측정으로는 찾아낼 수 없는 편향을 일관되게 감지하는 것을 알게 된 후, 암묵적 연상 검사를 사용하면 명시적 측정으로는 피해 갈 수 없는 사회적 바람직성의 요인을 제거할 수 있다고 믿게 되었다.

암묵적 연상 검사 논문의 첫 출간 이후 몇 년 동안, 암묵적 연상 검사는 지지자와 비판자들로부터 상당한 관심을 끌었다. 연구의 주요 주제 중 하나는 이 기법의 적절성, 특히 신뢰도와 관련된 것이었다. 내적 일관성이 항상 언급되는 명시적 편견 측정과 달리 암묵적 연상 검사를 사용한 과학적 논문들은 신뢰도를 발표하지 않았다. 예외적인 논문이 커닝햄(Cunningham)과 동료들(2001)의 연구인데, 이들은 암묵적 연상 검사, 연상 점화, 그리고 명시적 편견 측정(현대적 인종차별 척도)의 방법을 면밀히 시행하였다. 이 연구의 참가자들은 이 측정도구들을 6주에 걸쳐 4번씩 실시하였다. 이 중 암묵적 연상 검사는 현대적 인종차별 척도만큼이나 적절한 신뢰도가 나왔고, 연상 점화 측정은 다소 높지 않은 신뢰도(0.70 이하)를 보였다. 한편, 암묵적 척도에 대한 시간적 안정성, 즉 한 시점에서의 점수와 다른 시점에서의 점수가 상관이 있는지를 살펴보았을 때는 다소 낮게 나왔는데(0.30 이하), 이는 명시적 척도의 안전성(0.80 이상)보다 상당히 낮은 것이다. 비록 커닝햄과 동료들(2001)이 복잡한 통계적 분석을 통해 암묵적 척도의 검사/재검사 신뢰도를 높이려고 시도했으나, 결국 이 척도들은 앞선 시점에서의 점수가 나중 시점의 점수를 예언함에 있어 크나큰 측정 오류가 있는 것으로 밝혀졌다. 사람들의 변하지 않는 집단 간 태도를 측정하려 한다면, 이 결과가 바람직하지 않다는 것은 그리 과장된 표현이 아닐 것이다.

두 번째 주제는 사람들의 암묵적 연상 검사 점수와 그들의 차별 행동의 관계다. 암묵적 연상 검사가 편견을 제대로 측정한다면, 사람들이 외집단 구성원들에 대하여 어떻게 행동할 것인지를 예상할 수 있어야 한다. 이 장의 앞에서 나는 도비디오와 동료들(2002)이 편견의 연상 점화 척도가 편견의 비언어 지표와 집단 간 상호작용의 판단 점수와 관련된다는 사실, 그리고 또한 이 척도가 사람들의 통제된 언어적 행동과는 관련이 없다는 것을 어떻게 알아냈는지에 대하여 언급하였다. 암묵적 연상 검사에도 같은 논리를 적용할 수 있다. 맥코넬과 라이볼드(McConnell & Liebold, 2001)는 암묵적 연상 검사가 인종 간 만남에서 다양한 유사 언어(대화, 미소, 말실수, 머뭇거림)와 관련이 있다는 것을 발견하였다. 이 행동들은 편견의 명시적 측정으로는 상관이 나타나지 않았다. 도비디오와 동료들(1997a, 2002)의 초기 연구를 종합해 보면, 암묵적 측정의 반응은 참가자들의 의도적인 통제가 덜하기 때문에 보다 자동적인 집단 간 행동에 대한 함의를 제공한다.

하지만 이것이 암묵적 연상 검사 또는 다른 암묵적 측정이 명시적 측정보다 편견을 더 잘 측정하는 지표라는 의미는 아니다. 사람은 때때로 자신의 편견을 의도적으로 표현할 수 있고, 특히 자신이 편견 행동을 하는 것에 대한 비난을 피할 수 있다고 믿는 상황에서는 더욱 그러하다(Dovidio & Gaertner, 2004). 먼저 카핀스키와 힐튼(Karpinski & Hilton, 2001)의 흥미로운 실험을 살펴본 후, 다시 암묵적 측정이 실제로 무엇을 재는지에 대한 질문으로 돌아가자. 비록 편견의 영역과는 꽤 동떨어진 것이지만, 암묵적 연상 검사가 사람들의 자발적인 행동을 얼마나 잘 예측할 수 있는지는 궁금하다. 연구자들은 암묵적 연상 검사를 사용하여 사과와 사탕에 대한 사람들의 암묵적 태도를 측정하였는데, 결과는 사과에 대하여 명확한 암묵적 선호가 나타났다. 참가자들의 나머지 절반은 사과와 사탕에 대한 명시적 태도를 측정하였고, 여기서도 사과에 대한 선호가 좀 더 높게 나타났으나 암묵적 연상 검사에서 보여 준 것만큼 강하지는 않았다. 참가자들은 태도 측정 이후 실험실로 가서 직접 사과와 사탕을 선택했는데, 절반 이하가 사과를 선택하였고, 나머지는 사탕을 선택하였다. 여기서 주목해야 할 부분은 그들의 태도와 행동 사이의 상관이다. 명시적 태도 척도는 유의미하게 사과 또는 사탕의 선택 행동을 예측하였지만, 암묵적 연상 검사는 전혀 그렇지 못하였다. 심지어 행동 의도를 알아차리는 명시적 태도가 전혀 없는 조건에서도 암묵적 연상 검사에서 보인 선호와 실제 선택 사이의 상관은 거의 0에 가까웠다.

세 번째 주제는 암묵적 연상 검사 측정의 안정성과 가소성(malleability)이다. 암묵적 연상 검사의 초기 연구에서는 암묵적 연상 검사로 측정한 암묵적 태도가 개인의 특성으로 볼 수 있는 안정적 척도라는 가정이 만연해 있었다. 사실 이 기법의 장점 중 하나는 지지자들이 주장하듯이 암묵적 연상 검사가 명시적 편견 측정 도구들보다 즉각적인 상황 요인의 영향을 덜 받는다는 것이다. 하지만 최근에는 암묵적 연상 검사 점수에 대한 불변성의 강조가 잘못되었다는 인식이 높아지고 있다(Blair, 2002). 나는 이미 암묵적 연상 검사가 적어도 일반적으로 행해지는 방법에 의해서는 검사/재검사 신뢰도가 높지 않다는 것을 언급하였다. 또한 암묵적 연상 검사는 다양한 상황적 개입에 민감하다. 나스굽타(Dasgupta)와 그린왈드(2001)는 일반적 지식검사라고 위장한 실험에서, 실험의 맨 처음 보여 준 유명하고 긍정적인 흑인 명사들의 연속 사진(마틴 루터 킹 또는 덴젤 워싱턴)의 영향으로 흑인에 대한 암묵적 편견이 감소하는 것을 발견하였다. 긍정적인 노인의 역할 모델 그림을 보여 줬을 때도 비슷한 변화가 나타났는데, 이 경우에는 나이에 대한 편견이 감소하였다. 가브론스키와 레블(Gawronski & LeBel, 2008)은 내집단-부정과 외집단-긍정 단어 쌍을 식역하 자극으로 반복 제시한 후의 암묵적 연상 검사 점수가 앞선 연구들과 유사하게 변하는 것을 발견하였다[Karpinski & Hilton(2001) 과 Olson & Fazio(2006) 참조]. 이것은 암묵적 연상 검사로 측정한 암묵적 편견이 고정관념과 반대되는 정신적 이미지의 반복 노출에 의해서 감소될 수 있는 가능성을 보여 주고 있다.

이와 같이 암묵적 연상 검사가 조건화 개입을 다양하게 하는 것 등에 민감하다는 사실은 기저에 깔린 내부 과정을 찾기 위해 더 많은 노력을 하지 않아도 된다는 것을 의미할 수도 있다. 아마도 이 개입들은 목표 집단에 대한 태도와 긍정/부정 속성 사이의 정신적 연합을 일시적으로 변화시킬 것이다. 그리고 이 변화된 연합이 암묵적 연상 검사로 확인되는 것이다. 하지만 암묵적 연상 검사에 영향을 주는 또 다른 요인이 있는데, 이것은 암묵적 연상 검사가 사람들의 핵심 태도, 즉 사회적 바람직성의 영향을 받지 않는 태도를 측정하는 것이라고 주장하는 이들에게는 큰 문제가 된다. 암묵적 연상 검사의 지필 버전을 이용한 로워리(Lowery)와 동료들(2001)의 연구 결과는 이 요인의 영향을 가장 강력히 비판하였다고 할 수 있다. 이들의 연구에서, 실험자의 인종이 백인에서 흑인으로 바뀌는 단순한 조건에 의해 백인 참여자들의 암묵적 연상 검사 점수(흑인과 백인의 범주를 사용)는 유의미하게 감소하였다([그림 7-5] 참조). 흥미롭게도, 아시아 참가자들은 실험자의 인종에 의해 영향을 받지 않았는데, 이는 흑인-백인 집단 간 관계에 이들 스스로가 크게 연관되지 않았기 때문으로 추정된다. 다른 연구에서, 로워리와 동료들(2001)은 편견을 갖지 말라는 지시문에 의해 아시아인과 백인 모두의 암묵적 연상 검사 점수가 감소할 수 있음을 발견하였다. 다시 말하면, 암묵적 연상 검사가 자기표현이나 통제된 다른 전략의 영향을 차단한다고 믿었던 지지자들의 믿음과는 달리 이것들의 영향을 받는다는 것이다(자세하고 날카로운 비평은 Fiedler, 2006 참조; 참가자들이 암묵적 연상 검사의 의도에 넘어가지 않는 다른 증거는 De Houwer et

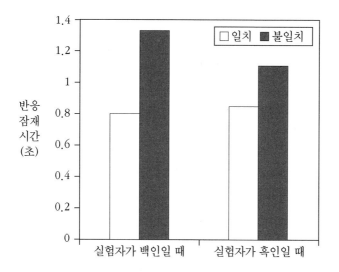

**그림 7-5 실험자의 인종이 암묵적 편견(IAT)에 미치는 영향**

수정된 지필 버전의 암묵적 연상 검사가 실험에 사용되었고, 참가자들은 예시로 나온 이름(전형적인 흑인과 백인의 이름들)과 긍정/부정이 연합된 단어들을 보자마자 분류하는 과제를 받았음. 참가자들은 20초 동안 되도록 빨리 그리고 정확하게 시행하여야 했음. 반응 잠재 시간은 정확히 분류한 개수를 20으로 나눈 것임.

출처: Lowery et al. (2001), 그림 1.

al., 2007 참조).

　게다가 암묵적 연상 검사의 점수는 자신의 편견을 스스로 통제할 수 있는 경향성에 의해서도 영향을 받는다. 플랜트와 드바인(Plant & Devine, 1998)은 편견을 보이지 않으려는 동기화의 정도를 두 가지 측면에서 측정하는 도구를 고안하였는데, 두 측면 중 하나는 개인의 가치관(나는 흑인에게 편견 없이 행동하려 하는데, 그 이유는 개인적으로 그것이 나에게 중요하기 때문이다) 등의 내부적 이유이고, 다른 하나는 사회적 영향(나는 다른 사람들의 반감을 피하기 위해서 흑인에게 편견을 보이지 않을 것이다) 등의 외부적 이유로 살펴보는 것이었다. 드바인과 동료들(2002)은 내적 동기는 높지만 외적 동기가 낮은 사람의 경우, 두 동기의 다른 조합(둘 모두 낮거나 높은 경우, 낮은 내적 동기와 높은 외적 동기의 경우)보다 흑인에 대한 암묵적 연상 검사 편향이 일관되게 낮은 것을 발견했다. 다시 말하지만, 암묵적 연상 검사가 사람들이 자신의 편견을 통제하려는(또는 하지 않으려는) 고의적인 전략에 영향을 받는다는 사실은 암묵적 연상 검사를 편견의 자동적이고 암묵적인 지표라고 주장하는 사람들에게는 치명적이다.

그렇다면 우리는 이 다양한 종류의 암묵적 편견 측정들로부터 무엇을 얻을 수 있을까? 이 장의 마지막에서 나는 그것들의 구성 타당도(실제로 측정하려는 것)와 실제적 유용성(언제 그리고 어떻게 가장 유용하게 사용되는가)에 관하여 간단히 언급하고자 한다.

암묵적 측정은 종종 실제 일반적으로 정의되는 편견, 즉 외집단에 대한 사람의 부정적 성향을 측정할 수 있는지에 대한 의문 때문에 비판을 받는다(이 책의 제1장 참조; Arkes & Terlock, 2004; Brendl et al., 2001; Fiedler, 2006). 먼저 언급해야 할 것은 점수 차이에 의존하는 암묵적 측정은 본질적으로 명확하지 않다는 사실이다. 다시 말하면, 이 측정으로 나온 점수 차이가 내집단과 외집단의 특성과 다르게 생각되는 자극을 함께 제시하였을 때 발생하는 반응 차이에 의한 것인지, 아니면 다양한 자극에 대한 자동적 반응 차이에서 비롯된 것인지 명확하지 않다는 것이다. 일반적으로 외집단-부정 특성 연합과 내집단-긍정 연합을 제시하여 검사 점수에서 그 차이가 나타나는 것을 편견이라고 가정하였다. 하지만 내집단-긍정 연합보다는 덜 강하더라도 외집단-긍정 연합에서도 동일한 점수 차이가 나올 수 있다. 그런데 이것을 편견이라고 이름 붙이고 싶지는 않을 것이다. 비슷한 현상으로, 앞서 언급한 것처럼 내집단과 외집단 구성원에 대한 즉각적인 행동(시선, 말더듬)에서의 차이는 어느 정도 외집단 혐오 또는 집단 간 불안을 반영할 수 있지만, 이것은 죄책감이나 당황함에 대한 지표일 수도 있다. 그렇다고 죄책감이나 당황이 편견이라고 말할 수는 없다(Arkes & Tetlock, 2004).

다른 의문은 암묵적 측정이 사람들의 개인적인 태도를 측정하는 것인지 아니면 단순히 다른 집단들과 긍정/부정 속성에 대한 문화적 연관성을 반영하는 것인지에 관해서다(Arkes & Tetlock, 2004; Karpinski & Hilton, 2001; Olson & Fazio, 2004).

즉, 이 측정들을 통해 사람들의 외집단에 대한 부정적 고정관념 지식을 알아내는 것인지 아니면 그 고정관념에 찬성하고 있는 것인지를 구별할 수는 없다는 것이다(Devine, 1989). 이와 같은 의심을 가지게 된 데는 몇 가지 증거가 있다. 카핀스키와 힐튼(2001)의 결과를 다시 떠올려 보자. 사탕보다 사과에 대한 명확한 암묵적(문화적?) 선호에도 불구하고 사람들의 명시적 선호는 보다 양가적이었고, 실제로 선택한 것에 대한 예측력은 명시적 선호가 더 좋은 것으로 드러났다. 올슨(Olson)과 파지오(2004)는 이 점을 살펴보기 위해서 고전적인 암묵적 연상 검사 절차에서 눈에 띄지는 않지만 중요한 수정을 가하였다. 참가자들이 2개의 범주로 나누는 단계에서 내집단과 외집단 예시들을 '즐거운' 또는 '즐겁지 않은'의 범주로 나눌 때, '즐거운/즐겁지 않은'의 범주를 '나는 좋아한다.'와 '나는 좋아하지 않는다.'로 바꾸었다. 이 방법을 통해 연구자들은 암묵적 연상 검사를 개인화하였다고 여겼고, 이로써 사람들이 개인적으로 지지하는 태도를 좀 더 반영할 수 있을 것이라고 생각하였다. 개인화된 절차를 통한 4개의 실험 결과, 기존의 암묵적 연상 검사보다 그 점수가 유의미하게 낮아졌고, 그 점수들은 각 개인의 명시적 태도와 더 일치하는 결과가 나타났다.

또한 암묵적 절차에서 나온 편견 점수는 상황의 영향을 쉽게 받는 것 같다. 이는 같은 범주의 자극을 다른 배경에서 제시하면 각 배경에 따라 매우 다른 결과가 도출된다는 것이다(Barden et al., 2004; Wittenbrink et al., 2001). 바덴(Barden)과 동료들(2004)의 연구는 이것을 가장 극적으로 보여 주었다. 이들은 파지오와 동료들(1995)의 연상 점화 절차 방법을 사용하였는데, 흑인과 백인의 얼굴을 점화 자극으로 보여 주고 이후 목표 단어들의 배경으로 공장, 교회, 또는 교도소 그림을 제시하였다. 연구자들은 흑인 얼굴의 점화 자극이 이후의 3개의 맥락과 연관되어 각각 긍정, 중립, 또는 부정적으로 연합될 수 있으며, 이 고정관념적 연합은 매우 다른 반응 시간 편향을 보여 줄 것이라고 가정하였다. 연구 결과, 이 가설은 입증되었다. 공장 상황에서는 친흑인 편향이 나타났고, 교회 상황에서는 어떤 편향도 나타나지 않았으며, 교도소 상황은 반흑인 편향을 보여 주었다. 암묵적 측정이 어떤 집단에 대한 사람들의 일반적 태도를 정확히 보여 준다면, 측정을 통해 확인된 그 태도는 배경 자극과 같은 사소한 자극 등에 의해 심한 영향을 받아서는 안 될 것이다.

이제 편견을 재는 암묵적 측정은 지지자들이 내세운 과장된 주장에 부응할 수 없다는 것이 확실하다. 이 측정은 맥락의 영향에서 자유롭지 못하다. 측정의 결과는 상황의 사회적 측면에서 비롯되었을 수도, 아니면 제시되는 자극의 특성 때문일 수도 있다. 또는 실험자의 신중한 전략에 영향을 받을 수도 있고, 아니면 그것의 정확한 의미가 종종 모호한 것 때문일 수도 있다. 하지만 암묵적 척도가 태도 척도로서 완전하다고는 할 수 없으나 여전히 유용하다. 이 척도들은 사람의 자발적인 또는 덜 통제된 행동과 유의미한 수준의 상관관계가 꽤 자주 나타나고, 실험 상대자와 객관적인 관찰자에 의해 얻어진 인상과도 상관이 나타났다. 이런 면에서 볼 때, 행동 관찰 자료를 수집하는 것은 너무 힘들고 많은 노력이 필요하기 때문에 이 척도들이 행동 지표들을 대신할 수 있는 유용한 연구 도구가 될 수 있다.

물론 암묵적 측정 그 자체가 연구자에게 항상 가장 편리한 것은 아니다. 이 방법은 컴퓨터나 다른 첨단기술이 있어야 하고, 단체 측정이 불가능하여 개인마다 필요한 시간이 있기 때문에 전체의 자료를 모으는 데는 많은 시간이 걸린다. 이에 비하여 명시적 측정법은 대규모 사람에게 동시에 설문이 가능하기 때문에 연구자에게는 좀 더 간편하다. 게다가 다른 명시적 측정법이나 의도적 행동과도 괜찮은 정도의 상관을 보여 준다는 점에서 예측 타당도도 확보된다. 그럼에도 불구하고, 명시적 측정법 역시 결점이 없는 것은 아니다. 사회적 바람직성의 효과를 줄이기 위하여 익명으로 실시하기도 하지만, 암묵적 측정의 내용과 비교하면 너무 뻔히 보이는 설문 내용 때문에 참가자의 거짓 긍정 응답에 취약하다.

마지막으로, 명시적 측정과 암묵적 측정 사이의 낮은 상관 또는 상관이 전혀 나타나지 않는 현상을 이용하여 동일 연구에서 편견에 대한 독립적인 평가도구로 이 두 척도를 함께 사용하여 조합한다면 좋은 결과를 이끌어 낼 수도 있다. 이 제안은 송힝과 동료들(Son Hing et al., 2008)이 하였고, 이들은 두 척도 점수가 모두 높은 사람을 편견이 상당히 높은 사람으로 보았고, 명시적 점수는 낮지만 암묵적 점수가 평균 이상이면 도비디오와 가트너(2004)가 제안한 혐오적 인종주의와 관련된다고 하였다. 그리고 두 척도의 점수가 모두 낮은 사람을 진정한 편견 없는 사람으로 볼 수 있다고 했으며, 높은 명시적 점수와 낮은 암묵적 점수의 마지막 조합은 스나이더맨과 동료들(1991)이 말한 '원칙적 보수주의'라고 보았다. 송힝과 동료들(2008)은 4집단 분류체계가 다양한 정치적 가치와 고용차별에 대한 반응을 구별할 수 있다는 것을 보여 주었다. 요약하면, 암묵적 측정도 명시적 측정도 어느 하나만이 편견의 진정한 지표가 아니다. 이 두 방법 각각은 현상의 다른 측면을 볼 수 있는 견해를 제공한다.

## 요약

1. 인종과 성에 대한 태도와 고정관념 설문조사는 지난 40년 동안 편견이 서서히 감소하고 있음을 보여 주었다. 하지만 덜 반응적이고 눈에 띄지 않는 행동 척도들은 이러한 감소의 일부가 내재화된 비편견 신념 때문이 아니라 사회적 바람직성의 규준에 대한 변화 때문이라는 것을 보여 주었다.

2. 현대적 편견 이론들은 편견의 새로운 형태를 설명하는 기틀을 제공하였다. 이 이론들의 일부는 오늘날의 편견은 기존의 편견(외집단의 열등함에 대한 노골적인 집단 간 적대감이나 신념)과 달리 간접적인 상징적 형태를 취한다는 것을 강조하였다. 현대적 편견의 본질은 전통적인 개인주의적 가치를 위반하였다고 인식함으로 나타나는 부정적 정서로 볼 수 있다.

3. 또 다른 접근의 편견 형태는 외집단에 대하여 부정적 태도와 긍정적 태도 모두를 지닌 양가적 본질을 가지고 있다고 주장한다. 집단 간에 존재하는 지위 불평등을 강화하려는 목적을 숨기고자 할 때 이러한 양가적 감정을 내세우면 편리할 것이다. 하지만 실상 그 선호도 실제로 크지 않다. 연구의 목표가 집단 간 지위 불평등이 존재함을 강조하는 것이라면 이 편견이 유용할 것이다.

4. 또 다른 형태의 새로운 편견은 사회적 상황, 즉 편견을 받는 외집단과의 접촉을 피하는 것이 가능한지 등의 상황 요소를 강조한다. 이 혐오적 편견은 혐오감보다는 집단 간 불안에서 비롯된다. 이러한 다른 종류의 편견은 그 강도에 따라 위계 순서를 정할 수 있다.

5. 편견의 암묵적 척도는 최근에 매우 유행하는 측정 방법이다. 이 척도는 내집단 또는 외집단과 관련한 대상에 대한 자동적 반응의 차이를 측정하거나, 다양한 자극 쌍에 대한 반응 시간의 차이를 측정한다. 암묵적 측정은 어느 정도 덜 통제된 사회적 행동과는 꽤 좋은 상관관계를 보이지만, 편견을 재는 전통적 방법인 명시적 측정법과는 아주 약한 상관을 보인다. 이 측정 방법의 대중화에도 불구하고, 이론적이고 방법론적인 시각에서 비판은 있다.

## 주석

1. 저자들도 인정하였듯이, 이 최적의 해결법이 실제로 단일한 상위 편견 구성의 분리된 두 요인인지 아니면 하나의 상위 개념 아래의 두 하위 요인인지는 논란의 여지가 있다.

2. 이 척도는 차별 철폐 프로그램에 대한 남성의 생각(여성에 비해 불이익을 받는 것으로 생각하는지)을 측정하는 것이기 때문에 오히려 집단 상대적 박탈감과 더 가깝다(이 책의 제6장 참조). 하지만 이 척도는 개인의 이익보다는 집단의 이익을 측정하기 때문에 우리의 연구에서 차별 철폐와 관련된 태도와 상관이 있는 이유를 설명할 수 있다(비교, Jacobson, 1985; Kluegel &

Smith, 1983).

3. 리치(Leach, 2005)는 편견의 새로운 형태에 반대하는 다른 주장을 하였다. 그는 역사적 증거를 끌어와서, 소위 '현대적' 편견이라고 불리는 것은 훨씬 이전에도 존재하였고, '기존' 편견은 오늘날에도 여전히 존재한다고 주장하였다. 비록 이것은 어느 정도 사실이지만, 중요한 것은 이것들의 상대적 확산/비율이다. 외집단 폄하의 극단적이고 공개적인 형태의 편견이 완전히 사라지지는 않았지만, 20세기 전반기에 비하여 후반기에는 이러한 편견이 일반적인 현상은 아니라는 것을 의심하지 않는다. 따라서 비록 드문드문 일어난 역사적 예시가 있다고 하더라도, 이전 시대(극단적·공개적 형태의 편견이 일반적이었던 시대)에는 표현에 있어서 보다 상징적 형태에 대한 요구가 명확하지 않았을 것이다.

4. 양가성이 내부 갈등으로 빚어지고 확대된 반응으로 나타난다는 생각은 정신역동적 이론에서도 주장하는 것이다(Freud, 1915 참조).

5. 이것은 리처드 3세(Richard III)가 적과 결혼할 때 사용한 전략으로, 셰익스피어가 잘 묘사하였다. 잭맨(1994)은 그녀의 책 서문에서 자신의 논점을 비유하면서, 『이솝 우화』 중 하나인 「바람과 태양(The Wind and the Sun)」을 소개하였다. 그대로 옮겨 보면 다음과 같다.

「바람과 태양」
바람과 태양은 서로가 더 세다고 우기고 있었다. 이 논쟁에 대한 답은 없는 것처럼 보였다. 하지만 그들은 갑자기 길을 따라 걸어오는 여행자를 보게 되었다.
태양이 말했다. "누가 옳은지 알 수 있는 기회야. 저 남자의 코트를 벗게 하는 사람이 더 센 것으로 하자. 내가 옳았음을 너에게 보여 주지. 네가 먼저 해 봐."
태양은 구름 뒤에 숨었고, 바람은 추운 바람을 일으켰다. 그런데 바람이 더 강하게 더 가까이 불어올수록 여행자는 코트를 더 여미었다. 마침내 바람은 싫증을 내며 그만두었다. 이제 구름 뒤에 있던 태양이 나와서 온 힘을 다해 햇볕을 내리쬐었다. 여행자는 태양의 온화하면서도 따뜻한 기운을 느꼈고, 점점 더워졌고, 코트를 풀기 시작하였다. 마침내 그는 코트 모두를 벗어던져야만 했고, 나무 그늘에 앉아서 부채를 부쳤다. 결국, 태양이 옳았다.
교훈: 설득이 강요보다 낫다.
　　　　　　　　　　　　　　　－『이솝 우화』(1947: Jackman, 1994, p. 1 재인용)

잭맨의 책 제목 (장갑 안에 무쇠 주먹을 숨긴) 『벨벳 장갑(The Velvet Glove)』 역시 동일하게 효과적인 비유를 사용하였다.

6. 본래의 연구에서 남성은 학생이 아닌 두 집단을 대상으로 하였고, 적대적 성차별주의와 자애

로운 성차별주의 사이의 정적 상관은 나타나지 않았다(Glick & Fiske, 1996). 하지만 학생이 아닌 다른 표본을 사용한 연구에서는 적대적 성차별주의와 자애로운 성차별주의 사이의 정적 상관이 일반적으로 발견되었기 때문에(Glick et al., 2002; Moya et al. 2007; Masser & Abrams, 1999, 2004; Wiener & Hurt, 2000), 이 연구는 이례적인 결과라고 보인다.

7. 사실은 여기에서 남성을 강조하여 사용한 것은 오해의 소지가 있다. 글릭과 피스케 이론의 모순점 중 하나는 여성 역시 남성보다는 일반적으로 낮은 수준이긴 하지만 자신이 성에 대하여 자애로운 성차별주의와 적대적 성차별주의 모두 가능하다는 것이다(Glick et al., 2000). 집단 간 편견이 이 책의 주제이므로 일관되게 접근하기 위하여, 나는 여성이 여성에 대하여 갖는 성차별주의 현상인 '내집단 펌하'는 잠시 무시할 것이다. 그럼에도 이 부분에 대한 내용은 다음 장에서 다룰 것이다.

8. 양가적 성차별주의 척도는 0~5점이고, 중립적 입장인 중간 점수는 2.5점이다. 대부분의 표본 평균은 이 중간 점 주위에 모여 있기 때문에 적대적 성차별주의 또는 자애로운 성차별주의 척도 어느 것도 극단 점수의 증거는 없음을 보여 준다(Petrocelli, 2002).

9. PsycINFO 검색에 따르면 이 논문이 출간되고 10년간은 250개 이상의 논문의 제목과 초록에서 암묵적 연상 검사를 언급하여 출판되었다. 온라인 접근(www.yale.edu/implicit) 덕분에 노색(Nosek)과 동료들(2007)은 250만 명 이상이 암묵적 연상 검사에 참가한 것으로 집계하였다. 어떤 기준을 적용한다고 해도 이것은 엄청난 연구 업적이며, 이는 그린왈드와 동료들이 이룬 끊임없는 노력 덕분이다.

10. 전체 절차에서는 당연히 왼쪽, 오른쪽 등 반응 키의 다양한 통제와 함께 양립 가능과 양립 불가능의 실험 순서를 번갈아 진행하면서 균형을 맞춘다.

## 더 읽을거리

Dovidio, J. F., & Gaertner, S. L. (2004). Aversive racism. *Advances in Experimental Social Psychology, 36*, 1-52.

Glick, P., & Fiske, S. T. (2001). Ambivalent sexism. *Advances in Experimental Social Psychology, 33*, 115-188.

Henry, P. J., & Sears, R. R. (2005). Over thirty years later: A comtemporary look at symbolic racism. *Advances in Experimental Social Psychology, 35*, 95-150.

Fazio, R. H., & Olson, M. A. (2003). Implicit measures in social cognition research: Their meaning & use. *Annual Review of Psychology, 54*, 297-327.

Chapter **08**

# 편견을 받는 사람들의 관점

지금까지 나는 사람들이 표현하는 다양한 편견의 과정과 요인들을 주로 다루었다. 편견 가해자에게 초점을 맞추는 이유는 편견이 언제 가장 잘 발생하는지, 어떻게 작동하는지, 그리고 감소시킬 방법은 무엇인지를 알고 싶기 때문이다. 모든 이야기에 양면이 있는 것처럼, 편견 역시 가해자의 반대쪽에는 피해자가 있다. 편견적 사고, 반감, 차별 행동을 당하는 집단의 구성원이 된다면 어떤 느낌일까? 이 장의 주제는 이러한 피해자의 관점이다.

나는 단지 그들이 사회적으로 무시받는 집단에 속해 있다는 이유만으로 불편함, 부자유, 또는 더할 수 없는 신체적 피해로 고통받은 경험을 조사한 연구 결과들을 먼저 살펴보려 한다. 우리는 이 집단들에 대해 '낙인찍힌(stigmatized)'이라는 단어를 자주 사용하여 표현한다. 이는 이 집단 구성원들이 자신은 부당한 처우를 받아도 된다고 쓰인 물질적 또는 은유적 표식을 붙이고 있는 것처럼 느끼기 때문이다. 두 번째는 낙인집단의 사람들이 이 상황을 어떻게 대처하는지에 대하여 살펴볼 것이다. 세 번째 주제로는 낙인집단이 왜 자신에 관한 부정적 고정관념을 확고히 하는 행동을 보여 주는지에 대하여 알아볼 것이다. 세 번째 주제는 제4장에서 언급한 자기충족적 예언 현상으로 볼 수 있다. 자기충족적 예언은 특히 다양한 지능 과제를 실시할 때 나타났는데, 이것이 사회문제를 일으킬 수 있는 것으로 밝혀졌다. 왜냐하면 사회 전반에 자신의 내집단에 대한 지능과 관련한 부정적인 고정관념이 만연해 있다면, 지능 과제를 수행할 때 그러한 인식이 스스로를 위축시키는 역할을 할 수 있기 때문이다. 마지막으로, 불이익을 받는 집단이 이익을 받는 집단보다 자신을 압박하는 체제를 더 지지하는 역설적 현상이 우리 사회에서 명백히 일어나는 것에 대해 살펴보려고 한다.

## 편견의 경험

편견 또는 차별을 받는 입장과 관련한 복합적인 과정을 분석하기 전에, 비록 다른 사람으로부터 노골적인 적대감은 아닐지라도, 쉽게 경멸의 대상이 되는 집단에 속한 사람의 실제 일상을 떠올려 보자. 유감스럽게도, 우리 주위에서 편견을 쉽게 볼 수 있다는 증거는 일화적 증거, 자서전적 증거, 그리고 보다 체계적인 연구 결과의 증거들까지 넘쳐난다. 그중 몇 가지 예시를 살펴보고자 한다. 이 예시들의 범위는 우리 사회 곳곳에서 볼 수 있는 미묘한 또는 노골적인 일상의 편견에서부터 폭력적 증오 범죄의 예시까지 다양하다.

여성, 소수인종, 그리고 소외집단들과 진행했던 연구, 인터뷰, 설문조사 등을 통해서 다른 집단의 사람들이 그들에게 가하는 약한 강도이긴 하나 끊임없이 계속되는 경멸적인 말과 행동의 증거를 찾을 수 있었다. 이 증거들에는 빤히 쳐다봄, 성차별적/인종차별적 농담과 대화, 길거리의 낯선 사람들이 무심코 던진 말, 부적절한 신체적 접촉, 사회 활동이나 놀이 활동에서의 의도적 따돌림, 그리고 자주 일어나지는 않지만 언어적·신체적 학대 등이 있었다. 예를 들면, 스윔과 동료들(Swim et al., 1998)의 조사에서 아프리카계 미국인 대학생은 평균 적어도 2주에 한 번씩은 인종차별을 겪는다고 하였고, 여성은 성차별 사건을 2주에 두 번 정도 경험하였다. 게다가 90% 이상의 여성은 지금까지 살면서 적어도 한 번은 원하지 않는 성차별적 말이나 행동의 대상이 되었다고 느꼈다. 성차별 사건을 경험한 대부분의 사람에게 다양한 사회정서적 결과가 나타난다는 것은 놀라운 일이 아니다. 한 연구에서는 성차별 경험이 많은 여성일수록 화를 더 잘 내고, 더 불안해하였으며, 낮은 사회적 자존감을 보였다(Swim et al., 2001).

이와 같은 일상에서의 편견은 미국 대학생에게만 국한되지 않는다. 최근 연구에서 영국에 살고 있는 소수민족 아동(5~11세)을 대상으로 조사한 결과, 25~40%의 아동이 자신의 인종 때문에 적어도 한 번 이상의 부정적 경험을 하였다고 보고하였다(Brown et al., 2007a). 이 경험은 놀이터에 혼자 남겨지거나 욕설의 피해자가 되는 것 등인데, 한 아동은 다음과 같이 회상하였다. "그들은 나에게 '내가 너보다 더 똑똑해.' 또는 '너는 다른 나라에서 왔고, 이상한 음식을 먹어.' 그리고 …… 내가 어렸을 때 나는 놀이터에서 친구들에게 '너희는 피부색이 달라.'라고 말했다."(Brown et al., 2007a)

흥미롭게도, 차별에 대한 신고 횟수는 인종이 다양한 학교가 훨씬 적었는데, 그 이유는 아마도 이 학교의 학생들은 집단 간 접촉의 기회가 더 많기 때문이라는 연구 결과가 있다(이 책의 제9장 참조).

실직자 집단은 대부분의 서구 사회 어디서나 볼 수 있고 최근 들어 점점 늘어나고 있는데, 이들 역시 일상생활에서 많은 편견을 겪는다(Herman, 2007). 복지기관에서 직원이 대수롭지 않게 던진 말 또는 노동시장이나 주택시장에서 듣게 되는 노골적인 차별을 통해 이들은 자신이 사회적으로 평가절하된 집단에 속해 있다는 것을 지속적으로 느끼게 된다. 50대 초반에 정리해고된 한 남자의 딸은 아버지가 겪은 실직의 영향을 다음과 같이 묘사하였다.

아버지는 거의 먹지 못했고, 체중은 절망에게 갉아먹힌 것처럼 상당히 빠졌다. 아버지는 충동적으로 담배를 피기 시작했으며, 면도를 하지 않고 회색 턱수염을 그대로 두었다. 자립심을 익히도록 교육받았던 아버지는 자신의 가족을 돌보지 못한 자신을 비난했다. 너무나 부끄럽게도, 나 역시 아버지를 비난하였다 (Ruth Sutherland, *Observer*, 2008. 11. 16.).

평균 이상의 체중을 가진 사람들은 '과체중' 또는 임상적 진단으로 '비만'이라고 불리며, 이들 또한 종종 부정적인 관심을 받거나 사회에서 배제의 대상이 된다 (Miller & Myers, 1998; Neumark-Sztainer & Haines, 2004). 그들은 아이들에게서 달갑지 않은 말을 듣게 될 것이고, 학교나 직장에서 놀림이나 괴롭힘을 당하기도 하며, 때로는 로맨틱한 사랑을 하기 힘들다는 것을 알아채기도 한다. 다음은 한 여성의 경험이다.

나는 사람들이 나를 다르게 대하는 것은 뚱뚱하기 때문이라고 생각하고 있다. 사람들은 비만한 사람에게는 모두 냄새가 난다고 생각한다. 이것은 내가 가장 싫어하는 것이다. 왜냐하면 나는 나에게서 냄새가 나지 않는다는 것을 알고 있기 때문이다. 그런데도 사람들은 사실이 아닌 그 생각 때문에 나에게도 냄새가 날 것이라고 믿고 있다(Neumark-Sztainer & Haines, 2004, p. 351).

편견에 노출되는 것으로 인해 때로는 직접적인 상처를 받을 수 있다. 2006~2007년에 잉글랜드와 웨일스 지역에서 인종 또는 종교 때문에 자행된 범죄 행위가 41,000건이 넘는다(Home Office, 2008). 이것은 영국 이민국의 공식 통계이고, 이런 종류의 범죄 상당수가 보고되지 않았기 때문에 실제로는 이보다 훨씬 높을 것이다(Chakraborti & Garland, 2003; Virdee, 1997). 다음은 영국 동부의 시골에 살고 있는 파키스탄인 두 가족이 겪은 경험에 대한 것으로, 소수인종이 참아야 했던 학대가 어떤 것인지 보여 준다.

대문 앞에는 개의 오물이 던져졌고, 창문으로 돌이 날아왔다. 어느 날 밤 문 앞에 서 있는 우리에게 계란을 던진 사람들을 뒤쫓아 갔을 때 그들은 나에게 욕을 하였다. 총으로 죽이고 싶었다.

'죽어' '나가' '역겨워' '쓰레기' '불타 죽어' 등의 낙서가 쓰여졌다. 그리고 열흘 후에 다시 페인트 범벅으로 채워졌다. '미국 살인자들' '죽음' '파키스탄으로 가라'라고 적힌 또 다른 낙서도 기억난다(Chakraborti & Garland, 2003, p. 7의 인용에서 발췌한 인터뷰).

이러한 것들은 **증오 범죄**(hate crime)주석 1의 예시다. 영국에서는 증오 범죄를 공식적으로 "인종, 피부색, 민족 기원, 국적 또는 국가적 기원, 종교, 성 또는 성정체성, 성적 지향, 그리고 장애를 이유로 이들에 대한 증오 때문에 해당 사람 또는 재산을 향해서 저지르게 되는 어떤 형사상의 범죄"(Home Office, 2008)로 정의한다. 이런 증오 범죄는 영국에서만 일어나는 고질적 문제는 아니다. 유럽의 다른 몇몇 나라에서도 최근 몇 년 동안 인종과 관련한 범죄가 증가하고 있다(Bleich, 2007). 이 정의와 같이 증오 범죄는 집단 간 현상이기 때문에, 집단 간 관계의 변화에 따라 발생 빈도에 일시적인 차이가 나타날 수 있다. 미국에서 일어난 2001년 9·11 테러 이후, 이슬람에 대한 증오가 눈에 띄게 증가한 것은 빈도의 변화와 관련된 생생한 역사적 사건이라고 할 수 있겠다. 카프란(Kaplan, 2006)은 FBI가 발표한 2000~2002년의 공식적인 범죄 통계 자료를 수집하였다. [그림 8-1]은 서로 다른 4개 집단에 대한 3년간의 범죄 수를 보여 준다. 가장 눈에 띄는 것이 2000년과 2001년 사이에 반이슬람 범죄가 17배 증가한 것이다. 이와 같은 무슬림에 대한 증오 범죄의 급등은 다른 세 집단의 안정적인 비율과 상당히 대조된다.

또한 [그림 8-1]은 반흑인 범죄 다음으로 **동성애 혐오**(homophobic) 사건이 미국에서 두 번째로 많이 발생하였다는 것을 보여 준다. 성적 지향 때문에 혐오 범죄의 피해자가 되는 것은 혐오 요소 없이 발생하는 유사한 다른 범죄의 피해자들보다 더 심각한 심리적 결과를 초래한다는 증거가 있다. 헤릭(Herek)과 동료들

(1999)은 레즈비언과 게이 집단을 대상으로 한 연구에서 그 집단에 속한 사람들 중 지난 5년 동안 증오 범죄를 경험한 사람이 그렇지 않은 사람에 비하여 심각한 우울, 스트레스, 불안, 화, 그리고 자신이 앞으로 범죄 피해자가 될 것이라는 인식이 더 높다는 것을 발견하였다(McDevitt et al., 2001 참조). 그리고 타 증오 범죄보다 더 심각한 수준의 희생과 부당한 대우를 받았고, 정신건강의 결과도 더 나쁘게 나타났다(Hershberger & D'Augelli, 1995). 이러한 관련성이 모두 횡단연구의 상관에서 나왔기 때문에 일반적으로 인과관계로 해석하기에는 모호한 부분이 있다고는 하지만, 개인이 속한 집단 때문에 피해를 당하는 것은 이미 정신적 충격을 받은 피해 개인에게 어려움을 더 추가하는 것과 같다. 더욱이, 증오 범죄는 집단을 상대로 발생하기 때문에 이 같은 부정적 분위기는 피해자 자신이 받는 즉각적인 고통을 넘어서 피해자 집단의 다른 구성원들로 확대된다. 아직까지 이것을 주제로 한 연구는 거의 없다(Craig, 1999).

증오 범죄의 가장 극단적인 형태는 종족 집단학살이다. 이것은 한 집단이 다른

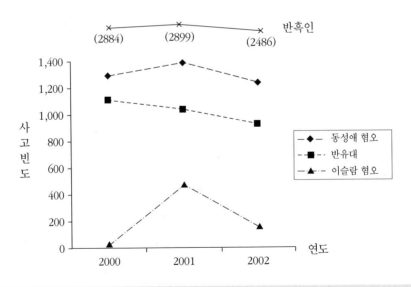

**그림 8-1  9·11 테러 이후 미국에서 발생한 증오 범죄**

출처: Kaplan (2006), 표 1, 3, 6을 수정함.

집단을 체계적으로 전멸시키려고 하는 것이다. 1994년 몇 달 동안, 전 세계는 르완다에서 일어난 무시무시한 대량학살을 목격했다. 수십만 명 이상의 투트시족이 후투족에 의해 살해되었다. 그 몇 달의 충격 후 지금까지도 르완다인은 여전히 그들의 사회를 재건하기 위해 애쓰고 있다. 그들은 재건과정의 하나로 가차차 재판(Gacaca tribunal)이라고 알려진 전통적인 판결 형식을 사용하였다. 이 재판은 지역 공동체 구성원, 대량학살의 생존자, 그리고 가해 혐의자들이 대량학살 사건들을 논의하기 위해 모두 만나서 이 사건의 피해자 또는 가족의 증언과 함께 이 사건을 일으킨 것으로 기소된 사람들의 증언까지 양쪽의 입장을 모두 듣는다. 피고가 유죄를 인정하고 공동체에게 용서를 구한다면 형량이 줄어들 수 있다. 카니얀가라(Kanyangara)와 동료들(2007)은 50명의 생존자와 50명의 범죄 혐의가 있는 사람을 대상으로 가차차 재판에 참여하기 전과 후에 각각 설문을 실시하였다. 이 설문에는 이들의 감정에 대한 질문과 외집단에 대한 고정관념과 관련한 질문이 포함되었다. 가차차 재판에 참석한 후 대량학살 범죄로 기소된 사람들의 죄책감이 증가하였다는 것은 그다지 놀라운 일은 아니다. 그리고 가해자들의 분노 감정은 감소하였다. 흥미로운 것은 피해자 집단이 느끼는 감정 변화였다. 재판 이후 이들은 놀라울 정도로 높은 슬픔, 공포, 역겨움, 화, 그리고 가장 이해할 수 없는 결과로 수치심(shame)이 나타났다([그림 8-2] 참조).

이들이 보여 준 대부분의 감정 변화는 직관적으로 이해가 간다. 대량학살의 생존자들이 그들의 친구와 가족을 학살한 것으로 생각되는 사람들을 마주하였을 때 공포, 역겨움, 그리고 화를 더 나타내는 것은 지극히 당연한 감정으로 이해된다. 하지만 이해가 되지 않는 것이 바로 수치심의 증가다. 수치심은 자기무가치감과 도덕적 열등감을 의미하는 감정이다(Tangney, 1991). 혹독한 사건의 피해자들이 이 감정으로 고통받아야 한다는 것은 이상하게 들린다. 그러나 이러한 현상은 생존자, 예를 들면 강간 사건을 포함한 피해자에게서 간혹 볼 수 있는 반응으로 완전히 드문 일은 아니다(Janoff-Bulman, 1979; Páez et al., 2006). 아마도 그 이유는 피해자가 극도의 수모를 겪음으로써 그것에 대한 고통 때문에 자신의 삶에 대한

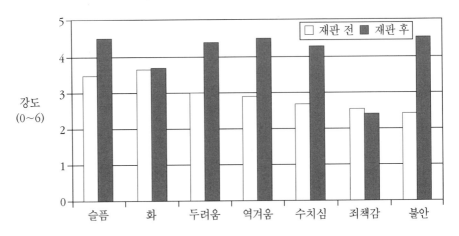

**그림 8-2 가차차 재판에 참가한 대량학살의 생존자들의 재판 전후의 정서 변화**

출처: Kanyangara (2007), 표 1을 수정함.

통제력을 상실하고 자신의 인간성이 거의 상실되는 것을 경험했기 때문으로 생각 된다.

가차차 재판의 결과, 대부분의 생존자는 부정적인 감정 변화를 겪었다. 그런데 흥미롭게도, 이 감정 변화는 집단 간 태도의 개선과 관련이 있었다. 재판 이후, 생 존자는 가해자에 대해서 부정적인 반응이 줄고, 동질적인 반응을 보였다. 그리고 부끄러움과 공포라는 두 부정적 감정의 변화와 변화된 집단 간 인식 사이에는 유 의미한 상관이 나타났다(Rimé et al., 2008 참조). 카니얀가라와 동료들(2007)에 따 르면, 가차차 재판에서 감정의 허용과 사회적 공유가 일어났고, 이로 인해 생겨난 피해자와 가해자 서로가 같은 인간이라는 지각이 사회적 응집의 발달을 촉진한 것으로 보고 있다.

편견과 차별의 다양한 모든 경험은 사회적 낙인(social stigma)의 예시라고 볼 수 있다. 사회심리학에서 낙인은 사람을 평가절하하도록 표시하는 어떤 특성이라고 정의한다. 종교적 관련성과 어원학(고대 그리스어의 'stigma'는 점, 문신, 표식 등을 뜻하는 것으로 상처가 치유된 후 남은 부분을 말한다) 모두에서 지적하는 것처럼 낙인 은 상처 또는 신체적 결점이나 흠이 될 수 있다. 하지만 일상적으로 낙인은 사회적으로 가치절하되거나 억눌린 집단의 사람에게 붙는 속성을 의미한다(Crocker & Major, 1989; Crocker et al., 1998; Jones et al., 1984; Major & O'Brien, 2005). 낙인의 명확한 예시로 피부색과 종교가 있다. 낙인의 속성은 다양한 방법으로 구별되며, 이 구별은 낙인 집단에게는 치명적인 결과를 가져온다.

낙인은 눈에 보이지 않아 숨길 수 있는 것도 있고, 바로 눈에 띄는 것도 있다. 전자의 예시는 HIV 또는 성적 지향 등이고, 보이는 낙인에는 피부 색깔, 나이, 그리고 신체적 장애 등이 포함된다. 숨길 수 있는 낙인은 당사자에게 부정적인 후유증이 덜할 것으로 생각된다. 왜냐하면 그 집단의 구성원이라는 것을 드러낼지 말지를 신택할 수 있고, 사회적 반감에 노출되지 않도록 자신을 지킬 수 있기 때문이다(Jones et al., 1984). 하지만 자신이 낙인찍힌 집단에 속한다는 것을 공개한다는 것은 친구나 동료 집단에게서 받고 있는 사회적 지지 같은 보호를 더 이상 받을 수 없음을 의미한다(Crocker & Major, 1989). 낙인의 또 다른 중요한 요소는 그것을 알고 난 후의 기간이다. 다운증후군처럼 태어나면서부터 또는 생애 초기부터 낙인이 찍혔다면 이들은 사고나 감염 등으로 예상치 않게 생애 후반에 낙인 집단으로 소속된 사람보다 대처 전략을 발달시킬 수 있는 시간이 좀 더 많다. 게다가 생애 후반에 낙인 집단으로 들어간 경우 소속된 그 집단이 자신이 이전에 폄하하던 집단일 수도 있다. 세 번째 요소는 낙인이 찍히는 이유에 대한 책임 소재다. 즉, 낙인 집단의 개인은 자신이 겪는 고통의 책임이 스스로에게 있다고 가정한다. 비만이나 실직한 사람이 종종 이러한 인식의 대상이 된다. 이 경우 낙인 집단은 그렇지 않은 집단, 즉 자신의 힘으로 어쩔 수 없는 상황에서 낙인을 찍힌 경우(예, 피부색)보다 좀 더 반감을 얻을 수 있다. 물론 이것이 통제할 수 없는 요인으로 낙인찍힌 집단 구성원 모두가 편견을 피할 수 있다는 의미가 아니라는 것은 앞서 언급한 예시에서도 볼 수 있다. 단지 요인을 통제할 수 있는 낙인 집단에 대해서는 편견을 표현하지 말아야 한다는 규준이 다소 덜 엄격할 수 있다는 것이다.

다음 절에서는 낙인 집단의 소속감에 대한 결과를 좀 더 자세히 다룰 것인데, 그 전에 검토해 볼 만한 현상이 있다. 낙인 집단에 속한 개인이 실제로는 자신이 차별을 받고 있다는 인식을 하지 못하는 일반적 경향에 대한 것이다. 크로스비 (1982)는 일하는 여성을 대상으로 성불평등에 대한 인식과 반응을 조사하였다. 크로스비는 대부분의 여성 참가자가 직장의 보수와 조건이 남성보다 못하다는 것에 동의하는 반면, 개인이 느끼는 성불평등의 불만을 토로하는 사람은 아주 적다는 것을 발견하고 놀랐다. 다른 연구자들도 다양한 집단 간 상황에서 이와 유사한 현상을 발견하였다. 이 현상을 '사람-집단 차이(person-group discrepancy)'라고 부른다(Kessler et al., 2000; Moghaddam et al., 1996; Operario & Fiske, 2001; Taylor et al., 1990). 일반적으로 사람은 자신이 속한 집단이 구조적인 차별의 대상이 되고 있음을 잘 인지하고 있는 경우에도 부당한 대우를 받는 것으로 생각하지 않으려고 하는 것 같다.

이 현상에 대한 가장 생생한 예시는 루기에로와 테일러(Ruggiero & Taylor, 1997)의 연구에서 볼 수 있다. 첫 번째 연구 참가자들은 여성이었고, 두 번째 연구 참가자들은 동아시아인과 서부 인디언이었다. 참가자들은 과제를 풀도록 지시받았고, 이후 그 과제에 대하여 8명의 평가자로부터 아주 부정적인 피드백을 받는 실험을 만들었다. 실험 상황에 따라 다섯 집단으로 나누었는데, 그 기준은 평가자들의 편견 정도(모두, 대부분, 절반, 조금, 전혀), 즉 평가자들 모두가 편견(참가자가 속한 집단에 대한)을 가지고 있는지, 아니면 편견을 가진 평가자가 전혀 없는지를 참가자들에게 미리 알려 주는 실험 상황을 만들었다. 그런 다음 참가자들에게 자신이 나쁜 평가를 받은 이유가 자신의 과제 수행이 정말 나빠서였다고 여기는지 아니면 평가자들의 편견 탓이라고 여기는지를 물었다. 놀랍게도, 평가자 모두 편견이 있다고 알려 준 집단에서만 그들의 부정적 피드백은 평가자들의 차별 때문이라고 하였고, 다른 모든 집단의 참가자들은 단호하게 부정적 평가의 결과는 자신이 과제를 잘하지 못해서라고 답했다.[주석 2] 앞으로 살펴보겠지만, 부정적 결과에 대한 원인을 충분히 외부 원인으로 돌릴 수 있음에도 그러지 않는 것은 낙인 집단의 사람들이 자신의 위치를 어떻게 인식하고 대처하는지와 관련되어 있으며, 이에 대한 흥미로운 이론적 설명이 있다.

차별적인 말이나 행동과 사뭇 다른 차원에서 차별임을 알 수 있는 것이 있다. 우리가 지금까지 살펴본 것처럼 낙인 집단의 구성원들은 일반적으로 그들의 불운을 다른 사람의 편견 탓이라고 잘 생각하지 않는다. 심지어 그들이 개인적으로 편견을 당하였을 때조차도 낙인 집단 사람은 자신이 겪은 차별에 대하여 공개적으로 불평이나 불만을 말하는 것을 꺼린다. 스윔과 하이어스(Swim & Hyers, 1999)는 이 현상을 실험으로 보여 주었다. 집단 결정 과제에 참가한 여성을 다른 3명(실험 보조자)과 함께 실험에 참여시켰다. 과제를 하는 동안 이 보조자들 중 남성 1명이 다소 공격적인 말을 여러 번 하였다. 실험 집단의 절반에서는 공격적인 말이 성차별적인 내용이었고, 나머지 실험 십단에서는 성차별과 관련 없는 말이었다. 집단의 성비 구성은 다양하였다. 실험 상황의 절반은 보조자들이 모두 남자였기 때문에 결국 참가자만이 여성이었고, 다른 상황에서는 보조자의 2명이 여성이었다. 실험의 주요 관심은 참가자들이 공격적 말에 대해 어떻게 반응하는지를 관찰하고, 뒤이어 개인 면담을 통해 그들의 속마음을 알아보는 것이었다. 전반적으로 단지 30% 이하의 소수만이 그 말에 대하여 어떤 식으로라도 반응하였다. 성차별적 언급을 한 집단에서 더 높은 반응이 나타났지만, 여전히 절반 이하의 사람들만이 반응하였다. 놀라운 것은 자신이 불쾌하다는 것을 표현한 여성들은 다른 2명의 여성이 있는 조건이 아니라 자신만이 여성인 집단에 있었다는 것이다. 실험 보조자의 성차별적 태도를 공개적인 자리에서 완전히 묵인한 것은 참가자들이 그 말을 듣지 못해서가 아니었다. 이후 참가자들에게 자신의 경험을 이야기해 보라고 질문하였을 때, 대부분의 사람은 그 당시에는 아무 말도 하지 않았지만, 공격적인 남성 보조자에 대하여 부정적으로 반응하였다.

낙인 집단 사람들은 자신이 '불평하는 사람'이라고 보이는 것에 대한 두려움 때문에 자신이 당한 편견에 공개적으로 맞서는 것이 꺼려질 수도 있다(Kaiser & Miller, 2001; Kowalski, 1996). 특히 다른(외집단) 구성원이 있을 때는 이러한 행동에 더욱 예민해진다. 스탠저와 동료들(Stangor et al., 2002)은 참가자들에게 창의성 과제를 풀게 한 뒤 실패하였다고 알려 주었다. 그리고 그 과제에 대한 피드백을 경멸적 논평으로 기술함으로써 그들의 실패가 실험자의 편견 때문인 것처럼 보이도록 실험 설계를 하였다(예, '많은 아프리카계 미국인처럼 당신 역시 창의적 사고가 필요한 문제를 관습적인 사고에 갇혀서 풀었다.'). 참가자들은 이후 과제의 실패가 그들의 능력이나 노력 때문이었는지 아니면 실험자들의 차별 때문이었는지의 정도를 매기도록 하였다. 실험 상황은 참가자 혼자 과제를 진행한 경우와 다른 사람이 함께 있는 경우로 나누었다. 이때 다른 사람과 함께한 실험 상황은 다시 내집단 사람과 외집단 사람으로 나누었다. 다른 사람이 함께한 상황에서는 자신의 의견을 큰 소리로 읽어야 한다고 이야기해 줌으로써 자신의 생각이 공개된다고 믿게 하였다. 이 연구에서는 두 가지 눈에 띄는 결과가 나타났는데, 첫째, 전체적으로 참가자들은 자신의 실패를 실험자의 편견의 탓으로 돌리려고 하지 않았다. 모든 실험 조건에서 '차별 때문에'라는 문항에 대한 가장 높은 평균은 단지 척도의 중간 정도였다. 실험자의 편견이 명확하게 제시된 상황에서도 이와 같은 결과가 나온 것은 꽤 놀라운 것이다. 이것은 몇 년 전에 루기에로와 테일러(1997)가 발견한 것과 동일한 결과다. 실패에 대해 자신의 능력보다는 실험자의 차별 때문이라고 하는 낙인 집단 구성원들도 있었는데, 이 결과는 그들이 외집단 사람들과 함께 있지 않는 상황에서만 나타났다. 외집단과 함께한 상황에서의 결과는 완전히 역전되었는데, 이 상황에서는 명확하게 저조한 수행의 이유를 실험자가 아니라 자신 때문이라고 하였다.

이 실험 결과는 사람들이 가끔 직장에서 발생하는 성희롱이나 괴롭힘(Magley et al., 1999)과 증오 범죄(Herek et al., 2002)의 신고를 꺼리는 이유를 일정 부분 설명해 준다. 편견을 공개적으로 맞닥뜨리는 것은 사회적인 대가가 지불된다. 왜냐하면 공개적 선언은 동료들과의 사회적 관계를 계속하는 것에 지장을 줄 가능성이 있고, 타인의 눈에 평가절하되는 것에 대한 두려움을 느껴야 하며, 또한 이후에 더 큰 차별과 부당한 대우를 받게 될 여지를 마련하기 때문이다.

## 🎞 낙인의 결과

### 안녕감

낙인찍힌 대부분의 사람은 행복하지 않다. 그러므로 열등한 사회적 지위로 인한 어려움이 있는 낙인 집단의 자존감과 안녕감은 비낙인 집단보다 낮을 것이라고 생각한다. 이것은 낙인과 관련하여 오래전부터 있어 왔던 대표적이고 유명한 관점이다. 미드(Mead, 1934) 이후 많은 심리학자는 사람들의 자기 개념이 주로 타인에 의해 자신이 규정되는 방식에서 비롯된다고 하였다(예, Jones et al., 1984 참조). 올포트(1954)도 이것을 확신하였다.

> 당신이 만약 계속해서 게으르고, 아이들처럼 단순하고, 도벽의 가능성이 있고, 열등한 혈통이라는 말을 반복적으로 듣는다면 어떻겠는가? 당신이 살고 있는 지역의 대다수가 당신에게 이러한 생각을 강요한다고 가정해 보라. 그것이 당신의 검은색 피부 때문이어서 그 생각을 바꾸기 위해 할 수 있는 일이 아무것도 없다고 가정해 보라. 평판이 사실이든 아니든 관계없이 그 특성(검은색 피부)이 바뀌지 않는 한 사람들은 절대 그 생각을 바꾸지 않는다(p. 142).

이와 같은 일반적인 견해에도 불구하고, 이 주장은 대체로 맞지 않는 것으로 판명되었다. 낙인 집단과 비낙인 집단을 자세하게 비교한 결과, 두 집단에서 나타나는 자아존중감과 안녕감의 수치가 다르지 않다는 것이 일관되게 밝혀졌다(Crocker & Major, 1989; Diener & Diener, 1996). 이 현상과 관련하여 가장 비중 있었던 집단 비교는 아마도 미국과 그 외의 서구 국가들에서 시행된 인종 관련 연구일 것이나(예, Gray-Little & Hafdahl, 2000; Twenge & Crocker, 2002; Verkuyten, 1994 참조). 트웬지와 크로커(Twenge & Crocker, 2002)는 다양한 연령대의 흑인, 백인, 아시아인,

히스패닉과 미국 원주민의 자아존중감 수준을 비교한 수백 편의 연구를 통해서
종합적인 메타분석(meta-analysis)을 하였다. 이 연구들의 응답자들은 대부분 미국
에 살고 있었다. 소수집단은 자신에게 부여된 사회적인 낙인 지위를 내면화할 것
이라는 전통적인 관점이 옳다면, 백인 집단보다 다른 집단들의 자아존중감이 낮
아야 할 것이고, 아시아인은 흑인, 미국 원주민(인디언) 또는 히스패닉보다 낙인의
정도가 낮은 집단이므로 이들 세 집단보다는 높은 자아존중감을 보여야 한다. 결
과는 이 예상을 완전히 빗나갔다([그림 8-3] 참조). 그림에 나타나듯이, 흑인은 실
제로 백인보다 높은 자아존중감을 보였고, 다른 세 집단보다도 높았다. 그리고 이
비교에서 가장 낮은 점수를 보인 것은 아시아인이었다.

트웬지와 크락커(2002)의 메타분석에서 나온 또 다른 결과도 눈여겨볼 만하
다. 첫째, 나이에서도 차이가 났다. 예를 들면, 흑인 중 비교적 높은 자아존중감
은 10세 이전에는 나타나지 않았고, 60세 이상에서 나타난 것이 흥미로웠다. 60세
이상의 집단은 제2차 세계대전 이전에 태어난 사람들로서, 이때는 1960년대의

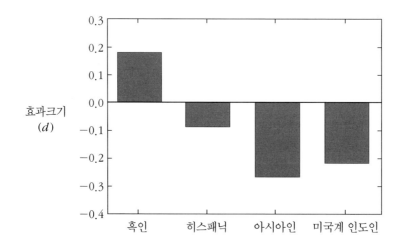

### 그림 8-3 인종별 자아존중감

이 그림은 백인과 4개의 인종집단들 간의 차이 크기를 보여 줌. 효과크기가 양수로 나온 집단은
백인보다 높은 자아존중감을 의미함. 결과는 700명 이상의 표본을 메타분석 한 것임.
출처: Twenge & Crocker (2002), 그림 1.

시민혁명 이전 시기로 미국의 반흑인 인종차별이 보다 만연하고 제도화되었을 때이다. 아마도 제5장에서 언급했던 호로비츠(Horowitz, 1936)와 클락과 클락 (Clark & Clark, 1947)이 연구한 흑인 아동 세대인 것 같다. 이러한 역사적 변화의 관점과 같은 맥락으로, 트웬지와 크락커(2002)의 연구에서도 1970년 이전에 시행된 연구에서는 흑인-백인의 차이가 거의 나타나지 않았지만, 이후의 연구에서는 두 집단의 점수 차이가 70년대, 80년대, 그리고 90년대로 갈수록 계속해서 증가하였다.

이 발견은 사실 '낙인의 내면화'를 주장하는 관점에서 보면 당황스러운 것이다. 소수인종의 자아존중감이 다수집단보다 더 높게 나타날 뿐 아니라 가장 적은 차별을 받는 (아시아계 미국인) 집단이 가장 낮은 자아존중감을 보여 주었다. 트웬지와 크로커(2002)는 '자아'에 대한 생각과 표현 방식의 문화 차이가 이러한 집단 간 차이에 영향을 준 것은 아닌지 면밀히 조사하였다. 개인주의가 더 높은 집단에서는 자기표현이나 자기 확장을 끊임없이 강조하기 때문에 자아존중감이 고양되는 경향이 있다. 반면, 집단주의 또는 상호 협조적 관점을 강조하는 문화에서는 자기비난과 집단의 성취를 더 중요시한다. 아시아인, 히스패닉, 그리고 미국 원주민은 흑인이나 백인보다 집단주의 성향이 강하여 이것이 그들의 자아존중감 점수에 영향을 미쳤을 수 있다(Oyserman et al., 2002).

하지만 문화적 가치의 차이에 근거를 둔 이 설명도 여전히 완벽하다고 할 수 없다. 왜냐하면 문화적 가치만으로는 시대의 변화와 함께 높아지는 흑인의 자아존중감을 설명하지 못하기 때문이다. 또한 다른 특정 낙인 집단에서 나타나는 낮은 자아존중감도 설명하지 못한다. 비만 여성, 특히 청소년기나 식이장애가 있는 사람에게서 만성적인 낮은 자아존중감이 자주 나타난다(Friedman & Brownwell, 1995, Miller & Downey 1999). 비만은 통제기 기능하고 서거기기 때문에 다른 조건의 낙인 집단보다 좀 더 많은 비난과 괴롭힘을 받을 것으로 예상된다. 제5장에서 비만 아동은 매우 어린 시절부터 편견의 피해자가 될 수 있다고 언급했던 증거들을 떠올려 보라(Powlishta et al., 1994).

이 절의 앞에서 언급한 연구에서 나타난 낙인 집단의 자아존중감 결과는 편견의 원리로 본다면 예외적인 것이다. 이 집단들은 사회적으로 적대적인 환경에서 매일 부딪혀야만 하는 일들을 겪으면서 스스로를 지키기 위해 전형적인 대처 전략을 발달시켰다고 보인다. 크락커와 메이저(Crocker & Major, 1989)는 이 집단들이 발달시킨 대처 전략으로 세 가지 정도를 추측하였다. 첫째, 이 사람들은 자신이 얻은 부정적인 결과(낮은 학점, 낮은 임금, 나쁜 평판)를 그들의 잘못이라기보다 다른 사람의 편견 탓으로 돌린다. 이와 같은 방식으로 그들이 겪은 곤란에 대한 비난을 외부로 돌림으로써 자신의 가치에 대한 믿음을 이어 갈 수 있다. 둘째, 비교의 대상을 또 다른 낙인 집단으로 제한하는 전략이다. 자신의 참조 대상을 제한함으로써 자신의 결과와 타인의 결과의 차이를 줄일 수 있다. 마지막으로, 특정 평가 차원(예, 학업성취) 자체에 의미 있는 가치를 두지 않거나 무시함으로써 그 차원에서의 낮은 성과가 자신의 자아존중감을 덜 해치도록 하는 것이다.

이 전략들 중 첫 번째 것은 가장 많은 논란이 되어 왔고, 외집단의 편견과도 상관이 있는 대처 기제이기 때문에 이 장의 주제와도 밀접한 관련이 있을 것이다. 디온과 언(Dion & Earn, 1975)의 연구는 실험을 통해 편견의 피해자와 관련한 현상을 살펴본 최초의 연구 중 하나다. 그들은 유대인 참가자들에게 게임을 하도록 하였다. 게임은 자신의 파트너와 함께 '보상'과 '처벌' 토큰을 교환하면서, 가능한 한 많은 수의 '보상' 토큰을 모아야 했다. 실제로, 이 게임은 실험자에 의해서 조작되었기 때문에 참가자는 항상 질 수밖에 없었고, 자신의 실패는 상대방의 실력 때문이라고 믿게 되는 상황이었다. 디온과 언이 실험 상황으로 만든 것은 게임을 하는 상대방의 종교였다. 한 상황에서는 상대방의 종교가 기독교라고 알려 주었고, 다른 상황에서는 종교에 대해 언급하지 않았다. 이러한 외집단의 종교에 대한 단순한 조작은 참가자가 자신의 게임 결과를 해석하고 반응함에 있어 극적인 효과를 가져왔다. 기독교 상황에서는 70% 이상의 참가자가 자신이 유대인인 것이 실패의 원인인 것 같다고 이야기하였고, 다른 상황에서는 1명도 그런 이유를 언급하지 않았다. 게다가 기독교 상황의 참가자들은 공격적, 슬픈, 화난 등의 보고를 더 많이 하였는데, 이 장의 앞에서 언급했듯이 이를 통해 차별의 피해자라고 느끼는 것은 좋은 일이 아니라는 것을 한 번 더 확인할 수 있다. 하지만 크락커-메이저의 가설에서 중요하게 이야기하였던 것처럼 게임 결과가 참가자들의 전체적인 자아존중감에는 부정적 영향을 주지 않았다. 실제로, 그중 한 항목인 '당신은 좋은 사람입니까, 나쁜 사람입니까?'라는 질문에 기독교 참가자들이 종교의 정보가 없는 경우보다 눈에 띄게 높은 자아존중감 점수를 보였다. 예상컨대, 실패를 상대방의 편견으로 돌리는 외부 귀인은 그들의 자아존중감을 지켜 주었을 것이다. 이는 크락커와 메이저(1989)의 예상과 일치한다.

낙인 집단이 외부 귀인에 실패한다면, 그들의 자아존중감은 타격을 받을 것이다. 크락커와 동료들(1993)은 '데이트' 연구에 참여할 '과체중' 여성들을 모집하였다. 참가자들은 옆방에 있는 남성과 개인 신상 및 정보(키와 몸무게 포함)를 주고받았다. 이후 여성들은 옆방의 남성이 자신과 데이트를 할 의향이 있는지 또는 없는지에 대한 결과를 들었다. 이 결과를 들은 후의 반응이 흥미로웠다. 긍정적인 반응을 받은 과체중 여성에게 긍정 피드백에 대한 이유와 그들의 감정적 반응을 물었을 때는 일반 체중 여성들과 다르지 않았다. 하지만 거절 당한 과체중 여성은 그 거절의 이유를 일반 체중 여성들보다 몸무게(내부 요인)로 생각하는 경향이 더 크게 나타났고, 그 남자(외부 요인)의 탓으로 돌리는 경향은 거의 없었다. 결과적으로 데이트 신청을 받지 못한 과체중 여성들은 부정 정서, 우울, 그리고 불안이 더 높게 나타났다. 이상의 두 연구는 크로커-메이저의 가설을 지지하지만, 다른 연구들의 결과는 분명하지 않고, 몇몇 연구는 직접적으로 이 가설과 반대 결과를 보여 주었다(Major et al., 2002a; Schmitt & Branscombe, 2002). 크로커와 동료들 (1991)은 자신의 자아존중감을 보호하기 위해 실패를 외집단의 편견으로 돌리는 외부 귀인과 연결될 약한 증거를 찾을 수 있었다. 이 연구의 낙인 집단은 아프리카계 미국인 여성이었다. 디온(1975) 역시 여성 참가자들을 대상으로 한 연구에서 남성과의 게임에서 완전히 대패한 경우, 조금 졌을 때와 비교하여 더 낮은 자아존중감을 보여 준다는 것을 발견하였다. 하지만 상대 남성을 '높은 편견' 또는 '낮은 편견'으로 분류하여 알려 준 조건을 넣어서 다시 분석하자, 자신의 패배를 상대 남성의 편견 탓으로 돌릴 수 있는 상황에서는 자아존중감이 낮아지지 않았다.

다른 연구들은 크락커-메이저의 가설과 일치하지 않는 증거를 보여 주었다. 앞서 언급했던 루기에로와 테일러(1997)의 연구에서는 낙인 집단 사람들이 자신의 나쁜 성과를 그것을 평가한 사람들의 탓으로 돌리는 것을 꺼렸다. 이 연구에서의 자아존중감은 명백히 크로커-메이저의 가설을 지지하지 않았다. 과제에 대한 성과와 관련한 자아존중감은 나쁜 성과를 타인의 편견 탓으로 돌리는 경향성과 일관되게 정적으로 상관이 있다는 것은 사실이다. 이는 크로커와 메이저가 예상했던 것과 같다. 하지만 사회적 자아존중감 척도(예, '나는 다른 사람이 나를 어떻게 생각하는지에 대해서는 걱정하지 않는다.')는 편견에 대한 귀인과 부적 상관이 있었다. 루기에로와 테일러(1997)는 참가자들이 자신의 실패를 타인의 탓으로 돌리려 하지 않는 것은 통제력을 유지하고자 하는 바람과 관련이 있을 수 있다고 하였다. 실제로, 지각된 통제 척도는 외부 귀인을 하지 않는 조건의 참가자에게서 높게 나타났고, 자신의 실패가 평가자의 편견이라고 외부 귀인을 한 조건의 참가자에게서는 눈에 띄게 낮게 나타났다. 다른 영역에서의 연구 결과를 보면, 자신의 삶에 대한 통제력을 유지하는 것은 안녕감의 다양한 변수와 정적으로 연관이 있다는 증거들이 있다(Langer, 1975; Thompson & Spacapan, 1991).

실험 장면에서의 결과를 너무 쉽게 일반화하는 것은 어리석은 것일 수도 있지만, 루기에로와 테일러가 주장했던 불합리한 대접을 받는 집단이 자신의 고통이 외부의 탓이라는 명확한 증거가 있는 상황에서도 그것을 자신의 탓으로 돌리는 현상은 다른 연구에서도 똑같이 나타난다. 앞서 언급한 '사람-집단 차이' 현상(Crosby, 1982)을 떠올려 보자. 낮은 지위에 속하는 사람은 자신의 집단이 차별받고 있다는 것은 인정하지만, 자신은 차별의 피해자가 아니라는 단호한 태도를 보인다. 강간이나 학살의 피해자가 경험하는 수치심(자신의 내부로 화살을 돌리는 자기폄하의 감정)과 같은 역설적인 현상도 나타난다(Janoff-Bulman, 1979; Kanyangara et al., 2007; Páez et al., 2006). 이 모든 현상은 자신에 대한 비난을 다른 곳에 둠으로써 삶의 부정적인 사건에서 자신을 보호할 수 있다는 생각과는 다른 것이다.

크로커-메이저의 이론을 반박하는 또 다른 연구는 브랜스콤과 동료들이 실시하였다(Branscombe et al., 1999; Schmitt & Branscombe, 2002a, 2002b). 브랜스콤에 따르면, 차별을 받는다고 믿게 되면 자신을 보호할 수 없고, 실제로는 자아존중감이 손상된다. 왜냐하면 이 믿음은 다른 사람이 자신의 내집단의 가치를 평가절하한다고 생각하게 되고, 이것은 더 나아가 그들 스스로도 자신의 집단 구성원의 가치를 평가절하하게 되기 때문이다. 하지만 이 믿음이 결코 회복되지 않는 것은 아니다. 이것은 확장된 정체성으로 설명할 수 있다(Branscombe et al., 1999). 외부로부터 위협과 차별을 경험한 집단은 전형적으로 응집력과 정체성이 높아진다. 이와 관련해서는 제6장에서 살펴보았다. 이렇게 강화된 정체성은 자아존중감을 이전 수준으로 회복시킬 수 있다. 이것을 거절-정체성 모델(rejection-identification model)이라고 한다(Schmitt & Branscombe, 2002b). 이 모델을 지지하는 연구 중 가장 널리 알려진 것은 브랜스콤과 동료들(1999)이 아프리카계 미국인 학생들을 대상으로 한 설문연구다. 이 연구에서는 학생들에게 자신의 인종 때문에 얼마나 자주 차별을 경험하는지를 물었다. 거절-정체성 모델의 예상대로, 이 질문은 안녕감과는 부적 상관을 보였지만, 자신이 아프리카계 미국인인 것에 대한 정체성과는 강한 정적 상관을 나타내었다. 그리고 이렇게 고양된 정체성 변인을 분석에 다시 투입하자, 질문과 자아존중감의 부적 상관관계가 사라졌다. 통계 용어로 말하면, 정체성이 매개 변인의 역할을 한 것이다. 이는 차별과 자아존중감 사이의 부정적인 관계를 정체성이라는 변인이 억제하여 그 효과가 사라졌다는 것을 의미한다.

여기서 우리가 알 수 있는 것은 무엇인가? 다행히도 메이저와 동료들(2002a)은 문헌들의 면밀한 재분석을 통해서 이 논란 중 일부는 실제 명백한 사실일 수 있다는 유용한 견해를 제언하였다. 그들은 많은 분석을 통해 차별 경험과 차별 인식이 안녕감에 미치는 영향은 상황 변인과 개인 변인에 따라 달라진다는 것을 알아냈다. 낙인과 자아존중감에 대한 초기 연구들은 이러한 조절 변인들을 거의 조사하지 않았다.

브랜스콤과 동료들(1999)의 모델 관점에서 보면 다소 모순되지만, 집단 정체성 그 자체가 조절 변인이 될 수 있다. 낙인 집단이라는 정체성이 스스로의 자기인식에 더 크게 그리고 더 중요하게 자리 잡은 사람은 자신이 받는 차별의 다양한 형태에 민감하고, 또한 사회적 거절에 대한 고통도 예민하게 느낀다는 주장은 설득력이 있다. 이 예시로, 집단 정체성이 강한 사람은 자신에 대한 편견을 더 잘 인지하는데, 특히 편견의 상황이 모호하게 해석될 가능성이 있을 때는 편견을 받고 있다고 생각하기 쉽다(McCoy & Major, 2003; Operario & Fiske, 2001). 또한 모호한 편견과 강한 정체성을 가진 사람의 부정 정서는 관련이 있다(McCoy & Major, 2003).

이념적인 믿음의 차이 또한 차별에 대한 반응에 영향을 미친다. 만약, 개인 기반의 신념체계, 즉 개인의 능력을 기반으로 하여 자신의 발전 가능성에 대한 신념체계가 강하다면 차별을 덜 인지할 수 있다. 하지만 이런 사람들도 차별이 명백한 상황에서는 차별의 영향을 받을 수 있다(Major et al., 2002a, 2007). 그리고 성격 또한 중요한 변인이 될 수 있는데, 낙인 행동에 민감할수록 차별을 더 많이 느낀다고 알려져 있다(Mendoza-Denton et al., 2002; Pinel, 1999).

차별 자체가 삶에 부정적인 영향을 미칠까? 아니면 차별로 인한 심리적인 결과가 부정적인 영향을 끼칠까? 다소 모순되어 보이는 이 두 주장을 조절 변인들이 결합시킬 수 있을까? 자주 인용되는 브랜스콤과 동료들(1999)의 연구를 보면, 아프리카계 미국인이 인식하는 차별과 자아존중감 사이에는 부적 상관이 나타난다. 메이저와 동료들(2002a)의 조절 변인 분석은 이 연구의 참가자들이 인종 정체성이 높았거나 능력 중심의 믿음이 강했거나 혹은 인종 정체성과 능력 중심의 믿음 모두가 높았을 것이라고 유추할 수 있게 한다. 비슷하게 루기에로와 테일러(1997)의 연구에서 참가자들이 자신이 직접 겪은 차별을 인정하지 않는 것은 집단 정체성이 낮은 것이 원인이 될 수 있다. 실험연구의 특성상 실험 상황에서는 집단 정체성이 눈에 띄게 드러나지 않는다는 것을 고려하면, 이와 같은 가정은 충분히 설득력 있다.

요약하면, 낙인 집단에 소속되는 것은 필연적으로 나쁜 결과를 가져올 것이라는 올포트(1954)와 여러 학자의 걱정이 정확하다고는 할 수 없을 것 같다. 정체성을 보호하는 민감하고 다양한 복합 기제를 감안할 때, 낙인이 곧 안녕감의 억제라는 단순한 등식은 성립되지 않는다.

## 과제 수행

인종에 따라 학교 성적이 차이가 나는 것은 많은 나라에서 나타나는 현상이다. 예를 들면, 영국에서 GCSE[1]는 적어도 5개 과목에서 A~C를 받아야 통과할 수 있는데, 통과 학생들의 수를 살펴보면 가장 잘하는 집단과 못하는 집단 사이에 극명한 차이를 볼 수 있다(그림 8-4 참조). 로마의 집시와 아일랜드 여행자들은 5명 중 1명 정도만이 다섯 과목의 GCSE를 통과하여 가장 낮은 성적을 보였다. 가장 좋은 성적의 집단은 인도 학생들과 중국 학생들로 각각 70%와 81%가 그 기준을 넘어선다. 다른 변인들을 살펴보면, 모든 집단에서 여학생이 남학생보다 우월하다. 또한 무료급식을 받는 가난한 학생들의 성적이 가장 낮은데, 이들 중에서는 백인 영국 남학생이 아일랜드 여행자 전체보다 낮은 성적을 보였다.

이와 같은 학업 성취에서의 차이는 명확한 이유가 있다. 가장 먼저 떠오르는 원인은 사회경제적 박탈이다. 하지만 이것만으로 모든 것이 설명되지는 않는다. 왜냐하면 비슷한 경제적 수준에 있는 인도인이나 파키스탄인의 경우에는 좋은 성적을 보여 주었기 때문이다. 인도 학생이나 중국 학생이 좋은 성적을 받은 것은 교육의 가치에 대한 문화 차이가 또 다른 요인으로 작용하였을 가능성이 있다. 스틸과 아론슨(Steele & Aronson, 1995)은 학업 성취가 인종마다 다른 것에 대하여 또 다른 이유를 제안하였는데, 자신의 집단이 지적 능력이 부족하다는 문화적인 고정관념이 만연해 있다고 지각한다면 그것이 학업 수행을 방해하는 원인으로 작용할

---

1) 역자 주 ― General Certificate of Secondary Education으로 16세가 된 학생들이 치르는 중등교육자격 검정시험을 말한다.

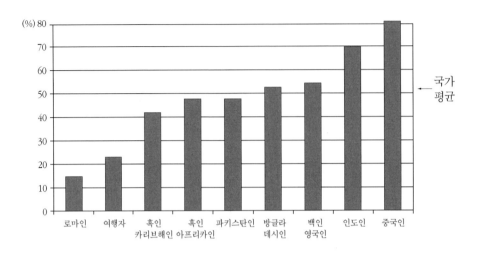

**그림 8-4 영국 학생들의 시험 성적에서 인종 집단 차이**

그림은 각 집단이 다섯 과목의 GCSE를 통과(A~C)한 비율을 보여 줌. 가장 가난한 학생들(무료 급식을 받는 학생)이 가장 낮은 비율을 보였고, 이들 중에서는 백인 영국 소년들이 아일랜드 여행 자들보다 낮은 성취를 보였음.

출처: Department for Education and Skills (2006), 표 8을 수정함.

수 있다는 것이다. 이것을 증명하기 위해 스틸과 아론슨(1995)은 미국의 가장 명문이라고 알려진 대학교 중 하나인 스탠퍼드 대학교의 흑인과 백인 학생들을 대상으로 '어려운 언어 유추 시험'이라는 제목의 실험을 하였다. 참가자들 중 절반에게는 '언어 문제를 해결할 때 관련되는 심리적 요인'에 관한 실험이라고 알려주었고, 이 조건을 '진단 내리지 않은(non-diagnostic)'이라고 명명하였다. 그렇게 명명한 이유는 참가자들이 이 실험을 일반적인 과학 연구로 생각하도록 하기 위해서다. 다른 절반의 참가자들에게는 '당신의 언어 능력과 그 한계에 대한 실제 시험'이라는 다른 지시문을 주었다. 이 실험 조건을 '진단 내린(diagnositc)'이라고 명명하였는데, 그 이유는 이 실험에서 보고자 하는 것이 실제로 언어 능력을 반영하는 것처럼 보이기 때문이었다. 이 단순한 지시문의 차이가 흑인 참가자들의 실험 결과에 극적인 효과를 미쳤다([그림 8-5] 참조).

'진단 내린' 상황에서 문제를 푼 흑인 학생들은 '진단 내리지 않은' 상황의 흑

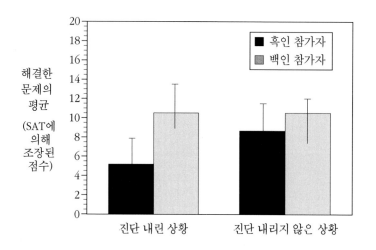

**그림 8-5   흑인 학생과 백인 학생의 수행 시험에서 고정관념 위협의 영향**

출처: Steele & Aronson (1995), 그림 2.

인 학생들보다 평균 4문제를 덜 풀었다. 그들은 또한 '진단 내린' 상황의 백인 학생들보다 좋지 않은 성적이 나왔다. 이 결과에서 두 가지를 주목할 수 있다. 첫째, 참가자들의 실험 결과는 실제로 학력진단평가(SAT)의 성적을 바탕으로 한 실질적인 학업 능력을 감안하여 조정되었다. 더욱이, 참가자들은 무작위로 실험 상황에 배정되었기 때문에 '진단 내린'과 '진단 내리지 않은' 조건 사이에 능력에서의 개인차는 확실히 없다. 둘째, 앞서도 언급했듯이 참가자들은 미국 최고 명문이라고 일컫는 스탠퍼드 학생들이다. 다시 말하면, 능력과 실력이 아주 뛰어난 학생이라는 것이다. 하지만 이 엘리트 집단의 흑인 학생들조차 단순한 지시문의 변화에 다른 행동을 보여 주었다.

  스틸과 아론슨(1995)은 자신들의 실험에서 나온 낮아진 과제 수행 결과의 이유를 '고정관념 위협(stereotype threat)' 때문이라고 설명하였다. 다시 말하면, 미국 사회에 일반적으로 알려져 있고, 흑인이 지적으로 열등하다는 사람들의 고정관념이 위협적인 지식이 되었다는 것이다. '진단 내린' 조건의 흑인 참여자는 실험 도중에 문화적으로 부정적인 고정관념이 떠올랐을 것이고, 그 고정관념과 일치하는 방향으로 과제를 수행했을 것이다. 고정관념이 낮은 성과와 관련이 있다는 것은 스틸과 아론슨(1995)의 표준화된 고정관념 위협 절차('진단 내린' vs. '진단 내리지 않은' 실험 지시문)를 사용한 다른 연구에서도 나타났다. 참가자들은 각 지시문을 읽은 후에 실제로 주어진 문제를 푸는 대신 암묵적 고정관념 활성화 평가를 받았다. 이 평가 방법은 단어의 부분을 보여 주고(예, ce /ack), 그 철자를 포함한 단어들을 활성화하는 것이다(race, face / black, slack). 실험 결과, 진단 내린 상황의 흑인 참가자는 그렇지 않은 상황의 참가자보다 더 많이 기존에 고정관념화되었거나 범주화된 방식으로 단어를 완성하였다. 이것은 자신의 인종과 이와 관련된 고정관념이 당사자에게 강력한 영향을 미친다는 것을 의미한다. 또 다른 연구에서 스틸과 아론슨(1995)은 언어 추리 검사를 하기 전에 참가자들에게 자신의 인구통계학적 정보(언어, 나이, 전공, 부모의 학력)를 말하라고 하였다. 그중 인종 점화 조건에 한하여 참가자의 인종을 확인하였다. 그 결과, 인종이라는 단 한 가지 추가 질문에 의해 참가자들의 수행 성과가 낮아지는 결과가 나타났다.

스틸과 아론슨(1995)의 실험은 사회심리학자들과 교육학자들의 눈길을 끌었다. 2009년 조사 시 연구의 제목이나 초록에 '고정관념 위협'이라는 단어가 포함된 학술지 논문이 300편 이상이었다. 고정관념 위협 효과는 스스로에 대한 부정적인 고정관념을 상기시키는 지시문에 의해 암묵적 또는 명시적으로 낙인 집단 구성원의 과제 수행을 방해한다. 이것은 다양한 집단에서 발견되었는데, 여성의 수리 능력 과제(Cadinu et al., 2005; Spencer et al., 1999), 노인의 지능과 기억 과제(Abrams et al., 2006; Levy, 1996; Rahhal et al., 2001), 남성의 사회적 민감성 과제(Leyens et al., 2000), 근로자 계급 학생의 언어 능력(Croizet & Claire, 1998), 실업자 집단의 문장완성검사(Herman, 2007), 그리고 흑인과 백인의 골프 퍼팅과 같은 운동 과제(Stone et al., 1999) 등이 있다. 실제 교육 장면에서도 여성의 수행이 과제 시행 전후로 그들의 성별을 포함한 사회인구학적 정보가 드러나는 등의 사소한 것들에 영향을 받는 것으로 밝혀졌다(Danaher & Crandall, 2008). 이와 관련한 다양한 많은 연구는 매스와 카디누(Mass & Cadinu, 2003), 스틸과 동료들(2002), 그리고 사피로와 누버그(Shapiro & Neuberg, 2007)에 의해 잘 정리되었다.

고정관념 위협 현상은 제4장에서 언급했던 자기충족적 예언 효과와 유사하다는 생각이 들 것이다. 그러한 생각이 드는 이유는 고정관념이 초래하는 아주 나쁜 결과 중 하나는 고정관념을 받고 있는 사람이 그 고정관념대로 자신의 행동을 스스로 변화시키기 때문이다. 그러므로 이 과정에 의해서 고정관념은 더 강화되고 다른 사람들은 그들에 대한 이미지를 더 굳혀 버린다. 이 부분은 이후 다시 언급할 것이다. 하지만 자기충족적 예언의 효과와 고정관념 위협에 의한 효과에는 중요한 차이점이 있다. 우리가 가지고 있는 기대-확증에 의한 고정관념이 다른 사람을 변화시킨다면 그것은 우리의 행동 때문이다. 우리는 집단 간 불안, 무시 또는 깔보는 적대감 때문에 그 사람들을 다르게 대할 것이고, 그들은 우리가 그들을 대하는 방식에 맞추어 행동하게 된다. 이렇게 본다면 자기충족적 예언과 유사하지만, 고정관념 효과의 근본적 원인은 고정관념의 대상이 되는 그들의 내부에 있는 것 같다. 낙인 집단 사람들은 편견이 발생하는 상황의 무언가에 의해 자신의 집단과 관련한 부정적 고정관념에 더욱 예민해지고, 그들은 그 고정관념과 더욱 일치된 방향으로 행동할 것이다. 정확히 어떻게, 왜, 그리고 언제 이것이 일어나는지는 곧바로 다시 알아볼 것이다.

그 전에 짚고 넘어가야 할 관련 현상이 있다. 그것은 바로 고정관념 상승(stereotype lift)이라고 불리는 개념으로, 부정적인 고정관념을 받고 있는 집단에서 과제 수행의 하락이 나타날 때, 상대 집단에서는 과제 수행의 상승이 관찰되는 것을 말한다. '진단 내린' 상황에서 백인 참가자의 과제 수행이 유의미하지는 않지만 어느 정도 높게 나타났다. 많은 고정관념 위협 실험에서 같은 방식으로 나타났다. 월톤과 코헨(Walton & Cohen, 2003)은 고정관념 위협 연구들의 메타분석을 실시하였는데, 그 연구들의 80% 이상에서 고정관념을 받지 않는 집단이 유의미하진 않지만 유사한 '상승' 효과가 나타나는 것을 발견하였다. 월톤과 코헨은 일관되게 나타나는 이 현상이 우연히 발생한 것 같지는 않다고 결론 내렸다. 고정관념 '상승'의 실제 효과 크기는 고정관념 '위협'의 절반에도 못 미치는 수준으로 약했지만,

분명히 존재하는 것 같다.

고정관념 위협 현상이 나타나는 이유를 설명하기 위한 초기 시도는 성공하지 못했다(Steele et al., 2002). 낙인 집단 사람들이 보다 '위협적인' 조건에서 노력을 줄인다는 증거는 없었다. 증거가 있었다면, 반대의 경우였다. 고정관념 위협 현상에 대한 또 다른 설명은 사람들은 자신의 사회정체성이 '진단 내린' 조건처럼 수면 위로 드러나면, 좀 더 불안을 느낀다는 것이다. 하지만 스틸과 아론슨(1995)이 스트레스와 불안의 자기보고식 방법을 사용한 초기 연구에서는 이에 대한 증거가 거의 나타나지 않았고, 다른 연구에서도 불안이 고정관념 위협 과제를 방해한다는 것은 발견하지 못하였다(Steele et al., 2002). 하지만 자신이 얼마나 불안을 느끼는지에 대한 자기보고는 그들의 실제 몸의 반응 상태를 정확하게 알려 주지 않을 수 있다. 신체적 측정 방법을 사용한 연구들은 스틸(1997)이 말한 것과 같이 고정관념 위협 실험 조건에서 심장박동과 혈압의 변화를 발견하였다. 이는 사람들이 자신의 집단에 대한 고정관념이 드러나는 상황이라는 것을 알아차리면 자기보고는 반대로 표현하려고 한다는 것을 의미한다(Blascovich et al., 2001; Croizet et al., 2004; Murphy et al., 2007).

모든 고정관념 위협 효과가 증가된 불안 또는 어떤 단일 요인에 의해 설명될 수 있다고 여기는 것은 너무나 단순한 생각이다. 수행 감소가 일어나는 다양한 상황과 그런 현상이 발견되는 다양한 과제(예, 지적, 사회적, 감각운동)는 모두 그것의 이면에 복합적 인과 과정이 작동한다. 슈메이더(Schmader)와 동료들(2008)이 흥미로운 모델을 제안하였는데, 이 모델은 이와 같은 복합성을 포착하는 데 많은 도움이 되었다. 그들은 고정관념으로 위협받는 상황에 놓이게 되면 감정적 과정과 인지적 과정이 동시에 활성화되어 두 과정이 함께 과제 수행에 영향을 주기는 하지만, 영향을 주는 방식은 두 과정이 다르다고 주장하였다. 고정관념 위협 연구 대부분이 인지 능력 과제를 사용하였는데, 슈메이더와 동료들은 수행 성과가 낮은 주요 이유는 사람의 작업 기억(working memory)의 효능감이 저하되기 때문이라고 믿었다. 효능감이 저하되는 원인은 다양한데, 고양된 신체 각성 또는 위협적인 상황의 스트레스 반응이 정신적 부담으로 작용하여 그 자리에서 해결해야 할 과제에 대한 인지 능력이 떨어지는 것도 한 가지 이유가 될 수 있다.

덧붙여, 평가 장면에서 자신의 집단 소속감을 더 의식하게 되면 인지적 과정이 더 잘 일어난다. 그 과정의 하나로 자신의 성과를 계속해서 관찰하는 경향성이 커지고, 특히 실수를 하지 않으려고 한다. 그리고 고정관념 위협 실험에 사용된 많은 과제에서 실수를 하지 않으려고 유난히 조심하는 것은 낮은 수행 성과를 가져왔다. 세이브와 포스터(Seibt & Förster, 2004)는 고정관념 위협 상황에서 참가자들이 실수를 하지 않으려고 노력한다는 몇 가지 증거를 발견하였다. 그들은 이것을 예방 초점(prevention focus)이라고 불렀고, 반대로 자신의 성과를 최대치로 끌어올리는 것에 집중하는 것을 촉진 초점(promotion focus)이라고 하였다.

하지만 신체 과제의 수행 감소를 작업 기억의 혼란으로만 설명하는 것은 무리가 있다. 고정관념 위협 효과를 보여 주는 과제를 사용한 연구 중에서(Stone et al., 1999), 골프공을 정확히 넣는 것과 같은 과제는 작업 기억 능력이 그다지 필요하지 않을 것이다. 슈메이더와 동료들(Schmader et al., 2008)도 의심했던 것처럼 연구자들은 아주 잘 학습된 감각운동 과제의 대부분은 수행에 필요한 인지 활동이 없이도 가능하다고 주장하였다. 우리가 골프공을 치거나 축구공을 찰 때마다 너무 많은 생각을 하게 되면 그 활동을 하는 것이 아주 힘들 것이다. 그러므로 슈메이더와 동료들은 감각운동 과제에서 발생되는 고정관념 위협으로 인한 수행의 감소 효과는 대부분 고정관념이 활성화되는 상황적 신호로 인해 생각이 너무 많아져서일 것이라고 주장한다. 이 설명을 뒷받침하는 베일록(Beilock)과 동료들(2006)의 연구는 골프 전문가들이 실제로 고정관념 위협 상황에서도 더 나은 성과를 나타내는 방법을 발견하였다. 골프 전문가들은 골프를 치면서 동시에 단어 모니터 과제를 수행할 때 좋은 성과가 나타났다. 이와 같은 방법으로 그들의 인지적 자원을 없애 버림으로써 골퍼의 잘 학습된 기술을 보다 자동적으로 그리고 더 잘 수행하도록 한다. 마치 그들이 너무 많은 자기 지각으로부터 자유로워진 것처럼 말이다. 주석 3

슈메이더와 동료들(2008)의 모델은 낙인 집단 사람들이 과제 수행 상황에서 낮은 수준의 결과를 보여 주는 이유에 대해서는 설명해 주지만, 상대 집단에 나타나는(약하기는 하지만 일관되게 명백히 보이는) '상승' 효과를 설명하기는 쉽지 않다. 슈메이더와 동료들은 비낙인 집단의 긍정적 고정관념의 활성화 때문에 '상승' 효과가 발생할지도 모른다고 제안하였다. 긍정적 고정관념은 각성, 과한 자기관찰, 그리고 억제와 같은 과정을 막아 과제 수행을 높일 수 있다. 이 가설에 따르면 고정관념 위협 상황이 낙인 집단에는 부정적 고정관념과 관련되고, 비낙인 집단에는 긍정적인 고정관념과 관련되어 있다는 것이다. 하지만 월튼과 코헨(2003)은 이 가설이 타당하지 않다고 지적한다. 왜냐하면 비낙인 집단과 관련된 특별한 긍정적 고정관념이 거의 없기 때문이다(Aronson et al., 1999). 대신 월튼과 코헨은 미미하게 나타나는 고정관념 '상승' 효과가 일종의 하향 비교 과정 때문이라고 주장한다. 백인(또는 남성, 중산층) 참가자들은 낙인 집단(흑인, 여성, 노동자 계급)이 그 과제를 못할 것이라는 하향 비교를 하려 한다는 것이다. 하향 비교는 다른 연구 영역에서 제안된 개념인데, 타인이 나보다 아래라는 하향 비교를 함으로써 자신이 좀 더 낫다는 느낌을 가지게 되고, 결과적으로 더 나은 수행을 할 수도 있다(Tesser et al., 1988; Wills, 1981).

다시 이 절의 주요 주제인 고정관념 위협으로 인한 수행 감소로 돌아가 보자. 고정관념 효과로 특정 집단이 받게 되는 사회적·교육적 기회에 대한 심각한 문제점 때문에 이 효과를 없애는 방법을 찾는 것에 상당한 관심이 모였다. 그 방법 중 하나는 낙인찍힌 범주와 관련된 자신의 정체성을 줄이는 것이다. 안녕감에 대한 낙인의 효과가 집단 정체성이 높은 사람에게 특히 강하게 나타나는 것처럼, 고정관념 위협 효과 역시 높은 집단 정체성을 가진 사람에게 크게 나타났다(Schmader, 2002). 하지만 낙인 집단 사람들에게 자신의 집단 정체성을 버리도록 권장하는 것은 현실적이지도 바람직하지도 않다. 그래서 더 현실적인 다른 기법을 살펴볼 필요가 있다.

현실적인 다른 기법 중 하나는 **자기확인**(self-affirmation)이다(Sherman & Cohen,

2006; Steele, 1988). 자기확인 기법은 사람들에게 자신의 가장 중요한 가치들을 생각하고 글을 쓰게 하여 자기통합을 재확인하도록 하는 것이다. 이 단순한 연습은 건강 행동, 스트레스, 태도 변화, 그리고 자신과 집단 특성으로 돌리는 경향성 감소를 포함한 다양한 영역에서 좋은 효과를 보여 주었다(Sherman & Cohen, 2006). 코헨과 동료들(2006)은 미국 중학교에서 백인과 흑인 학생에게 자기확인 기법을 실행하였다. 이 연구는 실제 학급에서 무작위 이중 맹목 설계(randomized double-blind design)를 사용하여, 담임교사는 어떤 학생이 어떤 조건에 배정되었는지 알지 못했다. 자기확인 기법 연습은 단지 15분 정도 실시되는데, 이 간단한 처치만으로도 흑인 학생들의 평균 성적을 올리기에 충분하였다. 반면, 백인 학생들의 성적은 변화가 없었다. 실험에 참가한 흑인 학생들과 그렇지 않은 흑인 학생들 사이에서 발생한 차이는 자기확인 연습 이후에도 몇 주 동안 계속해서 나타났다.

고정관념 효과를 줄일 수 있는 또 다른 방법은 과제 수행을 위해 필요한 능력에 대한 낙인 집단 사람들이 일반적으로 믿고 있는 신념을 바꾸는 것이다. 고정관념 위협 효과의 변화는 지식 과제에서 가장 크게 관찰되었는데, 사람들에게 지능은 고정되어 있는 것이 아니고, 자신이 믿는 만큼 잘 변하는 것이라고 설득함으로써 신념을 바꾸는 것이다. 대부분은 지능 변화의 가능성을 믿고 있는 사람이 다양한 인지 과제에서 덜 불안해하고, 더 열심히 노력하였으며, 더 좋은 결과를 보여 주었다(Dweck, 1999). 아론슨과 동료들(2002)은 스탠퍼드 대학생들을 대상으로 지능에 관한 생각을 바꾸는 시도를 하였다. 대학생들에게 '학업 편지 친구(scholastic pen pals)'라는 프로그램에 대한 교육적 목적을 소개하고, 학습 능력이 부진한 중학생들에게 격려 편지를 쓰도록 하였다. 지능 변화 가능 실험 조건의 대학생들에게는 지능이 끊임없이 변화하는 것을 강조하여 쓰라고 하였는데, 그래야만 편지를 받는 어린 학생들에게 도움이 될 것이라고 하였다. 지능 다구조 실험 조건의 학생들에게는 지능이 여러 다른 구성요소로 이루어져 있다고 쓰도록 하였다. 그리고 두 상황의 학생들에게 각 조건을 뒷받침하는 그럴듯한 과학적 영상을 보여 주었다. 통제 조건은 어떤 편지도 쓰지 않은 대학생들로 구성하였다. 이 연구에서 편지를 쓰는 절차에 대한 영감은 인지부조화 이론(cognitive dissonance theory)으로 불리는 태도 변화 기법에서 얻었다(Festinger, 1957). 페스팅거에 따르면, 우리는 자신의 태도와 믿음을 우리가 하는 행동과 일치되도록 바꾼다는 것이다. 아론슨과 동료들(2002)은 참가자들이 중학생들을 설득하는 편지를 쓰는 동안, 지능의 본질에 대한 그들 자신의 생각이 바뀌기를 기대하였다. 그리고 결과는 성공이었다. 변화 가능 실험에 참가한 대학생들의 성적은 이후 몇 달 동안 향상되었고([그림 8-6] 참조), 특히 흑인 대학생에게서 가장 통계적으로 유의미한 명확한 변화가 나타났다. 이들은 고정관념 위협에 가장 취약한 사람들이었다. 하지만 백인 대학생들조차 변화 가능 실험 조건에서 어느 정도 성적이 향상되었다.

　지금까지 낙인 집단 사람들의 변화를 가져오는 기법에 초점을 맞추었고, 그중한 가지가 그들 스스로에 대한 생각이나 지능의 본질에 대한 생각의 변화를 이끄는 것이었다. 이것은 비낙인 집단과의 관계 변화와 고정관념 위협으로 인한 수행 저하를 줄이는 효과적인 방법이 될 가능성이 있다. 앞서 에이브람스와 동료들(2006)이 다양한 인지 과제에서 고정관념 위협 효과를 관찰하였다고 잠시 언급하였다. 이 연구에서 또 다른 흥미로운 발견은 지속적으로 젊은 사람들과 기분 좋은 접촉을 많이 하는 사람에게는 수행 저하 현상이 거의 나타나지 않았다는 것이다. 이후 노인을 대상으로 손자, 손녀와의 접촉의 양과 질을 연구한 결과, 이것이 사실임이 나타났다(Abrams et al., 출판 준비 중). 심지어 노인이 단순히 젊은 세대와 만나는 것을 상상하는 것만으로도 고정관념 위협 저하 현상을 완화하기에 충분하였다(Abrams et al., 출판 준비 중). 즉, 증가된 접촉이 사람들의 불안을 줄이고, 완화된 불안은 앞서 우리가 본 것처럼 고정관념 위협 효과를 해소하는 역할을 한다는 것이다. 현재 호의적인 집단 간 접촉의 결과가 실제로 집단 간 불안을 완화시킨다는 수많은 증거가 있다(Brown & Hewstone, 2005). 이 주제는 다음 장에서 다룰 것이다.

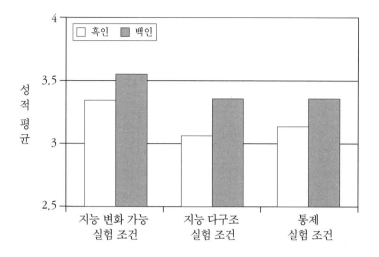

**그림 8-6  지능의 본질에 대한 생각의 변화와 성적 향상**

출처: Aronson et al. (2002), 표 1을 수정함.

## 현상을 정당화하기, 받아들이기 또는 도전하기

이 장에서 계속 언급되는 주제는 자신이 속한 집단이 사회 전반에서 낮게 평가되는 것을 알았을 때의 충격에 관한 것이다. 이제 마지막 절에서는 다음의 주장에 관하여 알아보고자 한다. 사회적으로 낮게 평가되는 집단에 속한 사람은 자신들의 열등한 지위를 받아들일 뿐만 아니라, 그러한 상황을 만든 체제를 유지하는 것에 적극적으로 도움을 준다. 이 생각이 체제정당화 이론(system justification theory)의 핵심이다. 이 이론은 저스트와 바나지(1994)가 처음 제안하고 주장하였다.

체제정당화 이론의 가정은 이념, 신념체계, 또는 집단 고정관념 등이 사회적 합의나 타인에 대한 학대를 정당화하는 기능을 제공한다는 관점에서 출발한다. 우리는 이미 이 책의 다른 부분에서 이 현상의 예시들을 많이 보았다. 소수인종을 '멍청하다'고 생각하고, 실업자를 '게으르다'고 보고, 이민자를 '우리의 생활을 위협한다'고 생각하는 것은 모두 바로 이 집단들에 대한 다양한 차별을 법제화하기 위해 편리한 인식들이다(이 책의 제4, 6, 7장 참조). 이 가정을 대개 편견과 차별을 자행하고 있는 좀 더 힘 있는 다수집단의 사람들에게 적용할 때는 논란의 여지가 거의 없다. 마르크스와 엥겔스(Marx & Engels, 1965/1846)는 사회와 집단에 대한 사람들의 가치관에는 그들의 이익을 반영하려는 경향이 있기 때문에 그 이익을 영구화하기 위한 사회적 관계를 정당화하려 한다고 주장하였고, 이 견해는 지금까지 널리 받아들여지고 있다(LeVine & Campbell, 1972; Tajfel, 1981b). 하지만 이 관점에서 보면 저스트와 동료들(Jost et al., 2004)의 주장은 말이 되지 않는다. 이들은 낙인 집단 사람들이 자신에 대한 부정적 고정관념을 찬성하고, 심지어 이익 집단 사람들보다 더 현재의 상황을 열정적으로 지지하는 경향이 있다고 주장하기 때문이다.

명백하게 역설적인 이 가설을 지지할 수 있는 설명에는 어떤 것이 있을까? 몇 가지 설명(Jost & Banaji, 1994; Jost et al., 2003b; Jost & Hunyady, 2002) 중 하나는 기존의 마르크스 지지자들이 주장한 '허위 의식(false consciousness)'의 개념이다(Jost & Banaji, 1994). 만약에 집권층이 대중매체를 포함한 공적 영역과 사적 영역의 모든 기관을 충분히 지배할 힘이 있다면, 그들은 틀림없이 그들이 합의한 세계관을 사람들에게 당연한 것으로 받아들이게 할 수 있다. 그렇게 되면 저스트와 바나지(1994)가 주장한 것처럼 지배하는 사람들의 생각이 지배당하는 사람들의 생각이 되는 것이다(p. 10). 좀 더 노골적으로 말하면, 낙인 집단은 세뇌당해서 자신에 대한 모든 나쁜 평판을 그대로 믿게 된다.

체제정당화 이론의 또 다른 설명은 심리학의 본질에서 찾을 수 있다. 저스트와 동료들(2003b)은 우리의 인지적 과정과 동기적 과정이 함께 작용하여서 차별받는 사람이 체제로부터 이익을 얻는 사람보다 더 체제를 정당화하게 된다고 주장한다. 이 과정에는 부조화를 줄이기 위한 바람, 불확실성에 대한 감소 욕구, 그리고 구조화와 통제에 대한 욕구가 포함된다. 저스트와 동료들에 따르면, 사람은 비록 자신에게 전혀 호의적이지 않다 할지라도 끊임없이 변화하는 사회보다 안정되고 정돈된 체제에 사는 것을 편안하게 느끼고 선호한다. 왜냐하면 끊임없이 변화하는 사회에서는 앞으로의 내집단 위치를 예상할 수 없고 불안정하기 때문이다. 인지적 부조화 또한 이러한 생각에 한몫을 한다. 자신의 집단에서 힘든 시간을 보낸 구성원이 별 어려움 없이 지낸 사람들보다 자신의 집단을 더 좋아하는 경향이 있는 것처럼(Aronson & Mills, 1959; Gerard & Mathewson, 1966), 자신을 억압하는 체제에서 낙인 집단 사람은 그 체제에 실제로 이익을 받는 사람보다 더 그 체제를 정당화하고 옹호한다. 저스트와 동료들(2003b)은 경우에 따라 체제 부조화 감소가 개인의 부조화 감소와는 다른 과정으로 작동한다고 생각하였다(Festinger, 1957). 그 이유는 개인의 부조화는 부조화의 생각 중 하나를 항상 의식적으로 선택한다는 것이다. 예를 들면, '나는 이 집단에 속하는 것을 선택했어. 나는 극도의 고통스럽고 당황스러운 경험을 견디고 여기에 들어왔어. 그러므로 나는 이 집단을 매우 좋아함에 틀림없어.'와 같은 생각이다(Cooper & Fazio, 1984). 하지만 불이익을 받는 집단은 의지 또는 선택의 과정이 없다. 그럼에도 불구하고 저스트와 동료들(2003b)은 '가장 고통받는 사람들이 가장 많이 설명하고, 정당화하며, 그리고 합리화를 해야 한다.'(p. 16)고 믿는다. 그들이 말한 것처럼 체제정당화는 '메뚜기를 먹고 난 후 자신의 입맛을 거기에 맞추는 것과 같은 개념'이다(Jost et al., 2003b, p. 16; Zimbardo et al., 1965와 비교).

체제정당화 이론에 대한 이렇게 많은 설명에 대한 증거는 있는가? 체제정당화 이론은 외집단 편향과 같이 집단 간 판단 연구들에서 종속 집단 사람들이 보여 주는 증거에서 출발한다(Hinkle & Brown, 1990; Mullen et al., 1992; Tajfel & Turner, 1986; 이 책의 제6장 참조). 또한 외집단 선호는 암묵적 연상 검사와 같은 유사 암묵적 지표들에서도 발견된다(Jost et al., 2004; Jost et al., 2002; Rudman et al., 2002; 이 책의 제7장 참조). 체제정당화 이론가들은 이 결과들의 안면 타당도를 입증하였는데, 이는 불이익 집단이 실제로 자신의 열등함을 믿으며 자신을 그렇게 믿도록 한 체제를 암묵적으로 지지한다는 것을 의미한다(Jost et al., 2004).

이 이론을 지지하는 두 번째 증거는 일련의 미국 설문 연구에서 나왔다. 이 설문 결과, 가난한 사람이 보다 수입이 높은 사람보다 정부에 대하여 덜 비판적이고 높은 지지를 보였다(Jost et al., 2004). 예를 들면, 정부를 비판하는 개인이나 매체의 권리를 제한해야 한다는 의견에 대하여 연봉 6,000달러 이하의 사람들이 연봉 16,000달러 이상의 사람들보다 두 배 이상 찬성하였다. 소외집단으로 알려진 히스패닉을 대상으로 한 연구에서는 9,000달러 이하의 수입이 있는 사람이 40,000달러 이상의 수입이 있는 사람보다 정부가 다수의 이익을 위해 일한다고 믿는 경향이 더 강하게 나타났다. 설문의 일부 자료에서 교육 수준을 통제하자 낮은 수입 집단에서 명백히 드러났던 정부 지지의 태도는 사라졌다.[2]

요약하면, 체제정당화 이론은 기능주의자의 설명이라고 볼 수 있다. 현 사회 질서의 존립을 위한다는 명목으로 종속 집단 구성원이 특혜를 받는 집단보다 자신의 집단을 덜 호의적으로 생각하고, 자신의 집단 이익에 상반되는 정치적 입장을 지지하도록 부추기고 있다. 그래피티 작가의 말을 인용하면, "그 체제 규칙, 오케이."

체제정당화 이론이 설득력이 있는가? 우선 모든 기능주의자의 이론들처럼 체제정당화 이론은 사회 변화, 특히 아래로부터의 혁명 같은 것을 설명하기에는 어려움이 있다. 예를 들면, 1940년대와 1950년대에 인도 및 케냐 등과 같은 이전 영국 식민지들의 성공적인 독립운동 사례, 제2차 세계대전 후 영국의 복지 상태, 1960년대 아프리카계 미국인들이 주도한 시민혁명과 기회 균등의 요구, 1980년대 후반 차례로 무너진 공산주의, 그리고 1990년대 남아프리카 공화국의 인종차별 폐지 등은 체제정당화 이론으로 설명할 수 없다. 인간이 항상 현재 상태를 유지하는 것을 선호한다면 어떻게 이 사건들이 일어날 수 있었겠는가?

체제정당화 이론을 지지하는 증거들은 또 다른 해석이 가능하다. 스피어스와 동료들(2001)과 루빈(Rubin)과 휴스톤(2004)이 주장한 것처럼, 지배 집단보다 종속 집단 사람들이 자신의 집단을 덜 호의적으로 생각한다는 사실이 반드시 자신의 열등감을 내면화하였음을 의미하는 것은 아니다.[주석 4] 오히려 그들은 단지 마지못해 현

---

2) 역자 주 - 교육 수준을 통계적으로 통제하였다는 것은 교육 수준이 수입과 정부 옹호의 관계에서 결정적인 역할을 한다는 것을 의미한다.

재의 사회 현실을 인정할 뿐이다.[주석 5] 루빈과 휴스톤(2004)은 스포츠 경기를 통해 유용한 예시를 제시하였다. 2009년 나는 프리미어리그 표를 보면서 매우 슬펐고, 내 사랑 리버풀보다 맨체스터 유나이티드가 더 좋은 성적을 거두었음을 인정해야만 했다. 하지만 절대 맨체스터의 리그 성적을 인정한다고 해서 맨체스터가 본질적으로 우리보다 더 우수하다고 믿는 것은 아니다. 종속 집단의 외집단 선호 결과가 나온 대부분의 연구는 리커트 척도[3]를 사용하여 능력의 인식 정도를 측정하였는데, 이것은 그 집단의 상대적 지위를 정하는 방식과 유사하다. 리치와 동료들(2007)이 주장하는 것처럼 이러한 방식의 척도는 가장 중요한 특성을 간과하였다. 그것은 그 내집단의 지각된 도덕성이다. 리치와 동료들은 도덕적 평가를 사용한 집단 간 연구가 더 많이 이루어진다면 외집단 편애에 대한 체제정당화의 결과는 많이 사라질 것이고, 이것은 이 이론의 타당도에 치명적일 것이라고 주장한다.

체제정당화 이론의 또 다른 취약점은 샤덴프로이데(schadenfredue)[4]의 존재다. 종속 집단은 때때로 특혜받는 집단의 괴멸 또는 패배를 목격하면서 악의적인 즐거움을 느낀다(Leach et al., 2007). 모든 사람이 자신의 운명에 만족하고 현재의 사회 질서가 계속되기를 바란다면, 왜 상위 계층의 몰락을 보며 행복해하겠는가?

그렇다면 더 가난한 집단이 더 잘사는 집단보다 정부를 더 강하게 지지한다는 연구 자료는 어떻게 된 것인가?(Jost et al., 2004) 사실 언뜻 보기에, 이 결과들은 혼란스럽다. 여전히 체제정당화 이론의 분명한 증거는 제시되지 않고 있다. 수입과 정부를 지지하는 태도의 관계가 교육 수준이 통제되었을 때는 상당히 사라진다는 사실은 체제정당화 이론으로 설명하기가 매우 어렵다. 더욱이 체제정당화 이론의 근거라고 생각되는 인지 부조화의 척도를 실제로 포함한 연구는 거의 없다. 또한 낙인 집단이 그들의 상대적 열등감과 그것을 파생시킨 체제를 믿는다고 하는 체제정당화 이론의 핵심 내용은 이 강의 앞에서 언급했던 낙인에 대처하는

---

3) 역자 주 – 문항의 내용에 동의하는 정도를 단계를 나누어(예, 1~5 또는 1~7) 응답하는 척도이다.
4) 역자 주 – 남의 불행에 대해 갖는 쾌감을 말한다.

이론들과 반대의 입장이다(Crocker & Major, 1989; Major et al., 2002a). 우리가 알고 있듯이 사회 서열상 불리한 입장에 있는 집단 구성원이 할 수 있는 강력한 전략은 그들이 받는 차별의 원인을 외부에서 찾는 것이다. 이는 체제정당화 이론에서 주장하는 것과 정확히 반대되는 것이다.

요약

1. 편견을 당하는 사람들이 겪는 일상의 불쾌한 현실을 발표한 자료는 많다. 길거리에서 볼 수 있는 언어적 폭행에서 증오 범죄 및 대량학살까지, 편견의 피해자에게 상당히 부정적 결과가 동반된다는 것은 의심의 여지가 없다.

2. 이 경험들은 낙인이라는 중요한 개념으로 이해하는 것이 도움이 된다. 낙인이란 한 사람을 사회에서 가치절하된 집단으로 가두는 것을 말한다. 낙인은 그 특성에 따라 다른 결과를 초래하는데, 피부색처럼 눈에 보이는 특성에도 나타나고, HIV처럼 보이지 않는 특성에도 적용된다. 또한 낙인찍힌 사람이 그 특성에 대한 책임이 있는지(혹은 없는지) 등에 의해서도 당사자들에게 미치는 영향은 달라진다.

3. 한때는 낙인 집단에 속하게 되면 그 사람의 안녕감은 아주 부정적인 영향을 받는 것으로 여겨졌다. 하지만 낙인 집단 구성원의 자존감이 다른 집단의 사람들만큼이나 높았다. 이는 낙인 집단 사람들이 스스로를 보호하기 위한 다양한 대처 전략을 사용하기 때문이다.

4. 낙인 집단 사람들은 여러 학문 영역에서 낮은 수행 성과를 보여 준다. 그 이유 중 하나가 고정관념 위협이다. 이는 자신의 집단이 그 과제를 수행함에 있어 능력이 부족하다는 만연된 고정관념을 높게 지각하는 것을 말한다. 고정관념 위협 효과는 자기충족적 예언의 한 형태다. 다시 말하면, 그 과제의 적절한 수행을 방해하는 정서적 과정과 인지적 과정이 함께 작용한다는 것이다.

5. 종속 집단의 사람들은 때때로 자신에게 불리한 체제를 강화하고 정당화하는 믿음을 가진 것으로 보인다. 이것이 실제로 그런 것인지의 여부에 대해서는 논란의 여지가 있다.

 주석

1. 미국에서는 증오 범죄가 '편향 범죄(bias crime)'라고도 잘 알려져 있다(Herek et al., 2002).

2. 이 결과들이 다른 연구에서도 항상 동일하게 나타나는 것은 아니라는 것을 언급해야겠다 (Inman, 2001; Kaiser & Miller, 2001). 더욱이, 몇몇 연구자는 루기에로의 연구 전반에 의문을 제기하였는데, 그 이유는 그녀가 허위 데이터를 포함한 다른 논문들을 공개적으로 철회했기 때문이다. 이 철회한 논문에는 Ruggiero와 Major(2002), Ruggiero와 Marx(2001), Ruggiero와 동료들(2002), Ruggiero와 동료들(2001)이 있고, Ruggiero와 Taylor(1997)와 더 이른 논문인 Ruggiero와 Taylor(1995)는 해당되지 않는다.

3. 이 부분에서 나는 영국 풋볼 선수들이 승부차기와 관련된 다음 경기에서 이 기법을 사용하고

싶어 할 것이라는 생각이 들었다. 국제 토너먼트의 연속 경기에서 승부차기를 실패한 다음 경기(예, World Cup 1990, 1998; European Championship, 1996, 2004)에서, 그들은 그 경기를 이기지 못할 것이라는 사람들의 비판을 받았을 것이다. 아마도 각각의 영국 선수들이 승부차기를 하기 위해 섰을 때, 그들은 그러한 부정적인 고정관념을 너무나 잘 알고 있고, 스스로를 믿지 못하는 끊임없는 생각들로 힘들 것이고, 결국 그 공은 골선을 넘어서 날아간다. 단언하건대, 영국의 사회심리학자들도 이 특별한 고정관념에서 자유로울 수 없다. 2005년 뷔르츠부르크에서 열린 유럽 실험사회심리학회 회의에서 국제 풋볼 매치가 열렸는데, 승부차기에서 영국 팀이 네덜란드 팀에게 패배하였다. 내가 승부차기에 실패한 사람 중 1명인지에 대해서는 말하지 않을 것이다.

4. 나는 이 부분에서 레오나르도 코헨(Leonard Cohen)의 역설적인 노래인 '모든 사람은 안다 (Everybody Knows)'의 몇 구절이 생각난다.


우리 모두는 세상이 불공평하다는 것을 안다.

(그러면서) 모두가 행운을 빈다.

우리 모두는 전쟁이 끝났다는 걸 안다.

(그리고) 좋은 사람들을 잃어버린 걸 안다.

우리 모두는 그 싸움의 결과가 정해졌다는 것을 안다.

(어차피) 가난한 사람들은 여전히 가난하고, 부자들은 더 잘산다는 것을.

우리 모두는 안다.

(Leonard Cohen & Sharon Robinson, 1988; *I'm Your Man*)


5. 외집단 선호를 보여 준 암묵적 연상 검사를 사용한 많은 연구는 실제로 내면화된 열등감의 증거가 되지 못한다. 제7장에서 본 것처럼 암묵적 연상 검사에서 편견을 측정하는 반응 시간 차이가 실제로 외집단에 대한 특정 태도를 보여 주는 것인지에 대한 논란이 해결된 것과는 다른 문제다.

## 더 읽을거리

Jost, J. T., & Hunyady, O. (2002). The psychology of system justification and the palliative function of ideology. *European Review of Social Psychology, 13*, 111-153.

Major, B., Quinton, W. J., & McCoy, S. (2002a). Antecedents and consequences of attributions to discrimination: Theoretical and empirical advances. *Advances in Experimental Social Psychology, 34*, 251–330.

Steele, C. M., Spencer, S. J., & Aronson, J. (2002). Contending with group image: The psychology of stereotype and social identity threat. *Advances in Experimental Social Psychology, 34*, 379–440.

Chapter **09**

# 편견 줄이기

나는 이 책을 올포트의 『편견의 본질(The Nature of Prejudice)』(1954)에 대한 헌사로 시작하였다. 내가 이 책의 마지막 장을 시작하는 지금(2009년)은 그 책이 출판된 지 50여 년이 지난 시점이다. 또한 학교에서 인종을 분리하여 교육하는 것이 위법이라고 한 미국 대법원의 중대한 판결이 발표된 지 50여 년이 지난 시점이기도 하다[*Brown v. Board of Education*, Topeka, Kansas(1954)]. 올포트는 그 당시 대법원 결정에서 전문가 증언을 한 사람들 중 한 명이었고, 분리교육의 결과가 사회적·교육적으로 얼마나 나쁜 것인지를 주장한 사회과학자 중 한 명이었다(Clark et al., 2004). 그러므로 이 장에서는 사회심리학 분야 가운데 올포트가 가장 공헌한 주제인 **접촉 가설**(contact hypothesis)을 중심으로 나무고사 한다. 올포트 연구의 주제이자 이 책 전반에 걸친 주제 또한 편견이 우리 일상에 얼마나 만연해 있는지다. 우리의 한정된 인지 능력과 다른 집단에 대항하는 내집단 소속감은 인간이기에 가지고 있는 사회적 동기이다. 그러므로 편향된 생각과 차별적 행동의 경향성은 결코 없어지지 않는다. 그렇다면 편견이 인간의 타고난 본성이므로 편견을 당연한 것으로 받아들여도 되는 걸까? 올포트와 그에게서 영향을 받은 사회심리학자들은 절대로 그렇지 않다고 믿었다. 그는 편견의 강도를 줄일 뿐 아니라 편견으로 인한 최악의 결과를 막을 수 있는 강력한 사회적 중재가 가능하다고 주장하였다.

이 장의 초반부는 집단 간 접촉 상황에서 우리가 원하는 긍정적 결과가 도출되는 사회적 조건들을 상세히 다룰 것이다. 두 번째 절에서는 교육 장면에서의 접촉에 대하여 구체적으로 집중해서 보려고 한다. 교육 통합 시도의 실패 이유와 성공적이었던 기법들에 대해 살펴볼 것이다. 세 번째 절에서는 지난 50여 년 동안의 연구와 이론에서 밝혀진 접촉 가설을 재평가할 것이다. 재평가 단계에서는 다음 질문들에 대한 답을 찾을 것이다. 처음 만난 외집단 구성원들과의 접촉 경험으로 생기는 태도가 일반화되거나 되지 않는 요인은 무엇인가? 접촉은 어떻게, 그리고 왜 효과가 있는가? 접촉이 어떤 특정 집단에 더 효과가 나타나는 것은 왜일까? 외집단과의 직접적인 접촉만이 효과가 있는가? 아니면 그들과 접촉했던 친구를 알고 있는 것만으로도 충분한가?

## 접촉 가설

사회심리학 영역에서 가장 오랫동안 연구되고 성공한 이론 중 하나가 접촉 가설이다. 이론의 이름에서 알 수 있듯이, 핵심 요지는 두 집단이 서로 만나는 것이 집단 간 긴장과 적대감을 줄이는 가장 좋은 방법이라는 것이다. 한편, '접촉 가설'이라는 이름은 실제로는 다소 잘못 붙여졌다. 마치 접촉만으로 모든 것이 해결된다는 느낌이 들기 때문이다. 하지만 실상은 전혀 그렇지 않다. 올포트(1954) 역시 접촉만으로 모든 것이 해결되지 않음을 빨리 깨달았다. 올포트는 시카고에 사는 흑인과 백인 사이의 거주지 거리와 백인 응답자들의 반흑인 감정의 연관성을 조사한 그의 미출판 자료에서 흑인 지역사회와 가깝게 살수록 그들에 대한 편견이 더 크게 나타나는 것을 보여 주었다. 이 패턴은 오늘날 전 세계 많은 도시에서도 똑같이 나타나고 있다고 감히 말할 수 있다.

일화적인 예시들과 함께 이 책의 여러 곳(제3, 5, 6장)에서 이미 언급했던 많은 연구도 두 집단이 만나는 곳에서 집단 간 편견이 쉽게 발생하고 그 편견을 줄이기가 어렵다는 것을 보여 주었다. 특히 셰리프(Sherif, 1966)와 동료들(제6장)의 여름 캠프 연구는 눈여겨볼 만하다. 집단 간 경쟁을 통해 만들어진 갈등을 줄이기 위한 방법으로 연구자들은 두 집단에게 공동 목표를 수행하도록 하였다. 주목할 것은 상위 목표를 수행하기 전, 연구자들은 두 집단 사이의 균열을 메우기 위한 여러 시도를 하였다. 이들은 소년들이 함께할 수 있는 즐거운 상황을 만들기 위해 하루는 큰 만찬을 준비하였고, 다른 날은 불꽃놀이를 준비하였다. 하지만 이러한 '미약한 접촉'으로는 적대감이 거의 줄어들지 않았다. 셰리프(1966)가 언급한 대로 "갈등을 줄이기는커녕 이러한 상황은 경쟁 집단들이 서로를 질책하고 공격하는 기회만 제공했을 뿐"(p. 88)이었다.

그러므로 접촉만으로는 충분하지 않다. 올포트(1954)는 수많은 조건을 살펴보았고, 접촉이 우리가 기대하는 편견을 줄일 수 있는 바람직한 효과를 갖기 위해서는 필요한 조건들이 있다고 믿었다. 이후 다른 연구자들이 그가 말한 조건들에 다른 요인들을 추가하고 정교화하였다(Amir, 1969; Cook, 1962, 1978; Pettigrew, 1998). 이 조건들 중 가장 중요한 네 가지에 대하여 알아보도록 하자.

## 사회적 · 제도적 지지: 통합을 뒷받침하는 권위 부여하기

첫 번째 조건은 접촉을 강려히도록 되는 개인에 대하여 사회적 · 제도적인 지지가 보장되어야 한다. 이는 권위 있는 사람들(학교장과 직원, 새로운 법안을 시행하는 정치인, 그것의 시행을 감찰하는 판사들)이 통합 정책의 목표를 자신도 지지한다는 것을 명확하게 밝혀야 함을 의미한다. 왜 그것이 중요한지는 적어도 다음 세 가지 이유에서 찾을 수 있다.

첫째, 권한이 있는 사람은 대개 원하는 목표 달성을 촉진하고 보상하거나 또는 방해하는 활동을 제재하는 위치에 있다. 회사나 교육위원회 같은 곳은 대개 자신들의 이익에 영향을 미치는 문제에 대해서 수용적이므로, 적어도 합의된 정책이라면 그들이 따를 것이라고 기대할 수 있다. 이것은 그 자체만으로 많은 소수집단이 경험하는 사회적 박탈과 편견의 지독한 고리를 깨는 현실적인 시작점으로 작용할 수 있다. 낮은 학업성취와 실업은 지배집단이 낙인집단들에게 가지는 '멍청한' 또는 '게으른'이라는 부정적 고정관념을 강화시키고, 이는 교육 차별과 직업 차별의 정당성을 부여한다.

제도적 지지의 두 번째 장점은 정책으로, 특히 새로운 차별을 반대하는 정책으로 사람들에게 편견 없는 행동을 강요하다 보면, 이러한 행동이 결국에는 그들 자신의 태도로 내면화될 수 있다. 페스팅거(1957)의 주장에 따르면, 대부분의 사람은 인지 부조화 경험을 피하기 위해 자신의 믿음과 자신의 태도를 일치시키려는 욕구가 있다고 하였다. 편견 또한 마찬가지다. 소수집단 사람들과 함께 동료로 일하도록 의무화하거나 다른 종교의 사람들과 함께 학교를 다니게 하면 결국에는 편견을 가졌던 사람들의 마음이 변하게 될 것이다. '우리는 함께 일(또는 공부)을 잘하고 있다. 그러므로 그들은 결코 내가 생각한 것만큼 나쁘지 않다.'라고 말이다.

접촉 방법에 대하여 제도적 지지를 제공해야 하는 세 번째 그리고 가장 중요한 이유는 이것이 새로운 사회 분위기, 즉 좀 더 관대한 규준이 생겨나는 데 도움이 되기 때문이다. 그렇다고 1954년 미국 대법원의 기념비적인 결정과 1965년과 1975년에 있었던 영국의 「인종 및 성차별 금지법(British Race and Sex Discrimination Acts)」, 1990년대 후반 영국에 도입된 「반혐오 범죄 법률(anti-hate crime legislation)」 등이 그 법 자체만으로 차별 감소의 효과를 가져왔다고 말할 수 없다. 실제로는 수년간 많은 입법기관 관계자들과 고용주들이 그 법률의 시행을 피하려고 터무니없는 짓들을 하였다(Pettigrew, 2004). 하지만 그들은 일반 대중의 태도에 깊은 충격을 받았고, 그 결과 소수집단이나 여성을 드러내 놓고 차별하는 것을 점점 덜 하기 시작하였고, 공개적인 장소에서 무시하는 것도 줄어들었다(제7장 참조).

통합을 위한 제도적 지지의 효과를 보여 준 연구들이 많은 것은 아니다. 이에 대한 가장 주된 이유는 그것의 효과를 보여 줄 적절한 연구 방법이 없기 때문이다. 새로운 법률이 공표되었을 때 그 효과를 비교할 만한 통제집단을 어디서 찾을 것인가? 몇몇 연구는 좀 더 미시적 관점에서 그 효과를 살펴보기 위한 시도를 하였다. 과학적으로 입증해 보이지는 못하였지만, 제도적 지지로 인한 새로운 규준 제시가 얼마나 중요한지를 어느 정도는 보여 주었다. 예를 들면, 인종이 통합된 주거 지역과 관련한 초기 2개의 연구에서 통합 지역 사람들은 "사회적 기대는 관용과 화합을 선호한다."라고 말한 반면, 주거 분리 지역에서는 흑인과의 주거 통합에 대하여 "아직 멀었다." 또는 "사람들은 당신에게 미쳤다고 할 것이다."라고 말하였다(Deutsch & Collins, 1951; Wilner et al., 1952). 또한 백인의 집단 간 태도가 통합 주거 지역에서 상당히 더 관용적으로 나타났다. 이 장의 후반부에는 사회적 규범의 변화가 사람들의 편견을 감소시키는 중요한 수단이 된다는 것을 보여 줄 것이다.

## 친분 가능성: 집단 간 우정의 힘

성공적 접촉을 위한 두 번째 조건은 집단들 간에 의미 있는 관계로 발전할 수 있는 충분한 빈도, 기간, 친밀함, 그리고 근접성이다. 쿡(Cook)의 말을 인용하자면, 반드시 높은 '친분 가능성(acquaintance potential)'을 가져야 한다(Cook, 1978, p. 97). 이 조건들과 반대 상황은 집단 간 접촉이 드문드문 일어나고, 짧은 기간과 얕은 수준의 무심한 관계일 것이다. 이런 무심한 상황에서는 호의적인 태도가 생겨나는 것은 거의 드물고, 심지어 악화될 가능성도 있다. 높은 친분 가능성이 중요한 조건이 되는 논리적 근거에 대하여 세 가지 정도를 살펴볼 수 있는데, 이 세 근거의 상대적인 중요성은 접촉 연구자들 사이에서 다소 의견이 분분하다.

첫째, 친밀한 인간관계의 발전은 관계 그 자체가 긍정적인 보상이 될 수 있다.

그러므로 인간관계에서 생긴 긍정적인 감정은 외집단을 자신의 내집단에 포함시키는 쪽으로 넓게 확장될 수 있다(Cook, 1962). 둘째, 감정적 반응과 함께 외집단에 대한 새롭고 정확한 정보의 획득을 통해 성공적인 접촉을 할 수 있다. 이론가들 중에는 정보의 획득이 지금까지 몰랐던 외집단과 내집단의 많은 유사점을 발견하도록 할 것이라고 주장한다. 유사성이 호감을 가져올 수 있다는 가설(Byrne, 1971)에 따르면, 유사성을 발견하면 외집단에 대한 더 높은 호감의 결과를 가져올 것이다(Pettigrew, 1971; Stephan & Stephan, 1984). 이 두 번째 주장은 다소 논란이 있는데, 이후 살펴볼 것이다. 높은 친밀 가능성을 가진 접촉이 중요한 세 번째 근거는 친밀한 접촉으로 인하여 그들이 가진 외집단에 대한 다소 부정적 고정관념이 잘못되었음을 증명할 근거가 생길 수 있다는 것이다. 다시 말하면, 접촉으로 인해 생긴 새로운 정보 때문에 호감이 생긴다는 것은 새로운 정보가 반드시 집단 간 유사성을 인식하기 때문이라는 두 번째 주장과는 달리, 그 정보가 고정관념적인 믿음을 바꾸기 때문이라는 것이다(Brown & Hewstone, 2005; 이 책의 제4장 참조).

높은 친밀 가능성의 중요성을 증명하는 증거는 쉽게 찾아볼 수 있다. 통합 주거 프로젝트의 초기 연구들에서도 이것을 보여 주었다(Deutsch & Collins, 1951; Wilner et al., 1952). 이 연구들은 흑인 가족과 백인 가족 사이의 상대적 근접성이 긍정적 태도 변화와 중요한 관련성이 있음을 발견하였고, 높은 근접성은 주로 빈번하고 친밀한 접촉과도 관련이 있었다. 스테판과 로젠필드(1978)는 미국 초등학생이 멕시칸계 미국인에 대하여 갖는 태도를 통해 접촉의 친밀도와 편견의 변화 사이의 관계를 2년이 넘는 종단연구를 통해 확인하였다. 긍정적인 태도 변화의 가장 큰 단일 예측변인은 인종 간 접촉의 빈도가 증가한 것이었다. 예를 들면, 아동이 얼마나 자주 서로의 집에서 놀았는지를 측정하였는데, 스테판과 로젠필드는 태도 변화와 접촉의 인과관계에 있어서 태도 변화가 접촉을 증가시킨 것이 아니라 반대로 접촉이 태도 변화를 일으킨 것임을 보여 주었다. 첫 번째 시기에 측정한 접촉은 두 번째 시기의 태도와 정적 상관이 있었지만, 첫 번째 시기의 태도는 두 번째 시기의 접촉과 상관이 나타나지 않았다. 이러한 비대칭 형태의 분석 결과는 접촉이 태도를 결정한다는 인과관계를 함축하여 보여 주는 것이다.

　이 발견들에도 불구하고, 우리는 접촉과 편견 감소의 과정에 있어 직접적인 접촉의 역할을 과대평가하는 것은 아닌지 조심하여야 한다(Hewstone & Brown, 1986). 그 이유에 대해서는 책 후반부에 명확하게 언급하겠지만, 여기서는 해밀턴과 비숍(Hamilton & Bishop, 1976)의 거주지 통합 종단연구를 통해 잠시 생각해 보도록 하자. 두 연구자는 처음에 약 200명의 백인 거주자들을 인터뷰하였다. 그리고 이들 중 일부는 인터뷰하는 그 즈음에 새로운 흑인 이웃을 알게 되었다. 흑인 이웃을 아는 백인 거주자 집단과 그렇지 않은 백인 거주자 집단 사이의 현대적 인종차별 척도 점수는 처음에는 비슷하였지만, 1년 후 흑인 이웃을 알고 있는 집단의 현대적 인종차별 점수가 상대 집단의 주민보다 유의미하게 낮아졌다. 이는 '아는 사람/편견 감소' 이론을 지지하는 것 같지만, 해밀턴과 비숍이 추가로 설문지에 넣었던 문항은 새로운 사실을 보여 주었다. 추가 문항은 그들이 이웃의 이름을 알고 있는지 등을 측정하는 '친분' 척도였고, 이 상호 교류 척도는 현대적 인종차별에 영향을 주는 것으로 나타났다. 놀라운 것은, '친분'의 효과는 새로운 이웃이 이사 온 후 처음 3개월 내에만 나타났는데, 그 기간에 새로 이사 온 흑인 이웃과 상호 교류를 한 사람이 그렇지 않은 사람보다 더 낮은 인종차별 점수를 보여 주었다. 백인 이웃이 이사를 온 경우에는 그 효과가 더 강하게 나타나지 않았다. 1년이 지난 후 '친분'의 효과는 더 이상 나타나지 않았는데, 이는 해밀턴과 비숍이 말한 것처럼 '아는 사람/편견 감소' 설명만으로는 흑인과 백인 이웃을 둔 사람의 1년 후의 인종차별 점수 차이를 설명하지 못한다는 것을 보여 준다. 이들은 그 이유를 백인 이웃보다 흑인 이웃에 대해서 알려고 하는 경향이 덜하였기 때문이라고 하였다. 이 결과를 바탕으로 해밀턴과 비숍은 인종차별을 감소시키는 것은 그들을 실제로 알게 되어버리기보다 흑인 이웃으로 인해 그들이 가진 고정관념이 깨졌기 때문이라고 주장하였다.

## 동등한 지위

접촉이 성공하기 위한 세 번째 조건은 동등한 지위에서 만남이 이루어져야 한다는 것이다. 이유는 간단하다. 외집단에 대한 많은 편견과 고정관념 중에는 외집단 사람들이 수행 능력이 떨어질 것이라는 생각이 있다. 이러한 상황에서 실제로 수행 능력이 떨어질 수 있는 낮은 지위의 외집단 사람과의 접촉이 일어난다면, 그들에 대한 기존의 고정관념이 더욱 강화되는 결과를 초래할 것이다. 이것은 미국 남부 지방의 흑인에 대한 편견이 왜 변화되지 않았는지를 설명해 준다. 백인이 흑인과 수많은 접촉을 했었지만, 그들과 접촉하는 흑인은 보모, 요리사, 문지기 등 백인보다 낮은 지위에 있었다. 만약 흑인을 학급 내 친구, 회사 동료 등과 같이 동등한 위치에서 만났다면 흑인의 경쟁력을 매일 확실하게 경험할 수 있기 때문에 백인의 편견은 계속되지 않았을 것이다.

동등한 지위의 접촉이 편견을 감소시키는 데 유리하다는 증거는 아주 많다 (Amir, 1976). 예를 들면, 하딩과 호그레프(Harding & Hogrefe, 1952)와 미나드 (Minard, 1952)의 연구는 흑인과 백인이 함께 같은 직장에서 일할 때 그들의 관계가 아주 좋아졌음을 보여 주었다. 하지만 두 연구 모두에서 흥미로운 결과가 나타났는데, 두 연구가 매우 다른 장소(웨스트 버지니아 도시의 백화점과 탄광)에서 이루어졌음에도 두 연구 모두 그 장소에서 일어난 접촉에 의한 변화는 그 장소에서만 효과를 보였다는 것이다. 즉, 직장에서 발생한 긍정적 태도는 그곳을 벗어나서는 일반화되지 못하였다. 미나드가 인터뷰한 한 광부의 말은 인상적이다.

저기 탄광 입구에서 채취장으로 오가는 버스가 보이는가? 저 버스는 모든 사람이 함께 타고, 어느 누구도 같이 타는 것을 신경 쓰지 않는다. 백인이 흑인 옆에 앉든지 말든지 그저 편하기만 하면 된다. 어느 누구도 신경을 쓰거나 관심을 두지 않는다. 하지만 백인 남자가 저 버스를 내려서 환승 버스에 오르면 그는 흑인 옆에 앉지 않을 것이다(Minard, 1952, p. 31).

　일반화의 문제는 집단 간 접촉 효과와 관련한 모든 논제의 중심에 있다. 나는 이 절의 후반부에 이 주제에 대해서 다시 심도 있게 다룰 것이다.

　실험적 증거 또한 동등한 지위의 접촉이 중요하다는 것을 증명하였다. 제6장에서 기술했던 나의 연구 중에서 동등한 수준의 학교 학생들과 함께 협동 과제를 할 것이라고 알고 있었던 학생들이 더 낮거나 높은 수준의 학교 학생들과 함께할 것으로 생각했던 학생들보다 낮은 편향과 높은 호의를 보였다는 것을 언급하였다 (Brown, 1984a). 셰리프(1966)의 여름 캠프 연구와 유사한 클로레(Clore)와 동료들 (1978)의 연구는 8~12세 아동들을 캠프 기간 동안 다양한 인종의 집단으로 구성하였는데, 인종 간 대도가 좋아진 것을 여러 측정을 통해 볼 수 있었다. 에를 들면, 캠프 초반에는 게임 파트너를 선택할 때 5개의 캠프 중 4개의 캠프에서 자기 인종의 동료를 더 선호하였지만, 캠프가 끝날 때쯤에는 인종과 관계없이 동료를 선택하는 경향을 보였다.

　동등한 지위의 접촉이 효과가 있다는 것을 명확하게 보여 주는 연구는 블랜차드(Blanchard)와 동료들(1975)의 연구다. 연구자들은 백인 미국 공군들에게 2명의 동료(백인 1명과 흑인 1명)와 함께 모의 훈련을 하도록 하였다. 참가자들에게 자신의 동료들의 실력이 참가자와 비슷하거나 참가자보다 못하거나 혹은 더 좋다고 훈련 전에 미리 알려 주었다. 각 훈련을 마친 후 3명이 함께한 자신의 팀이 훈련을 잘 했는지 아니면 못했는지를 말해 준 후, 백인 참가자는 자신과 함께한 흑인 동료에 대한 호감도를 답하였다. 그 결과, 미리 알려 준 동료의 실력과 팀의 수행 결과에 따라 그 호감도는 달라졌다([그림 9-1] 참조). 흑인 동료가 참가자와 유사하거나 나은 실력이라고 알려 준 경우가 실력이 없다고 생각하게 한 경우보다 더 호의적이었다. 또한 자신의 팀이 잘했다는 평을 들었을 때가 반대의 경우보다 흑인 동료에 대한 호감도는 더 높게 니디있다.

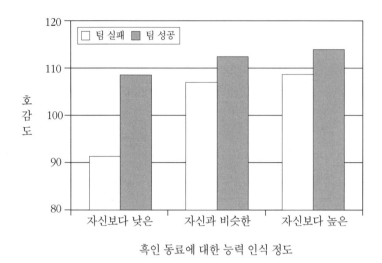

**그림 9-1  상대적 지위와 수행 성공 여부가 흑인 동료에 대한 호감도에 미치는 영향**

출처: Blanchard et al. (1975), 표 1을 수정함.

## 협력: 대적하기보다 함께 일하기

동등한 지위의 접촉에 관한 모든 연구가 포함하는 또 다른 요소는 협력(협동)이다. 이것은 올포트가 성공적인 편견 감소를 위해서 꼭 필요한 것이라고 생각했던 네 번째 조건이다. 이렇게 주장한 직접적인 이유는 현실집단갈등 이론(제6장)에서 찾을 수 있다. 집단들 간에 공동으로 원하는 목적을 이루기 위해서 서로가 필요하다면, 그들은 서로의 관계를 친밀히 발전시켜야만 하는 이유가 생긴다. 이 공동의 목표는 보통 과제 수행으로 이룰 수 있는 성취 가능한 어떤 것으로, 몇 가지 예시를 곧 살펴볼 것이다. 하지만 관련 집단들에게 큰 위협을 주는 사건이 생길 때도 여러 집단에게 공통되는 상위 목표가 생길 수 있다. 1993년 10월, 약 3만 명이 사망한 것으로 추정되는 인도 중부에서 발생한 대규모 지진이 그런 경우다. 이 재앙에 부딪혔을 때 이 지역에서 지속되어 왔던 힌두교와 무슬림교 사이의 종파 분쟁은 구조 노력이라는 공동의 목표하에 사라졌다. 한 청년이 말하기를 "이 집에 사는 사람이 힌두교도인지 무슬림교도인지는 나에게 중요하지 않다. 그들이 누구건 간에, 그들은 나의 도움이 필요하다."(*The Independent*, 1993. 10. 3.)라고 하였다.

연구들은 접촉에 있어 협력 조건이 중요하다는 것을 명백히 보여 준다. 셰리프 (1966)의 연구 이후로 현장 연구와 실험실 연구 모두가 집단 간에 경쟁보다는 협 동할 때 상대 집단과 친밀하게 지내고, 또한 내집단 편향이 감소하는 것을 확인하 였다(Brown, 2000a). 짚고 넘어가야 할 한 가지 중요한 조건은 긍정적 태도 변화를 극대화하기 위해서는 협력의 결과가 성공으로 끝나야 한다는 것이다. 앞서 살펴 본 블랜차드와 동료들(1975)의 연구에서 백인 참가자는 그 팀이 못했을 때보다 잘 했을 때 상대 흑인 동료에게 항상 더 호감을 보였다. 월첼(Worchel)과 동료들(1977) 의 연구에서는 이전에 서로 경쟁관계에 있었던 적이 있고 이후 협력관계로 함께 일했는데 그 일이 실패한 집단의 경우에는, 외집단 사람들에 대한 호감도는 감소 하는 것을 볼 수 있었다. 이렇게 호감도가 감소하는 이유는 내집단의 실패를 외집 단의 탓으로 쉽게 돌릴 수 있기 때문이다.

다음의 두 연구를 소개하면서, 최적의 접촉 상황에 대한 네 가지 요소를 이야기 하는 이 절을 끝내고자 한다. 한 연구는 현장 연구이고, 다른 연구는 실험실 연구 다. 두 연구 모두 접촉 상황의 주요 요소들을 연구 설계에 포함시켰다. 첫 번째 연 구는 쿡(1978)의 연구로 편견이 심한 백인 참가자와 흑인 실험 보조자들이 20일 동안 계속되는 장기간의 협동 활동에 참가하였다. 그리고 몇 달 후 암묵적 측정 방법으로 후속 검사를 실시하였다. 접촉 가설에서 강조한 것과 동일하게, 흑인 보 조자와 백인 참가자들은 동일한 지위에서 과제에 대한 역할이 주어졌다. 그리고 서로를 알아 갈 수 있는 기회가 계속해서 주어졌는데, 협동 과제 외에도 점심시간 등에서 흑인 실험 보조자들은 실제 백인 참가자들과 함께 시간을 보내기 위해 다 양한 노력을 하였다. 평등주의나 인종 관용 태도가 좋은 것이라는 사회규범을 만 들기 위해 감독관의 인종을 다양하게 하여 곳곳에 배치하였고, 백인 실험 보조자 들을 통해 인종 통합을 지지하는 것을 표현하도록 하였다. 그 결과, 흑인 실험 보 조자들에 대한 백인들의 태도와 행동은 실험 기간 동안 긍정적인 방향으로 변하였고, 이후 사후 검사에서도 호의적으로 나타났다. 비록 모든 척도에서 일치된 결과를 보이지는 않았지만, 실험집단은 접촉이 없었던 통제집단과 비교하여 편견 점수가 유의미하게 감소하였다. 하지만 후속연구에서 쿡(1978)은 특정 사람과의 접촉을 통한 태도 변화와 그 사람이 속한 집단 전체에 대한 태도 변화는 완전히 일치하지 않는다는 것을 확인하였다. 이 주제에 대해서는 곧 다시 살펴볼 것이다.

두 번째 연구는 가나의 난민 캠프에서 시행되었다. 이 캠프에 머무는 대부분의 사람은 라이베리아인으로 1990년대의 잔혹한 시민전쟁을 피해 온 사람들이었다. 이 캠프에는 서로 다른 라이베리아 부족이 있었고, 이들 중 몇몇 부족은 대립적 갈등을 겪고 있었다. 라이베리아에서 망명한 사람들로 구성된 현지의 민간단체 후원으로 평화교육 프로그램이 시작되었다. 이 프로그램은 서로 다른 집단의 사람들이 동등한 지위에서 함께 협동 활동을 하도록 짜여 있었고, 그 목표는 집단 간 신뢰와 이해를 높이는 것이었다. 그 결과, 많은 긍정적 결과가 나온 것으로 평가되었다(Feuchte et al., 2008). 이 프로그램에 같이 참여하기를 원했으나 여러 이유로 함께하지 못한 통제집단과 비교하여, 이 프로그램 참가자들은 자신의 인종과 부족의 중요성에 집착하는 것이 확실히 줄어들었고, 집단 간 접촉을 더 원했으며, 다른 집단과 화해하고 그들을 신뢰하며 긍정적인 평가를 할 준비가 되어 있었다. 많은 참가자가 불과 몇 년 전에 상대 집단 때문에 큰 상처를 받은 경험이 있다는 것을 고려한다면 이런 변화는 놀라운 것이다.

## 🔵 학교에서의 접촉

2008년 말과 2009년 초의 짧은 몇 주 동안 가자 시(Gaza City)의 시민들과 가자 지구(Gaza Strip)는 이스라엘 무장 세력의 공습과 침공을 받았다. 수백 명의 팔레스타인 사람들이 죽었고, 더 많은 부상자와 난민이 생겼다. 이 비극적인 사건은 이스라엘-팔레스타인 사이에서 60년이 넘게 오랫동안 계속되어 온 피의 역사다.

몇 년 전 예루살렘에 특별한 학교가 세워졌는데, 이곳에는 학생과 교사 모두 이스라엘과 팔레스타인에서 온 사람들로 구성된 통합 학교였다. 수업은 히브리어와 아랍어 모두로 진행되었고, 기독교와 유대교, 이슬람교의 행사들을 모두 볼 수 있었다. 이 환경에서 교육을 받는 것에 대하여 유대교 여학생 아비브 펙(Aviv Pek)과 아랍 남학생 야지드 얼셰드(Yazid Ershed)는 다음과 같이 말하였다.

> 아비브: 저는 아랍 친구가 많아요. 가장 친한 친구 중 1명이 아랍 여학생이고, 그 친구는 우리 집에 와서 놀아요.
> 야지드: 저도 유대교 친구들이 있어요. 우리는 서로의 집에 놀러 가고, 함께 축구와 컴퓨터도 하고 얘기하며 놀아요(*The Independent*, 2007. 10. 18.).

불행히도, 이스라엘과 팔레스타인 지역에 이와 같은 통합 학교는 거의 없다. 이는 마치 북아일랜드 지역의 90% 이상은 여전히 종교적으로 분리된 학교에 가는 것과 같은 모습이고(Smith, 1994), 또 1954년 미국 대법원의 판결이 있기 전의 미국 남부의 모습과 같다. 하지만 근본적으로 다루기 힘든 전 세계 분쟁 지역의 갈등이 인종차별 철폐 교육을 통해 즉각적으로 해결될 수 있다고 생각하는 것은 오산일 수도 있다. 또한 더 많은 학교 통합을 추진하는 것이 가장 가치 있다는 결론도 어리석고, 사회적으로 무책임한 생각일 수 있다. 지금까지 살펴본 것처럼 접촉 가설의 핵심은 각 집단 구성원들이 서로에 대한 상호 비방적인 고정관념을 멈추거나 서로 긍정적인 감정의 유대관계를 촉진하는 상황을 스스로 찾아내지 않는다면, 편견은 조금도 수그러들지 않은 채 계속될 것이라는 입장이다. 다른 종교 또는 다른 인종의 학생들을 분리하여 교육을 지속시키는 것은 이 입장과 정확히 반대되는 정책이다. 그렇다면 차별정책 철폐 교육이 집단 간 호의적인 태도를 가져올 것이라는 견해에 대한 증거를 살펴보자.

## 학교 차별철폐의 결과

불행히도, 이스라엘과 팔레스타인 지역에서 이 주장에 대한 증거는 거의 찾을 수 없다. 이유는 차별철폐 정책을 시행하고 있는 학교가 상당히 부족하기 때문이다. 있다고 해도 차별철폐 정책을 적절하게 시행하고 있다고는 할 수 없다. 이 학교들 중 두 학교를 대상으로 이루어졌던 질적 연구의 결과를 살펴보면, 아랍인과 유대인 아동들이 학교와 관련한 공동의 정체성을 가지면서, 각자의 문화적 정체성을 유지하는 것은 어느 정도 성공하였다(Bekerman & Horenczyk, 2004). 또한 수업 시간 동안에는 교사에 의해서 집단 간 통합이 유지되었다. 하지만 쉬는 시간에는 다른 양상이 나타났다. 연구자들의 말에 따르면, "쉬는 시간에는 유대교 아이들과 아랍 아이들은 따로따로 노는 것을 볼 수 있었다. 유대교 아이들은 술래잡기를 하였고, 아랍 아이들은 대부분 축구를 하면서 놀았다."(Bekerman & Horenczyk, 2004, p. 399) 서로의 집을 방문하는 것 또한 거의 일어나지 않았다. 이러한 자발적 차별의 부활은 앞으로 설명할 통합 학교에서도 흔하게 나타나는 현상이다.

어느 곳보다 더 학교 차별철폐 정책에 대한 필요를 느낄 수 있는 이스라엘이나 북아일랜드와 같이 분리된 사회에서 그런 정책이 부재한 이유는 차별이 당연하다고 여겨지는 어떤 사회적 요소들이 그곳에 존재하기 때문이다. 사회과학자들은 그곳의 사회적 요소의 영향을 체계적으로 연구해 오고 있는데, 그중 한곳이 미국이다. 미국은 과거 50여 년 동안 통합 학교 정책이 편견과 인종 간 친밀성에 미친 영향을 직접적으로 평가하는 많은 연구를 해 오고 있다.

차별철폐 정책으로 인해 실제로 편견이 감소하였는지에 대한 연구 결과들은 일치하지 않는다. 예를 들면, 스테판(1978)은 차별철폐가 편견에 미친 영향을 조사한 18개의 연구를 살펴보았는데, 그중 절반의 연구에서 차별철폐가 실제로는 흑인에 대한 백인의 편견을 증가시켰고, 단지 13%만이 편견을 감소시킨 것으로 나타났다. 백인을 향한 흑인이 가지는 편견 감소는 백인의 경우보다 나아 보였으나, 절반 정도의 연구에서만 편견이 감소한 것으로 나타났고, 나머지 연구에서는 증가하였다. 몇 년 후, 스코필드와 유릭펄서(Schofield & Eurich-Fulcer, 2001)의 연구에서도 유사한 결과가 나왔는데, 집단 간 태도에 대한 차별철폐 정책의 영향은 잘 나타나지 않았고, 나타난다고 해도 항상 바람직한 결과는 아니었다.

나는 이제 이와 같은 결과가 왜 나타났는지에 대하여 이야기하고자 한다. 또한 이러한 결론에도 불구하고 지난 50여 년의 차별철폐 정책을 지나치게 회의적으로 느낄 필요가 없는 이유에 대하여도 자세히 알아볼 것이다. 그전에 세 편의 연구 결과를 소개하고자 한다. 첫 번째는 제라드와 밀러(Gerard & Miller, 1975)의 연구다. 이 연구는 캘리포니아 리버사이드의 초등학교에서 차별철폐 프로그램의 영향을 5년 주기로 진행한 종단연구다. 사실 이 연구의 본래 목적은 대부분 학업성취 결과에 집중되어 있었기 때문에 우리의 주제와 직접적인 연관은 없었다. 하지만 연구자들은 6,000명이 넘는 아동으로부터 학업성취 결과 외에 차별철폐 프로그램이 시행되기 전과 후의 사회관계를 살펴보는 지표들도 함께 측정한 것이 우리의 주제와 관련된다. 프로그램 전후의 사회관계 지표들을 비교했을 때, 차별철폐의 영향이 눈에 띄게 긍정적인 방향으로 나타나지는 않았다. 예를 들면, 멕시칸계 미국 아동들의 '비인기' 비율은 프로그램 이후에 실제로 증가하였다. 비슷한 결과로, 흑인과 멕시칸계 미국 아동을 친한 친구로 여기는 숫자도 프로그램 이후 다소 감소하였다. 반면, 백인 아동의 인기는 변하지 않았다. 프로그램이 끝나고 3년이 지난 후에도 이 결과는 변하지 않았다. 그러므로 리버사이드의 통합 프로그램으로 인해 서로 다른 인종 집단 간의 접촉이 많아졌음에도 불구하고, 집단 간 친밀성에 대한 결과는 좋지 않았다.

두 번째 연구는 미국 북동부에 있는 학교에서 시행되었다(Schofield, 1979, 1982; Schofield & Sagar, 1977). 이 학교가 조금 특별한 점은 인종차별 폐지의 이념을 뚜렷이 밝힌 사람들이 만든 학교라는 것이었다. 예를 들면, 이 학교는 흑인 학생과 백인 학생의 비율이 동일하였고, 다양한 인종의 교사를 고용하고, 교사들은 인종차별 철폐의 증명서에 서명을 하였고, 경쟁의 분위기를 최소화하였다. 이와 같은 좋은 환경에도 불구하고, 학생들의 행동을 유심히 관찰한 스코필드는 표면적으로 드러나지 않는 학생들의 행동을 통해 차별이 있다는 증거를 찾아내었다. 예를 들면, 학생들은 친구들의 옆자리에 앉을 때 대부분은 다른 인종보다 같은 인종 친구 옆에 앉는 것을 선호하였다(Schofield & Sagar, 1977). 하지만 다소 바람직한 지표도 나타났는데, 그중 한 가지를 7학년(12세)과 8학년(13세)을 비교한 결과로부터 볼 수 있었다. 7학년은 학생들의 학업 능력에 관계없이 반을 편성하였고, 8학년은 학교의 이념이 평등주의임에도 능력에 따른 반 편성을 하였다. 그 결과, 고급반 학급에는 백인 학생들의 비율이, 일반 학급에는 흑인 학생들의 비율이 높았다. 스코필드와 사가르(Sagar)가 4개월 동안 관찰한 결과, 7학년 아이들이 타 인종과 섞여 앉는 자리 배치가 유의미하게 증가한 것을 발견하였다. 하지만 8학년은 서로 섞여 앉는 비율이 오히려 더 감소하였다. 이는 동등한 지위의 접촉이 집단 간 관계 개선에 중요하다는 것을 보여 주는 것이다. 두 번째 바람직한 지표는 통합 정책들이 학교에서 계속해서 지속될 경우 나타나는 변화다. 스코필드(1979)는 2개의 코호트(cohort)[1] 집단을 대상으로 자리를 함께 앉는 정도를 살펴보았다. 한 집단은 1975~1976년에 7학년이었다가 다음 해인 1976~1977년에 8학년이 된 집단이고, 다른 한 집단은 1975~1976년에 바로 8학년으로 들어온 집단이었다. 이 두 집단의 8학년 때의 자리 함께 앉기 정도를 살펴보았을 때, 8학년은 앞서 언급한 것처럼 학업 능력에 따른 반편성으로 인종 간 구별을 실시한 조건임에도 불구하고, 7학년부터 2년째 학교를 다닌 8학년 집단이 8학년만 1년 다닌 집단보다 자리 앉기에서 더 바람직한 모습을 보여 주었다. 이것은 호의적인 집단 간 접촉 조건에 지속적인 노출은 행동 변화가 나타날 수 있다는 희망을 갖게 한다.

이와 대조되는 방법으로 진행된 영국의 초등학교를 대상으로 한 우리 연구 팀의 결과를 살펴보자(Brown et al., 2007a). 조사 대상이었던 학교들의 인종은 백인 100%인 학교부터 소수집단이 50% 이상(주로 서아시아 후손)인 학교까지 다양하였다. 소수집단의 비율이 20%가 넘는 학교와 20%가 되지 않는 학교 아이들의 생

---

1) 역자 주―코호트연구란 동일 특성의 특정 집단을 일정 기간 추적 관찰하는 것을 말한다.

활을 비교해 보았을 때, 다양한 집단이 더 높은 비율로 공존하는 학교의 학생들은 다양성이 낮은 학교의 학생들보다 자존감과 친사회성은 높았고, 차별과 또래 문제는 낮은 경향을 보였다. 한 학생은 다양한 인종의 학교에 다니는 것이 어떻게 다양한 인종의 친구들과 우정을 나눌 기회를 주었는지에 대하여 다음과 같이 설명하였다.

> 우리는 친구들과 함께 앉기 때문이다. 학교 식당에서는 엘리와 타일러와 같이 밥을 먹기도 하고 …… 또 다른 친구인 라만딥(Ramandeep)과 먹기도 한다. 나는 라만딥과도 같이 앉는다. 우리 모두는 친구이고, 모두 함께 지내기 때문에 우리는 영국인과 인도인이 함께 앉는다.

이러한 최근의 고무적인 결과를 제외하면, 이와 관련한 초기 미국 연구들의 결과는 통합 학교를 지지하는 우리에게는 다소 회의적이다. 그럼에도 불구하고 이러한 연구 결과들에 좌절하지 않고 차별철폐 교육의 기본 이념을 지켜 온 이유가 있다.

그 첫 번째 이유이자 그리고 가장 중요한 이유는 학교에서 진행된 중재 프로그램들은 그것이 심지어 가장 최적의 효과를 이끌어 냈다고 해도, 단지 아동이 경험하는 집단 간 관계의 일부분이라는 것이다. 그러므로 아무리 잘 짜인 교육과정과 그에 부응하는 교수법이 학교에서 진행되어도, 아이들이 여전히 편견으로 뒤덮인 차별적인 바깥세상의 일상으로 돌아간다면, 그들의 집단 간 태도에서 더 많은 변화를 기대하는 것은 사실 힘든 일이다(Dixon et al., 2005). 직장에서의 변화된 태도가 사회의 다른 맥락에서 항상 적용되지 않는다는 것은 앞서 언급한 연구를 생각해 보면 쉽게 이해가 갈 것이다(Harding & Hogrefe, 1952; Minard, 1952).

둘째, 차별철폐 효과를 평가하려 했던 연구들이 아동의 태도를 측정함에 있어 거의 변화를 발견하지 못한 이유는 방법론 때문일 수도 있다. 그 이유들 중에는 기법의 문제도 있고, 또 변화를 측정한다는 것 자체의 어려움과도 관련이 있다

(Schofield & Eurich-Fulcer, 2001 참조).

셋째, 연구의 목적인 행동 변화를 살펴보기에는 연구 기간이 너무 짧았을 수도 있다. 다시 말하면, 차별철폐 결과의 효과가 나타나기에 너무 짧은 시간을 연구 기간으로 정하였다는 것이다. 오랫동안 존재한 차별과 서로 간의 불신을 몇 달 또는 1년 남짓이라는 기간으로 통합 학교에서 바로잡을 수 있다고 기대하는 것은 현실적이지 않다. 또한 몇몇 통합 프로그램이 실제로는 집단 간 태도의 변화를 일반화하는 것을 방해하였을 가능성도 있다. 왜냐하면 이 프로그램들이 학교에서의 활동이나 교육 자료에만 집단 간 차별이 일어나지 않도록 하는 것에 너무 집중했기 때문이다. 앞으로 살펴보겠지만, '인종차별 없는' 프로그램은 단지 직접적인 접촉을 하는 외집단 구성원들에게만, 그것도 제한된 사회적 관계에서만 긍정적 변화가 나타난다는 위험이 있다.

미국에서 보여 준 학교 차별철폐 정책의 명확한 부정적 결과에 대하여 굳이 우울해할 필요가 없는 네 번째 이유는 첫 번째 절에서 정의했던 접촉의 이상적인 조건에 꼭 맞는 현실은 실제로는 거의 없기 때문이다. 미국의 많은 학교는 법적 제재의 위협 때문에 분리 교육을 어쩔 수 없이 포기하였고, 더욱이 몇몇 법정에서는 대놓고 또는 은연중에 차별철폐를 반대하는 사람들의 편에 서기도 하였다(Pettigrew, 2004). 즉, 올포트(1954)가 그렇게 중요하다고 주장했던 제도적 지지는 사실 거의 없었다. 더욱이 차별철폐 프로그램들이 나오게 된 원인으로 알려진 학교 통학버스를 둘러싼 모든 법적 논란의 격렬한 격분이 새로운 사회 정책을 요구할 만큼의 이상적인 분위기를 조성하지 못했다.

학교들이 통합을 위해 실시한 방법들을 다른 측면에서 살펴보면 최적의 접촉 조건들과는 거리가 있었다. 많은 학교에서 시행한 전형적인 학급 활동들은 학생들 서로 간의 협동을 장려한 것은 아니었다. 실제로는 자신이 이기기 위하여 또는 교사의 관심과 인정을 받기 위하여 서로를 경쟁 상대로 여기게 되는 상황이 더 많았다(Aronson et al., 1978). 더욱이, 다양한 집단의 학생들은 동등한 지위를 가지고 만날 수 없었다. 어떤 인종집단은 이미 사회경제적 박탈을 경험하였기 때문에 이 차이를 염두하여 아주 주의 깊게 프로그램을 짜지 않는다면, 박탈 집단의 아동은 학급의 특권 계층의 아동과의 관계에서 잠재된 불이익 구도에 놓이게 될 것이다. 통합 학교라고 하더라도 교사 스스로가 학업 능력의 편성을 선호하거나 통합을 우선적으로 지지하지 않는다면 이 같은 문제는 더 악화될 수 있다(Epstein, 1985). 학업 성적으로 집단을 나누는 것은 불가피하게 인종과 연관될 것이고, 이는 집단들 간에 현재의 불평등한 지위를 더 강화시키는 결과가 나올 것이다.

요약하면, 많은 학교의 차별철폐 정책은 이상적인 상황이 아닌 상태에서 소개되었고, 성공적인 집단 간 접촉에 꼭 필요한 요소들이 거의 결합되지 못하였다. 사실, 필수 요소들이 포함되었다면 편견 중재 프로그램은 편견을 감소시키는 데 다소 성공적인 좋은 증거가 되었을 것이다. 최근의 60개가 넘는 연구를 종합한 메타 분석 연구에 따르면, 해당 프로그램들은 실제로는 상당히 믿을 만한 효과가 있다고 한다(Beelmann & Heinemann, 2008). 다음 절에서 성별, 인종, 또 그 외 다양한 범주의 집단들이 함께한 학습 프로그램을 통해 학생들의 협동 활동을 잘 구조화하여 차별철폐의 변화를 성공적으로 이끌었던 중재 프로그램을 살펴볼 것이다.

## 협력 학습 집단

협력 학습 집단(co-operative learning groups) 프로그램은 학교에서 다양한 방식으로 사용되었다(Aronson et al., 1978; Johnson & Johnson, 1975; Slavin, 1983). 방식은 다양하였지만 모든 협력 학습 집단 프로그램들은 접촉 가설의 네 가지 필수 조건을 공유한다. 그중 가장 결정적인 것은 집단을 적은 수의 인원으로 구성하여 학생들이 상호의존하며 협력 학습을 경험하게 한다는 것이다. 이 방법은 집단 과제를 성공적으로 마치기 위해서는 집단 내 모든 학생이 과제의 일정 부분을 나누어 맡게 하여 혼자서는 과제 완성이 불가능하도록 하는 것이다. 예를 들면, 어떤 특정 역사적 사건에 대한 과제를 마치기 위해서 모든 학생은 그 사건과 관련한 각기 다른 하위 영역들을 맡게 된다. 한 명은 인구학적 정보를 찾고, 다른 한 명은 경제적인 자료, 또 다른 한 명은 당시의 정치 상황 등을 맡는 것이다. 이 과정을 통해 각자 맡은 부분의 결과를 모두 모아서 집단 과제를 하는 것이 목표다. 또 다른 대안으로는 그 집단 전체의 성취 수준에 따른 보상을 그 구성원들에게 동일하게 부여함으로써 상호의존이 생기게 할 수 있다. 어느 방법이건 간에, 주요 골자는 학생들이 자신의 목표를 달성하기 위해서는 서로에게 의존해야 한다는 것이다. 협력 학습 활동의 두 번째 장점은 학습 방법의 전형인 학생-교사 상호작용이 아닌 학생-학생 상호작용이 반드시 필요하다는 것이다. 서로 다른 배경을 가진 학생들 사이에서 사회적 상호작용이 자주 활발하게 일어나면 자연스럽게 성공적 접촉을 위한 중요한 요소인 '친분 가능성'이 생길 수 있다. 협력 학습 기법의 세 번째 장점은 집단 구성원 간에 동등한 지위를 만들 수 있다. 이것이 이루어지는 이유는 각자 맡은 역할이 다르기 때문일 수도 있고, 또는 집단의 최종 산출물에 각 구성원들 모두가 기여한 것의 중요성을 강조하기 때문일 수도 있다. 마지막으로 교사가 협력 학습을 소개하고 알려 주기 때문에 학생의 입장에서는 이것이 제도적 지지를 의미하는 것으로 보일 수 있다. 그러므로 협력 학습은 접촉 가설의 모든 주요 조건을 만족한다.

이제 협력 학습 집단이 서로 다른 집단 구성원 간의 호감을 증가시키는 데 명확히 효과적임을 보여 주는 많은 증거를 살펴보자. 슬라빈(Slavin, 1983)은 미국의 인종 통합 학급을 대상으로 한 14개의 연구를 통해서 협력 학습 프로그램의 인종 간 우정에 대한 효과를 일반 교수-학습법과 비교하였다. 이 중 11개의 연구에서 협력 집단 프로그램이 인종 간 우정을 높이는 결과가 나왔고, 나머지 3개의 연구에서는 일반 교수-학습법과 차이가 없었다(Johnson et al., 1984 참조). 몇 년 후 밀러와 데이비드슨-포드고르니(Miller & Davidson-Podgorny, 1987)는 또 다른 11개의 연구를 추가하여 이 모든 연구의 결과로 메타분석을 실시하였다. 전체 효과는 협력 학습 집단이 통제집단에 비하여 유의미하게 높은 수준의 인종 간 호감을 느끼는 것으로 나왔다. 밀러와 데이비드슨-포드고르니가 메타분석의 통계적 정확성을 사용한 결과, 가장 강력하게 호감에 영향을 미친 것은 보상 기법보다는 과제와 관련된 상호의존성의 정도였다. 그리고 과제 분할이 구체적으로 이루어지고, 다른 인종 집단 간에 동등한 분배가 확인되었을 때 더 좋은 효과가 나타났다. 이 리뷰 연구에 포함된 프로그램들이 어떤 것인지를 알아보기 위해 이 중 2개의 연구 결과를 살펴볼 것이다. 한 연구는 인종과 관련한 연구이고, 다른 연구는 장애 학생에 대한 태도에 관한 것이다.

슬라빈(1979)은 10주간의 협력 학습 프로그램을 인종차별 철폐를 내세운 미국의 두 고등학교의 영어 교과 시간에 적용하고 그 효과를 평가하였다. 절반의 학급은 여러 인종이 섞인 작은 집단들로 묶어서 문법이나 발음과 같은 주제를 함께 공부하였다. 이들은 정기적으로 시험을 보고, 집단 구성원의 점수가 집단 전체 점수가 되었고, 집단 점수를 학급 전체에 발표하였다. 통제집단으로 선정된 다른 절반의 학급은 그들 각자의 시험 점수가 개인의 최종 점수가 되는 일반적인 방법으로 수업이 진행되었다. 다른 교과 시간에는 평소와 같았고 단지 영어 시간에만 협력 학습이 진행되었다. 프로그램의 결과는 '이 반에서 당신의 친구는 누구입니까?'라는 단순한 질문에 다른 인종 친구를 답한 비율로 살펴보았다. [그림 9-2]는 슬라빈(1979)의 연구 결과다. 그림에서처럼 프로그램 전에는 다른 인종의 친구를 선택한 비율이 실험집단과 통제집단에서 비슷하였지만 프로그램이 끝나갈 무렵에는 실험집단은 조금 상승하였고, 통제집단은 오히려 떨어졌다. 슬라빈(1979)은 9개월 후에 추후연구를 실시하였는데, 종단연구의 고질적인 문제로 처음 연구에 참여한 학생들이 상당히 누락되었음에도 불구하고, 9개월 후의 결과는 꽤 놀라웠다. 실험집단 학생들은 다른 인종과의 우정을 40% 조금 아래 수준에서 계속 유지하고 있었고, 통제집단은 이후 더 떨어져서 10%가 되지 않았다.

다음으로 매우 심한 학습장애를 가진 아동들이 다니는 학교에서의 연구도 동일한 결과가 나타났다(Maras & Brown, 1996). 이 학교의 많은 학생들은 유전적·선천적 또는 다른 사고 등의 이유로 넓은 범위의 신체장애 또는 인지장애를 가지고 있었다. 몇 명은 신체적 운동이 거의 또는 아예 되지 않았고, 또 어떤 아동은 언어 기술이 조금 부족하였으며, 대부분 어느 정도의 행동장애를 가지고 있었다. 연구

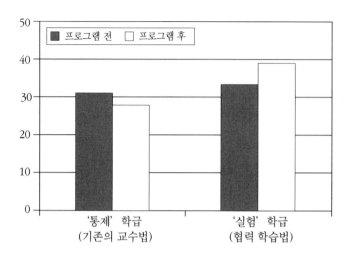

**그림 9-2 인종 간 우정에 대한 협력 학습 집단의 효과**

출처: Slavin (1979), 표 1을 수정함.

자들은 이 학교를 근처의 초등학교와 교환 프로그램을 통해 연결시켰다. 매년, 근처 초등학교의 학생들 중 일부를 무작위로 골라서 매주 일정 시간을 이 학교 학생들과 짝을 지어 잘 계획된 협력 활동 프로그램에 참여하도록 하였다. 그러고 나서 처음 3개월 동안 이 프로그램에 참가한 교환 실험집단 학생과 참가하지 않은 통제집단 학생들의 태도들을 측정하였다. 그 결과, '장애아동과 비장애 아동의 능력이 다르다.'라는 질문에 동의하는 비율이 교환집단 학생들은 처음과 비교하여 상당히 감소하였으나, 통제집단 학생들은 같은 기간 거의 변화가 나타나지 않았다. 그리고 학생들에게 전혀 알지 못하는 장애 학생의 사진을 보여 주고 함께 놀겠냐고 물었을 때, 교환집단 학생들은 좀 더 호의적으로 변하였지만, 통제집단 학생들은 전혀 변화가 없었다([그림 9-3] 참조). 알지 못하는 장애 학생과도 같이 놀 수 있다는 선호도는 아동의 태도가 자신과 함께했던 친구들에게만 국한되는 것이 아니라 장애를 가진 다른 친구들에게도 일반화되는 효과가 있음을 의미한다(Armstrong et al., 1981 참조).

요약하면, 학교 통합 프로그램이 접촉 가설의 원리가 주장하는 방식대로 진행된다면, 특히 교수 방법이 협력 학습 집단과 관련된다면 집단 간 관계 개선은 더 잘 일어날 것이다. 학습에서 더 많은 협력이 발생하는 것 외에 또 다른 효과는 혜택을 받는 학생과 그렇지 못한 학생 모두의 학업 성취가 증가할 수 있다는 것이다(Johnson et al., 1981; Slavin, 1983). 하지만 한 가지 조심할 것이 있다. 협력 학습 경험의 긍정적 효과에 대한 결과는 함께한 친구에 대한 관계 선호도 측정에서 나온 것이다. 좀 더 일반적인 태도 변화를 살펴본 소수의 연구에서는 태도 변화가 나타나지 않았다(DeVries et al., 1979; Weigel et al., 1975 참조).

태도 변화의 일반화가 나타나지 않은 것에 대한 몇 가지 이유는 다음과 같다. 협력 학습 프로그램은 대부분 몇 주 동안 진행된다. 이 기간 내에 지금까지 확고하게 가져온 태도가 바뀌기에는 짧은 시간이다. 또한 프로그램은 주로 학생들의 학교 생활 중 아주 일부분에서 이루어진다. 대부분은 단일 교과목에서 실시되거나 또는 일주일에 겨우 몇 시간 진행될 뿐이다. 그러므로 참가 학생들은 나머지 대부분 시간을 차별철폐의 목표와는 거리가 먼 일반 학급 상황에서 보내게 된다. 세 번째 이유는 협력 학습 프로그램에서의 접촉 경험으로 생긴 긍정적인 태도가 일반화되는 정도가 제한된다는 것이다. 이 주제는 집단 간 접촉을 연구하는 사람

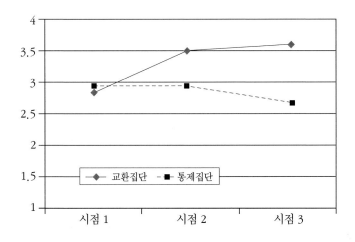

**그림 9-3 장애를 가진 친구들에 대한 태도에 대한 구조화된 접촉 프로그램의 효과**

출처: Maras & Brown (1996), 표 6을 수정함.

들이 오랫동안 고민했던 것이다. 이와 관련해서는 다음 절에서 좀 더 자세히 살펴볼 것이다.

## 🖥 접촉 가설 다시 생각하기

접촉 가설에 대한 생각이 사회과학 분야와 입법 또는 정책 입안자들에게 알려지기 시작한 지 50여 년이 넘어간다. 페티그루와 트롭(Pettigrew & Tropp, 2006)은 이 기간 동안 접촉 가설과 관련한 다양한 연구로 출간된 논문이 적게 잡아도 500편이 넘는다고 하였다. 그리고 이 연구 주제에 대한 인기는 줄어들 기미가 보이지 않는다(Brown & Hewstone, 2005). 그러므로 지금까지 접촉 가설이 어떻게 수정되어 왔는지 돌아보고, 접촉 가설이 더 발전하기 위해서는 무엇이 더 필요할지 곰곰이 살펴볼 필요가 있다.

페티그루와 트롭(2006)은 접촉 가설과 관련한 500여 개의 연구를 가지고 메타분석을 실시하였다. 첫 번째 결론은 실제로 접촉과 편견 사이에는 믿을 만한 연관성이 있다는 것이다. 접촉과 편견의 상관계수는 −0.22 정도로 분석한 논문의 수와 참여한 사람들의 수(25만 명 이상)를 고려하면 그렇게 강한 상관이라고 볼 수는 없지만, 통계적으로 의미가 있다는 것은 반론의 여지가 없다. 페티그루와 트롭의 추가 분석 결과, 올포트가 제안한 접촉의 최적 조건들을 갖춘 연구에서는 상관계수가 −0.29까지 높아지는 것을 발견하였다. 또한 그 상관은 집단 간 우정이 있는 접촉의 경우에는 더 강하게 나타났다. 마지막으로 페티그루와 트롭(2006)은 많은 접촉 연구에서 다룬 태도와 행동의 변화는 다수집단 또는 높은 지위의 집단 구성원들의 시각에서 살펴본 것이었음을 확인하였다. 그래서 소수집단의 입장에서 살펴본 적은 수의 논문만을 추려서, 소수집단의 입장에서 접촉이 다수집단에 대한 편견 감소에 효과가 있었는지를 분석하였다. 그 결과, 평균 상관은 −0.18로 다소 약하게 나타났다(Tropp & Pettigrew, 2005).

메타분석 기법은 많은 수의 서로 다른 종류의 연구들을 종합하여 귀중한 결과를 보여 주었고, 또한 이 기법을 통해 몇 가지 새로운 연구 주제를 제안하였다. 첫째, 상관관계 인과성의 방향이다. 즉, 올포트(1954)의 제안처럼 접촉이 편견을 감소시키는가, 아니면 편견이 많은 사람일수록 외집단 사람들과 접촉하기를 꺼리는가? 둘째, 접촉이 언제 그리고 어디에서 가장 강력한 효과가 나타나는가? 특히 일반화된 태도 변화를 가져오는 시간과 장소는 어떠한가? 다시 말하면, 접촉 효과의 주요 조절 변인은 무엇인가? 셋째, 접촉이 어떻게 그리고 왜 편견 감소에 효과가 있는가? 이것은 접촉-편견 관계에 기저하는 또는 매개하는 심리과정을 찾는 것이다. 넷째, 다수집단과 소수집단 사이에서 보이는 불균형에 관한 것으로, 왜 소수집단에서는 다수집단에서만큼의 분명한 접촉 효과가 나타나지 않는가? 다섯째, 편견 감소에는 직접 접촉이 필수적인가? 곧 다시 살펴보겠지만, 때로는 접촉 대상을 아는 것만으로도 편견이 감소되기에 충분하다.

## 인과성의 방향: 접촉 효과 또는 편견 효과

접촉 가설에 고무된 대부분의 연구자들은 외집단 구성원들과의 접촉 횟수와 접촉 내용의 질은 상대 집단에 대한 편견을 감소시키는 원인이 된다고 생각한다. 반대로 편견이 적은 사람들이 더 많은 집단 간 접촉을 시도한다는 역방향의 가능성에 대한 의견도 있었지만, 페티그루와 트롭(2006)은 명확하게 전통적인 입장인 접촉의 편견 감소 쪽으로 방향을 틀었다. 그들은 접촉이 편견에 미치는 영향을 살펴보기 위해 여러 방식의 연구를 시도하였다. 접촉을 편견의 예측변인(독립변인)으로 하는 실험 연구를 진행하기도 하였고(Brown et al., 1999; Wolsko et al., 2003 참조), 또 접촉과 편견을 급간 상관(intercorrelation)[2]으로 보는 일반적인 방식에서 벗

---

2) 역자 주―변수 간 상관관계를 살펴보는 데 일반적으로 사용하는 상관의 개념으로 반대되는 용어로 급내 상관(intracorrelation)이 있다.

어나 다른 통계 방법을 통한 연구도 실시하였다. 접촉에서 편견으로 가는 경로를 살펴보았을 때, 편견에서 접촉으로 가는 반대의 모델보다 더 좋은 결과가 나왔다 (Pettigrew, 1997; Powers & Ellison, 1995). 그럼에도 불구하고, 집단 간 접촉의 연구는 대부분 횡단연구이고, 이를 통해 추론된 인과관계는 그 명확성을 강하게 주장하기 어렵다. 다행히도, 몇몇 종단연구를 통해서 접촉이 편견 감소(접촉 효과)를 일으키는지 아니면 편견이 접촉 회피(편견 효과)를 일으키는지, 아니면 두 방향 모두(상호 인과성)인지의 인과관계를 확실히 알 수 있었다. 이 장의 앞에서 소개한 2개의 종단연구에서 접촉 효과를 명확히 보여 준 것을 기억할 것이다(Maras & Brown, 1996; Stephan & Rosenfield, 1978; Brown et al., 2007b 참조). 하지만 대규모 표본의 후속 연구들은 이들과 다른 결과를 보여 주었다. 레빈(Levin)과 동료들 (2003)은 대학생들을 대상으로 집단 간 태도와 집단 친구들과의 우정을 5년 동안 추적 조사하였는데, 접촉 효과와 편견 효과 모두 발견되었다. 첫 해에 덜 호의적인 사람은 두 번째와 세 번째 해에 외집단의 친구가 적었다. 하지만 두 번째와 세 번째 해에 외집단 친구가 더 많은 사람일수록 다섯 번째 해에는 더 적은 편견을 보여 주었다. 유사하게, 벨기에, 영국, 독일의 학생들이 참여한 대규모 국가 간 연구에서도 다수-소수 집단 접촉은 6개월 후에 편견을 감소시켰고, 그 반대의 경우도 나타났다(Binder et al., 2009). 그렇지만 편견 효과는 접촉 효과보다 강하지 않았다 (Eller & Abrams, 2003, 2004 참조). 많은 상황에서, 특히 누구와 함께할지를 고민하는 선택이 주어지는 상황이라면 상호 인과성으로 결론 내리는 것이 안전하다.

## 접촉의 '언제'와 '어디서': 일반화의 문제

접촉 가설을 주장하는 사람들은 처음부터 이 골치 아픈 문제를 알고 있었다. 다른 집단 구성원이 서로에게 호감과 존중을 가지는 것은 학교와 직장에서 더 잘 일어난다는 것과 이러한 긍정적 대인관계가 그 외집단 전체에 대한 편견 감소로 이어지는 것은 별개라는 것을 말이다(Allport, 1954, pp. 262-263; Chein et al., 1948, p.

49). 이것을 일반화(generalization)의 문제라고 하며, 수십 년간 접촉 연구자들의 연구 주제였다. 집단 간 만남이 사람들의 일상에서 이루어진다는 것을 고려할 때, 태도와 고정관념을 변화시킬 수 있는 가장 좋은 조건은 무엇인가? 이 절의 제목처럼 접촉은 언제 그리고 어디서 가장 큰 변화를 만드는가? 좀 더 학문적으로 말한다면, 이 질문은 일반화된 편견 감소를 위한 접촉 효과를 조절(moderate)하는 변인은 무엇인지와 관련이 있다.

이 질문에 대한 대답 중 하나는 브루어와 밀러(1984)가 제공하였다. 그들은 사회 범주화가 심리적으로 더 두드러질 때 집단 간 차별과 부정적 고정관념이 더 자주 발생한다는 생각을 해결의 시작점으로 삼았다(제3, 4, 6장 참조). 그들은 접촉 기간 동안에는 집단 간 경계가 덜 엄격해질 것이고, 마지막에는 그 경계가 다 허물어져 두 집단이 하나가 될 것이라고 주장하였다. 이렇게 되기 위해서는 반드시 탈범주화 상황이 되어야 하고, 모든 상호작용은 개인 간 수준에서 일어나야 한다. 접촉이 개인 간 수준에서 발생하게 되면 사람은 각 개인에 대한 개별 정보들을 더 잘 알게 되고, 이는 집단 차원의 고정관념 정보에는 관심을 덜 갖는 결과를 낳게 된다. 이러한 개인 간 접촉의 반복으로 인하여 기존에 가지고 있었던 외집단에 대한 부정적 고정관념이 부당하다는 것을 확신하게 될 것이다. 브루너와 밀러(1984)는 다음과 같이 구체적으로 설명한다.

이러한 과정이 반복되면 결국 접촉 상황 외의 새로운 상황에서도 적용되는 일반화가 더 잘 일어날 것이다. 왜냐하면 현재의 접촉을 통해 대체된 정보들이 더 유용하다는 것을 확인함으로써 이후에 만나는 어떤 사람들을 판단할 때, 기존의 범주화된 틀을 사용할 가능성은 낮아질 것이기 때문이다. 결국 외집단 구성원들과의 사회적 만남에서 인지적 측면과 동기적 측면 모두에서 완전한 변화가 나타날 것이다(Brewer & Miller, 1984, pp. 288-289).

이 모델을 지지하기 위해 브루어와 밀러는 유사한 패러다임을 사용한 많은 연구를 진행하였다(Bettencourt et al., 1992, 1997; Miller et al., 1985). 이들의 연구 방식은 보통 2개의 인위적인 범주(예, '과평가 팀'과 '저평가 팀')를 만들고 이 2개의 범주 구성원들이 함께 집단 협력 과제를 하도록 하였다. 참가자들은 집단 과제에 대하여 다른 지침을 받았는데, 절반은 팀 구성원들이 실제로 어떤 사람인지를 알기 위해 서로에게 집중하도록 하였다(Bettencourt et al., 1992, pp. 305-306). 나머지 절반에게는 주어진 과제에만 집중하라고 하였다. 이 방법은 각각 '개인화'와 '탈개인화'의 접촉 상황을 유도하는 것이다. 과제 이후 참가자들은 자신의 팀 구성원들과 짧은 동영상에서 보았던 잘 알지 못하는 다른 팀 구성원들에게 각각 보상을 나누어 주었다. 이 실험의 주요 결과는 잘 알고 있는 자신의 팀 구성원과 비디오에서 본 '낯선' 사람들에 대한 과평가 팀과 저평가 팀의 분배 정도였다. '개인화' 지시에 따라 구성원에게 관심을 갖도록 과제를 수행한 사람들은 과제에만 더 집중한 사람들에 비하여 편견이 낮았다. 하지만 이 효과는 다수집단 구성원들에게만 나타났다(Bettencourt et al., 1997). 다수집단과 소수집단 사이에서 일어나는 접촉 효과의 불균형은 뒤에서 살펴볼 것이다.

이러한 탈범주화 모델(Miller, 2002)의 경험적 연구 결과에도 불구하고, 접촉 상황이 범주화 차이의 모든 흔적을 소멸한다고 주장하는 것은 근본적으로 문제가 있다(Brown & Hewstone, 2005; Hewstone & Brown, 1986). 탈범주화 조건에서 외집단 사람들과 만난다고 가정해 보자. 그 사람이 외집단의 구성원이라는 생각이 완전히 없어지기 전까지는 그 사람과의 접촉 경험으로 인한 태도 변화가 그 사람이 속한 집단의 내가 아직 만나지 않은 다른 구성원들에게 쉽게 전이되지는 않는다. 그러므로 일반적인 집단 간 태도는 그 접촉 상황에 영향을 받지 않은 채 변하지 않고 그대로 있는 것이다. 그래서 휴스톤과 나는 다른 방식의 집단 간 접촉 모델을 제안하였다(Brown & Hewstone, 2005; Hewstone & Brown, 1986). 우리는 내집단-외집단으로 구분되는 경계가 사라진다기보다는 아주 작게라도 어느 정도 가시적으로 존재한다고 생각하였다. 동시에 올포트(1954)가 제시한 접촉의 다양한 성공 조건들을 최적화하려고 하였다. 이 방법은 사람들 사이의 관계가 독립적 개인 간에 이루어진다기보다는 그 집단을 대표하는 사람으로서 행동하기 때문에 접촉이 개인 간 수준보다는 집단 간 수준에서 발생한다고 생각하는 것이다(이 책의 제1장 참조). 이것이 성공적으로 잘 처리된다면, 접촉하는 동안 발생한 긍정적인 변화는 쉽게 그 외집단의 다른 구성원들에게도 적용될 것이다. 왜냐하면 내가 만난 그 사람을 어느 정도 그 집단의 전형적인 모습으로 볼 것이기 때문이다(유사한 논쟁은 Rothbart & John, 1985 참조).

달리 보면, 이것은 다소 역설적인 전략처럼 보일 수 있다. 외집단에 대한 편견을 줄이기 위해서 집단 간 구별에 대한 심리적 현저성(특징)은 유지되는 것이 너낫다고 주장하기 때문이다. 이 주장은 브루어와 밀러(1984)가 주장한 탈범주화이론과 정면으로 대치되는 제안이다. 하지만 접촉 상황에서 너무 큰 **집단 현저성** (group salience)을 부추기는 내재된 잠재적 위험을 피할 수만 있다면, 두 이론은 어느 정도 조합이 가능하다. 다시 말하면, 집단 현저성이 집단 간 긴장을 가속화시킬 위험을 피할 수 있다면 공존이 가능하다는 것이다. 집단 현저성을 유지하면서 동시에 내가 만나는 사람이 나의 집단에 속한다는 인식을 갖는다는 것은 직관적으로 납득이 잘 되지 않는 주장일 수 있다. 하지만 이 주장을 지지하는 증거들이 있다. 다음의 연구들을 먼저 살펴보자.

와일더(Wilder, 1984b)는 그의 초기 연구에서 협력적 만남 동안 경쟁 대학(외집단)의 구성원들을 전형적 또는 비전형적인 모습으로 조작하였고, 이 외집단 구성원들이 참가자들에게 유쾌하게 또는 불쾌하게 행동하도록 하였다. 그 결과, 전형적인 외집단 사람과 유쾌한 만남을 한 경우에만 외집단 전체의 평가에서 유의미한 긍정성이 나타났다. 불쾌한 만남 또는 비전형적 접촉에서는 외집단 전체에 대한 태도 변화가 일어나지 않았다. 이후, 12개 이상의 실험연구와 현장연구에서 같은 결과를 확인하였다. 이 연구들은 다양한 상황에서 시행되었는데, 이민자, 외국인, 동성애자, 노인, 그리고 정신장애인들과의 접촉 상황에서 나타나는 태도를 살펴보았다(이 연구들은 Brown & Hewstone, 2005 참조). 이 연구들 중 3개의 연구를 자세히 살펴보자.

반 아우덴호븐(Van Oudenhoven)과 동료들(1996)은 네덜란드 학생들을 터키인 친구들(실험 보조자)과 함께 협력 학습 집단으로 구성하였다. 집단 현저성 조건에서는 참가자와 실험 보조자는 서로에게 자신을 소개하면서 각자의 인종을 언급하도록 하였고, 통제집단에서는 인종에 대한 언급을 하지 않았다. 실험 보조자와 두 시간 동안의 협력 작업을 한 후, 네덜란드 참가자들은 함께 작업한 실험 보조자와 터키인을 모두 평가하도록 하였다. 실험 보조자 각 개인에 대한 평가는 두 집단 간에 차이가 없었지만, 터키인에 대한 일반적인 태도는 통제집단보다 집단 현저성 집단[주석 1]에서 더 호의적으로 나타났다([그림 9-4] 참조).

유럽에서 실시한 다수-소수집단 관계에 대한 종단연구에서 응답자들에게 외집단 친구들과의 관계가 어떠한지와 그 친구들이 그들의 집단 전체의 전형성에 어느 정도 부합한다고 생각하는지를 질문하였다(Binder et al., 2009). 우리의 기대대로, 그들의 친구를 그 친구가 속한 집단 전체의 전형성에 많이 부합된다고 생각할수록 더 큰 접촉 효과를 보여 주었다. 사실, 친구가 어떤 집단의 전형성이 없다

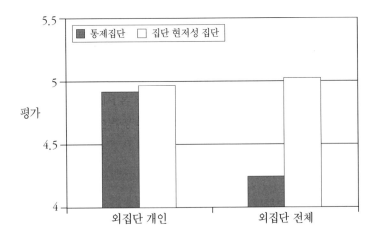

**그림 9-4 집단 간 접촉 시 외집단 호감에 대한 집단 현저성의 효과**

출처: Van Oudenhoven et al. (1996), 표 1을 수정함.

고 믿는 사람은 해당 집단에 대한 접촉 효과는 거의 찾아볼 수 없었다([그림 9-5] 참조). 중요한 것은 전형성(typicality)의 접촉-편견 관계의 이러한 조절 효과는 다수 집단과 소수집단 모두에서 나타났다는 것이다.

이 연구에서 나타난 일반화에 대한 증거는 직접적이라기보다 간접적이다. 우리는 외집단을 전체로 보는 태도는 현저성 또는 전형성의 조건 아래에서 더 호의적으로 일어날 것이기 때문에 일반화가 발생한다고 추론한 것이다. 개인-집단 일반화 과정의 좀 더 직접적인 증거는 유럽과 칠레에서 시행된 2개의 대규모 설문조사에서 살펴볼 수 있다(González et al., 2009). 두 조사에서 응답자들은 자신이 알고 있는 외집단의 사람 수를 적었다. 외집단의 정의를 유럽 연구에서는 다른 나라라고 하였고, 칠레 연구에서는 다른 정치 정당이라고 하였다. 그리고 그들에게 그 사람이 그 집단을 얼마나 대변하는지를 질문하였다. 마지막으로, 그 집단 전체에 대한 평가는 두 연구에서 같은 척도를 사용하여 물어보았다. 일반화를 평가하기 위해서 개인에 대한 질문과 집단에 대한 질문의 상관을 살펴보았다. 두 질문의 반응이 비슷할수록, 더 높은 일반화를 나타낸다고 볼 수 있다. 연구 결과는 휴스턴-브라운의 가설과 정확히 일치되게, 외집단 사람들을 그 집단에 더 전형이라고 생

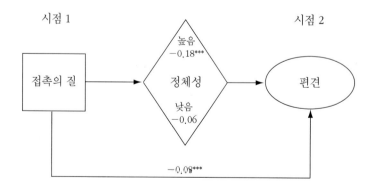

**그림 9-5  접촉 효과가 편견에 미치는 영향에서 전형성의 조절 효과**

그림은 표준화된 회귀계수를 보여 줌. 시점 1의 편견 수준은 통제되었음; $***p < 0.001$.
출처: Binder et al. (2009).

각하는 사람이 덜 전형이라고 생각하는 사람보다 개인-집단 관계가 강하게 나타났다. 이 관계는 여러 다른 집단에서도 상당히 일치하는 결과를 보여 주었다.

휴스톤-브라운 모델이 일반화 문제를 해결하는 좋은 방법을 제시한 것 같지만, 문제가 없지는 않다. 그중 하나는 처음에 이 모델을 위한 근거를 제공한 바로 그 논점에서 찾을 수 있다. 만남에 의해 촉진되는 태도가 개인 간 접촉(interpersonal contact)과 반대되는 집단 간 접촉(intergroup contact)에 의해 더 큰 일반화가 이루어진다면, 논리적으로 긍정 태도와 부정 태도 모두 일반화될 것이다. 실제로 협력적 상호작용이 결국 경쟁으로 끝남으로써 공동 목표를 성취하는 것에 실패한다면 그때는 실패한 결과물에 대한 감정이 집단 간 수준으로 옮겨 감으로써 사태는 더 악화될 수 있다. 같이 작업한 사람만 폄하되는 것이 아니라, 그 사람이 그 집단을 대표한다는 생각 때문에 외집단에 대한 부정적 고정관념은 더 강화될 위험이 있다(예시는 Maras & Brown, 2000 참조). 이와 같은 위험은 두 번째 문제점에 의해 더 높아진다. 집단 간 만남은 개인 간 만남보다 더 불안을 자극시키고, 다음 절에서 언급하겠지만, 이 불안은 좋은 분위기의 사회관계를 이루는 것을 방해한다. 방글라데시에서 진행된 이슬람교-힌두교 접촉 연구에서, 아이슬람과 휴스톤(1993a)은 집단 간 관계를 나타내는 지표들이 불안 증가와 상관이 있고, 이것은 결국 외집단에 대한 덜 호의적인 태도와 관련이 있음을 밝혀내었다(Greenland & Brown, 1999 참조). 마지막으로 전형성 인식이나 범주화 현저성을 고취하려는 전략이 앞서 살펴본 브루어-밀러 모델의 증거들과 어떻게 양립할 수 있는가? 두 이론은 반대의 접근법을 취하고 있는데 말이다.

이 마지막 질문에 대한 첫 번째 답은, 브루어-밀러 이론을 지지하는 연구들을 살펴보면 연구자들은 나름 완벽하게 탈범주화 조건을 조작하였다고 하지만 실험 과정에서 어느 정도의 집단 현저성이 여전히 존재했다는 것이다. 예를 들면, 베튼코트(Bettencourt)와 동료들(1992)의 실험에서, 실험 기간 동안 팀 구성원들은 그들의 옷깃에 큰 배지를 달았다. 그러므로 그들의 최초 집단 소속을 선포한 것이다. 녹화된 영상에서 본 '낯선 사람들' 역시 배지를 달았다.

두 번째 대답은 편견 감소를 목적으로 하는 접촉의 가장 효과적인 형태는 내집단과 외집단 사람들 사이의 개인 간 우정에서 시작하는 것이라는 생각이 현재는 지배적이다(Brown & Hewstone, 2005; Hewstone, 1996; Miller, 2002; Pettigrew, 1998). 사실 페티그루(1998)는 브루어-밀러의 탈범주화가 먼저 발생하고 나서 이후에 휴스톤-브라운의 범주화 현저성이 일어난다는 형식적 단계 모델을 제안하였다. 이 순서를 지지하는 이유 중 하나는 집단 간 불안의 수준이 개인화(탈범주화) 상황에서 더 감소하고, 이 과정은 더 나은 일반화를 일으킬 수 있는 전제 조건을 만들어 준다는 것이다. 이렇게 본다면 브루어-밀러와 휴스톤-브라운 모델은 서로 경쟁하기보다 상호 보완하는 것으로 볼 수 있다.

이 상보성에 대한 증거는 엔사리와 밀러(Ensari & Miller, 2002)의 두 실험에 의해 더 지지되었다. 한 실험은 터키에서 진행된 세속적 무슬림과 종교적 무슬림의 비교이고, 다른 연구는 미국에서 실시된 정치적으로 다른 정당을 어떻게 보는가에 관한 연구다. 이 연구들은 참가자들 사이에 자기노출의 여부로 '개인 간' 상황을 조작하고, 외집단 구성원의 전형성과 집단 현저성의 측면에서 '집단 간' 변인을 조작하였다. 흥미롭게도, 현저성과 전형성을 함께 한 자기노출 행동 집단이 가장 호의적인 일반화된 외집단 태도를 보여 주었다. 다시 말하면, 개인 간과 집단 간 측면이 조합된 접촉 상황이 가장 긍정적인 태도 변화를 만드는 최적의 조건이라는 것이다(Miller, 2002).

## 접촉의 '어떻게'와 '왜': 매개과정

앞 절에서는 편견 감소를 효과적으로 만드는 접촉 효과의 조절 변인들에 대하여 살펴보았다. 이제 접촉 편견 관계의 기저에 흐르는 과정에 집중하고자 한다. 즉, 접촉은 어떻게 그리고 왜 그런 효과를 가지는가? 설명을 보다 쉽게 하기 위해서 이러한 매개변인을 인지적 영역과 감정적 영역으로 나누어 살펴볼 것이다.

접촉이 어떻게 편견 감소를 일으키는지에 대한 생각들은 올포트의 공식적인 접축 가설이 나오기 전에도 있었다. 그 생각들 중 하나는 접촉으로 인해 외집단의 무지가 사라지기 때문이라는 것이다(Williams, 1947). 이 주장은 개인이 다른 집단 사람들과 접촉하게 되면 그들과 그들의 문화에 대하여 좀 더 많이 배울 수밖에 없고, 이렇게 증가한 지식은 기존의 고정관념을 약화시키고, 더 친근한 태도를 발생시킬 것이라고 생각하였다(Stephan & Stephan, 1984). 또 다른 연구자들은 앞서 언급한 것처럼 사람들이 외집단에 대한 새로운 정보를 습득하면서 자신의 집단과 유사성을 발견하게 되고, 이것은 더 큰 호감으로 이어질 것이라고 믿었다(Pettigrew, 1971; Stephan & Stephan, 1984). 한편, 스테판과 스테판은 정보가 접촉-편견 사이에서 매개 역할을 한다는 확실한 증거를 보여 주는 연구들을 시행하였다. 그들은 미국 중등학교 백인 학생들을 대상으로 횡단연구를 실시한 결과, 히스패닉 학생들과의 접촉 증가는 히스패닉 문화의 지식 증가와 관련이 있었고, 또한 히스패닉 전체에 대한 호의적인 태도도 증가하였음을 발견하였다. 이후 페티그루와 트롭(2008)은 지식의 효과가 매개변인이 되는지를 조사하였고, 매개변인 효과의 통계적 증거를 찾아내었다. 비록 인지적 매개변인인 지식의 효과 크기는 중간 정도로, 이후에 살펴볼 정서적 매개변인에 비해서는 확실히 약하기는 하지만 매개 효과는 확실히 나타났다.

이들의 메타분석 결과에도 불구하고, 지식을 접촉-편견 사이의 매개변인으로 너무 큰 비중을 두는 것은 주의를 해야 한다. 그 이유는 두 가지가 있는데, 첫째, 집단 간 접촉은 때때로 문화적 유사성만큼이나 차별성을 불러일으킬 수 있다. 특히나 다양한 인종과 종교 집단이 공존하는 다문화 사회인 경우에는 더욱 그렇다. 이와 같은 맥락에서 상대 집단에 대한 지식의 증가가 긍정적인 효과로 나타나려면 단순한 유사성-호감과정보다는 다양성의 인정이라는 전제가 필요하다. 둘째, 우리는 때로 상대 집단에 대한 지식이 증가하면서 불편함을 느낄 수 있는데, 이는 상대 집단이 자신의 집단을 좋은 시선으로 보고 있지 않다는 것을 알게 되었을 때 나타난다(Vorauer et al., 2009). 예를 들면, 외집단에 대한 증가된 지식의 또 다른 역설적인 결과로 불안이 있다. 즉, 자신이 특권 집단에 속해 있음을 알게 될 때,

외집단이 불리한 위치에 놓이도록 한 책임이 자신에게도 어느 정도는 있음을 알게 된다. 이러한 인식은 죄책감을 불러일으키고, 결과적으로 그 집단에 대하여 당장 어떤 행동을 해야만 할 것 같은 불안을 느낄 수 있다. 이 같은 사실은 칠레 토착 소수민족인 마푸체에 대한 비토착 칠레 학생들의 태도를 조사하면서 알게 되었다 (Zagefka et al., 2008). 그들이 더 많은 소수집단과 접촉할수록 그들은 소수집단들에 대해서 더 많이 알게 되었다. 여기까지는 좋았다. 하지만 오랫동안 마푸체가 학대받았다는 추가적인 지식은 그들의 집단 죄책감으로 연결되었고, 이 죄책감은 높은 수준의 불안을 촉발하여, 결국에는 마푸체에 대한 편견이 감소하기보다 오히려 조금 증가하였다.

그리고 단순한 지식보다는 인지적 매개변인인 재범주화가 편견의 기제를 보다 효과적으로 설명한다. 이 생각을 처음 제안한 사람은 가트너와 동료들(1989)이었고, 이후 가트너와 도비디오(2000)가 더 발전시켰다. 개인 수준의 상호작용을 지지하며 범주화 경계를 없애야 한다는 브루어와 밀러(1984) 모델과 어느 정도 범주화 현저성을 유지해야 한다고 주장한 휴스턴과 브라운(1986) 모델과는 달리, 가트너와 도비디오는 범주화 선들을 다시 조정하여 이전의 내집단-외집단 구분을 새로운 상위 수준의 범주로 포함시키는 것을 제안하였다. 이 방법으로 이전에는 내집단과 외집단으로 나뉘었던 구성원들이 이제는 새로운 '우리'가 되어 모두를 내집단 구성원으로 여기게 된다는 것이다. 이는 결과적으로 집단 간 편향의 감소를 동반할 것이다. 가트너와 도비디오는 이 모델이 더 크고 더 포괄적인 범주를 새로이 만드는 것을 강조하였기 때문에 이를 **공통 내집단 정체성 모델**(common ingroup identity model)이라고 불렀다.

가트너와 도비디오는 그들의 모델을 입증하기 위해 공통 내집단 정체성의 인식을 가질 수 있는 조건들의 영향을 살펴보는 많은 실험연구와 현장연구를 실시하였다(이 부분에 대한 명료한 요약은 Gaertner & Dovidio, 2000 참조). 제3장에서 나는 간략하게 그들의 연구들 중 하나를 소개하였다(Gaertner et al., 1989). 여기서는 또 다른 연구를 소개하고자 한다. 이 연구는 협력적 접촉이 사람들 스스로 그 상황에 대한 자신의 인지적 표상을 변경함으로써 집단 간 편향을 어떻게 감소시키는지를 명확히 보여 준다. 가트너와 동료들은 먼저 인위적으로 두 집단을 만들었고 그들에게 같은 집단으로 속한 사람들을 알 수 있는 몇 분의 시간을 주었다. 이 시간을 통해 어느 정도의 내집단 결속을 이끌어 낼 수 있었다. 그리고 각 집단에 다음과 같은 두 상황 중 한 가지를 실시하였다. 한 상황은 과제를 하기 위해 다른 집단 사람들이 하는 말을 단지 듣기만 하는 비협력적 조건이고, 다른 상황은 올포트 (1954)가 제시한 이상적 접촉 조건에서 두 가지가 충족되는 동등한 지위의 파트너로서 서로서로 활발하게 협력해야만 하는 상황이었다. 이후 모든 참가자는 함께 한 모든 사람에 대하여 호감, 정직 등의 문항에 체크하였고, 동시에 과제를 함께 한 사람들에 대하여 세 조건, 즉 분리된 두 집단, 한 집단, 또는 완전한 개별 개인의 조건 중 어디에 해당된다고 느끼는지를 측정하였다. 예상대로 집단 간 편향 수준은 협력 조건에서 확실히 낮게 나타났다. 추후 분석에서 보다 흥미로운 결과가 나타났는데, 가트너와 동료들(1990)은 이를 통해 편향 감소가 나타나는 이유를 증명해 보일 수 있었다. 협력과 비협력 조작이 참가자들의 상황 인식에 미친 효과를 살펴보면, 협력 집단에 속할 때 사람들은 두 집단 또는 개별 개인이라는 생각을 덜 하였고, 자신이 하나의 집단에 속해 있다고 인식하는 경향을 보였다. 결과적으로, 하나의 집단이라는 인식은 체계적으로 내집단 편향과 관련되었다 ([그림 9-6] 참조). 통계 용어로 말하면, 상황에 대한 인지적 표상이 협력적 접촉에 대한 편향의 효과를 매개하였다는 것이다. 편향 감소의 관점에서, 가장 효과적인 매개변인은 명확히 '단일 집단' 표상이었다. 협력이 단일 집단이라는 지각을 증가시켰고, 그것은 편향 감소를 촉진하였다. '개별 개인' 측면의 상황으로 보는 것도 역시 편향을 줄일 수는 있었지만, 이것 자체가 협력 경험에 의해 억제된다. 그리고 '두 집단' 표상은 오로지 부정적인 방향으로만 작용하였다. 협력에 의해 가장 많이 억압되지만 이것은 편향을 감소시키기보다 오히려 증가시키는 경향이 있다.

공통 내집단 정체성 모델은 자신의 목적에 맞게 인위적으로 집단을 구성한 다

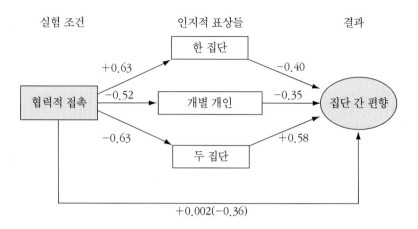

실험 조건        인지적 표상들        결과

한 집단

개별 개인

두 집단

협력적 접촉

집단 간 편향

+0.63

−0.52

−0.63

−0.40

−0.35

+0.58

+0.002(−0.36)

**그림 9-6 협력적 접촉과 집단 간 편향의 관계에서 인지적 표상의 매개 효과**

출처: Gaertner et al. (1990), 그림 1을 수정함.

양한 실험실 상황을 통해 잘 설명되었다. 실험연구들에서는 상황을 단일 상위 수준의 집단으로 재범주화하였을 때 편향이 쉽게 줄어들었고, 또한 자기노출이나 도움 행동과 같은 긍정적인 행동이 잘 나타났다(Dovidio et al., 1997b; Gaertner & Dovidio, 2000). 또한 몇몇 실제 상황에 존재하는 집단연구에서도 공통 내집단 인식은 다인종 학교와 대학교, 재혼 가족, 그리고 기업 합병의 상황에서 조화로운 사회관계와 연관되는 것으로 나타났다. 그럼에도 불구하고 재범주화가 접촉의 매개변인으로 의심할 여지가 없는, 그리고 전혀 문제가 없는 확실한 편견 감소의 전략이라고 할 수는 없다.

우선, 공통 내집단 정체성 이론을 지지하는 많은 연구는 대부분의 참가자에게 중요하지 않은 인위적인 집단을 사용하였다. 특정 민족 정체성을 버리도록 설득하는 것에 비해, 이런 상황에서 자신의 집단 정체성을 버리고 상위 수준의 정체성을 선택하는 것은 쉬운 일이다. 다음 절에서 살펴보겠지만, 편견 감소에 대한 공통 내집단 정체성 이론의 순수한 형태는 동화주의자들의 정책으로 소수집단보다는 다수집단에게 더 매력적인 것이다.

둘째, 이 접근이 일반화 문제를 해결하는지가 명확하지 않다. 어떤 중재로 인해 특정 하위 집단의 구성원들과의 접촉이 그들과의 경계를 성공적으로 완전히 무너뜨려서 공통 내집단 정체성을 갖게 되었을 때, 이 정체성은 그들 간에 형성된 것일 뿐 아직 만나지 않은 같은 하위 집단의 다른 사람들과는 형성된 것이 아니므로 그들과의 연결고리는 끊어지는 것이다(Brown & Hewstone, 2005).

셋째, 재범주화는 갈등을 더 깊게 할 위험요소를 가지고 있다. 공식적이지는 않지만 제도적으로 2개의 지역으로 분리된 나라를 살펴보자. 독일이 여기에 적합한 예시다. 이 나라를 동독과 서독으로 나누던 철의 장막은 1989년 11월의 기념비적인 그날 무너졌지만, 동독과 서독의 구분은 여전히 많은 독일인의 마음속에 존재하고, 실제 사회경제적 차이와 관련 없이 여전히 지속되고 있다(news.BBC.co.uk, 2005. 10. 3. 참조). 독일 정체성의 통합으로 그들의 심리적 상처가 치료될 것인가? 그럴지도 모른다. 하지만 이렇게 되기 위해서는 모든 비게르만(비독일인)에 대한 외국인 혐오를 증가시켜야만 가능하다. 케슬러와 머멘데이(Kessler & Mummendey, 2001)는 1990년 후반에 실시한 동독인 태도의 종단연구에서 이를 지지하는 증거를 발견하였다. 응답자들이 스스로를 독일인이라고 생각할수록 1년 또는 2년 전에 외국인을 더 많이 혐오했었다는 것이 나타났다.

자신의 세계를 더 큰 상위 수준의 범주로 만드는 재범주화를 자극하는 것이 어려운 마지막 이유는 내집단 투사(ingroup projection)라고 알려진 현상에서 찾을 수 있다(Wenzel et al., 2007). 이 현상은 사람들이 상위 범주를 새로이 정의할 때 그들의 기존(원래) 집단에서 최고라고 생각했던 성향을 그대로 취하는 경향성을 말한다. 만약 서독인이라면 독일 전체가 서독 정체성의 가장 뛰어난 측면으로 구성되어 있다고 생각하는 경향이 있으며, 이는 보다 전형적인 동독의 특성은 쉽게 무시하게 되는 것이다(Waldzus et al., 2004). 따라서 '좋은' 독일인을 만드는 자민족 중심주의의 개념에 적절하게 부합하지 않는 모든 동독인을 폄하하는 단계로 이어진다. 여러 다른 집단 간 맥락에서 살펴보면, 이 현상은 일관되게 나타난다. 자신의 내집단을 상위 집단의 전형으로 생각할수록, 다른 하위 집단에 대한 호의적인 평가는 줄어들었다(Wenzel et al., 2007).

그렇다면 이것은 절대 해결될 수 없는 문제인가? 한 가지 방법은 순차적 방식으로 접촉 상황을 구조화하라는 페티그루(1998)의 조언을 따르는 것이다. 브루어와 밀러(1984) 모델과 휴스톤과 브라운(1986)의 생각을 조합하였을 때의 장점처럼 페티그루는 가트너-도비디오의 공통 내집단 전략 이전에 다른 두 전략이 먼저 이루어졌을 때 가장 효과가 있다고 주장하였다. 그는 집단 간 우정이 형성되고, 이후 어느 정도 일반화가 이루어지면, 그때 공유된 집단 정체성으로 연결고리를 만들어서 끝을 맺을 수 있다고 주장한다. 사실상, 이 접근은 휴스톤과 브라운의 하위 집단 현저성 유지와 가트너-도비디오(Gaertner-Dovidio)의 단일 상위 수준의 정체성 형성 모두 하나의 전략만으로는 충분하지 않다는 것을 암시하고 있다. 오히려 이중 정체성(dual or bicultural identities)을 기르는 방법을 찾는 것이 가장 효과가 있다고 제안한다. 즉, 하위 집단과 상위 집단 모두 어느 정도의 심리적 중요성을 유지하는 상태를 말하는 것이다(Gaerner & Dovidio, 2000; González & Brown, 2006). 이 부분은 다음 절에서 살펴볼 것이다.

이제 정서적 영역에서 작용하는 접촉-편견 관계의 매개변인을 알아보자. 페티그루와 트룹(2008)은 그들의 메타분석을 통해 감정적 매개변인이 외집단에 대한 지식의 증가보다 훨씬 더 강력하다고 결론 내렸다. 정서적 매개변인 중에서 가장 집중적으로 연구된 것이 집단 간 불안이다. 스테판과 스테판(1985)이 처음 사용한 이 말은 염려에 대한 복합적 상태를 뜻한다. 외집단에 대하여 부적절한 행동을 하는 것이나 그들에 의해 거절당하거나 착취당하는 것에 대한 두려움, 그리고 그들과 관련된 여전히 존재하는 학습된 부정적 정서 등이 혼합된 것을 뜻한다. 염려는 우리가 해당 외집단의 문화적 민감성에 대하여 무지하다고 느끼기 때문에 발생한다. 그러므로 우리는 그들에게 무언가 불쾌하고 모욕적인 행동이나 말을 할까 봐 걱정한다. 거절이나 착취에 대한 두려움은 우리가 두 집단 사이의 대립적이고 억압적인 역사적 사실을 알게 될 때 생긴다. 이것은 때로 우리가 만나는 사람들이 우리를 그다지 좋아하지 않거나 우리를 이용하려고 하는 것에는 그런 이유가 있어서라고 예상하게 한다. 제4장과 제7장에서 본 것처럼 어떤 집단에 대하여 우리가 가벼운 또는 심한 반감을 가지는 것은 단순히 특정 인종을 차별하는 사회에 살면서 사회화되어 온 결과다.

나의 개인적인 일화를 하나 소개하고자 한다. 1~2년 전쯤 뇌성마비를 가진 학생이 내 수업을 수강하였고, 나는 그와 함께 프로젝트를 하게 되었다. 그는 휠체어를 사용하고, 말을 할 수 없으며, 때때로 깜짝 놀랄 정도의 큰 소리를 내고, 침흘리는 것이 통제가 되지 않는 신체적 협응의 부족 현상을 보이는 장애가 있었다. 나는 이 학생을 가르치는 것과 지도하는 것이 꽤 힘들 수 있다는 것을 알았다. 모든 의사소통은 아주 능력 있는 보조원을 통해서 하였다. 그 보조원은 그가 힘들게 단어와 문장을 아크릴 칠판에 쓰면 그를 대신하여 번역해 주었다. 그 학생이 가진 장애와 조건에 한심할 정도로 무지했던 나는, 내가 그에게 적절한 행동을 하고 있는지에 대하여 끊임없이 걱정을 하고 있는 나 자신을 발견하였다. 나는 '그 학생이 내 조언에 감사하거나 면담 약속을 하겠다고 하면 어떻게 말해야 할까?' '비장애인 학생에게는 선의의 의도로 한 것이 그 학생에게는 무례하고 실례되는 행동이 되지 않을까?'를 걱정하였다. 나의 이 개인적인 일화는 집단 간 불안이 일반적인 사회적 관계를 어떻게 깨 버리는지를 생생하게 보여 준다.

스테판과 스테판(1985)은 집단 간 불안이 외집단에 대한 우리의 태도와 행동에 부정적인 결과를 가져온다고 가정하였다. 또한 우리는 집단 간 불안 때문에 그들을 피하게 되는데, 그 이유는 그들을 만났을 때 불편함을 경험하기 때문이다. 만약 피할 수 없는 상황이라면 우리의 행동은 과하게 격식을 차리며 부자연스러워지고, 상당히 말을 아끼게 된다. 이는 우리에 대한 그들의 행동도 예측 가능하게 한다. 외집단 구성원들과 함께 있을 때 불편함을 느낀다면, 우리는 그 불편함의 원인을 바로 그 외집단 때문이라고 생각하고, 그것이 부정적인 집단 간 태도로 이어지게 될 것이다. 그리고 결국에는 이 모든 감정적 몰두로 인해 우리의 인지적 자원은 소모되고, 제4장에서 언급한 것처럼 이러한 인지적 자원의 고갈은 자연스럽게 그 사람에 대하여 부정적인 고정관념으로 이어진다. 다시 말하면, 집단 간 불안이 편견을 가져오게 된다.

다행스러운 것은 집단 간 불안이 불가피한 것은 아니다. 스테판과 스테판(1985)은 좋은 관계의 집단 간 접촉이야말로 집단 간 불안을 없앨 수 있는 강력한 변인이라고 주장한다. 접촉은 불안을 감소시킬 수 있다. 왜냐하면 접촉을 하게 되면 외집단의 풍습과 행동 규준에 대한 무지가 다소 사라질 수 있고, 또한 올포트의 접촉 조건을 잘 지키기만 한다면 긍정적인 감정이 생길 것이기 때문이다. 이것이 불안을 상쇄시킬 수 있다. 그러므로 집단 간 불안은 편견에 대한 접촉 효과를 매개하는 가장 좋은 변인으로 볼 수 있다. 즉, 접촉은 불안을 감소시키고 감소된 불안은 편견을 낮추는 결과를 이끌 수 있다.

스테판과 스테판(1985)은 이 과정의 예비 증거를 소규모 인원의 히스패닉 학생들의 연구에서 밝혀내었다. 연구자들의 기대대로 접촉이 많을수록 집단 간 불안은 줄어들었고, 집단 간 불안이 높을수록 고정관념도 높게 나타났다(하지만 놀랍게도, 자민족중심주의와는 상관관계가 나타나지 않았다). 이 초기 연구 이후 집단 간 불안이 접촉-편견 감소 관계에서 매개변인이 된다는 것은 계속해서 발견되었다(Brown & Hewstone, 2005; Pettigrew & Tropp, 2008). 다양한 다른 상황에서도 연구되었는데, 방글라데시의 힌두교와 이슬람교의 관계(Islam & Hewstone, 1993a), 영국과 일본 학생(Greenland & Brown, 1999), 이탈리아의 이민자에 대한 태도(Voci & Hewstone, 2003), 북아일랜드의 개신교와 가톨릭(Paolini et al., 2004), 동성애자에 대한 이성애자의 태도(Vonofakou et al., 2007), 유럽의 소수민족에 대한 다수민족의 태도(Binder et al., 2009), 그리고 칠레의 페루인과 칠레인의 태도(González et al., 출판 준비 중) 등의 연구에서 접촉이 증가하는 것과 불안이 줄어드는 것은 관련이 있었고, 줄어든 불안은 편견 감소와 상관이 나타났다.

이 연구들 중 하나를 보다 자세히 살펴보고자 한다. 이유는 이 연구가 앞 절에서 언급했던 조절변인의 영향까지 함께 보여 주었기 때문이다. 보씨와 휴스톤(2003)은 이탈리아의 병원 근로자들을 대상으로 유럽연합 외의 나라에서 이민 온 동료들에 대한 태도와 이민자 전체에 대한 태도를 조사하였다. 지금까지의 연구들과 일치되는 결과로, 설문 참가자들은 이민자 동료들과의 접촉이 많을수록 불안을 덜 느겼고, 그들과 이민자 전체에 대한 태도도 더 좋게 나타났다([그림 9-7] 참조). 중요한 것은 외국인 동료를 대할 때 집단 소속감에 대한 인식이 평균보다 더 높은 사람들의 경우에 접촉과 불안의 관계가 더 강하게 나타났다. 앞에서 언급했던 집단현저성은 접촉의 효과를 조절하면서 더 높은 수준의 일반화를 이끌어 낸 것이다. 또한 이것은 집단 간 불안을 감소시키는 접촉의 긍정적인 효과를 증폭시켰다[비슷한 결과는 Harwood et al.(2005)와 Vonofakou et al.(2007) 참조].

접촉 효과의 두 번째 정서적 매개변인은 공감(empathy)이다. 뱃슨(Batson)과 동료들(1997)은 우리가 외집단의 입장을 더 헤아릴 수 있거나 그러기 위해서 노력한다면, 우리는 그들이 바라보는 세상을 볼 수 있고 그들이 느끼는 것을 경험할 수 있을 것이라고 주장하였다. 낙인찍힌 외집단에 대한 공감은 연민을 불러일으킬 수 있고, 이것은 그들에 대하여 보다 호의적이고 덜 편견적인 태도를 가져온다. 공감은 자신의 입장에서 타인의 입장으로 옮겨 가는 것이기 때문에 일종의 **조망수용 능력**(perspective-taking)—비록 조망수용 능력은 정서과정이라기보다 인지과정에

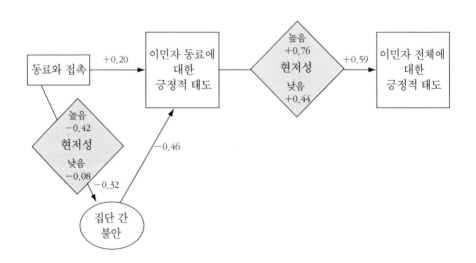

**그림 9-7 접촉, 편견, 집단 간 불안, 그리고 범주 현저성의 관계**

집단 간 불안은 접촉이 편견에 미치는 영향을 매개하고, 범주 현저성은 그것을 조절함.

출처: Voci & Hewstone (2003), 그림 2를 수정함.

속하는 것이기는 하지만—과 같다고 볼 수 있다(Galinsky & Moskowitz, 2000).

배슨과 동료들(1997)은 집단 간 태도를 변화시키는 공감의 힘에 대한 연구를 진행하였다. 이들은 실험 참가자들에게 AIDS를 앓고 있는 여성의 라디오 인터뷰를 들려주었다. 참가자들 중 한 조건은 인터뷰 여성의 느낌을 상상해 보는 것이었고, 다른 조건은 보다 객관적인 시각을 가지고 인터뷰를 듣도록 하였다. 결과는 예상대로 조망수용을 한 경우에 다른 AIDS 환자에 대해서도 호의적인 태도를 보여 주었다. 다른 낙인 집단인 노숙자와 유죄 판결을 받은 살인범 집단에 대해서도 유사한 결과가 나타났고, 몇몇 현장연구에서도 접촉, 공감, 편견 감소 사이의 관계는 명확히 나타났다(Pettigrew & Tropp, 2008). 공감은 또한 분쟁 이후의 사회에서 접촉 효과가 집단 간 용서를 촉진하도록 하는 역할을 하였다. 이 예시는 1990년대 보스니아 전쟁 이후 보스니아의 세르비아인에 대한 보스니아 토착주민(보스니아 무슬림)의 태도 연구에서 볼 수 있다(Cehajic et al., 2008). 보스니아 사람들 중 세르비아인과의 접촉이 많을수록 그들에 대한 공감은 더 높았고, 그들이 저질렀던 잔악 행위를 용서하자는 생각을 더 많이 하였다. 결국 이러한 용서는 편견을 줄이는 결과를 가져왔다. 가트너와 도비디오의 공통 내집단 정체성 모델과 동일하게, 상위 수준의 보스니아인의 범주라는 정체성은 용서와 편견 감소를 이끌어 내었다. 접촉의 또 다른 중요한 매개변인으로 나타난 것은 보스니아인이 세르비아인에 대하여 느끼는 신뢰의 정도였다(Hewstone et al., 2004 참조).

조망수용의 긍정적인 효과에 대한 논의를 끝내기 전에 한 가지 짚고 넘어가야 할 것이 있다. 그것은 다른 사람의 입장을 수용하는 것이 집단 간 접촉을 방해하는 상황도 있다는 것이다. 특히 외집단이 그들을 다소 의심스럽게 생각한다는 증거가 있다면 집단 간 접촉은 더욱더 어려울 것이다. 보라우어(Vorauer)와 동료들은 개나다 도착민과 백인 캐나다인의 접촉 연구를 통해 이러한 문제점을 서석하였다(Vorauer et al., 2009). 보라우어와 동료들은 백인 캐나다인들에게 조망수용을 갖게 하였을 때 이들은 자신에 대한 토착민의 태도가 다소 부정적이라는 것을 알게 되었다. 지금까지의 이론들에 반하는 것이지만, 보라우어와 동료들은 상대가 자신에게 좋지 않은 태도를 가진다는 인식은 편견이 높은 사람에게서 훨씬 강하게 나타난다고 주장하였다. 왜냐하면 토착민의 부정적인 태도가 토착민에 대해 그들이 가진 편견적 태도에 대한 반응이라고 생각하였기 때문이다. 반대로 편견이 덜한 사람은 자신의 태도가 다소 호의적이었기 때문에 토착민이 자신을 싫어할 것이라고 상상하지 않았다. 이 논리로 연구자들은 역설적 결론에 도달하였다. 편견이 심한 사람에게 조망수용을 강요하면 외집단에게 더 친절하게 대하기 위해서 더 많은 노력을 하고, 반면에 편견이 낮은 사람은 그들의 관계가 어쨌든 사이가 좋다고 스스로 만족스럽게 가정하기 때문에 더 친근한 사이를 발전시킬 노력을 덜 한다는 것이다. 다양한 인지적·정서적 척도를 사용한 4개의 연구를 통해서 보라우어와 동료들(2009)은 이 역설적 현상에 대한 일관된 증거들을 찾아냈다. 가장 눈에 띄는 결과 중 하나는 앞서 살펴본 뱃슨과 동료들(1997)이 사용한 방법과 상당히 유사하게 진행한 연구다. 이들은 백인 참가자들이 토착 캐나다인과의 실제 상호작용하는 장면을 만들어서 한 조건은 조망수용 능력을 높이도록 조절하였고, 다른 조건에서는 객관적인 지시에 따라 실험에 참가하게 하였다. 실험이 끝난 뒤 토착 캐나다인들에게 기분을 물었을 때 별로 좋지 않았다고 답한 조건은 편견이 낮은 백인 캐나다인이 조망수용을 한 조건이었다. 이 기분 척도는 편견이 낮은 백인 캐나다인이 중립적 객관적 지시를 따랐을 때보다 조망수용 지시 조건에서 더 낮게 나타났다. 반대로 편견이 심한 백인 캐나다인의 경우에는 반대의 현상이 나타났는데, 이들의 파트너인 토착 캐나다인이 느끼는 만족도는 조망수용 조건에서 조금 증가하였다.

　나는 모든 집단 간 상황에서 이 결과를 일반화하는 것은 조금 망설여진다. 왜냐하면 편견이 심한 사람은 대부분 외집단이 그들을 어떻게 생각하는지에 대하여 개의치 않기 때문이다. 그렇지만 이 결과는 여전히 많은 집단 간 만남에 중요한 함의를 갖는데, 그것은 연구의 참가자들이 항상 사회에서 동등한 지위의 집단에 속하는 사람들로 구성되지는 않는다는 것이다. 이것은 다수집단과 소수집단 사이의 접촉의 본질이자 결과다. 이제 이것에 대하여 알아보자.

## 다수집단과 소수집단의 접촉: 다른 관심, 다른 결과

앞서 언급한 국가 간 연구(Binder et al., 2009)에서, 우리는 다수집단(토착 벨기에인, 영국인, 독일인)과 소수집단(북아프리카인, 몇몇 영국 소수인종, 터키인) 모두에서 자료를 모을 수 있었다. 다수집단에서의 접촉 효과는 명확했지만, 이와 반대로 소수집단에서는 실제로 전혀 그 효과가 나타나지 않았다. 이 결과는 소수집단을 중심으로 접촉 연구들을 메타분석한 트롭과 페티그루(2005)가 말한 일반적인 경향성에서 벗어나는 극단적 예시라고 할 수 있다(Lopez, 2004; Molina & Wittig, 2006 참조). 앞서 언급한 것처럼 트롭과 페티그루(2005)는 소수집단에도 접촉 효과가 나타나기는 하지만 다수집단에 나타난 효과보다는 다소 약하다는 결과를 보여 주었다. 그렇다면 왜 편견 감소를 위한 접촉의 효과가 소수집단과 다수집단에서 차이가 나는가?

이 질문에 답하기 위해서는, 먼저 다수집단(majority group)과 소수집단(minority group) 구성원들의 접촉이 동등한 지위에서 이루어지지 않는다는 것과 접촉에 대한 경험과 기대 또한 다르다는 것을 알아야 한다. 접촉이 일어나는 상황에서 그들의 지위를 동등하게 만들고, 상호작용의 질을 최적화하려는 그 어떤 노력을 한다고 해도, 교실과 직장을 벗어난 바깥세상에서는 두 집단이 같은 지위와 권력을 누릴 수 없다. 통상적인 예로, 사장, 정책 입안자, 교사 등의 지위에 있는 사람들은 다수집단 또는 지배집단에 속하는 사람들로서 더 많은 특권과 더 많은 권력 및 영향력을 행사하는 위치에 서게 된다. 실험실 상황 밖의 일상에서 발생하는 불평등을 보면, 다수 집단 구성원은 소수집단 구성원에게 특정 규범 기준에 맞추라고 설득하거나 강압하는 것과 관련된 경험을 더 많이 하게 되고, 소수집단 사람들은 권위를 가진 이들의 비중을 들기나 그들과 다협하는 것이 더 익숙할 것이다.

보라우어(2006)에 따르면, 다수집단 사람과 소수집단 사람이 집단 간 상호작용을 할 때 권력의 차이 때문에 각기 다른 면에 집중한다. 소수집단의 구성원은 다수집단의 구성원보다 상대가 나를 어떻게 보고, 어떻게 평가하는지를 관찰하는 것이 실제로 이득이 된다. 이에 반해 다수집단은 가능한 갈등 없이 조용히 상호작용이 이루어지는 것에 더 관심이 있다.

이런 현상은 단순히 소수집단과 다수집단을 구분 짓는 지위의 차이만은 아니다. 그들의 단순한 수적인 차이에 의해서 소수집단 사람들은 다수집단과 접촉을 (다수가 소수와 하는 접촉의 경우보다) 더 많이 하게 된다. 이 접촉들의 일부는 친절하기도 하겠지만, 많은 인종차별의 경우와 같이 접촉이 많아지면 확실히 덜 긍정적이 될 것이다. 앞 장에서 본 것처럼 소수집단 사람은 다수집단 사람보다 더 많은 편견과 차별을 겪었다. 어느 쪽이든 보라우어(2006)의 지적대로, 두 집단은 매우 다른 삶의 경험을 배경으로 집단 간 만남을 갖게 될 것이고, 그 만남이 어떻게 흘러갈 것인지에 대한 기대 또한 매우 다를 것이다. 다수집단의 입장에서는 어느 정도의 불안, 생소함과 편견이 표출되지 않도록 걱정해야 한다. 제7장에서 언급한 혐오적 인종차별처럼(Dovidio & Gaertner, 2004), 많은 선의의 다수집단 사람은 이와 같은 방식을 보여 줄 것이다. 소수집단의 입장에서는 익숙함의 부재는 별로 문제가 되지 않는다. 오히려 너무 과한 익숙함이 더 문제가 될 것이다. 그들은 먼저 외집단 사람이 어떤 편견을 가지고 있는지를 확인하고, 이어서 그런 편향된 징후가 미묘한지 아니면 드러내 놓고 하는지를 살펴본다.

또 다른 관심사는 소수집단에서 보이는 특이한 특징으로, 제8장에서 본 것처럼 차별을 반복적으로 받게 되어 자기 보호 전략이 생기는 것과 관련된 현상이다. 또한 자신의 집단에 대한 어떤 부정적 고정관념을 알아차리면 고정관념 위협 효과를 피하려는 행동을 보이게 된다. 이는 사람들이 고정관념을 인정하지 않으려는 것과 같다(Steele et al., 2002). 소수집단 구성원이 다수집단 구성원을 처음 만났을 때, 이 과정의 일부 또는 전체가 나타난다.

우리는 이제 집단 간 접촉으로 인한 편견 감소의 효과가 왜 다수집단과 소수집단에게 다르게 나타나는지를 이해할 수 있다. 앞서, 나는 집단 간 불안이 어떻게 접촉-편견 감소 관계에서 중요한 매개변인의 역할을 하는지 살펴보았다. 간단히 말하면, 외집단과의 접촉이 많아지면 그들과의 만남을 걱정하는 불안이 줄어들고, 이것이 그들에 대한 편견 감소의 결과로 이어지는 것이다. 불행히도, 이 과정은 다수집단 사람에게만 잘 적용되는 것 같다. 다수집단은 소수집단에 대한 생소함이 크기 때문에 그들의 집단 간 불안 수준이 소수집단보다 더 높을 것이고 접촉-불안-편견의 연결 고리는 더 강할 것이라고 예상할 수 있다.

하지만 이 주장에 대한 연구 결과가 일관되지는 않는다. 먼저, 지지하는 증거로 우리 연구 팀이 유럽에서 실시한 접촉 연구에서 소수집단보다 다수집단의 청소년이 더 큰 집단 간 불안을 가지고 있는 것으로 나타났다(Binder et al., 2009). 하지만 표본 수가 크기 때문에 통계적 유의미성은 다소 높게 나왔으나, 실질적인 효과 크기는 그다지 크지 않다. 그럼에도 불안의 접촉-편견 연결의 매개 역할은 다수집단에서만 나타났다. 반면, 또 다른 연구에서는 불안에 대한 다수집단과 소수집단의 차이는 발견되지 않았다(Hyers & Swim, 1998; Shelton, 2003). 그리고 적어도 2개의 연구에서는 소수집단이 더 높은 집단 간 불안을 나타내었다(방글라데시의 힌두교: Islam & Hewstone, 1993a; 영국의 일본 학생: Greenland & Brown, 2005; Greenland & Brown, 1999와 비교). 연구 결과가 일치하지 않는 이유 중 한 가지는 측정도구의 문제일 수 있다. 이 연구들이 집단 간 불안을 측정하기 위해서 사용한 척도는 스테판과 스테판(1985)의 척도를 변형한 것이었는데, 이 척도가 두 집단에서 경험한 불안의 질이 다르다는 것을 측정하지 못하였을 수 있다.[주석 2] 이 척도들은 참가자들에게 그들이 외집단 사람을 만난다고 예상하거나 상상할 때, '불안함' '예민함' '어색함' 등을 얼마나 느끼는지를 체크하게 하였다. 다수집단 사람들의 불안은 주로 그들이 편견을 표현하는 것(즉, 자기 이미지에 관한)에 대한 걱정에서 비롯되었고, 소수집단은 다른 사람이 그들을 어떻게 생각하고 대응하는지(다른 사람들이 그들에게 보일 어려움)를 더 걱정한다고 볼 때, 이 척도의 일반적인 정서 문항은 그 두 불안의 차이를 정확하게 측정할 수가 없다.

또 다른 연구에서 나온 결과도 두 집단이 느끼는 접촉 경험이 다르다는 주장을 지지한다. 하이어스와 스윔(1998)은 아프리카계 미국인과 유럽계 미국인에게 문제해결 과제를 함께 풀도록 한 후, 몇 가지를 측정하였다. 그 결과, 두 집단은 상황에 대한 주의 집중과 상대에 대한 주의 집중력에서 가장 큰 차이를 보였으며, 아프리카계 미국인이 유럽계 미국인보다 더 높은 점수를 보였다. 셸턴(Shelton)과 동료들(2005)은 미국의 소수인종이 생각하는 백인 룸메이트와의 관계에 대하여 조사하였는데, 백인과 함께 방을 쓰는 소수인종 가운데 스스로가 편견의 대상이 될 것이라는 예상이 클수록 부정적 경험을 더 많이 하였다. 흥미로운 점은 이들은 그들의 룸메이트에게 더 많은 자기노출을 하였는데, 아마도 그들이 예상하는 편견을 피하기 위한 방편으로 그러한 행동을 한 것으로 보인다. 보라우어와 동료들(2000)의 연구에서 밝혀진 다수집단의 경우를 보자. 백인 캐나다 참가자들에게 캐나다 토착민과 짧은 만남이 있을 것이라는 알림만을 주었을 뿐인데, 이것만으로도 내집단에 대한 다양한 부정적 메타-고정관념(meta-stereotypes), 예를 들면 편견, 거만 등이 촉발되었다. 메타-고정관념은 자신의 내집단이 다른 집단에 대하여 가지는 태도에 대한 신념이다. 그러므로 집단 간 만남을 하게 된다는 생각이 다수집단 사람에게 그들이 편견을 가지고 있다고 여겨지는 걱정을 활성화시킨다는 것을 의미한다(Vorauer & Kumhyr, 2001 참조).

앞 절에서 공통 내집단 정체성을 기르는 것이 어떻게 편견을 감소시키는지를 살펴보았다. 만약 다수집단과 소수집단 사람들 각자의 관점에서 공통 내집단 전략을 고려한다면, 이 이론을 적용하는 것은 문제가 있다. 제6장에서 언급한, 직장에서 집단 간 관계의 강력한 동기는 내집단의 독특성을 표방하고, 그것을 유지하고 확장시키는 것이라고 말한 것을 떠올려 보라(Tajfel & Turner, 1986). 하나의 단일 상위 수준의 정체성을 도입하려는 의도는 관련된 하위 집단의 독특성을 지키려는 요구에 정면으로 대치되는 것이다. 왜냐하면 하위 집단은 더 큰 전체 집단에 의해 먹혀 버릴 위험이 있기 때문이다. 이러한 위험은 하위 집단들 중 특히 소수집단의 경우에 더 클 것이다. 다수집단은 그들 자신의 이미지를 상위 수준으로 범주화할 수 있는 위치에 있기 때문에 소수집단에 비하여 두려움이 그다지 크지 않을 것이다(Wenzel et al., 2007). 그러므로 상위 수준으로 범주화하려는 시도는 집단 간 편향을 증가시키고, 집단은 자신의 고유한 정체성을 유지하려고 애쓰게 된다. 몇몇 실험실 연구의 결과와 현장연구는 이 추론을 지지하였다. 하위 집단들 중 소수집단은 상위수준의 정체성과 자신의 집단 정체성 둘 모두를 동시에 유지하는 조건에서 가장 적은 편향을 보였다(Dovidio et al., 2007; González & Brown, 2006; Hornsey & Hogg, 2000, 2002; Guerra et al., 출판 준비 중과 비교).

이중 정체성(dual identity) 전략의 효과는 다른 문화적 전통을 가진 이민자 소수집단과 다수집단이 어떻게 상호 협조하는지에 대한 연구에서 분명히 보여 주었다. 베리(Berry, 1997)는 다음 두 질문에 대한 반응의 차이를 측정하였다. 집단 구성원이 다른 집단 사람과 얼마나 많은 접촉을 원하는가? 그들은 자신의 문화적 유산을 유지(또는 포기)하기를 어느 정도 원하는가? 이 두 질문에 대한 특정 집단의 대답은 그들의 문화 변용 지향(acculturation orientation)의 정도를 나타내며, 베리 (1997)는 이 문화 변용 지향이 자신의 삶의 질뿐만 아니라 집단 간 태도에도 중요한 결과를 가져온다고 하였다. 문화 변용 전략은 이 두 질문에 대한 긍정 또는 부정 답변에 기초하여 간략히 네 가지로 분류할 수 있다(〈표 9-1〉 참조). 집단 간 접촉을 원하고 동시에 그들의 문화를 유지하려고 할 때는 통합(integration) 전략 또는 다문화주의(multiculturalism)라고 한다. 만약 그들이 자신의 문화를 유지하는 것에 관심이 적고 다른 집단과의 많은 접촉을 원하는 경우는 동화(assimilation)라고 한다. 특히 소수집단에게 적용할 때 이 용어가 쓰인다. 한편, 외집단에 대한 관심이 적거나 그들을 배척하려 하고, 자신의 문화적 유산을 지키려는 의지가 강한 경우 분리 (separation)라고 한다. 마지막으로 외집단과의 접촉 의지도, 자신의 문화를 유지할

| 표 9-1 | 네 가지 문화 변용 지향성

| 문화 유지에 대한 바람 | 집단 간 접촉에 대한 바람 | |
|---|---|---|
| | 높음 | 낮음 |
| 높음 | 통합 | 분리 |
| 낮음 | 동화 | 주변화 |

출처: Berry (1997), 그림 1을 수정함.

의향도 없는 경우를 주변화(marginalized)라고 한다. 후트닉(Hutnik, 1991)도 비슷하
게 분류하였는데, 그는 개인의 정체성 강도를 강조하여 하위 집단 정체성 고저와
상위 수준의 집단 정체성 고저를 바탕으로 나누었다. 이 모델에서 정체성이 둘 다
높은 집단은 통합 또는 이중 정체성 지향과 동일하다.

    더 많은 연구들은 현재 소수집단 사람들이 통합주의자들의 의견을 받아들일 때
심리적 · 사회적 이득이 있다고 주장한다(Berry, 1997; Liebkind, 2001). 통합 지향
은 나머지 세 가지 지향에 비하여 소수와 다수집단 사람들 모두에서 보다 조화로
운 집단 간 태도와 관련이 있는 것 같다(Pfafferott & Brown, 2006; Zagefka & Brown,
20002; Zagefka et al., 2009).

    각각의 문화 변용 지향이 갖는 심리적 · 사회적 장단점이 있지만, 다수집단과
소수집단이 일반적으로 더 선호하는 지향이 무엇인지를 아는 것은 중요하다
(Arends-Toth & van de Vijver, 2003; Pfafferott & Brown, 2006; Verkuyten, 2006;
Zagefka & Brown, 2002). 이 연구들에서 다수집단과 소수집단이 접촉할 때 각 집
단이 선호하는 지향은 일관되게 나타났다. '통합' 또는 '이중 정체성' 지향은 확
실히 다수집단보다는 소수집단이 더 선호하였다. 소수집단의 67~90%가 '통합'
을 원한 반면, 다수집단에서 '통합'을 선택한 비율은 단지 50%에 그쳤다. '동화'
의 경우 결과는 그와 반대로 나타났다. '동화'는 소수집단에서 선호하는 비율이
낮았고, 확실히 다수집단보다 적게 나타났다. 좀 더 자세히 살펴보면, 소수집단의
문화 변용 지향 선호는 맥락에 따라 상당히 다르게 나타났다. 가정이나 가족과 같
은 사적인 영역에서는 분리를 더 선호하였고(자신의 언어를 사용하고, 고유의 문화
행사를 시행하고), 반면 직장이나 지역사회와 같은 보다 공적인 영역에서는 확실히
'통합'을 지향하였다. 다수집단에서 사적 맥락과 공적 맥락 사이의 차이는 크지
않았다(Arends-Toth & van de Vijver, 2003).

    이 결과에 비추어, 소수집단과 다수집단 간에 전형적인 만남을 상상할 수 있다.
소수집단은 다수집단과의 만남에서 '통합' 관점을 원하고 기대할 것이고, 다수집
단은 소수집단을 그들의 기대대로 '동화'시킬 수 있는 좋은 기회라고 생각할 것이

다. 도비디오와 동료들(2007)이 말한 것처럼 이렇게 서로 다른 문화변용 관점은 나쁜 결과를 가져올 수 있다. 결국, 각기 다른 관점을 합의하기 위해 '집단 간 접촉을 어떻게 관리할 것인가, '토론'과 협상의 적절한 주제는 무엇인가?' 등을 고민해야 할 것이다(Johnson et al., 2009 참조).

## 집단 간 우정 관찰하기 또는 상상하기: 간접 접촉의 효과

지금까지 살펴보았듯이 집단 간 접촉은 외집단 구성원과 의미 있는 관계를 발전시킨다면 최상의 결과가 나올 수 있다. 특히 집단 간 현저성이 어느 정도 유지된다면 더 좋은 결과가 나올 것이다. 집단 간 우정은 내집단의 다른 구성원에게 외집단 사람과 친구가 되는 것이 가능하고, 또 꽤나 괜찮다는 신호를 줌으로써 또 다른 간접 효과를 가져올 수 있다. 이런 방식의 사회적 규준의 변화는 우정을 통해 편견을 감소시킬 수 있을 것이다.

라이트(Wright)와 동료들(1997)은 이 과정을 올포트(1954)가 묘사한 직접 접촉과 구분하여 확장 접촉(extended contact)이라고 불렀다. 확장 접촉에서 태도 변화는 외집단 사람이 내 친구이기 때문이 아니라, 외집단 사람을 친구로 두고 있는 내집단 구성원을 내가 알고 있기 때문에 일어난다. 라이트와 동료들(1997)에 따르면 확장 접촉이 편견을 줄이는 이유는 다음 네 가지다. 첫째, 확장 접촉을 하면 직접 접촉에서 느낄 수 있는 불안(외집단 사람을 알아 가야 하고 만나야 한다는)이 줄어든다. 외집단 사람과 쉽게 어울리고 좋은 관계를 유지하는 내집단 사람을 알고 있거나 지켜보면서 비슷한 관계를 가질 수 있다고 생각할 수 있다. 둘째, 확장 접촉은 개인의 자기 개념을 변화시킬 수 있다. 사회정체성 이론(Tajfel & Turner, 1986; 이 책의 제6장 참조)에서 살펴본 것처럼 사람은 쉽게 내집단 구성원을 자신의 정체성이나 자기 인식의 한 부분으로 포함하여 생각한다(Smith & Henry, 1996). 내집단 사람 중 일부가 외집단 사람과 친하게 지내는 것을 알게 되면 자기 개념의 범위가 넓어진다. 그러므로 외집단 사람 또한 자기 개념의 일부로 포함시킬 수 있다. 라이트와 동료들(1997)은 이 과정을 '자기 내 타인 포함(inclusion of other in the self: IOS)'이라고 명명하였다. 셋째, 다른 집단 사람들과 친구가 되는 것을 보게 되면 다른 집단과의 우정이 실제로 허용되는 분위기를 만들 수 있다. 다시 말하면, 확장 접촉으로 인한 인식의 변화는 친구의 범위를 보다 다양하게 하는 것이 바람직하다는 내집단 규준을 이끌 수 있다. 마지막으로, 사람들이 추측하는 외집단이 생각하는 우정에 대한 인식, 즉 '그 집단 사람들은 우정을 이렇게 생각할 거야.'라는 인식을 변화시킬 수 있다. 문화 변용 선호 연구에 따르면, 다수집단 사람은 소수집단 사람이 그들과 접촉하기를 꺼리고, 그들 스스로 사회의 주변으로 분리되기를 원한다고까지 과장하여 믿고 있음이 밝혀졌다. 그러므로 다른 사람이 집단 간 우정을 쌓는 것을 목격한다면 이 같은 오해가 풀려서 외집단이 이러한 생각을 가지고 있다는 신념은 결국 사라질 것이다.

라이트와 동료들(1997)은 확장 접촉 가설을 지지하는 연구를 실시하였다. 그들은 미국의 대학생 중 자신과 같은 인종의 친구 중에 다른 인종 친구가 있는 사람이 적어도 1명은 있는 학생과 그런 친구가 1명도 없는 학생들의 편견을 조사하였다. 결과는 간접 접촉이 있는 학생들이 더 낮은 수준의 편견을 보여 주었다. 심지어 자신의 직접 접촉 경우를 통제한 후에도 이 결과는 유의미하게 나타났다. 실험실에서 임시로 집단을 나누었을 때도 확장 접촉의 효과는 있었다. 집단을 파랑 집단과 녹색 집단으로 나누고, 자신의 집단 사람이 다른 집단 사람과 훈훈하게 만나는 것을 지켜보는 것만으로도 참가자들의 다른 집단에 대한 평가는 변화하였다.

이후의 연구들이 여러 다른 나라에서 실시되었는데, 그 결과는 동일하였다. 독일, 북아일랜드, 잉글랜드, 노르웨이 등 장소를 불문하고, 또한 성인, 초등학생, 중고생, 대학생 등의 나이와 상관없이 횡단연구의 상관관계는 외집단 친구를 가진 내집단 친구가 있는 사람들이 명확히 낮은 수준의 편견을 보여 주었다(Feddes et al., 2009; De Tezanos Pinto et al., 2009; Paolini et al., 2004; Pettigrew et al., 2007; Turner et al., 2007b, 2008). 터너와 동료들(2008)이 실시한 연구는 특히 주목할 만하다. 왜냐하면 그들은 라이트와 동료들(1997)이 제안한 네 가지 매개변인인 집단 간 불안, 자기 내 타인 포함, 내집단 규준과 외집단 규준 모두를 사용했기 때문이다. 이들 각각은 모두 확장 접촉과 편견을 매개하는 것으로 밝혀졌다.

또 다른 간접 접촉의 형태가 있는데, 이것은 확장 접촉보다 더 미미한 접촉이다. 긍정적인 집단 간 접촉을 상상하는 것만으로도 태도 변화의 효과가 가능하다는 것이다. 크리스프와 터너(Crisp & Turner, 2009)는 이것을 **상상 접촉**(imagined contact)이라고 불렀고, 이를 증명하는 몇 가지 연구를 실시하였다. 실험실 연구에서, 참가자들은 다음과 같은 요청을 받았다. "10분 동안 당신이 처음 보는 낯선 노인을 만나는 것을 상상하라. 그 사람의 외형을 상상해 보고, 그 사람과 대화를 하라. 그리고 당신이 알고 있는 것을 바탕으로 그 사람을 다른 집단의 사람으로 분류해 보라."(Turner et al., 2007a, p. 481) 통제집단 참가자들은 집단 간 상호작용이 아닌 자연 풍경을 상상하도록 하였다. 이 단순한 정신적 상상을 사용하여, 터너와 동료들은 외집단에 대한 사람들의 태도와 행동 의도가 어느 정도 긍정적으로 변화하였음을 발견하였다. 지금까지 그들은 이 방법을 노인, 게이, 무슬림, 멕시칸 메스티조, 그리고 영국의 외국인 학생에 대한 편견 감소에 적용하였다(Stathi & Crisp, 2008; Turner et al., 2007a; Turner & Crisp, 출판 준비 중). 상상 접촉 절차는 심지어 암묵적 연상 검사와 같은 암묵적 편견 척도에서도 개인의 반응에 영향을 주었다(Turner & Crisp, 출판 준비 중).

그렇다면 어떻게 상상 접촉이 효과가 있을까? 터너와 동료들(2007a)은 정신적 상상 연습은 사람들에게 실제 집단 간 접촉을 예상하게 하고, 그 예상이 직접 접촉의 효과와 같이 그들의 집단 간 불안을 감소시킨다고 생각하였다(앞서 설명한 '접촉의 어떻게와 왜' 절 참조).

상상 접촉은 아주 흥미로운 기법이다. 이것이 만약 사실이라면 너무 좋은 것 아닌가! 그저 머릿속으로 집단 간에 긍정적 접촉 장면을 떠올리는 것만으로 편견이 확실히 날아가 버린다니! 하지만 상상 접촉이 편견 감소에 실제로 효과가 있다고 말하기에는 너무 이르다. 그리고 크리스프와 터너(2009)도 자신들의 결과를 과장할 정도로 비합리적이지는 않다. 비록 암묵적 측정의 결과가 상상 접촉의 효과를 좀 더 신뢰할 수 있게 해 주었으나, 나는 실험실 연구 결과의 일부는 지시문의 요구에 기인하는 것이 아닌지 의심스럽다. 또한 극도의 갈등 상황에 있는 사람이 상상 접촉에 몰입할 수 있을지도 궁금하다. 크리스프와 터너(2009)는 상상 접촉이 그것만으로 충분한 편견 감소 방법이라기보다 다른 형태의 접촉과 함께 사용될 때 더 좋다고 제안하였다. 만약 실제 접촉의 기회가 전혀 없는 상황이라면 아무것도 하지 않는 것보다 낫지 않겠는가!

직접 접촉과 비교하여 간접 접촉이 얼마나 효과적일까? 직접 접촉과 편견의 상관을 간접 접촉과 편견의 상관과 비교해 보면, 차이가 나타나지 않는다(De Tezanos Pinto et al., 2009; Pettigrew et al., 2007; Turner et al., 2007b, 2008). 하지만 터너와 동료들(2007b)은 직접 접촉은 다른 변인을 통제한 경우에는 일반적으로 편견 감소와 더 강한 상관을 갖는다고 하였다. 세 인종이 섞여 있는 독일 초등학교에서 독일 아동과 터키 아동을 대상으로 페데스 등(Feddes et al., 2009)이 실시한 확장 접촉의 종단연구를 살펴보자. 종단연구의 장점은 횡단연구에서는 불가능한 인과관계를 추론할 수 있다는 것이다. 이 연구 결과, 직접 접촉은 7개월 후의 긍정적 집단 간 태도와 상관이 있었다. 이 결과는 다수집단인 독일 아동에게서만 나타났고, 소수집단인 터키 아동에게서는 동일한 효과가 나타나지 않았다. 이 같은 결과는 다른 종단연구에서도 관찰되었다(Binder et al., 2009). 하지만 확장 접촉의 종단적 효과는 두 집단 모두에서 관찰되지 않았다.

그럼에도 불구하고 간접 접촉이 직접 접촉의 효과보다 항상 못하다고 말할 수는 없다. 다른 집단과의 접촉이 쉽지 않은, 제도적으로 분리되어 있어 실제로 집단 간에 친구를 만들 수 있는 기회가 완전히 사라진 상황이 있다. 거의 완전하게 분리된 북아일랜드의 학교 제도가 여기에 해당한다. 형식적인 분리철폐 이후의 비공식적이고 자발적인 재분리 또한 실제 접촉의 가능성을 제한할 수 있다. 딕슨과 들하임(Dixon & Durrheim, 2003)은 남아프리카의 리조트가 있는 해변에서 이와 같은 재분리 현상을 관찰하였다. 아파테이드(인종차별정책)가 몇 년 전에 폐지되었음에도 흑인, 백인, 그리고 인도인 가족은 그들 스스로 자연스럽게 인종별로 무리를 지어 해변의 영역을 구분하여 휴가를 즐겼다. 이 밖에 외집단의 절대적인 수가 다소 적은 곳이나 다수집단이 그들을 만날 가능성이 희박한 상황에서도 직접적인 집단 간 접촉의 기회가 제한될 수 있다. 또한 사회적인 정책 개입으로 접촉의 기회를 만드는 것도 쉽지 않다. 이 경우에는 확장 접촉이나 상상 접촉이 유용할 수 있으며, 편견 감소의 과정을 처음 시작하기 위해서 효과적이고 경제적인 개입을 설계하기 위해 간접 접촉의 원리를 이용할 수도 있다.

리브카인드와 맥엘리스터(Liebkind & McAlister, 1999)는 이 중재 프로그램 중 하나를 고안하였고, 핀란드의 6개 중고등학교에서 실시하였다. 핀란드는 연구가 진행되는 당시에 외국인에게 꽤 관대한 나라였다. 6개 중 3개의 학교에서 핀란드 소년/소녀가 외국인(예, 이란인, 소말리아인)과 돈독한 우정을 나누는 이야기를 들려주었다. 이 이야기에 대한 토론을 진행한 학생은 이야기를 듣는 학생들보다 좀 더 나이가 많은 핀란드 학생이었는데, 이 이야기에 나온 우정에 대하여 모든 방법을 동원하여 긍정적으로 이야기하고, 또 학생들이 긍정적으로 말하도록 부추겼다. 이 방법에서 이야기와 토론자는 확장 접촉에서 말하는 동료 모델의 역할을 하였다. 이 프로그램의 효과는 명확히 나타났다. 7개월이 지난 후, 실험집단 학교 학생들의 집단 간 태도는 유지되거나 더 좋아졌다. 반대로 통제집단 학교들에서는 대부분 악화되었다.

우리는 이 방법을 사용하여 영국의 몇몇 초등학교에 '이야기책' 중재 프로그램을 설계하였다(Cameron et al., 2006). 이 중재와 함께 이중 정체성 전략을 같이 실시한다면 간접 접촉의 효과가 더 높아지는지를 보고 싶었다. 우리가 만든 이야기에서 외집단 주인공은 망명 온 아이였고, 이 아이는 백인 영국 아이와 친구가 되었다. 이 이야기에서 이중 정체성을 만드는 방법으로 아이들 각자의 문화적 정체성을 꾸준히 언급함과 동시에 같은 학교 학생으로서의 그들의 공통 정체성도 강조하였다. 두 번째 실험 조건에서는 이야기를 들려주면서 공통 학교 정체성(공통 조건)만 강조하였고, 세 번째 조건에서는 이야기와 함께 각자의 개인적 성격(탈범주화 조건)만 강조하였다. 마지막으로, 통제집단의 아동들에게는 어떤 이야기도 들려주지 않았다. 이야기와 이어지는 토론은 일주일에 한 번씩 총 6주간 진행되었다. 1주 또는 2주 후 망명 난민에 대한 아동들의 태도를 측정하였다. [그림 9-8]에서 볼 수 있듯이, 3개의 실험집단이 통제집단보다는 집단 간 태도에 보다 호의적으로 나타났다. 특히 이중 정체성 조건에서 가장 호의적인 태도가 나타났고, 통계적으로 유의한 수준에서 다른 두 실험 집단보다 긍정적이었다. 유사한 다른 기법도 장애인에 대한 아동들의 태도 변화가 성공적으로 나타났다(Cameron & Rutland, 2006).

폴락(Paluck, 2009)은 확장 접촉 아이디어를 사용한 미디어 개입은 가장 강력히 닫혀 있는 태도조차도 변화시킬 수 있다는 극적인 예시를 보여 주었다. 그녀는 르완다에서 라디오 프로그램의 영향을 평가하였다. 르완다는 1994년 몇 달 동안 수백 수천의 투치족이 잔혹하게 학살당한 이후 그들 스스로 다시 일어서기 위해 현재 노력 중인 나라다. 라디오 프로그램은 '새로운 여명(musekeweya)'이라는 제목

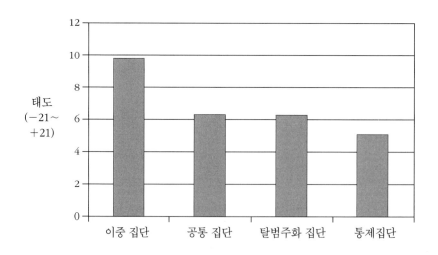

**그림 9-8  확장 접촉에서 아동들의 태도 변화**

출처: Cameron et al. (2006), 표 1을 수정함.

이었고, 후투족과 투치족 마을 사람들과 관련된 로맨틱한 멜로 드라마였다. 폴락은 4개의 20분짜리 에피소드로 구성하였고, 많은 마을에서 트랜지스터 라디오로 청취하였다. 다른 마을들에서는 또 다른 드라마를 틀어 주었는데, 이 드라마 내용은 HIV와 AIDS에 관한 태도를 바꾸는 내용이었다. 한 해가 끝날 때쯤, 폴락은 집단 폭력의 기원과 해결책에 대한 신념과 신뢰 및 집단 간 결혼에 관한 사회적 규준과 관련한 그들의 생각을 인터뷰를 통해 알아보았다.[주석 3] 인터뷰 결과, 비록 폭력의 기원과 해결에 대한 신념은 '새로운 여명' 프로그램이 거의 영향을 주지 못했지만 집단 간 결혼 허용 정도와 다른 르완다인에 대한 신뢰 가능성과 공감에 관한 그들의 규준은 건강 관련 드라마를 들은 사람들과 비교하여 보다 나은 변화가 나타났다. 폴락은 투치족을 바퀴벌레와 다른 해충이라고 묘사한 라디오 방송이 1994년 대학살에 적지 않은 역할을 한 것을 모두가 인정하듯이, 이 라디오 프로그램은 집단 간 화해를 위한 좋은 도구가 될 가능성을 역으로 보여 준 것임을 주장한다.

## 이 책을 나가며

나는 이 장과 이 책의 마무리를 위해 폴락의 연구를 선택했다. 그 이유는 이 연구에서 나는 심리학자로서 효과적인 개입을 할 수 있는 이론적 아이디어뿐만 아니라 그것을 평가하는 방법적 도구까지 생각할 수 있는 특별한 영감을 발견하였기 때문이다. 나는 사회심리학자들이 편견의 사회적 문제를 파악하고 그것의 궁극적 근절을 이룰 수 있다는 믿음을 갖는 것은 분명한 한계가 있음을 일러 두고 싶다. 그러므로 성급하게 낙관적인 결론에 이르지 않기를 바란다. 제1장에서 언급했듯이, 편견처럼 역사적·경제적·정치적 권력이 복합되어 있고 깊게 관련된 현상을 함께 고려해야 하는 주제의 경우, 하나의 이론을 통해서 지혜를 구하고자 하는 것은 어리석은 것일 수 있다. 사실, 나는 전 세계의 오랜 갈등과 그것과 관련한 편견은 집단 간 접촉을 먼저 시도하기 전에 다소 급진적일 수 있는 사회정치적 변혁이 먼저 선행되어야 한다고 믿는다. 속담처럼 아직도 모든 길은 로마로 통한다. 그리고 사회심리학의 길이 좁고 그 방향이 아직 불확실하다면, 그리고 오늘날 갈등으로 점철된 세상의 편견을 감소시키기 위해 우리가 무언가를 절실히 해야 한다면, 우리는 반드시 그 여행을 해야 한다. 나의 다소 지나친 바람이라면, 이 책이 그러한 여행을 시작하려고 생각하는 사람들에게 조금의 도움이 되었으면 하는 것이다.

## 요약

1. 많은 연구는 집단 간 접촉이 편견을 감소시킨다는 것을 보여 주었고, 편견 감소가 발생하는 조건을 제시하였다. 이 조건들은 다음과 같다. 첫째, 접촉을 장려하도록 잘 구성된 사회적이고 제도적인 지지가 반드시 있어야 한다. 둘째, 접촉은 집단 구성원 간의 의미 있는 관계를 발전시킬 수 있는 충분한 횟수, 기간, 그리고 친밀함이 있어야 한다. 셋째, 가능한 한 접촉 상황에 있는 사람들은 동일한 지위여야 한다. 마지막으로, 접촉은 협력 활동과 관련된 것이어야 한다.

2. 접촉 연구의 주요 주제는 통합 학교였다. 특히, 미국에서의 분리 철폐 학교의 영향을 살펴본 일부 연구는 통합이 항상 다른 인종과의 관계에 좋은 영향을 준 것은 아니라고 주장한다. 하지만 그 이유를 살펴보면 차별철폐 프로그램들이 성공적 접촉의 최적의 네 조건을 거의 갖추지 못하였기 때문이다. 잘 짜인 중재 프로그램들, 특히 협력 학습과 관련한 경우에는 다른 사회적 범주의 구성원 간에 호감이 증대되는 성공적인 결과가 나타났다.

3. 접촉 가설은 최근 몇 년간 상당한 수정과 확장을 거치고 있다. 이제는 인과관계 효과가 양방향이라는 것은 명확하다. 즉, 접촉이 편견을 감소시키지만, 편견 역시 접촉을 감소시킨다.

4. 접촉 효과의 일반화를 최대로 올리기 위해서 집단 간 만남에서 어느 정도의 범주 현저성을 유지하는 것은 중요하다. 접촉이 효과를 보기 위한 방법은 집단 간 불안 감소, 공통 내집단 정체성 올리기, 그리고 공감 능력의 발달 등이 있다. 하지만 이 매개과정은 같은 방식으로 작용하지 않는다. 또한 다수집단에 나타나는 효과가 소수집단에는 나타나지 않기도 한다.

5. 마지막으로, 외집단의 직접 접촉이 전혀 없이도 편견이 감소될 수 있다. 단순히 외집단 구성원을 친구로 두고 있는 내집단의 누군가를 알거나, 또는 자신이 외집단 친구를 만드는 것을 상상하는 것만으로도 집단 간 긍정 태도를 발전시킬 수 있다.

## 주석

1. 집단 현저성은 집단이 상호작용하는 시점에서 인종의 현저성을 어느 지점에 두는가에 따라 실제로는 두 가지 조건이 있다. 여기에서는 두 조건이 서로 다르지 않은 경우이므로, 나는 두 조건을 나누지 않고 함께 다루었다.

2. 나는 International Graduate College의 2009년 여름학교에서 함께 작업한 잭 도비디오를 비롯한 다른 동료들에게 이러한 통찰을 준 것에 대하여 감사하게 생각한다.

3. 르완다에서 발생하는 집단 간 관계에서 존재하는 극도의 예민함 때문에 인종 간 태도는 직접적으로 측정할 수 없었을 것이라고 느꼈다.

## 더 읽을거리

Brown, R., & Hewstone, M. (2005). An integrative theory of intergroup contact. *Advances in Experimental Social Psychology, 37*, 255–343.

Gaertner, S., & Dovidio, J. (2000). *Reducing Inte11Jroup Bias: The Common Ingroup Identity Model.* Hove: Psychology Press.

Oskamp, S. (2000). *Reducing Prejudice and Discrimination*, esp. Part III. Mahwah, NJ: Erlbaum.

Turner, R. N., Hewstone, M., Voci, A., Paolini, S., & Christ, O. (2007c). Reducing prejudice via direct and extended cross-group friendship. *European Review of Social Psychology, 18*, 212–255.

# 주요 용어 정리

J-커브 가설(J-curve hypothesis): 상대적 박탈감은 경제적 부가 증가한 후 갑자기 급락하게 될 때 가장 클 것이라는 주장

V-곡선 가설(V-curve hypothesis): 편견이 상대적 박탈이나 상대적 만족 모두에 의해서 생길 수 있다는 주장

개인적(이기주의적) 박탈감[individual(egoistic) deprivation]: 개인의 현재 사회적 지위와 이상적으로 누려야 할 것 같은 지위 사이의 간극을 인지할 때 느끼는 감정

개인-집단 불일치(person-group discrepancy): 내집단의 다른 구성원이 자신보다 더 차별받는다고 느끼는 경향성

거절-동일시 모델(rejection-identification model): 낙인 집단 구성원은 그들의 안녕에 부정적인 결과가 있을 것이라고 예상할 수 있는데, 자신들의 집단에 대한 차별 때문에 생겨난 상승된 집단 동일시가 완충장치 역할을 할 수 있다고 예측하는 이론

검사/재검사 신뢰도(test/re-test reliability): 서로 다른 두 시점에서 측정한 동일 척도의 신뢰도가 비슷하게 나오는 정도에 의해 그 척도의 신뢰도를 살펴보는 것

고정관념 기대(stereotypical expectancies): 특정 집단의 구성원은 그 집단에게 기대되는 전형적인 방식으로 행동할 것이라는 믿음

**고정관념 상승(stereotype lift):** 상위 계급의 집단 구성원이 다른 집단을 부정적 고정관념으로 판단하고 인식하는 것으로, 더 나은 과제 수행의 결과가 나타남

**고정관념 억제(stereotype suppression):** 사회적 판단을 내릴 때, 특정 집단 고정관념을 사용하지 않으려는 능동적인 시도

**고정관념 위협(stereotype threat):** 낙인 집단의 구성원이, 자신의 집단에 대한 부정적인 고정관념에 의해 평가받을 수도 있다는 인식 때문에 업무 수행력이 떨어지는 것(참조, 고정관념 상승)

**고정관념 활성화(stereotype activation):** 집단에 대한 고정관념적 특성이나 기대를 불러일으키는 것

**고정관념(stereotyping/stereotypes):** 특정 집단에 속해 있다는 것 때문에 개인에게 부여되는 여러 특징

**공감(empathy):** 다른 사람의 관점에서 그 사람의 정서를 경험할 수 있는 능력

**공동 운명(common fate):** 비슷한 경험을 겪는 사람들끼리, 특히 타인으로부터 비슷한 경험을 당한 사람들 사이에 생기는 인식

**공통 내집단 정체성 모델(common ingroup identity model):** 타 집단과의 접촉이 가장 성공적인 경우는 접촉을 통해 내집단 구성원과 외집단 구성원이 범주의 경계를 다시 그려 모두 같은 상위 범주에 포함되어 있다고 인식하는 경우라고 주장하는 이론

**교차 범주화(cross-cutting categorization):** 2개 이상의 범주화 체계를 적용하여 2개 이상의 집단에 동시에 포함시키는 분류 방법(예, 성별과 민족)

**구체적 조작기(concrete operational period):** 피아제가 제안한 아동의 인지 발달 단계 중 하나로 이 시기의 아동은 사람과 사물의 외적인 것을 기반으로 그 사람과 사물을 지각하고 인식

**국가주의(nationalism):** 자신의 국가에 대해서는 긍정적 애착을, 다른 국가에 대해서는 폄하의 감정을 갖는 국가정체성의 한 형태

**궁극적 귀인 오류(ultimate attribution error):** 내집단 구성원의 긍정적 행동은 내적 특성으로, 부정적 행동은 외적 특성으로 그 원인을 찾으며, 이와 반대로 외집단 구성원의 긍정적 행동은 외부에서, 부정적 행동은 내부의 특성에 그 원인이 있다고 보는 경향성

**권위주의 성격(authoritarian personality):** 편견을 성격특성으로 대부분 설명할 수 있다는 이론. 이 특성을 가진 사람은 어린 시절 매우 엄격하고 도덕적 검열이 심한 가족 환경에서 성장하였다고 알려져 있음

귀인이론(attribution theory): 사람들이 인간 행동의 원인을 무엇이라고 믿고 있는지와 관련한 이론

긍정-부정 비대칭 효과(positive-negative asymmetry effect): 외집단을 부정적(싫음, 혐오)으로 평가하기보다 내집단을 긍정적(좋음, 호의)으로 평가하려는 현상

긍정적 독특성(positive distinctiveness): 내집단이 다른 외집단과 구별되면서 더 낫다고 여겨질 수 있는 방식으로 내집단을 보거나 대하는 것

긍정적 상호 의존성(positive interdependence): 한 집단의 목표 달성이 다른 집단의 적극적인 참여에 달려 있는 상황

기존의/노골적 편견(old-fashioned/blatant prejudice): 외집단에 대한 부정적인 태도가 매우 경멸적인 용어를 사용하며 노골적인 형태의 편견

내적 신뢰도(internal reliability): 척도의 각 요소가 서로 연관 있는 정도로, 일반적으로 크론바흐 알파(cronbach's alpha)가 내적 신뢰도의 이론적인 지표임

내집단 과잉배제 효과(ingroup over-exclusion effect): 어떤 사람을 내집단으로 여기기보다 외집단으로 범주화하는 경향

내집단 동질성(ingroup homogeneity): 같은 집단의 구성원들이 서로 비슷해 보이는 정도

내집단 투사(ingroup projection): 내집단의 특성이 다른 범주(주로 상위 범주)에도 적용된다고 생각하는 인지과정

내집단 편향(ingroup bias): 지각, 판단, 혹은 행동에서 내집단을 외집단보다 선호하는 경향

노인 차별(ageism): 편견의 한 종류로서, 나이(대부분은 노인) 때문에 겪는 편견

다문화주의(multiculturalism): 문화적 다양성에 대한 존중을 장려함으로써 통합(integration)의 문화 변용 지향을 선호하는 사상 혹은 사회 정책

다수집단(majority group): 문자 그대로 수가 더 많은 집단을 뜻하기도 하나, 보통 더 높은 지위와 힘을 가진 집단을 지칭

대인 간 접촉(interpersonal contact): 집단 현저성이 낮은 조건에서 일어나는 접촉으로 교류하는 사람들이 특별히 그 집단의 전형이라고 보이지 않고, 각 개인이 부각되는 상황(비교, 집단 간 접촉)

독단주의(dogmatism): 권위주의 성격특성과 비슷한 것이지만, 정치적으로 매우 완고한 좌파나 우파 모두에게 동등하게 적용된다고 여겨지는 특성

동성애 공포증(homophobia): 성적 지향에 의해 정의된 집단에 대한 편견(예, 동성애자, 성전환자 등)

동성애 혐오(homophobic): 동성애자에 대한 편견

동화(assimilation): 소수집단 문화가 다수집단 문화에 흡수되는 형태의 문화 변용 지향 또는 사회정책

매개변인(mediator): 독립변인이 종속변인에 미치는 효과를 설명하는 데 도움을 줄 수 있는 변인

메타 고정관념(meta-stereotype): 자신의 집단에 대하여 다른 집단이 가지고 있는 고정관념을 인식하는 것

메타 대조 비율(meta-contrast ratio): 특정 범주와 관련하여 다른 집단 구성원들 간에는 그 범주의 차이를 극대화하고 같은 집단 구성원들 간에는 그 차이를 최소화하는 정도

메타분석(meta-analysis): 여러 개의 독립적인 연구 결과를 합치는 통계 방법

명시적 편견(explicit prejudice): 개인이 통제할 수 있는 직접적인 형태의 편견

모호성의 불관용(intolerance of ambiguity): 권위주의와 연관된 인지 양식으로서, 모든 것을 매우 분명하게 정의하기를 선호하고 모호함을 혐오함

무작위 이중 맹목 설계(randomized double-blind design): 참가자들을 실험 조건에 무선 할당함으로써 실험을 진행하는 연구자와 실험 참가자 모두, 참가자가 어느 실험 조건에 포함되었는지 알지 못하는 연구 설계

묵인 반응 경향(acquiescence response set): 설문 문항의 내용과 관계없이 '동의'하는 쪽으로 답하려는 경향성

문화 변용 지향(acculturation orientation): 다른 나라로 이민을 간 경우 이민자가 이민 간 나라의 문화를 채택하는 전략. 전통적으로 자신의 문화 유지(포기) 선호 정도와 그 나라와 교류하고 그 나라의 문화를 채택하려는(혹은 하지 않으려는) 선호 정도에 따라 네 가지 하위 유형으로 분류

미묘한 편견(subtle prejudice): 전통적인 개인주의 가치를 수호하고 집단 간 문화 차이를 과장하며 외집단에 대한 긍정적 정서를 거부하는 특징을 가진 편견의 한 형태

민족국가주의(ethnic nationalism): 국가정체성의 한 형태로 국가를 조상, 언어 혹은 문화의 독특성의 측면에서 정의하는 것

반동 효과(rebound effects): 고정관념 형성을 피하려는 의도가 더 큰 고정관념 활성화 또는 고정관념 사용으로 이어지는 상황

반영 독특성(reflective distinctiveness): 이미 잘 정의된 내집단의 긍정적 독특성을 재확인하려는 편향된 판단이나 행동

반유대주의(anti-Semitism): 유대인에 대한 편견

반응 독특성(reactive distinctiveness): 내집단이 명확하게 정의되지 않는 것을 피하기 위해서 내집단에 대하여 긍정적 독특성을 수립하려는 편향된 판단이나 행동

반응 확대(response amplification): 어떤 변인 때문에 상승되거나 과장된 반응을 하는 것

범주 간 차별(intercategory differentiation): 다른 범주(집단)의 구성원을 실제보다 더 다르다고 보는 경향(비교, 범주 내 동화)

범주 내 동화(intracategory assimilation): 같은 범주(집단)의 구성원을 실제보다 더 비슷하다고 보는 경향

범주 선호(category preference): 특정 범주를 다른 범주보다 더 선호하는 것

범주 인식(category awareness): 범주마다 다른 특성이 존재한다는 것을 알고 있는 것

범주 정체성(category identification): 특정 범주에 속한다고 스스로가 정의하는 것

범주화(categorization): 세상(사회)을 구별되는 개별 단위로 나누는 인지 과정

보거스 파이프라인(bogus pipeline): 참가자가 자신의 진짜 감정이 기계에 의해 감지되고 있다고 믿는 실험 설계법. 이 실험 상황의 반응과 보통 상황에서의 반응의 차이는 사람들이 사회적으로 바람직한 방향으로 반응하려는 경향성을 내포

보존(conservation): 사람이나 사물의 물리적 외형이 변하였더라도, 그 사람이나 사물의 근본적인 속성은 변하지 않는다는 것을 이해하는 능력. 고전적인 보존 개념 실험은 길고 가느다란 유리병에서 짧고 넓은 유리병으로 액체를 옮겨 부은 뒤, 아동에게 액체의 양이 바뀌었는지를 질문함

부정적 상호 의존성(negative interdependence): 한 집단의 목표 달성이 다른 집단의 목표 달성을 막는 상황

분리(separation): 다수집단 문화와 소수집단 문화의 분리와 구분을 추구하는 문화 변용 지향이나 사회 정책

불법적 지위 차이(illegitimate status differences): 집단위치의 서열이 임의적인 기준이나 부당한 관례에 기초한다고 보이는 상황

불안정한 지위 차이(unstable status differences): 집단의 서열 위치가 바뀔 가능성이 있고 혹은 곧 그 가능성이 임박해 있는 상황

불침투성 집단 경계(impermeable group boundaries): 개인의 선택으로 빠져나오거나 들어가는 것이 어려운 집단

사회 정체성(social identity): 다양한 사회 집단의 구성원으로서 느끼는 자기 개념들

사회 지배 경향성(Social Dominance Orientation: SDO): 개인이 불평등한 사회적 관계, 특히 집단 간의 이러한 관계를 얼마나 지지하는가를 알아보는 척도

사회적 낙인(social stigma): 개인의 가치를 사회적으로 평가 절하한 상태로 특정지어 표시하는 것

사회정체성 이론(social identity theory): 편견과 집단 간 행동의 주요 결정 요인이 사람들의 정체성이 구성되고 정의되는 방식과 특정한 사회적 맥락에 영향받은 방식이라고 보는 이론

사회지배 이론(social dominance theory): 편견 또는 차별은 불평등한 집단 구조(한 집단이 다른 집단을 종속)를 형성하려는 모든 인간의 경향성이라고 주장하는 이론

상대적 만족(relative gratification): 상대적 박탈의 반대. 자신의 현재 생활 수준이 이상적인 생활 수준보다 더 낫다고 인지할 때 느끼는 감정

상대적 박탈감(relative deprivation): 자신의 현재 생활 수준과 이상적인 생활 수준 사이의 간극을 인지할 때 느끼는 감정

상상 접촉(imagined contact): 외집단의 구성원과 즐겁게 상호작용을 하고 있다고 상상하도록 요구하는 기법

상위 목표(superordinate goals): 특정 집단이 자신의 집단만으로 해결하거나 다른 집단과 경쟁해서는 이룰 수 없고, 오직 다른 집단에 의존해야만 하는 달성할 수 있는 목표

상징적 위협(symbolic threat): 내집단의 정체성을 상징하는 문화적 관행에 대한 위협

상징적/현대적 편견, 신편견주의(symbolic/modern prejudice, neo-prejudice): 소수집단에게 편향된 이익을 주는 사회 정책 또는 개인의 선택의 자유나 능력주의를 강조하는 전통적 서구 가치를 훼손한다고 보이는 사회 정책을 반대하는 편견의 한 형태.

샤덴프로이데(schadenfreude): 사회적 위치가 낮은 집단의 구성원이 사회적 위치가 높은 집단에게 닥친 불행을 알게 되었을 때 느끼는 즐거움

성차별주의(sexism): 성별(주로 여성)에 대한 편견

소수집단(minority group): 문자 그대로 2개 이상의 집단 가운데 더 수가 적은 쪽을 뜻하기도 하나, 보통 더 낮은 지위와 힘을 가진 집단을 지칭

습관화 상황(habituation paradigm): 매우 어린아이에게 사용되는 실험 방법으로서, 아이가 자극에 관심을 잃어버린 것처럼 보일 때까지 자극을 제시한 후, 실험 단계에서는 앞서 제시한 자극과 새로운 자극을 함께 보여 주고, 아이가 각 자극을 보는 시간을 측정함. 두 자극을 보는 시간에 차이가 나타나는 것은 아이가 새로운 자극을 먼저 제시된

자극과 다른 것으로 보았음을 의미함

시간 시점 간 상대적 박탈(temporal relative deprivation): 현재의 상황이 과거나 미래와 비교하여 더 나쁘다고 느낄 때 발생되는 상대적 박탈감의 한 형태

시민 국가주의(civic nationalism): 국가 정체성의 한 형태로 국가를 시민을 중심으로 정의하는 것으로 시민은 제도와 법 체제를 존중하고 참여하는 책무를 통해 국가의 주요 구성원이 됨

식역하(subliminal): 역치 수준 아래

신념(불)일치[belief (in)congruence]: 2명 이상의 사람 사이에서 신념이 얼마나 (불)일치하느냐를 말하는 것으로, 일치 정도가 사람들의 편견을 결정

실체성(entitativity): 자극들이 하나의 단위나 집단으로 보이는 정도

암묵적 연상 검사(implicit association test): 편견을 간접적으로 측정하는 방법으로, 여러 범주와 그 범주의 긍정/부정 특성들을 다양한 조합으로 제시하였을 때 그에 대한 반응 속도에 기반하여 측정

암묵적 편견(implicit prejudice): 개인이 거의 통제할 수 없는 간접적인 형태의 편견

애국심(patriotism): 국가에 대한 긍정적 애착은 강조하나 다른 국가에 대한 폄하는 하지 않는 국가정체성의 한 형태(비교, 국가주의)

양가적 편견(ambivalent prejudice): 외집단에 대한 긍정적 태도와 부정적 태도를 모두 포함한 혼합된 형태의 편견

언어적 내집단 편향(linguistic intergroup bias): 내집단의 긍정적인 행동과 외집단의 부정적인 행동은 추상적이고 일반화된 용어로 표현하고, 내집단의 부정적인 행동과 외집단의 긍정적인 행동은 보다 구체적인 방법으로 표현하는 경향(참조, 궁극적 귀인 오류)

연상 점화(associative priming): 편견을 암묵적으로 측정하는 기법. 특정 집단과 연관된 자극을 먼저 제시하여 점화 상황을 만든 후 제시되는 다양한 단어가 긍정인지 부정인지 판단하는 과제를 실시. 이후 점화 상황과 통제 상황의 반응 시간을 비교하는 방법으로 편견을 암묵적으로 측정

예방 초점(prevention focus): 과제를 할 때 실수를 하지 않는 것에 초점을 두는 인지 성향

온정적 성자별주의(benevolent sexism): 여성에 대한 태도가 호의적인 것으로 보이나, 그 기저에는 성 불평등을 유지하고자 하는 바람이 숨겨져 있는 성차별주의의 한 형태

외국인 혐오증(공포증)(xenophobia): 외국인에게 혐오감을 표출하는 편견

외집단 동질성 효과(outgroup homogeneity effect): 외집단의 구성원들이 내집단의 구성원들

보다 서로 더 비슷하다는 인식

외집단 편향(outgroup bias): 내집단보다 외집단을 더 호의적으로 판단하거나 더 잘 대해주는 상황

요인분석(factor analysis): 변수 사이의 상호관계의 잠재 구조를 찾아내는 통계분석

우익 권위주의(right-wing authoritarianism): 전통적 권위주의(traditional authoritarianism)의 현대판으로, 권력에 대한 굴복, 외부에서 온 사람에 대한 공격성, 그리고 전통적인 도덕을 지키는 것 등이 포함

울타리 다시 치기(refencing): 범주와 이와 관련된 특성을 재정의함으로써 해당 범주의 타당성이나 적용 가능성에 대한 포기 성명(disclaimers)이 설명될 수 있도록 하는 것

원인론적(aetiological): 현상의 원인이나 기원에 관한 것

이미지 이론(image theory): 정치학의 한 이론으로 내집단을 향한 정형화된 이미지는 내집단이 외집단과 기능적으로 어떤 관계(동맹, 적, 의존, 미개)에 처해 있는지에서 나온다는 이론

이익 갈등(conflict of interests): 한 집단이 추구하는 것이 다른 집단의 목적과 충돌하는 상황

이중(이중 문화적) 정체성[dual(bicultural) identity]: 2개 이상의 범주에 해당되는 정체성을 동시에 가지는 것

인식된 집단 내 동질성(perceived intragroup homogeneity): 한 집단의 구성원이 서로 비슷해 보이는 정도

인종 항상성(ethnic constancy): 사람들의 인종을 정의하는 신체적 특성(예, 피부색)은 나이가 들어도 바뀌지 않음을 이해하는 것

인종차별주의(racism): 인종집단에 대한 편견

인지부조화 이론(cognitive dissonance theory): 인간 행동의 주요 동기는 모순되는 신념을 가지는 것을 피하고자 하는 욕구가 존재한다는 이론. 모순되는 신념이 존재하는 상황을 인지 부조화라고 하며, 이는 불편하고 피하고 싶은 상태라고 정의함

인지적 분주함(cognitive busyness): 인지적 자원이 다른 정신 활동에 쓰이고 있는 상태

인지적 종결 욕구(cognitive closure, need for): 해답을 구하는 과정에서 모호한 상태를 견디기보다 문제를 종결시키기 위해 빨리 답을 정하려는 강력한 욕구. 모호한 상태에서의 불안이나 불편함을 없애려는 심리적 기제

일반화(generalization): 누군가에 대한 태도 변화가 그 사람이 속한 집단의 다른 구성원 또

는 그 집단 전체에 대한 태도 변화로까지 이어지는 것

**자기충족적 예언(self-fulfilling prophecy)**: 대상에 대한 고정관념적인 기대가 그 대상에게 변화를 불러와 기대를 충족하고 강화하는 상황이 발생한다는 주장

**자기 확인(self-affirmation)**: 사람들에게 자신에게 가장 중요한 가치가 무엇인지 생각해 보도록 유도하는 실험법

**자기범주화 이론(self-categorization theory)**: 집단, 그리고 집단 간 행동을 결정짓는 가장 중요한 요인은 개인 스스로 느끼는 그 집단에 대한 소속 방식과 정도에 달려 있다고 주장하는 이론

**자동적 과정/행동(automatic process/behavior)**: 의식적인 노력이나 의지 없이 발생하는 과정이나 행동

**자민족중심주의(ethnocentrism)**: 엄밀히 따지면 모든 것을 자신의 내집단의 관점에서 보는 세계관으로 일반적으로 외집단에 편견을 가진 태도

**자아 내 타자 포함(Inclusion of Other in the Self: IOS)**: 다른 사람, 특히 외집단의 사람이 자신의 자아개념에 포함되는 과정

**적대적 성차별주의(hostile sexism)**: 여성에 대한 부정적인 태도를 드러내 놓고 하는 성차별주의의 형태

**적합성(fit)**: 한 범주가 어떤 상황에서 나타나는 자극들 간의 실제 차이와의 연관된 정도를 함수로 나타낸 것

**전치(displacement)**: 정신역동이론(psychodynamics)의 개념으로 강력한 대상에 대한 공격성이나 편견이 보다 힘이 약한 대상에게 이동되는 것

**전형성(typicality)**: 특정 개인이 소속 집단을 잘 대표한다고 보이는 정도

**점화(priming)**: 한 자극의 제시가 다음 자극의 처리과정에 영향을 주는 절차

**접근성(accessibility)**: 현재의 인지 구조에서 쉽게 떠올리는 기억

**접촉 가설(contact hypothesis)**: 서로 다른 집단의 구성원들이 동등한 지위, 우호적인 상황, 통합을 목표로 하는 제도적인 지원의 조건을 갖추었을 때 이루어지는 만남에서 편견을 줄일 수 있다는 이론

**조망수용 능력(perspective-taking)**: 다른 사람의 관점에서 세상을 보는 것

**조절변인(moderator)**: 독립변인이 종속변인에 미치는 효과를 바꿀 수(조절할 수) 있는 변인

**좌절-공격이론(frustration-aggression theory)**: 자신의 기본 욕구가 만족되지 않거나 원하는 목적을 이룰 수 없는 것이 편견의 원인이 된다고 주장하는 이론

주변화(marginalization): 소수집단에 참여하지도 않고, 그들의 문화적 전통을 지키려 하지도 않는 문화변용 지향 또는 사회 정책

집단 간 불안(intergroup anxiety): 외집단 구성원과의 만남에서 일어날 일을 미리 걱정하며 나타나는 불안감

집단 간 접촉(intergroup contact): 집단 현저성의 상황 아래에서 일어나는 접촉으로, 교류하는 사람들이 자신의 집단의 전형적인 사람으로 보이는 것(비교, 대인 간 접촉)

집단 간 정서(intergroup emotions): 자신의 집단에서 발생한 일이나 발생할 일 때문에 (다른 집단을 향하여) 가지게 되는 정서로, 그 일이 꼭 내집단의 어떤 구성원에게 직접 발생하였음을 의미하는 것은 아님

집단 간 차별(intergroup discrimination): 둘 또는 그 이상의 집단 구성원을 다르게 대하는 행동으로, 주로 한 집단을 다른 집단보다 더 선호하는 형태로 발생

집단 본질/본질주의(group essence/essentialism): 집단이 해당 속성에 의해 부분적으로 정의되기 때문에, 모든(혹은 거의 모든) 구성원이 가지고 있으리라고 추정되는 속성. 때때로 그 본질적인 속성은 집단과 생물학적으로 관계가 있다고 인지되기도 함

집단 정체성 강도[group identification(strength of)]: 사람들 스스로가 어떤 집단에 소속되어 있다고 생각하는 정도, 그 집단에 대한 평가, 그 집단에 대한 정서적 개입의 정도

집단 현저성(group salience): 사람들의 마음속에 어떤 집단이 쉽게 떠오르는 상태

집단(형제애적) 박탈감[group(fraternalistic) deprivation]: 자신이 속해 있는 집단의 현재 사회적 지위와 집단이 이상적으로 누려야 할 것 같은 사회적 지위 사이의 간극을 인지할 때 느끼는 감정

차별 분리 교육(desegregated schooling): 학교 내에서 인종적 · 민족적 · 종교적 다양성을 조성하는 학교 시스템

차이 극대화(maximizing difference): 내집단과 외집단 사이에서 긍정적 차이를 설정하려는 평가 혹은 행동 전략

착각적 상관(illusory correlation): 소수집단의 구성원이 다수집단의 구성원보다 특이한 특성을 더 많이 가지고 있을 것이라는 잘못된 믿음

창조적 내집단 편향(creative ingroup bias): 지금까지 간과했던 내집단 구성원의 긍정적인 특성에 초점을 맞춤으로써 내집단 구성원의 긍정적 독특성을 찾으려는 것

체제정당화 이론(system justification theory): 현재 자신이 속해 있는 사회 구조가 적합하며 안정적으로 지속되기를 원하는 사람들의 욕구가 집단 간 태도의 한 원인이라고 주장

하는 이론

촉진 초점(promotion focus): 과제를 할 때 수행력 향상에 초점을 두는 인지 성향

최소 집단 상황(minimal group paradigm): 2개(혹은 그 이상)의 인위적 집단을 만드는 실험 방법으로 실험 참가자들은 자신이 속한 집단이나 상대 집단의 구성원들에 대해 아는 바가 전혀 없고 접촉도 전혀 없는 상황에서 익명의 다른 집단 구성원들에게 자원(보통 돈)을 할당하는 과제

친분 가능성(acquaintance potential): 다른 집단의 구성원과 친구를 맺을 수 있도록 독려하는 사회 환경

타당도(validity): 척도가 측정하고자 하는 것을 잘 표현한 문항으로 이루어졌거나 그 구성이 적절하게 표현되었는지의 정도

탈범주화(decategorization): 소속된 사회 범주를 덜 중요하도록 하여 그 범주가 덜 두드러지도록 하는 절차

통합(integration): 집단 간의 긍정적 관계와 민족적(인종적) 다양성을 추구하는 사회 정책으로, 개인의 문화 변용 지향에서는 자신의 문화를 유지하면서도 다른 집단의 문화를 적극적으로 포용하는 것을 지칭

통합위협 이론(integrated threat theory): 편견이 주로 내집단에게 가해지는 여러 종류의 위협(예, 상징적, 현실적)에서 생긴다는 이론

통합적 복합성(integrative complexity): 관점이 여럿 존재함을 인식하고 이 관점이 어떻게 서로 연결되어 있는지 추측하는 인지 양식

판별 타당도(discriminant validity): 해당 척도가 관련 있는 기준의 변수들과 상관관계가 있고, 덜 관련된 기준의 변수들과는 상관이 없음을 알아보는 타당도

편견(prejudice): 어떤 집단 구성원들을 향한 태도, 감정(정서) 혹은 행동으로서, 직간접적으로 해당 집단에 대한 부정성과 반감을 가지는 것

표현적 내집단 편향(expressive ingroup bias): 내집단의 긍정적 특성이라고 이미 널리 알려진 것을 강조함으로써 내집단의 긍정적 독특성을 찾으려는 것

하부 유형(sub-typing): 넓은 범위의 집단 범주 정의에 쉽게 맞아떨어지지 않는 집단 구성원을 수용하기 위해 집단 내에 하위 집단을 만드는 것

허위 위식(false consciousness): 종속집단의 구성원들이 현실과 상충되고 자신의 물질적 관심과 상반되는 현재의 사회질서를 믿고 있는 상황을 이르는 마르크스주의의 개념

현실적 위협(realistic threats): 내집단의 물질적 안녕이나 물리적 안전에 가해지는 모든 위협

현실집단갈등 이론(realistic group conflict theory): 부족한 물질적 자원을 차지하기 위한 여러 집단의 경쟁에서 편견이 발생하므로 편견을 줄이는 가장 좋은 방법은 집단들의 실질적인 이익을 조절하는 것이라고 주장하는 이론

혐오 범죄(hate crime): 피해자 집단에 대한 반감이 원인이 된 범죄 행위(예, 인종, 종교, 성적 지향)

혐오적 인종차별(aversive racism): 외집단에 대하여 실제로 관용적 태도를 가지고는 있으나 여전히 외집단과의 만남 상황을 피하려 하고 두려워하는 편견의 한 형태. 특히 타 집단과의 만남에서 분명한 사회적 행동 규범이 없는 상황은 더 회피하고 두려워함

협동 학습 집단(co-operative learning groups): 학생들이 과제를 마치기 위해서는 서로 긍정적 상호의존이 필요하도록 만든 교수 방법

확장 접촉(extended contact): 내집단 구성원들 중 누군가가 외집단 친구가 있다는 것을 알게 됨으로써 집단 간의 접촉을 간접적인 형태로 하는 방법

# 참고문헌

Aboud, F. E. (1977). Interest in ethnic information: A cross-cultural developmental study. *Canadian Journal of Behavioral Science, 9*, 134-146.

Aboud, F. E. (1980). A test of ethnocentrism with young children. *Canadian Journal of Behavioral Science, 12*, 195-209.

Aboud, F. E. (1988). *Children and Prejudice*. Oxford: Basil Blackwell.

Aboud, F. E. (2003). The formation of in-group favoritism and out-group prejudice in young children: Are they distinct attitudes? *Developmental Psychology, 39*(1), 48-60.

Aboud, F. E., & Doyle, A. -B. (1996). Parental and peer influences on children's racial attitudes. *International Journal of Intercultural Relations, 20*, 371-383.

Aboud, F. E., & Sankar, J. (2007). Friendship and identity in a language-integrated school. *International Journal of Behavioral Development, 31*, 445-453.

Aboud, F. E., Mendelson, M. J., & Purdy, K. T. (2003). Cross-race relations and friendship quality. *International Journal of Behavioral Development, 27*, 165-173.

Aboud, F., & Amato, M. (2001). Developmental and socialization influences on intergroup bias. In R. Brown & S. Gaertner (eds.), *Blackwell Handbook of Social Psychology: Intergroup Processes* (pp. 65-85). Oxford: Blackwell.

Abrams, D., Crisp, R. J., Marques, S., Fagg, E., Bedford, L., & Provias, D. (2008). Threat inoculation: Experienced and imagined intergenerational contact prevent stereotype threat effects on older people's math performance. *Psychology and Aging, 23*, 934-939.

Abrams, D., Eller, A., & Bryant, J. (2006). An age apart: The effects of intergenerational contact and stereotype threat on performance and intergroup bias. *Psychology and Aging, 21*, 691-702.

Abrams, D., Rutland, A., Cameron, L., & Ferrell, J. (2007). Older but wilier: Ingroup accountability and the development of subjective group dynamics. *Developmental Psychology, 43*, 134-148.

Abrams, D., Viki, G. T., Masser, B., & Bohner, G. (2003). Perceptions of stranger and acquaintance rape: The role of benevolent and hostile sexism in victim blame and rape proclivity. *Journal of Personality and Social Psychology, 84*, 111-125.

Ackerman, N. W., & Jahoda, M. (1950). *Anti-Semitism and Emotional Disorder*. New York: Harper.

Adorno, T. W., Frenkel-Brunswik, E., Levinson, D. J., & Sanford, R. M. (1950). *The Authoritarian Personality*. New York: Harper.

Alexander, M. G., Brewer, M. B., & Hermann, R. K. (1999). Images and affect: A functional analysis of out-group stereotypes. *Journal of Personality and Social Psychology, 77*, 78-93.

Allen, V. L., & Wilder, D. A. (1975). Group categorization, belief similarity and group discrimination. *Journal of Personality and Social Psychology, 32*, 971-977.

Allen, V. L., & Wilder, D. A. (1979). Group categorization and attribution of belief similarity. *Small Group Behavior, 10*, 73-80.

Allport, G. W. (1954). *The Nature of Prejudice*. Reading, MA: Addison-Wesley.

Allport, G. W., & Kramer, B. B. (1946). Some roots of prejudice. *Journal of Psychology, 22*, 9-39.

Altemeyer, B. (1988). *Enemies of Freedom: Understanding Right-Wing Authoritarianism*. San Francisco: Jossey-Bass.

Altemeyer, B. (1996). *The Authoritarian Specter*. Cambridge, MA: Harvard University Press.

Altemeyer, B. (1998). The other 'authoritarian personality'. *Advances in Experimental Social Psychology, 30*, 47-92.

Amir, Y. (1969). Contact hypothesis in ethnic relations. *Psychological Bulletin, 71*, 319-342.

Amir, Y. (1976). The role of intergroup contact in change of prejudice and ethnic relations. In P. A. Katz (ed.), *Towards the Elimination of Racism* (pp. 245-308). New York: Pergamon.

Angelou, M. (1969). *I Know Why a Caged Bird Sings*. London: Hutchinson.

Appelgryn, A. E., & Nieuwoudt, J. M. (1988). Relative deprivation and the ethnic attitudes of blacks and Afrikaans-speaking whites in South Africa. *Journal of Social Psychology, 128*, 311-323.

Arends-Toth, J., & van de Vijver, F. J. R. (2003). Multiculturalism and acculturation: Views of Dutch and Turkish-Dutch. *European Journal of Social Psychology, 33*, 249-266.

Arkes, H. R., & Tetlock, P. E. (2004). Attributions of implicit prejudice, or 'Would Jesse Jackson "fail" the implicit association test?' *Psychological Inquiry, 15*, 257-278.

Armstrong, B., Johnson, D. W., & Balour, B. (1981). Effects of co-operative versus individualistic learning experiences on interpersonal attraction between learning disabled and normal progress elementary school students. *Contemporary Educational Psychology, 15*, 604-616.

Aronson, E., & Mills, J. (1959). The effect of severity of initiation on liking for a group. *Journal of Abnormal and Social Psychology, 59*, 177-181.

Aronson, E., Blaney, N., Stephan, C., Sikes, J., & Snapp, M. (1978). *The Jig-Saw Classroom*. London: Sage.

Aronson, J., Fried, C. B., & Good, C. (2002). Reducing the effects of stereotype threat on African American college students by shaping theories of intelligence. *Journal of Experimental Social Psychology, 38*, 113-125.

Aronson, J., Lustina, M. J., Good, C., Keogh, K., Steele, C. M., & Brown, J. (1999). Whe white men can't do math: Necessary and sufficient factors in stereotype threat. *Journal of Experimental Social Psychology, 35*, 29-46.

Asch, S. E. (1952). *Social Psychology*. New Jersey: Prentice Hall.

Asher, S. R., & Allen, V. L. (1969). Racial preference and social comparison processes. *Journal of Social Issues, 25*, 157-166.

Augoustinos, M., Ahrens, C., & Innes, M. (1994). Stereotypes and prejudice: The Australian experience. *British Journal of Social Psychology, 33*, 125-141.

Bandura, A. (1977). *Social Learning Theory*. Englewood Cliffs, NJ: Prentice-Hall.

Banks, W. C. (1976). White preference in blacks: A paradigm in search of a phenomenon. *Psychological Bulletin, 83*, 1179-1186.

Banton, M. (1983). *Racial and Ethnic Competition*. Cambridge: Cambridge University Press.

Barden, J., Maddux, W. W., Petty, C. R., & Brewer, M. B. (2004). Contextual moderation of racial bias: The impact of social roles on controlled and automatically activated attitudes. *Journal of Personality and Social Psychology, 87*, 5-22.

Bargh, J., Chen, M., & Burrows, L. (1996) Automaticity of social behavior: Direct effects of trait construct and stereotype activation on action. *Journal of Personality and Social Psychology, 71*, 230-244.

Bar-Haim, Y., Ziv, T., Lamy, D., & Hodes, R. M. (2006). Nature and nurture in own-race face processing. *Psychological Science, 17*, 159-163.

Baron, A. S., & Banaji, M. R. (2006). The development of implicit attitudes. *Psychological Science, 17*, 53-58.

Barrett, M. (2007). *Children's Knowledge, Beliefs and Feelings about Nations and National Groups*. Hove: Psychology Press.

Bartsch, R. A., & Judd, C. M. (1993). Majority-minority status and perceived ingroup variability revisited. *European Journal of Social Psychology, 23*, 471-483.

Bass, B. M. (1955). Authoritarianism or acquiescence? *Journal of Abnormal and Social Psychology, 51*, 616-623.

Batson, C. D., Polycarpou, M. P., Harmond-Jones, E., Imhoff, H. J., Mitchener, E. C., Bednar, L. L., Klein, T. R., & Highberger, L. (1997). Empathy and attitudes: Can feeling for a member of a group improve feelings towards the group? *Journal of Personality and Social Psychology, 72*(1), 105-118.

BBC Radio 4 (2004). 'Shocking' racism in jobs market. Monday 12 July, 13:46 GMT. Available at: http://news.bbc.co.uk/1/hi/business/3885213.stm.

Beauvois, C., & Spence, J. T. (1987). Gender, prejudice and categorization. *Sex Roles, 16*, 89-100.

Beelmann, A., & Heinemann, K. S. (2008). Effects of educational and psychological prevention programs in childhood and adolescence: A meta-analysis. Paper presented at the International Workshop on Developmental Psychology.

Beilock, S. L., Jellison, W. A., Rydell, R. J., McConnell, A. R. & Carr, T. H. (2006). On the causal mechanisms of stereotype threat: Can skills that don't rely heavily on working memory still be threatened? *Personality and Social Psychology Bulletin, 32*, 1059-1071.

Bekerman, Z., & Horenczyk, G. (2004). Arab-Jewish bilingual co-education in Israel: A long-term approach to intergroup conflict resolution. *Journal of Social Issues, 60*, 389-404.

Bem, D. (1972). Self-perception theory. In L. Berkowitz (ed.), *Advances in Experimental Social Psychology* (Vol. 6, pp. 1-62). New York: Academic Press.

Bennett, M., & Sani, F. (2003). The role of target gender and race in children's encoding of category-neutral person information. *British Journal of Developmental Psychology, 21*, 99-112.

Bennett, M., & Sani, F. (2004). *The Development of the Social Self*. Hove: Psychology Press.

Bennett, M., Sani, F., Hopkins, N., Agostini, L., & Malucchi, L. (2000). Children's gender categorization: An investigation of automatic processing. *British Journal of Developmental Psychology, 18*, 97-102.

Benokraitis, N. V., & Feagin, J. R. (1986). *Modern Sexism: Blatant, Subtle and Covert Discrimination*. Englewood Cliffs, NJ: Prentice-Hall.

Berkowitz, L. (1962). *Aggression: A Social Psychological Analysis*. New York: McGraw Hill.

Berry, J. W. (1984). Cultural relations in plural societies: Alternatives to segregation and their sociopsychological implications. In N. Miller & M. B. Brewer (eds.), *Groups in Contact: The Psychology of Desegregation* (pp. 11-12). New York: Academic Press.

Berry, J. W. (1997). Immigration, acculturation, and adaptation. *Applied Psychology: An International Review, 46*(1), 5-68.

Berry, J. W., Kalin, R., & Taylor, D. M. (1977). *Multiculturalism and Ethnic Attitudes in Canada*. Ottawa: Minister of Supply and Services Canada.

Bertrand, M., & Mullainathan, S. (2004). Are Emily and Greg more employable than Lakisha and Jamal? A field experiment on labor market discrimination. *The American Economic Review, 94*, 991-1013.

Bettencourt, B. A., Brewer, M. B., Croak, M. R., & Miller, N. (1992). Cooperation and the reduction of intergroup bias: The role of reward structure and social orientation. *Journal of Experimental Social Psychology, 28*, 301-309.

Bettencourt, B. A., Charlton, K., & Kernaham, C. (1997).

Numerical representation of groups in co-operative settings: Social orientation effects on ingroup bias. *Journal of Experimental Social Psychology, 33,* 630-659.

Bettencourt, B. A., Charlton, K., Dorr, N., & Hume, D. L. (2001). Status differences and in-group bias: A meta-analytic examination of the effects of status stability, status legitimacy, and group permeability. *Psychological Bulletin, 127,* 520-542.

Biernat, M., & Vescio, T. K. (1993). Categorization and stereotyping: Effects of group context on memory and social judgement. *Journal of Experimental Social Psychology, 29,* 166-202.

Biernat, M., & Vescio, T. K. (1994). Still another look at the effects of fit and novelty on the salience of social catagories. *Experimental Social Psychology, 30,* 399-406.

Biernat, M., Manis, M., & Nelson, T. E. (1991). Stereotypes and standards of judgement. *Journal of Personality and Social Psychology, 60,* 485-499.

Bigler, R., Jones, L. C., & Lobliner, D. B. (1997). Social categorization and the formation of intergroup attitudes in children. *Child Development, 68,* 530-543.

Billig, M. G. (1976). *Social Psychology and Intergroup Relations.* London: Academic Press.

Billig, M. G. (1978). *Fascists: A Social Psychological View of the National Front.* London: Harcourt Brace Jovanovich.

Billig, M. G., & Cochrane, R. (1979). Values of political extremists and potential extremists: A discriminant analysis. *European Journal of Social Psychology, 9,* 205-222.

Billig, M. G., & Tajfel, H. (1973). Social categorization and similarity in intergroup behaviour. *European Journal of Social Psychology, 3,* 27-52.

Binder, J., Zagefka, H., Brown, R., Funke, F., Kessler, T., Mummendey, A., Maquil, A., Demoulin, S., & Leyens, J. P. (2009). Does contact reduce prejudice or does prejudice reduce contact? A longitudinal test of the contact hypothesis amongst majority and minority

groups in three European countries. *Journal of Personality and Social Psychology, 96,* 843-856.

Bird, C., Monachesi, E. D., & Burdick, H. (1952). Infiltration and the attitudes of white and negro parents and children. *Journal of Abnormal and Social Psychology, 47,* 688-699.

Black-Gutman, D., & Hickson, F. (1996). The relationship between racial attitudes and social-cognitive development in children: An Australian study. *Developmental Psychology, 32,* 448-456.

Blair, I. (2002). The malleability of automatic stereotypes and prejudice. *Personality and Social Psychology Review, 6,* 242-261.

Blair, I., Ma, J., & Lenton, A. (2001). Imagining stereotypes away: The moderation of automatic stereotypes through mental imagery. *Journal of Personality and Social Psychology, 81,* 828-841.

Blanchard, F. A., Weigel, R. H., & Cook, S. W. (1975). The effect of relative competence of group members upon interpersonal attraction in cooperating interracial groups. *Journal of Personality and Social Psychology, 32,* 519-530.

Blank, T., & Schmidt, P. (2003). National identity in a united Germany: Patriotism or nationalism? An empirical test with representative data. *Political Psychology, 24,* 289-312.

Blascovich, J., Spencer, S. J., Quinn, D., & Steele, C. M. (2001). African Americans and high blood pressure: The role of stereotype threat. *Psychological Science, 12,* 225-229.

Blascovich, J., Wyer, N., Swart, L. A., & Kibler, J. L. (1997). Racism and racial categorization. *Journal of Personality and Social Psychology, 72,* 1364-1372.

Bleich, E. (2007). Hate crime policy in western Europe: Responding to racist violence in Britain, Germany and France. *American Behavioral Scientist, 51,* 149-165.

Boulding, K. (1959). National images and international systems. *Journal of Conflict Resolution, 3,* 120-131.

Bourhis, R. Y., Sachdev, I., & Gagnon, A. (1994). Intergroup research with the Tajfel matrices: Methodological notes.

In M. Zanna & J. M. Olson (eds), *The Psychology of Prejudice: The Ontario Symposium* (Vol. 7, pp. 209-232). Hillsdale, NJ: Erlbaum.

Bourhis, R. Y., & Giles, H. (1977). The language of intergroup distinctiveness. In Giles, H. (ed.), *Language, Ethnicity and Intergroup Relations* (pp. 119-136). London: Academic Press.

Bourhis, R. Y., Giles, H., Leyens, J. P., & Tajfel, H. (1978). Psycholinguistic distinctiveness: Language divergence in Belgium. In H. Giles & R. St Clair (eds.), *Language and Social Psychology* (pp. 158-185). Oxford: Blackwell.

Braha, V., & Rutter, D. R. (1980). Friendship choice in a mixed-race primary school. *Educational Studies, 6*, 217-223.

Branch, C. W., & Newcombe, N. (1980). Racial attitudes of black pre-schoolers as related to parental civil rights activism. *Merrill-Palmer Quarterly, 26*, 425-428.

Brand, E. S., Ruiz, R. A., & Padilla, A. (1974). Ethnic identification and preference. *Psychological Bulletin, 81*, 860-890.

Branscombe, N. R., & Doosje, B. (2004). *Collective Guilt: International Perspectives.* New York: Cambridge University Press.

Branscombe, N. R., & Wann, D. L. (1994). Collective self-esteem consequences of outgroup derogation when a valued social identity is on trial. *European Journal of Social Psychology, 24*, 641-657.

Branscombe, N. R., Schmitt, M. T., & Harvey, R. D. (1999). Perceiving pervasive discrimination among African Americans: Implications for group identification and well-being. *Journal of Personality and Social Psychology, 77*, 135-149.

Branscombe, N. R., Schmitt, M. T., & Schiffhauer, K. (2007). Racial attitudes in response to thoughts of white privilege. *European Journal of Social Psychology, 37*, 203-215.

Branthwaite, A., Doyle, S., & Lightbown, N. (1979). The balance between fairness and discrimination. *European Journal of Social Psychology, 9*, 149-163.

Breakwell, G. (1978). Some effects of marginal social identity. In H. Tajfel (ed.), *Differentiation between Social Groups* (pp. 301-336). London: Academic Press.

Breakwell, G. (1988). Strategies adopted when identity is threatened. *Revue internationale de psychologie sociale, 1*, 189-203.

Brendl, C. M., Markman, A. B., & Messner, C. (2001). How do indirect measures of evaluation work? Evaluating the inference of prejudice in the implicit association test. *Journal of Personality and Social Psychology, 81*, 760-773.

Brewer, M. B. (1979). Ingroup bias in the minimal intergroup situation: A cognitive-motivational analysis. *Psychological Bulletin, 86*, 307-324.

Brewer, M. B. (1986). The role of ethnocentrism in intergroup conflict. In S. Worchel & W. G. Austin (eds.), *Psychology of Intergroup Relations* (2nd ed., pp. 88-102). Chicago: Nelson Hall.

Brewer, M. B. (1991). The social self: On being the same and different at the same time. *Personality and Social Psychology Bulletin, 17*, 475-482.

Brewer, M. B. (1999). The psychology of prejudice: Ingroup love or outgroup hate? *Journal of Social Issues, 55*, 429-444.

Brewer, M. B., & Campbell, D. T. (1976). *Ethnocentrism and Intergroup Attitudes: East African Evidence.* New York: Sage.

Brewer, M. B., & Miller, N. (1984). Beyond the contact hypothesis: Theoretical perspectives on desegregation. In N. Miller & M. B. Brewer (eds.), *Groups in Contact: The Psychology of Desegregation* (pp. 281-302). Orlando, FL: Academic Press.

Brewer, M. B., Dull, V., & Lui, L. (1981). Perceptions of the elderly: Stereotypes as prototypes. *Journal of Personality and Social Psychology, 41*, 656-670.

Brewer, M. B., Ho, H. -K., Lee, J. -Y., & Miller, N. (1987). Social identity and social distance among Hong Kong schoolchildren. *Personality and Social Psychology Bulletin, 13*, 156-165.

Brewer, M. Sibieta, L., & Wren-Lewis, L. (2008). *Racing*

*Away? Income Inequality and the Evolution of High Incomes.* London: Institute for Fiscal Studies, Briefing Note No. 76.

Brief, A. P., Dietz, J., Cohen, R. R., Pugh, S. D., & Vaslow, J. B. (2000). Just doing business: Modern racism and obedience to authority as explanations for employment discrimination. *Organizational Behavior and Human Decision Processes, 81,* 72–97.

Brown, C. S., & Bigler, R. (2002). Effects of minority status in the classroom on children's intergroup attitudes. *Journal of Experimental Child Psychology, 83,* 77–110.

Brown, R. (1953). A determinant of the relationship between rigidity and authoritarianism. *Journal of Abnormal and Social Psychology, 48,* 469–476.

Brown, R. (1965). *Social Psychology.* New York: Macmillan.

Brown, R. J. (1978). Divided we fall: An analysis of relations between sections of a factory workforce. In H. Tajfel (ed.), *Differentiation between Social Groups: Studies in the Social Psychology of Intergroup Relations.* London: Academic Press.

Brown, R. J. (1984a). The effects of intergroup similarity and cooperative vs. competitive orientation on intergroup discrimination. *British Journal of Social Psychology, 23,* 21–33.

Brown, R. J. (1984b). The role of similarity in intergroup relations. In H. Tajfel (ed.), *The Social Dimension: European Developments in Social Psychology* (pp. 395–429). Cambridge: Cambridge University Press.

Brown, R. J. (1995). *Prejudice: Its Social Psychology.* Oxford: Blackwell.

Brown, R. J. (2000a). *Group Processes: Dynamics within and between Groups* (2nd ed.). Oxford: Blackwell.

Brown, R. J. (2000b). Social identity theory: Past achievements, current problems and future challenges. *European Journal of Social Psychology, 30*(6), 745–778.

Brown, R. J., & Abrams, D. (1986). The effects of intergroup similarity and goal interdependence on intergroup attitudes and task performance. *Experimental Social Psychology, 22,* 78–92.

Brown, R. J., & Cehajic, S. (2008). Dealing with the past and facing the future: Mediators of the effects of collective guilt and shame in Bosnia and Herzegovina. *European Journal of Social Psychology, 38,* 669–684.

Brown, R. J., & Deschamps, J. C. (1981). Discrimination entre individus et entre groupes. *Bulletin de psychologie, 34,* 185–195.

Brown, R. J., & Haeger, G. (1999). 'Compared to what?' Comparison choice in an internation context. *European Journal of Social Psychology, 29,* 31–42.

Brown, R. J., & Hewstone, M. (2005). An integrative theory of intergroup contact. *Advances in Experimental Social Psychology, 37,* 255–343.

Brown, R. J., & Ross, G. F. (1982). The battle for acceptance: An investigation into the dynamics of intergroup behaviour. In H. Tajfel (ed.), *Social Identity and Intergroup Relations* (pp. 155–178). Cambridge: Cambridge University Press.

Brown, R. J., & Smith, A. (1989). Perceptions of and by minority groups: The case of women in academia. *European Journal of Social Psychology, 19,* 61–75.

Brown, R. J., & Turner, J. C. (1979). The criss-cross categorization effect in intergroup discrimination. *British Journal of Social and Clinical Psychology, 18,* 371–383.

Brown, R. J., & Turner, J. C. (1981). Interpersonal and intergroup behaviour. In J. C. Turner & H. Giles (eds.), *Intergroup Behaviour* (pp. 33–65). Oxford: Blackwell.

Brown, R. J., & Wootton-Millward, L. (1993). Perceptions of group homogeneity during group formation and change. *Social Cognition, 11,* 126–149.

Brown, R. J., & Zagefka, H. (2006). Choice of comparisons in intergroup settings: The role of temporal information and comparison motives. *European Journal of Social Psychology, 36,* 649–671.

Brown, R. J., Capozza, D., Paladino, M. -P., & Volpato, C. (1996). Identificazione e favoritismo per il proprio gruppo: Verifica del modello di Hinkle e Brown. In P. Boscolo, F. Cristante, A. Dellantinio, & S. Soresi (eds.), *Aspetti qualitativi e quantitativi nella ricerca psicologica* (pp. 307-318). Padova: Il Poligrafo.

Brown, R. J., Condor, S., Matthews, A., Wade, G., & Williams, J. A. (1986). Explaining intergroup differentiation in an industrial organisation. *Journal of Occupational Psychology, 59*, 273-286.

Brown, R. J., Croizet, J. -C., Bohner, G., Fournet, M., & Payne, A. (2003). Automatic category activation and social behavior: The moderating role of prejudiced beliefs. *Social Cognition, 21*, 167-193.

Brown, R. J., Eller, A., Leeds, S., & Stace, K. (2007b). Intergroup contact, perceived typicality and intergroup attitudes: A longitudinal study. European *Journal of Social Psychology, 37*, 692-703.

Brown, R. J., González, R., Zagefka, H., Manzi, J., & Cehajic, S. (2008). Nuestra culpa: Collective guilt and shame as predictors of reparation for historical wrong-doing. *Journal of Personality and Social Psychology, 94*, 75-90.

Brown, R. J., Hinkle, S., Ely, P., Fox-Cardamone, L., Maras, P., & Taylor, L. A. (1992). Recognising group diversity: Individualist-collectivist and autonomous-relational social orientations and their implications for intergroup processes. *British Journal of Social Psychology, 31*, 327-342.

Brown, R. J., Maras, P., Masser, B., Vivian, J., & Hewstone, M. (2001). Life on the ocean wave: Testing some intergroup hypotheses in a naturalistic setting. *Group Processes and Intergroup Relations, 4*(2), 81-97.

Brown, R. J., Rutland, A., & Watters, C. (2007a). *Identities in Transition: A Longitudinal Study of Immigrant Children. Final Report.* Swindon: Economic and Social Research Council.

Brown, R. J., Vivian, J., & Hewstone, M. (1999). Changing attitudes through intergroup contact: The effects of group membership salience. *European Journal of Social Psychology, 29*, 741-764.

Bruner, J. S. (1957). On perceptual readiness. *Psychological Review, 64*, 123-151.

Buhl, T. (1999). Positive-negative asymmetry in social discrimination: Meta-analytic evidence. *Group*

*Processes and Intergroup Relations, 2*, 51-58.

Bureau of Labor and Statistics (2005). *Women in the Labor Force: A Data Book.* Washington: Department of Labor.

Burnstein, E., & McRae, A. V. (1962). Some effects of shared threat and prejudice in racially mixed groups. *Journal of Abnormal and Social Psychology, 64*, 257-263.

Burt, M. R. (1980). Cultural myths and supports for rape. *Journal of Personality and Social Psychology, 38*, 217-230.

Byrne, D. (1971). *The Attraction Paradigm.* New York: Academic Press.

Byrne, D., & Wong, T. J. (1962). Racial prejudice, interpersonal attraction and assumed dissimilarity of attitudes. *Journal of Abnormal and Social Psychology, 65*, 246-253.

Cacioppo, J. T., Petty, R. E., Losch, M. E., & Kim, H. S. (1986). Electromyographic activity over facial muscle regions can differentiate the valence and intensity of affective reactions. *Journal of Personality and Social Psychology, 50*, 260-268.

Caddick, B. (1982). Perceived illegitimacy and intergroup relations. In H. Tajfel (ed.), *Social Identity and Intergroup Relations* (pp. 137-154). Cambridge: Cambridge University Press.

Cadinu, M., Maass, A., Rosabianca, A., & Kiesner, J. (2005). Why do women underperform under stereotype threat? Evidence for the role of negative thinking. *Psychological Science, 16*, 572-578.

Calitri, R. (2005). *Nationalism and Patriotism: The Effects of National Identification on Implicit and Explicit Ingroup Bias.* Unpublished PhD, University of Kent.

Cameron, J. A., Alvarez, J. M., Ruble, D. N., & Fuligni, A. J. (2001). Children's lay theories about ingroups and outgroups: Reconceptualizing research on prejudice. *Personality and Social Psychology Review, 5*, 118-128.

Cameron, L., & Rutland, A. (2006). Extended contact through story reading in school: Reducing children's prejudice towards the disabled. *Journal of Social Issues, 62*, 469-488.

Cameron, L., Rutland, A., Brown, R., & Douch, R. (2006). Changing children's attitudes towards refugees: Testing different models of extended contact. *Child Development, 77*, 1208-1219.

Campbell, B., Schellenberg, E. G., & Senn, C. Y. (1997). Evaluating measures of contemporary sexism. *Psychology of Women Quarterly, 21*, 89-102.

Campbell, D. T. (1956). Enhancement of contrast as a composite habit. *Journal of Abnormal and Social Psychology, 53*, 350-355.

Campbell, D. T. (1958). Common fate, similarity and other indices of the status of aggregates as social entities. *Behavioral Science, 3*, 14-25.

Campbell, D. T. (1965). Ethnocentric and other altruistic motives. *Nebraska Symposium on Motivation, 13*, 283-311. Lincoln: Universtiy of Nebraska.

Campbell, D. T., & McCandless, B. R. (1951). Ethnocentrism, xenophobia, and personality. *Human Relations, 4*, 185-192.

Caplan, N. (1970). The new ghetto man: A review of recent empirical studies. *Journal of Social Issues, 26*, 59-73.

Capozza, D., Voci, A., & Licciardello, O. (2000). Individualism, collectivism and social identity theory. In D. Capozza & R. Brown (eds.), *Social Identity Processes* (pp. 62-80). London: Sage.

Castano, E., Yzerbyt, V. Y., Bourguignon, D., & Seron, E. (2002). Who may enter? The impact of in-group identification on in-group/out-group categorization. *Journal of Experimental Social Psychology, 38*, 315-322.

Castelli, L., De Dea, C., & Nesdale, D. (2008). Learning social attitudes: Children's sensitivity to the nonverbal behaviors of adult models during interracial interactions. *Personality and Social Psychology Bulletin, 34*, 1504-1513.

Castelli, L., Zogmaister, C., & Tomelleri, S. (2009). The transmission of racial attitudes within the family. *Developmental Psychology, 45*, 586-591.

Cehajic, S., Brown, R., & Castano, E. (2008). Forgive and forget? Antecedents, mediators and consequences of intergroup forgiveness in Bosnia and Herzegovina. *Political Psychology, 29*, 351-368.

Chakraborti, N., & Garland, J. (2003). An 'invisible' problem: Uncovering the nature of racist victimisation in rural Suffolk. *International Review of Victimology, 10*, 1-17.

Chambers 20th Century Dictionary (1979). Edinburgh: W. and R. Chambers Ltd.

Chapleau, K. M., Oswald, D. L., & Russell, B. L. (2007). How ambivalent sexism toward women and men supports rape myth acceptance. *Sex Roles, 57*, 131-136.

Chapman, L. J. (1967). Illusory correlation in observational report. *Journal of Verbal Learning and Verbal Behavior, 6*, 151-155.

Chein, I., Cook, S. W., & Harding, J. (1948). The field of action research. *American Psychologist, 3*, 43-50.

Chen, M., & Bargh, J. (1997). Nonconscious behavioral confirmation processes: The selffulfilling consequences of automatic stereotype activation. *Journal of Experimental Social Psychology, 33*, 541-560.

Chiesi, F., & Primi, C. (2006). Italian children's ethnic stereotyping: Age differences among 4-10 year-olds. *Review of Psychology, 13*, 3-7.

Christie, R. (1954). Authoritarianism re-examined. In R. Christie & M. Jahoda (eds.), *Studies in the Scope and Method of 'The Authoritarian Personality'* (pp. 123-196). Glencoe, IL: Free Press.

Christie, R., & Cook, P. (1958). A guide to published literature relating to the authoritarian personality through 1956. *Journal of Psychology, 45*, 191-199.

Christie, R., & Jahoda, M. (eds.) (1954). *Studies in the Scope and Method of 'The Authoritarian Personality'.* Glencoe, IL: The Free Press.

Cialdini, R. B., Borden, R. J., Thorne, A., Walker, M. R., Freeman, S., & Sloan, L. R. (1976). Basking in reflected glory: Three (football) field studies. *Journal of Personality and Social Psychology, 34*, 366-374.

Clark, A., Hocevar, D., & Dembo, M. H. (1980). The role of cognitive development in children's explanations and preferences for skin color. *Developmental Psychology, 16*, 332-339.

Clark, K. B., & Clark, M. P. (1947). Racial identification and preference in negro children. In H. Proshansky & B. Seidenberg (eds.), *Basic Studies in Social Psychology* (pp. 308-317). New York: Holt Rinehart and Winston.

Clark, K. B., Chein, I., & Cook, S. W. (2004). The effects of segregation and the consequences of desegregation: A (September 1952) social science statement in the Brown v. Board of Education of Topeka Supreme Court case. *American Psychologist, 59,* 495-501.

Clore, G. L., Bray, R. M., Itkin, S. M., & Murphy, J. (1978). Interracial attitudes and behaviour at a summer camp. *Journal of Personality and Social Psychology, 36,* 107-116.

Coenders, M., Scheepers, P., Sniderman, P. M., & Verberk, G. (2001). Blatant and subtle prejudice: Dimensions, determinants and consequences; Some comments on Pettigrew and Meertens. *European Journal of Social Psychology, 31,* 281-297.

Cohen, G. L., Garcia, J., Apfel, N., & Master, A. (2006). Reducing the racial achievement gap: A social-psychological intervention. *Science, 313,* 1307-1310.

Cohen, J., & Streuning, E. L. (1962). Opinions about mental illness. *Journal of Abnormal and Social Psychology, 64,* 349-360.

Cole, C. F., Arafat, C., Tidhar, C., Tafesh, W. Z., Fox, N. A., Killen, M., Ardila-Rey, A., Leavitt, L. A., Lesser, G., Richman, B. A., & Yung, F. (2003). The educational impact of Rechov Sumsum/Shara'a Simsim: A Sesame Street television series to promote respect and understanding among children living in Israel, the West Bank, and Gaza. *International Journal of Behavioral Development, 27,* 409-422.

Colman, A., & Lambley, P. (1970). Authoritarianism and race attitudes in South Africa. *Journal of Social Psychology, 82,* 161-164.

Conn, A. B., Hanges, P. J., William, P. S., & Salvaggio, A. M. (1999). The search for ambivalent sexism: A comparison of two measures. *Educational and Psychological Measurement, 59,* 898-909.

Cook, S. W. (1962). The systematic analysis of socially significrant events: A stragegy for social research. *Journal of Social Issues, 18,* 66-84.

Cook, S. W. (1978). Interpersonal and attitudinal outcomes in cooperating interracial groups. *Journal of Research and Development in Education, 12,* 97-113.

Cooper, J., & Fazio, R. H. (1984). A new look at dissonance theory. *Advances in Experimental Social Psychology, 17,* 229-265.

Corenblum, B., & Annis, R. C. (1993). Development of racial identity in minority and majority children: An affect discrepancy model. *Canadian Journal of Behavioral Science, 25,* 499-521.

Correll, J., Park, B., Wittenbrink, B., & Judd, C. M. (2002). The police officer's dilemma: Using ethnicity to disambiguate potentially threatening individuals. *Journal of Personality and Social Psychology, 83,* 1314-1329.

Cottrell, C. A., & Neuberg, S. L. (2005). Different emotional reactions to different groups: A sociofunctional threat-based approach to 'prejudice'. *Journal of Personality and Social Psychology, 88,* 770-789.

Cowan, G., Heiple, B., Marquez, C., Khatchadourian, D., & McNevin, M. (2005). Heterosexuals' attitudes toward hate crimes and hate speech against gays and lesbians: Old-fashioned and modern heterosexism. *Journal of Homosexuality, 49,* 67-82.

Cowen, E. L., Landes, J., & Sachet, D. E. (1958). The effects of mild frustration on the expression of prejudiced attitudes. *Journal of Abnormal and Social Psychology, 58,* 33-38.

Craig, K. M. (1999). Retaliation, fear, or rage: An investigation of African American and white reactions to racist hate crimes. *Journal of Interpersonal Violence, 14,* 138-151.

Cramer, P., & Steinwert, T. (1998). Thin is good, fat is bad: How early does it begin? *Journal of Applied Developmental Psychology, 19,* 429-451.

Crandall, C. S. (1994). Prejudice against fat people: Ideology and self-interest. *Journal of Personality and Social Psychology, 66,* 882-894.

Crano, W. D., & Mellon, P. M. (1978). Causal influence of teachers' expectations on children's academic performance: A cross-lagged panel analysis. *Journal of Educational Psychology, 70*(1), 39–49.

Crawford, M. T., Sherman, S. J., & Hamilton, D. L. (2002). Perceived entitativity, stereotype formation, and the interechangeability of group members. *Journal of Personality and Social Psychology, 83*, 1076–1094.

Crawford, T. J., & Naditch, M. (1970). Relative deprivation, powerlessness, and militancy: The psychology of social protest. *Psychiatry: Journal for the Study of Interpersonal Processes, 33*, 208–223.

CRE (1990). *'Sorry It's Gone': Testing for Racial Discrimination in the Private Rented Housing Sector.* London: Commission for Racial Equality.

Crisp, R. J., & Hewstone, M. (2000). Crossed categorization and intergroup bias: The moderating roles of intergroup and affective context. *Journal of Experimental Social Psychology, 36*, 357–383.

Crisp, R. J., & Hewstone, M. (2001). Multiple categorization and implicit intergroup bias: Differential category dominance and the positive–negative asymmetry effect. *European Journal of Social Psychology, 31*, 45–62.

Crisp, R. J., & Turner, R. N. (2009). Can imagined interactions produce positive perceptions? Reducing prejudice through simulated social contact. *American Psychologist, 64*, 231–240.

Crisp, R. J., Ensari, N., Hewstone, M., & Miller, N. (2002). A dual-route model of crossed categorization effects. *European Review of Social Psychology, 13*, 35–74.

Crisp, R. J., Hewstone, M., & Rubin, M. (2001). Does multiple categorization reduce intergroup bias? *Personality and Social Psychology Bulletin, 27*, 76–89.

Crocker, J., & Major, B. (1989). Social stigma and self-esteem: The self-protective properties of stigma. *Psychological Review, 96*(4), 608–630.

Crocker, J., Cornwell, B., & Major, B. (1993). The stigma of overweight: Affective consequences of attributional ambiguity. *Journal of Personality and Social Psychology, 64*, 60–70.

Crocker, J., Major, B., & Steele, C. (1998). Social stigma. In D. T. Gilbert, S. T. Fiske, & G. Lindzey (eds.), *The Handbook of Social Psychology* (4th edn, Vol. 2, pp. 504–553). Boston: McGraw Hill.

Crocker, J., Voelkl, K., Testa, M., & Major, B. (1991). Social stigma: Affective consequences for attributional ambiguity. *Journal of Personality and Social Psychology, 60*, 218–228.

Croizet, J. –C., & Claire, T. (1998). Extending the concept of stereotype threat to social class: The intellectual underperformance of students from low socioeconomic background. *Personality and Social Psychology Bulletin, 24*, 588–594.

Croizet, J. –C., Despres, G., Gauzins, M., Huguet, P., & Leyens, J. P. (2004). Stereotype threat undermines performance by triggering a disruptive mental load. *Personality and Social Psychology Bulletin, 30*, 721–731.

Crosby, F. (1976). A model of egoistical relative deprivation. *Psychological Review, 83*, 85–113.

Crosby, F. (1979). Relative deprivation revisited: A response to Miller, Bolce and Halligan. *American Political Science Review, 73*, 103–112.

Crosby, F. (1982). *Relative Deprivation and Working Women.* New York: Oxford University Press.

Crosby, F., Bromley, S., & Saxe, L. (1980). Recent unobtrusive studies of black and white discrimination and prejudice. *Psychological Bulletin, 87*, 546–563.

Cuddy, A. J. C., Fiske, S. T., & Glick, P. (2007). The BIAS map: Behaviors from intergroup affect and stereotypes. *Journal of Personality and Social Psychology, 92*, 631–648.

Cunningham, W. A., Preacher, K. J., & Banaji, M. R. (2001). Implicit attitude measures: Consistency, stability, and convergent validity. *Psychological Science, 12*, 163–170.

Curseu, P. L., Stoop, R., & Schalk, R. (2007). Prejudice towards immigrant workers among Dutch employees: Integrated threat theory revisited. *European Journal of Social Psychology, 37*, 125–140.

Dambrun, M., Taylor, D. M., McDonald, D. A., Crush, J., & Meot, A. (2006). The relative deprivation-gratification continuum and the attitudes of South Africans towards immigrants: A test of the V-curve hypothesis. *Journal of Personality and Social Psychology, 91,* 1032-1044.

Danaher, K., & Crandall, C. S. (2008). Sterotype threat in applied settings re-examined. *Journal of Applied Social Psychology, 38,* 1639-1655.

Daniels, W. W. (1968). *Racial Discrimination in England.* Harmondsworth: Penguin.

Darley, J. M., & Fazio, R. H. (1980). Expectancy confirmation processes arising in the social interaction sequence. *American Psychologist, 35,* 867-881.

Darley, J. M., & Gross, P. H. (1983). A hypothesis-confirming bias in labeling effects. *Journal of Personality and Social Psychology, 44,* 20-33.

Dasgupta, N., & Greenwald, A. G. (2001). On the malleability of automatic attitudes: Combating automatic prejudice with images of admired and disliked individuals. *Journal of Personality and Social Psychology, 81,* 800-814.

Davey, A. (1983). *Learning to Be Prejudiced.* London: Edward Arnold.

Davies, J. C. (1969). The J-curve of rising and declining satisfactions as a cause of some great revolutions and a contained rebellion. In H. D. Graham & T. R. Gurr (eds.), *The History of Violence in America: Historical and Comparative Perspectives* (pp. 670-730). New York: Praeger.

Davies, J. C. (1978). Communication. *American Political Science Review, 72,* 1357-1358.

Davies, J. C. (1979). Comment. *American Political Science Review, 73,* 825-826.

Davis, J. A. (1959). A formal interpretation of the theory of relative deprivation. *Sociometry, 20,* 280-296.

De Houwer, J., Beckers, T., & Moors, A. (2007). Novel attitudes can be faked on the implicit association test. *Journal of Experimental Social Psychology, 43,* 972-978.

De Tezanos Pinto, P., Bratt, C., & Brown, R. (2009). What will the others think? Ingroup norms as a mediator of the effects of intergroup contact. *British Journal of Social Psychology, 49,* 507-523.

Deaux, K. (2006). *To Be an Immigrant.* New York: Russell Sage Foundation.

DES [Department for Education and Skills] (2003). *The Future of Higher Education.* Norwich: Her Majesty's Stationery Office.

Deschamps, J. C., & Doise, W. (1978). Crossed category memberships in intergroup relations. In H. Tajfel (ed.), *Differentiation between Social Groups.* London: Academic Press.

Deutsch, M., & Collins, M. E. (1951). *Interracial Housing.* Minneapolis: University of Minneapolis Press.

Deutscher, I. (1959). *The Prophet Unarmed: Trotsky 1921-1929.* London: Oxford University Press.

Devine, P. G. (1989). Stereotypes and prejudice: Their automatic and controlled components. *Journal of Personality and Social Psychology, 56,* 5-18.

Devine, P. G., & Sherman, S. J. (1992). Intuitive versus rational judgement and the role of stereotyping in the human condition: Kirk or Spock? *Psychological Inquiry, 3,* 153-159.

Devine, P. G., Monteith, M. J., Zuwerink, J. R., & Elliot, A. J. (1991). Prejudice with and without compunction. *Journal of Personality and Social Psychology, 60,* 817-830.

Devine, P. G., Plant, E. A., Amodio, D. M., Harmon-Jones, E., & Vance, S. L. (2002). The regulation of explicit and implicit race bias: The role of motivations to respond without prejudice. *Journal of Personality and Social Psychology, 82,* 835-848.

DeVries, D. L., Edwards, K. J., & Slavin, R. E. (1979). Biracial learning teams and race relations in the classroom: Four field experiments on Teams-Games-Tournament. *Journal of Educational Psychology, 70,* 356-362.

Diehl, M. (1988). Social identity and minimal groups: The effects of interpersonal and intergroup attitudinal similarity on intergroup discrimination. *British Journal of Social Psychology, 27,* 289-300.

Diehl, M. (1990). The minimal group paradigm: Theoretical explanations and empirical findings. *European Review of Social Psychology, 1,* 263–292.

Diener, E., & Diener, C. (1996). Most people are happy. *Psychological Science, 7,* 181–185.

Dijker, A. J. M. (1987). Emotional reactions to ethnic minorities. *European Journal of Social Psychology, 17,* 305–325.

Dijksterhuis, A., & van Knippenberg, A. (1998). The relation between perception and behavior or how to win a game of trivial pursuit. *Journal of Personality and Social Psychology, 74,* 865–877.

Dijksterhuis, A., & van Knippenberg, A. (2000). Behavioral indecision: Effects of self-focus on automatic behavior. *Social Cognition, 18,* 55–74.

Dijksterhuis, A., Spears, R., & Lepinasse, V. (2001). Reflecting and deflecting stereotypes: Assimilation and contrast in automatic behavior. *Journal of Experimental Social Psychology, 37,* 286–299.

Dion, K. L. (1973). Dogmatism and intergroup bias. *Representative Research in Social Psychology, 4,* 1–10.

Dion, K. L. (1975). Women's reactions to discrimination from members of the same or opposite sex. *Journal of Research in Personality, 9,* 294–306.

Dion, K. L., & Earn, B. M. (1975). The phenomenology of being a target of prejudice. *Journal of Personality and Social Psychology, 32,* 944–950.

Dittmar, H. (2007). *Consumer Culture, Identity and Well-Being.* Hove: Psychology Press.

Dixon, J., & Durrheim, K. (2003). Contact and the ecology of racial division: Some varieties of informal segregation. *British Journal of Social Psychology, 42,* 1–23.

Dixon, J., Durrheim, K., & Tredoux, C. (2005). Beyond the optimal contact strategy: A reality check for the contact hypothesis. *American Psychologist, 60,* 697–711.

Doise, W. (1976). *L'Articulation psychosociologique et les relations entre groupes/Groups and Individuals: Explanations in Social Psychology.* Brussels/Cambridge: De Boeck/Cambridge University Press.

Doise, W., Deschamps, J. C., & Meyer, G. (1978). The accentuation of intracategory similarities. In H. Tajfel (ed.), *Differentiation between Social Groups: Studies in the Social Psychology of Intergroup Relations* (pp. 159–168). London: Academic Press.

Dollard, J., Doob, L., Miller, N. E., Mowrer, O. H., & Sears, R. R. (1939). *Frustration and Aggression.* New Haven: Yale University Press.

Doosje, B., Branscombe, N. R., Spears, R., & Manstead, A. S. R. (1998). Guilty by association: When one's group has a negative history. *Journal of Personality and Social Psychology, 75,* 872–886.

Doosje, B., Branscombe, N. R., Spears, R., & Manstead, A. S. R. (2006). Antecedents and consequences of group-based guilt: The effects of ingroup identification. *Group Processes and Intergroup Relations, 9,* 325–338.

Doty, R. M., Peterson, B. E. A., & Winter, D. G. (1991). Threat and authoritarianism in the United States, 1978–1987. *Journal of Personality and Social Psychology, 61,* 629–640.

Dovidio, J. F., & Fazio, R. H. (1992). New technologies for the direct and indirect assessment of attitudes. In J. M. Tanur (ed.), *Questions about Questions: Inquiries into the Cognitive Bases of Surveys* (pp. 204–237). New York: Russell Sage Foundation.

Dovidio, J. F., & Gaertner, S. L. (1981). The effects of race, status, and ability on helping behavior. *Social Psychology Quarterly, 44,* 192–203.

Dovidio, J. F., & Gaertner, S. L. (1983). The effects of sex, status, and ability on helping behavior. *Journal of Applied Social Psychology, 13,* 191–205.

Dovidio, J. F., & Gaertner, S. L. (2000). Aversive racism and selection decisions: 1989 and 1999. *Psychological Science, 11,* 315–319.

Dovidio, J. F., & Gaertner, S. L. (2004). Aversive racism. *Advances in Experimental Social Psychology, 36,* 1–52.

Dovidio, J. F., Brigham, J. C., Johnson, B. T., & Gaertner, S. L. (1996). Stereotyping, prejudice and discrimination: Another look. In C. N. Macrae, C. Stangor, & M.

Hewstone (eds.), *Stereotypes and Stereotyping* (pp. 276–319). New York: Guilford Press.

Dovidio, J. F., Gaertner, S. L., & Saguy, T. (2007). Another view of 'we': Majority and minority group perspectives on a common ingroup identity. *European Review of Social Psychology, 18*, 296–330.

Dovidio, J. F., Gaertner, S. L., Validzic, A., Matoka, K., Johnson, B., & Frazier, S. (1997b). Extending the benefits of re-categorization: Evaluations, self-disclosure and helping. *Journal of Experimental Social Psychology, 33*, 401–420.

Dovidio, J. F., Kawakami, K., & Beach, K. R. (2001). Implicit and explicit attitudes: Examination of the relationship between measures of intergroup bias. In R. Brown & S. L. Gaertner (eds.), *Blackwell Handbook of Social Psychology: Intergroup Processes* (pp. 175–197). Oxford: Blackwell.

Dovidio, J. F., Kawakami, K., & Gaertner, S. L. (2002). Implicit and explicit prejudice and interracial interaction. *Journal of Personality and Social Psychology, 82*, 62–68.

Dovidio, J. F., Kawakami, K., Johnson, C., Johnson, B., & Howard, A. (1997a). On the nature of prejudice: Automatic and controlled processes. *Journal of Experimental Social Psychology, 33*, 510–540.

Doyle, A.-B., & Aboud, F. E. (1995). A longitudinal study of white children's racial prejudice as a social-cognitive development. *Merrill-Palmer Quarterly, 41*, 209–228.

Doyle, A.-B., Beaudet, J., & Aboud, F. (1988). Developmental patterns in the flexibility of children's ethnic attitudes. *Journal of Cross-Cultural Psychology, 19*, 3–18.

Driedger, L. (1976). Ethnic self-identity. *Sociometry, 39*, 131–141.

Duckitt, J. (1988). Normative conformity and racial prejudice in South Africa. *Genetic, Social and General Psychology Monographs, 114*, 413–437.

Duckitt, J. (1989). Authoritarianism and group identification: A new look at an old construct. *Political Psychology, 10*, 63–84.

Duckitt, J. (2001). A dual-process cognitive-motivational theory of ideology and prejudice. *Advances in Experimental Social Psychology, 33*, 41–113.

Duckitt, J., & Fisher, K. (2003). The impact of social threat on worldview and ideological attitudes. *Political Psychology, 24*, 199–222.

Duckitt, J., & Mphuthing, T. (1998). Group identification and intergroup attitudes: A longitudinal analysis in South Africa. *Journal of Personality and Social Psychology, 74*, 80–85.

Duckitt, J., & Mphuthing, T. (2002). Relative deprivation and intergroup attitudes: South Africa before and after the Transition. In I. Walker & H. Smith (eds.), *Relative Deprivation: Specification, Development and Integration* (pp. 69–90). Cambridge: Cambridge University Press.

Dumont, M., Yzerbyt, V., Wigboldus, D., & Gordijn, E. (2003). Social categorization and fear reactions to the September 11th terrorist attacks. *Personality and Social Psychology Bulletin, 29*, 1509–1520.

Duncan, B. L. (1976). Differential social perception and attribution of intergroup violence: Testing the lower limits of stereotyping of blacks. *Journal of Personality and Social Psychology, 34*, 590–598.

Duriez, B., Van Hiel, A., & Kossowska, M. (2005). Authoritarianism and social dominance in western and eastern Europe: The importance of the socio-political context and of political interest and involvement. *Political Psychology, 26*, 299–320.

Durkin, K. (1985). *Television, Sex roles, and Children.* Milton Keynes: Open University Press.

Duveen, G., & Lloyd, B. (1986). The significance of social identities. *British Journal of Social Psychology, 46*, 219–230.

Dweck, C. S. (1999). *Self-Theories: Their Role in Motivation, Personality and Development.* Philadelphia: Taylor and Francis.

DWP [Department for Work and Pensions] (2009). *A Test for Racial Discrimination in Recruitment Practice in British Cities* Norwich: Her Majesty's Stationery Office.

Eagly, A. (1987). *Sex Differences in Social Behavior: A Social Role Interpretation.* Hillsdale, NJ: Erlbaum.

Eagly, A., & Mladinic, A. (1994). Are people prejudiced against women? Some answers from research on attitudes, gender stereotypes, and judgements of competence. *European Review of Social Psychology, 5,* 1-35.

Eagly, A., & Steffen, V. J. (1984). Gender stereotypes stem from the distribution of women and men into social roles. *Journal of Personality and Social Psychology, 46,* 735-754.

Eagly, A., & Wood, W. (1982). Inferred sex differences in status as a determinant of gender stereotypes about social influence. *Journal of Personality and Social Psychology, 43,* 915-928.

Easterbrook, J. A. (1959). The effect of emotion on cue utilization and the organization of behavior. *Psychological Review, 66,* 183-201.

Eccles, J. S., Jacobs, J. E., & Harold, R. D. (1990). Gender role stereotypes, expectancy effects, and parents' socialization of gender differences. *Journal of Social Issues, 46,* 183-201.

Eccles-Parsons, J., Adler, T., & Kaczala, C. (1982). Socialization of achievement attitudes and beliefs: Parental influences. *Child Development, 53,* 310-321.

Echebarria-Echabe, A., & Guede, E. F. (2007). A new measure of anti-Arab prejudice: Reliability and validity evidence. *Journal of Applied Social Psychology, 37,* 1077-1091.

Eiser, J. R. (1971). Enhancement of contrast in the absolute judgement of attitude statements. *Journal of Personality and Social Psychology, 17,* 1-10.

Eiser, J. R., & Stroebe, W. (1972). *Categorisation and Social Judgement.* London: Academic Press.

Elashoff, J., & Snow, R. (1971). *Pygmalion Reconsidered.* Worthington, OH: C. A. Jones.

Ellemers, N., & Bos, A. E. R. (1998). Social identity, relative deprivation, and coping with the threat of position loss: A field study among native shopkeepers in Amsterdam. *Journal of Applied Social Psychology, 28*(21), 1987-2006.

Ellemers, N., Kortekaas, P., & Ouwerkerk, J. K. (1999a). Self-categorisation, commitment to the group and group self-esteem as related but distinct aspects of social identity. *European Journal of Social Psychology, 29,* 371-389.

Ellemers, N., Spears, R., & Doosje, B. (eds.) (1999b). *Social Identity: Context Commitment, Content.* Oxford: Blackwell.

Eller, A., & Abrams, D. (2003). 'Gringos' in Mexico: Cross-sectional and longitudinal effects of language school-promoted contact on intergroup bias. *Group Processes and Intergroup Relations, 6,* 55-75.

Eller, A., & Abrams, D. (2004). Come together: Longitudinal comparisons of Pettigrew's reformulated intergroup contact model and the common ingroup identity model in Anglo-French and Mexican-American Contexts. *European Journal of Social Psychology, 34,* 1-28.

Enesco, I., Navarro, A., Paradela, I., & Guerrero, S. (2005). Stereotypes and beliefs about different ethnic groups in Spain. A study with Spanish and Latin American children living in Madrid. *Applied Developmental Psychology, 26,* 638-659.

Ensari, N., & Miller, N. (2001). Decategorization and the reduction of bias in the crossed categorization paradigm. *European Journal of Social Psychology, 31,* 193-216.

Ensari, N., & Miller, N. (2002). The out-group must not be so bad after all: The effects of disclosure, typicality, and salience on intergroup bias. *Journal of Personality and Social Psychology, 83,* 313-329.

Epstein, I. M., Krupat, E., & Obudho, C. (1976). Clean is beautiful: Identification and preference as a function of race and cleanliness. *Journal of Social Issues, 32,* 109-118.

Epstein, J. L. (1985). After the bus arrives: Resegregation in desegregated schools. *Journal of Social Issues, 41,* 23-43.

Equal Opportunities Commission (2006). *Facts about Women and Men, 2006.* London: Equal Opportunities Commission.

Esmail, A., & Everington, S. (1993). Racial discrimination

against doctors from ethnic minorities. *British Medical Journal, 306*, 691-692.

Espenshade, T. J., & Hempstead, K. (1996). Contemporary American attitudes towards US immigration. *International Migration Review, 30*, 535-570.

Esses, V. M., Dovidio, J., Jackson, L. M., & Armstrong, T. L. (2001). The immigration dilemma: The role of perceived group competition, ethnic prejudice, and national identity. *Journal of Social Issues, 57*, 389-412.

Esses, V. M., Jackson, L. M., & Armstrong, T. L. (1998). Intergroup competition and attitudes toward immigrants and immigration: An instrumental model of group conflict. *Journal of Social Issues, 54*(4), 699-724.

Eysenck, H. J. (1954). *The Psychology of Politics*. London: Routledge Kegan Paul.

Fazio, R. H., & Olson, J. M. (2003). Implicit measures in social cognition. *Annual Review of Psychology, 54*, 297-327.

Fazio, R. H., Jackson, J. R., Dunton, B. C., & Williams, C. J. (1995). Variability in automatic activation as an unobtrusive measure of racial attitudes: A *bona fide* pipeline? *Journal of Personality and Social Psychology, 69*, 1013-1027.

Feddes, A. R., Noack, P., & Rutland, A. (2009). Direct and indirect friendship effects on minority and majority children's interethnic attitudes: A longitudinal study. *Child Development, 80*, 377-390.

Ferraresi, L. (1988). *Identità sociale, categorizzazione e pregiudizio*. Unpublished thesis. Bologna: University of Bologna.

Ferraresi, L., & Brown, R. (2008). Spontaneous categorisation in 4-9 year old Italian children. Unpublished MS, Sussex University.

Festinger, L. (1954). A theory of social comparison processes. *Human Relations, 7*, 117-140.

Festinger, L. (1957). *A Theory of Cognitive Dissonance*. Evanston, IL: Row, Peterson and Co.

Feuchte, F., Beelmann, A., & Brown, R. (2008). Evaluation of a peace education programme in a Liberian refugee camp in Ghana. Paper presented at the Understanding Conflicts: Cross-Cultural Perspectives. Aarhus University, Denmark, 19-22 August 2008.

Fiedler, K. (2006). Unresolved problems with the 'I', the 'A' and the 'T'. *European Review of Social Psychology, 17*, 74-147.

Fiedler, K., & Walther, G. (2004). *Stereotyping as Inductive Hypothesis Testing*, Hove: Psychology Press.

Fiedler, K., Freytag, P., & Unkelbach, C. (2007). Pseudocontingencies in a simulated classroom. *Journal of Personality and Social Psychology, 92*, 655-677.

Finkel, S. E. (1995). *Causal Analysis with Panel Data*. Thousand Oaks: Sage.

Fiske, S. T. (1998). Stereotyping, prejudice and discrimination. In D. T. Gilbert, S. T. Fiske, & G. Lindzey (eds.), *The Handbook of Social Psychology* (4th ed., Vol. 2, pp. 357-411). New York: McGraw-Hill.

Fiske, S. T., & Taylor, S. E. (1991). *Social Cognition* (2nd ed.). New York: McGraw Hill.

Fiske, S. T., Cuddy, A. J. C., Glick, P., & Xu, J. (2002). A model of (often mixed) stereotype content: Competence and warmth respectively follow from perceived status and competition. *Journal of Personality and Social Psychology, 82*, 878-902.

Forbes, H. D. (1985). *Nationalism, Ethnocentrism, and Personality*. Chicago: University of Chicago Press.

Förster, J., & Liberman, N. (2001). The role of attribution of motivation in producing postsuppressional rebound. *Journal of Personality and Social Psychology, 81*, 377-390.

Förster, J., & Liberman, N. (2004). A motivational model of post-suppressional rebound. *European Review of Social Psychology, 15*, 1-32.

Frable, D. E. S., & Bem, S. L. (1985). If you are gender schematic, all members of the opposite sex look alike. *Journal of Personality and Social Psychology, 49*, 459-468.

Frenkel-Brunswik, E. (1949). Intolerance of ambiguity as an emotional and perceptual personality variable. *Journal of Personality, 18*, 108-143.

Frenkel-Brunswik, E. (1953). Prejudice in the interviews of

children: Attitudes towards minority groups. *Journal of Genetic Psychology, 82,* 91-136.

Freud, S. (1915). Thoughts for the times on war and death. In S. Freud (ed.), *The Complete Psychological Works of Sigmund Freud: Standard Edition* (Vol. 4, pp. 273-300). London: Hogarth Press.

Freud, S. (1921). *Group Psychology and the Analysis of the Ego.* London: Hogarth Press.

Frey, D., & Gaertner, S. L. (1986). Helping and the avoidance of inappropriate interracial behavior: A strategy that can perpetuate a non-prejudiced self-image. *Journal of Personality and Social Psychology, 50,* 1083-1090.

Friedman, M. A., & Brownell, K. D. (1995). Psychological correlates of obesity: Moving to the next research generation. *Psychological Bulletin, 117,* 3-20.

Funke, F. (2005). The dimensionality of right-wing authoritarianism: Lessons from the dilemma between theory and measurement. *Political Psychology, 26,* 195-218.

Furnham, A. (1982). Explanations for unemployment in Britain. *European Journal of Social Psychology, 12,* 335-352.

Gaertner, S. L. (1973). Helping behavior and discrimination among liberals and conservatives. *Journal of Personality and Social Psychology, 25,* 335-352.

Gaertner, S. L., & Bickman, L. (1971). Effects of race on the elicitation of helping behavior: The wrong number technique. *Journal of Personality and Social Psychology, 20,* 218-222.

Gaertner, S. L., & Dovidio, J. (2000). *Reducing Intergroup Bias: The Common Ingroup Identity Model.* Hove: Psychology Press.

Gaertner, S. L., & Dovidio, J. F. (1977). The subtlety of white racism, arousal and helping behavior. *Journal of Personality and Social Psychology, 35,* 691-707.

Gaertner, S. L., & Dovidio, J. F. (1986). The aversive form of racism. In J. F. Dovidio & S. L. Gaertner (eds.), *Prejudice, Discrimination, and Racism* (pp. 61-86). Orlando: Academic Press.

Gaertner, S. L., & McGlaughlin, J. P. (1983). Racial stereotypes: Associations and ascriptions of positive and negative characteristics. *Social Psychology Quarterly, 46,* 23-30.

Gaertner, S. L., Mann, J. A., Dovidio, J., Murrell, A. J., & Pomare, M. (1990). How does cooperation reduce intergroup bias? *Journal of Personality and Social Psychology, 59,* 692-704.

Gaertner, S. L., Mann, J., Murrell, A., & Dovidio, J. (1989). Reducing intergroup bias: The benefits of recategorization. *Journal of Personality and Social Psychology, 57,* 239-249.

Galinsky, A. D., & Moskowitz, G. B. (2000). Perspective-taking: Decreasing stereotype expression, stereotype accessibility, and in-group favoritism. *Journal of Personality and Social Psychology, 78,* 708-724.

Gardham, K., & Brown, R. (2001). Two forms of intergroup discrimination with positive and negative outcomes: Explaining the positive-negative asymmetry effect. *British Journal of Social Psychology, 40,* 23-34.

Gawronski, B., & LeBel, E. P. (2008). Understanding patterns of attitude change: When implicit measures show change, but explicit measures do not. *Journal of Experimental Social Psychology, 44,* 1355-1361.

Gerard, H. B., & Mathewson, G. C. (1966). The effects of severity of initiation on liking for a group: A replication. *Journal of Experimental Social Psychology, 21,* 278-287.

Gerard, H. B., & Miller, N. (1975). *School Desegregation.* New York: Plenum.

Gergen, K. J., & Jones, E. E. (1963). Mental illness, predictability, and affective consequences as stimulus factors in person perception. *Journal of Abnormal and Social Psychology, 67,* 95-104.

Ghosh, E. S. K., Kumar, R., & Tripathi, R. C. (1992). The communal cauldron: Relations between Hindus and Muslims in India and their reactions to norm violations. In R. DeRidder & R. C. Tripathi (eds.), *Norm Violation and Intergroup Relations* (pp. 70-89). New York: Clarendon Press.

Gibbons, F. X., Stephan, W. G., Stephenson, B., & Petty, C. R. (1980). Reactions to stigmatized others: Response amplification vs sympathy. *Journal of Experimental Social Psychology, 16*, 591–605.

Gilbert, D. T., & Hixon, J. G. (1991). The trouble of thinking: Activation and application of stereotypic beliefs. *Journal of Personality and Social Psychology, 60*, 509–517.

Gilbert, G. M. (1951). Stereotype persistence and change among college students. *Journal of Abnormal and Social Psychology, 46*, 245–254.

Glick, P., & Fiske, S. T. (1996). The ambivalent sexism inventory: Differentiating hostile and benevolent sexism. *Journal of Personality and Social Psychology, 70*, 491–512.

Glick, P., & Fiske, S. T. (2001). An ambivalent alliance: Hostile and benevolent sexism as complementary justifications for gender inequality. *American Psychologist, 56*, 109–118.

Glick, P., Diebold, J., Bailey-Werner, B., & Zhu, L. (1997). The two faces of Adam: Ambivalent sexism and polarized attitudes toward women. *Personality and Social Psychology Bulletin, 23*, 1323–1334.

Glick, P., Fiske, S. T., et al. (2000). Beyond prejudice as simple antipathy: Hostile and benevolent sexism across cultures. *Journal of Personality and Social Psychology, 79*, 763–775.

Glick, P., Lameiras, M., Fiske, S. T., Eckes, T., Masser, B., Volpato, C., et al. (2004). Bad but bold: Ambivalent attitudes toward men predict gender inequality in 16 nations. *Journal of Personality and Social Psychology, 86*, 713–728.

Glick, P., Sakalli-Ugurlu, N., Ferreira, M. C., & de Souza, M. A. (2002). Ambivalent sexism and attitudes toward wife abuse in Turkey and Brazil. *Psychology of Women Quarterly, 26*, 292–297.

Glick, P., Zion, C., & Nelson, C. (1988). What mediates sex discrimination in hiring decisions? *Journal of Personality and Social Psychology, 55*, 178–186.

Gluckman, M. (1956). *Custom and Conflict in Africa.* Oxford: Blackwell.

González, R., & Brown, R. (2006). Dual identities in intergroup contact: Group status and size moderate the generalization of positive attitude change. *Journal of Experimental Social Psychology, 42*, 753–767.

González, R., Brown, R., & Christ, O. (2009). *Intergroup Contact and Individual-Group Generalization: The Role of Group Membership Salience.* Santiago, Chile: Pontificia Universidad Catóica de Chile.

González, R., Sirlopú, D., & Kessler, T. (in press) Prejudice among Peruvians and Chileans as a function of identity, intergroup contact, acculturation preferences and intergroup emotions. *Journal of Social Issues.*

Goodman, M. E. (1952). *Race Awareness in Young Children.* New York: Collier Macmillan.

Grant, P. R. (1992). Ethnocentrism between groups of unequal power in response to perceived threat to social identity and valued resources. *Canadian Journal of Behavioural Science, 24*, 348–370.

Grant, P. R. (1993). Reactions to intergroup similarity: Examination of the similarity-differentiation and the similarity-attraction hypotheses. *Canadian Journal of Behavioural Science, 25*, 28–44.

Grant, P. R., & Brown, R. (1995). From ethnocentrism to collective protest: Responses to relative deprivation and threats to social identity. *Social Psychology Quarterly, 58*(3), 195–211.

Grant, P. R., & Holmes, J. G. (1981). The integration of implicit personality theory schemes and stereotypic images. *Social Psychology Quarterly, 44*, 107–115.

Graves, S. B. (1999). Television and prejudice reduction: When does television as a vicarious experience make a difference? *Journal of Social Issues, 55*, 707–725.

Gray-Little, B., & Hafdahl, A. R. (2000). Factors influencing racial comparisons of self-esteem: A quantitative review. *Psychological Bulletin, 126*, 26–54.

Green, D. P., Glaser, J., & Rich, A. (1998). From lynching to gay bashing: The elusive connection between economic conditions and hate crime. *Journal of Personality and Social Psychology, 75*, 82–92.

Greenland, K., & Brown, R. (1999). Categorization and intergroup anxiety in contact between British and Japanese nationals. *European Journal of Social Psychology, 29*, 503–522.

Greenland, K., & Brown, R. (2005). Acculturation and contact in Japanese students studying in the United Kingdom. *Journal of Social Psychology, 145*, 373–389.

Greenwald, A. G., McGhee, D. E., & Schwartz, J. L. K. (1998). Measuring individual differences in implicit cognition: The implicit association test. *Journal of Personality and Social Psychology, 74*, 1464–1480.

Griffiths, J. A., & Nesdale, D. (2006). In-group and out-group attitudes of ethnic majority and minority children. *International Journal of Intercultural Relations, 30*, 735–749.

Grofman, B. N., & Muller, E. N. (1973). The strange case of relative gratification and potential for political violence: The V-curve hypothesis. *American Political Science Review, 67*, 514–539.

Guerra, R., Rebelo, Monteiro, M. B., Riek, B. M., Mania, E. W., Gaertner, S. L., & Dovidio, J. F. (in press) How should intergroup contact be structured to reduce bias among majority and minority children? *Group Processes and Intergroup Relations*.

Guglielmi, R. S. (1999). Psychophysiological assessment of prejudice: Past research, current status, and future directions. *Personality and Social Psychology Review, 3*, 123–157.

Guimond, S., & Dambrun, M. (2002). When prosperity breeds intergroup hostility: The effects of relative deprivation and relative gratification on prejudice. *Personality and Social Psychology Bulletin, 28*, 900–912.

Guimond, S., & Dube-Simard, L. (1983). Relative deprivation theory and the Quebec nationalist movement: The cognition-emotion distinction and the personal-group deprivation issue. *Journal of Personality and Social Psychology, 44*, 527–535.

Guimond, S., Dambrun, M., Michinov, N., & Duarte, S. (2003). Does social dominance generate prejudice? Integrating individual and contextual determinants of intergroup cognitions. *Journal of Personality and Social Psychology, 84*, 697–721.

Guimond, S., Dif, S., & Aupy, A. (2002). Social identity, relative group status and inteRgroup attitudes: When favourable outcomes change intergroup relations ··· for the worse. *European Journal of Social Psychology, 32*, 739–760.

Guinote, A., Judd, C. M., & Brauer, M. (2002). Effects of power on perceived and objective group variability: Evidence that more powerful groups are more variable. *Journal of Personality and Social Psychology, 82*, 708–721.

Gurr, T. (1970). *Why Men Rebel*. Princeton, NJ: Princeton University Press.

Gurwitz, S. B., & Dodge, K. A. (1977). Effects of confirmations and disconfirmations on stereotype-based attributions. *Journal of Personality and Social Psychology, 35*, 495–500.

Hagendoorn, L., & Henke, R. (1991). The effect of multiple category membership on intergroup evaluations in a north-Indian context: Class, caste and religion. *British Journal of Social Psychology, 30*, 247–260.

Hall, N. R., & Crisp, R. J. (2005). Considering multiple criteria for social categorization can reduce intergroup bias. *Personality and Social Psychology Bulletin, 31*, 1435–1444.

Hamilton, D. L. (ed.) (1981). *Cognitive Processes in Stereotyping and Intergroup Behavior*. Hillsdale, NJ: Erlbaum.

Hamilton, D. L., & Bishop, G. D. (1976). Attitudinal and behavioral effects of initial integration of white suburban neighbourhoods. *Journal of Social Issues, 32*, 47–67.

Hamilton, D. L., & Gifford, R. K. (1976). Illusory correlation in interpersonal perception. *Journal of Experimental Social Psychology, 12*, 392–407.

Hamilton, D. L., & Rose, T. L. (1980). Illusory correlation and the maintenance of stereotypic beliefs. *Journal of Personality and Social Psychology, 39*, 832–845.

Hamilton, D. L., & Sherman, S. J. (1989). Illusory correlations: Implications for stereotype theory and research. In D. Bar-Tal, C. F. Graumann, A. W. Kruglanski, & W. Stroebe (eds.), *Stereotypes and Prejudice: Changing Conceptions.* New York: Springer.

Hanson, D. J., & Blohm, E. R. (1974). Authoritarianism and attitudes towards mental patients. *International Behavioural Scientist, 6,* 57-60.

Harding, J., & Hogrefe, R. (1952). Attitudes of white departmental store employees toward negro co-workers. *Journal of Social Issues, 8,* 18-28.

Harkness, S., & Super, C. M. (1985). The cultural context of gender segregation in children's peer groups. *Child Development, 56,* 219-224.

Harris, J. R. (1995). *Where is the Child's Environment: A Study of Small Groups and Policy Failure.* Amsterdam: Swets and Zeitlinger.

Harris, M. J., Milich, R., Corbitt, E. M., Hoover, D. W., & Brady, M. (1992). Self-fulfilling prophecy effects of stigmatizing information on children's social interactions. *Journal of Personality and Social Psychology, 63,* 41-50.

Harth, N. S., Kessler, T., & Leach, C. W. (2008). Advantaged group's emotional reactions to intergroup inequality: The dynamics of pride, guilt, and sympathy. *Personality and Social Psychology Bulletin, 34,* 115-129.

Hartstone, M., & Augoustinos, M. (1995). The minimal group paradigm: Categorization into two versus three groups. *European Journal of Social Psychology, 25,* 179-193.

Harwood, J., Hewstone, M., Paolini, S., & Voci, A. (2005). Grandparent-grandchild contact and attitudes towards older adults: Moderator and mediator effects. *Personality and Social Psychology Bulletin, 31,* 393-406.

Haslam, N., Rothschild, L., & Ernst, D. (2000). Essentialist beliefs about social categories. *British Journal of Social Psychology, 39,* 113-127.

Haslam, N., Rothschild, L., & Ernst, D. (2002). Are essentialist beliefs associated with prejudice? *British Journal of Social Psychology, 41,* 87-100.

Hass, R. G., Katz, I., Rizzo, N., Bailey, J., & Eisenstadt, D. (1991). Cross-racial appraisal as related to attitude ambivalence and cognitive complexity. *Personality and Social Psychology Bulletin, 17,* 83-92.

Hass, R. G., Katz, I., Rizzo, N., Bailey, J., & Moore, L. (1992). When racial ambivalence evokes negative affect, using a disguised measure of mood. *Personality and Social Psychology Bulletin, 18,* 787-797.

Hayden-Thomson, L., Rubin, K. H., & Hymel, S. (1987). Sex preferences in sociometric choices. *Developmental Psychology, 23,* 558-562.

Heaven, P. C. L. (1983). Individual versus intergroup explanations of prejudice amongst Afrikaners. *Journal of Social Psychology, 121,* 201-210.

Hebl, M. R., Foster, J. B., Mannix, L. M., & Dovidio, J. F. (2002). Formal and interpersonal discrimination: A field study of bias toward homosexual applicants. *Personality and Social Psychology Bulletin, 28,* 815-825.

Heinmann, W., Pellander, F., Vogelbusch, A., & Wojtek, B. (1981). Meeting a deviant person: Subjective norms and affective reactions. *European Journal of Social Psychology, 11,* 1-25.

Henderson-King, E., Henderson-King, D., Zhermer, N., Posokhova, S., & Chiker, V. (1997). In-group favoritism and perceived similarity: A look at Russians' perceptions in post-Soviet era. *Personality and Social Psychology Bulletin, 23,* 1013-1021.

Hendrick, C., Bixenstine, V. E., & Hawkins, G. (1971). Race vs belief similarity as determinants of attraction: A search for a fair test. *Journal of Personality and Social Psychology, 17,* 250-258.

Hendricks, M., & Bootzin, R. (1976). Race and sex as stimuli for negative affect and physical avoidance. *Journal of Social Psychology, 98,* 111-120.

Henry, P. J., & Sears, R. R. (2002). The symbolic racism 2000 scale. *Political Psychology, 23,* 253-283.

Henry, P. J., & Sears, R. R. (2005). Over thirty years later: A contemporary look at symbolic racism. *Advances in Experimental Social Psychology, 35,* 95-150.

Hepworth, J. T., & West, S. G. (1988). Lynchings and the economy: A time-series reanalysis of Hoyland and Sears (1940). *Journal of Personality and Social Psychology, 55,* 239-246.

Herek, G. M., Cogan, J. C., & Gillis, J. R. (2002). Victim experiences of hate crimes based on sexual orientation. *Journal of Social Issues, 58,* 319-339.

Herek, G. M., Gillis, J. R., & Cogan, J. C. (1999). Psychological sequelae of hate-crime victimization among lesbian, gay and bisexual adults. *Journal of Consulting and Clinical Psychology, 67,* 945-951.

Herman, G. (2007). *Travail, chomage et stigmatisation.* Brussels: De Boeck and Larcier.

Hermann, R. K., Voss, J., Schooler, T., & Ciarrochi, J. (1997). Images in international relations: An experimental test of cognitive schemata. *International Studies Quarterly, 41,* 403-433.

Hershberger, S. L., & D'Augelli, A. R. (1995). The impact of victimization on the mental health and suicidality of lesbian, gay and bisexual youth. *Developmental Psychology, 31,* 65-74.

Hewstone, M. (1989). *Causal Attribution.* Oxford: Blackwell.

Hewstone, M. (1994). Revision and change of stereotypic beliefs: In search of the elusive subtyping model. *European Review of Social Psychology, 5,* 69-109.

Hewstone, M. (1996). Contact and categorization: Social psychological interventions to change intergroup relations. In N. Macrae, C. Stangor, & M. Hewstone (eds.), *Stereotypes and Stereotyping* (pp. 323-368). New York: Guildford.

Hewstone, M., & Brown, R. (1986). Contact is not enough: An intergroup perspective on the 'contact hypothesis'. In M. Hewstone & R. Brown (eds.), *Contact and Conflict in Intergroup Encounters* (pp. 1-44). Oxford: Blackwell.

Hewstone, M., & Ward, C. (1985). Ethnocentrism and causal attribution in southeast Asia. *Journal of Personality and Social Psychology, 48,* 614-623.

Hewstone, M., Cairns, E., Voci, A., McLernon, F., Niens, U., & Noor, M. (2004). Intergroup forgiveness and guilt in Northern Ireland: Social psychological dimensions of 'the Troubles'. In N. Branscombe & B. Doosje (eds.), *Collective Guilt: International Perspectives* (pp. 193-215). Cambridge: Cambridge University Press.

Hewstone, M., Crisp, R. J., Contarello, A., Voci, A., Conway, L., Marletta, G., & Willis, H. (2006) Tokens in the tower: Perceptual processes and interaction dynamics in academic settings with 'skewed', 'tilted' and 'balanced' sex ratios. *Group Processes and Intergroup Relations, 9,* 509-532.

Hewstone, M., Islam, M. R., & Judd, C. M. (1993). Models of crossed categorization and intergroup relations. *Journal of Personality and Social Psychology, 64,* 779-793.

Hewstone, M., Johnston, L., & Aird, P. (1992). Cognitive models of stereotype change 2: Perceptions of homogeneous and heterogeneous groups. *European Journal of Social Psychology, 22,* 235-250.

Hewstone, M., Rubin, M., & Willis, H. (2002). Intergroup bias. *Annual Review of Psychology, 53,* 575-604.

Higgins, E. T. (1989). Knowledge accessibility and activation: Subjectivity and suffering from unconscious sources. In J. S. Uleman & J. A. Bargh (eds.), *Unintended Thought* (pp. 75-123). New York: Guildford.

Himmelweit, H. T., Oppenheim, A. N., & Vince, P. (1958). *Television and the Child: An Empirical Study of the Effect of Television on the Young.* Oxford: Oxford University Press.

Hinkle, S., & Brown, R. (1990). Intergroup comparisons and social identity: Some links and lacunae. In D. Abrams & M. A. Hogg (eds.), *Social Identity Theory: Constructive and Critical Advances* (pp. 48-70). London: Harvester-Wheatsheaf.

Hodson, G., Hooper, H., Dovidio, J. F., & Gaertner, S. L. (2005). Aversive racism in Britain: The use of inadmissable evidence in legal decisions. *European*

*Journal of Social Psychology, 35*, 437–448.

Hoffman, C., & Hurst, N. (1990). Gender stereotypes: Perception or rationalization? *Journal of Personality and Social Psychology, 58*, 197–208.

Hofmann, W., Gawronski, B., Gschwendner, T., Le, H., & Schmitt, M. (2005). A metaanalysis on the correlation between the implicit association test and explicit self-report measures. *Personality and Social Psychology Bulletin, 31*, 1369–1385.

Hoge, D. R., & Carroll, J. W. (1973). Religiosity and prejudice in Northern and Southern churches. *Journal of Scientific Study of Religion, 12*, 181–197.

Home Office (2008). Hate crime. from www.homeoffice.gov.uk/crime-victims/reducingcrime/ hate-crime.

Hornsey, M. J., & Hogg, M. A. (2000). Subgroup relations: A comparison of mutual intergroup differentiation and common ingroup identity models of prejudice reduction. *Personality and Social Psychology Bulletin, 26*, 242–256.

Hornsey, M. J., & Hogg, M. A. (2002). The effects of group status on subgroup relations. *British Journal of Social Psychology, 41*, 203–218.

Horowitz, E. L. (1936). The development of attitude towards the negro. *Archives of Psychology, 194*, 5–47.

Horowitz, E. L., & Horowitz, R. E. (1938). Development of social attitudes in children. *Sociometry, 1*, 301–338.

Horwitz, M., & Rabbie, J. M. (1982). Individuality and membership in the intergroup system. In H. Tajfel (ed.), *Social Identity and Intergroup Relations* (pp. 241–274). Cambridge: Cambridge University Press.

Hovland, C., & Sears, R. R. (1940). Minor studies in aggression: VI. Correlation of lynchings with economic indices. *Journal of Psychology, 9*, 301–310.

Howard, J. W., & Rothbart, M. (1980). Social categorization and memory for ingroup and outgroup behaviour. *Journal of Personality and Social Psychology, 38*, 301–310.

Hraba, J., & Grant, G. (1970). Black is beautiful: A re-examination of racial preference and identification.

*Journal of Personality and Social Psychology, 16*, 398–402.

Hunter, J. A., Stringer, M., & Watson, R. P. (1991). Intergroup violence and intergroup attributions. *British Journal of Social Psychology, 30*, 261–266.

Hutnik, N. (1991). *Ethnic Minority Identity. A Social Psychological Perspective.* Oxford: Clarendon Press.

Hyers, L. L., & Swim, J. K. (1998). A comparison of the experiences of dominant and minority group members during an intergroup encounter. *Group Processes and Intergroup Relations, 1*, 143–163.

Hyman, H., & Sheatsley, P. B. (1954). 'The authoritarian personality': A methodological critique. In R. Christie & M. Jahoda (eds.), *Studies in the Scope and Method of The Authoritarian Personality'* (pp. 50–112). Glencoe, IL: Free Press.

Inman, M. L. (2001). Do you see what I see? Similarities and differences in victims' and observers' perceptions of discrimination. *Social Cognition, 19*, 521–546.

Insko, C. A., Nacoste, R. W., & Moe, J. L. (1983). Belief congruence and racial discrimination: Review of the evidence and critical evaluation. *European Journal of Social Psychology, 13*, 153–174.

Islam, M. R., & Hewstone, M. (1993a). Dimensions of contact as predictors of intergroup anxiety, perceived outgroup variability, and outgroup attitude: An integrative model. *Personality and Social Psychology Bulletin, 19*(6), 700–710.

Islam, M. R., & Hewstone, M. (1993b). Intergroup attributions and affective consequences in majority and minority groups. *Journal of Personality and Social Psychology, 64*, 936–950.

Iyer, A., & Leach, C. W. (2008). Emotion in inter-group relations. *European Review of Social Psychology, 19*, 86–125.

Jacklin, C. N., & Maccoby, E. (1978). Social behavior at thirty-three months in same-sex and mixed-sex dyads. *Child Development, 49*, 557–569.

Jackman, M. (1994). *The Velvet Glove: Paternalism and Conflict in Gender, Class and Race Relations.* Berkeley,

CA: University of California Press.

Jackson, J. W. (2002). Intergroup attitudes as a function of different dimensions of group identification and perceived intergroup conflict. *Self and Identity, 1,* 11–33.

Jackson, J. W., & Smith, E. R. (1999). Conceptualizing social identity: A new framework and evidence for the impact of different dimensions. *Personality and Social Psychology Bulletin, 25,* 120–135.

Jackson, L. A., Sullivan, L. A., Harmish, R., & Hodge, C. N. (1996). Achieving positive social identity: Social mobility, social creativity, and permeability of group boundaries. *Journal of Personality and Social Psychology, 70,* 241–254.

Jacobson, C. K. (1985). Resistance to affirmative action: Self-interest or racism? *Journal of Conflict Resolution, 29,* 306–329.

Jahoda, G. (1963). The development of children's ideas about country and nationality. *British Journal of Educational Psychology, 33,* 47–60.

Jahoda, G., Thomson, S. S., & Bhatt, S. (1972). Ethnic identity and preferences among Asian immigrant children in Glasgow: A replicated study. *European Journal of Social Psychology, 2,* 19–32.

Janoff-Bulman, R. (1979). Characterological versus behavioral self-blame: Inquiries into depression and rape. *Journal of Personality and Social Psychology, 37,* 1798–1809.

Jetten, J., & Spears, R. (2003). The divisive potential of differences and similarities: The role of intergroup distinctiveness in intergroup differentiation. *European Review of Social Psychology, 14,* 203–241.

Jetten, J., Spears, R., & Manstead, A. S. R. (1997). Strength of identification and intergroup differentiation: The influence of group norms. *European Journal of Social Psychology, 27,* 603–609.

Jetten, J., Spears, R., & Manstead, A. S. R. (1998). Defining dimensions of distinctiveness: Group variability makes a difference to differentiation. *Journal of Personality and Social Psychology, 74,* 1481–1492.

Jetten, J., Spears, R., & Manstead, A. S. R. (2001). Similarity as a source of differentiation: The role of group identification. *European Journal of Social Psychology, 31,* 621–640.

Jetten, J., Spears, R., & Postmes, T. (2004). Intergroup distinctiveness and differentiation: A meta-analytic integration. *Journal of Personality and Social Psychology, 86,* 862–879.

Johnson, C. S., Olson, M. A., & Fazio, R. H. (2009). Getting acquainted in interracial interactions: Avoiding intimacy but approaching race. *Personality and Social Psychology Bulletin, 35,* 557–571.

Johnson, D. W., & Johnson, R. T. (1975). *Learning Together or Alone.* Englewood Cliffs, NJ: Prentice Hall.

Johnson, D. W., Johnson, R. T., & Maruyana, G. (1984). Group interdependence and interpersonal attraction in heterogeneous classrooms: A meta-analysis. In N. Miller & M. Brewer (eds.), *Groups in Contact: The Psychology of Desegregation.* Orlando: Academic Press.

Johnson, D. W., Maruyama, G., Johnson, R. T., Nelson, D., & Skon, L. (1981). Effects of cooperative, competitive, and individualistic goal structures on achievement: A metaanalysis. *Psychological Bulletin, 89,* 47–62.

Johnson, J. D., Whitestone, E., Jackson, L. A., & Gatto, L. (1995). Justice is still not colorblind: Differential racial effects of exposure to inadmissable evidence. *Personality and Social Psychology Bulletin, 21,* 893–898.

Johnston, J., D., & Ettema, J. S. (1982). *Positive Images: Breaking Stereotypes with Children's Television.* Beverly Hills, CA: Sage.

Johnston, L., & Hewstone, M. (1992). Cognitive models of stereotype change: III. Subtyping and the perceived typicality of disconfirming group members. *Journal of Experimental Social Psychology, 28,* 360–386.

Joly, S., Tougas, F., & Brown, R. (1993). L' Effet de la catégorisation croiseè sur la discrimination intergroupe en milieu universitaire. Unpublished manuscript, Unpublished MS, University of Ottawa.

Jones, E. E., Farina, A., Hastorf, A. H., Markus, H., Miller, D. T., & Scott, R. A. (1984). *Social Stigma: The Psychology of Marked Relationships*. New York: Freeman.

Jones, E. E., Wood, G. C., & Quattrone, G. A. (1981). Perceived variability of personal characteristics in ingroups and outgroups: The role of knowledge and evaluation. *Personality and Social Psychology Bulletin, 7*, 523–528.

Jones, F., Annan, D., & Shah, S. (2008). The distribution of household income 1977 to 2006/07. *Economic and Labour Market Review, 2*, 18–31.

Jones, J. M. (1972). *Prejudice and Racism*. Reading, MA: Addison-Wesley.

Jones, J. M. (1997). *Prejudice and Racism* (2nd ed.). New York: McGraw Hill.

Jost, J. T., & Banaji, M. R. (1994). The role of stereotyping in system justification and the production of false consciousness. *British Journal of Social Psychology, 33*, 1–27.

Jost, J. T., & Hunyady, O. (2002). The psychology of system justification and the palliative function of ideology. *European Review of Social Psychology, 13*, 111–153.

Jost, J. T., Banaji, M. R., & Nosek, B. A. (2004). A decade of system justification theory: Accumulated evidence of conscious and unconscious bolstering of the status quo. *Political Psychology, 25*, 881–919.

Jost, J. T., Glaser, J., Kruglanski, A. W., & Sulloway, F. J. (2003a). Political conservatism as motivated social cognition. *Psychological Bulletin, 129*, 339–375.

Jost, J. T., Pelham, B. W., & Carvallo, M. (2002). Non-conscious forms of system justification: Cognitive, affective and behavioral preferences for higher status groups. *Journal of Experimental Social Psychology, 38*, 586–602.

Jost, J. T., Pelham, B. W., Sheldon, O., & Sullivan, B. N. (2003b). Social inequality and the reduction of ideological dissonance on behalf of the system: Evidence of enhanced system justification among the disadvantaged. *European Journal of Social Psychology, 33*, 13–36.

Judd, C. M., & Park, B. (1993). Definition and assessment of accuracy in social stereotypes. *Psychological Review, 100*, 109–128.

Jussim, L. (1989). Teacher expectations: Self-fulfilling prophecies, perceptual biases and accuracy. *Journal of Personality and Social Psychology, 57*, 469–480.

Jussim, L. (2005). Accuracy in social perception: Criticisms, controversies, criteria, components, and cognitive processes. *Advances in Experimental Social Psychology, 37*, 1–93.

Jussim, L., & Harber, K. D. (2005). Teacher expectations and self-fulfilling prophecies: Knowns and unknowns, resolved and unresolved controversies. *Personality and Social Psychology Review, 9*, 131–155.

Kahn, W., & Crosby, F. (1985). Change and stasis: Discriminating between attitudes and discriminating behaviour. In L. Larwood, B. A. Gutek, & A. H. Stromberg (eds.), *Women and Work: An Annual Review* (Vol. 1, pp. 215–238). Beverly Hills, CA: Sage.

Kaiser, C. R., & Miller, C. T. (2001). Reacting to impending discrimination: Compensation for prejudice and attributions to discrimination. *Personality and Social Psychology Bulletin, 27*, 1357–1367.

Kanter, R. M. (1977). Some effects of proportions on group life: Skewed sex ratios and responses to token women. *American Journal of Sociology, 82*, 965–990.

Kanyangara, P., Rimé, B., Philippot, P., & Yzerbyt, V. Y. (2007). Collective rituals, emotional climate and intergroup perception: Participation in 'Gacaca' Tribunals and assimilation of the Rwandan genocide. *Journal of Social Issues, 63*, 387–403.

Kaplan, J. (2006). Islamophobia in America? September 11 and islamophobic hate crime. *Terrorism and Political Violence, 18*, 1–33.

Karlins, M., Coffman, T. L., & Walters, G. (1969). On the fading of social stereotypes: Studies in three generations of college students. *Journal of Personality and Social Psychology, 13*, 1–16.

Karpinski, A., & Hilton, J. L. (2001). Attitudes and the implicit association test. *Journal of Personality and*

*Social Psychology, 81*, 774-788.

Katz, D., & Braly, K. (1933). Racial stereotypes of one hundred college students. *Journal of Abnormal and Social Psychology, 28*, 280-290.

Katz, I., & Hass, R. G. (1988). Racial ambivalence and American value conflict: Correlational and priming studies of dual cognitive structures. *Journal of Personality and Social Psychology, 55*, 893-905.

Katz, I., Glass, D. C., Lucido, D., & Farber, J. (1979). Harm-doing and victim's racial or orthopedic stigma as determinants of helping. *Journal of Personality, 47*, 340-364.

Katz, I., Hass, R. G., & Wackenhut, J. (1986). Racial ambivalence, value duality, and behavior. In J. F. Dovidio & S. L. Gaertner (eds.), *Prejudice, Discrimination and Racism* (pp. 35-59). New York: Academic Press.

Katz, P. A. (1983). Developmental foundations of gender and racial attitudes. In R. Leahy (ed.), *The Child's Construction of Social Inequality* (pp. 41-77). New York: Academic Press.

Katz, P. A. (2003). Racists or tolerant multiculturalists? How do they begin? *American Psychologist, 58*, 897-909.

Katz, P. A., & Zalk, S. R. (1974). Doll preferences: An index of racial attitudes? *Journal of Educational Psychology, 66*, 663-668.

Kawakami, K., Dion, K. L., & Dovidio, J. F. (1998). Racial prejudice and stereotype activation. *Personality and Social Psychology Bulletin, 24*, 407-416.

Kawakami, K., Dovidio, J. F., & van Kamp, S. (2005). Kicking the habit: Effects of nonstereotypic association training and correction processes on hiring decisions. *Journal of Experimental Social Psychology, 41*, 68-75.

Kawakami, K., Dovidio, J. F., Moll, J., Hermson, S., & Russin, A. (2000). Just say no (to stereotyping): Effects of training in the negation of stereotypic associations on stereotype activation. *Journal of Personality and Social Psychology, 78*, 871-888.

Kedem, P., Bihu, A., & Cohen, Z. (1987). Dogmatism, ideology and right-wing radical activity. *Political Psychology, 8*, 35-47.

Keller, J. (2005). In genes we trust: The biological component of psychological essentialism and its relationship to mechanisms of motivated social cognition. *Journal of Personality and Social Psychology, 88*, 686-702.

Kelly, C. (1988). Intergroup differentiation in a political context. *British Journal of Social Psychology, 27*, 319-332.

Kelly, C. (1989). Political identity and perceived intragroup homogeneity. *British Journal of Social Psychology, 28*, 239-250.

Kelly, D. J., Liu, S., Ge, L., Quinn, P. C., Slater, A. M., Lee, K., Liu, Q., & Pascalis, O. (2007). Cross-race preferences for same-race faces extends beyond the African versus Caucasian contrast in 3-month-old infants. *Infancy, 11*, 87-95.

Kelly, D. J., Quinn, P. C., Slater, A. M., Lee, K., Gibson, A., Smith, M., Ge, L., & Pascalis, O. (2005). Three-month olds, but not newborns, prefer own-race faces. *Developmental Science, 8*, 31-36.

Kessler, T., & Mummendey, A. (2001). Is there any scapegoat around? Determinants of intergroup conflict at different categorization levels. *Journal of Personality and Social Psychology, 81*, 1090-1102.

Kessler, T., Mummendey, A., & Leisse, U.-K. (2000). The personal/group discrepancy: Is there a common information basis for personal and group judgment? *Journal of Personality and Social Psychology, 79*(1), 95-109.

Kinder, D. R., & Sears, R. R. (1981). Prejudice and politics: Symbolic racism versus racial threats to the good life. *Journal of Personality and Social Psychology, 40*, 414-431.

Kleck, R., Ono, H., & Hastorf, A. H. (1966). The effects of physical deviance upon face to face interaction. *Human Relations, 19*, 425-436.

Kleinpenning, G., & Hagendoorn, L. (1993). Forms of racism and the cumulative dimension of ethnic attitudes. *Social Psychology Quarterly, 56*, 21-36.

Kluegel, J. R., & Smith, E. R. (1983). Affirmative action attitudes: Effects of self-interest, racial affect and stratification on whites' views. *Social Forces, 61*, 797–824.

Kohlberg, L. (1966). A cognitive developmental analysis of children's sex-role concepts and attitudes. In E. Maccoby (ed.), *The Development of Sex Differences* (pp. 82–173). Stanford, CA: Stanford University Press.

Koomen, W., & Fränkel, E. G. (1992). Effects of experienced discrimination and different forms of relative deprivation among Surinamese, a Dutch ethnic minority group. *Journal of Community and Applied Social Psychology, 2*, 63–71.

Kosterman, R., & Feshbach, S. (1989). Towards a measure of patriotic and nationalistic attitudes. *Political Psychology, 10*, 257–274.

Kovel, J. (1970). *White Racism: A Psychohistory*. London: Allen Lane.

Kowalski, R. M. (1996). Complaints and complaining: Functions, antecedents and consequences. *Psychological Bulletin, 119*, 179–196.

Krueger, J., & Clement, R. W. (1994). Memory-based judgements about multiple categories: A revision and extension of Tajfel's accentuation theory. *Journal of Personality and Social Psychology, 67*, 35–47.

Krueger, J., & Rothbart, M. (1988). Use of categorical and individuating information in making inferences about personality. *Journal of Personality and Social Psychology, 55*, 187–195.

Kunda, Z., Sinclair, L., & Griffin, D. (1997). Equal ratings but separate meanings: Stereotypes and the construal of traits. *Journal of Personality and Social Psychology, 72*, 720–734.

La Freniere, P., Strayer, F. F., & Gauthier, R. (1984). The emergence of same-sex affiliative preferences among pre-school peers: A developmental/ ethological perspective. *Child Development, 55*, 1958–1965.

Lalonde, R. N., & Gardner, R. C. (1989). An intergroup perspective on stereotype organization and processing. *British Journal of Social Psychology, 28*, 289–303.

Lambert, A. J., Cronen, S., Chasteen, A. L., & Lickel, B. (1996). Private vs public expressions of racial prejudice. *Journal of Experimental Social Psychology, 32*, 437–559.

Lambert, W. E., & Klineberg, O. (1967). *Children's Views of Foreign Peoples*. New York: Appleton Century Crofts.

Langer, E. J. (1975). The illusion of control. *Journal of Personality and Social Psychology, 32*, 311–328.

Langer, E. J., Fiske, S., Taylor, S. E., & Chanowitz, B. (1976). Stigma, staring, and discomfort: A novel-stimulus hypothesis. *Journal of Experimental Social Psychology, 12*, 451–463.

Latane, B., & Darley, J. M. (1970). *The Unresponsive Bystander: Why Doesn't He Help?* New York: Appleton-Crofts.

Leach, C. W. (2005). Against the notion of a 'new racism'. *Journal of Community and Applied Social Psychology, 15*, 432–445.

Leach, C. W., Ellemers, N., & Barreto, M. (2007). Group virtue: The importance of morality (vs. competence and sociability) in the positive evaluation of in-groups. *Journal of Personality and Social Psychology, 93*, 234–249.

Leach, C. W., Snider, N., & Iyer, A. (2002). 'Poisoning the consciences of the fortunate': The experience of relative advantage and support for social equality. In I. Walker & H. Smith (eds.), *Relative Deprivation: Specification, Development and Integration* (pp. 136–163). Cambridge: Cambridge University Press.

Leach, C. W., van Zomeren, M., Zebel, S., Vliek, M. L. W., Pennekamp, S. F., Doosje, B., Oewerkerk, J. W., & Spears, R. (2008). Group-level self-definition and self-investment: A hierarchical (multi-component) model of in-group identification. *Journal of Personality and Social Psychology, 95*, 144–165.

Lee, R. E., & Warr, P. (1969). The development and standardization of a balanced F-scale. *Journal of General Psychology, 18*, 109–129.

Lee, Y.-T., Jussim, L. J., & McCauley, C. R. (eds.) (1995). *Stereotype Accuracy: Toward Appreciating Group*

*Differences.* Washington, DC: American Psychological Association.

Lemaine, G. (1966). Inégalité, comparaison et incomparabilité: Esquisse dune théorie de l'originalité sociale. *Bulletin de Psychologie, 20,* 1–9.

Lepore, L., & Brown, R. (1997). Category activation and stereotype accessibility: Is prejudice inevitable? *Journal of Personality and Social Psychology, 72,* 275–287.

Lepore, L., & Brown, R. (2000). Exploring automatic stereotype activation: A challenge to the inevitability of prejudice. In D. Abrams & M. A. Hogg (eds.), *Social Identity and Social Cognition* (pp. 140–163). Oxford: Blackwell.

Levin, S., van Laar, C., & Sidanius, J. (2003). The effects of ingroup and outgroup friendships on ethnic attitudes in college: A longitudinal study. *Group Processes and Intergroup Relations, 6,* 76–92.

LeVine, R. A., & Campbell, D. T. (1972). *Ethnocentrism: Theories of Conflict, Ethnic Atttitudes and Group Behaviour.* New York: Wiley.

Levy, B. R. (1996). Improving memory in old age by implicit self-stereotyping. *Journal of Personality and Social Psychology, 71,* 1092–1107.

Levy, B. R., & Langer, E. (1994). Aging free from negative stereotypes: Successful memory in China and among the American deaf. *Journal of Personality and Social Psychology, 66,* 989–997.

Leyens, J. P., & Yzerbyt, V. Y. (1992). The ingroup overexclusion effect: Impact of varaince and confirmation on stereotypical information search. *European Journal of Social Psychology, 22,* 549–69.

Leyens, J. P., Desert, M., Croizet, J.-C., & Darcis, C. (2000). Stereotype threat: Are lower status and history of stigmatization preconditions of stereotype threat? *Personality and Social Psychology Bulletin, 26,* 1189–1199.

Leyens, J.-P., Yzerbyt, V. Y., & Schadron, G. (1992). The social judgeability approach to stereotypes. *European Review of Social Psychology, 3,* 91–120.

Leyens, J.-P., Yzerbyt, V. Y., & Schadron, G. (1994).

*Stereotypes and Social Cognition.* London: Sage.

Liberman, N., & Förster, J. (2000). Expression after suppression: A motivational explanation of post-suppressional rebound. *Journal of Personality and Social Psychology, 79,* 190–203.

Lickel, B., Hamilton, D., Wieczorkowska, G., Lewis, A., Sherman, S. J., & Uhles, A. N. (2000). Varieties of groups and the perception of group entitativity. *Journal of Personality and Social Psychology, 78,* 223–246.

Liebkind, K. (2001). Acculturation. In R. Brown & S. Gaertner (eds.), *Blackwell Handbook of Social Psychology* (Vol. 4, pp. 387–405). Oxford: Blackwell.

Liebkind, K., & McAlister, A. (1999). Extended contact through peer modelling to promote tolerance in Finland. *European Journal of Social Psychology, 29,* 765–780.

Linville, P. W., Fischer, F. W., & Salovey, P. (1989). Perceived distributions of characteristics of ingroup and outgroup members: Empirical evidence and a computer simulation. *Journal of Personality and Social Psychology, 42,* 193–211.

Lippman, W. (1922). *Public Opinion.* New York: Harcourt Brace.

Livingstone, A., & Haslam, S. A. (2008). The importance of identity content in a setting of chronic social conflict: Understanding intergroup relations in Northern Ireland. *British Journal of Social Psychology, 47,* 1–21.

Locke, V., Macleod, C., & Walker, I. (1994). Automatic and controlled activation of stereotypes: Individual differences associated with prejudice. *British Journal of Social Psychology, 33,* 29–46.

Locksley, A., Borgida, E., Brekke, N., & Hepburn, C. (1980). Sex stereotypes and social judgement. *Journal of Personality and Social Psychology, 39,* 821–831.

Locksley, A., Hepburn, C., & Ortiz, V. (1982). On the effects of social stereotypes on judgments of individuals: A comment on Grant and Holmes' 'The integration of implicit personality theory schemes and stereotypic images'. *Social Psychology Quarterly, 45,* 270–273.

Lopez, G. E. (2004). Interethnic contact, curriculum, and attitudes in the first year of college. *Journal of Social Issues, 60*, 75–94.

Lowery, B. S., Hardin, C. D., & Sinclair, S. (2001). Social influence effects on automatic racial prejudice. *Journal of Personality and Social Psychology, 81*, 842–855.

Maass, A. (1999). Linguistic intergroup bias: Stereotype-perpetuation through language. In M. Zanna (ed.), *Advances in Experimental Social Psychology* (Vol. 31, pp. 79–121). New York: Academic Press.

Maass, A., & Cadinu, M. (2003). Stereotype threat: When minority members underperform. *European Review of Social Psychology, 14*, 243–275.

Maass, A., Cadinu, M., Guarnieri, G., & Grasselli, A. (2003). Sexual harassment under social identity threat: The computer harassment paradigm. *Journal of Personality and Social Psychology, 85*, 853–870.

Maass, A., Salvi, D., Arcuri, L., & Swim, G. R. (1989). Language use in intergroup contexts: The linguistic intergroup bias. *Journal of Personality and Social Psychology, 57*, 981–993.

Maccoby, E. (1980). *Social Development.* New York: Harcourt Brace Jovanovich.

Maccoby, E. (1988). Gender as a social category. *Developmental Psychology, 24*, 755–765.

Maccoby, E. (1998). *The Two Sexes: Growing Up Apart, Coming Together.* Cambridge, MA: Harvard University Press.

Maccoby, E., & Jacklin, C. N. (1974). *The Psychology of Sex Differences.* Stanford: Stanford University Press.

Maccoby, E., & Jacklin, C. N. (1987). Gender segregation in childhood. *Advances in Child Development and Behaviour, 20*, 239–287.

Macdonald, A. M. (1988). (ed.) *Chambers Twentieth Century Dictionary.* Edinburgh: W. and R. Chambers.

Mackie, D. M., & Hamilton, D. L. (eds.) (1993). *Affect, Cognition and Stereotyping: Interactive Processes in Group Perception.* San Diego: Academic Press.

Mackie, D. M., & Smith, E. R. (2002). *From Prejudice to Intergroup Emotions: Differentiated Reactions to Social Groups.* Hove: Psychology Press.

Mackie, D. M., Devos, T., & Smith, E. (2000). Intergroup emotions: Explaining offensive action tendencies in an intergroup context. *Journal of Personality and Social Psychology, 79*(4), 602–616.

Mackie, D. M., Hamilton, D. L., Schroth, H. H., Carlisle, L. J., Gersho, B. F., Meneses, L. M., Nedler, B. F., & Reichel, L. D. (1989). The effects of induced mood on expectancy-based illusory correlations. *Journal of Experimental Social Psychology, 25*, 524–544.

Macrae, C. N., & Shepherd, J. W. (1989). Stereotypes and social judgements. *British Journal of Social Psychology, 28*, 319–325.

Macrae, C. N., Bodenhausen, G. V., & Milne, A. (1995). The dissection of selection in person perception: Inhibitory processes in social stereotyping. *Journal of Personality and Social Psychology, 69*, 397–407.

Macrae, C. N., Bodenhausen, G. V., & Milne, A. (1998). Saying no to unwanted thoughts: Self-focus and the regulation of mental life. *Journal of Personality and Social Psychology, 74*, 578–589.

Macrae, C. N., Bodenhausen, G. V., Milne, A., & Jetten, J. (1994c). Out of mind but back in sight: Stereoytpes on the rebound. *Journal of Personality and Social Psychology, 67*, 808–817.

Macrae, C. N., Hewstone, M., & Griffiths, R. J. (1993). Processing load and memory for stereotype-based information. *European Journal of Social Psychology, 23*, 77–87.

Macrae, C. N., Milne, A., & Bodenhausen, G. V. (1994a). Stereotypes as energy-saving devices: A peek inside the cognitive toolbox. *Journal of Personality and Social Psychology, 66*, 37–47.

Macrae, C. N., Stangor, C., & Hewstone, M. (eds.) (1996). *Stereotypes and Stereotyping.* New York: Guilford.

Macrae, C. N., Stangor, C., & Milne, A. (1994b). Activating stereotypes: A functional analysis. *Journal of Experimental Social Psychology, 30*, 370–389.

Madon, S., Guyll, M., Aboufadel, K., Motiel, E., Smith, A., Palumbo, P., & Jussim, L. (2001a). Ethnic and national stereotypes: The Princeton trilogy revisited. *Personality and Social Psychology Bulletin, 27*, 996–1010.

Madon, S., Smith, A., Jussim, L., Russell, D. W., Eccles, J., Palumbo, P., & Walkiewicz, M. (2001b). Am I as you see me or do you see me as I am? Self-fulfilling prophecies and self-verification. *Personality and Social Psychology Bulletin, 27*, 1214–1224.

Magee, J. C., & Tiedens, L. Z. (2006). Emotional ties that bind: The roles of valence and consistency of group emotion in inferences of cohesiveness and common fate. *Personality and Social Psychology Bulletin, 32*, 1703–1715.

Magley, V. J. Hulin, C. L., Fitzgerald, L. F., & DeNardo, M. (1999). Outcomes of self-labeling sexual harassment. *Journal of Applied Psychology, 84*, 390–402.

Major, B., & O'Brien, L. T. (2005). The social psychology of social stigma. *Annual Review of Psychology, 56*, 393–421.

Major, B., Gramzow, R. H., McCoy, S., Levin, S., Schmader, T., & Sidanius, J. (2002b). Perceiving personal discrimination: The role of group status and legitimising ideology. *Journal of Personality and Social Psychology, 82*(3), 269–282.

Major, B., Kaiser, C. R., O'Brien, L. T., & McCoy, S. K. (2007). Perceived discrimination as world-view threat or world-view confirmation: Implications for self-esteem. *Journal of Personality and Social Psychology, 92*, 1068–1086.

Major, B., Quinton, W. J., & McCoy, S. (2002a). Antecedents and consequences of attributions to discrimination: Theoretical and empirical advances. *Advances in Experimental Social Psychology, 34*, 251–330.

Maras, P. (1993). *The Integration of Children with Disabilities into the Mainstream*. Unpublished PhD, University of Kent, Canterbury.

Maras, P., & Brown, R. (1996). Effects of contact on children's attitudes toward disability: A longitudinal study. *Journal of Applied Social Psychology, 26*, 2113–2134.

Maras, P., & Brown, R. (2000). Effects of different forms of

school contact on childrens attitudes towards disabled and non-disabled peers. *British Journal of Educational Psychology, 70*, 337–351.

Marx, K., & Engels, F. (1965). *The German Ideology* [1846]. London: Lawrence Wishart.

Masser, B., & Abrams, D. (1999). Contemporary sexism: The relationship among hostility, benevolence, and neosexism. *Psychology of Women Quarterly, 23*, 503–517.

Masser, B., & Abrams, D. (2004). Reinforcing the glass ceiling: The consequences of hostile sexism for female managerial candidates. *Sex Roles, 51*, 609–615.

Maykovich, M. K. (1975). Correlates of racial prejudice. *Journal of Personality and Social Psychology, 32*, 1014–1020.

McConahay, J. B. (1982). Self-interest versus racial attitudes as correlates of anti-busing attitudes in Louisville: Is it the buses or the blacks? *Journal of Politics, 44*, 692–720.

McConahay, J. B. (1986). Modern racism, ambivalence and the modern racism scale. In J. F. Dovidio & S. L. Gaertner (eds.), *Prejudice, Discrimination and Racism* (pp. 91–126). Orlando: Academic Press.

McConahay, J. B., Hardee, B. B., & Batts, V. (1981). Has racism declined in America? It depends on who is asking and what is asked. *Journal of Conflict Resolution, 25*, 563–579.

McConnell, A. R., & Liebold, J. M. (2001). Relations among the implicit association test, discriminatory behavior, and explicit measures of racial attitudes. *Journal of Experimental Social Psychology, 37*, 435–442.

McCoy, S., & Major, B. (2003). Group identification moderates emotional responses to perceived prejudice. *Personality and Social Psychology Bulletin, 29*, 1005–1017.

McDevitt, J., Balboni, J., Garcia, L., & Gu, J. (2001). Consequences for victims: A comparison of bias and non-bias motivated assaults. *American Behavioral Scientist, 45*, 697–713.

McFarland, S. G., Agehev, V. S., & Abalakina-Paap, M. A.

(1992). Authoritarianism in the former Soviet Union. *Journal of Personality and Social Psychology, 63*, 1004–1010.

McGarty, C., & Penny, R. E. C. (1988). Categorization, accentuation and social judgement. *British Journal of Social Psychology, 27*, 147–157.

McGarty, C., Haslam, S. A., Turner, J. C., & Oakes, P. J. (1993). Illusory correlation as accentuation of actual intercategory difference: Evidence for the effect with minimal stimulus information. *European Journal of Social Psychology, 23*, 391–410.

McGarty, C., Pederson, A., Leach, C. W., Mansell, T., Waller, J., & Bliuc, A.-M. (2005). Group-based guilt as a predictor of commitment to apology. *British Journal of Social Psychology, 44*, 659–680.

McGlothlin, H., & Killen, M. (2006). Intergroup attitudes of European American children attending ethnically homogeneous schools. *Child Development, 77*, 1375–1386.

McGlothlin, H., Killen, M., & Edmonds, C. (2005). European-American children's intergroup attitudes about peer relationships. *British Journal of Developmental Psychology, 23*, 227–249.

McGuire, W. J., McGuire, C. V., Child, P., & Fujioka, T. (1978). Salience of ethnicity in the spontaneous self concept as a function of one's ethnic distinctiveness in the social environment. *Journal of Personality and Social Psychology, 36*, 511–520.

McLaren, L. (2003). Anti-immigrant prejudice in Europe: Contact, threat perception, and preferences for the exclusion of migrants. *Social Forces, 81*, 909–936.

McLaren, L., & Johnson, M. (2007). Resources, group conflict and symbols: Explaining anti-immigration hostility in Britain. *Political Studies, 55*, 709–732.

Mead, G, H, (1934), *On Social Psychology*, Chicago: University of Chicago Press.

Meertens, R. W., & Pettigrew, T. F. (1997). Is subtle prejudice really prejudice? *Public Opinion Quarterly, 61*, 54–71.

Meeus, J., Duriez, B., Vanbeselaere, N., Phalet, K., &

Kuppens, P. (2008). Where do negative outgroup attitudes come from? Combining an individual differences and an intergroup relations perspective. Paper presented at the General Meeting of the European Association of Social Psychology, Optajia, Croatia, July.

Meleon, J. D., Hagendoorn, L., Raaijmakers, Q., & Visser, L. (1988). Authoritarianism and the revival of political racism: Reassessments in the Netherlands of the reliability and validity of the concept of authoritarianism by Adorno et al. *Political Psychology, 9*(3), 413–429.

Mendoza-Denton, R., Downey, G., Purdie, V. J., Davis, A., & Pietrzak, J. (2002). Sensitivity to status-based rejection: Implications for African American students' college experience. *Journal of Personality and Social Psychology, 83*, 896–918.

Migdal, M., Hewstone, M., & Mullen, B. (1998). The effects of crossed categorization on intergroup evaluations: A meta-analysis. *British Journal of Social Psychology, 37*, 303–324.

Miles, R. (1989). *Racism.* London: Routledge.

Miller, A., & Bolce, L. (1979). Reply to Cosby. *American Political Science Review, 73*, 818–822.

Miller, A., Bolce, L. & Halligan, M. (1977). The J-curve theory and the black urban riots: An empirical test of progressive relative deprivation theory. *American Political Science Review, 71*, 964–982.

Miller, C. T., & Downey, K. T. (1999). A meta-analysis of heavyweight and self-esteem. *Personality and Social Psychology Review, 3*, 68–84.

Miller, C. T., & Myers, A. M. (1998). Compensating for prejudice: How heavyweight people (and others) control outcomes despite prejudice. In J. K. Swim & C. Stangor (eds.), *Prejudice: The Target's Perspective* (pp. 191–218). San Diego: Academic Press.

Miller, N, (2002), Personalization and the promise of contact theory. *Journal of Social Issues, 58*, 387–410.

Miller, N. E., & Bugelski, R. (1948). Minor studies in aggression: The influence of frustrations imposed by the ingroup on attitudes toward out-groups. *Journal of Psychology, 25*, 437–442.

Miller, N., & Davidson-Podgorny, F. (1987). Theoretical models of intergroup relations and the use of co-operative teams as an intervention for desegregated settings. In C. Hendrick (ed.), *Group Processes and Intergroup Relations: Review of Personality and Psychology* (Vol. 9, pp. 41–67). Beverley Hills: Sage.

Miller, N., Brewer, M. B., & Edwards, K. (1985). Cooperative interaction in desegregated settings: A laboratory analogue. *Journal of Social Issues, 41,* 63–79.

Milner, D. (1983). *Children and Race: Ten Years On.* London: Ward Lock.

Minard, R. D. (1952). Race relationships in the Pocahontas coal field. *Journal of Social Issues, 8,* 29–44.

Ministry of Industry (2005). *Women in Canada: A Gender Based Statistical Report* (5th ed.). Ottawa: Statistics Canada.

Mischel, W. (1966). A social learning view of sex differences in behavior. In E. Maccoby (ed.), *The Development of Sex Differences.* Stanford, CA: Stanford University Press.

Mischel, W. (1970). Sex typing and socialization. In P. H. Mussen (ed.), *Carmichael's Manual of Child Psychology* (Vol. 2). New York: Wiley.

Moghaddam, F. M., Fathali, M., Stolkin, A. J., & Hutcheson, L. S. (1997). A generalized personal/ group discrepancy: Testing the domain specificity of a perceived higher effect of events on one's group than on oneself. *Personality and Social Psychology Bulletin, 23,* 743–750.

Molina, L. E., & Wittig, M. A. (2006). Relative importance of contact conditions in explaining prejudice reduction in a classroom context. *Journal of Social Issues, 62,* 489–509.

Monteith, M. J. (1993). Self-regulation of prejudiced responses: Implications for progress in prejudice-reduction efforts. *Journal of Personality and Social Psychology, 65,* 469–485.

Monteith, M. J. (1996). Contemporary forms of prejudice-related conflict: In search of a nutshell. *Personality and Social Psychology Bulletin, 22,* 461–473.

Monteith, M. J., Devine, P. G., & Zuwerink, J. R. (1993). Self-directed versus other-directed affect as a consequence of prejudice-related discrepancies. *Journal of Personality and Social Psychology, 64,* 198–210.

Monteith, M. J., Sherman, J. W., & Devine, P. G. (1998a). Suppression as a stereotype control strategy. *Personality and Social Psychology Review, 2,* 63–82.

Monteith, M. J., Spicer, C. V., & Tooman, G. D. (1998b). Consequences of stereotype suppression: Stereotypes on AND not on the rebound. *Journal of Experimental Social Psychology, 34,* 355–377.

Morgan, M. (1982). Television and adolescents' sex-role stereotypes: A longitudinal study. *Journal of Personality and Social Psychology, 43,* 947–955.

Morgan, N. (1988). *The Equality Game: Women in the Federal Public Service (1908–1987).* Ottawa: Canadian Advisory Council on the Status of Women.

Morrison, K. R., & Ybarra, O. (2008). The effects of realistic threat and group identification on social dominance orientation. *Journal of Experimental Social Psychology, 44,* 156–163.

Mosher, D. L., & Scodel, A. (1960). Relationships between ethnocentrism in children and authoritarian rearing practices of their mothers. *Child Development, 31,* 369–376.

Moya, M., Glick, P., Exposito, F., de Lemus, S., & Hart, J. (2007). It's for your own good: Benevolent sexism and women's reactions to protectively justified restrictions. *Personality and Social Psychology Bulletin, 33,* 1421–1434.

Mullen, B., & Hu, L. (1989). Perceptions of ingroup and outgroup variability: A metaanalytic integration. *Basic and Applied Social Psychology, 10,* 233–252.

Mullen, B., Brown, R., & Smith, C. (1992). Ingroup bias as a function of salience, relevance, and status: An integration. *European Journal of Social Psychology, 22,* 103–122.

Mummendey, A., & Otten, S. (1998). Positive-negative asymmetry in social discrimination. In W. Stroebe & M. Hewstone (eds.), *European Review of Social Psychology* (Vol. 8, pp. 107–143). Chichester: Wiley.

Mummendey, A., Klink, A., & Brown, R. (2001a). Nationalism and patriotism: National identification and outgroup rejection. *British Journal of Social Psychology, 40*, 159-172.

Mummendey, A., Klink, A., & Brown, R. (2001b). A rejoinder to our critics and some of their misapprehensions. *British Journal of Social Psychology, 40*, 187-191.

Mummendey, A., Simon, B., Dietze, C., Grünert, M., Haeger, G., Kessler, T., Lettgen, S., & Schäferhoff, S. (1992). Categorization is not enough: Intergroup discrimination in negative outcome allocations. *Journal of Experimental Social Psychology, 28*, 125-144.

Murphy, M., Steele, C. M., & Gross, J. (2007). Signaling threat: How situational cues affect women in math, science and engineering. *Psychological Science, 18*, 879-885.

Myrdal, G. (1944). *An American Dilemma*. New York: Harper Row.

Nail, P. R., Harton, H. C., & Decker, B. P. (2003). Political orientation and modern versus aversive racism: Tests of Dovidio and Gaertner's (1998) integrated model. *Journal of Personality and Social Psychology, 84*, 754-770.

Nakanishi, D. T. (1988). Seeking convergence in race relations research: Japanese-Americans and the resurrection of the internment. In P. A. Katz & D. Taylor (eds.), *Eliminating Racism: Profiles in Controversy* (pp. 159-180). New York: Plenum.

Nelson, T. E., Biernat, M., & Manis, M. (1990). Everyday base rates (sex stereotypes): Potent and resilient. *Journal of Personality and Social Psychology, 59*, 664-675.

Nesdale, D. (2004). Social identity processes and children's ethnic prejudice. In M. Bennett & F. Sani (eds.), *The Development of the Social Self* (pp. 219-245). Hove: Psychology Press.

Nesdale, D,, & Flesser, D, (2001), Social identity and the development of children's group attitudes. *Child Development, 72*, 506-517.

Nesdale, D., Durkin, K., Maass, A., & Griffiths, J. (2005a). Threat, group identification, and children's ethnic prejudice. *Social Development, 14*, 189-205.

Nesdale, D., Maass, A., Durkin, K., & Griffiths, J. (2005b). Group norms, threat, and children's racial prejudice. *Child Development, 76*, 652-663.

Neuberg, S. L., & Fiske, S. T. (1987). Motivational influences on impression formation: Outcome dependency, accuracy-driven attention, and individuating processes. *Journal of Personality and Social Psychology, 53*, 431-444.

Neumark-Sztainer, D., & Haines, J. (2004). Psychosocial and behavioral consequences of obesity. In J. K. Thompson (ed.), *Handbook of Eating Disorders and Obesity* (pp. 349-371). Hoboken, NJ: Wiley.

Nier, J. A., Mottola, G. R., & Gaertner, S. L. (2000). The O. J. Simpson criminal verdict as a racially symbolic event: A longitudinal analysis of racial attitude change. *Personality and Social Psychology Bulletin, 26*, 507-516.

Nosek, B. A., Smyth, F. L., Hansen, J. J., Devos, T., Lindner, N. M., Ranganath, K. A., Tucker Smith, C., Olson, K. R., Chugh, D., Greenwald, A. G., & Banaji, M. R. (2007). Pervasiveness and correlates of implicit attitudes and stereotypes. *European Review of Social Psychology, 18*, 36-88.

Nunez, J., & Gutierrez, R. (2004). Class discrimination and meritocracy in the labor market: Evidence from Chile. *Estudios de Economia, 31*, 113-132.

Oakes, P. J. (1994). The effects of fit versus novelty on the salience of social categories: A response to Biernat and Vescio (1993). *Journal of Experimental Social Psychology, 30*, 390-398.

Oakes, P. J., & Reynolds, K. J. (1997). Asking the accuracy question: Is measurement the answer? In R. Spears, P. J. Oakes, N. Ellemers, & S. A. Haslam (eds.), *The Social Psychology of Stereotyping and Group Life* (pp. 51-71). Oxford: Blackwell.

Oakes, P. J., & Turner, J. (1986). Distinctiveness and the salience of social category membership: Is there an automatic bias towards novelty? *European Journal of Social Psychology, 16*, 325-344.

Oakes, P. J., Haslam, A., & Turner, J. C. (1994). *Stereotyping and Social Reality.* Oxford: Blackwell.

Olson, J. M., & Fazio, R. H. (2004). Reducing the influence of extrapersonal associations on the implicit association test: Personalizing the IAT. *Journal of Personality and Social Psychology, 86,* 653–667.

Olson, M. A., & Fazio, R. H. (2006). Reducing automatically activated racial prejudice through implicit evaluative conditioning. *Personality and Social Psychology Bulletin, 32,* 421–433.

Operario, D., & Fiske, S. T. (2001). Ethnic identity moderates perceptions of prejudice: Judgments of personal versus group discrimination and subtle versus blatant bias. *Personality and Social Psychology Bulletin, 27*(5), 550–561.

Ostrom, T. M., & Sedikides, C. (1992). Outgroup homogeneity effects in natural and minimal groups. *Psychological Bulletin, 112,* 536–552.

Otten, S., & Moskowitz, G. B. (2000). Evidence for implicit evaluative in–group bias: Affect–biased spontaneous trait inference in a minimal group paradigm. *Journal of Experimental Social Psychology, 36,* 77–89.

Oyserman, D., Coon, H. M., & Kemmelmeier, M. (2002). Rethinking individualism and collectivism: Evaluation of theoretical assumptions and meta–analyses. *Psychological Bulletin, 128,* 3–72.

Padgett, V. R., & Jorgenson, D. O. (1982). Superstition and economic threat: Germany 1918–1940. *Personality and Social Psychology Bulletin, 8,* 736–741.

Páez, D., Marques, J. M., Valencia, J., & Vincze, O. (2006). Dealing with collective shame and guilt. *Psicologia Politica, 32,* 59–78.

Paluck, E. L. (2009). Reducing intergroup prejudice and conflict using the media: A field experiment in Rwanda. *Journal of Personality and Social Psychology, 96,* 574–587.

Paolini, S., Hewstone, M., Cairns, E., & Voci, A. (2004). Effects of direct and indirect cross–group friendships on judgments of Catholics and Protestants in Northern Ireland: The mediating role of an anxiety–reduction mechanism. *Personality and Social Psychology*

*Bulletin, 30,* 770–786.

Park, B., Judd, C. M., & Ryan, C. S. (1991). Social categorization and the representation of variability information. *European Review of Social Psychology, 2,* 211–245.

Park, R. E. (1924). The concept of social distance as applied to the study of racial attitudes and racial relations. *Journal of Applied Sociology, 8,* 339–344.

Patterson, M. M., & Bigler, R. (2006). Preschool children's attention to environmental messages about groups: Social categorization and the origins of intergroup bias. *Child Development, 77,* 847–860.

Payne, B. K. (2001). Prejudice and perception: The role of automatic and controlled processes in misperceiving a weapon. *Journal of Personality and Social Psychology, 81,* 181–192.

Payne, B. K., Shimizu, Y., & Jacoby, L. L. (2005). Mental control and visual illusions: Toward explaining race–biased weapon misidentifications. *Journal of Experimental Social Psychology, 41,* 36–47.

Pederson, A., Beven, J., Walker, I., & Griffiths, B. (2004). Attitudes toward indigenous Australians: The role of empathy and guilt. *Journal of Community and Applied Social Psychology, 14,* 233–249.

Pehrson, S., Brown, R., & Zagefka, H. (2009a). When does national identification lead to the rejection of immigrants? Cross–sectional and longitudinal evidence for the role of essentialist ingroup definitions. *British Journal of Social Psychology, 58,* 61–76.

Pehrson, S., Vignoles, V., & Brown, R. (2009b). National identification and anti–immigrant prejudice: Individual and contextual effects of national definitions. *Social Psychology Quarterly, 72,* 24–38.

Pendry, L. F., & Macrae, C. N. (1994). Stereotypes and mental life: The case of the motivated but thwarted tactician. *Journal of Experimental Social Psychology, 30,* 303–325.

Pendry, L. F., & Macrae, C. N. (1996). What the disinterested perceiver overlooks: Goal–directed social categorization. *Personality and Social Psychology Bulletin, 22,* 249–256.

Penny, H., & Haddock, G. (2007). Anti-fat prejudice among children: The 'mere proximity' effect in 5-10 year-olds. *Journal of Experimental Social Psychology, 43,* 678-683.

Perdue, C. W., Dovidio, J., Gurtman, M. B., & Tyler, R. B. (1990). 'Us' and 'them': Social categorization and the process of intergroup bias. *Journal of Personality and Social Psychology, 59,* 475-486.

Perrin, A. J. (2005). National threat and political culture: Authoritarianism, anti-authoritarianism, and the September 11 attacks. *Political Psychology, 26,* 167-194.

Petrocelli, J. V. (2002). Ambivalent sexism inventory: Where's the ambivalence? *American Psychologist, 57,* 443-444.

Pettigrew, T. F. (1958). Personality and sociocultural factors in intergroup attitudes: A cross-national comparison. *Journal of Conflict Resolution, 2,* 29-42.

Pettigrew, T. F. (1971). Racially Separate or Together? New York: McGraw Hill.

Pettigrew, T. F. (1979). The ultimate attribution error: Extending Allport's cognitive analysis of prejudice. *Personality and Social Psychology Bulletin, 5,* 461-476.

Pettigrew, T. F. (1985). New patterns of racism: The different worlds of 1984 and 1964. *Rutgers Law Review, 1,* 673-706.

Pettigrew, T. F. (1997). Generalised intergroup contact effects on prejudice. *Personality and Social Psychology Bulletin, 23*(2), 173-185.

Pettigrew, T. F. (1998). Intergroup contact theory. *Annual Review of Psychology, 49,* 65-85.

Pettigrew, T. F. (2004). Justice deferred: A half century after Brown v. Board of Education. *American Psychologist, 59,* 521-529.

Pettigrew, T. F., & Meertens, R. W. (1995). Subtle and blatant prejudice in western Europe. *European Journal of Social Psychology, 25,* 57-75.

Pettigrew, T. F., & Meertens, R. W. (2001). In defense of the subtle prejudice concept: A retort. *European Journal of Social Psychology, 31,* 299-309.

Pettigrew, T. F., & Tropp, L. (2006). A meta-analytic test of intergroup contact theory. *Journal of Personality and Social Psychology, 90,* 751-783.

Pettigrew, T. F., & Tropp, L. (2008). How does intergroup contact reduce prejudice? Meta-analytic tests of three mediators. *European Journal of Social Psychology, 38,* 922-934.

Pettigrew, T. F., Christ, O., Wagner, U., & Stellmacher, J. (2007). Direct and indirect intergroup contact effects on prejudice: A normative interpretation. *International Journal of Intercultural Relations, 31,* 411-425.

Pettigrew, T. F., Christ, O., Wagner, U., Meertens, R. W., van Dick, R., & Zick, A. (2008). Relative deprivation and intergroup prejudice. *Journal of Social Issues, 64,* 385-401.

Pettigrew, T. F., Jackson, J. S., Brika, J. B., Lemaine, G., Meertens, R. W., Wagner, U., Lemain, G., Meertens, R. W., Wagner, U., & Zick, A. (1998). Outgroup prejudice in western Europe. In W. Stroebe & M. Hewstone (eds.), *European Review of Social Psychology* (Vol. 8, pp. 241-273). Chichester: John Wiley.

Pfafferott, I., & Brown, R. (2006). Acculturation preferences of majority and minority adolescents in Germany in the context of society and family. *International Journal of Intercultural Relations, 30,* 703-717.

Piaget, J. (1954). *The Construction of Reality in the Child.* New York: Basic Books.

Pilger, J. (1989). *A Secret Country.* London: Vantage.

Pinel, E. C. (1999). Stigma consciousness: The psychological legacy of social stereotypes. *Journal of Personality and Social Psychology, 76*(1), 114-128.

Plant, E. A., & Devine, P. G. (1998). Internal and external motivation to respond without prejudice. *Journal of Personality and Social Psychology, 75,* 811-832.

Plomin, R. (1990). *Nature and Nurture: An Introduction to Human Behavioral Genetics.* Pacific Grove, CA: Brooks/Cole.

Popper, K. (1963). *Conjectures and Refutations: The Growth of Scientific Knowledge.* London: Routledge and Kegan Paul.

Populus (2008). *Poll for BBC Newsnight: Executive Summary*.

Porter, J. D. R. (1971). *Black Child, White Child: The Development of Racial Attitudes*. Cambridge, MA: Harvard University Press.

Powers, D. A., & Ellison, C. G. (1995). Interracial contact and black racial attitudes: The contact hypothesis and selectivity bias. *Social Forces, 74*, 205-226.

Powlishta, K. K., Serbin, L. A., Doyle, A. B., & White, D. R. (1994). Gender, ethnic and body type biases: The generality of prejudice in childhood. *Developmental Psychology, 30*, 526-536.

Pratto, F., Sidanius, J., Stallworth, L. M., & Malle, B. F. (1994). Social dominance orientation: A personality variable predicting social and political attitudes. *Journal of Personality and Social Psychology, 67*, 741-763.

Pratto, F., Stallworth, L. M., Sidanius, J., & Siers, B. (1997). The gender gap in occupational role attainment: A social dominance approach. *Journal of Personality and Social Psychology, 72*, 37-53.

Quanty, M. B., Keats, J. A., & Harkins, S. G. (1975). Prejudice and criteria for identification of ethnic photographs. *Journal of Personality and Social Psychology, 32*, 449-454.

Quattrone, G. A. (1986). On the perception of a group's variability. In S. Worchel & W. G. Austin (eds.), *Social Psychology of Intergroup Relations* (pp. 25-48). Chicago: Nelson.

Quillian, L. (1995). Prejudice as a response to perceived group threat: Population composition and anti-immigrant and racial prejudice in Europe. *American Sociological Review, 60*, 586-611.

Quinn, P. C., Yahr, J., Kuhn, A., Slater, A. M., & Pascalis, O. (2002). Representation of the gender of human faces by infants: A preference for female. *Perception, 31*, 1109-1121.

Raabe, T., & Beelmann, A. (2009). Age differences and development of prejudice among children and adolescents: A meta-analysis. Paper presented at the Society for Research in Child Development (SRCD), Denver, USA (April).

Rabbie, J. M., & Horwitz, M. (1969). Arousal of ingroup bias by a chance win or loss. *Journal of Personality and Social Psychology, 13*, 269-277.

Rahhal, T. A., Hasher, L., & Colcombe, S. J. (2001). Instructional manipulations and age differences in memory: Now you see them, now you don't. *Psychology and Aging, 16*, 697-706.

Rankin, R. E., & Campbell, D. T. (1955). Galvanic skin response to negro and white experimenters. *Journal of Abnormal and Social Psychology, 51*, 30-33.

Ratazzi, A. M. M., & Volpato, C. (2003). Social desirability of subtle and blatant prejudice scales. *Psychological Reports, 92*, 241-50.

Reicher, S. (1986). Contact, action and racialization: Some British evidence. In M. Hewstone & R. Brown (eds.), *Contact and Conflict in Intergroup Encounters* (pp. 152-168). Oxford: Blackwell.

Reicher, S. (2004). The context of social psychology: Domination, resistance, and change. *Political Psychology, 25*, 921-945.

Reicher, S., & Hopkins, N. (2001). *Self and Nation*. London: Sage Publications.

Repetti, R. L. (1984). Determinants of children's sex-stereotyping: Parental sex-role traits and television viewing. *Personality and Social Psychology Bulletin, 10*, 457-468.

Reynolds, K. J., Turner, J. C., Haslam, S. A., & Ryan, M. K. (2001). The role of personality and group factors in explaining prejudice. *Journal of Experimental Social Psychology, 37*, 427-434.

Richardson, S. A., & Green, A. (1971). When is black beautiful? Coloured and white children's reactions to skin colour. *British Journal of Educational Psychology, 41*(1), 62-69.

Rimé, B., Kanyangara, P., Yzerbyt, V. Y., Philippot, P., & Páez, D. (2008). Social rituals and collective expression of emotion after a collective trauma. Paper presented at the European Association of Experimental Social Psychology, Opatija, Croatia, July.

Robinson, J. P., Shaver, P. R., & Wrightsman, L. S. (1991). *Measures of Personality and Social Psychological Attitudes*. San Diego: Academic Press.

Roccas, S., & Schwartz, S. H. (1993). Effects of intergroup similarity on intergroup relations. *European Journal of Social Psychology, 23*, 581-595.

Roccas, S., Klar, Y., & Liviatan, I. (2006). The paradox of group-based guilt: Modes of national identification, conflict vehemence, and reactions to the in-group's moral violations. *Journal of Personality and Social Psychology, 32*, 1674-1689.

Roese, N. J., & Jamieson, D. W. (1993). Twenty years of bogus pipeline research: A critical review and meta-analysis. *Psychological Bulletin, 114*, 363-375.

Rojahn, K., & Pettigrew, T. F. (1992). Memory for schema-relevant information: A meta-analytic resolution. *British Journal of Social Psychology, 31*, 81-109.

Rokeach, M. (1948). Generalized mental rigidity as a factor in ethnocentrism. *Journal of Abnormal and Social Psychology, 43*, 259-278.

Rokeach, M. (1956). Political and religious dogmatism: An alternate to the authoritarian personality. *Psychological Monographs, 70*(18), (whole issue).

Rokeach, M. (1960). *The Open and Closed Mind*. New York: Basic Books.

Rokeach, M. (1973). *The Nature of Human Values*. New York: Free Press.

Rokeach, M., & Mezei, L. (1966). Race and shared belief as factors in social choice. *Science, 151*, 167-172.

Rokeach, M., Smith, P. W., & Evans, R. I. (1960). Two kinds of prejudice or one? In M. Rokeach (ed.), *The Open and Closed Mind*. New York: Basic Books.

Rombough, S., & Ventimiglia, J. C. (1981). Sexism: A tri-dimensional phenomenon. *Sex Roles, 7*, 747-755.

Rosch, E. (1978). Principles of categorization. In E. Rosch & B. Lloyd (eds.), *Cognition and Categorization* (pp. 27-48). Hillsdale, NJ: Lawrence Erlbaum.

Rosenberg, M., & Simmons, R. G. (1972). *Black and White Self-Esteem: The Urban School Child*. Washington, DC: American Sociological Association.

Rosenthal, R. (1966). *Experimenter Effects in Behavioral Research*. New York: Appleton.

Rosenthal, R., & Jacobson, L. (1968). *Pygmalion in the Classroom: Teacher Expectations and Student Intellectual Development*. New York: Holt, Rinehart and Winston.

Ross, L. D. (1977). The intuitive psychologist and his shortcomings: Distortions in the attribution process. In L. Berkowitz (ed.), *Advances in Experimental Social Psychology* (Vol. 10, pp. 173-220). New York: Academic Press.

Rothbart, M. (1981). Memory processes and social beliefs. In D. L. Hamilton (ed.), *Cognitive Processes in Stereotyping and Intergroup Behavior* (pp. 145-181). Hillsdale, NJ: Erlbaum.

Rothbart, M., & John, O. P. (1985). Social categorization and behavioural episodes: A cognitive analysis of the effects of intergroup contact. *Journal of Social Issues, 41*, 81-104.

Rothbart, M., & Park, B. (1986). On the confirmability and disconfirmability of trait concepts. *Journal of Personality and Social Psychology, 50*, 131-142.

Rubin, M., & Hewstone, M. (2004). Social identity, system justification, and social dominance: Commentary on Reicher, Jost et al., and Sidanius et al. *Political Psychology, 25*, 823-844.

Ruble, D. N., Boggiano, A., Feldman, N., & Loebl, J. (1980). A developmental analysis of the role of social comparisons in self-evaluation. *Developmental Psychology, 12*, 192-197.

Rudman, L. A., Feinberg, J., & Fairchild, K. (2002). Minority members' implicit attitudes: Automatic ingroup bias as a function of group status. *Social Cognition, 20*, 294-320.

Ruggiero, K. M., & Major, B. (2002). Retraction. Group status and attributions to discrimination: Are low or high status group members more likely to blame their failures on discrimination? *Personality and Social Psychology Bulletin, 28*, 284.

Ruggiero, K. M., & Marx, D. M. (2001). Retraction: 'Less pain and more to gain': Why high status group members blame their failure on discrimination. *Journal of Personality and Social Psychology, 81*, 178.

Ruggiero, K. M., Mitchell, J. P., Krieger, N., Marx, D. M., & Lorenzo, M. L. (2002). 'Now you see it now you don't: Explicit versus implicit measures of the personal/group discrimination discrepency': Retraction. *Psychological Science, 13*, 511–514.

Ruggiero, K. M., Steele, J., Hwang, A., & Marx, D. M. (2001). 'Why did I get a "D"?' The effects of social comparisons on women's attributions to discrimination: Retraction. *Personality and Social Psychology Bulletin, 27*, 1237.

Ruggiero, K., & Taylor, D. M. (1995). Coping with discrimination: How disadvantaged group members perceive the discrimination that confronts them. *Journal of Personality and Social Psychology, 68*, 826–838.

Ruggiero, K., & Taylor, D. M. (1997). Why minority group members perceive or do not perceive the discrimination that confronts them: The role of self-esteem and perceived control. *Journal of Personality and Social Psychology, 72*, 373–389.

Runciman, W. G. (1966). *Relative Deprivation and Social Justice. A Study of Attitudes to Social Inequality in Twentieth Century England*. London: Routledge and Kegan Paul.

Rutland, A., Brown, R., Ahmavaara, A., Arnold, K., Samson, J., & Cameron, L. (2007). Development of the positive-negative asymmetry effect: Ingroup exclusion norm as a mediator of children's evaluations on negative attributes. *European Journal of Social Psychology, 37*, 171–190.

Rutland, A., Cameron, L., Bennett, L., & Ferrell, J. (2005a). Interracial contact and racial constancy: A multi-site study of racial intergroup bias in 3–5 year old Anglo-British children. *Applied Developmental Psychology, 26*, 699–713.

Rutland, A., Cameron, L., Milne, A., & McGeorge, P. (2005b). Social norms and self-presentation: Children's implicit and explicit attitudes. *Child Development, 76*, 451–466.

Ryan, C. S. (2002). Stereotpye accuracy. *European Review of Social Psychology, 13*, 75–109.

Ryan, M. K., & Haslam, A. (2007). The glass cliff: Exploring the dynamics surrounding women's appointment to precarious leadership positions. *Academy of Management Review, 32*, 549–572.

Ryen, A. H., & Kahn, A. (1975). Effects of intergroup orientation on group attitudes and proxemic behavior. *Journal of Personality and Social Psychology, 31*, 302–310.

Sachdev, I., & Bourhis, R. (1987). Status differentials and intergroup behaviour. *European Journal of Social Psychology, 17*, 277–393.

Sachdev, I., & Bourhis, R. (1991). Power and status differentials in minority and majority group relations. *European Journal of Social Psychology, 21*, 1–24.

Sagar, H. A., & Schofield, J. W. (1980). Racial and behavioral cues in black and white children's perceptions of ambiguously aggressive acts. *Journal of Personality and Social Psychology, 39*, 590–598.

Sales, S. M. (1973). Threat as a factor in authoritarianism: An analysis of archival data. *Journal of Personality and Social Psychology, 28*, 44–57.

Samson, E. E. (1999). *Dealing with Differences: An Introduction to the Social Psychology of Prejudice*. New York: Harcourt Brace.

Sangrigoli, S., & de Schonen, S. (2004). Recognition of own-race and other-race faces by three-month-old infants. *Journal of Child Psychology and Psychiatry, 45*, 1219–1227.

Sassenberg, K., Moskowitz, G. B., Jacoby, J., & Hansen, N. (2007). The carry-over effect of competition: The impact of competition on prejudice towards uninvolved outgroups. *Journal of Experimental Social Psychology, 43*, 529–538.

Saucier, G. (1994). Separating description and evaluation in the structure of personality attributes. *Journal of Personality and Social Psychology, 66*, 141–154.

Schaller, M. (1991). Social categorization and the formation of group stereotypes: Further evidence for biased information processing in the perception of group-behaviour correlations. *European Journal of Social Psychology, 21*, 25-35.

Schaller, M., & Maass, A. (1989). Illusory correlation and social categorization: Toward an integration of motivational and cognitive factors in stereotype formation. *Journal of Personality and Social Psychology, 56*, 709-721.

Schatz, R. T., Staub, E., & Lavine, H. (1999). On the varieties of national attachment: Blind versus constructive patriotism. *Political Psychology, 20*, 151-174.

Scheepers, D., Spears, R., Doosje, B., & Manstead, A. S. R. (2006). The social functions of ingroup bias: Creating, confirming, or changing social reality. *European Review of Social Psychology, 17*, 359-396.

Schmader, T. (2002). Gender identification moderates stereotype threat effects on women's math performance. *Journal of Experimental Social Psychology, 38*, 194-201.

Schmader, T., Johns, M., & Forbes, C. (2008). An integrated process model of stereotype threat effects on performance. *Psychological Review, 115*, 336-356.

Schmitt, M. T., & Branscombe, N. R. (2002b). The meaning and consequences of perceived discrimination in disadvantaged and privileged social groups. In W. Stroebe & M. Hewstone (eds.), *European Review of Social Psychology* (Vol. 12, pp. 167-199). Chichester: John Wiley and Sons.

Schmitt, M. T., Branscombe, N., & Kappen, D. M. (2003). Attitudes toward group-based inequality: Social dominance or social identity. *British Journal of Social Psychology, 42*, 161-186.

Schmitt, M., & Branscombe, N. (2002a). The internal and external causal loci of attributions to prejudice. *Personality and Social Psychology Bulletin, 28*, 620-628.

Schofield, J. W. (1979). The impact of positively structured contact on intergroup behavior: Does it last under adverse conditions? *Social Psychology Quarterly, 42*, 280-284.

Schofield, J. W. (1982). *Black and White in school: Trust, Tension, or Tolerance*. New York: Praeger.

Schofield, J. W., & Sagar, H. A. (1977). Peer interaction patterns in an intergrated middle school. *Sociometry, 40*, 130-138.

Schofield, J. W., and Eurich-Fulcer, R. (2001). When and how school desegregation improves intergroup relations. In R. Brown & S. Gaertner (eds.), *Blackwell Handbook of Social Psychology: Intergroup Processes* (pp. 475-494). Oxford: Blackwell.

Schuman, H., Steeh, C., Bobo, L., & Krysan, M. (1997). *Racial Attitudes in America: Trends and Interpretations*. Cambridge, MA: Harvard University Press.

Schütz, H., & Six, B. (1996). How strong is the relationship between prejudice and discrimination? A meta-analytic answer. *International Journal of Intercultural Relation, 20*, 441-462.

Seago, D. W. (1947). Stereotypes: Before Pearl Harbor and after. *Journal of Social Psychology, 23*, 55-63.

Sears, R. R. (1988). Symbolic racism. In P. Katz & D. Taylor (eds.), *Eliminating Racism: Profiles in Controversy* (pp. 53-84). New York: Plenum.

Sears, R. R., & Henry, P. J. (2005). Over thirty years later: A contemporary look at symbolic racism. *Advances in Experimental Social Psychology, 37*, 95-150.

Sears, R. R., & Kinder, D. R. (1971). Racial tensions and voting in Los Angeles. In W. Z. Hirsch (ed.), *Los Angeles: Viability and Prospects for Metropolitan Leadership* (pp. 51-88). New York: Praeger.

Sears, R. R., Maccoby, E. E., & Levin, H. (1957). *Patterns of Child Rearing*. Oxford, England: Row, Peterson and Co.

Seibt, B., & Förster, J. (2004). Stereotype threat and performance: How self-stereotypes influence processing by inducing regulatory foci, *Journal of Personality and Social Psychology, 87*, 38-56.

Semyonov, M., Raijman, R., & Gorodzeisky, A. (2006). The rise of anti-immigrant sentiment in European societies, 1988-2000. *American Sociological Review, 71*, 26-49.

Serbin, L. A., Tonick, I. J., & Sternglaz, S. H. (1978). Shaping cooperative cross-sex play. *Child Development, 48,* 924-929.

Shapiro, J. R., & Neuberg, S. L. (2007). From stereotype threat to stereotype threats: Implications of a multi-threat framework for causes, moderators, mediators, consequences and interventions. *Personality and Social Psychology Review, 11,* 107-130.

Shelton, J. N. (2003). Interpersonal concerns in social encounters between majority and minority group members. *Group Processes and Intergroup Relations, 6,* 171-185.

Shelton, J. N., Richeson, J. A., & Salvatore, J. (2005). Expecting to be the target of prejudice: Implications for interethnic interactions. *Personality and Social Psychology Bulletin, 31,* 1189-202.

Sherif, M. (1966). *Group Conflict and Cooperation: Their Social Psychology.* London: Routledge and Kegan Paul.

Sherif, M., & Sherif, C. W. (1953). *Groups in Harmony and Tension.* New York: Harper.

Sherif, M., Harvey, O. J., White, B. J., Hood, W. R., & Sherif, C. W. (1961). *Intergroup Conflict and Cooperation: The Robbers Cave Experiment.* Norman, Oklahoma: University of Oklahoma Book exchange.

Sherif, M., White, B. J., & Harvey, O. J. (1955). Status in experimentally produced groups. *American Journal of Sociology, 60,* 370-379.

Sherman, D. K., & Cohen, G. L. (2006). The psychology of self-defense: Self-affirmation theory. *Advances in Experimental Social Psychology, 38,* 183-242.

Shils, E. A. (1954). Authoritarianism: 'Left' and 'right'. In R. Christie & M. Jahoda (eds.), *Studies in the Scope and Method of The Authoritarian Personality'* (pp. 24-49). Glencoe, IL: Free Press.

Sidanius, J., & Pratto, F. (1999). *Social Dominance: An Intergroup Theory of Social Hierarchy and Oppression.* Cambridge: Cambridge University Press.

Sidanius, J., Levin, S., Liu, J., & Pratto, F. (2000). Social dominance orientation, anti-egalitarianism and the political psychology of gender: An extension and cross-cultural replication. *European Journal of Social Psychology, 30,* 41-67.

Sidanius, J., Liu, J., Pratto, F., & Shaw, J. (1994). Social dominance orientation, hierarchy-attenuators and hierarchy-enhancers: Social dominance theory and the criminal justice system. *Journal of Applied Social Psychology, 24,* 338-366.

Sidanius, J., Pratto, F., van Laar, C., & Levin, S. (2004). Social dominance theory: Its agenda and method. *Political Psychology, 25,* 845-880.

Siegel, A. E., & Siegel, S. (1957). Reference groups, membership groups and attitude change. *Journal of Abnormal and Social Psychology, 55,* 360-364.

Sigall, H., & Page, R. (1971). Current stereotypes: A little fading, a little faking. *Journal of Personality and Social Psychology, 18,* 247-255.

Simon, B. (1992a). Intragroup differentiation in terms of ingroup and outgroup attributes. *European Journal of Social Psychology, 22,* 407-413.

Simon, B. (1992b). The perception of ingroup and outgroup homogeneity: Reintroducing the intergroup context. *European Review of Social Psychology, 3,* 1-30.

Simon, B., & Brown, R. (1987). Perceived intragroup homogeneity in minority-majority contexts. *Journal of Personality and Social Psychology, 53,* 703-711.

Simon, B., Glassner-Boyerl, B., & Stratenworth, I. (1991). Stereotyping self-stereotyping in a natural intergroup context: The case of heterosexual and homosexual men. *Social Psychology Quarterly, 54,* 252-266.

Simpson, G. E., & Yinger, J. M. (1972). *Racial and Cultural Minorities: An Analysis of Prejudice and Discrimination.* New York: Harper Row.

Sinclair, L., & Kunda, Z. (1999). Reactions to a black Professional: Motivated inhibition and activation of conflicting stereotypes. *Journal of Personality and Social Psychology, 77,* 885-904.

Sinclair, S., Dunn, E., & Lowery, B. S. (2005). The relationship between parental racial attitudes and children's implicit prejudice. *Journal of Experimental Social Psychology, 41,* 283-289.

Sinha, R. R., & Hassan, M. K. (1975). Some personality

correlates of social prejudice. *Journal of Social and Economic Studies, 3*, 225-231.

Skowronski, J. J., Carlston, D. E., & Isham, J. T. (1993). Implicit versus explicit impression formation: The differing effects of overt labelling and covert priming on memory and impressions. *Journal of Experimental Social Psychology, 29*, 17-41.

Slaby, R. G., & Frey, K. S. (1975). Development of gender constancy and selective attention to same-sex models. *Child Development, 46*, 849-856.

Slavin, R. E. (1979). Effects of biracial learning teams on cross-racial friendships. *Journal of Educational Psychology, 71*, 381-387.

Slavin, R. E. (1983). *Cooperative Learning*. New York: Longman.

Smith, A. (1994). Education and conflict in Northern Ireland. In S. Dunn (ed.), *Facets of the Conflict in Northern Ireland* (pp. 168-186). London: Macmillan.

Smith, A. D. (2001). *Nationalism: Theory, Ideology, History*. Cambridge: Polity Press.

Smith, A. E., Jussim, L., & Eccles, J. (1999). Do self-fulfilling prophecies accumulate, dissipate or remain stable over time? *Journal of Personality and Social Psychology, 77*, 548-565.

Smith, E. R. (1993). Social identity and social emotions: Toward new conceptualizations of prejudice. In D. M. Mackie & D. L. Hamilton (eds.), *Affect, Cognition and Stereotyping* (pp. 297-315). San Diego: Academic Press.

Smith, E. R., & Henry, S. (1996). An ingroup becomes part of the self: Response time evaluation. *Personality and Social Psychology Bulletin, 22*, 635-642.

Smith, E. R., Murphy, J., & Coats, S. (1999). Attachment to groups: Theory and management. *Journal of Personality and Social Psychology, 25*, 873-882.

Smith, H. J., & Leach, C. W. (2004). Group membership and everyday social comparison experiences. *European Journal of Social Psychology, 34*, 297-308.

Smith, H., & Ortiz, D. J. (2002). Is it just me? The different consequences of personal and group relative deprivation. In I. Walker & H. Smith (eds.), *Relative Deprivation: Specification, Development and Integration* (pp. 91-115). Cambridge: Cambridge University Press.

Sniderman, P. M., & Tetlock, P. E. (1986). Symbolic racism: Problems of motive attribution in political debate. *Journal of Social Issues, 42*, 129-150.

Sniderman, P. M., Piazza, T., Tetlock, P. E., & Kendrick, A. (1991). The new racism. *American Journal of Political Science, 35*, 423-447.

Snyder, C. R., Lassegard, M., & Ford, C. E. (1986). Distancing after group success and failure: Basking in reflected glory and cutting off reflected failure. *Journal of Personality and Social Psychology, 51*, 382-388.

Snyder, M. L. (1981). On the self-perpetuating nature of social stereotypes. In D. L. Hamilton (ed.), *Cognitive Processes in Stereotyping and Intergroup Behavior* (pp. 183-212). New York: Lawrence Erlbaum.

Snyder, M. L., & Swann, W. B. (1978). Hypothesis-testing processes in social interaction. *Journal of Personality and Social Psychology, 36*, 1202-1212.

Snyder, M. L., Kleck, R. E., Strenta, A., & Mentzer, S. J. (1979). Avoidance of the handicapped: An attributional ambiguity analysis. *Journal of Personality and Social Psychology, 37*, 2297-2306.

Snyder, M. L., Tanke, E. D., & Berscheid, E. (1977). Social perception and interpersonal behavior: On the self-fulfilling nature of social stereotypes. *Journal of Personality and Social Psychology, 35*, 656-666.

Son Hing, L. S., Chung-Yan, G. A., Hamilton, L. K., & Zanna, M. (2008). A two-dimensional model that employs explicit and implicit attitudes to characterize prejudice. *Journal of Personality and Social Psychology, 94*, 971-987.

Spears, R., Jetten, J., & Doosje, B. (2001). The (il)legitimacy of ingroup bias: From social reality to social resistance. In J. T. Jost & B. Major (eds.), *The Psychology of Legitimacy: Emerging Perspectives on Ideology, Justice and Intergroup Relations* (pp. 332-362). Cambridge: Cambridge University Press.

Spears, R., Oakes, P. J., Ellemers, N., & Haslam, S. A. (eds.) (1997). *The Social Psychology of Stereotyping and Group Life*. Oxford: Blackwell.

Spencer, M. B. (1983). Children's cultural values and parental rearing strategies. *Developmental Review, 3*, 351-370.

Spencer, S. J., Steele, C. M., & Quinn, D. M. (1999). Stereotype threat and women's math performance. *Journal of Experimental Social Psychology, 35*, 4-28.

Spencer-Rodgers, J., Hamilton, D. L., & Sherman, S. J. (2007). The central role of entitativity in stereotypes of social categories and task groups. *Journal of Personality and Social Psychology, 92*, 369-388.

Spielman, D. A. (2000). Young children, minimal groups, and dichotomous categorization. *Personality and Social Psychology Bulletin, 26*, 1433-1441.

Stagner, R., & Congdon, C. S. (1955). Another failure to demonstrate displacement of aggression. *Journal of Abnormal and Social Psychology, 51*, 695-696.

Stangor, C. (1988). Stereotype accessibility and information processing. *Personality and Social Psychology Bulletin, 14*, 694-708.

Stangor, C. (1995). Content and application inaccuracy in social stereotyping. In Y. T. Lee, L. Jussim, & C. R. McCauley (eds.), *Stereotype Accuracy* (pp. 275-292). Washington, DC: American Psychological Association.

Stangor, C., & Ford, T. E. (1992). Accuracy and expectancy-confirming processing orientations and the development of stereotypes and prejudice. *European Review of Social Psychology, 3*, 57-89.

Stangor, C., & McMillan, D. (1992). Memory for expectancy-congruent and expectancy-incongruent information: A review of the social and social-developmental literature. *Psychological Bulletin, 111*, 42-61.

Stangor, C., Lynch, L., Dunn, C., & Glass, B. (1992). Categorization of individuals on the basis of multiple social features. *Journal of Personality and Social Psychology, 62*, 207-218.

Stangor, C., Sullivan, L. A., & Ford, T. E. (1991). Affective and cognitive determinants of prejudice. *Social Cognition, 9*, 359-380.

Stangor, C., Swim, J., Van Allen, K., & Sechrist, G. (2002). Reporting discrimination in public and private contexts. *Journal of Personality and Social Psychology, 82*(1), 69-74.

Stathi, S., & Crisp, R. J. (2008). Imagining intergroup contact promotes projection to outgroups. *Journal of Experimental Social Psychology, 44*, 943-957.

Steele, C. M. (1988). The psychology of self-affirmation: Sustaining the integrity of the self. *Advances in Experimental Social Psychology, 21*, 261-302.

Steele, C. M. (1997). A threat in the air: How stereotypes shape intellectual identity and performance. *American Psychologist, 52*, 613-629.

Steele, C. M., & Aronson, J. (1995). Stereotype threat and the intellectual test performance of African Americans. *Journal of Personality and Social Psychology, 69*, 797-811.

Steele, C. M., Spencer, S. J., & Aronson, J. (2002). Contending with group image: The psychology of stereotype and social identity threat. *Advances in Experimental Social Psychology, 34*, 379-440.

Stein, D. D., Hardyck, J. A., & Smith, M. B. (1965). Race and belief: An open and shut case. *Journal of Personality and Social Psychology, 1*, 281-289.

Steiner, I. D. (1986). Paradigms and groups. *Advances in Experimental Social Psychology, 19*, 251-289.

Stellmacher, J., & Petzel, T. (2005). Authoritarianism as a group phenomenon. *Political Psychology, 26*, 245-274.

Stephan, W. G. (1977). Cognitive differentiation in intergroup perception. *Sociometry, 40*, 50-58.

Stephan, W. G. (1978). School desegregation: An evaluation of predictions made in *Brown vs. Board of Education*. *Psychological Bulletin, 85*, 217-238.

Stephan, W. G., & Renfro, C. L. (2002). The role of threat in intergroup relations. In D. M. Mackie & E. R. Smith (eds.), *From Prejudice to Intergroup Emotions: Differentiated Reactions to Social Groups* (pp. 191-207). New York: Psychology Press.

Stephan, W. G., & Rosenfield, D. (1978). Effects of desegregation on racial attitudes. *Journal of Personality and Social Psychology, 36,* 795-804.

Stephan, W. G., & Stephan, C. W. (1984). The role of ignorance in intergroup relations. In N. Miller & M. Brewer (eds.), *Groups in Contact: The Psychology of Desegregation* (pp. 229-255). New York: Academic Press.

Stephan, W. G., & Stephan, C. W. (1985). Intergroup anxiety. *Journal of Social Issues, 41,* 157-175.

Stephan, W. G., & Stephan, C. W. (2000). An integrated threat theory of prejudice. In S. Oskamp (ed.), *Reducing Prejudice and Discrimination* (pp. 23-46). Mahwah, NJ: Erlbaum.

Stephan, W. G., Boniecki, K. A., Ybarra, O., Bettencourt, A., Ervin, K. S., Jackson, L. A., McNatt, P. S., & Renfro, C. L. (2002). The role of threats in the racial attitudes of blacks and whites. *Personality and Social Psychology Bulletin, 29,* 1242-1254.

Stephan, W. G., Demitrakis, K. M., Yamada, A. M., & Clason, D. L. (2000). Women's attitudes towards men: An integrated threat theory analysis. *Psychology of Women Quarterly, 24,* 63-73.

Stephan, W. G., Renfro, C. L., Esses, V. M., Stephan, C. W., & Martin, T. (2005). The effects of feeling threatened on attitudes towards immigrants. *International Journal of Intercultural Relations, 29,* 559-576.

Stephan, W. G., Ybarra, O., & Bachman, G. (1999). Prejudice towards immigrants: An integrated threat analysis. *Journal of Applied Social Psychology, 29,* 2221-2237.

Stephan, W. G., Ybarra, O., Martinez, C., Schwarzwald, J., & Tur-Kaspa, M. (1998). Prejudice towards immigrants to Spain and Israel: An integrated threat theory analysis. *Journal of Cross Cultural Psychology, 29,* 559-576.

Stone, J., Lynch, C. I., Sjomeling, M., & Darley, J. M. (1999). Stereotype threat effects on black and white athletic performance. *Journal of Personality and Social Psychology, 77,* 1213-1227.

Stouffer, S. A., Suchman, E. A., DeVinney, L. C., Star, S. A., & Williams, R. M. (1949). *The American Soldier: Adjustment during Army Life* (Vol. 1). Princeton, NJ: University Press.

Stroessner, S. J., Hamilton, D. L., & Mackie, D. M. (1992). Affect and stereotyping: The effect of induced mood on distinctiveness-based illusory correlations. *Journal of Personality and Social Psychology, 62,* 564-576.

Stroop, J. (1935). Studies of interference in serial verbal reactions. *Journal of Experimental Psychology, 18,* 643-662.

Struch, N., & Schwartz, S. H. (1989). Intergroup aggression: Its predictors and distinctness from ingroup bias. *Journal of Personality and Social Psychology, 56,* 364-373.

Suls, J., & Mullen, B. (1982). From the cradle to the grave: Comparison and self-evaluation across the life-span. In J. Suls (ed.), *Psychological Perspectives on the Self* (Vol. 1, pp. 97-125). London: Erlbaum.

Sumner, W. G. (1906). *Folkways.* New York: Ginn.

Sutton, C. D., & Moore, K. K. (1985). Probing opinions: Executive women 20 years later. *Harvard Business Review, 63,* 43-66.

Swim, J. K., & Hyers, L. L. (1999). Excuse me – what did you say? Women's public and private responses to sexist remarks. *Journal of Experimental Social Psychology, 35,* 68-88.

Swim, J. K., & Miller, D. L. (1999). White guilt: Its antecedents and consequences for attitudes toward affirmative action. *Personality and Social Psychology Bulletin, 25,* 500-514.

Swim, J. K., Aikin, K. J., Hall, W. S., & Hunter, B. A. (1995). Sexism and racism: Old fashioned and modern prejudices. *Journal of Personality and Social Psychology, 68,* 199-214.

Swim, J. K., Cohen, L. L., & Hyers, L. L. (1998). Experiencing everyday prejudice and discrimination. In J. K. Swim & C. Stangor (eds.), *Prejudice: The Target's Perspective* (pp. 37-60). San Diego: Academic Press.

Swim, J. K., Hyers, L. L., Cohen, L. L., & Ferguson, M. J. (2001). Everyday sexism: Evidence for its incidence, nature, and psychological impact from three daily diary studies. *Journal of Social Issues, 57*(1), 31–53.

Tajfel, H. (1959). The anchoring effects of value in a scale of judgements. *British Journal of Psychology, 50*, 294–304.

Tajfel, H. (1969a). Cognitive aspects of prejudice. *Journal of Social Issues, 25*, 79–97.

Tajfel, H. (1969b). Social and cultural factors in perception. In G. Lindzey & E. Aronson (eds.), *Handbook of Social Psychology* (Vol. 3, pp. 315–394). Reading, MA: Addison-Wesley.

Tajfel, H. (1978a). Interindividual and Intergroup Behaviour. In H. Tajfel (ed.), *Differentiation between Social Groups: Studies in the Social Psychology of Intergroup Relations* (pp. 27–60). London: Academic Press.

Tajfel, H. (1978b). Social categorisation, social identity and social comparison. In H. Tajfel (ed.), *Differentiation between Social Groups: Studies in the Social Psychology of Intergroup Relations* (pp. 61–76). London: Academic Press.

Tajfel, H. (1981a). *Human Groups and Social Categories.* Cambridge: Cambridge University Press.

Tajfel, H. (1981b). Social stereotypes and social groups. In J. C. Turner & H. Giles (eds.), *Intergroup Behaviour* (pp. 144–167). Oxford: Blackwell.

Tajfel, H. (1982). Social psychology of intergroup relations. *Annual Review of Psychology, 33*, 1–30.

Tajfel, H., & Turner, J. C. (1986). The social identity theory of intergroup behavior. In S. Worchel & W. G. Austin (eds.), *Psychology of Intergroup Relations* (pp. 7–24). Chicago: Nelson Hall.

Tajfel, H., & Wilkes, A. L. (1963). Classification and quantitative judgement. *British Journal of Psychology, 54*, 101–114.

Tajfel, H., Flament, C., Billig, M. G., & Bundy, R. P. (1971). Social categorization and intergroup behaviour. *European Journal of Social Psychology, 1*, 149–178.

Tajfel, H., Jahoda, G., Nemeth, C., Rim, Y., & Johnson, N. B. (1972). The devaluation by children of their own national and ethic group: Two case studies. *British Journal of Social and Clinical Psychology, 2*, 235–243.

Tangney, J. P. (1991). Moral affect: The good, the bad, and the ugly. *Journal of Personality and Social Psychology, 61*, 598–607.

Tarman, C., & Sears, R. R. (2005). The conceptualization and measurement of symbolic racism. *Journal of Politics, 67*, 731–761.

Taylor, D. M., & Jaggi, V. (1974). Ethnocentrism and causal attribution in a South India context. *Journal of Cross-Cultural Psychology, 5*, 162–171.

Taylor, D. M., Wright, S. C., Moghaddam, F. M., & Lalonde, R. N. (1990). The personal/group discrimination discrepancy: Perceiving my group, but not myself, to be a target for discrimination. *Personality and Social Psychology Bulletin, 16*(2), 254–262.

Taylor, M. C. (2002). Fraternal deprivation, collective threat and racial resentment. In I. Walker & H. Smith (eds.), *Relative Deprivation: Specification, Development and Integration* (pp. 13–43). Cambridge: Cambridge University Press.

Taylor, S. E. (1981). A categorization approach to stereotyping. In D. L. Hamilton (ed.), *Cognitive Processes in Stereotyping and Intergroup Behavior* (pp. 83–114). Hillsdale, NJ: Erlbaum.

Taylor, S. E., & Falcone, H. T. (1982). Cognitive bases of stereotyping: The relationship between categorization and prejudice. *Personality and Social Psychology Bulletin, 8*, 426–436.

Taylor, S. E., Fiske, S. T., Etcoff, N. L., & Ruderman, A. J. (1978). Categorical and contextual bases of person memory and stereotyping. *Journal of Personality and Social Psychology, 36*, 778–793.

Temkin, J., & Krahe, B. (2008). *Sexual Assault and the Justice Gap: A Question of Attitude.* Oxford: Hart Publishing.

Tesser, A., Millar, M., & Moore, J. (1988). Some affective consequences of social comparison and reflection processes: The pain and pleasure of being close. *Journal of Personality and Social Psychology, 54*, 49–61.

Tetlock, P. E. (1983). Cognitive style and political ideology. *Journal of Personality and Social Psychology, 45*,

118-126.

Tetlock, P. E. (1984). Cognitive style and political belief systems in the British House of Commons. *Journal of Personality and Social Psychology, 46*, 365-375.

The Irish News (2004). Racist attacks result in vetting of tenants. 24 October, p. 1.

Thompson, S. C., & Spacapan, S. (1991). Perceptions of control in vulnerable populations. *Journal of Social Issues, 47*, 1-21.

Thompson, S. K. (1975). Gender labels and early sex-role development. *Child Development, 46*, 339-347.

Thorndike, R. L. (1968). Review of Rosenthal and Jacobson's 'Pygmalion in the classroom'. *American Educational Research Journal, 5*, 708-711.

Tougas, F., & Beaton, A. (2002). Personal and group relative deprivation: Connecting the 'I' to the 'we'. In I. Walker & H. Smith (eds.), *Relative Deprivation: Specification, Development and Integration* (pp. 119-135). Cambridge: Cambridge University Press.

Tougas, F., Brown, R., Beaton, A., & Joly, S. (1995). Neo-sexism: *Plus ça change, plus c'est pareil. Personality and Social Psychology Bulletin, 21*, 842-849.

Triandis, H. C., & Davis, E. F. (1965). Race and shared belief as shared determinants of behavior intentions. *Journal of Personality and Social Psychology, 2*, 715-725.

Tripathi, R. C., & Srivastava, R. (1981). Relative deprivation and intergroup attitudes. *European Journal of Social Psychology, 11*, 313-318.

Tropp, L., & Pettigrew, T. F. (2005). Relationships between integroup contact and prejudice among minority and majority groups. *Psychological Science, 16*, 951-957.

Turner, J. C. (1978). Social comparison, similarity and ingroup favouritism. In H. Tajfel (ed.), *Differentiation between Social Groups* (pp. 235-250). London: Academic Press.

Turner, J. C. (1980). Fairness or discrimination in intergroup behaviour? A reply to Branthwaite, Doyle and Lightbown. *European Journal of Social Psychology, 10*, 131-147.

Turner, J. C. (1981). The experimental social psychology of intergroup behaviour. In J. Turner & H. Giles (eds.), *Intergroup Behaviour* (pp. 66-101). Oxford: Blackwell.

Turner, J. C. (1999). Some current issues in research on social identity and self categorization theories. In N. Ellemers, R. Spears, & B. Doosje (eds.), *Social Identity* (pp. 6-34). Oxford: Blackwell.

Turner, J. C., & Brown, R. (1978). Social status, cognitive alternatives, and intergroup relations. In H. Tajfel (ed.), *Differentiation between Social Groups: Studies in the Social Psychology of Intergroup Relations* (pp. 201-234). London: Academic Press.

Turner, J. C., & Reynolds, K. J. (2003). Why social dominance theory has been falsified. *British Journal of Social Psychology, 42*, 199-206.

Turner, J. C., Hogg, M. A., Oakes, P. J., Reicher, S. D., & Wetherell, M. S. (1987). *Rediscovering the Social Group: A Self-Categorization Theory*. Oxford: Blackwell.

Turner, R. N., & Crisp, R. J. (in press). Imagining intergroup contact reduces implicit prejudice. *British Journal of Social Psychology*.

Turner, R. N., Crisp, R. J., & Lambert, E. (2007a). Imagining intergroup contact can improve intergroup attitudes. *Group Processes and Intergroup Relations, 10*, 427-441.

Turner, R. N., Hewstone, M., & Voci, A. (2007b). Reducing explicit and implicit outgroup prejudice via direct and extended contact: The mediating role of self-disclosure and intergroup anxiety. *Journal of Personality and Social Psychology, 93*, 369-388.

Turner, R. N., Hewstone, M., Voci, A., & Vonofakou, C. (2008). A test of the extended intergroup contact hypothesis: The mediating role of intergroup anxiety, perceived ingroup and outgroup norms, and inclusion of the outgroup in the self. *Journal of Personality and Social Psychology, 95*, 843-860.

Turner, R. N., Hewstone, M., Voci, A., Paolini, S., & Christ, O. (2007c). Reducing prejudice via direct and extended cross-group friendship. *European Review of Social Psychology, 18*, 212-255.

Twenge, J. M. (1997). Attitudes towards women, 1970-1995.

*Psychology of Women Quarterly, 21,* 35-51.

Twenge, J. M., & Crocker, J. (2002). Race and self-esteem: Meta-analyses comparing whites, blacks, Hispanics, Asians, and American Indians and comment on Gray-Little and Hafdahl (2000). *Psychological Bulletin, 128,* 371-408.

Urban, L. M., & Miller, N. M. (1998). A theoretical analysis of crossed categorization effects: A meta-analysis. *Journal of Personality and Social Psychology, 74,* 894-908.

US Department of Labor (1992). Trends in wage and salary inequality: 1967-1988. *Monthly Labor Review, 115,* 23-39.

van Avermaet, E., & McLintock, L. G. (1988). Intergroup fairness and bias in children. *European Journal of Social Psychology, 18,* 407-427.

van den Berghe, P. L. (1967). *Race and Racism.* New York: Wiley.

van Oudenhoven, J. P., Groenewoud, J. T., & Hewstone, M. (1996). Cooperation, ethnic salience and generalisation of interethnic attitudes. *European Journal of Social Psychology, 26,* 649-661.

Vanman, E. J., Paul, B. Y., Ito, T. A., & Miller, N. (1997). The modern face of prejudice and structural features that moderate the effect of cooperation on affect. *Journal of Personality and Social Psychology, 73,* 941-959.

Vanneman, R., & Pettigrew, T. F. (1972). Race and relative deprivation in the urban United States. *Race, 13,* 461-486.

Vaughan, G. M. (1964a). The development of ethnic attitudes in New Zealand school children. *Genetic Psychology Monographs, 70,* 135-175.

Vaughan, G. M. (1964b). Ethnic awareness in relation to minority group membership. *Journal of Genetic Psychology, 105,* 119-130.

Vaughan, G. M. (1978). Social change and intergroup preferences in New Zealand. *European Journal of Social Psychology, 8,* 297-314.

Vaughan, G. M. (1987). A social psychological model of ethnic identity development. In J. S. Phinney & M. J. Rotheram (eds.), *Children's Ethnic Socialization: Pluralism and Development* (pp. 73-91). Beverly Hills, CA: Sage.

Vaughan, G. M., Tajfel, H., & Williams, J. (1981). Bias in reward allocation in an intergroup and interpersonal context. *Social Psychology Quarterly, 44,* 37-42.

Verkuyten, M. (1994). Self-esteem among ethnic minority youth in western countries. *Social Indicators Research, 32,* 21-47.

Verkuyten, M. (2006). Multicultural recognition and ethnic minority rights: A social identity perspective. *European Review of Social Psychology, 17,* 148-184.

Verkuyten, M., & Hagendoorn, L. (1998). Prejudice and self-categorization: The variable role of authoritarianism and in-group stereotypes. *Personality and Social Psychology Bulletin, 24,* 99-110.

Verkuyten, M., Masson, K., & Elffers, H. (1995). Racial categorization and preference among older children in the Netherlands. *European Journal of Social Psychology, 25,* 637-656.

Viki, G. T., & Abrams, D. (2002). But she was unfaithful: Benevolent sexism and reactions to rape victims who violate traditional gender role expectations. *Sex Roles, 47,* 289-293.

Viki, G. T., Abrams, D., & Masser, B. (2004). Evaluating stranger and acquaintance rape: The role of benevolent sexism in perpetrator blame and recommended sentence length. *Law and Human Behavior, 28,* 295-303.

Virdee, S. (1997). Racial harassment. In T. Madood, R. Berthoud, J. Lakey, J. Nazroo, P. Smith, S. Virdee, & S. Beishon (eds.), *Ethnic Minorities in Britain: Diversity and Disadvantage* (pp. 259-289). London: Policy Studies Institute.

Voci, A. (2000). Perceived group variability and the salience of personal and social identity. *European Review of Social Psychology, 11,* 177-221.

Voci, A. (2006). The link between identification and ingroup favouritism: Effects of threat to social identity and trust-related emotions. *British Journal of Social Psychology, 45,* 265-284.

Voci, A., & Hewstone, M. (2003). Intergroup contact and prejudice towards immigrants in Italy: The mediational role of anxiety and the moderational role of group salience. *Group Processes and Intergroup Relations, 6*, 37–54.

Vollebergh, W. (1991). *The Limits of Tolerance*. Utrecht: Rijksuniversiteit te Utrecht.

Vonofakou, C., Hewstone, M., & Voci, A. (2007). Contact with outgroup friends as a predictor of meta–attitudinal strength and accessibility of attitudes towards gay men. *Journal of Personality and Social Psychology, 92*, 804–820.

Vorauer, J. (2006). An information search model of evaluative concerns in intergroup interaction. *Psychological Review, 113*, 862–886.

Vorauer, J., & Kumhyr, S. M. (2001). Is this about you or me? Self versus other–directed judgements and feelings in response to intergroup interaction. *Personality and Social Psychology Bulletin, 27*, 706–719.

Vorauer, J., Hunter, A. J., Main, K. J., & Roy, S. A. (2000). Metastereotype activation: Evidence from indirect measures for specific evaluative concerns experienced by members of dominant groups in intergroup interaction. *Journal of Personality and Social Psychology, 78*, 690–707.

Vorauer, J., Martens, V., & Sasaki, S. J. (2009). When trying to understand detracts from trying to behave: Effects of perspective taking in intergroup interaction. *Journal of Personality and Social Psychology, 96*, 811–827.

Vrana, S. R., & Rollock, D. (1998). Physiological response to a minimal social encounter: Effects of gender, ethnicity, and social context. *Psychophysiology, 35*, 462–469.

Waldzus, S., Mummendey, A., Wenzel, M., & Boettcher, F. (2004). Of bikers, teachers and Germans: Groups' diverging views about their prototypicality. *British Journal of Social Psychology, 43*, 385–400.

Walker, I., & Mann, L. (1987). Unemployment, relative deprivation and social protest. *Personality and Social Psychology Bulletin, 13*, 275–283.

Walker, I., & Pettigrew, T. F. (1984). Relative deprivation theory: An overview and conceptual critique. *British Journal of Social Psychology, 23*, 301–310.

Walker, I., & Smith, H. J. (eds.) (2002). *Relative Deprivation: Specification, Development, and Integration*. Cambridge: Cambridge University Press.

Walton, G. M., & Cohen, G. L. (2003). Stereotype lift. *Journal of Experimental Social Psychology, 39*, 456–467.

Wason, P. C., & Johnson–Laird, P. N. (1972). *Psychology of Reasoning*. London: Batsford.

Weber, R., & Crocker, J. (1983). Cognitive processes in the revision of stereotypic beliefs. *Journal of Personality and Social Psychology, 45*, 961–977.

Wegner, D. M., Schneider, D. J., Carter, S., & White, L. (1987). Paradoxical effects of thought suppression. *Journal of Personality and Social Psychology, 53*, 5–13.

Weigel, R. H., Wiser, P. L., & Cook, S. W. (1975). The impact of cooperative learning experiences on cross–ethnic relations and attitudes. *Journal of Social Issues, 31*, 219–244.

Weitz, S. (1972). Attitude, voice and behavior: A repressed affect model of interracial interaction. *Journal of Personality and Social Psychology, 24*, 14–21.

Wenzel, M., Mummendey, A., & Waldzus, S. (2007). Superordinate identities and intergroup conflict: The ingroup projection model. *European Review of Social Psychology, 18*, 331–372.

Wetherell, M. (1982). Cross–cultural studies of minimal groups: Implications for the social identity theory of intergroup relations. In H. Tajfel (ed.), *Social Identity and Intergroup Relations* (pp. 207–240). Cambridge: Cambridge University Press.

White, L. A. (1949). *The Science of Culture: A Study of Man and Civilization*. New York: Farrar Strauss.

Whitley, B. E. (1999). Right–wing authoritarianism, social dominance orientation and prejudice. *Journal of Personality and Social Psychology, 77*, 126–134.

WHO [World Health Organization] (2000). *Obesity: Preventing and Managing the Global Epidemic Report* of a WHO Consultation (WHO Technical Report Series 894). Geneva: WHO.

Wiener, R. L., & Hurt, L. E. (2000). How do people evaluate social sexual conduct at work? A psycholegal model. *Journal of Applied Psychology, 85*, 75–85.

Wilder, D. A. (1984a). Intergroup contact: The typical member and the exception to the rule. *Journal of Experimental Social Psychology, 20*, 177–194.

Wilder, D. A. (1984b). Predictions of belief homogeneity and similarity following social categorization. *British Journal of Social Psychology, 23*, 323–333.

Wilder, D. A. (1986). Social categorization: Implications for creation and reduction of intergroup bias. *Advances in Experimental Social Psychology, 19*, 291–355.

Wilder, D. A., & Shapiro, P. N. (1989a). Effects of anxiety on impression formation in a group context: An anxiety assimilation hypothesis. *Journal of Experimental Social Psychology, 25*, 481–499.

Wilder, D. A., & Shapiro, P. N. (1989b). Role of competition-induced anxiety in limiting the beneficial impact of positive behavior by an outgroup member. *Journal of Personality and Social Psychology, 56*, 60–69.

Williams, J. E., & Morland, J. K. (1976). *Race, Color and the Young Child.* Chapel Hill: University of North Carolina Press.

Williams, R. M. (1947). *The Reduction of Intergroup Tensions.* New York: Social Science Research Council.

Williams, T. M. (1986). *The Impact of Television: A Natural Experiment in Three Communities.* New York: Academic Press.

Wills, T. A. (1981). Downward comparison principles in social psychology. *Psychological Bulletin, 90*, 245–271.

Wilner, D. M., Walkley, R. P., & Cook, S. W. (1952). Residential proximity and intergroup relations in public housing projects. *Journal of Social Issues, 8*, 45–69.

Wilson, M. S., & Liu, J. H. (2003). Social dominance orientation and gender: The moderating role of gender identity. *British Journal of Social Psychology, 42*, 187–198.

Witt, L. A. (1989). Authoritarianism, knowledge of AIDS, and affect towards people with AIDS: Implications for health education. *Journal of Applied Social Psychology, 19*, 599–607.

Wittenbrink, B., Judd, C. M., & Park, B. (1997). Evidence for racial prejudice at the implicit level and its relationship with questionnaire measures. *Journal of Personality and Social Psychology, 72*, 262–274.

Wittenbrink, B., Judd, C. M., & Park, B. (2001). Spontaneous prejudice in context: Variability in automatically activated attitudes. *Journal of Personality and Social Psychology, 81*, 815–827.

Wolsko, C., Park, B., Judd, C. M., & Bachelor, J. (2003). Intergroup contact: Effects on group evaluations and perceived variability. *Group Processes and Intergroup Relations, 6*, 93–110.

Worchel, S., Andreoli, V. A., & Folger, R. (1977). Intergroup cooperation and intergroup attraction: The effect of previous interaction and outcome of combined effort. *Journal of Experimental Social Psychology, 13*, 131–140.

Word, C. O., Zanna, M. P., & Cooper, J. (1974). The non-verbal mediation of self-fulfilling prophecies in interracial interaction. *Journal of Experimental Social Psychology, 10*, 109–120.

Wright, S. C., Aron, A., Mclaughlin-Volpe, T., & Ropp, S. A. (1997). The extended contact effect: Knowledge of cross-group friendships and prejudice. *Journal of Personality and Social Psychology, 73*, 73–90.

Wyer, N., Sherman, J. W., & Stroessner, S. J. (2000). The roles of motivation and ability in controlling the consequences of stereotype suppression. *Personality and Social Psychology Bulletin, 26*, 13–25.

Wyer, R. S., & Gordon, S. E. (1982). The recall of information about persons and groups. *Journal of Experimental Social Psychology, 18*, 128–164.

Yee, M., & Brown, R. (1988). *Children and Social Comparisons.* Swindon: Economic and Social Research Council.

Yee, M., & Brown, R. (1992). Self-evaluations and intergroup attitudes in children aged three to nine.

*Child Development, 63,* 619–629.

Yee, M., & Brown, R. (1994). The development of gender differentiation in young children. *British Journal of Social Psychology, 33,* 183–196.

Yzerbyt, V. Y., Corneille, O., & Estrada, C. (2001). The interplay of subjective essentialism and entitativity in the formation of stereotypes. *Personality and Social Psychology Review, 5,* 141–155.

Yzerbyt, V. Y., Leyens, J. P., & Bellour, F. (1995). The ingroup overexclusion effect: Identity concerns in decisions about group membership. *European Journal of Social Psychology, 25,* 1–16.

Zagefka, H., & Brown, R. (2002). The relationship between acculturation strategies, relative fit and intergroup relations: Immigrant–majority relations in Germany. *European Journal of Social Psychology, 32,* 171–188.

Zagefka, H., González, R., & Brown, R. (2009). Antecedents and consequences of acculturation preferences of non-indigenous Chileans in relation to an indigenous minority: Longitudinal survey evidence. *European Journal of Social Psychology, 39,* 558–575.

Zagefka, H., González, R., Brown, R., & Manzi, J. (2008). *To Know You Is to Love You? Differential Longitudinal Effects of Intergroup Contact and Knowledge on Intergroup Anxiety and Prejudice among Indigenous and Non-Indigenous Chileans.* London: Royal Holloway, University of London.

Zander, A., Stotland, E., & Wolfe, D. (1960). Unity of group, identification with group, and self-esteem of members. *Journal of Personality, 28,* 463–478.

Zimbardo, P. G., Weisenberg, M., Firestone, I., & Levy, B. (1965). Communicator effectiveness in producing public conformity and private attitude change. *Journal of Personality, 33,* 233–255.

Zuckerman, D. M., Singer, D. G., & Singer, J. L. (1980). Children's television viewing, racial and sex-role attitudes. *Journal of Applied Social Psychology, 10,* 281–294.

# 저자 소개

Rupert Brown은 현재 Sussex 대학교의 사회심리학 교수다. 그는 1978년부터 39년 동안 학생들에게 편견과 집단 과정, 그리고 집단 간 관계에 대하여 강의해 왔다. 그는 집단 간 관계에 대한 깊은 관심으로 집단과 집단 간 프로세스에 대한 폭넓은 저서를 저술하고 있다. 대표 저서로는 『집단 과정(Group Processes)』(Blackwell, 2000), 『사회심리학 개론 (Blackwell Handbook of Social Psychology)』(Blackwell, 2008) 등이 있다. 또한 그는 Economic and Social Research Council(UK)과 Leverhulme Foundation 그리고 British Academy로부터 연구비 지원을 받아 연구를 수행하였으며, 편견의 다양한 형태와 소수집단과 다수집단 내 존재하는 문화변용의 과정, 사회 갈등 등에 대한 많은 학술논문을 발표하였다. 2005년에는 Society for the Psychological Study of Social Issues에서 Gordon Allport Intergroup Relations Prize를 수여받았다.

## 역자 소개

**박희태**(Park, Heetae)

해군사관학교 군사학/해양학(학사)
국방대학교 관리대학원 리더십(석사)
서울대학교 경영대학 인사조직(박사)
해군사관학교 리더십 교수
현 동아대학교 경영학과 교수

논문: 「조직 공정성이 구성원의 지식공유에 미치는 영향」(2011), 「상사의 비인격적인 행동과
　　 구성원의 지식공유 관계 연구」(2016)


**류승아**(Ryu, Seungah)

고려대학교 심리학(학사)
고려대학교 임상/상담 심리학(석사)
North Carolina State University Community Psychology(박사)
현 경남대학교 심리학과 교수

저서: 『행복 교과서』(공저, 김영사, 2013), 『생애 주기에 따른 성과 심리』(공저, 학지사, 2015)

# 편견사회

당신은 편견에서 자유로운가

Prejudice: Its Social Psychology (2nd ed.)

2017년 5월 25일 1판 1쇄 인쇄
2017년 5월 30일 1판 1쇄 발행

지은이 • Rupert Brown
옮긴이 • 박희태 · 류승아
펴낸이 • 김진환
펴낸곳 • (주) **학지사**

　　　　04031 서울특별시 마포구 양화로 15길 20 마인드월드빌딩
대표전화 • 02)330-5114　　　팩스 • 02)324-2345
등록번호 • 제313-2006-000265호

홈페이지 • http://www.hakjisa.co.kr
페이스북 • https://www.facebook.com/hakjisabook

ISBN 978-89-997-1249-4 93180

정가 20,000원

이 도서의 국립중앙도서관 출판시도서목록(CIP)은 서지정보유통지
원시스템 홈페이지(http://seoji.nl.go.kr)와 국가자료공동목록시스템
(http://www.nl.go.kr/kolisnet)에서 이용하실 수 있습니다.
(CIP 제어번호: CIP2017010205)

**교육문화출판미디어그룹 학지사**

심리검사연구소 **인싸이트** www.inpsyt.co.kr
원격교육연수원 **카운피아** www.counpia.com
학술논문서비스 **뉴논문** www.newnonmun.com